Quellen
zur
lothringischen Geschichte

Herausgegeben

von der

**Gesellschaft für lothringische Geschichte
und Altertumskunde.**

Band IV.

Die Metzer Chronik des Jaique Dex (Jacques D'Esch)
über die Kaiser und Könige aus dem Luxemburger Hause.

LEIPZIG
VERLAG VON QUELLE & MEYER

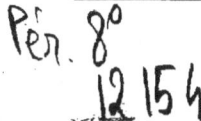

Die Metzer Chronik

des

Jaique Dex (Jacques D'Esch)

über die Kaiser und Könige

aus dem

Luxemburger Hause.

Herausgegeben

von

Dr. GEORG WOLFRAM.

LEIPZIG
VERLAG VON QUELLE & MEYER

M. DuMont-Schauberg, Strassburg.

Inhaltsverzeichnis.

                                                      Seite.

Vorwort . . . . IX—X

Einleitung . . . . XI—VC

    I. Handschriften und Schreiber . . . . XI—XIX

        1. Handschrift M. 2. Handschrift Pr. 3. Handschrift P. 4. Handschrift D.

    II. Die Bestandteile der Chronik und die Gewährsmänner des Chronisten . . . . XIX—LXXII

        1. Allgemeines, Charakter der Chronik; ihre Bestandteile. 2. Das Gedicht über den Romzug Kaiser Heinrichs VII. Art der Dichtung; Geschichte des Romzugs; Wert des Gedichtes als geschichtliche Quelle; Zeit der Entstehung; geschichtliche Irrtümer; Quelle des Dichters; Persönlichkeit des Dichters; Simon von Marville; seine persönlichen Beziehungen; seine literarischen Beziehungen; Dialekt des Dichters. 3. Die Gedichte über die Kriegsjahre 1324—1326. A. Allgemeines; Persönlichkeit des Sammlers. B. Das Gedicht über den Vierherrenkrieg; Zeit der Entstehung; Persönlichkeit des Dichters; Stellung des Gedichtes zur Chronik Praillons. C. Die Sammlung der kleineren Gedichte über die Jahre 1324—1326 im Allgemeinen; politische Stimmung; der Sammler der kleineren Gedichte; zeitliche Bestimmungen; Amtsantritt des neuen Bischofs; Einnahme von Vic. D. Die kleineren Gedichte im Einzelnen, ihre Zeitstellung und ihre Verfasser. 4. Die Prosateile der Chronik.

    III. Der Verfasser der Chronik . . . . LXXII—LXXXVIII

        Er ist ein Metzer; Beziehungen des Jaique Dex zu den Persönlichkeiten der Chronik; die Persönlichkeit des Jaique Dex; Dex ist Verfasser der Chronik; Beziehungen der Praillonschen Chronik zur Chronique Dex.

    IV. Arbeitsart des Jaique Dex; Wert der Chronik. LXXXIX—XCII

    V. Editionsbemerkungen . . . . XCII—XCV

Die Chronik.

Seite.

Inhaltsverzeichnis der Handschrift M . . . . 1—9
Kap. I. Abstammung des Kaisers von den Grafen von Luxemburg. 10
Kap. II. Hilft der Stadt Metz gegen Bischof Reinald von Bar; Abstammung seiner Gemahlin . . . . 10—11
Kap. III. Übertragung von 15 livrez de terre an Philipp Dex, Bürger von Metz 11
Kap. IV. Sold von Metz; Wahl zu Rhense zum deutschen König; sein Bruder; Lager vor Frankfurt a. M.; Krönung zu Aachen. 11—12
Kap. V. Sein Sohn Johann wird König von Böhmen . . . . . . 12—13
Kap. VI. Kampf des Königs mit Eberhard von Württemberg . . . 13—15
Kap. VII. Marsch nach der Lombardei . . . . 15—16
Kap. VIII. Marsch nach Rom; Krönung; sein Tod in Buonconvento. 16—17
Kap. IX. Traum des Grafen über sein Schicksal; Krönung in Aachen; Marsch nach Italien; Aufenthalt im Mailand und Teilnehmer am Zuge, ihre Gelübde; Zug nach Brescia; der König in Rom; Marsch nach Florenz; Krankheit und Tod in Buonconvento . . . . 18—58
Kap. X. Kinder des Königs 60
Kap. XI. Verzeichnis der Könige namens Heinrich . . . . 60—61
Kap. XII. König Ludwig von Bayern . . . . 61—62
Kap. XIII. Wahl Karls IV . . . . 62—63
Kap. XIV. Kinder Johanns von Böhmen . . . . 63—64
Kap. XV. Krieg Johanns gegen Österreich . . . . 64—66
Kap. XVI. Verhandlungen Johanns mit Bar, Juni 1345; Aufenthalt in Paris . . . . 66—67
Kap. XVII. Vierherrenkrieg gegen Metz: Forderung der Fürsten und Antwort der Metzer, 1326 . . . . 68—73
Kap. XVIII. Vierherrenkrieg gegen Metz: Tag zu Pont-à-Mousson, Sept. 1324; Verhalten des Jehan de la Cour . . . . 74—78
Kap. XIX. Friedensurkunde, 1326 März 10; Verzeichnis der Grenzplätze von Metz gegen die benachbarten Territorien . . . . 78—82
Kap. XX. Reimchronik über den Vierherrenkrieg . . . . 84—206
Kap. XXI. Lateinische Verse über den Vierherrenkrieg . . . . . 208—213
Kap. XXII. Der „sermon du Papegay des Treize" über den Vierherrenkrieg . . . . 214—221
Kap. XXIII. Die „exposition du Sermon du Papegay" . . . . . . 222—223
Kap. XXIV. Die „confirmation par le Geai d'Angleterre du Sermon du Papegai" . . . . 224—226
Kap. XXV. Die Prophezeiung des maître Lambelin de Cornouailles. 226—230
Kap. XXVI. Das A B C des maître Asselin du Pont-à-Mousson . . 230—242
Kap. XXVII. Die rescription du maître Lambelin, recteur de Paris et d'Orléans . . . . 242—254
Kap. XXVIII. Das Paternoster des Robin de La Vallée über den Krieg. 254—264
Kap. XXIX. Das Credo des Henry de Heiz . . . . 264—278
Kap. XXX. Das Credo des Michelet le Petitpain . . . . 278—282
Kap. XXXI. Das Ave Maria der Marguerite du Pont Rengmont . 282—286

— VII —

	Seite.
Kap. XXXII. Das Benedicite des Ludwig von Poitiers, Bischofs von Metz	288—292
Kap. XXXIII. Bürgerkrieg in Metz nach dem Vierherrenkrieg	294—297
Kap. XXXIV. Friedensurkunde zwischen den beiden städtischen Parteien	297—299
Kap. XXXV. Schlacht bei Crécy 1346	300—301
Kap. XXXVI. Nachkommen König Heinrichs bis auf Sigismund	301—302
Kap. XXXVII. Wahl Karls IV. zum König; Kaiserliches Lager zu Metz 1356; Verzeichnis der daselbst anwesenden Fürsten; Ausgaben der Stadt	302—307
Kap. XXXVIII. Karl IV. in Avignon 1365, in Rom 1368	308
Kap. XXXIX. Befreiung seines Bruders Wenzel aus der Gefangenschaft des Herzogs Wilhelm von Jülich, 1372	308—309
Kap. XL. Verrat Metzer Bürger, 1356; Aufstand in Metz, 1405	310—312
Kap. XLI. Wahl Wenzels zum König, 1376	312—313
Kap. XLII. Reise Karls nach St. Maure-des-Fossés und Paris	313
Kap. XLIII. Beginn des päpstlichen Schismas, 1378	313—314
Kap. XLIV. Zug Ludwigs von Anjou nach Neapel gegen Karl von Durazzo, 1382	314
Kap. XLV. Rückreise Karls von Paris; Kauf der Mark Brandenburg.	315—316
Kap. XLVI. Kinder Karls IV.	316—318
Kap. XLVII. König Wenzel in Metz, 1384; Kämpfe zwischen dem Baier von Boppard und dem Bistum Metz wegen Homburg und Saaralben, 1392; Urkunde Wenzels für Metz, 1384, und Gegenurkunde der Stadt, 1384	318—324
Kap. XLVIII. Rückkehr Wenzels nach Luxemburg, 1398; Feindseligkeiten gegen Metz wegen Besetzung des Bischofsstuhles und Einigung, 1399; Reise nach Frankreich; Metzer Bischöfe von 1384—1415; Kämpfe der Stadt gegen Peter von Cronenberg und Neuerburg, Gerhard von Blankenheim und Gerhard von Bolchen; Urkunde Wenzels für 1399	324-329
Kap. XLIX. Kriege der Stadt gegen Johann von Weißkirchen, Gerhard von Bolchen, Philipp von Nassau-Weilburg, Friedrich von Saarwerden, Johann von Salm, 1398—1407	330—332
Kap. L. Krieg Eduards von Bar und Ludwigs von Orléans gegen Metz 1407	332—334
Kap. LI. Unruhe in St. Clemens, 1398; Fälschungen des Jean Amblecolz und Hannes de St. Julien in den Schreinsrollen	334—336
Kap. LII. Zug der Metzer Herrn nach Preußen, 1399	336—340
Kap. LIII. Wahl Ruprechts von der Pfalz zum König, 1400; seine Romreise 1401; Privilegienbestätigung für Metz 1404; Friedensschluß der Stadt Metz mit Philipp von Nassau, Johann von Salm, Gerhard von Bolchen, Johann von Elter 1404	340—342
Kap. LIV. Nochmalige Kämpfe mit den Fürsten; Unruhen in der Stadt, 1406	342—343
Kap. LV. Rückkehr Ruprechts aus Italien; Verhandlungen der Kurfürsten mit Jobst von Mähren; Ruprechts Tod; Wahl Sigismunds, 1410; Johann von Görlitz und seine Tochter Elisabeth.	343—344

— VIII —

Seite.

Kap. LVI. Vermählung der Elisabeth mit Johann von Bayern; Unruhen in Lüttich gegen diesen den früheren Bischof 1406/1408; Elisabeth in Metz, 1430; Kauf eines Hauses in Trier, 1439. 344—348

Kap. LVII. Sigismund erwirbt Ungarn, 1402; Schlacht bei Nicopolis, 1396; Kämpfe zwischen England und Frankreich, 1418; Schlacht bei Angora, 1402 . . . . 348—364

Kap. LVIII. Wahl Sigismunds zum König 1410; Krönung in Aachen; Beginn des Konzils zu Konstanz, 1414; Schisma der Kirche; Krieg zwischen England und Frankreich, 1416; vergebliche Bemühungen Sigismunds um einen Frieden; Wahl Martins V., 1417. 364—370

Kap. LIX. Tod Wenzels, 1420; die Hussitenbewegung in Böhmen. 370—372

Kap. LX. Sigismunds Zug gegen Böhmen, 1421, 1427; nach Ungarn; Tag zu Nürnberg, 1430 . . . . 372—377

Kap. LXI. Nachrichten der Metzer Gesandten über den Tag zu Nürnberg . . . . 377—381

Kap. LXII. Konzil zu Basel, 1431; Verordnung für den Hussitenzug; Teilnehmer am Reichstag zu Nürnberg, 1431; Anordnung für den Hussitenzug, 1427 . . . . 381—401

Kap. LXIII. Die Reise Sigismunds nach Rom; die Krönung; Rückfahrt . . . . 401—408

Kap. LXIV. Reise der Metzer Gesandten zum Konzil von Basel; Empfang und Verhandlungen mit dem Kaiser; Rückreise eines Teiles der Gesandtschaft; Johann von Rollingen in Metz; Fortführung der Verhandlungen in Basel durch die Zurückgebliebenen; Kosten der Gesandtschaft; Instruktionen der nach Basel gesandten Vertreter der Stadt; Urkunden und Briefe, welche die Gesandten mitgenommen hatten; der Streit der Stadt mit Renart Vusz . . . . 408—437

Kap. LXV. Verhandlungen des Basler Konzils mit den Hussiten; Vorgänge in Böhmen . . . . 437—442

Kap. LXVII. Kaiserliche Verfügungen bezüglich der Trierer Bischofswahl; bezüglich des Krieges mit Philipp von Burgund. 442—446

Kap. LXVIII. Ordnung für die Kaiserkrönung in Rom . . . . 446—456

Kap. LXIX. Die Eroberung und Zerstörung von Saulcy und die Verhandlungen mit Henry de la Tour . . . . 456—471

Glossaire . . . . 473—499

Orts- und Personenregister . . . . 501—533

Vorwort.

Die Herausgabe der Metzer Chroniken ist in den großen Plan der Publikation der „Chroniken deutscher Städte" nicht aufgenommen worden. Als der Beschluß, diese Handschriften herauszugeben, von der Münchener Akademie gefaßt wurde, gehörte Metz nicht zu den „deutschen Städten", später aber ist wohl die französische Sprache, in der alle diese Chroniken geschrieben sind, der Grund gewesen, weshalb sie aus den „deutschen Städtechroniken" ausgeschieden blieben.

In Frankreich war den Metzer Handschriften nur geringe Beachtung geschenkt worden. Die französische kritische Geschichtswissenschaft hatte sich vor 1870 kaum den Publikationen, deren Bedeutung auf dem Gebiet der Provinzialgeschichte liegt, zugewandt, und man hatte es fast ausschießlich den provinzialen Vereinen selbst überlassen, tätig vozugehen. Hier aber entsprach das kritische Vermögen vielfach nicht dem guten Willen, den man geschichtlichen Arbeiten entgegenbrachte, insbesondere war die Publikationstechnik wenig entwickelt.

Das Schwergewicht lokalgeschichtlicher Forschung lag in Metz auf dem Gebiete der Archäologie, und der einzige, in weiteren Kreisen längst nicht zur Genüge gewürdigte Gelehrte, der Publikationsaufgaben glänzend hätte lösen können, Auguste Prost, vermochte bei der Vielseitigkeit der Arbeiten, die ihm zufielen, nicht an die Veröffentlichung von Quellen heranzugehen. Wohl hatte er sich kritische Grundlagen zur Beurteilung des handschriftlichen Materials geschaffen, selbst aber Hand an diese Arbeit zu legen, hat er sich versagen müssen.

Die inhaltlich wichtigste Publikation Metzer Chroniken hat Huguenin unter dem Titel *Les Chroniques de la ville de Metz* im Jahre 1838 gebracht. Er hat dabei Abschriften der Chronik Praillons und Philipps v. Vigneulles zugrunde gelegt, dazu aber noch herangezogen, was er an ungedrucktem und gedrucktem Material erreichen konnte, und nun, jahrgangsweise geordnet, in bunter Mischung ein Mosaik hergestellt, das, so wertvoll die Nachrichten im Einzelnen oft sind, für die kritische Geschichtsforschung unbrauchbar ist. Hat er doch nie seine Quelle angegeben, so daß man beispielsweise für eine Erzählung aus dem Jahre 1260 oder 1270 nicht wissen kann, ob hier ein Geschichtserzähler des 16. oder ein Chronist des 13. Jahrhunderts zu uns spricht.

Dazu kommt, daß Huguenin auch die Sprache modernisiert hat, so daß auch die philologische Kritik keine sicheren Grundlagen für die Beurteilung des Textes der einzelnen Abschnitte bieten kann.

Die lothringische historische Kommission hat es als ihre Aufgabe angesehen, eine neue kritische Grundlage für die lothringische Geschichtsforschung durch Herausgabe der einzelnen, bei Huguenin durcheinander gemischten Quellen zu geben. Ausgeschieden bleiben nach dem vorläufigen Plan das in brauchbarer Ausgabe von Lorédan Larchey bearbeitete Journal des Jehan Aubrion sowie Michelants Chronique de Jaicomin Husson und „Gedenkbuch des Metzer Bürgers Philippe v. Vigneulles". Dagegen sollen neu herausgegeben werden die bisher unedierte anonyme Chronik der Kaiser und Könige aus dem Luxemburger Hause, als deren Verfasser ich Jaique Dex nachweise, die Chronik des Doyen de S. Thiébault, die Calmet publiziert hat, die noch nicht veröffentlichte Schöffenmeisterchronik, die Cölestinerchronik, von der Calmet einzelne Teile in die Chronik des Doyen von S. Thiébault eingearbeitet hat, die von Calmet zum Teil bearbeitete Chronique en vers, die unedierte französische Bischofschronik und endlich die großen Chroniken des Praillon und des Philippe v. Vigneulles, die Huguenin für seine Publikation vorwiegend benutzt hat.

Einleitung.

I. Handschriften und Schreiber.

Die Chronik der Könige und Kaiser aus dem Luxemburger Hause liegt uns vollständig nur in einer Handschrift vor: dem Codex 81 der Metzer Stadtbibliothek, M.

In drei weiteren Handschriften sind einzelne Teile der Chronik erhalten. So bringt ein Manuskript Pr, das der Pariser Nationalbibliothek angehört, lediglich den Anfang des Prosatextes und das Gedicht über den Vierherrenkrieg, Codex P, der ebendahin gehört, enthält nur das obengenannte Epos, und Handschrift D in der Metzer Stadtbibliothek gibt außer diesem Gedichte noch eine Reihe der kleineren poetischen Ergüsse und Pamphlete über die Kriegsjahre 1324 bis 1326.

1. Handschrift M.

Codex 81 der Metzer Stadtbibliothek, den wir mit M benennen, enthält 215 Papierblätter in Folioformat, die von einer modernen Hand von 1—430 [1]) durchpaginiert sind. Von den Schreibern der Chronik selbst stammt eine Einteilung der Handschrift nach den Ziffern *I—XIII*, die wohl lediglich Papierlagen bezeichnen. *I* steht auf Pagina 15, *II* auf p. 19, *III* fehlt, *IV* auf p. 122/3, *V* auf p. 154/5, *VI* auf p. 190, *VII* auf p. 191, *VIII* auf p. 222/3, *IX* auf p. 258, *X* auf p. 290, *XI* auf p. 327, *XII* auf p. 362, *XIII* auf p. 381.

Beschreibung der Handschrift.

Das Papier trägt das in Metzer Manuskripten oft wiederkehrende Wasserzeichen einer Wage[2]). Der Einband entstammt dem 17. Jahrhundert, jedoch ist auf der inneren Seite des oberen Deckels ein Pergamentstück eingeklebt mit der Aufschrift:

---

[1]) Ich benenne die Seiten dieses Codex mit p. (pagina), um sie von S. (Seite) des Druckes zu unterscheiden.

[2]) Vgl. C. M. Briquet, La date de trois impressions précisés par leurs filigranes. Besançon 1900 p. 18 ff.

Cist paupier fuit faiz
on moix d'auwost per
mille CCCIIII^{xx} et XII ans.

Die Hand, welche diese Zeilen schrieb, ist eine andere als die, welche die Blätter des Bandes gefüllt hat. Die Notiz bezieht sich wohl auf andere Papierlagen, die ursprünglich die Einbanddeckel füllten. Darauf deutet auch das Wasserzeichen der Wage, das nach Briquet erst seit dem 15. Jahrhundert vorkommt.

Bei der Herstellung des Manuskripts sind zwei Hände tätig gewesen, die beide dem 15. Jahrhundert angehören.

<small>Die beiden Schreiber.</small> Zunächst hat Hand A fast die gesamten geschichtlichen Aufzeichnungen niedergeschrieben. Die Einträge sind in der Weise bewirkt, daß der Schreiber sehr häufig weitere, $^1/_4$ bis 1 Seite, oft auch mehrere Seiten umfassende Zwischenräume offen gelassen hat, damit hier Nachträge eingeschoben werden können. Ja, der Schreiber geht so weit, daß er bei fast jedem Alinea etwa 3—5 Zeilen frei gelassen hat. Eine Hand B, die aber A außerordentlich ähnlich ist, hat dann in weniger sorgfältigen Zügen den größten Teil des auf Pagina 1—14 befindlichen Registers angelegt und in dem von A geschriebenen Text sachliche Korrekturen und Zusätze angebracht. Die Zusätze sind entweder an Stellen eingefügt, die von Schreiber A, der seine Vorlage offenbar nicht lesen konnte, freigelassen waren, oder B hat die weiteren Zwischenräume benutzt, die für Nachträge vorgesehen sind, oder aber B hat ein besonderes Blatt in kleinerem Format beschrieben, das dann in den Codex eingeklebt worden ist.

Das Register ist fast ganz von B geschrieben. Nur die Überschrift „*Rebriche-despendences*", sowie ein Satz von Kap. LXVI ist von A gefertigt.

Die Bezeichnung der Papierlagen I—XIII, die sich neben der Kapiteleinteilung findet, ist für I—VII von A, für VIII—XIII von B geschrieben. Die Eintragung der Kapitelziffern fällt B zu. Für Kapitel LXVIII und LXVIIII, deren Inhalt auch im Register nicht vermerkt ist, fehlt die Kapitelbezeichnung. Die Verweiszeichen B, P, S, BH, R etc. stammen von Schreiber B, auch sind von derselben Hand eine ganze Reihe Zeichen, die sich am Rande des Textes oder auf dem Alinea von Pagina 279—369 und unter dem Text eingetragen finden: (R, b, p, g, f, c). Ihre Bedeutung ist nicht klar; offenbar deuten sie auf eine stattgehabte Kollationierung hin. Sehr charakteristisch ist es auch, daß auf p. 333 B in der Aufzählung der nach Basel gehenden Gesandten einkorrigiert „*maistre Domenique*". Auf der folgenden Seite hat dann A, als die Namen wieder genannt werden, diese Korrektur vorgenommen.

Aus dem Ganzen geht hervor, daß B mit A gleichzeitig an der Herstellung des Bandes tätig gewesen ist, etwa in der Art, daß B der Auftraggeber war, wahrscheinlich auch die Vorlage für die Reinschrift geliefert hatte und dann das vorgelegte Manuskript einer sachlichen Durchsicht unterzog. Diese Vermutung gewinnt an Bestimmtheit, wenn wir sehen, wie Schreiber A p. 225 sagt: *Le dit empereour Charle olt une fille que fuit femme d'un bourgraive de Noiremberg et n'ot une fille; maix je ne sai c'elle fuit de la premiere femme ou de la dairienne femme.* Auf einem eingeklebten Blatt hat B eine Reihe weiterer Notizen zur Familiengeschichte der Luxemburger eingetragen; darunter auch die folgende: *le dis enperrour Chaille ot une fille que fut femme d'un borqueraive de Noiraubel; maix je ne say, de lay quelle femme qu'elle fut.* Schreiber A und B haben also dasselbe Interesse an derselben Person, wissen aber beide nicht über deren Abstammung Bescheid und betonen das ausdrücklich. Das deutet doch, vor allem auch in der Art, wie es gesagt wird, auf ein und denselben Verfasser beider Notizen hin.

Art der Herstellung.

Auch handschriftliche Eigentümlichkeiten sprechen für unsere Vermutung. Auf p. 74 schreibt A: *Et chambre les montigneus*, wo es deutlich heißen muß: *A chambre*. Derselbe Irrtum findet sich p. 8, p. 19 u. a. a. O. Dieses Versehen des Schreibers erklärt sich sofort, wenn man sieht, daß B ein und dasselbe Zeichen für *a* und *et* gebraucht und annimmt, daß B die Vorlage für A geschrieben hat.

Wörter, die A nicht lesen konnte und für die deshalb im Manuskript eine Lücke ist, füllt B, dem die Schrift der Vorlage viel geläufiger ist, aus. So setzt er p. 227 ein *lay monce* und p. 289 *Abel*.

Auch aus dem Inhalt der von A und B geschriebenen Einträge darf man schließen, daß B der eigentliche Verfasser des Ganzen war und A nur als Mundator tätig gewesen ist, so vor allem aus Stellen, in denen B inhaltlich unbedeutende Sachen oder aber solche, von denen nur einer wissen konnte, der die Vorgänge selbst miterlebt hatte, korrigiert. So fügt B bei dem Bericht über die Gesandtschaft den *maistre Domenique* ein, ebenso ergänzt B bei Aufzählung der Personen, an die man in Basel Briefe abgab, die Liste der Empfänger: *a maistre Jaique de Vairenne*. Besonders charakteristisch ist es aber, wenn A bei der Schilderung des Rückwegs einer Metzer Gesandtschaft von Basel nach Metz sagt: *Se nous fist le dist avecque present de bleif,* B aber korrigiert dafür „*aweine*". Auch im Register, das B geschrieben hat, zeigt er, daß er intimere Kenntnis der Vorgänge hat als Schreiber A. Pagina 292 schreibt A: *Ci apres sont plusieurs nouvelles que maistre Jaique de Vairenne le courdelier mandait au seigneur Jaique Daix chevalier pour le temps que le dit maistre Jaique fut a Noiremberg par dever l'empereour pour ciaulx de Metz.* Im Register aber schreibt B: *Et coment sial de Mes y anvoion lor enbaixaidour ... et pluxour novelle que lez dis enbaixaidour mandon per desay.*

B weiß also, was er nicht aus der Chronik entnehmen konnte, daß die Stadt mehrere Vertreter nach Nürnberg geschickt hatte. Und tatsächlich war dies der Fall, wie die Reichstagsakten (s. S. 377 Anm. 3) bestätigen.

Persönlichkeit der Schreiber.

Schreiber A ist besser gebildet als B, wenigstens schreibt er orthographisch, während B lediglich nach dem Klang der Worte die Buchstaben wählt und seinen Dialekt in der Schrift recht deutlich zum Ausdruck bringt; oft zieht er auch Wörter in der Niederschrift zusammen oder trennt Zusammengehöriges, wie das beim Sprechen geschieht. Als Beispiele führe ich nur an: Sui saille = sur Seille (p. 76), an voion = envoyon (p. 257), de lay xevaichief = de l'archevêché (p. 257), laigraisce = la grace (p. 279).

Die Zusätze von A machen den Eindruck, als ob der Verfasser ein älterer Mann gewesen wäre. Häufig wiederholt er sich und flickt bei Nennung eines Namens immer wieder seine Erinnerungen ein, gleichviel ob sie im übrigen zur Erzählung passen oder nicht.

Ungemein auffallend ist die große Ähnlichkeit der Handschriften von A und B. So deutlich der Unterschied ist, wenn A sorgfältig und B flüchtig schreibt, so schwierig wird die Unterscheidung, wenn A bei späteren Zusätzen nachlässig wird. Man ist zunächst geneigt, auch diese Zeilen B zuzuschreiben, überzeugt sich aber bei genauerem Zusehen, daß tatsächlich A der Schreiber gewesen ist. Das zeigt sich insbesondere in dem Registereintrag zu Kap. LXVI, noch mehr auf p. 353 des Manuskripts. Hier kann man genau den Übergang der sorgfältigen Schreibart von A in die flüchtigen Züge beobachten. Sicherheit bringt aber vor allem die Schreibart der Zahlen. Während A die Hunderte als Einer mit übergeschriebenem C gibt, setzt B regelmäßig soviel C wie er Hunderte schreiben will.

— XV —

Da beide Handschriften durchaus individuell sind, so wird man sich diese Ähnlichkeit der Schriftzüge nur durch die Annahme erklären können, daß Vater und Sohn an der Niederschrift beteiligt sind, so zwar, daß der Sohn A die Aufzeichnungen oder Sammlungen des Vaters B ins Reine schrieb und der Vater die Abschrift dann korrigierte und mit Zusätzen versah.

Daß B und A gleichzeitig tätig waren, ergibt sich auch aus dem Inhalte der von A und B geschriebenen Stücke. *Zeit der Aufzeichnung.*

Die Aufzeichnungen von A reichen im allgemeinen, soweit im Zusammenhang berichtet wird, bis zum Jahre 1434. Einzelne Fakta werden allerdings auch noch aus späteren Jahren erzählt. Das letzte geschichtliche Ereignis, das A berichtet, ist der Tod Sigismunds vom 9. Dezember 1437 (p. 194). Der Beginn der Niederschrift muß jedoch noch zu Sigismunds Lebzeiten nach dem Jahre 1433 begonnen sein, denn die Überschrift der ersten Seite lautet: *Si apres trouveres et sont plusieurs coroniques parlans de l'empereour Hanrey . . . et de la descendue jusques au roy Symont de Hunguerie et Baheigne que fut coronnei a Rome pour empereour le jour de la penthecouste per mil IIII^C et XXXIII.*

Dagegen heißt die gleichfalls von A geschriebene Überschrift des erst nach Vollendung des Bandes angelegten Registers: *Rebriche de plusieurs coroniques . . . . jusques a la fin de Symon roy de Hunguerie et de Bahaigne.* Auch die Überschrift des Kapitels LVIII lautet ursprünglich (Hand A): *Ci apres rencomancerons a parler, coment le diz Symont :;: roy de Hongueriee :|: fuit eslieut pour roy des Romains et coment qu'il fuit puis empereour.* Erst B fügt hinzu: *et coment qui rengnoit jusques a sai fin; le quel morut au desembre par mil CCCC et XXXVII.* Daß aber auch A noch Anfangs 1438 an der Chronik geschrieben hat, ergibt sich daraus, daß der Schreiber wie in der Registerüberschrift so auch p. 225 vom Tode des Kaisers Notiz nimmt[1].

Auch die Zeit der Aufzeichnungen von B läßt sich ziemlich

---

[1] Wenn der Schreiber hier lediglich sagt *et moruit par IIII^C et . . .* und die Eintragung des Jahres ausläßt, so ist das nur so zu erklären, daß er, da Sigismund im Dezember 1437 starb, noch nicht genau das Datum kannte und deshalb das Jahr ausließ. Wenn B allerdings ergänzt *XXXVIII au moix de desembre*, so möchte man zunächst versucht sein zu glauben, daß der Schreiber viel später seine Aufzeichnungen machte. Das ist aber nach allen übrigen Anhaltspunkten ausgeschlossen, und so müssen wir annehmen, daß der Schreiber gerade im Jahre 1438 schrieb und ihm diese Zahl geläufig war. Daß B das richtige Jahr kennt, zeigt er wiederholt.

genau bestimmen. Der Tod Sigismunds ist wie gesagt dem Schreiber bekannt, auch die Wahl Albrechts zum römischen Könige (1438 März 18) wird von ihm erwähnt; p. 257 erwähnt B selbst, Elisabeth v. Görlitz habe im September 1438 in Trier ein Haus gekauft, und kurz darauf nennt der Schreiber Jacob v. Lüttich als Administrator von Trier, der 1438 April 15 dies Amt erhalten hatte. Der letzte Termin ist sonach September 1438.

Als terminus ante quem ergeben sich von vornherein alle Ereignisse, die Schreiber B in seinen nachträglichen Notizen nicht erwähnt; ich nenne hier nur den Tod Albrechts II. (1439 Oktober 27), ein Ereignis, das er nach der ganzen Tendenz seiner Geschichte sicher erzählt hätte, wenn es während der Arbeit an der Chronik eingetreten wäre.

Jedenfalls dürfen wir annehmen, daß die letzten Einträge des Schreibers B über das Jahr 1438 nicht hinausgehen.

Man wird sich sonach die Entstehung des Bandes folgendermaßen zu denken haben:

Im Jahre 1434 hatte B sein Material für die Abfassung der von ihm geplanten Chronik zusammengebracht und übergab es A zur Abschrift. A schrieb die Kapitel I—LXIII, die er Anfang 1438 beendete. B sah während des Verlaufs und nach Beendigung der Arbeit die Reinschrift durch, brachte seine Korrekturen an und machte seine Zusätze. Hiernach, vielleicht aber auch gleichzeitig, legte er das Register an, so zwar, daß seine eigenen Textzusätze Berichtigung fanden.

Nachdem B die Registerarbeit hinter sich hatte, trug A noch die Kapitel LXVIII—LXIX in seine Reinschrift ein. B hat diese Stücke nicht mehr in der Weise wie voraufgehende Kapitel kollationiert. Daß aber auch diese Eintragungen bei Lebzeiten von B stattfanden, ergibt die von B geschriebene Notiz auf Pagina 401: *Cy apres troverey, coment Salsif fut aibaitue.*

2. Handschrift Pr.
(Kollationiert.)

Beschreibung der Handschrift.

Das Manuskript liegt in der Pariser Nationalbibliothek (Fr. Nouv. Acquis. 6706) und stammt aus der Collection Prost, in der es unter der Nummer 21 eingetragen war [1]).

---

[1]) Mém. et docum. publ. par la Société nation. des Antiquaires de France. Mettensia I p. 112.

Der Band zählt 90 Blätter in Folio, von denen 88 beschrieben sind.
Die Seiten haben gleichzeitig eine ältere Paginierung, die mit
73 beginnt und bis 252 reicht. Die Handschrift ist demnach Teil
eines größeren Manuskripts.

Nach der Handschrift gehört der Band der Wende des 15. zum
16. Jahrhundert an.

Pr beginnt mit den Worten: *Si apres trouveres et sont pluxeurs* Inhalt.
coronicques parlans de l'empereour Hanry cuien de Lucembourg.
Wörtlich stimmt dann der Inhalt mit M überein bis zu den auf p. 74
der Handschrift M stehenden Worten: *li tier jour du moix de mairs.*
Daran schließt sich (p. 113—163) unmittelbar das Gedicht über den
Vierherrenkrieg an: *Une coronique et ung biaul dit de la guerre
que le roy Jehan de Baheigne fist a l'archevesque de Trieve, le duc
de Lorenne et le quien de Bair contre ciaulx de Metz par mil III^c
et XXIIII.*

P. 164 ist leer. S. 165 ff. sind wieder gleich dem Wortlaut
von M (p. 181): *Et ycy apres ensuyvant trouveres la devision.* Es
fehlen demnach in Pr die sämtlichen Gedichte, welche M über den
Vierherrenkrieg bringt.

Pr ist wieder mit M gleichlautend bis M p. 185: *a la droite
main* (Pr 167).

p. 168 in Pr ist leer. Es fehlt in Pr: *C'est la coppie de la
lettre* etc. Statt dessen nimmt Pr mit p. 169 (f. 49) eine ganz andere
Materie auf: *Sensuivant la substance des lettres que monsieur le
marquis de Bauden escript aux gens d'eglise et a toute la clergie
de la cite de Mets et aucy a la dite cite meyme touchant le differant
d'entre les deulx avesque de Maiance la depolcession et a l'occasion
d'iceulx.*

Diese Briefsammlung, in der sich Schreiben des Markgrafen
Albrecht von Brandenburg, des Markgrafen Karl von Baden, Ulrichs
von Würtemberg, Kaiser Friedrichs u. a. finden, füllt die Seiten
169—236 und reicht zeitlich bis zum Jahre 1464.

In denjenigen Teilen der Handschrift Pr, die mit dem Inhalte
von M identisch sind, hat M für Pr als Vorlage gedient. Man ersieht
dies ohne weiteres daraus, daß die Zeilenabsätze in Pr dieselben
sind wie in M und daß die Korrekturen, die in M durch eine gleich-
zeitige zweite Hand vorgenommen sind, im Texte von Pr Aufnahme
gefunden haben.

Für die Publikation sind demnach die unwesentlichen Varianten
von Pr nicht eingetragen; nur an Stellen, wo sie für das Verhältnis

— XVIII —

der beiden Handschriften besonders charakteristisch sind oder tatsächlich Ergänzungen bieten, haben sie Berücksichtigung gefunden.

3. Handschrift P.
(Kollationiert.)

Beschreibung der Handschrift.
Die Handschrift P, welche lediglich das große Epos über den Vierherrenkrieg enthält, gehört der Pariser Nationalbibliothek und ist hier als Cod. Colb. 1757 = Regius 10335 = Fr. 5782 inventarisiert.

Das Gedicht ist auf Papier in Oktavformat in der zweiten Hälfte des 15. Jahrhunderts niedergeschrieben und füllt 68 Seiten, denen acht unbeschriebene vorausgehen und zwei folgen.

Das Manuskript war, wie eine Eintragung auf der ersten Seite beweist, ursprünglich Eigentum des Akademikers J. Ballesdens (gest. 1675 Okt. 26), den Colbert zum Erben seiner Manuskripte eingesetzt hatte.

Zeit der Herstellung.
Die Aufzeichnung muß nach 1444 erfolgt sein. Das ergibt sich aus der Überschrift:

De la guerre des trois rois qui mirent le siege devant la bonne cite de Metz en l'an mil CCCC et XLIIII ans. Der Schreiber verwechselte offenbar den Krieg von 1324/5 mit dem von 1444.

Daraus läßt sich aber auch schließen, daß die Niederschrift in einer Zeit erfolgte, die dem Jahre 1444 schon verhältnismäßig fern lag.

4. Handschrift D.
(Kollationiert.)

Beschreibung der Handschrift.
Das Manuskript, das in der Metzer Stadtbibliothek unter der Ordnungsnummer 82 aufbewahrt wird, zählt 60 beschriebene Folioblätter. Es enthält das große Epos über den Krieg von 1324—1326 und die kleineren auf dieses Ereignis bezüglichen Dichtungen, die unter XX—XXXII auch im Codex M eingetragen sind. Jedoch fehlt hier das lateinische Gedicht XXI. Von Seite 50—55 an werden Auszüge aus Bertholet Histoire de Luxembourg gegeben. 55—57[b] *Traité de Paix entre les comtes de Luxembourg et les echevins de Metz.* 58 *Convention entre le comte de Luxembourg et le comte de Bar.* 59—60[b] *Traité de paix entre Jean l'Aveugle et la ville de Metz.*

Zeit der Herstellung.
Die Handschrift ist angefertigt im Jahre 1770 durch den Metzer Gelehrten Duprez de Geneste auf Grund eines Manuskriptes des 15. Jahrhunderts. Hierüber bemerkt der Kopist auf Bl. 1: *Par le R⁰ du premier feuillet blanc en tête de ce manuscript est ecrit: Ce*

livre est a Dame Anne de Gournay, fille Signeur Regnault le Gournay [1]). *L'ecriture de ce renseignement est un peu plus belle et plus lisible que celle du manuscript qui quoy qu'assis bien espacée et rangée est generallement assez difficile à lire et dans plusieurs endroits indechiffrable; mais je crois que ce qui en est cause, c'est que le copiste qui me parait ctre du 15. siecle n'a pas toujours seu lire son original; il a laissé passer entierement et a laissé en blanc la place de la 129 strophe et quelques autres mots par ci par la.*

Am Rande seines Manuskriptes hat Duprez de Geneste Erklärungen seltener Wörter und eigene Konjekturen eingetragen. Die Sprache der Duprezschen Abschrift ist vielfach modernisiert; infolgedessen sind orthographische Varianten aus D wenig berücksichtigt.

II. Die Bestandteile der Chronik und die Gewährsmänner des Chronisten.

1. Allgemeines.

Die große Gesamtchronik, wie wir sie in Handschrift M besitzen, ist ein Kompilationswerk.

Charakter der Chronik.

Das ergibt sich aus der Anlage der Handschrift und aus ihrem Inhalte.

Vielfach sind ganze, halbe und Viertel-Seiten, oft aber auch nur einzelne Zeilen freigelassen, um den Raum für spätere Eintragungen, wie solche schon von Schreiber B besorgt oder veranlaßt wurden, übrig zu lassen. Oft reichte schon für A der Raum nicht aus, so daß er Notizen und Berichte, die ihm während der Niederschrift der Chronik zugänglich geworden waren, nicht mehr an der richtigen Stelle einschieben konnte. Da machte dann Schreiber B am Rande ein Verweiszeichen, und A brachte das neu Hinzugekommene an späterer Stelle, wo sich freie Blätter fanden [2]). So sagt B einmal

---

[1]) Anne de Gournay war die Tochter Regnaults de Gournay, Herrn von Villers-la-Quenexy (Schöffenmeister 1499, stirbt 1530 Febr. 20) und seiner zweiten Frau Alix de Remiot, mit der er seit 19. Juli 1498 verheiratet war. Anne verheiratete sich mit Warin de Roucels, Herrn von Vernéville und Aubigny und in zweiter Ehe mit François de Dommartin. Sie stirbt den 21. Aug. 1574. Vgl. d'Hanoncelles, Metz ancien tome II p. 99.

[2]) Die Verweiszeichen sind entweder Buchstaben oder Figuren. Die Buchstaben sind die Anfangsbuchstaben des Schlagwortes. So J H (Johann von Böhmen, Sohn Heinrichs) p. 17 und 49. B (Bajazeth) p. 268 und 275. P (Pape) p. 280; das entsprechende Zeichen kehrt nicht wieder, entweder hat der

ausdrücklich (p. 356): *Cy aipres enxuan ... porey trovey lez despandanse que s'an despande portan qu'elle ne pooie chavoir ysy aipres.*

Oder ein andermal (p. 401): *Et doveroit estre cest airticle et prosay si devant entre l'an M CCCC et XIIII et M CCCC et XV ... Et asy doveroit il estre encor si devan en sovenanse dez erticle que lez enbaixaidour de sial de Mes enporton ai Baille en novembre per M CCCC et XXXIII ... Maix portan qui n'y aient poieut chavoir et qu'il y aistoit oblieit de la mettre, lez ait il convenut mettre ysy aiprez enxuan.*

Ausdrücklich sagt aber auch der Verfasser: *Si apres trouveres et sont pluxeurs coroniques parlans de l'emperrour Hanrey, cuien de Luxembourg et la desxandue jusques au roy Symont,* gibt also selbst an, daß er aus mehreren Chroniken sein Werk zusammengesetzt hat.

<small>Bestandteile der Chronik.</small> Von vornherein können wir die Chronik in drei große Bestandteile scheiden.

Der erste und älteste ist das Epos auf den Romzug Kaiser Heinrichs VII, der zweite umfaßt die Gedichte über den großen Vierherrenkrieg von 1324—1326. Als dritter bleibt sodann die eigentliche Prosachronik übrig.

In diesem letzten Teile mischen sich Auszüge aus den verschiedensten handschriftlichen Quellen, die dem Verfasser zur Verfügung standen, mit Berichten und Erzählungen, die er von Freunden und Bekannten erhielt. Aber auch viel selbst Erlebtes weiß der Chronist, der im öffentlichen Leben an hervorragender Stelle gestanden hat, uns mitzuteilen.

Für diesen dritten Teil wird es sich vor allem darum handeln, die einzelnen Quellen und Gewährsmänner ausfindig zu machen, um auf Grund einer solchen Sichtung den geschichtlichen Wert der einzelnen Chronikbestandteile beurteilen und vielleicht auch der Persönlichkeit des Kompilators näher kommen zu können.

<small>Schreiber den Eintrag vergessen oder er meint eine Stelle, die wenige Seiten später darauf Bezug hat. S.;. (Salsil) f. 280 und 401. B H (Bahaigne-Husz). T (Trèves) p. 321 und 365. Den Figuren von p. 287 und 297 entspricht p. 310, der von p. 332 diejenige auf 352. Dem Zeichen von p. 327 entspricht kein solches im weiteren Bande, es scheint aber, daß die betreffenden Ausführungen eine Stelle ergänzen, die schon vorhergeht und bei der das Zeichen abgeschnitten oder vergessen ist. Den zwei Zeichen p. 330 entspricht keines genau, gemeint sind aber wohl die Zeichen p. 352. P. 356 hat kein korrespondierendes Zeichen. Hier hat der Verfasser den versprochenen Eintrag vergessen; denn auch nach dem Inhalte des Textes läßt sich nichts Entsprechendes finden.</small>

2. Das Gedicht über den Romzug Kaiser Heinrichs VII.
(Les vœux de l'épervier.)[1]

Als ältester selbständiger Bestandteil der Chronik tritt uns das große Epos über den Romzug Kaiser Heinrichs VII. entgegen. Der Dichter stellt die Taten des Kaisers nicht in eintöniger historischer Aufeinanderfolge dar, sondern greift statt dessen einzelne Scenen aus den Kriegsjahren heraus, um in ihnen höfisches Leben, hervorragende Taten der Ritterschaft und den Tod des Kaisers in anschaulicher und lebhafter Weise zu schildern. Literarisch steht das Werk durch die Anordnung seines Inhalts sowie durch den Schwung und die Feinheit seiner Sprache weit über den sonstigen poetischen Erzeugnissen gleichen Charakters und gleicher Herkunft. Wir dürfen aber hier wohl absehen von eingehender literarischer Würdigung; wir haben lediglich zu untersuchen, wie weit die Verse als geschichtliche Quelle für den Römerzug Kaiser Heinrichs VII. in Betracht kommen.

Art der Dichtung.

Um den Inhalt der Dichtung nach ihrer geschichtlichen Bedeutung abmessen zu können, wird es gut sein, die Geschichte des Zuges in kurzen Zügen zu rekapitulieren.

Nachdem Heinrich VII. in Aachen die deutsche Königskrone erhalten hatte, sucht er im Laufe der nächsten zwei Jahre seine Stellung in Deutschland einigermaßen zu festigen. Insbesondere bemüht er sich, dasjenige Haus zu gewinnen, das seiner Wahl vor allem mißgünstig gegenübergestanden hatte und bei einer Beharrung im Widerstand gegen sein Königtum alle weiteren Pläne zu vereiteln vermochte: die Habsburger. Durch glückliche Zeitereignisse gelingt es dem Könige des weiteren, durch die Wahl seines Sohnes Johann zum böhmischen König einen Hausbesitz zu erwerben, der um so wertvoller für ihn war, als die Mittel der Grafschaft Luxemburg in keiner Weise Rückhalt und Stütze für Ausführung der hochfliegenden Pläne, mit denen er sich trug, gewähren konnten.

Geschichte des Romzugs.

Aus so kleinen Verhältnissen Heinrich auch entstammte, so großartig war doch seine Auffassung von der Stellung, die ihm die Frankfurter Wahl übertragen hatte. Die Wiederaufrichtung des

---

[1] Das Gedicht ist von Wolfram und Bonnardot im Band VI des Lothr. Jahrb. p. 177 ff. herausgegeben und wird hier unter Benutzung dieser Publikation in neuer Bearbeitung nach nochmaliger Kollation mit der Handschrift zum Abdruck gebracht.

Kaisertums, das war der Gedanke, der seinen romantischen Sinn seit der Aachener Krönung völlig beherrschte. Mit außerordentlicher Energie hat er seinen Vorsatz verfolgt und sich nicht dadurch abschrecken lassen, daß das Heergefolge, das ihm aufzubieten gelingt, nach der Zahl der Kämpfer in keiner Weise der Durchführung seiner Pläne gewachsen war. Von den Fürsten des Reiches folgen ihm nur Leopold von Österreich mit einem mäßigen Aufgebot, und ein Jahr später führt ihm Rudolf von Baiern ein weiteres Häuflein tapferer Ritter zu. Was sich von glänzenderen Namen sonst um ihn schart, das sind Verwandte seines Hauses oder Edelleute, die aus Lehensverpflichtungen oder gegen Sold die weite Fahrt unternommen haben. Von den ersteren ist vor allem zu nennen Balduin, des Königs Bruder, Erzbischof von Trier, der während des ganzen Zuges die beste Stütze in Rat und Tat für Heinrich gewesen ist. Auch Walram, der dritte Bruder, hat mit tapferem Arm zu jeder Stunde die Ehre des Königs verfochten. Von Flandern haben ihn drei Vettern, Robert, Veit (Gui oder Guido) und Heinrich, begleitet. Aus Savoyen stößt sein Schwager Amadeus mit den Söhnen Eduard und Aymo zum königlichen Heer, und dessen Einwirkung hat es der König wohl zu danken gehabt, wenn Hugo von Vienne, des Amadeus Schwiegersohn, und dessen Bruder Guido an der Fahrt beteiligt sind. Auch von den geistlichen Fürsten, denen wir außer Balduin im Hoflager begegnen, ist der aufopferndste, Theobald von Lüttich, als Graf von Bar dem Luxemburger nahe verwandt.

Von den deutschen Reichsgrafen, den Reichsministerialen und der freien Reichsritterschaft sind vor allem die rheinischen und moselländischen Geschlechter vertreten, während das mittlere Deutschland wenige seiner Söhne geschickt hat.

Auch die Reichsstädte haben Heeresfolge geleistet; so wissen wir das insbesondere von Speyer, doch auch Metz scheint nach unserem Gedichte im Zuge vertreten gewesen zu sein.

Im ganzen war es jedenfalls eine Zahl, die entfernt nicht den Vergleich mit den Massen, die in früheren Jahrhunderten die Berge überstiegen, aushalten konnte.

Trotz alledem war die Hoffnung auf ein glückliches Gelingen gar nicht aussichtslos. Heinrich hatte seinen Vorgängern vor allem eines voraus: er stand in gutem Einvernehmen mit der Kurie, die ihm zunächst sogar die Wege zu ebnen suchte. Weiter mochte er auch hoffen, als Friedensspender, der über den Parteien stand, die zerrütteten Lebensformen der italienischen Gemeinwesen wieder in

Ordnung zu bringen und gewissermaßen in dankbarer Anerkennung dieser Tätigkeit die Herzen und die politische Unterstützung aller Parteien zu gewinnen.

Da die östlichen Übergänge über die Alpen durch die Gegnerschaft Heinrichs von Kärnthen gefährdet waren, wählte Heinrich den an sich ungleich beschwerlicheren Weg über den Mont Cenis. Kam ihm doch hier auch die Unterstützung seines Schwagers Amadeus von Savoyen wesentlich zu statten. Ohne besondere Verluste ist der Übergang gelungen, und über Susa, Turin, Chieri, Asti und Novara gelangt der König am 23. Dezember 1310 nach Mailand. Bald schon muß er hier zu seinem Leidwesen erfahren, wie wenig seine abstrakte und ideale Politik für die tatsächlichen Verhältnisse fruchtbringend werden kann: der Volkskapitän Guido de la Torre, das Haupt der guelfischen Partei, veranlaßt einen Aufstand, der blutig niedergeschlagen werden muß. Mit diesen Ereignissen ist des Königs Nimbus als Friedensfürst dahin, und als er Mitte April von Mailand zum Weitermarsch nach Rom aufgebrochen ist, da versucht zunächst Cremona, sich ihm entgegenzustellen, und die unzeitige Strenge, die er hier gegen Unschuldige walten läßt, veranlaßt auch Brescia, sich gegen ihn zu erklären. Da unterbricht der König seinen Weg und wendet sich zurück nach Norden, um erst diese Stadt zur Unterwerfung zu bringen. Unter Theobaldo Brusciati haben die Bürger verzweifelt dem umlagernden Heere widerstanden, und vier kostbare Monate hat der König verloren, um seine Ehre zu wahren. Und wenn das der einzige Verlust geblieben wäre! In dem engen Lager ist die Pest ausgebrochen und hat die königlichen Scharen furchtbar gelichtet. Der tapfere Guido von Flandern und die Königin Margarete haben hier den Todeskeim empfangen, dem sie bald nachher erlegen sind. Auch Walram, des Königs tapferer Bruder, hat vor den festen Mauern dieser Stadt, durch ein feindliches Geschoß verwundet, sein Leben lassen müssen.

Aber der schwerste Schaden ist dem König dadurch entstanden, daß die Gegner sich sammeln und in Florenz einen mächtigen Mittelpunkt finden. Heinrich hat sich zunächst auf keinen Kampf mehr eingelassen. Von Genua, das ihm freiwillig die Tore öffnet, geht er zu Schiff nach Pisa und am 7. Mai 1312 wehen seine Banner vor den Mauern Roms.

Auch dort ist ihm inzwischen ein mächtiger Widerstand erwachsen: Johann, der Bruder des Königs Robert von Neapel, hat sich der Guelfenpartei, den Orsinis, verbunden und Trastevere, St. Peter, sowie die dem Tiber zunächst gelegenen Stadtteile des linken Ufers in feindlicher Absicht besetzt. Mit Gewalt muß sich Heinrich den Eintritt in die Stadt erzwingen, und wiederholt kommt es zu heftigen Kämpfen zwischen den königlichen Scharen und den Neapolitanern. Auch jetzt wieder treffen den König harte Verluste, insbesondere wird ihm der getreue Theobald von Lüttich, der den Krummstab mit dem Schwerte vertauscht hat, durch den Tod im Kampfe entrissen.

Trotz aller Mühen vermag der König bei dieser Lage den Eintritt in die Peterskirche nicht zu erzwingen und muß sich mit einer Krönung in St. Giovanni des Lateran begnügen. Wenige Tage darauf hat Heinrich Rom verlassen, um sich gegen den toskanischen Bund, der sich inzwischen gefestet hatte, zu wenden. Aber so wenig kriegstüchtig sich auch die Florentiner nach den Anschauungen der deutschen Ritter hielten, das Häuflein des Kaisers war doch allzusehr zusammengeschmolzen, als daß es gegen die mächtige Arnostadt etwas Wirksames hätte ausrichten können. So hat sich Heinrich mißmutig nach Pisa zurückgezogen und dort lange Monde gelegen, um sich im August 1313 gegen denjenigen zu wenden, den er endlich als seinen schlimmsten Gegner erkannt hat, gegen Robert von Neapel. Die Lage des Königs ist nicht ungünstig: sein Bruder Balduin, der nach Deutschland zurückgegangen ist, hat bedeutende Streitkräfte zusammengebracht, die jenseits schon beinahe am Fuße der Alpen stehen; außerdem aber hat sich der König mit Friedrich von Sicilien, dem Nebenbuhler des Anjou, verbunden, um Robert durch einen gemeinsamen Angriff von Nord und Süd zu erdrücken. Da ereilt den Rastlosen auf dem Marsche nach Süden in Buonconvento der Tod. Zeitgenossen und Nachlebende haben behauptet, daß italienisches Gift sein frühzeitiges Ende verursacht habe. Ein Beweis dafür ist nicht erbracht, und wir werden uns in Anbetracht der längeren Krankheit, an der der König schon vor der Verabreichung des angeblich vergifteten Trankes litt, der Meinung derjenigen anschließen, die einem durch Klima und Aufregung entstandenen Fieber die Ursache des Todes zuschreiben. Mit dem Hinscheiden des Königs ist das Heer auseinander gelaufen und das Unternehmen aufgegeben.

Wie steht nun unser Gedicht zu diesen Ereignissen? Bringt es uns eine nennenswerte Erweiterung unserer Kenntnisse? Können wir die Verse als zuverlässige historische Quelle verwerten?

Der Dichter geht von Ereignissen in Metz aus, bei denen Heinrich als Graf von Luxemburg beteiligt gewesen ist. Da es sich nach dem Wortlaut der Verse um einen Bürgerzwist gehandelt hat, so werden wir an die Misshelligkeiten denken müssen, die zwischen dem Bischof Rainald von Bar und der Stadt ausgebrochen sind. Ohne Zweifel haben auch Metzer Stadtkinder, sei es als Geistliche, sei es als Beamte, auf Seiten des Bischofs gestanden. Außer einer Bündnisurkunde zwischen der Stadt und dem Grafen haben wir bisher keine Kenntnis vom Anteil Heinrichs an diesen Ereignissen gehabt.

Der Wert der Dichtung als geschichtliche Quelle.

Des weiteren erzählt der Dichter einen Traum des Luxemburgers, der ihm die künftige Kaiserwürde in Aussicht stellt. Dann wird über die Krönung in Aachen, den Umzug des Königs durch das deutsche Reich und die Erwerbung der böhmischen Königskrone flüchtig berichtet. Daß der König beim Aufbruch zum Römerzug auch Metz berührt habe, erfahren wir zum erstenmale aus unsern Versen.

Ebenso flüchtig wie die Vorgänge in Deutschland, behandelt der Dichter den Übergang über die Alpen und die Ereignisse in Italien bis zum Einzug in Mailand. Auch von dem Aufstande des Guido de la Torre schweigt das Gedicht. Um so breiter aber führt uns der Dichter die Hauptteilnehmer der Fahrt, die er zur Rundtafel vereinigt sein läßt, mit charakteristischen Bemerkungen vor. Dann schildert der Verfasser die Ereignisse vor Brescia eingehend, mit genauer Kenntnis der Situation. Den Tod Walrams führt er mehr auf leichtsinnige Ausschweifungen als auf die Verwundung des Grafen vor dem Feinde zurück.

Mit wenigen Worten geleitet uns dann der Anonymus über Genua nach Rom. Wiederum, wie bei der Beschreibung der Kämpfe vor Brescia, greift hier der Dichter einzelne Situationen heraus, so schildert er insbesondere die Taten Balduins von Trier und den Todeskampf des Bischofs von Lüttich. Auch erfahren wir von ihm allein, daß die Herzöge Leopold und Rudolf die Kaiserwache nach der Krönung übernommen haben. Desgleichen ist uns der Name des Führers der Nachhut und des Bannerträgers auf dem Rückwege nach Norden nur durch den Dichter überliefert.

Als vierte Scene wird uns das Ende des Königs breit und anschaulich vorgeführt. Die Beurteilung des historischen Wertes dieser Schilderung, die eingehender ist als diejenige der meisten Zeitgenossen, wird davon abhängen, ob der Dichter den Ereignissen wirklich nahe gestanden hat oder nicht.

Die Zeit der Entstehung.

Für die Beurteilung der Zeit, in welcher das Gedicht entstanden ist, gibt uns der Inhalt der Verse den nötigen Aufschluß; denn es läßt sich feststellen, daß der Verfasser nur ein Mann gewesen sein kann, der zur Zeit der geschilderten Vorgänge gelebt haben muß.

Die Charakteristik, die er den geschilderten Helden zuteil werden läßt, ist nach der Kenntnis, die wir anderweit von ihnen haben, durchaus zutreffend.

Heinrich selbst erscheint als ein Mann hochfliegender Pläne. Weit über Rom hinaus hat er sein Auge gerichtet, die Befreiung des heiligen Grabes erscheint ihm als letztes Ziel, und daß er als Kaiser über die Besetzung des päpstlichen Stuhles verfügen kann, ist ihm zweifellos. Seiner Frau ist er zärtlich zugetan, bei Tische hält er sogar ihre Hand umschlossen. Über den romantischen Sinn des Königs brauche ich aus anderen Quellen keine Belegstellen anzuführen, was aber das Verhältnis zu seiner Frau angeht, so sagt unter anderen Albertino Mussato: nie sei vor dieser Ehe ein Paar gefunden worden, das einander in so inniger Liebe zugetan war[1]).

Der Bruder des Königs, Walram, ist ein tapferer Ritter, der der Frauenliebe und einem guten Trunke niemals abgeneigt ist. Er leidet an Kurzsichtigkeit oder sieht auf einem Auge vielleicht auch gar nicht. Albertino Mussato charakterisiert ihn als kampflustig, „besser im Felde als im Rate verwendbar"[2]). Irmer sagt von ihm — ich kenne die Quelle nicht —, er sei der schönste der Brüder gewesen. — Die Kurzsichtigkeit ist ein Erbfehler der Luxemburger[3]).

Graf Veit von Flandern oder Gui de Namur, wie er im Gedichte heißt, wird ob seiner Tapferkeit wiederholt gefeiert. Tatsächlich hatte sich Guy längst vor dem Römerzug durch seine Taten in der Schlacht bei Kortryk einen glänzenden Namen gemacht. Nach dem Bericht des Dichters hat er sich einige Zeit bei seiner Verlobten, der Tochter des Herzogs von Lothringen, aufgehalten. Es läßt sich erweisen, daß Guy zum Abschluß eines Heiratsvertrags kurze Zeit in Sierck in Lothringen gewesen und dann zurückgekehrt ist[4]).

Heinrich von Namur, der seiner Kämpfe und seiner Tourniere

---

[1]) Alb. Muss., lib. V, cap. 4.
[2]) l. c., lib. II, cap. 5.
[3]) S. unten Anm. zu Vers 105.
[4]) S. Anm. zu Vers 136.

wegen gerühmt wird, war von Heinrich zum Marschall ernannt, und wenn der Graf von sich sagt: *Jai suix je soldoiour pour or et pour argent*, so entspricht das dem Berichte des Ferreto von Vicenza, der ihn unter denjenigen aufzählt, die „teils um ihrer Untertanpflicht zu genügen, teils um Sold gedungen, dem schwierigen Unternehmen sich zugesellt haben"¹).

Bischof Theobald von Bar endlich hat nach dem Gedichte dem Könige und dessen Familie außerordentlich nahe gestanden, *cui fine amour agrée*, läßt der Dichter den König von ihm sagen; er darf es wagen, den Bruder des Königs, Walram, zu verspotten, andererseits ist er es aber auch, den der König zum Papst machen will. Den Tod des Bischofs beklagt Heinrich in bewegten Worten. Diese Vertrauensstellung, die ihm der Dichter zuweist, wird vollständig gerechtfertigt, wenn Ferreto de Vicenza ihn zu denjenigen zählt, „die dem König mit warmer Hingebung anhängen"²) und wenn ihn Albertino Mussato „superillustrissimus"³) nennt. In den vom Könige ausgestellten Urkunden erscheint er fast regelmäßig als Zeuge. Bei der projektierten Heirat der Königstochter mit dem Sohne Roberts von Neapel ist er des Königs Unterhändler und Vertrauensmann.

Leopold von Österreich wird ermahnt, er solle bannen *toute mirancolie*. Ich vermute, daß sich dies auf die mißmutige Stimmung bezieht, welche die Habsburger gegen den Luxemburger der Königswahl wegen hegten.

Rudolf von Baiern endlich erklärt, er würde selbst sich nach Heinrichs Tode zum Könige wählen lassen oder die Krone einem Verwandten verschaffen. Tatsächlich hat Rudolf an seine Kandidatur gedacht⁴).

Auch der Bericht des Dichters, daß die letzten Grüße Heinrichs seiner Mutter Beatrix gegolten haben, kann recht wohl auf Wahrheit beruhen, denn die Mutter überlebt ihn, und wie vortrefflich der Kaiser mit ihr gestanden hat, dafür spricht ihre Absicht, dem Sohne nach Italien zu folgen⁵).

Das sind doch eine ganze Reihe Einzelheiten, wie sie aus der Lektüre mittelalterlicher Quellen sicher nicht zu gewinnen waren,

---

¹) Vgl. Anm. zu Vers 180.
²) Ferr. de Vic., lib. IV, cap. 1.
³) Alb. Muss., lib. VIII, cap. 5.
⁴) S. die Anm. zu Vers 305.
⁵) Vgl. Irmer, Die Romfahrt Kaiser Heinrichs VII. p. 102.

am allerwenigsten, wenn wir beachten, daß die geschilderten Persönlichkeiten den verschiedensten Gegenden angehören und für den Dichter deshalb die Kenntnis luxemburgisch-flandrischer Quellen ebenso wie solcher aus Baiern und Österreich vorausgesetzt werden müßte.

Von dem einen oder anderen der Genannten vermag ein Nachlebender wohl treffende und wahrheitsgetreue Züge aus einer guten Quelle zu übernehmen, aber die ganze Schar so richtig zu zeichnen, wie es hier geschieht, das ist meines Erachtens nur einem Manne möglich, der die Helden persönlich kennt oder wenigstens zu einer Zeit lebt, in welcher von ihnen allgemein in dieser Weise gesprochen wird.

Und wie mit den Personen, so ist es mit den einzelnen Ereignissen. Die Tatsachen in richtiger Folge aufzählen und Allgemeines darüber berichten, das können auch nachlebende Schriftsteller auf Grund einer zuverlässigen Quelle fertig bringen, hier aber treten uns eine ganze Reihe bezeichnender Einzelheiten entgegen, deren Schilderung kaum anders als durch Annahme der Zeitgenossenschaft erklärlich ist. Heinrich von Namur verspricht *que, se on vient a Bresse.... que je dessanderai enmey la praierie.* Das entspricht genau der Situation des Lagers, das sich an den umgebenden Höhen, die durch eine Wiese von der Stadt getrennt sind, hinaufzog[1]).

Als das Heer gegen Brescia reitet, da haben die Scharen, nach dem Berichte des Dichters, Überfluß an Schlachtvieh. Die Richtigkeit dieser Notiz bestätigt uns die Chronik des Johannes de Cermenate[2]).

Eines der wichtigsten Ereignisse vor Brescia ist die Gefangennahme des Theobaldo Brusciati. Nach den Berichten der italienischen Quellen wird derselbe, nachdem er geschleift ist, geviertteilt; auch die Vita Balduini berichtet, er sei geviertteilt, nachdem er vorher enthauptet wurde. Unser Gedicht weicht von all' diesen Schilderungen ab. Als einzige Quelle berichtet es, er sei geschleift und dann gehängt. Nun ist uns zufällig das Todesurteil des Brescianers erhalten und daraus ersehen wir, daß Theobald tatsächlich nach der Schleifung und vor der Viertteilung erst durch Hängen zum Tode gebracht ist[3]).

Nachdem Heinrich seinen Einzug in Rom gehalten hat, kommt

---

[1]) S. unten Anm. zu Vers 190.
[2]) S. Anm. zu Vers 332.
[3]) S. die Anm. zu Vers 363.

es zu wiederholten Kämpfen mit den Neapolitanern und Orsinis. Besonders eingehend verweilt der Dichter bei einer Heldentat und der Todesgefahr Erzbischof Balduins. Er nennt uns den Gegner und schildert genau den Verlauf des Kampfes. Nun haben wir gerade über diese Scene ein Bild im Codex Balduini, das, authentisch wie alle übrigen, doch an Zuverlässigkeit noch dadurch gewinnt, daß Erzbischof Balduin eigenhändig an den Rand Korrekturbemerkungen geschrieben hat. Wenn man die Schilderungen des Dichters und des Malers vergleicht, so stimmen diese ganz genau überein, und man möchte annehmen, der Dichter habe nach dem Bilde selbst geschildert, wenn nicht andere Darstellungen des Codex Balduini dem widersprächen.

Auch der weitere Bericht des Dichters über die Tat des Burggrafen von Hammerstein scheint völlig zuverlässig zu sein[1], und wenn der Lebensretter des Erzbischofs nicht mit Namen genannt, sondern „als Ritter mit drei Hämmern" im Wappen aufgeführt wird, so macht dies gerade den Eindruck, als habe der Verfasser des Gedichtes dem Kampfe zugeschaut oder von einem Zuschauer, der den Namen des Burggrafen vergessen hat, die Schilderung gehört.

Andere Bemerkungen des Dichters sind zwar nicht auf ihre Glaubwürdigkeit durch andere gleichzeitige Quellen kontrollierbar, zeigen aber eine so charakteristische Färbung, daß sie einen durchaus wahrheitsgetreuen Eindruck machen. So wenn der Dichter die Ursache von Walrams Tode nicht unmittelbar dem mörderischen Pfeile eines Brescianers zumißt, sondern mit einer gewissen Rücksichtslosigkeit erklärt: *Amour et compaignie et orgueil le souprent en tenir compaignie et en boivre souvant; en amour de pucelle et en feme gisant fut il mors et poris et prinst son finement.* Weiter erzählt er über den Tod Theobalds Einzelheiten, die sonst nirgends berichtet werden: der Kampf habe in einer engen Strasse stattgefunden, dort sei der Bischof umzingelt und gefangen, sodann ausgeraubt, dann erst getötet. Oder aber er spricht über den kostbaren Degen, den Balduin von Trier führte, und so noch manches dieser Art.

So geringfügig diese Einzelheiten an sich sind, so charakteristisch sind sie doch gerade aus diesem Grunde für die Annahme, daß die Dichtung unmittelbar nach dem Römerzuge entstanden ist.

---

[1] S. Anm. zu Vers 437.

— XXX —

Am einfachsten scheint die Erklärung, daß der Dichter selbst den Ereignissen beigewohnt hat.

Geschichtliche Irrtümer.

Hiergegen macht freilich bedenklich, daß den getreuen Schilderungen eine Reihe von Irrtümern entgegensteht, die sich der Dichter zuschulden kommen läßt. So verlegt er die Mailänder Tafelrunde in den Mai, während Heinrich schon im April Mailand verlassen hat. Rudolf von Baiern nimmt nach ihm an der Tafelrunde teil, während dieser Fürst erst später in Italien eingetroffen ist. Auch das Auftreten der Baiern vor Brescia wird durch keine andere Quelle beglaubigt. Desgleichen sind verschiedene Namen unrichtig angegeben, so Guillaume de Lyon, Regnier de Brabant und Gauthier de Montferrat. Die Krönung im Lateran findet nach dem Gedicht vor den Kämpfen des 26. Mai statt, während sie tatsächlich erst nachher vollzogen wurde. Das Heer des Königs wird auf 10000 Mann angegeben, während es wohl kaum jemals mehr als den fünften Teil gezählt hat. König Robert war nicht, wie der Dichter angibt, in Rom, sondern sein Bruder Johann. Der Kampf des Bischofs Theobald findet nach dem Berichte sämtlicher gleichzeitiger Quellen an demselben Tage wie der des Erzbischofs Balduin statt. Der Dichter läßt erst am darauffolgenden Morgen den Theobald auf das Schlachtfeld reiten.

Wenn wir nun auch erwägen, daß wir es mit keiner Chronik zu tun haben, sondern mit einem Epos, und deshalb künstlerische Rücksichten dafür gelten lassen können, daß beispielsweise Rudolf von Baiern bei Schilderung der Mailänder Tafelrunde aufgeführt wird, obwohl er damals noch nicht in Italien war, für die anderen Versehen werden ästhetische Gründe nicht herangezogen werden können. Die Verwechslung von Namen kann zwar auch einem Teilnehmer des Römerzuges passieren, und den Irrtum, daß er den König bis zum Mai in Mailand weilen läßt, wird man schließlich auch noch hinnehmen können.

Aber schwieriger läßt sich schon entschuldigen, wenn die Baiern bereits vor Brescia mit unter den Kämpfern aufgeführt werden, während sie nach den sonstigen Quellen erst in Genua zum Heere stoßen, und unerklärlich ist es für einen Teilnehmer an der Römerfahrt, daß er sich nicht mehr entsinnen sollte, wann das wichtigste Ereignis der italienischen Jahre, die Kaiserkrönung, stattgefunden hat. Auch dem Vergeßlichsten konnte es nicht aus dem Gedächtnis schwinden, daß die Kämpfe in Rom ausgefochten wurden, um die Krönung in St. Peter zu erzwingen. Ebenso unbegreiflich wäre es, wenn ein Mann, der in jenen Tagen mit in Rom geweilt hat, nicht hätte wissen sollen, daß König Robert von der Hauptstadt abwesend war und durch seinen Bruder beim neapolitanischen Heere vertreten wurde. Völlig unerfindlich aber muß es bleiben, wie sich der Dichter in der Zeit des Todeskampfes seines Haupthelden hat irren können, wenn er selbst mit in Rom gewesen ist.

Das Datum zu verwechseln und den 27. statt den 26. Mai zu schreiben, wäre zur Not erklärlich, ebenso möchte ein derartiger Irrtum noch angehen, wenn tatsächlich am 27. Mai, dem Todestage des Bischofs überhaupt noch gekämpft worden wäre. So aber wissen wir, daß der Kampf am 27. völlig abgebrochen wurde. Ich glaube, nach alledem ist es ausgeschlossen, daß der Dichter persönlich an den Ereignissen teilgenommen hat.

Wie aber läßt sich nun die genaue Schilderung einzelner Züge, die uns früher Autopsie des Dichters nahe legte, erklären?

Es wird dies nur durch die Annahme möglich sein, daß der Dichter einen vorzüglichen schriftlichen oder mündlichen Bericht eines Teilnehmers benutzt hat. Einen schriftlichen Bericht konnte der Dichter lange Jahrzehnte nach der Romfahrt oder kurz nach den Ereignissen einsehen. Das Erstere ist wohl dadurch ausgeschlossen, daß der Berichterstatter, nach seinen Bemerkungen über die einzelnen Persönlichkeiten zu urteilen, Zeitgenosse derselben gewesen sein muß. Es bleibt also die zweite Möglichkeit: Benutzung eines schriftlichen Berichtes unmittelbar nach der Fahrt. Da anzunehmen ist, daß die groben Irrtümer bei der sonst so sorgfältigen Benutzung einer jedenfalls vortrefflich unterrichteten Quelle kaum unterlaufen konnten, so bleibt es wahrscheinlicher, daß der Dichter auf Grund mündlicher Mitteilungen gearbeitet hat. Und in der Tat spricht hierfür mancherlei: Der Dichter erfährt die genauen Details über den Kampf Theobalds, er weiß auch, daß der Bischof am 27. Mai gestorben ist. Da liegt es nahe, auch die Verwundung Theobalds für diesen selben Tag anzunehmen.

Die Quelle des Dichters.

Noch charakteristischer aber ist folgendes: Der Dichter läßt nach dem Abzuge Heinrichs aus Rom den König Robert mit seinen Baronen eine Unterredung führen und einer derselben wird dabei vom Dichter als Roberts Neffe Charles eingeführt.

Nun aber ist dieser Charles Roberts Sohn, und als solcher der Neffe des faktisch in Rom anwesenden Prinzen Johann. Ist nicht die einfachste Erklärung für diesen Irrtum, daß der Erzähler ganz richtig von Johann und dessen Neffen gesprochen, der Hörer und

Dichter aber, der sich bezüglich der Hauptpersönlichkeit einmal geirrt hatte, nun den Nebenumstand getreulich bewahrte und so in Unkenntnis der Verwandtschaftsverhältnisse des Hauses Anjou den „Neffen" beibehält?

Nach alledem wäre der Dichter also ein Mann, der zur Zeit des Römerzugs lebt, die Hauptteilnehmer womöglich persönlich kennt, selbst aber kaum im Heere des Kaisers dauernd geweilt hat.

<small>Die Persönlichkeit des Dichters.</small> Läßt sich nun sonst ein Anhaltspunkt gewinnen, um der Person des Dichters näher zu kommen?

Wie seine Sprache zeigt, ist er der Nationalität nach Franzose. Das ergibt sich auch daraus, daß er über die Stellung des Königs Heinrich zu den deutschen Ländern sehr schlecht unterrichtet ist und die Meinung hegt, der König habe seinen Umritt durch Deutschland unternommen, um das Land gewissermaßen erst zu erobern. Diese Bemerkung beweist auch, daß er damals den König nicht begleitet haben kann.

Im Vordergrunde der Ereignisse stehen ihm in erster Linie Bischof Theobald von Lüttich und neben diesem die flandrischen Brüder Guis und Heinrich. Bei Aufzählung des königlichen Gefolges werden diese drei vor allen andern genannt:

> *Ja voy le la seant Thiebault le combatent,*
> *Li sire de Berroy et de Liege tenant,*
> *Guis de Namur second et Hanris li Flamant.*

Wenn auch Theobald eine bedeutende Rolle am Hofe gespielt hat, so hervorgetreten ist er auf keinen Fall, daß ihn seine Taten an die erste Stelle des Gefolges gestellt hätten. In den übrigen Quellen wird kaum mehr als sein Ende berichtet, und wir wissen nur aus den bereits oben angeführten Notizen und aus den Urkunden, in welchen er beständig als Zeuge erscheint, daß er dem Kaiser sehr nahe stand. Es müssen demnach persönliche Beziehungen sein, die den Dichter veranlassen, den Bischof so in den Mittelpunkt seines Epos zu stellen. Theobald ist Bischof von Lüttich und stammt aus der Familie der Grafen von Bar. Als Lütticher oder als Barenser könnte hiernach der Dichter seinem Helden nahe getreten sein. Daß auf die Barische Abkunft des Bischofs viel Wert gelegt wird, das beweist die besondere Erwähnung derselben. So heißt der Bischof Vers 72 in erster Linie *li sire de Berroy*, erst nachträglich wird hinzugefügt *et de Liege*; in Vers 309 ff. wird ein sonst unbekannter Vasall des Bischofs, Jehan de Bair, erwähnt der auch später (Vers 473) noch einmal erscheint, und zwar erkennt der Dichter eine Bevorzugung dieses Barensers durch den Bischof besonders lobend an. Das deutet darauf, daß der Dichter zur Familie und zum Stammlande Theobalds Beziehungen hat und wohl kaum erst in Lüttich ihm nahegetreten ist.

Anderseits ist er doch so gut über die Nachbarländer des Bistums, Flandern und Namur, unterrichtet, daß mit der Promotion Theobalds zum Bischof die Beziehungen des Dichters zu ihm sicher nicht unterbrochen worden sind. Er kennt die Geschichte Flanderns (Vers 140 ff.), und neben Theobald sind für ihn die Grafen Veit (Guis) und Heinrich von Flandern die Persönlichkeiten, denen er das meiste Interesse zuwendet. Läßt er doch den König sagen: *Entre vous* (sc. Thiebaut) *et Guion de Namur qui m'aimait, je croy que herdement ambdui vous amandrait, car . . . muedre chivalier sor chevalx ne montait. Bien doie hayr la mort que de vous me sevrait.* Und als der Kaiser seinen letzten Willen verkündet, da trägt er dem Grafen Heinrich die Grüße an die Mutter auf und vermacht ihm Pferd und Rüstung.

So möchte ich annehmen, daß ein Barenser, der mit Bischof Theobald nach Lüttich gegangen ist, der Verfasser der Verse war.

Aber der Inhalt des Gedichts gibt noch einen weiteren Anhaltspunkt. Zweimal wird der Beziehungen Heinrichs zu Metz gedacht, und bei dieser Gelegenheit sogar eine Metzer Persönlichkeit, Philipp de Gournaix, als Freund des Königs eingeführt. Der Gang der Handlung nötigte den Dichter in keiner Weise, Metz und seinen Bürger zu erwähnen; im Gegenteil, der Dichter ist, abgesehen von den ausführlicher geschilderten Szenen, so knapp, daß diese Abschweifung geradezu auffällt. Wir werden auch hier wieder ein besonderes Interesse für die Stadt voraussetzen müssen, und da hinzukommt, daß dies Gedicht in einem Codex steht, der seinem ganzen Inhalte nach sicher in Metz entstanden ist, annehmen dürfen, daß auch die Heimat der Verse nicht weit von hier zu suchen ist. Auch die Wortform Flip — so muß man des Versmaßes wegen für Philipp lesen — deutet auf einen Dichter, dem das Metzer Patois oder wenigstens die Metzer Aussprache dieses Namens bekannt war.

Die Grafschaft Bar hat sich bis nahe an Metz erstreckt, und so ließen sich die Schlüsse, die oben gezogen sind, mit dieser weiteren Bemerkung ganz gut vereinigen.

Wenn wir uns jetzt unter den Zeitgenossen des Königs nach

einer Persönlichkeit umsehen, auf welche all diese Merkmale zutreffen, so ist es bei der mangelhaften Kenntnis, die wir über die Teilnehmer des Zuges und deren Persönlichkeit haben, sehr schwer, einen bestimmten Namen zu nennen. Trotzdem möchte ich eine Vermutung äußern, die große Wahrscheinlichkeit für sich hat.

Simon von Marville.

Heinrich VII. hatte als Clerc den Schatzmeister der Metzer Kathedrale Simon von Marville[1]). Simon von Marville genoß das Vertrauen seines kaiserlichen Herrn in hervorragendem Maße und wurde wiederholt von ihm zu politischen Missionen verwandt. Schon am 27. Nov. 1308 finden wir ihn als Kleriker und Schatzmeister von Metz bei der Königswahl in Frankfurt. Er unterzeichnet hier als Zeuge das über den Wahlakt aufgenommene und dem Papste Clemens V. übersandte Instrument[2]). Wir gehen wohl nicht irre, wenn wir annehmen, daß er im Gefolge Heinrichs selbst nach Frankfurt gekommen ist. Im Juni 1309 geht er mit den Bischöfen von Basel und Chur, den Grafen Amadeus von Savoyen, Johann Delphin von Vienne, Guido von Flandern und Johann von Saarbrücken in Heinrichs Auftrage nach Avignon, um dem Papste in des Königs Namen den Treueid zu leisten und die Kaiserkrönung zu erbitten[3]).

Ein Jahr später wird Simon, Professor der Rechte und Schatzmeister von Metz, neben dem Grafen Johann von Flandern und einigen anderen Persönlichkeiten als des Königs Machtbote nach Frankreich geschickt, um alle Streitigkeiten mit König Philipp beizulegen und über Reichssachen, insbesondere auch über die Grafschaft Burgund zu verhandeln[4]).

Nach dem Namen zu urteilen stammt dieser Simon aus dem Orte Marville bei Longuion, Kanton Montmédy. Marville ist ein ursprünglich Barisches Lehen[5]), das durch Erbschaft und Kauf 1269 an Luxemburg übergegangen war[6]). Doch hat Bar gewisse Rechte in Marville behalten; denn nach einer Urkunde von 1294 genehmigen die Grafen Heinrich von Bar und Johann von Luxemburg gemeinsam, daß die Stadt Marville 25 Armbrustschützen, unter gewissen Ver-

---

[1]) Ein Siegel von ihm, das an einer Urkunde vom 27. Juni 1310 (Arch. nationales) hängt, trägt die Legende: *Simon . de . Marville . tresorier . de . Metz . cler . de . haut . et . puissant . prince . H . par . celle . mesme . grace . roy . des . Roumains.*
[2]) Böhmer, Reg. Reichssachen nr. 278.
[3]) Böhmer, reg. p. 263.
[4]) Böhmer, reg. p. 274 nr. 223. p. 377 nr. 284.
[5]) Bertholet, Hist. de Luxembourg V 97 und 174.
[6]) l. c., 174.

pflichtungen den beiden Grafen gegenüber, unterhält¹). Kirchlich gehörte die Stadt zum Trierer Archidiakonate Longuion²).

Mit der Herkunft des Dichters aus diesem Orte wäre in gleicher Weise sein Interesse für den Luxemburger Heinrich und den Trierer Erzbischof Balduin, wie für den Grafen von Bar erklärt. Wenn aber der Dichter auch für die flandrischen Grafen eingenommen ist und wahrscheinlich Beziehungen nach Lüttich gehabt hat, so trifft auch dies für Simon zu. Als der Domherr 1309 in des Königs Auftrag nach Avignon geht, da macht er die Reise mit Guis von Namur zusammen. Dann aber genießt er auch neben seiner Stellung als Schatzmeister der Metzer Kirche eine Domherrenpfründe in Lüttich³), die er ohne Zweifel der landsmannschaftlichen Vermittelung des Bischofs Theobald zu danken hat.

Auf dem Zuge nach Italien ist Simon nicht nachweisbar und wird deshalb auch, da er andernfalls sicher einmal als Zeuge in einer königlichen Urkunde erschiene, dauernd nicht teilgenommen haben.

Doch wäre es möglich, daß Simon kurze Zeit vor Brescia weilte. War es doch hier, daß der von Simon mit den französischen Bevollmächtigten abgeschlossene deutsch-französische Freundschaftsvertrag ratifiziert wurde⁴). Es ist kaum anzunehmen, daß der Bevollmächtigte des Königs dabei gefehlt hat. Wenn Simon aber in Brescia erschien, dann erklärt sich noch besser die auffallend gute Kenntnis der Lage dieser Stadt und der Ereignisse während der Belagerung⁵).

---

¹) Bertholet l. c., VI, 164.
²) Sauerland, Geschichte des Metzer Bistums. Lothr. Jahrb. VI 150.
³) Sauerland, l. c., p. 169, nr. 3.
⁴) Böhmer, reg. nr. 429.
⁵) Ich stelle im Nachfolgenden alle urkundlichen Erwähnungen des Namens Simon von Marville, soweit sie mir bekannt geworden sind, zusammen.

1305 Okt. 21. In einer Urkunde Clemens V. *Magister Symon de Marvilla*, Kaplan Clemens V. Sauerland, Vatikanische Urkunden und Regesten zur Geschichte Lothringens nr. 103.

1306 Jan. 21. Clemens V. reserviert dem *Magister S. d. M., canonico Leodiensi* auf Ansuchen des Bischofs Petrus von Sabina eine Dignität oder ein Offizium in der Lütticher Kirche, ohne Rücksicht darauf, daß Simon bereits Thesaurar der Metzer und Kanonikus der Lütticher Kirche ist; Sauerland, ib. nr. 105.

1306 Aug. 6. Clemens V. überträgt dem *S. d. M., canonico Virdunensi capellano suo* auf Ansuchen des Bischofs Petrus de Sabina, dessen Auditor Symon war, ein Kanonikat der Verduner Kirche und reserviert ihm ein Offizium

Simons Beziehungen zu den Persönlichkeiten des Epos.

Sonach passen alle Anhaltspunkte, die wir für die Person des Dichters gefunden haben, auf Simon vortrefflich, und halten wir an ihm fest, dann läßt sich auch die genaue Bekanntschaft mit den am Zuge teilnehmenden Fürstlichkeiten fast bei allen auf persönliche Beziehungen zurückführen. Als Simon zur Königswahl in Frankfurt weilt, da sind dort gleichzeitig mit ihm und urkunden mit ihm zusammen: Balduin von Trier und Rudolf von Baiern. Seine Reise nach Avignon aber unternimmt er mit Amadeus von Savoyen, Guido von Flandern und dem Delphin von Vienne. Den Walram kannte er wohl als Glied des luxemburgischen Hauses, den Bischof Theobald als Grafen von Bar und Oberhirten von Lüttich, Heinrich von Flandern wird ihm als Bruder seines Reisebegleiters nicht fremd gewesen sein. So sind ihm von den bei der Tafelrunde aufgeführten Rittern alle, außer Leopold von Österreich, Gauthier de Montferrat

---

ohne Rücksicht darauf, daß Simon bereits Kanonikate und Pfründen in Metz und Lüttich besitzt; Sauerland, ib. nr. 118.

1308 Juni 27. S. v. M., Schatzmeister der Metzer Kathedrale, unterzeichnet das über den Wahlakt aufgenommene Instrument. Böhmer, reg. Reichss. nr. 278

1309 Januar 18. Heinrich VII. bestätigt dem Johann, Herzog von Lothringen, Brabant und Limburg, eine Urkunde König Philipps, betr. Belehnung des Herzogs Heinrich von Brabant, nachdem er diese durch den Kanzler Eberhard, Kantor der Mainzer Kirche und Magister Simon von Marville, beide seine Kleriker, hat prüfen lassen. Böhmer, reg. nr. 19.

1309 Mai 31. Simon, Schatzmeister von Metz, Hofprotonotar, als Zeuge in einer Urkunde Heinrichs VII. mit dem Erzbischof von Mainz, den Bischöfen von Konstanz, Straßburg, Basel, Eichstädt, dem Hofkanzler Abt Heinrich von Villers-Bettnach, dem Grafen Walram von Lützelburg, Guido von Flandern, Graf von Namur u. a. Böhmer, reg. nr. 85.

1309 Juni 2. Heinrich VII. schreibt dem Papste und beglaubigt bei demselben die Bischöfe von Basel und Chur, den Johann Delphin Grafen von Vienne, Guido von Flandern, Johann Grafen von Saarbrücken und den Magister Simon von Marville, seinen heimlichen (Rat) als seine Machtboten. Böhmer, reg. nr. 90.

1309 Juni 26 in einer Urkunde Clemens V. ungenannt als thesaurarius Met. eccl. Sauerland, l. c. nr. 147.

1309 August 9. Clemens V. gestattet S. d. M., seinem Kaplan, Kanonikus von Metz, damit er am päpstlichen und königlichen Hofe weilen kann, auf fünf Jahre den Genuß der Pfründen in Metz, Lüttich und Verdun ohne Residenzpflicht. Sauerland, l. c. nr. 151.

1310 März 26. Simon von Marville als Professor der Rechte und Schatzmeister von Metz. Böhmer, reg. nr. 223.

1310 Juni 26. Johann von Flandern, Graf von Namur und Simon von Marville, Schatzmeister von Metz, schließen als Bevollmächtigte des Königs

— XXXVII —

und Regnier de Brabant, persönlich bekannt oder haben wenigstens Beziehungen zu ihm, und charakteristisch ist es, daß gerade die Namen der letzten beiden — und nur diese — falsch vom Dichter gegeben werden.

Auch der Bericht über den Tod des Kaisers wird unter den gegebenen Voraussetzungen jetzt seine Würdigung finden können. Die Geschichte der Vergiftung erzählt außer Johann von Winterthur kaum einer so eingehend und keiner so überzeugt, wie unser Dichter. Nun wissen wir, daß gerade Heinrich von Flandern das Gerücht über die Schuld der Dominikaner verbreitet hat. Der Graf selbst oder ein Ritter seines Gefolges, jedenfalls aber ein den Ereignissen nahestehender Mann, könnte es demnach gewesen sein, dessen Erzählung Simon von Marville nachschrieb.

Ich habe in den Anmerkungen gezeigt, wie auffallend dieser

    Heinrich mit König Philipp ein Freundschaftsbündnis ab. Böhmer, reg. Reichssachen nr. 284.

1311 Juni 18. Magister Simon von Marville, genannt in einer Urkunde König Heinrich VII. Böhmer, reg. nr. 405.

1312 Juli 13. Clemens V. gestattet auf Verwendung des Bischofs Reinald (von Bar) von Metz (Bruder Theobalds von Lüttich), daß der Lütticher Kanonikus und päpstliche Kapellan Simon von Marville, der Theologie studiert, seine Pfründen an der Lütticher, Metzer und Verduner Kirche auch ohne Residenzpflicht auf 3 Jahre genießen darf. Sauerland, l. c. nr. 200.

1316 Okt. 15. Genannt als *thesaurarius Metensis* (ohne Namen) in einer Urkunde Johannes XXII. Sauerland l. c. nr. 231.

1317 Jan. 23. Ohne Namen als *thesaurarius Met. eccl.* in der Urk. Johannes XXII. Sauerland, l. c. nr. 246.

1318 Juli 14. Johann XXII. gestattet dem Magister Symon von Marville, *iuris civilis professori scolastico*, Kanonikus der Verduner Kirche und Kaplan des heiligen Stuhles, bis zu drei Jahren die Einkünfte der Scolastria, die er in Verdun und die Pfründen, die er in Metz und Verdun als Kanoniker hat, zu genießen, wenn er nur in der einen oder der andern der beiden Kirchen Residenz hält oder an einer Universität Scholastik studiert. Sauerland, l. c. nr. 278.

1326 Jan. 6. Johannes XXII. gestattet Bischof Ludwig von Metz das durch den in oder bei Metz *(in partibus Metensibus)* erfolgten Tod Symons von Marville ledig gewordene Kanonikat und die Schatzmeisterstelle anderweit zu vergeben. Sauerland, l. c. nr. 481.

1326 April 29. *S. d. M. thesaurarius eccl. Met.* und *capellanus sed. ap.* genannt als Verstorben in einer Urkunde Johanns XXII. Sauerland, l. c. nr. 492.

1326 Okt. 5. Desgleichen. Sauerland, l. c. nr. 507.

1327 Sept. 15. Desgleichen. Sauerland, l. c. nr. 535.

1329 Jan. 28. Desgleichen. Sauerland, l. c. nr. 568.

— XXXVIII —

Bericht mit den Angaben des Johannes von Winterthur übereinstimmt. Da nicht anzunehmen ist, daß der Schweizer und der Barenser aus einer Quelle schöpfen, so ersieht man, daß der Inhalt ihrer Berichte wiedergibt, was unmittelbar nach dem Tode des Kaisers allgemein und in der nächsten Umgebung des Verstorbenen geglaubt wurde. Auch die kleinen Einzelheiten über das Anerbieten der Ärzte und die Abweisung Heinrichs, sowie über die Rettung der Dominikaner auf Heinrichs eigenste Veranlassung gewinnen an Glaubwürdigkeit.

Simons literarische Beziehungen.

Noch ein literarischer Gesichtspunkt unterstützt die Annahme, daß Simon von Marville der Dichter ist, ganz wesentlich. Die Vœux de l'épervier, wie Bonnardot unser Epos genannt hat, zeigen eine auffallende Anlehnung an ein ähnlich geartetes Opus, das um die gleiche Zeit (1314) entstanden ist: *Les vœux du Paon*. Bonnardot hat treffend nachgewiesen, daß unser Dichter jenes Werk als Vorbild benutzt haben muß und sogar vielfach den Wortlaut seines Vorbildes übernommen hat[1]. Nun sind die Vœux du Paon gedichtet von Jacques de Longuyon, einem Landsmann also des Simon de Marville, gehörte doch Marville zum Archidiakonate Longuion; beide Orte liegen etwa 6 km von einander entfernt. Noch auffallender aber ist es, daß der Dichter der Vœux du Paon von demselben Bischof Theobald[2] die Anregung zu seinem Werke erhalten hat, den Simon von Marville recht eigentlich zum Mittelpunkte seines Epos macht und der insbesondere die Idee, einem Sperber die Gelöbnisse darzubringen, erfindet. Über die Beziehungen Theobalds zu Jacques de Longuion spricht sich der Dichter selbst in Versen aus, die auch im weiteren die enge Verwandtschaft zu Simons Werke hervortreten lassen.

Es heißt hier:

Jacques de Langhion (var. *Longuion*) *define ici ses dis,*
Qui fu de Loherainne, .I. moult joieus pays,
Qui au commant Tybaut, qui de Bar fut nays,
Rimoia ceste ystoire, qui est bele a devis.
Tybaus fu mors à Romme avec .I. Lembourgis
Qui empereres ert, si ot a non Henris,
De Luxemburg fu quens et chevaliers eslis,
Jacobin preecheur, qui soient tous honnis,

---

[1] Les vœux de l'épervier, Jahrb. VI p. 244 (Sonderausgabe p. 68).
[2] Daß Theobald von Bar, Bischof von Lüttich, in den Vœux du Paon gemeint ist, hat Bonnardot schlagend nachgewiesen p. 242 (66).

Le firent par poison morir, dont il est pis
A tons bons crestiens et a tout [le] paÿs.
Diex en puist avoir l'ame par les soies mercis,
Et de Tybaut aussi, qui gais ert et jolis,
Et gentis de lignage, corajens et hardis,
Et tint moult bien son droit contre tous ses marcis
Tant qu'il fut au dessus de tous ses anemis.
Cil me nomma l'ystoire qui belle est a devis.

(Bibliothèque Nationale, ms. français 12565, fol. 188 v.⁰) ¹)

Die *Vœux du Paon* sind etwa 1313 gedichtet worden²). Kenntnis von diesem Epos konnte Simon als Landsmann des Jacques de Longuion oder als Günstling Theobalds erhalten haben. Aber selbst, wenn man annehmen will, daß sich die beiden trotz ihrer Landsmannschaft und trotz der Beziehungen zu ihrem gemeinsamen Gönner persönlich fern gestanden haben können, so ist es doch ausgeschlossen, daß dem literarisch gebildeten Simon ein Gedicht entgangen wäre, das seinerzeit eine außerordentlich schnelle und weite Verbreitung gefunden hat³). Vor allem hat es auch in den vornehmen Metzer Familien Eingang gefunden, und zwar wissen wir, daß gerade die Familie Gournay, der der Schatzmeister der Metzer Kathedrale ja nahe stand, ein Exemplar besaß.⁴) Interessant ist es, daß eine zweite Handschrift im Besitze der Familie Dex war. Wenn es richtig ist, was Bonnardot vermutet, daß das Exemplar Gournay dem Codex Dex als Vorlage gedient hat, so liegt es bei diesen literarischen Beziehungen zwischen den beiden Familien sehr nahe, zu vermuten, daß Jaique Dex, der Kompilator unserer Chronik, Les vœux de l'épervier gleichfalls der Familie Gournay zur Abschriftnahme entliehen hat.

Die Sprache des Gedichtes zur Bestimmung der Herkunft des Autors heranzuziehen, ist schwierig. Bonnardot hat darauf hingewiesen, daß in Vers 42 die Form Phlip für Phelippe gebraucht wird, eine Namenskürzung wie sie spezifisch Metzisch ist. In der Vorlage steht Phelippe und die Aussprache Phlip wird nur durch die Forderung des Reimes geboten. Aber diese natürlichste Lösung

Dialekt des Dichters.

---

¹) Nach Bonnardot l. c. p. 66 (242).
²) Bonnardot l. c.
³) Schon 1313 Sept. 9 wird ein Exemplar für die Gräfin Mahaut d'Artois angekauft. Vgl. Bonnardot p. 243 (67). Einige 30 Handschriften sind erhalten. ib.
⁴) Bonnardot p. 240 (64).

ohne weiteres damit beseitigen zu wollen, daß man, wie Professor Baisch[1]) sagt, „hier ist ohne Frage wie immer mit Phelipe aufzulösen und das überschüssige olt nom zu tilgen" geht doch schlechterdings nicht an. Alle übrigen Metzer Dialekteigentümlichkeiten weist Baisch dem Kopisten zu und hält sich ausschließlich an die Reime. Er stellt das Gedicht dorthin, „wo gleichzeitig die verwandte Nachblüte des alten Epos zu finden ist, nach Flandern, Hennegau, Lüttich". Gerade diese zwiespältige Auffassung der beiden hervorragenden Romanisten bestätigt nun vortrefflich meine Annahme, daß der Dichter aus Marville (an der Grenze v. Lüttich) stammt, in Lüttich Domherr war, gleichzeitig aber durch seine Stellung als Schatzmeister an der Metzer Kathedrale die engsten Beziehungen zu Metz gehabt hat. Wie schon gesagt, ist die Erwähnung von Metz fast gewaltsam in das Gedicht gebracht worden, und daß es nur in Metz erhalten ist und zwar wahrscheinlich durch das literarische Interesse der Familie Gournay, deren Name ebenso unmotiviert in den Versen begegnet, macht es doppelt wahrscheinlich, daß der Dichter, der ursprünglich einen Dialekt aus der Nähe von Lüttich sprach, zu Metz besondere Beziehungen gehabt und durch längeren Aufenthalt hier auch Metzer Dialekteigentümlichkeiten angenommen hat. Am ersten mußte er geneigt sein, den Namen eines befreundeten Mannes so zu geben, wie er ihn täglich hörte. Wie man sich aber auch zur Frage nach der Persönlichkeit des Dichters stellen mag, das eine steht fest: als zeitgenössisches Werk eines kenntnisreichen, den Ereignissen nahestehenden Mannes wird dieses Epos als eine der wichtigsten Quellenschriften zum Romzuge Heinrichs VII. gelten müssen.

3. Die Gedichte über die Kriegsjahre 1324—1326.

A. Allgemeines.

Die schweren Kämpfe, die über Metz im Jahre 1324 hereingebrochen sind und schließlich dazu führten, daß auch in der Bürgerschaft selbst verhängnisvolle Zwistigkeiten ausbrachen, haben ein lebhaftes Echo unter den dichterisch veranlagten Persönlichkeiten der Stadt gefunden. Wenn es zunächst die Kriegstaten der Stadtbevölkerung und der geworbenen Söldner waren, die den Verfasser des großen Epos zu seinem Sange begeistert haben, so sind die Leiden,

---

[1]) Besprechung der Publikation in der Oberrheinischen Zeitschrift XI 150.

welche der schlimme Kampf der Umgebung der Reichsstadt gebracht hat, für weicher gestimmte Seelen die Veranlassung geworden, Klagelieder zu singen und die Hilfe des Himmels in den schweren Nöten anzuflehen, vor allem ist aber das Mißtrauen, das die mannigfachen Mißerfolge bei den mittleren Ständen gegen die Verwaltung der regierenden Geschlechter erzeugt haben, Veranlassung geworden, daß die gereizte Stimmung sich in giftigen Pamphleten Luft gemacht hat.

Die Gedichte können nach ihrem poetischen Gehalt nicht gerade hoch eingeschätzt werden; es reicht keines auch nur annähernd an den Glanz der Sprache und die Kraft der Schilderung, welche das Epos des Simon von Marville auszeichnet. Auch nach ihrer geschichtlichen Bedeutung wären manche von ihnen fast wertlos, wenn sie nicht als unmittelbar empfundene Stimmungsbilder aus ferner Zeit Berücksichtigung verdienten. Nur das große Epos „La guerre de Metz" ist als geschichtliche Quelle für jene Jahre von größtem Belang; denn ihm allein danken wir neben dem Prosakapitel, das die Chronik über einen Teil des Krieges bringt, die eingehende Kenntnis jener Ereignisse. Wert der Dichtungen.

Wir werden jedes einzelne der Lieder nach dieser Hinsicht besonders zu würdigen haben und versuchen müssen, der Persönlichkeit der Verfasser, sei es auch nur nach ihrer Stellung zu den Ereignissen, näher zu kommen.

Allgemein aber müssen wir uns zunächst fragen: wie ist der Kompilator der Chronik, der mehr als 100 Jahre nach diesen Ereignissen schrieb, zu all' diesen Aufzeichnungen gekommen? Entstehung der Sammlung.

Wenn es auch natürlich ist, daß ein großes Epos sich erhalten hat, so scheint es doch auffallend, daß auch diese kleinen politisch-religiösen Lieder und Pamphlete, die doch lediglich aktuelles Interesse hatten, ihr Dasein über so viele Jahrzehnte gerettet haben.

Man wird das nur durch die Annahme erklären können, daß diese Reimereien in der Kriegszeit selbst gesammelt und als Sammlung auf das nachfolgende Jahrhundert gebracht worden sind.

Wenn wir nach der Persönlichkeit des Mannes suchen, dessen politisches Interesse sich mit literarischen Neigungen parte, so dürfen wir vielleicht eine Notiz heranziehen, welche der Chronist dem Eingange des Kapitels über die Könige, welche den Namen Heinrich führen, voraufgeschickt hat. Er sagt da: *Ci apres sont plusieurs coroniques de tuis les emperours qui orent onque a nom Hanrey que maistre Jehan de la Cour d'Owe m'ait baillies.* — Ein Jehan de la Cour hat Persönlichkeit des Sammlers.

also dem Chronisten chronikalisches Material zur Abfassung seines Werkes geliehen. Ein Vorfahr dieses Jehan de la Cour hat in dem Kriege von 1324 eine recht bedeutsame Rolle gespielt, und gerade seinen Taten ist ein Prosakapitel, das über den Krieg handelt (Kap. XVIII), gewidmet. Nun erwähnt ja zwar der Chronist seine literarischen Beziehungen zu Jehan de la Cour nur bezüglich der chronikalischen Notizen, welche die Kaiser des Namens Heinrich angehen. Aber es liegt doch nahe in erster Linie an diesen geschichtskundigen Magister als Gewährsmann zu denken, wenn in der Chronik gerade die Taten des Vorfahren dieses de la Cour und die kriegerischen Ereignisse in deren Mittelpunkt der Ahn dereinst gestanden hat, besonders ausführliche Berücksichtigung finden.

Es ist verführerisch, dann weiter anzunehmen, daß dieser Vorfahr, der im Vordergrunde der politischen Ereignisse während des Krieges stand, dieselben politischen und geschichtlich-literarischen Interessen gehabt hat, die den Nachkommen auszeichnen.

Gewiß bleibt dies eine Vermutung, aber sie wird an Wahrscheinlichkeit gewinnen, wenn wir weiter unten auf die Entstehung und Überlieferung der übrigen Teile der Chronik zu sprechen kommen.

B. Das Gedicht über den Vierherrenkrieg.

(Kap. XX).

Zeit der Entstehung.

Über die erbitterten Kämpfe jener Jahre ist, wie gesagt, unser Gedicht neben einem Prosakapitel der Chronik, sowie dem großen Berichte, der in der Chronik Praillons überliefert ist und sich eng an das Epos anlehnt, die einzige ausführliche Quelle. Wie das Abhängigkeitsverhältnis des poetischen zu dem prosaischen Berichte ist, wird zu untersuchen sein. Zunächst handelt es sich darum, die Zeit der Entstehung des Gedichtes zu fixieren und nach dem Verfasser zu forschen. Bouteiller und Bonnardot beantworten die Frage dahin, daß ein Augenzeuge der geschilderten Vorgänge, vielleicht sogar ein Mitkämpfer, die Verse noch im Jahre 1325 verfaßt habe[1]). Sauerland nimmt gleichfalls an, daß die Verse während des Krieges und vor dessen Ende verfaßt sind. „Der Verfasser ist auch so voll Siegeszuversicht und Stolz auf die Herrlichkeit der Stadt, daß sich

---

[1]) La Guerre de Metz p. 413.

hieraus sicher schließen läßt, er kenne die traurigen Schicksale der Stadt von 1326/7 noch nicht[1])."

Ohne Zweifel ist der Verfasser ein Zeitgenosse, der in den Ereignissen mittendrin steht und den lebhaftesten Anteil nimmt. Außerordentlich oft tritt er und seine Persönlichkeit im Gedichte hervor. Von einem Mitkämpfer, Jehan de Heis, sagt er Strophe 166 „*que bien cognoix*". Jehan muß also zur Zeit der Entstehung des Gedichtes noch am Leben sein.

Nach Strophe 148 ist der Krieg noch nicht zu Ende:

> *Je vous dis bien selon ma crance:*
> *Ains que la guerre ait finement*
> *Leur ferai Metz duel et pesance.*

Lebhaft erinnert er sich einzelner Ereignisse; so Strophe 141, als die Feinde am 1. Oktober 1324 abrücken: *bien m'en remembre*.

Oder Strophe 85 der Plünderung des Saulnois: *de cui me doit bien souvenir*.

Strophe 237 weiß er sogar, daß der vierte Tag vor St. Grigoire ein Freitag war: *Quair jour devant la St. Grigoire, je croy ce fuit le venredy*.

Genauer noch läßt sich die Abfassungszeit definieren durch die Mitteilung Strophe 176: *Messire Ambleis qui l'eveschief tient en sa main*. Da Bischof Ludwig v. Poitiers 1325 August 26 ernannt wird, so müßte das Gedicht vor diesem Termine abgefaßt sein, wenn nicht der Dichter etwa, was nach der gesamten Diktion nicht wahrscheinlich ist, mit „tient" sich lediglich in die Zeit des Ereignisses versetzt und deshalb das Präsens gebraucht.

Einen scheinbar sicheren Anhalt für die Datierung gibt Strophe 283: Nachdem kurz vorher erzählt ist, daß die Feinde Jaique Groignat am 2. April 1325 verwundet hatten, heißt es weiter: *[Dieu] li doint santeit de son malaige*. Jaique ist also noch nicht wiederhergestellt. Jedenfalls weisen also alle diese Angaben darauf hin, daß die Aufzeichnung unmittelbar nach dem Schluß der Ereignisse stattgefunden hat, die der Dichter zuletzt erwähnt (April 1325). Nur eine Stelle macht hiergegen bedenklich: In Strophe 141 heißt es:

> *Ainsois qu'il ait an et demy*
> *De leur terre perderont main membre.*

---

[1]) Sauerland, Geschichte des Metzer Bistums. Lothr. Jahrb. VII² p. 104 n. 4.

Tatsächlich hat der Krieg ein und einhalb Jahr gewährt: 1326 März 3 wird der Friede abgeschlossen[1].

Will man diese Stelle urgieren, so könnte erst nach dem Friedensschlusse das Epos verfaßt sein. Aber es wäre recht wohl möglich, daß der Dichter lediglich eine unbestimmte Zeitangabe machen wollte und des Reimes wegen „un an et demy" wählte. Jedenfalls könnte er um diese Zeit kaum noch gesagt haben, daß die Fürsten „de leur terre maint membre" verloren haben. Die Annahme, daß der Reim ausschlaggebend für diese Zeitbestimmung ist, wird auch durch die 9. Strophe des Patenostre de la guerre de Metz (XXVIII) bestätigt. Heißt es doch auch in diesen etwa September 1325 verfaßten Versen lediglich des Reimes wegen:

> *Fiat, soit fait. Quant Dieu plairait,*
> *Leur grant orgueil moult tost chairait*
> *Que maintenant nostre ennemis.*
> *Je croy plorer les couverait*
> *Et si pance que ce veurait*
> *Ainsois qu'il ait an et demy.*

Die Persönlichkeit des Verfassers.

Wie dem aber auch sei, an dem wesentlichen Resultate, daß der Dichter Zeitgenosse der Ereignisse war und unter dem frischen Eindrucke derselben schrieb, ändert sich nichts.

Wer der Verfasser gewesen ist, läßt sich nicht feststellen. In Metz war er ansässig, mit lebhaftestem Interesse folgte er den Ereignissen und stand den leitenden Männern so nahe, daß er genauen Einblick in alle Vorgänge gewann. So kennt er Jean de Heiz und ebenso scheint er zu Jaique Grognat nähere Beziehungen gehabt zu haben; dessen Persönlichkeit läßt er wiederholt hervortreten und erzählt auch von seiner Vergangenheit. Auch urkundliche Nachrichten sind ihm zugänglich. So sagt er Str. 233: *Or vous dirai ceu que contalz Ont lait perdut, selon la lettre.* Einen Erlaß der Feinde hat er schriftlich gelesen (Str. 144), ein anderer Atour, dessen Inhalt er kennt, ist ihm im Wortlaut nicht bekannt geworden. (Str. 145: *Dont je n'ay pas la lettre escrite*).

---

[1] Auch die Reimchronik des 15. Jahrhunderts bezeichnet die Dauer des Krieges auf 1½ Jahr:

> *La guerre fut des ennemis*
> *Devant Metz un an et demy.*

Calmet, Hist. eccl. II p. 128.

— XLV —

Auffallend ist es, daß der Dichter Strophe 100 erzählt: *Ci nous raconte nostre livre, Qui est escript par double rang.* Hiernach hat ihm also ein in zwei Spalten geschriebenes Buch für Abfassung seines Gedichtes vorgelegen. Diese Angabe würde alle unsere Annahmen über die Abfassungszeit hinfällig machen, wenn nicht zu oft die persönliche Beziehung des Verfassers zu den Ereignissen und den handelnden Personen hervorträte.

<small>Das Gedicht und die Chronik Praillons.</small>

Jedenfalls entsteht aber die Frage: Ist dieses Buch nicht vielleicht der Prosatext der uns von Praillon[1]) überliefert wird?

In der Aufzählung der Begebenheiten, vielfach aber auch im Wortlaute, stimmen die gereimte Erzählung und die in Prosa überein. Wie das Epos, so beginnt auch Praillon mit einer Schilderung der ökonomischen Verhältnisse der Stadt und setzt dann mit der Aufzählung der Ereignisse in Strophe 41 ein. Praillon kürzt, läßt alle Gefühlsäußerungen weg, mit denen der Dichter die Tatsachen begleitet, und schiebt wiederholt aus anderen Quellen ein, immer aber kommt er auf das Gedicht zurück und schließt sich wieder dessen Inhalt an. Aus der Reihenfolge heraus tritt lediglich der Bericht über den Anschluß des Bischofs von Verdun an das Vierherrenbündnis; Praillon schiebt ihn früher ein (zwischen den Inhalt der Strophen 212 und 213) als der Anonymus (Strophe 259). Die Ereignisse vom April 1325 bringt Praillon ebenso flüchtig wie der Dichter, und mit dem Berichte über einen Plünderungsritt nach Pont-à-Mousson schließt Praillon die Erzählung der eigentlichen Kriegsereignisse ebenso ab wie das Epos mit Strophe 296.

Wie genau im Einzelnen die Reihenfolge hier und dort übereinstimmt, möge folgender Vergleich beweisen:

Praillon.	*La Guerre de Metz.*
Les huit jours durant que ledit camp fut a Mollin, il n'est à croire les malz qu'ilz firent au Vaul.	*120. Ne lais ne clerc tant soit lettrez Qui racontast le grant martire Que cil de l'ost par le Vaul firent.*
Et le diemanche ensuivant du maitin au point du jour sont venus Devant les Ponts en ordonnance.	*121. Li ost ne fit plux de sejour; VIII jours c'estoit au Vaul tenus. Droit le diemange on point du jour Devant les Ponts s'en est venus Tout rangies c'est la maintenus.*

---

[1]) Die Handschrift der Chronik Praillons liegt in der Epinaler Stadtbibliothek und ist auszugsweise bei Huguenin, Les Chron. de la ville de Metz, gedruckt. Die angeführten Stellen p. 45.

Et la firent les dits quatre seigneurs de leurs gens plusieurs chevaliers pour leur donner couraige estimant a voir le tout gainguié.	*122. Le roy li ducz et li barons Des chevaliers la adouberent; Quant chaucies sont li esperons, Les espees apres cinderent Les coulecz apres donneront.*
Et les citoyens du dedans de la cite firent mettre en ordonnance les soldairs à cheval avec les pietons.	*123. Entrant ont fait nos citains Par eulz armer Meute sonner.*
Et ne laissont nulz sortir de la cité pour ceste fois et laissont faire leurs ennemis à leurs voluntés	*125. Ilz s'accorderent en tell maniere Que des portes n'istrait baniere Ne nulx qui ait lance sur sautre.*
	126. Cui qui fut bel ne cui fuit lait De la ville point n'isteront.
Lesquels passont la riviere endroit la porte Patar droit au mollin le Duc, lequel ilz brullerent et tout ce qui y estoit. etc.	*127. Nos anemis l'iauwe passerent Tout endroit la porte Patrat Droit au Moullin le Duc allerent Du feu bouter leur estoit trait. etc.*

Aus den gesperrt gedruckten Stellen wird man auch die vielfach hervortretende Übereinstimmung des Wortlautes erkennen.

Noch deutlicher ist dies, um noch einige Beispiele herauszugreifen, in folgenden Stellen:

Jehan de Mairley monté sus ung bon cheval qui avoit le chief et le doz blanc.	*106. Il chevalchoit ung tel chevaul Qui blanc avoit et doz et chief*
Ung du lignaige des Paillardez du Pont qui estoit allé chassier aux lievres, lequel ne se volt rendre et fut la tué.	*206. Ung don lignaige Pallardez Ont mort, c'onque ne se volt rendre! Alles estoit au lievres tendre*

Das dürfte für den Nachweis genügen, jedenfalls lassen sich diese Stellen massenhaft vermehren.[1]

Es fragt sich nun, ob Praillon nach dem Gedichte gekürzt oder ob der Dichter nach der Prosavorlage erweitert hat.

Praillon hat später gearbeitet als der Dichter, und daraus erklärt es sich, wenn er an Stellen, wo der Dichter von espingoles (Str. 81) spricht, serpentines et canons einsetzt. Es fragt sich aber, ob auch die Vorlage, welche Praillon benutzte, in demselben Verhältnis zum Epos steht.

Da scheint zunächst eine Stelle durchaus zu beweisen, daß der Dichter dem Prosaschreiber die Vorlage geliefert hat:

---

[1] So für Strophe 53, 54, 87, 113, 196, 214, 238, 277 etc.

— XLVII —

Strophe 291 sagt der Dichter über die Zerstörung des Klosters St. Benoit:

> *Li waudessours sont envahis*
> *Buefs et vaiches dont S. Benois*
> *Ait dit souvent: aihi! aihi!*

Und in Prosa heißt es:

Et retournont par l'abbaye de St. Benoit et accueillont buefz et vaiches... Et rencrioient ceulx de Sainct-Benoit: ahi! ahi[1].

Das *ahi, ahi* ist offenbar des Reimes wegen in das Gedicht gekommen, für eine Prosaerzählung wäre der Gebrauch dieser Ausrufe ohne Benutzung der poetischen Vorlage schwer erklärlich.

Und doch liegt die Sache nicht so einfach.

Zunächst muß es auffallen, daß außer an der eben zitierten Stelle nirgends etwas von der poetischen Form des Gedichtes in die Prosaschilderung übergegangen ist. Es findet sich in der Schilderung sonst kein Reim, der versehentlich übernommen wäre, nicht eine Gefühls- oder Stimmungsäußerung, wie sie im Gedichte so häufig den Gang der Handlung unterbrechen.

Wohl aber bringt der Prosatext eine ganze Reihe Bemerkungen, die nicht der poetischen Vorlage entnommen sein können.

Wir können dabei von größeren Einschiebseln absehen. Entweder sind diese auf Rechnung des Chronisten Praillon, der sie im 16. Jahrhundert seiner Handschrift einfügte, zu setzen, oder Jaique Dex, der Kompilator unserer Handschrift, dessen chronikalisches Material, wie wir später sehen werden, Praillon benutzte, hat schon in den 30er Jahren des 15. Jahrhunderts einen älteren Bericht über den Vierherrenkrieg erweitert. Bedeutsam aber sind die kleinen Zusätze, die der Kriegsschilderung selbst eingefügt sind.

Ich führe hier folgende an:

Str. 52: *Ilz furent pres d'accort droit faire*
En toutes cours sens deslaier.

Die Prosachronik führt das aus:

Ceulx de Metz presenterent le pape et les estatz au conseil du St. Empire, le roy de France ou son parlement et la cour de plusieurs roys et princes chrestiens pour en juger et determiner sommairement[2].

Str. 55: *De bons sergens sont prouveus*
Qui ne les prisent une estrille
Car d'airme sont bien cogneus.

---

[1] Huguenin l. c. p. 55. [2] ib. p. 41.

Die Prosachronik nennt im einzelnen: *A leur soldes et gaiges [eulrent] le comte de Sarrebruche, le sire de Bitche, le Ringraive*[1]).

Str. 67: *Le roy ai fait a mont venir
Une neif qu'estoit batillie;
Tant com elle pout soustenir
De rasins l'ait sa gent emplie.*

Die Prosachronik fügt als Grund hinzu: *Et pour ce qu'il y avoit alors peu de raisins croissant au pays de Luxembourg pour faire du laituaire pour les Allemandes et maingier des pussins froissiés et rompus au mouste, ledit roy la fist remplir des raisins, qu'il fist copper enz vignes des pouvres gens au long de Muzelle*[2]).

In Strophe 71 wird ein *Mesire Jaique* genannt. Die Prosaquelle nennt ihn mit vollem Namen *Jaicque Grognat* und setzt hinzu *notable chevalier de Jerusalem et de nom et d'Armes*[3]).

Die Ereignisse, welche der Dichter in Strophe 78 darstellt, datiert der Chronist *le venredy apres la Saint Lambert*[4]).

Unter den Gefangenen welche am 23. oder 24. September gemacht werden, nennt das Epos (Str. 89) *cilz d'Avoncourt* während Praillon auch *celluy de Lenoncourt*[5]) namentlich aufführt.

Nach Strophe 98 wurden bei einem feindlichen Angriffe die Vorstädte St. Arnould und St. Clément geräumt, nach der Prosaüberlieferung auch St. Pierre und St. Symphorien[6]).

Der Dichter berichtet (Str. 144), die Vierherren hätten ausrufen lassen, man solle künftig die den Metzern geschuldeten Gelder *aus seigneurs* bezahlen, in Prosa heißt es korrekter: *au recepveur ou comis des seigneurs*[7]).

Strophe 165 wird im Epos erzählt, daß die Metzer nach Lüttingen gezogen sein, die Chronik fügt hinzu *et mesmement vers Winsperch*[8]).

Beim Sturm auf die Moselbrücke (Str. 178, 179) ist es allein die Prosaquelle, die erzählt *et allont (sc. les ennemis) au logis ou se tenoient les nautoniers qui estoient lors endormis sans eulx donner garde*[9]).

Zu Strophe 215, in welcher Arnould Poujoise als Metzer Kapitän erwähnt wird, heißt es in der Chronik, *filz Arnoulf Bellegrée qu'on disait Poujoize*[10]).

Der Dichter nennt in Strophe 290 Chastel Bréhain und Thicourt als Orte, die von den Metzern angegriffen werden, in Prosa wird auch Thille noch aufgeführt[11]).

Die Stellen werden jedenfalls genügen, um darzutun, daß der

---

[1]) Huguenin l. c. p. 42. [2]) ib. p. 43. [3]) l. c. [4]) ib. p. 44. [5]) l. c. [6]) l. c.
[7]) ib. p. 46. [8]) ib. p. 48. [9]) l. c. [10]) ib. p. 50. [11]) ib. p. 55.

Schreiber der Prosachronik eigene Kenntnis der geschilderten Ereignisse haben mußte. Nur ein Zeitgenosse war in der Lage, so unscheinbare Bemerkungen seiner Schilderung einzuflechten, und wir werden daraus schließen müssen, daß diese Prosaaufzeichnung gleichfalls während der Ereignisse oder kurze Zeit nach denselben vorgenommen sein muß. Freilich findet sich nun auch in der Prosachronik eine Reihe von Irrtümern und Fehlern, welche das Epos vermeidet. So erzählt der Chronist zum 18. Sept. 1324: *Le roy de Boheme . . . ordonna de prendre les pauvres gens pour prisonniers . . . et les enmener. Et ceulx de Metz furent incontinent de ce advertis; lesquels sortirent hors accompagniés du comte de Sarrebruche et par force leur furent les prisonniers osté*[1]). Hier steht also der Graf von Saarbrücken auf Seiten der Metzer. Dagegen sagt das Gedicht[2]), der Graf von Saarbrücken sei im Auftrage des Königs gekommen und habe die Rückgabe der Gefangenen verlangt. Von den Metzern in deutscher Sprache abgewiesen, *ly cuens en l'ost est repairies*. Das ist so detailliert dargestellt, daß wir schon aus diesem Grunde die Richtigkeit der Schilderung beim Dichter vermuten müssen; außerdem wissen wir aber noch anderweit, daß Graf Johann von Saarbrücken zum Erzbischof Balduin sehr nahe Beziehungen hatte und schon aus diesem Grunde auf Seiten der Verbündeten gesucht werden muß.

Besonders auffallend ist ein Irrtum des Chronisten gegenüber der Strophe 285/286. Da heißt es: *Nostre evesque on pays vint, Je l'ait troveit molt empechiez . . . .*
. . . . li evesque a nos citains se joint et lie.

Der Name des Bischofs ist nicht genannt; aber es steht fest, daß Bischof Henry Dauphin gemeint ist.

Demgegenüber erzählt die Prosaüberlieferung:
Les Metsains furent advertis de la venue de leur evesque arrivé à Marsal. Et pourtant que son evesché estoit en trouble par les faitz de l'evesque precedent etc. Et pour ce fist le dit evesque Loys alliance avec ceulx de Mets[3]).

Hier ist also irrtümlicherweise aus dem ungenannten Oberhirten Bischof Ludwig von Poitiers geworden.

Das würde wieder mit ziemlicher Bestimmtheit dafür sprechen, daß das Gedicht Quelle für die Chronik ist, wenn wir nicht wüßten, daß die Chronik zunächst 1438 und dann noch einmal im 16. Jahr-

---

[1]) Huguenin p. 43.   [2]) Str. 73.   [3]) Huguenin p. 55.

hundert umgeschrieben worden ist und diese Irrungen ebensowohl den späteren Schreibern der Chronik zur Last gelegt werden können.

Wie der Prosatext Zusätze dem Epos gegenüber hatte, so fügt auch der Dichter Bemerkungen ein, die der andern Quelle fehlen.

So rühmt der Dichter in Strophe 91 den Raugrafen ob seiner Taten, während in Prosa davon nichts erwähnt wird. In Strophe 99 erzählt allein das Epos, daß man vor der Porte Serpenoise Mauern und Häuser niedergelegt hat. Strophe 102 erfahren wir ebenso aus dieser Quelle allein, daß die Feinde in Moulins Quartier genommen haben, desgleichen übergeht der Chronist die in Strophe 105 gegebene Notiz, die Armee sei nach Charly gezogen.

Über den Bau der Schiffe *qu'il n'y avoit nulle fenestre* gibt nur Strophe 118 Auskunft, ebenso weiß lediglich der Dichter etwas (Str. 119) über die späteren Schicksale des Guillaume de Vry. Str. 132 gibt die Zahl derjenigen an, die um einen gefallenen Seigneur getrauert haben, Str. 144 und 145 gelangt im Epos viel schärfer zum Ausdruck, daß die Metzer zwei Ordonanzen erlassen haben, Str. 159 erzählt das Gedicht, wie die Metzer ihre Gefangenen aufbewahrt haben, und für Strophe 162—164 fehlt jede Parallele im Prosatext. Auch der Bericht der Strophe 173, daß die Metzer außer dem Seigneur de la Pierre und dem Jehan de Metz noch drei andere in ihrem Sold zurückbehalten haben, ist nicht von Chronisten erwähnt.

Es würde zu weit führen, auf alle Zusätze des Epos ausführlich einzugehen und so verweise ich nur noch kurz auf die Strophen 192, 204, 226, 231, 236, 240, 243, 254, 255, 256, 273, 286, die alle Zusätze bringen, deren tatsächlicher Inhalt im Prosatexte fehlt.

Der Vergleich zwischen den Zusätzen des Gedichtes und des Prosatextes würde ohne Zweifel wieder zugunsten der Priorität der Verse sprechen, und ich bin auch zunächst überzeugt gewesen, daß der Chronist das Gedicht benützt haben muß. Aber die ausdrückliche Bemerkung des Dichters, daß ihm ein Buch für seine Verse vorgelegen hat, vor allem aber der Gesamteindruck der Chronik, auf welche außer den Reimen *ahi, ahi* so gar nichts von der poetischen Form des Gedichtes weder in Reimen noch in Betrachtungen und Rückblicken übergegangen ist, die überaus nüchterne und geschlossene Erzählungsart lassen es nach wiederholter Durchsicht und Untersuchung ausgeschlossen erscheinen, daß der Chronist das Epos in Prosa übertragen hat.

Wie ist aber die Selbständigkeit des Dichters zu erklären, trotzdem er sich im ganzen Aufbau der Schilderung sowie wörtlich an die Prosaquelle anlehnt?

Es ist dies nur bei der Annahme verständlich, daß der Dichter, wie er uns schon ohne Berücksichtigung des Prosatextes erschienen ist, gleichfalls ein Zeitgenosse der Ereignisse war.

Ihm lag das *livre par double rang* bei Abfassung seiner Zeilen vor, an das er sich eng anschloß; wo es ihm angebracht erschien, fügte er Bemerkungen sachlicher und vor allem auch persönlicher Art ein.

Dasselbe Buch bildet nun die Unterlage des Prosatextes. Hier aber ist durch die zweimalige Umschrift im 15. und im 16. Jahrhundert vieles hineingetragen, manches auch mißverständlich geändert, was in der ursprünglichen Vorlage, die uns im Gedichte viel reiner entgegen tritt, nicht gestanden hat. So sind auch, um diesen viel erörterten Punkt herauszugreifen, die Feuergeschütze erst später in den Text gebracht worden, und Metz wird sich des Ruhmes entschlagen müssen, daß hier zum ersten Male die Anwendung von Kanonen beglaubigt wird.

Auch der Reim *ahi ahi*, der ja äußerst auffallend in der Prosaüberlieferung erscheint, ist vielleicht erst von Jaique Dex, der das Gedicht ebenso wie die Prosaquelle gekannt hat, die letztere aber soweit sie nicht die Taten des Jean de la Court betraf, von seiner Bearbeitung ausschloß[1]), im 15. Jahrhundert aus dem Gedichte in den Prosatext übertragen worden.

So behält das Gedicht trotz seiner Anlehnung an den Prosatext des Praillon den Wert einer selbständigen Quelle über die Ereignisse von 1324/1325.

Auch die Bestimmung über die Abfassungszeit, die ja bei Annahme der Benutzung einer Prosaquelle, nicht mehr so eng auf die Zeit der Ereignisse beschränkt zu bleiben brauchte, wird dennoch aufrecht zu erhalten sein. Der Dichter ist so lebhaft an den Ereignissen interessiert und so von Siegeshoffnung erfüllt, daß das Urteil Sauerlands, das ich bereits oben angeführt habe, beibehalten werden kann: wenn der Verfasser bereits den bedenklichen Friedensschluß, vor allem aber die traurigen Schicksale der Stadt in den Jahren 1326 und 1327 gekannt hätte, dann würde er gerade die Stellen, die er aus dem Eigenen hinzugeben hat, und aus denen so recht der selbstbewußte Stolz, die Zuversicht auf eine gedeihliche Zukunft der Stadt spricht, sicher nicht geschrieben haben.

Ich setze danach die Abfassung des Gedichtes in die zweite Hälfte des Jahres 1325.

---

[1]) Er wollte wohl auch, da er das Gedicht in seine Chronik aufnahm, Wiederholungen vermeiden.

C. Die Sammlung der kleineren Gedichte über die Jahre 1324—1326 im Allgemeinen.

Politische Stimmung.

Die Kriegsjahre 1324—1326 haben außer dem großen Epos auch die Entstehung einer Reihe kleinerer Gedichte veranlaßt, die, abgesehen von den darin enthaltenen geschichtlichen Anspielungen, vor allem um deswillen interessant sind, weil sie uns einen Blick in die Volksseele gestatten. Die Erbitterung gegen die äußeren Feinde, die sich bald mutig und zuversichtlich, bald verzweifelt äußert, der Mangel an Vertrauen der bei der Zerrissenheit der bürgerlichen Parteien in der Stadt um sich gegriffen hat, die abfällige Beurteilung der behördlichen Maßnahmen, dann aber auch wieder der Jammer und die Klage über das Elend, das der Krieg herbeigeführt hat, die heißen Wünsche und Gebete um endlichen Frieden, schließlich das erste Schimmern von Friedensaussichten und der helle Jubel über die Beendigung der unheilvollen Monate, das alles tritt uns so lebendig, so unmittelbar entgegen, daß der moderne Geschichtsschreiber ein besseres Milieu für die Schilderung jener Zeit gar nicht finden kann, als wie es diese Verse bieten. Kaum irgendwo dürfte ein solches Material aus soweit zurückliegender Periode erhalten sein, denn an sich rechtfertigt es weder der poetische Wert solcher Augenblicksdichtungen, daß sie auf die Nachwelt kamen, noch ist es ihre politische Bedeutung, die veranlassen könnte, daß der zeitgenössische Chronist sie sammelt und der Überlieferung für wert erachtet. Die einzige Erklärung für die Aufnahme in das große Kompilationswerk ist das persönliche Interesse eines Mannes, der die Zeit und ihre Kämpfe mit durchlebt hat, für den infolgedessen auch Zeitstimmen und Äußerungen wegen ihrer persönlichen Beziehung bedeutungsvoll erscheinen, die für den Fernerstehenden höchstens einen Augenblicksreiz besaßen, im übrigen aber wertlos bleiben mußten.

Der Sammler der kleineren Gedichte.

Es ist oben bereits darauf hingewiesen, daß als Sammler in erster Linie Jean de la Court in Betracht kommt, der während der Jahre 1324—1326 mit zu den führenden und leitenden Persönlichkeiten in Metz gehörte, dessen Familie aber anderseits so nahe Beziehungen zu dem Kompilator der Chronik hatte, daß dieser schon aus diesem persönlichen und familiären Interesse sich der Mühe unterzog, die Verse in seine Chronik einzutragen.

— LIII —

Bouteiller hat eine Reihe dieser Gedichte seiner Publikation „la Guerre de Metz" einverleibt und mit der ihm eigenen Gewissenhaftigkeit auch versucht, die Dichtungen zeitlich zu fixieren.

Wir werden seine kritischen Bemerkungen nachzuprüfen haben. Bevor wir uns aber den einzelnen Gedichten zuwenden, müssen einige Grundirrtümer beseitigt werden, die den verdienten Gelehrten hier wie in der ganzen Einleitung zu seinem Werke die Basis für eine korrekte Untersuchung verschoben haben. Das ist einmal die Datierung des Wechsels im Metzer Episkopat, der in die Kriegsjahre fällt, und sodann die Zerstörung von Vic. Zeitliche Bestimmungen.

Bouteiller berichtet über die Verträge, die der Bischof Henry am 29. und 31. März 1325 mit der Stadt geschlossen hat und fährt dann (p. 64) fort: Or, les circonstances avaient fait de cette négociation une véritable comédie; Henri n'était plus évêque de Metz au moment ou son chancelier apposait le sceau episcopal sur les lettres de paix ... Il avait renoncé au titre de l'évêque de Metz. Il était allé dès le mois de décembre précédent (1324) demander au pape Jean XXII de recevoir sa demission de ses fonctions épiscopales, et le souverain pontife, déférant à ses désirs, lui avait choisi pour successeur Louis de Poitiers ... Le traité avec le représentant du prélat était à peine signé que la nouvelle parvenait à Metz du changement qui venait de s'opérer dans la direction du diocèse." Amtsantritt den neuen Bischofs.

Und an anderer Stelle (p. 69) heißt es „A ce moment (12. März 1325) parvint à Metz une très importante nouvelle: le nouvel évêque Louis de Poitiers arrivé à Marsal ... Le 7 avril il confirma le traité de paix qui avait été préparé au nom de son prédécesseur; il devenait l'allié de la ville.

Wir sind heute in der Lage, nachzuweisen, daß diese gesamten Zeitbestimmungen um ein Jahr zu früh gesetzt sind.

Wie Sauerland[1]) gezeigt hat, war Bischof Heinrich um die Wende des Jahres 1324 allerdings nicht in Metz und das Bündnis zwischen ihm und den Vier Herren, das uns unter dem Datum des 15. November 1324 überliefert ist[2]), wurde nicht vom Bischof selbst, sondern von dem Bistumsverweser Amblard Noir de Beaumont abgeschlossen. Aber Mitte März 1325 erscheint er wieder im Metzer Lande[3]), die bedrohte Reichsstadt verträgt sich mit ihm und gewinnt ihn sogar gegen Zahlung einer großen Geldsumme zu einem Bünd-

---

[1]) Geschichte des Metzer Bistums, Lothr. Jahrb. VI p. 132 ff.
[2]) Publ. Lux. XXVIII p. 203.
[3]) Kap. XX Str. 285 *Nostre evesque ou paiis vint.*

nis¹). Dann urkundet Heinrich noch am 12. April und am 25. Mai 1325 in Vic²), vielleicht auch am 9. Juni noch in Epinal³). Dann aber erscheint er am 7. August in seiner Heimat⁴). Vom 1. August 1325 liegt ein Schreiben des Papstes Johann XXII. vor mit der Adresse: *Henrico electo Metensi*⁵); am 5. desselben Monats ist ein Brief desselben Absenders gerichtet an *Henrico electo Metensi gubernatori Delfinatus Viennensis*⁶). Am 26. August 1325 überträgt dann Johann XXII., nachdem Heinrich in den Laienstand zurückgetreten ist, das Metzer Bistum dem Louis de Poitiers⁷). Der Neuernannte hat es nicht allzu eilig gehabt, in sein Bistum zu kommen; denn der Metzer Rat wendet sich klagend an den Papst, weil seit der Ernennung Ludwigs schon allzu lange Zeit verstrichen sei, ohne daß der neue Oberhirt sich bei ihnen sehen lasse „*et tenions qu'il y deust faire son office et son debvoir spirituellement et temporellement, mais nostre dicte esperance ait jay heu et encore ait trop grant demeurée à notre tres grant domaige, quant encor ne poons nous de riens estre certains de sa venue*"⁸).

Das Schreiben ist ohne Datum, wir müssen aber annehmen, daß geraume Zeit verflossen war, wenn die Metzer sich mit solcher Klage an den Papst wandten. Außerdem enthält der Brief die Antwort auf ein vom Papste an die Metzer vom 25. Oktober datiertes Schreiben, das kaum vor Mitte November an seinem Bestimmungsorte angelangt sein kann⁹). Am 16. November 1325 befiehlt der Papst dem neuen Bischof, sich in seine Diözese zu begeben und hier Frieden zu stiften¹⁰). Aber aus einer weiteren Urkunde Johannes am 24. Dezember 1325 läßt sich ersehen, daß Ludwig noch immer nicht abgereist ist: Der Papst ermahnt hier den Bischof zwischen seinen Verwandten Frieden zu stiften und redet ihn dabei an als „*ad ecclesiam Metensem accessurus*" ¹¹). Am 1. Februar 1326 erscheint

---

¹) Hist. de M. IV 8 und 10.
²) Sauerland, l. c. p. 167.
³) ib. p. 167.
⁴) ib. p. 143.
⁵) Sauerland, Vatikan. Urkunden und Regesten I. nr. 453.
⁶) ib. nr. 455, 456.
⁷) ib. nr. 458 und 459.
⁸) Huguenin, p. 54. H. d. M. IV 17.
⁹) Sauerland, Vatik. Urk. u. Reg. nr. 469. Bouteiller setzt das Schreiben in den März 1325; La Guerre de M. 399.
¹⁰) Sauerland, Vat. Urk. u. Reg. nr. 478.
¹¹) Sauerland, Vat. Urk. u. Reg. nr. 480.

dann der Bischof in Metz, nachdem er kurz zuvor in Marsal empfangen worden war[1]). Ludwig hatte vom Papste schon am 16. November 1325 den Auftrag erhalten, in Metz den Frieden herzustellen, und man wird annehmen dürfen, daß er sich sofort nach seiner Ankunft in der Diözese seines Auftrags zu entledigen gesucht hat. Daß es wesentlich seinem Eingreifen zu danken ist, wenn am 3. März 1326 der Friede unterzeichnet werden konnte, erfahren wir aus dem *Benedicite de Lowis de Pitie*[2]).

Auf Grund dieses urkundlichen Materials ergibt sich also, daß der Bischof vor dem 1. Februar 1326 und nach dem 24. Dezember 1325 in sein Bistum gekommen ist.

Der zweite Irrtum, der der Datierung unserer Gedichte verhängnisvoll geworden ist, betrifft die Einnahme von Vic durch den Grafen von Bar am 2. Februar. Bouteiller verlegt dieses Ereignis in das Jahr 1325[3]) und auch Sauerland hat diese Zeitstellung in seiner „Geschichte des Bistums Metz im 14. Jahrhundert"[4]) angenommen. Tatsächlich ist die Stadt erst im Jahre 1326 eingeäschert worden.

<small>Die Einnahme von Vic.</small>

Wie oben ausgeführt wurde, hatte sich Bischof Heinrich am 15. November 1324 mit den Vier Herren verbunden, und dieses Bündnis blieb in Kraft bis der Bischof am 29. resp. 31. März 1325 mit der Stadt Metz Frieden schloß. Es ist von vornherein höchst unwahrscheinlich, daß der Graf von Bar gerade während dieser Zeit die Residenzstadt seines Verbündeten zerstört hat, um so unwahrscheinlicher, als es gerade die Vier Herren selbst gewesen sind, die sich um die Erweiterung ihres Bundes bemüht haben. Besitzen wir doch noch das Schreiben, das die Vier zu gleicher Zeit an den König von Frankreich gerichtet haben, um ihn zum Anschluß an ihr Bündnis zu veranlassen, ebenso wie auch der Bischof von Verdun damals mit in den Bund gezogen worden war.

Wenn es vollends richtig ist, was Praillon zu seinem Berichte über die Bündnisverhandlungen hinzufügt, daß nämlich Vic, Homburg und Ramberviller von dem Bischof oder seinem Vertreter, den vier Herren, verpfändet gewesen sein soll, so fehlte jeglicher Anlaß, daß nun einer dieser Pfandherren den kostbaren Besitz, der ihm gewissermaßen gehörte, selbst zerstört haben soll. Am aller-

---

[1]) Chron. ep. Met. ed. Wolfram Lothr. Jahrb. X 324.
[2]) Kap. XXXII, p. 288.
[3]) La Guerre de Metz p. 66 u. 506.
[4]) Lothr. Jahrb. VII² 144.

wenigsten wäre verständlich, daß der Graf von Bar während der Kriegszeit die Mauern einer ihm verpfändeten befestigten Stadt niedergelegt haben soll[1]).

Es wäre auch schlechterdings unbegreiflich, weshalb der Dichter des großen Epos „La Guerre de Metz", der sich sonst nicht genug tun kann, wenn es sich darum handelt, die Schändlichkeiten der Feinde zu schildern und der die Kriegsereignisse Tag für Tag mit seinen Versen begleitet, nun gerade dieses doch verhältnismäßig wichtige Vorkommnis verschweige, wenn es in die Zeit fiele, die das Epos umfaßt. Wie oben ausgeführt ist, erstrecken sich die vom Dichter erzählten Vorgänge bis zum April 1325.

Ebensowenig erwähnt der Prosabericht bei der Aufzählung der Ereignisse in historischer Reihenfolge zum Februar 1325 die Zerstörung des Seillestädtchens und kommt erst nachträglich darauf zu sprechen, nachdem er berichtet hat, daß Henry Dauphin das Bistum böswillig verlassen hat.

Zu der völligen Zerstörung des Ortes will es auch nicht recht stimmen, daß Bischof Heinrich die Urkunden, die von ihm aus der Zeit nach der angeblichen Verwüstung des Ortes ausgestellt sind, gerade in Vic ausgefertigt hat. Man darf daraus doch schließen, daß Vic nach wie vor die bischöfliche Residenz geblieben ist.

Andererseits fügt es sich nun vortrefflich in die ganze politische Situation, wenn wir annehmen, daß Vic erst am 2. Februar 1326 vernichtet wurde. Zunächst paßt auf dieses Datum tatsächlich das von der Chronik übermittelte Jahr; denn der Februar 1325 ist de facto, da more Metensi dieses Jahr erst am 25. März 1325 begann und bis ebendahin 1326 dauerte, der Februar des Jahres 1326.

Erinnern wir uns nun aber weiter, daß Bischof Heinrich am 29. März nicht nur sein Bündnis mit den Vier Herren gebrochen und Frieden mit der Stadt Metz geschlossen hatte, sondern sogar mit den Dreizehnern ein Bündnis gegen die Vier Herren eingegangen war, laut welchem der Stadt Metz die Besetzung aller bischöflichen Festungen frei stand, so ist es sofort erklärlich, weshalb vom Tage an, da das bekannt wurde, den Vier an der Vernichtung bischöflicher Festungen gelegen sein mußte.

Die Feindschaft gegen das der Stadt verbündete Bistum mußte noch stärker werden, als vom Papst ein Oberhirt ernannt wurde, der gewissermaßen den Auftrag mitbekam, der Stadt Metz in ihren

---

[1]) Huguenin p. 52.

Nöten, die sie in so beweglichen Worten dem heiligen Vater vorgetragen hatte, zu helfen. Wir hören auch erst, nachdem Henry Dauphin verschwunden und sein Bündnisbruch den Fürsten bekannt geworden war, von Schädigung bischöflichen Gebietes. Das erste Wort darüber wird in dem Briefe geäußert, den Metz im Oktober an den Papst gerichtet hat. Hier heißt es: *Nous fumes assez merveilleux, coment vous nous avez ceste chose escript a la priere et à l'instance de nos ennemis lesquelz destruyent et desracinent sans raisons vostre esglise de Metz et la cité.* Und an anderer Stelle: *et sachies si ceu ne faites, ly chose est preste parquoy vostre esglise de Mets . . . et la dite cité de Metz . . . soient destruites . . .*[1])

Im Laufe des Januar 1326 erschien Ludwig von Poitiers in seinem neuen Bistum.

Da Vic in den Händen der Feinde war, konnte er seine Residenz nicht betreten, sondern mußte zunächst in Marsal empfangen werden[2]). Am 1. Februar aber ging er nach Metz, um hier die neuen Dreizehner in ihr Amt einzuführen[3]). Mit dieser Handlung stellte sich der Bischof klar und unzweideutig auf die Seite der Metzer, und die Antwort, die ihm die Feinde der Stadt erteilten, war die Zerstörung der bischöflichen Residenz am Tage danach, d. h. am 2. Februar 1326.

Wenden wir uns nach diesen Berichtigungen nunmehr den einzelnen Gedichten und ihrer Datierung zu.

D. Die kleineren Gedichte im Einzelnen.

Das lateinische Gedicht XXI unserer Handschrift ist bisher nicht veröffentlicht. Es findet sich nur in der Handschrift M, in D ist es ausgelassen, vielleicht weil das Verständnis der Verse dem Schreiber allzu große Schwierigkeiten geboten hat. Geschrieben ist es von einem Manne, der die Ereignisse des Jahres 1324 miterlebt hat. So sagt er Zeile 41: *Et nisi vidissem, vix credere potuissem;* den König Johann redet er als Lebenden an und wirft ihm die Schandtaten vor, welche seine Leute gerade ausführen. Jedenfalls ist der Krieg noch nicht zu Ende (Vers 134).

Plusieurs vers en latin de la guerre de Metz (XXI).

Ereignisse bis zum 19. Dezember 1324 führt der Dichter unter dem bestimmten Datum an. Dann bricht er ab und kommt nur

---

[1]) Huguenin p. 53. Hist. de M. IV 17.
[2]) Chron. epp. Mett., l. c. p. 324.
[3]) ib.

noch auf die Beteiligung des Bischofs Heinrich v. Metz zu sprechen. Von ihm weiß er bereits, daß er von Metz eine große Geldsumme erpreßt hat (Frühjahr 1325), nach Südfrankreich zurückgekehrt und in den Laienstand getreten ist (Vers 155 ff.). — Bis in den Juni 1325 ist Heinrich im Bistum nachweisbar, dann verläßt er es und kommt im August nach Südfrankreich. In demselben Monate erscheint er vor dem Papste in voller Rüstung und bittet um seine Entlassung aus dem bischöflichen Amte. Am 26. August ernennt der Papst einen Nachfolger.

Das Gedicht kann sonach nicht vor September 1325 entstanden, andererseits aber auch nicht nach dem Friedensschluß, d. h. nach dem 3. März 1326 verfaßt sein. Wir werden somit die Entstehung der Verse in den Winter 1325 auf 1326 setzen dürfen.

Über die Person des Verfassers läßt sich nichts feststellen. Da er lateinisch dichtet und griechische Worte einflicht, muß er den gebildeten Ständen angehören. Wahrscheinlich wird er unter der Geistlichkeit zu suchen sein.

Dem Verständnis bieten die Verse große Schwierigkeiten, und dem Herausgeber ist es nicht überall gelungen, sie zu lösen.

Le Sermon de Pappegay (XXII). L'exposicion du Sermon de Pappegay (XXIII). La confirmacion le Jay d'Ingleterre (XXIV).

Die drei Gedichte XXII, XXIII und XXIV wird man zusammenfassen müssen. XXIII gibt die Erklärung für die parabolische Sprache von XXII und ist, wie aus Strophe 2 hervorgeht, von demselben Dichter. Auch XXIV läßt seiner ganzen Diktion nach denselben Verfasser vermuten, jedenfalls schließt es ausdrücklich an den Sermon du Papegai an.

Die Verse sind nach dem 26. Oktober 1325 entstanden. Denn ausdrücklich wird dieses Datum in Strophe 25 des Kapitels XXII erwähnt. Es ist leider gar nicht festzustellen, auf welches Ereignis in diesen Zeilen Bezug genommen wird. — Im weiteren Inhalt ist besonders die Rede davon, daß Heinrich, Herr von Finstingen, der auf Seite der Vierherrn stand, von dem Metzer Söldner Andreas von Lützelstein gefangen, dann aber vom Rate gegen ein Lösegeld freigegeben worden ist und wieder gegen die Stadt gekämpft hat. Diese Vorgänge haben sich bereits in den Monaten September—Oktober des Jahres 1324 abgespielt.

Man würde deshalb sehr geneigt sein, die drei Lieder so nahe als möglich an dieses Ereignis zeitlich heranzurücken, wenn nicht die Nennung eines weiteren Namens hiergegen bedenklich machte.

Strophe 135 (XXII) ff. lauten folgendermaßen:

> *D'autre latin l'estuit chanter*
> *Qu'il li convint l'argent cranter*
> *A Boiliawe l'esmerillon*
> *Qui n'ait pas cuer de pawillon.*

Wie man auch diese etwas dunkle Zeilen interpretieren mag, Eines geht sicher aus ihnen hervor: Einem gewissen Boileau muß man Geldzahlungen machen.

Nun begegnet uns ein Jaicomin Boilawe, der bereits als Vertreter der Paraige Jurue unter die Sept de la guerre gewählt worden war [1], im August 1326 als *Capitaine* der bei dem Bürgerzwiste in der Stadt verbliebenen Adelspartei [2]; er hat sich da in der Partei, die den Spottnamen *Porte-en-maison* bekam, besonders hervorgetan und die Häuser der aus der Stadt entwichenen Paraigefamilien gebrandschatzt.

Man wird sich fragen müssen, ob die Gedichte nicht vielleicht auf diese Vorgänge zu beziehen sind.

Zunächst ist es auffallend, daß von dem eigentlichen Kriege gegen die Vierherrn, von den Nöten, unter denen die Bürgerschaft innerhalb und außerhalb der Mauern durch die Fürsten so schwer zu leiden hat, wenig die Rede ist. Wir erfahren nur, daß der Krieg lange gedauert hat [3].

Die Spitzen, welche die Verse enthalten, richten sich vielmehr gegen die Stadtobrigkeit, die es durch schlechte Verwaltung dahin hat kommen lassen, daß nun der Bürgerzwist ausgebrochen ist.

> *Si mal ouvrez ont li grans maistrez*
> *Qu'a malle heure les vit Metz naistrez*
> *Ilz ont pourteit tant le bansent*
> *Que mal ouvreit ont de leur biaul sent* [4].

Die Verwaltung hat sich Unsauberkeiten zuschulden kommen lassen, und das hat dahin geführt, daß Dame Berthe, das ist „la Justice" oder „die Dreizehnerbehörde" abgesetzt worden ist (XXII 86). Diese Andeutungen führen uns mitten in die Revolution, die im Jahre 1326 ausgebrochen ist, als die schweren Kosten, die der Krieg verursacht hatte, gedeckt werden sollten. Daß der eigentliche Krieg

---

[1] Huguenin p. 47.
[2] ib. p. 66.
[3] XXII 45, 80.
[4] XXIV 15 ff.

vorbei ist oder daß wenigstens ein Friedensschluß bereits stattgefunden hat, zeigen die Strophen 127 ff.

> *Cil affaire ait je tant couveit*
> *Que sicognez l'ont esprouveit*
> *Berte en deust estre mal mise*
> *Se n'y heust Fenix paix mise.*

Wir müssen hiernach das Gedicht nach dem 3. März 1326 ansetzen.

Auf der anderen Seite erwartet man trotz des Friedensschlusses noch immer den Frieden.

> *Et li Fenix qui fist la paix*
> *C'est Jhesu Cris qui nous dont paix*[1]).

Aber der neue Zwist und der herbeigewünschte Friede beziehen sich jetzt auf die Kämpfe der Bürgerschaft untereinander.

> *Encor ung mot dire me plait:*
> *Se li paraige et ca comune*
> *Avoient tuis voullente une*
> *La paix seroit ligiere a faire.*

Recht deutlich weist noch auf diese Vorgänge Vers 26 der „Confirmation":

> *Il me semble ceste oeuvre folle*
> *Quant li riche le poure fole.*

Dem ganz entsprechend wird in der Prosachronik darauf hingewiesen, daß ein Hauptgrund des Bürgerkrieges die Überbürdung der schwachen Schultern bei der Verteilung der Kriegslasten nach Abschluß des Friedens gewesen ist [2]).

Wann die Revolution ausgebrochen ist, läßt sich nicht auf den Tag bestimmen. Da Schöffenmeister, Dreizehner und die sechs Paraigen am 30. Mai 1326 mit dem Bischof ein Bündnis abschließen, ist ein Wandel im Stadtregiment nicht bemerkbar, ebenso ist die alte Verfassung noch in Kraft, als am 6. Juni 1326 Maltote und Bulette zur Deckung der Kriegskosten ausgeschrieben werden [3]). Aus der Chronik des Doyen de St. Thiébault erfahren wir, daß der Schöffenmeister am 20. August 1326 die Stadt hat verlassen müssen. Demnach muß an diesem Tage „Madame Berthe" bereits gestürzt gewesen oder gestürzt worden sein.

---

[1]) XXIII 23—24.
[2]) Huguenin p. 66.
[3]) Hist. de M. IV 30.

— LXI —

Wir dürfen sonach unsere drei Pasquille nach diesem Datum ansetzen. Es fragt sich nur: wie kommt es, daß in dem ersten und zweiten Gedichte die Gefangennahme und Befreiung des Herrn v. Bitsch, die damals schon zwei Jahre zurücklag (1324) eine so große Rolle spielt? Nun, wir werden annehmen müssen, daß gerade dieser Vorgang den Grund für die Erbitterung der unteren Volkskreise abgegeben hat und daß man gerade die Annahme eines Lösegeldes für diese wichtige und hervorragende Persönlichkeit als Bestechung des Rates angesehen hat. Man mochte sich sagen, daß, wenn man diesen Gefangenen als Pfand festgehalten hätte, der Krieg schnell zu beenden gewesen wäre. Daß dieses Ereignis sehr weit zurückliegt, sagt deutlich Vers 127 (XXII):

„*Cil affaire ait ja tant couveit*".

Vielleicht läßt sich nun auch das in XXII angegebene Datum *Le salmedy devant feste Symon et Jude l'an mil trois cent cincq ans vingt* verwerten.

Wagen wir die Konjektur statt „*cincq*" „*six*" einzusetzen, so wird alles leicht verständlich. Denn gerade um den Tag Symon und Judae 1326 werden von der aus der Stadt vertriebenen Partei die Verhandlungen mit Eduard v. Bar und Johann v. Luxemburg angeknüpft, durch welche den beiden Herren 54000 Pfund für ihre Hilfe zugesichert werden. Die Urkunde ist datiert *lou lundy, vigile de feste Sainct Simon et Sainct Judes* (27. Okt. 1326).

Daß in der Handschrift *cincq* steht, läßt sich leicht erklären: Von der Revolution des Jahres 1326 ist in der ganzen Chronik sonst nicht die Rede, wohl aber beschäftigen sich zahlreiche Kapitel, insbesondere auch die übrigen Gedichte, mit dem Kriege von 1324 und 1325; da dürfte es für den Kompilator nahe gelegen haben, den scheinbaren Fehler *six* in *cincq* zu verbessern.

Auf Grund der nachstehenden Ausführungen sind die drei Gedichte XXII, XXIII, XXIV sicher in die Zeit nach Ausbruch der Revolution, d. h. nach den 20. August 1326 und wahrscheinlich in das letzte Drittel des Oktobers zu setzen.

Das Gedicht *La Prophesie Maistre Lambellin de Cornvalle* ist eine Mahnung zum Frieden. Es ist verfaßt worden, als die Vierherren noch Metz bekriegen (Str. 12 ff. und besonders 19), gleichzeitig aber auch im Innern der Konflikt zwischen Paraigen und Commune bereits ausgebrochen ist (Str. 6). Der Terminus ante quem

La prophesie maistre Lambelin recteur de Parix et d'Orliens (XXV).

ist sonach der Friedensschluß vom 3. März 1326. Zu einer genaueren Datierung verhilft uns Strophe 1. Hier heißt es:

> ... *ie veulz dire une nouvelle rime*
> *Elle fut l'autrie faite entre vespre et prime*
> *J'ay en mon coeur limei d'une nouvelle lime.*

Der Dichter ist also schon poetisch tätig gewesen und zwar, wie wir aus dem ganzen Zusammenhang annehmen müssen, auf demselben Gebiete. Da bietet sich nun ungezwungen das Gedicht XXVII mit der Überschrift „*C'est la Rescription du maître Lambelin, recteur de Paris et d'Orleans*". Daß der Zusatz *recteur de Paris et d'Orleans* erdichtet ist, braucht nicht ausgeführt zu werden. Der Name Maître Lambelin deutet jedenfalls auf denselben Verfasser wie für das Lied XXV. Dieses werden wir sonach als das erste Lied ansetzen dürfen, das er über die Kriegsläufe verfaßt hat und in Strophe 1 vom Gedicht zu XXVII wieder erwähnt. Wie später gezeigt wird, ist aber XXV etwa Oktober—Dezember 1325 gedichtet. XXVII muß also in den gleichen Monaten oder im Januar—Februar 1326 entstanden sein. Da der Dichter bei seiner Siegeszuversicht nicht erwähnt, daß Ludwig v. Poitiers bereits im Lande ist, diesen Umstand aber kaum ausgelassen hätte, wenn eine Berufung auf das Erscheinen und die Hilfe des Bischofs möglich gewesen wäre, so wird man die Verse vor die Ankunft Ludwigs zu setzen haben, vielleicht gerade in jene Wochen, in denen man in Metz wegen des langen Ausbleibens des neuen Oberhirten recht verzagt war, also an das Ende des Jahres 1325.

Li ABC maistre Asselin du Pont contre ceulx de Mets (XXVI).

Während die voraufgehenden und folgenden Lieder Metzer Stadtkinder zu Verfassern haben, die ihrer Vaterstadt treu ergeben sind, dankt das Lied XXVI einem Gegner der Stadt in jenen Kämpfen, einem Notar des Grafen von Bar, Asselin du Pont, seine Entstehung. Der Name des Dichters ist keine Fiktion; denn auch im Jahre 1409 begegnet uns ein Esselin du Pont, der gleichfalls aus der Grafschaft Bar stammt[1] und wohl eine Nachkomme unseres Dichters ist. Außerdem sagt der Dichter im Nachwort in seinen Versen: *Combien que je soye homme le conte.*

Das Gedicht ist während des Krieges verfaßt, und zwar steht man noch in vollem, erbitterten Kampfe.

---

[1] S. Anm. zu S. 231.

Dreimal haben die Verbündeten „in diesem Jahre" Erfolge gehabt (Str. 5), auch vor den Mauern von Metz selbst sind die Fürsten gewesen (Str. 10). Zur Zeit aber stehen Metzer auf Barer Gebiet (Str. 12), und die Stadt hat gerade Erfolge gehabt (Str. 20). Man befindet sich unmittelbar vor dem März des Jahres, denn es heißt:

*Quelle houre qu'apvril on mars reigne,
On irait la.* (Str. 19).

Da die Jahreszeit und sogar der Monat gegeben sind, kann es sich nur noch um das Jahr handeln, in welches das Gedicht zu setzen ist. In Betracht kommen 1325 und 1326. In Strophe 13 brüstet sich der Dichter damit, daß man demnächst auch den König von Frankreich unter den Alliierten sehen werde. Nun wissen wir tatsächlich, daß die Vierherren im Oktober 1324 Karl IV. ein Bündnis vorgeschlagen und bis Weihnachten für den Beitritt Ziel gesetzt haben.

Der Plan hat sich nicht verwirklichen lassen; denn wir hören nie davon, daß sich der König am Kampfe beteiligt hat. Wenn aber der Dichter noch an die Hilfe des Königs glaubt oder vorgiebt, daran zu glauben, so kann das nicht lange nach den Verhandlungen sein. Wir würden deshalb die Verse in die ersten Monate, vielleicht sogar bestimmt in den Februar 1325 zu setzen haben. Drei Angriffe der Vierherren auf das Metzer Gebiet lassen sich bis dahin recht wohl herausrechnen, ebenso hat bereits im September 1324 eine feindliche Demonstration unmittelbar vor den Mauern von Metz stattgefunden. Barer Gebiet wird von den Metzern am 8. Januar und am 10. März berührt. Möglicherweise ist aber in jenen Versen gar nicht speziell Barer Gebiet, sondern dasjenige der Verbündeten im allgemeinen gemeint. Man könnte dann an die Expedition der Metzer in das Luxemburger Gebiet am 20. Februar und an den folgenden Tagen denken.

Das Gedicht XXVII, das gleichfalls unter dem Namen des *Maistre Lambelin,* der sich hier noch die Titel *recteur de Paris et d'Orleans* gegeben hat, überliefert wird, ist die Antwort auf die Angriffe des *Asselin du Pont.* Man wird nach der Diktion sowie nach der Gesinnung, die sich in den Versen ausspricht, annehmen dürfen, daß der Verfasser tatsächlich derselbe war, der sich in Kap. XXV mit demselben Namen als *Maistre Lambelin de Cornvalle* einführt. Unser Gedicht ist jedoch, wie oben gezeigt ist, vor der Abfassung von Lied XXV entstanden. Angefertigt sind die Verse

La rescription Lambelin recteur de Parix et d'Orliens (XXVII).

vor Beendigung des Krieges: *Querez la paix*, sagt der Verfasser beispielsweise in Strophe 16. Den terminus a quo geben die Verse des Asselin du Pont; es muß also nach dem Februar 1325 entstanden sein.

Einen anderen Anhaltspunkt bietet aber die wiederholte Erwähnung des neuen Bischofs Louis de Poitiers, auf dessen Unterstützung man mit Sicherheit rechnet. Da der Bischof, wie oben gezeigt ist, am 26. August 1325 ernannt worden war und Anfang 1326 im Metzer Lande erschien, so werden hierdurch die Verse in die letzten Monate des Jahres 1325 zu setzen sein.

Une Patenostre de la guerre de Mets que Robin de la Valee fist (XXVIII).

Der Verfasser des Gedichtes XXVIII, *Robin de la Valee*, ist sonst nicht bekannt. Die Verse sind während des Krieges verfaßt. So heißt es beispielsweise in Strophe 28:

Libera nos, delivre
Des ennemis, ou tu les livre
A ceulx de Metz.

Einen terminus a quo ergiebt die Strophe 11, wo auf die Schädigung der Arser Kirche im April 1325 angespielt wird. Strophe 25 heißt es „Robes aves par l'eveschie"; man wird annehmen dürfen, daß diese Andeutung auf die Zeit nach dem Erlöschen des Bündnisses mit Henry Dauphin zu beziehen ist.

Andererseits ist noch nicht von der Hoffnung die Rede, welche sich der Stadt durch die Ernennung des Ludwig v. Poitiers (August 25), der vom Papste den Auftrag auf Friedensvermittelung hat (November 16), bietet.

Einen bestimmteren Anhalt gibt die Erwähnung der Ernte in Strophe 13. Hier heißt es:

Et in terra, sommer ne laient
Et suis vignours huient et braient,
Et ne sceivent pour queil raison.
Dieu conforte ceulx qui c'esmaient.
Je te requier telt confor aient
Que pas ne perdent la saison.

Der Dichter ist also besorgt, daß die Winzer um ihre Ernte kommen könnten. Danach müssen die Verse vor Oktober 1325 verfaßt sein, und zwar wird man annehmen dürfen, daß sie zu einer Zeit gedichtet sind, als die Ernte bereits in Aussicht stand. Wenn man das Lied in den Spätsommer 1325 setzt, wird man kaum fehl gehen.

Der Verfasser des Credo, *Henris de Heiz* oder *Hex*, ist sonst nicht nachzuweisen. Mit dem Namen und der Familie de Heu hat der Dichter offenbar nichts zu tun. Einmal kommt die Namensform Heix für Mitglieder dieser alten Paraigefamilie sonst niemals vor, sodann ist auch der Vorname Henris bei den de Heu nicht eingeführt. Andererseits ist eine Familie de Heis tatsächlich anderweit in Metz nachweisbar. 1279 begegnen in der Schreinsrolle dieses Jahres die *signors de Heis* und 1285 wird uns in der entsprechenden Urkunde *li sires Jehans de Heis, li filz signor Yzambert ki fut* genannt. Diese Herrn führen scheinbar ihren Namen nach dem im Landkreise Metz gelegenen Ort gleicher Benennung.

Le Credo Henris de Heix (XXIX).

Die Zeit, in welcher das Gedicht entstand, läßt sich fast auf den Tag bestimmen. Nach Strophe 30 „*Grant duel seroit, s'ilz conqueroient la cite de Metz*" ist der Krieg noch nicht zu Ende. Doch ist bereits (Str. 4 und 26) Vic erobert, und Ludwig hat die bischöfliche Würde übernommen (Str. 26, 27, 28). Von ihm wünscht man, daß er die Schmach von Vic rächen möge: *Daigne a Lowy sens grant sejour Pour vengier Vy force et ayde.*

Damit engt sich die Zeit der Entstehung der Verse in den Raum zwischen 2. Februar und 3. März 1326. Aber ganz bestimmt äußert sich der Verfasser, wenn er Strophe 35 sagt: „*Nous avons ja passez febvrier*".

Der Februar ist also vorbei oder wenigstens zum größten Teile vergangen.

Wir dürfen hiernach die Entstehung der Verse mit Bestimmtheit auf die letzten 14 oder noch bestimmter die letzten 8 Tage vor dem 3. März 1326 setzen.

„*Le Credo Michelet Petit Pain que maint devant lez Repantis*" schließt sich eng an das große Credo des Henry de Heisz an.

Le Credo Michelet Petit pain (XXX).

Li grant Credo sens le petit
Sicut credo vaulrait petit.
Dont me fault il un nouvel dire

sagt der Verfasser; das Gedicht muß also nach dem voraufgehenden verfaßt sein. Das Ereignis mit Henry de Serriere, das vom Dichter behandelt wird, ist uns sonst unbekannt. Ist vielleicht die Einnahme von Vic gemeint? Jedenfalls geht aus den Versen hervor (Str. 3, 13), daß der Friede noch nicht geschlossen ist.

Das Lied kann demnach nur wenige Tage vor dem 3. März 1326 entstanden sein.

Die Persönlichkeit des Dichters ist uns unbekannt. Das Reuerinnenkloster, bei dem er wohnte, lag in der Nähe des heutigen Spitals S. Nicolaus.

<small>Ave Maria Marguerite du Pont Rengmont (XXI).</small>

Das „*Ave Maria Marguerite du Pont Rengmont*" bringt Verse des heißesten Dankes für den soeben abgeschlossenen Frieden (Strophe 3, 5, 7, 9, 10). Es kann sich nicht um den Frieden in dem kurz nach Beendigung des Vierherrenkriegs ausgebrochenen Bürgerzwiste handeln; denn ausdrücklich sagt die Dichterin (Str. 5)

Dominus ait gardes en terre
S'a destruicte toute la guerre
Que par Loherenne est espandue.

Der Vierherrenkrieg selbst ist sonach gemeint.

Noch sind keine Wochen und Monde vergangen, denn die Tore von Metz, die ein und ein halbes Jahr geschlossen waren, sind noch nicht wieder geöffnet

Ave! Seigneurs, ouvreis la porte!

Die Dichterin ist auch besorgt, ob denn das eben abgeschlossene Friedenswerk Bestand haben wird (Str. 4).

Das Lied scheint demnach am 3. März selbst oder unmittelbar nachher entstanden zu sein.

Über ihre Persönlichkeit ist uns leider nichts bekannt. Wir wissen nur aus der Überschrift des Liedes, daß sie am Pont Remont, d. h. in dem Stadtteile „Grand Meis" am Seilleübergang in der Nähe des Barbaratores gewohnt hat.

<small>Benedicite de Louis de Pitie evesque de Mets (XXXII).</small>

Das „*Benedicite de Lowis de Pitie evesque de Mets*" muß auf die Zeit unmittelbar nach Abschluß des Friedens von 1326 datiert werden. Mit begeisterten Worten wird Louis de Poitiers gepriesen, dem man den Frieden zu danken hat[1]), und der Dichter rühmt (Str. 6), wie nun die Bewohner von Metz *viande et entremets* wieder in Frieden werden nehmen können. Daraus geht hervor, daß die bürgerlichen Zwistigkeiten, die im August entstehen, noch nicht

---

[1]) S. den Schlußpassus des Zusatzvertrags zur Friedensurkunde, aus dem tatsächlich hervorgeht, daß Ludwig im Interesse und auf Seiten der Metzer den Frieden vermittelt hat. Hist. de M. IV 23.

ausgebrochen sind. Bei dem sicheren terminus ante quem und a quo weist der ganze Inhalt des Gedichtes darauf hin, daß es möglichst nahe an die Zeit des Friedensschlusses vom 3. resp. 15. März zu rücken ist. Wir werden es unbedenklich in die zweite oder dritte Woche des März 1326 setzen dürfen.

Die Reihenfolge der kleineren Gedichte ist demnach folgende:
1. XXVI. *Li A B C maistre Asselin du Pont contre ceulx de Metz.*
    1325 Februar.
2. XXVIII. *Une Patenostre de la guerre de Mets que Robin de la Valee fist.* 1325 vor Oktober.
3. XXVII. *La rescription maistre Lambelin, recteur de Parix et d'Orliens.* 1325 Oktober-Dezember.
4. XXV. *La prophesie Maistre Lambelin de Cornvalle.*
    1325 Dezember.
5. XXI. *Plusieurs vers en latin de la guerre de Metz.*
    Winter 1325—1326.
6. XXIX. *Le Credo Henris de Heix.*
    1326 Ende Februar.
7. XXX. *Le Credo Michelet Petit Pain.*
    1326 letzte Tage vor 3. März.
8. XXXI. *Ave Maria Marguerite du Pont Rengmont.*
    1326 März 3 oder folgende Tage.
9. XXXII. *Benedicite de Louis de Pitie, evesque de Mets.*
    1326 unmittelbar nach März 3.
10. XXII. *Le Sermon de pappegay.* ⎫
11. XXIII. *L'exposicion du sarmont le pappegay.* ⎬ 1326 Oktober
12. XXXIV. *La confirmacion le Jay d'Ingleterre.* ⎭

5. Die Prosateile der Chronik.

In der Ausscheidung der einzelnen Bestandteile der eigentlichen in Prosa abgefaßten Chronik kann nicht streng chronologisch vorgegangen werden.

Da die Untersuchung gleichzeitig darauf gerichtet sein soll, die Persönlichkeit des Kompilators kennen zu lernen, so wird zur Vermeidung von Wiederholungen die Methode maßgebend sein müssen, welche zu diesem Ziele führt.

Wir haben bereits bei der Kritik der Gedichte über den großen

Krieg darauf hingewiesen, daß auch einige Prosakapitel der Chronik sich mit jenen Ereignissen befassen. Auffallend ist es allerdings, daß das einzige erzählende Kapitel lediglich den Teil des Krieges behandelt, in welchem Jehan de la Cour besonders hervortritt und sich ausschließlich mit dessen Anteil an den Ereignissen der Zeit beschäftigt. Es hat uns dies zu der Vermutung geführt, daß das Kapitel der Familienüberlassung der de la Cour entstammt und dem Chronisten von jenem Magister Jehan de la Cour, zu welchem er literarische Beziehungen hatte, für sein Geschichtswerk zur Verfügung gestellt worden ist.

Die Familie De la Cour. Die de la Cour haben in der Geschichte der Stadt Metz lange Zeit eine bedeutsame Rolle gespielt. Die Mutter des alten Jehan de la Cour, Pontia, war die Stifterin des Klosters Pontifroy gewesen, und der von dem Gatten Nicolaus de la Cour ererbte Reichtum hatte sie in den Stand gesetzt, dem Grafen Eduard v. Bar 19000 Pfund kleiner Turnosen zu leihen. Ihr Sohn Jehan, der 1316 Schöffenmeister war und 1324 besonders hervortritt, war gleichfalls Gläubiger und für den verpfändeten Landbesitz auch Lehnsmann des Grafen Eduard [1]). Er hatte den frommen Sinn seiner Mutter geerbt und begründete die für seine Zeit so merkwürdige Stiftung eines Asyls für kranke und schwangere Frauen [2]). Der in der Chronik genannte Maître Jehan de la Court muß wohl der Enkel des barischen Lehnsmanns sein. Er dürfte mit der Persönlichkeit gleichen Namens identisch sein, die uns in den Jahren 1386 und 1397 begegnet [3]).

Der Bericht über die Hussitenkriege und Jaique de Vairenne. Auffallend gute und genaue Nachrichten bringt der Chronist über die Hussitenkriege und die Aufrüstungen, die von Seiten des Reichs gegen die Böhmen stattfanden. Die Quelle, aus der diese Kunde stammt, nennt uns der Schreiber selbst; denn am Ende der Aufzeichnungen über die böhmischen Unruhen sagt er (p. 307): *Lesqueilles ordonancez dessus ditez maistre Jaicque de Varine, le courdelier, rappourtait de Noiremberg, quant il y fuit envoie par cieulx de Metz dever le dit empereur.* Es ist also der Metzer Gesandte, der im Jahre 1431 auf dem Reichstage in Nürnberg war, von dem die Berichte stammen. Und an anderer Stelle heißt es: *ci apres sont plusieurs nouvelles que maistre Jaique de Varenne le courdelier mandait au seigneur Jaique Dex chevalier pour le temps que le dit maistre Jaique fut a Noiremberg per dever l'empereour pour ciaulx de Metz.*

---

[1]) Vgl. Sauerland, Gesch. des Metzer Bistums im Lothr. Jahrb. VII² p. 107.
[2]) Hist. de M. II 538.
[3]) Hannoncelles, Metz ancien II 145.

Was der Franziskaner dem Metzer Patrizier Jaique Dex geschrieben hat, sind politische Nachrichten aller Art über die Ereignisse im Reich, in Italien, über die Absichten des Kaisers und anderes mehr. Hier tritt uns auch der Name des Jaique Dex entgegen. Ob dieser nun der Verfasser der Chronik ist oder ob der Chronist nur den betreffenden Abschnitt direkt oder indirekt von Dex erhalten hat, gerade so wie ihm Jean de la Cour Material über den Vierherrenkrieg lieferte, muß einstweilen dahin gestellt bleiben.

Der Franziskaner Jaique de Vairenne ist in den zwanziger und dreißiger Jahren in Metz ein viel genannter Mann gewesen. War er es doch, der hauptsächlich den Kampf gegen die religiös-soziale Bewegung der Observanten und ihren hervorragendsten Vertreter Bruder Guillaume geführt hat. Jaique de Vairenne ist auch auf dem Basler Konzil gewesen, um dort den Prozeß gegen Guillaume zu führen und seine Verurteilung zu erwirken. — Auch dort hat die Stadt Metz ihre nahen Beziehungen zu ihm gewahrt; denn als eine Metzer Gesandtschaft nach Basel zog, gab sie auch bei ihm ihre Empfehlungsbriefe ab, um seine Hilfe und Unterstützung in ihren Angelegenheiten zu genießen.

Wie der Chronist hier das städtische offizielle Material benutzt, so sehen wir auch an andern Stellen, daß er Zugang zum Stadtarchiv gehabt hat und sich bemüht, authentische Nachrichten aus dieser Quelle zu schöpfen. Wiederholt gibt er Urkunden wieder, die dem Stadtarchiv entnommen sein können. Als charakteristisches Beispiel führe ich, um von den Privilegienbestätigungen, deren Kenntnis wohl weiter verbreitet war, abzusehen, die Absage Sigismunds an den Burgunder an und den Begleitbrief, der die Stadt auffordert, gleichfalls dem Herzog Philipp die Fehde anzusagen. Besonderes Interesse bringt er dem Rechnungswesen entgegen, und so gibt er uns wiederholt eine Übersicht der Ausgaben, die der Stadt bei besonderen Gelegenheiten, so beim Reichstage von 1356, beim Besuche König Wenzels 1384 und für die Gesandtschaft nach Basel erwachsen sind.

<small>Benutzung des städtischen Archivs.</small>

Zu dem benutzten urkundlichen Material ist auch die Mitteilung des Zeremoniells einer Kaiserkrönung, offenbar derjenigen Sigismunds, zu zählen. Aus dem Stadtarchiv können diese Aufzeichnungen natürlich nicht entnommen sein; wir werden an eine dem Hofe oder dem päpstlichen Stuhle nahestehende Persönlichkeit zu denken haben, die dem Chronisten die Kenntnis dieses Materials vermittelte. Ungezwungen bieten sich uns hier die Beziehungen der Metzer zu einem Manne, der wohl in der Lage war, über solches Material zu ver-

<small>Die Beziehungen zu Jacob v. Sierck.</small>

fügen, zu dem Metzer Domherrn *maistre Jaicque de Cirque*. Durch seine Abstammung aus dem Siercker Herrengeschlechte und seine Stellung im Domkapitel war er in Metz bekannt, andererseits aber hatte er zu den Zeiten der Kaiserkrönung die allernächsten Beziehungen zu Papst und Kaiser. Der Chronist erzählt selbst von ihm (p. 321), der Papst habe ihn an den Kaiser geschickt: *lequel seigneur Jaique estoit un tres jonne homme et en la graice du St. Peire et par cette ambassade vint le dit sgr. Jaique en si grant graice dudit empereour que ce fuit merveille et en revint per deca auvec lui, quant il s'en revint audit Saint Conseille au lieu de Baisle.* — Als die Lothringer Gesandten zum Kaiser nach Basel kamen, überreichten sie ihrem einflußreichen Landsmann auch Empfehlungsbriefe und wurden von ihm gut aufgenommen. Der Chronist erzählt: *nous presentemez nos lettres de comission ... a seigneur Jaique de Cirk lequel avoit grant cognissance audit empereour. Lequel nous respondit tres amoreusement et dit qu'il nous feroit parler a l'empereour toutes foix que nous volriens.*

Der Bericht über den Zug nach Preußen.

Persönlich tritt der Schreiber eines Teiles der Chronik hervor in der Erzählung über den Zug nach Preußen im Jahre 1399. Während im allgemeinen in diesem Abschnitt in der dritten Person erzählt wird, verrät sich doch wiederholt der Erzähler durch Anwendung der ersten Person (so p. 248) als Mitreisender.

Als solche kommen in Betracht *sire Jaicque Dex, Jehan Noiron, Jehan de Vy, Louis Paillat, Jehan de Wauldrefange, Perrin le Gournais, Jehan Crowellet dit Faulquenel, Guerciriat Boullay* und *Molrisat de la Tour*.

Als Wortführer tritt unter ihnen allein Jaique Dex hervor, und zwar weiß der Chronist genau, was von diesem bei verschiedenen Gelegenheiten gesagt worden ist. So wird man geneigt sein, in erster Linie Dex als den Verfasser des betreffenden Chronikenabschnitts anzusehen.

Der Bericht über die Gesandtschaft nach Basel.

Einen gleichfalls in sich geschlossenen Abschnitt bildet das Kapitel über die Metzer Gesandtschaft nach Basel. Auch hier spricht der Erzähler, und zwar regelmäßig, in der ersten Person, sodaß man, wie bei der Schilderung der Preußenfahrt, annehmen muß, daß ein Mitglied der Gesandtschaft den Bericht geliefert hat. Als Vertreter von Metz gehen nach Basel *Maistre Dominique de Noweroy chanoine de Metz, seigneur Jaique Daix, seigneur Nicolle Louve, seigneur Nicolle de Raigecourt* und der Sekretär der Kriegskommission *Jehan de Luxembourg*. Unter den Genannten muß also der

Verfasser gesucht werden. Doch der Kreis verengt sich noch, wenn wir beachten, daß im Laufe der Verhandlungen die Herrn Jaique Dex, Maistre Domenique und Nicolle de Raigecourt nach Metz zurückkehren, während Nicolle Louve und Jehan de Luxembourg in Basel verbleiben. Über die Reise der drei Erstgenannten wird weiter in der ersten Person erzählt, während die Tätigkeit der Zurückbleibenden in der dritten Person geschildert wird. Sonach kommen als Verfasser des Berichts nur die drei erstgenannten in Betracht.

Wollen wir von vornherein annehmen, daß die Schilderung der Preußenfahrt und der Gesandtschaftsbericht denselben Verfasser haben, so käme nur Jaique Dex in Betracht; denn nur dieser ist hier wie dort beteiligt. Aber es sprechen auch hier wieder innere Gründe dafür, daß Dex der Erzähler ist; denn wie in dem Bericht über das Jahr 1399 ist auch hier Jaique Dex stets an erster Stelle nach dem geistlichen Herrn genannt. Für die Identität der Verfasser spricht aber auch die Gleichheit des Stils und das Hervortreten gewisser Charakterzüge des Erzählers, so das Interesse für die Kosten, die aufgewendet oder erspart werden, der Sinn für die eigentliche Reiseschilderung und die Aufmerksamkeit, die den Formen des Zeremoniells gewidmet wird.

Endlich wird noch Elisabeth von Görlitz, Herzogin von Luxemburg genannt, von der der Chronikenschreiber Nachrichten erhalten hat. Auf Pagina 225 sagt Schreiber B: *Lequel* (sc. Charles IV) *ot IIII femme, se me dit maidamme de Bawiere*. Und ebenda auf dem eingeklebten Blatt beginnt der gleiche Schreiber seine Familiennotizen über die Luxemburger: *Maydame de Bawiere me dit*. Madame de Bavière ist Elisabeth von Görlitz, die in zweiter Ehe mit Johann von Baiern verheiratet war.

Die Berichte über Elisabeth von Görlitz.

Da die Wahrscheinlichkeit dafür sprach, daß Schreiber B gleichzeitig der Verfasser der Chronik ist, so gelangen wir mit der Notiz über Elisabeth v. Görlitz wesentlich weiter, als die bisherigen Untersuchungen über die Autorschaft geführt hatten. Waren bisher lediglich einzelne Teile der Chronik in Betracht gekommen, so wissen wir jetzt, daß der Kompilator des ganzen Werkes gewisse Nachrichten von der Luxemburgischen Fürstentochter selbst erhalten hat, und gerade die Nachrichten über das Luxemburgische Haus, die ja B besonders eigentümlich sind, werden wir nunmehr auf die Bekanntschaft der Elisabeth mit dem Verfasser zurückführen dürfen.

Daß Elisabeth lebhafte Beziehungen zu Metz unterhielt, erfahren wir aus der Chronik selbst, wie wir es auch aus andern Quellen wissen. So erzählt uns der Verfasser, Elisabeth habe sich in Metz angekauft, um hier an den Vergnügungen teilnehmen zu können: *La dite dame Ysabel ... fut si bien de ciaulx de Metz qu'elle y achitait une maxon et la meublait et si venoit tres souvent embatre :/: et demorey II ou III moix portan qu'elle dansoit tres volantier :/:*.

Eine Gesandtschaft, die die Fürstin im Jahre 1437 an den Kaiser schickt, geht von Metz ab.

Als die Metzer zum Basler Konzil gehen, schließen sie sich Johann v. Parsberg, dem Vertreter der Elisabeth, an, um unterwegs größere Sicherheit zu genießen (p. 242). Vor allem aber wissen wir, daß sich Elisabeth mit den Metzern wiederholt verbündet hat. So geht sie im Jahre 1420 ein Bündnis ein[1]. Während des Krieges der Stadt mit dem Herzog von Lothringen unterhält sie die besten Beziehungen[2], die sich im August 1430 abermals zu einem förmlichen Bündnis verdichten[3]. Am 5. und 24. Oktober treffen wir die Fürstin in Metz, nachdem sie schon seit dem Ende des Jahres 1429 in Diedenhofen fast ununterbrochen geweilt hatte. —

So ist es denn wohl erklärlich, daß sich auch persönliche Beziehungen zwischen der Luxemburgerin und vornehmen Metzer Bürgern entwickelt hatten und vielleicht gerade durch die Fürstin bei dem Schreiber B der Gedanke geweckt worden war, seine Metzer Erinnerungen und Aufzeichnungen mit der Geschichte des Luxemburger Hauses chronikalisch zu verknüpfen.

Das sind zunächst die Anhaltspunkte, die sich uns bieten, um die literarischen Quellen und die Gewährsmänner kennen zu lernen, auf die sich der Chronist bei der Kompilation seines Werkes stützen konnte. Was er aus eigener Erinnerung hinzugetan hat, das wird sich erst beurteilen lassen, wenn es gelingt, die Persönlichkeit des Verfassers sicher festzustellen.

III. Der Verfasser der Chronik.

Der Verfasser ein Metzer.

Zunächst steht fest, daß der Verfasser der Chronik ein Metzer war. So sagt er (p. 252): *Item per dever le dit roy de Baviere .... envoiont ciaulx de Metz leur ambassateurs pour reconformer leur franchises et ausi pourtant que nous estions on ban dudit roy*

---

[1] Publ. de l'institut de Luxemb. XXVI 8/9.
[2] 1428 Septembre l. c. XXVI 45.
[3] ib. XXVI 59.

— LXXIII —

Wainchelat. Oder aber er zählt bei der Schilderung der Schlacht von Nicopolis die Metzer Gefallenen auf, nennt bei der Preußenfahrt die Metzer Teilnehmer u. s. f. Aber man braucht gar nicht Einzelnes hervorzuholen, der gesamte Inhalt der Chronik zeigt, daß die Geschichte des Luxemburgischen Königsgeschlechts lediglich der Rahmen ist, in den nun der Bericht über die Ereignisse eingefügt wird, die den Verfasser viel näher angehen: die Geschichte der Stadt Metz von 1307—1434.

Daß der Kompilator in hervorragender Stellung gewesen sein muß, ergibt sich aus seinen Beziehungen zu Elisabeth v. Görlitz. Auch die Kenntnis höfischen Zeremoniells und das Interesse dafür weist darauf hin. Ebenso wird der Eintritt zum Archiv nicht jedem beliebigen Bürger freigestanden haben. Die Kenntnis all der Urkunden und Rechnungen setzt voraus, daß der Schreiber entweder selbst Stadtsekretär war oder den ratsfähigen Geschlechtern angehörte. Der Verfasser in hervorragender Stellung.

Zu drei Malen ist uns in der Chronik der Metzer Patrizier Jaique Dex als Verfasser einzelner Abschnitte des Sammelwerkes entgegengetreten. Da drängt sich die Frage auf, ob dieser schreiblustige Mann nicht überhaupt der Verfasser der gesamten Chronik ist. Dex gehört einer alten Metzer Familie an und bekleidet wiederholt hervorragende Ämter in seiner Vaterstadt. Ein Mann wie er konnte nicht nur jederzeit das Stadtarchiv einsehen, er mußte auch politisches Interesse haben, das über die kleinen Begebenheiten des täglichen städtischen Lebens hinausging. Sehen wir, ob die Chronik noch weitere Anhaltspunkte für unsere Vermutung bietet. Ist Dex der Verfasser?

Da fällt zunächst auf, daß gleich auf den ersten Blättern der Chronik, als der Verfasser über Heinrich VII. und dessen Vorfahren erzählt, ganz unmotiviert eine Urkunde im Wortlaut mitgeteilt wird, laut welcher Graf Heinrich von Luxemburg, der Vater des späteren Kaisers im Jahre 1271 dem Ritter Philipp Dex ein zinstragendes Grundstück in Blettingen verliehen habe. Desgleichen lernen wir die Urkunde kennen, durch welche Graf Heinrich der Jüngere, der dann später Kaiser wird, im Jahre 1299 die Verleihung seines Vaters an den Sohn des Philipp, Jaicomin Dex, wiederholt. — Welcher Schreiber einer Kaiserchronik konnte Interesse für eine solche private Schenkung haben? Vor allem aber: wer hatte im Jahre 1438 Kenntnis von einem solchen Akte und wer konnte, selbst wenn er die Tatsache wußte, über die Urkunden verfügen? Im Stadtarchiv lagen sie nicht, nur die Familie Dex konnte sie in ihrem Besitz Seine Beziehungen zu den Luxemburgern.

haben, und nur ein Mitglied dieses Geschlechts konnte geneigt sein, eine derartig völlig private Familienangelegenheit in einer Stadt- und Reichschronik vorzutragen.

Seine Beziehungen zu De la Tour.

Den Schluß der Chronik bildet eine sehr ausführliche Darstellung der Differenzen, in welche die Stadt mit Henry de la Tour geraten war. Der Verfasser ist vorzüglich unterrichtet und verfügt über das Urkunden- und Briefmaterial, das für die Streitfrage in Betracht kommt. Persönlich tritt auf der Metzer Seite außer den in den Urkunden genannten Schiedsrichtern niemand hervor. Nur zweimal begegnet Jaique Dex. Das erste Mal im Jahre 1424, als Henry de la Tour an die Metzer Ersatzansprüche für seine zerstörte Burg erhebt. Auf einem Tage in Pont-à-Mousson kommt er mit Jaique Dex zusammen „*et en orent seigneur Jaique Daix chevalier et lui grosses paroles ensembles*". Der Streit ist dann beglichen worden, de la Tour tritt sogar in Metzer Dienste. Im Jahre 1433 hält aber der unruhige Mann die Gelegenheit abermals für günstig, mit den Metzern anzubinden. Als er jedoch sieht, daß er wenig mit großen Worten erreicht, da läßt er seine Frau nach Metz gehen. Diese wendet sich an Jaique Daix und Nicolle Roucel und erlangt durch ihre Vermittelung eine Entschädigung von 100 Gulden. — Auch im Jahre 1434 sind die beiden nochmals als Vermittler tätig, nachdem der Schwiegersohn des Henry de la Tour, Callay du Salsif, sie darum gebeten hat. — Man ersieht aus diesen Angaben, daß Jaique Dex gerade an dieser so ausführlich erzählten Angelegenheit persönlich mehrfach beteiligt gewesen ist, und man wird annehmen dürfen, daß Dex auch diesen Abschnitt der Chronik verfaßt hat.

Dex als Verfasser des Registers.

So tritt uns der Name und die Tätigkeit dieses Mannes oder seiner Vorfahren in immer weiteren Teilen des Werkes entgegen, und die Wahrscheinlichkeit, daß wir in Jaique den Verfasser der ganzen Kompilation zu sehen haben, erhöht sich mehr und mehr. Ungleich größere Bestimmtheit erhält aber unsere Annahme durch eine Notiz des Registers. Wie ausgeführt wurde, ist dieses vom Schreiber B, den wir gleichzeitig als Verfasser der Chronik ansehen müssen, geschrieben. In der Inhaltsnotiz über Kapitel LXIIII, das den Gesandtschaftsbericht enthält, heißt es nur: *Et les despan qu'il y firent* (sc. les ambassadeurs) . . . . *et lay copiee dez lettre que le dis emperrour nous donait*. Wie im Text selbst fällt also auch hier der Schreiber aus der dritten in die erste Person und verrät sich dadurch als einer der Mitreisenden. Wenn wir nicht annehmen

— LXXV —

wollen, daß einer der Begleiter des Jaique Dex dieses Register geschrieben hat, wozu nicht der mindeste Anlaß vorliegt, so müssen wir schließen, daß der Schreiber B Jaique Dex selbst gewesen ist. Hiermit aber ist, da B der Verfasser der Chronik war, erwiesen, daß Jaique Dex nicht nur einzelne Abschnitte zur Chronik beigesteuert hat, sondern Autor des ganzen Werkes ist.

Läßt sich Jaique Dex nun auch zu den übrigen Teilen der Chronik in Beziehung bringen?

Einen verhältnismäßig breiten Platz nehmen die Taten des Jehan de la Court in der Chronik ein, und von Maistre Jehan de la Court sagt Dex selbst, er habe ihm Chroniken geliehen. Wenn schon die persönlichen Beziehungen des Verfassers zu einem Mitglied der Familie de la Court das Interesse des Geschichtsschreibers für die Vorfahren seines Freundes erklären würden, so wird die Berücksichtigung der Familie doch noch verständlicher durch die verwandtschaftlichen Beziehungen, welche die Dex und de la Court seit alter Zeit verknüpfen. Jehan de la Cour, der durch seine Taten, seinen Reichtum und seine Wohltätigkeit ohne Zweifel ein sehr gutes Andenken in der Vaterstadt hinterlassen hat, war der Urgroßvater der Frau des Jaique Dex.

Beziehungen des Jaique Dex zur Familie de la Court.

Der Stammbaum ist folgender:

```
                    Jean de la Court m. éch. 1316
                                |
Poince de Vy m. éch. 1342, †1372 verh. mit Marguerite de la Court
                                           Jean le Hungre u. Catharine
                                            |  de Gournay
                    Jehan de Vy m. éch. 1387, †1398, verh. mit Beatrix de la Hungre

              Poince de Vy verh. mit Jaique Dex.
```

Wie eng die Beziehungen der beiden Familien aber geblieben waren, ergibt sich auch daraus, daß im Jahre 1398 drei Glieder der Familie Dex: Philippin, Baudowin und Jehan, Söhne des Joffroy Dex, der wohl ein Vetter des Jaique Dex gewesen ist, in der „Branche" de la Court der Paraige Jeurue aufgenommen werden[1].

Des Weiteren war es Jaique de Vairenne, dessen Nachrichten der Chronist übernommen hatte. Da ergibt sich nun zunächst, daß

Jaique Dex und die Franziskaner.

---

[1] Histoire de Metz IV 489. Unter Branche versteht man eine Unterabteilung der Paraigen. Jede Paraige hatte vier Branches, deren jede sich nach einer Familie benannte. Die „Branches" sind engere, intimere Verbände, die wahrscheinlich geschaffen wurden, um den Turnus der den Paraigen zustehenden Ämter zu regeln.

Dex auch direkt mit dem Franziskaner verkehrt hat, denn im Eingang des Kapitels LXI sagt der Verfasser: *Ci apres sont plusieurs nouvelles que maistre Jaique de Varenne le courdelier mandait au sgr. Jaique Daix chevalier pour le temps que le dit maistre Jaique fut a Noiremberg per dever l'empereour pour ciaulx de Metz per M IIII^C et XXXI ans.*

Die persönlichen Beziehungen zwischen den beiden erklären sich aus der Gemeinsamkeit ihrer Stellung in der religiös-sozialen Bewegung jener Jahre. In Metz tritt seit den 20er Jahren der Orden der Observanten auf, der, aus dem Bettelorden hervorgegangen, sich später besonders gegen diesen wendet. In dem Bruder Guillaume findet die neue Bewegung ihren geschicktesten Vertreter, und der Kraft seiner Predigt gelingt es, den größten Teil der Metzer Einwohnerschaft samt der Mehrheit der Dreizehner zu sich herüber zu ziehen und gegen den Orden einzunehmen. Nur wenige Männer[1]) bleiben auf Seite der Bettelorden, und zu ihnen gehört Jaique Dex. Nach wie vor hört er bei den Franziskanern die Messe[2]), und so lebhaft tritt er für die Ordensinteressen ein, daß er „*capitaine principal des quaitre ordres mendians contre les dits freres de la tierce ordre*" genannt wird[3]). Seitens der Orden tritt besonders Jaique de Vairenne gegen die Observanten auf[4]), und als der Bruder Guillaume seine aufrührerischen Reden in die Massen schleudert, da ist es Jaique de Vairenne, der auf dem Konzil von Basel die Verurteilung seines Gegners schließlich herbeigeführt hat. Da Dex hauptsächlich Fühlung mit dem Franziskanerkloster hält und dort täglich aus- und eingeht, so erklären sich die nahen Beziehungen, die zwischen ihm und dem gesinnungsverwandten Klosterbruder bestehen. Auch in Basel wendet sich Dex mit seinen Gesandtschaftsgenossen an ihn, um sich seiner einflußreichen Unterstützung bei den Verhandlungen zu vergewissern.

Jaique Dex und Jacob von Sierck.

Mit Jacob von Sierck, auf dessen Vermittelung wohl die Kenntnis des Krönungszeremoniells und der Bericht über Sigismunds Romfahrt zurückzuführen ist, hat Dex in Basel persönliche Beziehungen bekommen. Wahrscheinlich ist es aber, daß er auch schon früher den Metzer Domherrn kannte, dessen Bekanntschaft er um

---

[1]) Von den XIII sind es nur Jaicque Rollenat und Werry de Toul, alle übrigen begünstigen die Observanten. Huguenin p. 158.
[2]) Huguenin z. Jahre 1429.
[3]) Huguenin p. 173.
[4]) Huguenin p. 157.

so lieber fortsetzte, als Jacob seit der zwiespältigen Wahl von 1430 als Kandidat für den Trierer Bischofsstuhl gelten mußte und 1437 auch Erzbischof wurde.

Wie die persönlichen Beziehungen zu Elisabeth v. Görlitz entstanden sind, wissen wir nicht. Daß die Familie Dex dem Luxemburgerhause nahe stand, haben bereits die beiden Urkunden erwiesen, die Heinrich VII. und sein Vater einem Vorfahren des Jaique ausgestellt hatten. Ich möchte es sogar für wahrscheinlich halten, daß die Familie ursprünglich aus Esch oder Aix in Luxemburg stammte. Aber auch weiterhin haben die Vorfahren des Jaique ihre Verbindung mit dem zur Königswürde gelangten Grafenhause gewahrt. Unter Karl IV. begegnet uns als kaiserlicher Rat Poince de Vy [1]. Er war der Großvater der Frau unseres Chronisten.

Jaique Dex und das Luxemburger Haus.

Poince de Vy (†1372)—Marguerite de la Cour
|
Jehan de Vy—Beatrix le Hungre

Poince de Vy verheiratet mit Jaique Dex.

Die nahen Beziehungen zu Elisabeth, wie sie Jaique Dex wiederholt betont, haben vielleicht auch, abgesehen von der Überlieferung seines Hauses, eine finanzielle Basis. Elisabeth ist bekanntlich immer in Geldverlegenheit gewesen; da ist es nicht unmöglich, daß sie bei dem reichen Metzer Patrizier, der sich auf seine Verbindung mit ihrem Geschlechte so viel zugute tat, eine Anleihe aufgenommen hat.

Wenn schon bei der Erzählung von den Taten des de la Cour die Familienüberlieferung für Dex von wesentlichem Einfluß war, so tritt dasselbe Moment auch noch öfter in der Chronik hervor. Die ganz unvermittelte Notiz, Karl IV. habe den Poince de Vy für den „*plux saige hom et le plux saige bourgoy de bonne ville que fuit en toute son empeire*" erklärt, ist doch nur verständlich, wenn wir das verwandtschaftliche Interesse in Rechnung ziehen und wissen, daß Dex auch mit seinem Schwager Jehan de Vy besonders nahe Beziehungen unterhielt [2].

[1] Karl IV. nennt ihn in einem Schreiben an die Stadt *nostre ame et feal consillier*. H. d. M., IV 149. Huber reg. nr. 2414.

[2] Jehan de Vy ist sein Gesinnungsgenosse in dem Kampfe gegen die Observanten und die von diesen hervorgerufene Bewegung, de Vy und Dex waren beide Mitglieder der Fünferkommission im Kriege gegen den Herzog v. Lothringen.

— LXXVIII —

Jaique Dex und Thiebal Louve.

Ein Verwandter von Dex ist auch der Abt Thiebal Louve von S. Clemens, dem ein Teil des Kapitels 41 gewidmet ist [1]). Der Vater des Jaique Dex war mit der Schwester des Abtes verheiratet, Thiebald war also Onkel des Schriftstellers.

Jaique Dex und die Baier von Boppard.

Sehr gut ist der Chronist auch über die Familie der Baier von Boppard unterrichtet; insbesondere muß er dem Konrad Baier näher gestanden haben, da er von ihm Charakterzüge mitteilt, die auf persönliche Verbindungen schließen lassen. Da kommt zunächst in Betracht, daß die Baier allmählich eine Luxemburger Familie geworden waren und schon als solche dem Jaique Dex Interesse boten, vor allem aber ist es wesentlich, daß Jaique mit dem von ihm so günstig geschilderten Konrad Baier den Zug nach Preußen gemeinsam unternommen hat, Konrad Baier im Gefolge des Herzogs von Lothringen, Jaique mit seinen Metzer Genossen, die sich dem Herzog angeschlossen hatten.

So sehen wir, daß fast durch die gesamte Chronik Beziehungen zu Jaique Dex oder dessen Familie nachweisbar sind, und die Annahme, daß er der Verfasser der gesamten Chronik ist, erhält damit erneute Bestätigung.

Die Persönlichkeit des Jaique Dex.

Was ist nun Dex für eine Persönlichkeit gewesen? War er nach seiner ganzen Stellung und seinem Lebensgang befähigt, ein derartiges Chronikenwerk abzufassen?

Schon in den voraufgehenden Ausführungen ist vielfach seine Tätigkeit im öffentlichen Leben berührt worden. Darum werden sich, wenn ein einheitliches Bild seines Wirkens gegeben werden soll, einige Wiederholungen nicht vermeiden lassen.

Jaique Dex wurde im Jahre 1371 geboren [2]). Durch seine Abstammung gehörte er den ersten Familien der Stadt an. Seine Mutter war eine de Louve, die Großmutter eine de Gournay, seine Frau war die Tochter des Jean de Vy und zählte die de la Cour zu ihren Vorfahren. So waren ihm, der Metzer Verfassung entsprechend, von vornherein alle hohen Stellungen im Stadtregiment geöffnet, um so eher, als auch das Vermögen der Familie recht bedeutend gewesen sein muß [3]). Tatenlustig und wissensdurstig hat jedoch Jaique sich nicht damit begnügt, daß ihm ein Stadtamt nach

---

[1]) *Incontinent apres ledit abbe manda seigneur Poince Louve, chevalier, son frere et seigneur Jaicque Dex, chevalier, filz de son sueur.* Huguenin p. 142.

[2]) Zu entnehmen aus der Notiz Praillons (Huguenin 252b) über das Turnier des Jahres 1445 (Februar), in dem Jaique Dex als Mann von 73 Jahren mitreitet.

[3]) Vgl. Sauerland, Geschichte des Metzer Bistums im Lothr. Jahrb. VII² 107 ff.

— LXXIX —

dem anderen von selbst zufiel. Zunächst wollte er die Welt sehen und seine Kraft versuchen. So schloß er sich als 28 jähriger der kleinen Schar Metzer Bürgerssöhne an, die gleichzeitig als Glaubensstreiter mit dem Herzog von Lothringen nach dem fernen Osten zur Bekämpfung der heidnischen Preußen auszogen. Seine Überlegenheit in Rat und Tat hat ihn gewissermaßen zum Führer der kleinen Schar gemacht, und so leitet er in schwieriger Lage die Verhandlungen, die mit dem Gefolge des Herzogs nötig geworden sind. Ein Jahr etwa ist Dex unterwegs gewesen, vieles hat er gesehen, und aus seiner Erzählung hören wir heraus, welche Freude es ihm gewährt hat, in den Städten und an den Fürstenhöfen Neues kennen zu lernen und die Freuden der großen Welt zu genießen: *car per toutes les bonnes villes, ou ilz passoient, lez seigneurs princez et autrez leur venoient en l'encontre et les reconduisoient si nettement, comme ilz povoient et faisoient dancier lez dammez et leur monstroient leur artillerie et la faisoit il boin veioir lez estas et lez honnours des seigneurs et bonnez villes.*

Schon im Jahre 1403 ist Dex das Schöffenmeisteramt zugefallen in einer Zeit, die wegen der zahlreichen Konflikte mit den Fürsten und Herrn der Umgebung die Lage der Reichsstadt immer kritischer werden ließ und die ganze Umsicht eines erfahrenen Mannes als Leiter der städtischen Politik erforderte. In den nachfolgenden Jahren hören wir nichts von ihm, erst 1412 begegnet sein Name wieder unter den Mitgliedern der „Sept de la guerre"[1]. Diese Stellung scheint seinem ritterlichen Wesen besonders entsprochen zu haben; denn auch 1428[2]) sowie 1429[3]) scheint er in ähnlicher Stellung gewesen zu sein, um den Krieg gegen den Herzog von Lothringen leiten zu helfen. — In dem großen Konflikte zwischen den Franziskanern und den Observanten, der schließlich die ganze Stadt in zwei Lager geteilt hat, gehört Dex zu den wenigen, die fest und starr die Anschauungen der alten Orden gegen die Neuerer vertreten und ist wesentlich mit bei der Aufdeckung der Verschwörung, die von der sozialistisch gefärbten Observantenpartei unter der Bürgerschaft gegen die regierungsfähigen Geschlechter angezettelt war, beteiligt. — Aus der diese Vorgänge behandelnden Erzählung Praillons, die, wie später gezeigt werden soll, wahr-

---

[1]) H. d. M. IV 683 n.

[2]) H. d. M. V 67. Brief v. 14. Juli 1428.

[3]) Huguenin zu diesem Jahre. Ist Mitglied der Fünferkommission, die für den Krieg gegen den Herzog bestellt ist.

scheinlich gleichfalls Dex zum Verfasser hat, ergibt sich, daß auch er unzufrieden ist mit dem Stadtregiment[1]), insbesondere scheint er nicht gut auf seinen Vetter Nicole Louve, der zu den Observanten hält, zu sprechen zu sein[2]). Um so höher wird man es ihm anrechnen müssen, daß er den Sohn des in die Verschwörung verwickelten Metzer Bürgers Jehan Thirion, der im Vertrauen auf seine Unschuld in die Stadt kommt und hier von den XIII gefoltert werden soll, durch sein offenes Eintreten von diesem Verhängnis rettet.

Dex ist 1430 selbst Dreizehner gewesen und hat als solcher, vielleicht aber auch als Mitglied der Kriegskommission zu Nancy über die Auslieferung der Gefangenen, wie sie im Friedensvertrage mit dem Herzog von Lothringen stipuliert war, Verhandlungen geführt[3]). In seine Amtszeit fällt auch der Abschluß des Bündnisses und Handelsvertrags mit der Herzogin Elisabeth v. Görlitz[4]), an denen er wohl ganz persönlich beteiligt war. Die Anknüpfung dieser Beziehungen mußte der Stadt um so wertvoller sein, als trotz des mit Karl v. Lothringen abgeschlossenen Friedens lothringischerseits die Gefangenen nicht ausgeliefert worden waren und mit dem Wiederausbruch des offenen Krieges gerechnet werden mußte.

Das diplomatische Geschick, das Dex bei all diesen Verhandlungen gezeigt hatte, ließ ihn geeignet erscheinen, nun auch mit dem neuen Herzog René I nähere Verbindung anzuknüpfen, um der Stadt den so notwendigen Frieden dauernd zu sichern. Mit fünf andern Paraigemitgliedern ging er anfangs August 1433 nach Pont-à-Mousson, wo man René traf, und es gelang auch wirklich, mit diesem mächtigsten Nachbarn ein Bündnis auf sechs Jahre abzuschließen[5]). Nachdem kurz darauf auch Conrad Baier v. Boppard sowie die Luxemburgische Herzogin beigetreten waren[6]), mußte nach menschlichem Ermessen für die Vaterstadt eine Zeit ruhiger Entwicklung folgen, in der sie die so dringende Wiederherstellung

---

[1]) *Et ainsy les pouvres gens qui ne sceivent que c'est de faiveur en iustice, quant ilz ont plait et proces et qu'il leur convint a prouveir, ils trouvent que c'est une merveilleuse beste, fort contrefaite.* Huguenin p. 158.

[2]) Huguenin p. 173.

[3]) 1431 März. Huguenin p. 176. Schon am 1. Febr. 1430 hatte er mit den übrigen Mitgliedern der Kriegskommission die Vermittelung des Bischofs Conrad Baier v. Boppard angerufen. H. d. M. V 188.

[4]) 5. August 1430. H. d. M. V 203.

[5]) Über die Beteiligung des Jaique Dex vgl. Huguenin p. 183. Das Bündnis selbst vom 4. August 1433 H. d. M. V 275.

[6]) H. d. M. V 288. Urkunde vom 28. Sept. 1433.

einer gesunden Finanzwirtschaft in die Wege zu leiten und damit das wirtschaftliche Gedeihen von Kaufmanns- und Handwerksstand, die unter den Kriegen und Revolten der letzten Jahrzehnte so furchtbar gelitten hatten, zu sichern vermochte.

Die wichtigste Aufgabe seines Lebens ist Dex zuteil geworden, als er mit Nicolle Louve, Nicolle de Raigecourt und dem Stadtschreiber Jehan de Lucembourg¹) nach Basel geschickt wurde, um dort dem Kaiser Wünsche und Beschwerden vorzutragen, deren Erfüllung und Erledigung die Stadt schon seit Jahren beschäftigte. Die frische und anschauliche Schilderung der Reise, der Audienzen beim Kaiser und des Treibens in der kaiserlichen Kanzlei bilden das reizvollste Kapitel, das er seiner Chronikenkompilation eingefügt hat.

Ob er 1444 nochmals als Vertreter der Stadt auf einem Reichstage in Nürnberg war, läßt sich nicht mit Bestimmtheit feststellen. Huguenin nennt als Metzer Gesandten einmal sire Jaique Dex, chevalier²), aber kurz darauf erzählt er von demselben Tage, Seigneur d'Aix, chanoine et trésorier de la grande église³) habe den Bischof nach Nürnberg begleitet.

In den wilden Kriegswirren, mit denen in demselben Jahre der König von Frankreich und der Herzog von Lothringen die Stadt heimsuchen, tritt der Name des Jaique Dex auffallenderweise nicht hervor. An seiner Stelle erscheint sein Verwandter Jeoffroy Dex, der mit Nicolle Louve die Verteidigung der Stadt leitet und die Verhandlungen führt. Ob Jaique Dex erkrankt war, oder die Differenzen mit Nicolle Louve ihn bestimmten, sich fern zu halten, wissen wir nicht. Sein hohes Alter — er zählte damals 72 Jahre — ist jedenfalls nicht der Grund, weshalb er vom politischen Schauplatz zurücktritt; denn am 1. März 1446 reitet er noch in einem auf Champ-à-Seille in Metz abgehaltenen Turniere mit und wirft den jungen Jaicomin de Raigecourt unter dem Jubel der Zuschauer in den Sand⁴).

---

¹) Maistre Dominicque de Noweroy, doyen de Verdun et chanoine de Metz, der mit den oben genannten reist, ist nicht als Vertreter der Stadt anzusehen. Er begibt sich nach Basel wohl als Vertreter der Geistlichkeit, vielleicht auch des Bischofs, um die Untersuchung gegen den Observanten Guillaume zu betreiben. Jedenfalls war er im September 1432 mit dieser Sache betraut worden. Huguenin p. 180.

²) Huguenin p. 218. — ³) Ib. p. 221.

⁴) Huguenin p. 252 : *Et le premier jour de mars plusieurs des plus anciens des seigneurs de la compaignie, signamment seigneur Jaicque Dex, chevalier, qui estoit aigie de soixante et treize ans esmeu de bonne volente dist qu'il volloit que les*

— LXXXII —

1455 ist Dex gestorben[1]). Ob er an der Seite seiner Frau im Cölestinerkloster oder wie seine Kinder in der Euchariuskirche beerdigt ist, wissen wir nicht.

Seine Lebensgeschichte bestätigt durchaus, was schon auf Grund der voraufgehenden Untersuchungen geschlossen werden durfte, daß er eine reiche Fülle politischer Erfahrungen sammeln und zahlreiche Beziehungen anknüpfen konnte, sodaß er wohl in der Lage war, zuverlässige Berichte über die Ereignisse seiner Zeit zu sammeln.

Jaique Dex Verfasser einer Chronik.

Aber jeder Zweifel an der Verfasserschaft wird ausgeschlossen, wenn wir erfahren, daß Jaique Dex tatsächlich eine Chronik verfaßt hat. Praillon hat in seiner um die Mitte des 16. Jahrhunderts geschriebenen Chronik zum Jahre 1398 (Unterschlagung des Jehan Eullecolz) bemerkt: *Querrez ens cronicques des Dex et on rolle en parchemin* [2]).

Die Stelle bezieht sich offenbar auf unsere Chronik; denn hier wird gerade die Unterschlagung des Jehan Eullecolz und Hannes de St. Julien mit größter Ausführlichkeit geschildert.

Zu Praillons Zeit muß also noch bekannt gewesen sein, daß Dex der Verfasser dieser Chronik war, oder aber Praillon muß eine Schwesterhandschrift der unsrigen benutzt haben, in welcher der Name des Verfassers genannt war.

Verfolgen wir diese Spur weiter. Vielleicht führt sie zu weiteren Ergebnissen über die Entstehung unserer Chronik und über die schriftstellerische Tätigkeit des Jaique Dex.

Chronique de Praillon.

Die sogenannte „Chronique de Praillon" ist ein Quartband von 755 Blättern, der der Stadtbibliothek von Epinal gehört. Nach der Schrift gehört er in das 16. Jahrhundert. Sein Inhalt beginnt mit dem Jahre 1323 und reicht bis 1497. Anfang und Ende fehlen[3]). Geschrieben ist der Band zwischen 1543 und 1556.[4]).

---

dames se resjoyssent requist d'auleuns seigneurs de la cite de joustcir et festoier les dames et promist que s'ilz volloient joustier que luy mesme jousteroit.

[1]) D'Hanoncelles, Metz ancien II 64. Welche Quelle Hanoncelles für diese Nachricht hat, kann ich nicht feststellen. Ob nicht vielleicht eine Verwechslung mit Jeoffroy Dex, der 1455 gestorben ist, vorliegt? S. Hanoncelles l. c. p. 68.

[2]) Nach der Handschrift in der Stadtbibliothek von Epinal.

[3]) Daß der Anfang fehlt, ergibt sich ganz abgesehen davon, daß es unerfindlich wäre, weshalb ein Chronist mit dem Jahre 1323 begonnen haben soll, aus folgender Notiz: Kurz nach dem Beginn der Chronik sagt der Verfasser: *Comme il est cy devant desclaire sus l'annee de mil IIIᶜ et XXI* etc. Ebenso ergiebt sich aus den letzten Worten der letzten Seite, daß der ursprüngliche Text hier willkürlich abgebrochen ist und ursprünglich weiter reichte.

[4]) Zum Jahre 1473 sagt der Verfasser: *et je croy que c'est l'ung des principaul titre que l'empereur Charles V de part son peire puist avoir de reconquesteir*

— LXXXIII —

Wer der Verfasser der Chronik ist, bleibt noch festzustellen. Eine spätere Hand hat auf einem vorgestoßenen Blatte eingetragen: *Chronique de Metz (dites de Praillon 2 vol.)*[1]) *depuis 1323 jusqu'à 1497 a Dom Jean François. C'est un autographe.*

Paul Ferry, der das Manuskript besessen hat, bevor es an Dom Jean François kam, hat eine Beschreibung des Codex hinterlassen und sagt: *La chronique de feu M. Praillon, lieutenant-général au baillage de Metz.* Er will damit den Besitzer, nicht den Autor bezeichnen, denn er sagt an anderer Stelle, daß er den Autor nicht kennt[2]). Immerhin ist es nicht unmöglich, daß ein Vorfahr dieses Praillon der Verfasser ist, denn in seinen Observations séculaires konstatiert Paul Ferry bei Abschriften von Stücken aus der ersten Hälfte des 16. Jahrhunderts: *Ledit plumetis est notoirement de la mesme main qui a escrit les croniques du sieur Praillon et ains estoit d'un des secrétaires ou greffiers ou clercs des treze.* — Tatsächlich begegnet nun auch zwischen 1530 und 1549 ein Jehan Praillon als clerc des treize und als écrivain[3]). Wir werden also vorläufig den herkömmlichen Verfassernamen für die Epinaler Chronik beibehalten dürfen.

Praillon hat, wie bei Veröffentlichung der Chronique Praillon gezeigt werden soll, an verschiedenen Stellen Teile der Chronique Dex in seinen Text aufgenommen, jedoch reißt er, da seine Chronik in Annalenform abgefaßt ist, zusammengehörige Passus der bei Dex zu geschlossener Darstellung abgerundeten Erzählungen auseinander und verteilt sie auf die einzelnen Jahre. Als charakteristisches Beispiel sei angeführt die Schilderung der Beziehungen der Stadt zu Henry de la Tour, die bei Dex das geschlossene Kapitel CXIX bildet, bei Praillon aber auf etwa 5—6 Jahre verteilt ist.

Was den Wortlaut angeht, so stimmen Praillon und Dex größtenteils überein. Nur ist bei Praillon einmal der Text geglättet und ältere Ausdrücke sind durch zeitgemäße ersetzt, sodann aber ist der Text Praillons für einzelne Abschnitte M gegenüber weitschweifiger oder gekürzt.

<small>Verhältnis der Chronique Dex zur Chronique Praillon.</small>

---

et repelteir la duché de Gueldre qu'il thient et possède presentement au jour et datum de ces presentes chroniques.

Da Karl V. Geldern erst seit September 1543 besaß, so muß die Chronik zwischen 1543 und vor seinem Tode 1556 geschrieben sein. S. auch Prost Mém. de l'acad. de Metz XXXII p. 227.

[1]) Die eingeklammerte Stelle von anderer Hand.
[2]) Prost l. c. 227.
[3]) Prost l. c. p. 228.

6*

— LXXXIV —

Für Modernisierung der Ausdrucksweise sei beispielsweise angeführt:

M (70) *waiholz* Pr *courses*; M (181) *bairetes* Pr *trompes*; M (182) *le commung eult le pied en l'estrier* Pr *l. c. e. l. p. au gouvernement*; M (182) *de defuers* Pr *de ceulx estant dehors*.

M (322) *vitey* (= vilté, bassesse) Pr *povrete*; M (322) *prouveance* Pr *provision*; M (328) *a l'aube du jour* Pr *au point du jour*; M (328) *sentencier ses jugements* Pr *determineir ses sentences et jugemens*; M (328) *pour vous a huchier bien veignant* Pr *pour vous faire bien veignants*; M (328) *selong les hustins* Pr *pour les debats et guerres*; M (353) *mauvais warnement* Pr *mauvais garçon* etc.

Geglättet und geklärt in der Ausdrucksweise hat Pr gegen M beispielsweise an folgenden Stellen:

M 403. *Maix ciaulx de leaut ne li voissent mie randre la place, tant qu'ilz virent le panon de Metz et les bombardes venir. Adont se rendont ilz au duc Eduard salve leur vie, ainsois que ciaulx de Metz y vinrent a temps pour la doubte du gibet, que s'ilz heussent cheus en la main de ciaulx de Metz, ils lez heussent fait morir pour complaire a l'empereour.*

Pr (Hug. 141a). *Maix ceulx dudit chaistel ne volrent mie rendre la plaice jusques à ce qu'ilz virent les panons et bombardes de Mets venir en ayde audit duc de Bar. Alors incontinent envoiont vers le dit duc de Bar et a luy se rendont, saulve leur vie; car ilz avaient doubte que si ceulx de Mets assiegoient une fois leur artillerie et bombardes qu'ilz seroient en dangier de gibet pour complaire a l'empereur esleu.*

M (341) *Lez fray et les despon de lay cour de l'emperrour se pranne en lay chansellerie portan n'y ait il que faire d'aivoir vng debonaire chansellierie; et portan ne doit on mies estre mervillous, s'il demande hal, car il ly folt moul, car de halte demande vient on bien au baixe.*

Pr (Hug. 192). *Pour vous informeir on ne doit mie estre esbahy, si le chancellier faisoit des haultes demandes, pourtant que alors les despens de la cour de l'empereur se prenoient en la chancellerie; a cause de quoy il convenoit que ledit chancellier fust ung peu rigoureulx et bien praticien; aultrement il n'eust sceu venir a bout desdits despens.*

Wenn sonach die nahen Beziehungen von M und Pr feststehen, so fragt es sich, ob Praillon tatsächlich M oder eine Schwesterhandschrift vor sich gehabt hat oder ob sich die Übereinstimmungen aus einer gemeinsamen Quelle für M und Pr erklären lassen. An M haben, wie gezeigt wurde, zwei Hände, A und B, geschrieben. Pr hat eine Vorlage benutzt, in welcher die Zusätze, welche B in M gemacht hat, vorhanden waren[1].

---

[1] So p. 322 der Zusatz *Et dixoit on* etc., der bei Praillon aufgenommen und weiter ausgearbeitet ist. Ebenso p. 327: Der Name *Jaique de Vairenne* ist von B in M nachgetragen und findet sich bei Praillon. P. 334 ist von B

— LXXXV —

Wenn das eine gemeinsame Quelle für M und Pr wäre, dann müßte man annehmen, daß bei Herstellung von M, das im wesentlichen A geschrieben hat, B die Vorlage nochmals kollationierte und auf Grund dieser Vergleichung seine Zusätze machte. Dem widerspricht zunächst schon das Resultat unserer Untersuchung über die Entstehung von M, es ist aber auch deswegen ausgeschlossen, weil die Zusätze der Hand B oft die gleichgiltigsten für den Inhalt völlig belanglosen Wörter[1]) sind, während andererseits wichtige Zusätze, die Pr hat und die, wie noch gezeigt wird, aus dessen Vorlage stammen, in M fehlen. Eine solche unsinnige Kollation werden wir dem Schreiber sicher nicht zumuten dürfen.

Hat nun Praillon unsere Handschrift selbst benutzt?

Das ist gleichfalls ausgeschlossen. In M finden sich wiederholt im Text Wörter vergessen, wodurch der Sinn unverständlich wird. In Pr sind die fehlenden Wörter vorhanden. Pr hat sodann eine große Reihe wichtiger Zusätze, die nicht in M vorhanden sind, die ein Schreiber des 16. Jahrhunderts aber nicht aus eigenem Wissen seiner Chronik hinzufügen konnte. Ich führe nur an:

p. 133: *Le lendemain de feste S. Catherine ensuivant les seigneurs devant dits avoient fait grant amas de gens de guerre pour courrir a ceulx de Mets et passont au weid le Hotton pres de Louveney.*

ib. *et envoyent leurs courreurs ardre et boulteir le feu au Genestroix assavoir a le grainge Braidy*

ib. *et les rechassont jusques au ruyt de Malpas assez pres de Haulterive ou la bataille se donna.*

Diese genaue Kenntnis der Ereignisse können wir nur bei einem Manne voraussetzen, der in der Zeit selbst gelebt hat, nicht bei einem Verfasser, der über 100 Jahre später schrieb.

Hierher gehört auch der kleine auf der vorangehenden Seite erwähnte Zusatz *empereur esleu*, d. h. der noch nicht als Kaiser gekrönte.

Ein Abschreiber des 16. Jahrhunderts hätte wohl kaum so minutiös gearbeitet, daß ihm bei der Kopie eingefallen wäre: im Jahre 1415 darf ja Sigismund den Titel Kaiser eigentlich noch nicht führen; denn er ist erst 1433 gekrönt worden.

Kurz, wir werden annehmen müssen, daß Praillon nicht M,

---

das Wort *awoine* für ursprüngliches *blef* übergeschrieben; das bringt auch Praillon. P. 338 fügt B ein *et ainsy se fit il*; das findet sich auch bei Praillon.

[1]) S. oben S. XIII.

sondern eine in verschiedenen Punkten abweichende Schwesternhandschrift benutzt hat.

Die Handschrift X. Auf Rechnung dieser Schwesterhandschrift, die wir X nennen wollen, werden wir nun auch diejenigen Stellen setzen dürfen, in welchem die Ereignisse ungleich ausführlicher als von M dargestellt sind.

Ich führe als Beispiele an: den Ausbruch des Krieges von 1404 (M p. 252, Praillon-Huguenin p. 129), den Aufstand des Volkes gegen die Metzer Geschlechter von 1405 (M p. 352, Praillon-Huguenin p. 131), die Gründe der Verfeindung des Henry de la Tour mit dem Herzog Karl von Lothringen (M p. 413, Praillon-Huguenin p. 154/5).

Besonders charakterisch sind aber die Zusätze, welche bei Praillon nicht sowohl neue Tatsachen geben, als vielmehr subjektive Bemerkungen des Autors enthalten, resp. solche Bemerkungen aus der Handschrift M erweitern.

So sagt M über den Mangel an Dankbarkeit bei den Metzern p. 335: *Car il avient souvent que quant aucun fourain fait service ou plaisir a la ville on a aucun qu'ilz en sont constumeement mal quarendonnez per une mecheant envie c'on ont en Metz les ungs contre les autres.*

Praillon führt aber auf Grund seiner Vorlage aus (Huguenin p. 188): *Ainsy est la coutume; qui fait bien à ung d'une communalté, les aultres ne lui en scaivent gré et qui fait mal à l'ung, fait mal a tous. Et n'est ce que une envie ou mescognoissance qu'ilz ont les ungs sur les aultres; et qu'il en y ait beaulcop qui n'ont point la cognoissance que c'est d'alleir dehors en commission et pourtant qu'ilz ont accoustumé avoir leur aises, il leur semble que c'est tout ung.*

Die Erweiterung, welche X der Bemerkung von M gegeben hat, macht durchaus den Eindruck, als ob sie von demselben Manne geschrieben wäre, von dem der ganze Bericht über die Gesandtschaft herrührt und der selbst an der Kommission beteiligt war, also Jaique Dex.

Ebenso weist auf dieselbe Persönlichkeit als Autor eine ironische Bemerkung hin, die lediglich die Vorlage Praillons (Huguenin p. 189) gibt, nachdem erzählt worden ist, wie wenig freundlich sich der Kaiser Sigismund in der Angelegenheit des Reinart Vusz gegen die Metzer gezeigt hat: *et apperceurent que ce mal proceldoit de Sainct Don que ceulx de Metz n'avoient supplié et invocqué pour luy; parquoy il fut force de querir son ayde et encommencont à besoignier au voyayge de Sainct Don et en grande devoltion le suppiler.*

Auf der andern Seite ist in den für M und Praillon gemeinsamen Abschnitten der Text, welchen Praillon benutzt hat, vielfach auch M gegenüber gekürzt.

Es fragt sich nun: Wie ist das Verhältnis der beiden Handschriften M und X zu einander? War X Vorlage für M, so daß M aus X gekürzt hat oder lag M dem Schreiber von X vor, der aus M erweiterte. *(Verhältnis von Handschrift M zu X.)*

Die Frage ist außerordentlich schwer zu entscheiden; denn mag man Kürzung oder Erweiterung annehmen, die eine oder andere Operation ist nicht mechanisch vorgenommen, so zwar, daß der Bearbeiter Sätze einfach eingeflickt oder gestrichen hat und die entstandenen Näte oder Schnitte sichtbar geblieben sind, nein, das neue Gebilde ist völlig organisch verwachsen, und kaum lassen sich die Spuren der Ein- oder Ausschaltung mit Sicherheit nachweisen.

Zwei Argumente aber geben uns völlige Sicherheit über das Verhältnis der beiden Handschriften.

In X sind die Einträge der beiden Hände A und B, die an der Herstellung von M tätig waren, eingearbeitet.

Wäre X Vorlage, so hätte erst A seine Abschrift gefertigt und dann B auf Grund einer Kollation seine Nachträge eingefügt. Diese Nachträge beziehen sich aber meist auf verhältnismäßig unwesentliche Zusätze, während Berichte, die sachlich wichtige Erweiterungen M gegenüber enthalten, unberücksichtigt geblieben sind. Eine solche Arbeitsart ist ausgeschlossen.

Wichtiger aber ist noch folgende Erwägung:

In der Erzählung von der Preußenfahrt und von der Gesandtschaft beim Basler Konzil bemüht sich der Schreiber unserer Vorlage M, rein sachlich in der dritten Person vorzutragen, was er erfahren hat. Aber er vermag nicht lange diese objektive Erzählungsart festzuhalten und verrät sich sehr bald als einer der Teilnehmer durch die Einführung der ersten Person in der Darstellungsform. In dem Berichte Praillons ist die Erzählung in der ersten Person durchweg beseitigt. Nun kann ein Berichterstatter wohl eine Erzählung in der ersten Person in eine solche in der dritten Person verwandeln, umgekehrt scheint dieser Personenwechsel aber ausgeschlossen, und es ist eine solche Möglichkeit um so bestimmter zu verwerfen, als man schon in der Fassung M verfolgen kann, daß der Berichterstatter bemüht ist, die erste Person zu vermeiden und seine Schilderungen in das objektive Gewand der dritten Person einzukleiden.

Der Schreiber von X hat, wie es schon oben dargelegt ist, dem Verfasser von M zeitlich sehr nahe gestanden. Daraus erklärt sich zur Genüge, daß er Bemerkungen einflechten durfte, die nur einem Zeitgenossen von X bekannt sein konnten.

Wie aber ist es möglich, daß die Erweiterungen der Handschrift X so organisch in den Text eingefügt sind?

Dex Verfasser von X. Darüber gibt uns eine Bemerkung Aufschluß, die ich schon oben bei Besprechung der subjektiven Äußerungen, welche in X an verschiedenen Stellen kürzere Bemerkungen von M erweitern, einfügen konnte: Derjenige, welcher diese Betrachtungen in erweiterter Form gibt, kann niemand anders sein als Jaique Dex selbst.

Diese Annahme erklärt die gesamte Arbeitsmanier, wie sie uns in M und X entgegentritt.

Der alte Patrizier hat also seine Lebenserinnerungen und das historische Material, was er gesammelt hatte, zweimal aufgezeichnet, resp. aufzeichnen lassen.

In M liegt die ursprüngliche Fassung dieser Memoiren vor. In X sind sie dann von neuem niedergeschrieben, geglättet, gekürzt oder erweitert, je nachdem es dem Schreiber für gut erschien.

Wie weit auch hierbei der Sohn des Alten beteiligt war, muß dahin gestellt bleiben.

Ob der Schreiber von X die Annalenform in seiner Chronik eingeführt oder ob dies erst Praillon getan hat, wird sich kaum entscheiden lassen, wenn ich auch der ganzen Diktion nach dazu neigen möchte, diese Umarbeitung bereits X zuzuschreiben. Ebensowenig ist es möglich, überall mit Bestimmtheit festzustellen, welche Zusätze im einzelnen von X herrühren und welche von Praillon auf Grund anderer Vorlagen beigebracht sein mögen. Bei dem großen Berichte über die religiös-soziale Bewegung der Observanten läßt sich die Autorschaft des Jaique Dex sicher erweisen, von vielen andern Stellen bleibt es aber zweifelhaft. Diese Unsicherheit schließt auch den sonst so verlockenden Versuch aus, die Chronik X zu rekonstruieren und ihre Zusätze in geeigneter Form in M einzufügen. Wir müssen uns beschränken, zunächst die sichere Grundlage für die spätere Chronikenkritik, wie sie in unserm Manuskript des Jaique Dex vorliegt, zu publizieren und für die Publikation der Praillonschen Chronik die Kennzeichnung der vermutlich aus X entnommenen Stellen verschieben.

IV. Arbeitsart des Jaique Dex und Wert seiner Chronik.

Jaique Dex ist nicht nur ein Mann gewesen, der an der Gestaltung der Geschicke seiner Vaterstadt vielfach beteiligt war, sondern er hat auch in der Überzeugung, daß die Geschichte der Vergangenheit die Lehrmeisterin der Gegenwart und Zukunft sei, die Geschicke der Altvorderen, soweit er davon erfahren konnte, und die Ereignisse seines Zeitalters fleißig aufgezeichnet, um auch nach seinem Tode der Vaterstadt noch nützlich zu sein.

Deutlich spricht er diese Tendenz seiner schriftstellerischen Tätigkeit im Eingange des XIX. Kapitels mit folgenden Worten aus: *Et y trouveres encor plusieurs autres articles que sont bons pour avoir advis en semblans cas.*

Was er aus anderen Handschriften zusammengetragen, aus dem Stadtarchive gesammelt und von Zeitgenossen erfragt hat, das ist im Voraufgehenden dargelegt worden. Aber von wesentlicher Bedeutung sind doch auch seine Erinnerungen an Selbsterlebtes, wie sie in der Schilderung der Preußenfahrt und in dem Berichte über seine Tätigkeit als städtischer Gesandter beim Basler Konzil vorliegen.

Die Handschriften über die politischen Ereignisse in der Zeit der Luxemburgischen Könige sind nicht das einzige Zeugnis seiner schriftstellerischen Tätigkeit. Wie aus den nachfolgenden Aufzeichnungen hervorgeht, hat er neben dieser Chronik deutscher Könige auch eine solche der französischen Könige und der Päpste geschrieben; aber von beiden Werken ist uns nichts erhalten geblieben.

Es ist bereits gezeigt, daß Dex nicht sowohl ein Werk aus einem Gusse geschaffen als vielmehr kompilatorisch gearbeitet hat.

Das Manuskript, das er uns hinterlassen hat, zeigt ihn gewissermaßen mitten in der Arbeit des Sammelns. Seine eigenen Erinnerungen und fremden Berichte, die er, wie wir annehmen müssen, auf losen Blättern oder einzelnen Papierlagen in seiner Mappe liegen hat, versucht er oberflächlich chronologisch zu ordnen und bringt sie unter Freilassung leerer Seiten und Seitenteile in einem Bande zusammen. Auf den ausgesparten Stellen schiebt er dann während der Redaktion seines Werkes ein, was er noch erfahren oder an geschichtlichem Material erhaschen kann. Fehlt es an Platz, dann macht er ein Verweiszeichen und gibt den Nachtrag an anderer Stelle. Oft wiederholt er sich auch. So spricht er des Öfteren von der Reise Karls IV. nach Frankreich und erzählt nicht weniger als viermal, daß der eigentliche Grund dieser Fahrt die Angst vor der französischen Konkurrenz bei einer zukünftigen Vakanz des Kaiserthrones gewesen ist. Das Kapitel XIII kehrt sogar wörtlich noch einmal auf Pagina 197 wieder.

Andererseits gibt er auch Verweise und vergißt dann den notwendigen Eintrag zu machen.

Von einer Verarbeitung des Stoffes kann nicht wohl die Rede sein. Oft gehen die Gedanken kraus durch einander, und es kommt ihm nicht darauf an, einen Wetterbericht zwischen historische Ereignisse zu schieben.

Einheitlichkeit des Werkes. Und doch kann man von einer gewissen Einheitlichkeit seines Werkes reden.

Zunächst sucht er den Stoff um die Persönlichkeiten der Könige aus dem luxemburgischen Hause zu gruppieren. Dann aber hat er auch durch die Beurteilung der Dinge sowie durch die Diktion und die dialektische Färbung dem Ganzen doch ein einheitliches und persönliches Gepräge zu geben gewußt.

Die persönlichen Interessen des Verfassers treten überall stark hervor; so beispielsweise seine Vorliebe für pekuniäre Angelegenheiten. Wiederholt bringt er die Rechnungen über städtische Unternehmungen. Er gibt an, wie viel Heinrich VII. von der Stadt erhalten hat, mit welcher Summe der Vertreter Sigismunds in Metz abgefunden wird, wie viel Geld man zu sich stecken muß, um eine Reise nach Preußen zu unternehmen, welche Trinkgelder die Metzer am Kaiserhofe bezahlt haben, wie Sigismund in Italien in Geldnöten sitzt.

Besonders charakteristisch für ihn ist aber das Interesse für zeremonielle Fragen.

Daß ein König nicht ohne Frau reisen darf, betont er wiederholt, über die Unebenbürtigkeit einer Königin stellt er Betrachtungen an. Auf die Notwendigkeit eines Aufenthalts des Königs nach seiner Wahl in der Stadt Frankfurt weist er des öfteren hin. Längere Auslassungen bringt er über die Frage, ob ein König sich mit einem Bürger auf Würfelspiel einlassen dürfe u. a. m.

Geschichtlicher Wert. Der geschichtliche Wert der Aufzeichnungen ist der Natur des Stoffes entsprechend ungleichartig. Das Wenige, was er über die Zeit vor 1300 bringt, ist ohne jede Bedeutung, aber schon mit dem Gedichte über die Romfahrt Kaiser Heinrichs VII. gibt er uns eine Quelle, die von großem, allgemein geschichtlichen Werte ist, auch über den Reichstag in Metz hat er gute Nachrichten, vor allem aber dann über die Zeit, die er selbst mit durchlebt hat. Wenn auch die Berichte und das Urkundenmaterial über die Hussitenkriege schon anderweit bekannt sind, so ist doch die Schilderung, die er uns vom Basler Konzil entwirft, ein ganz kostbares Kulturbild, dessen Reiz noch wesentlich durch die frische und natürliche Art gewinnt, wie Dex das Geschaute zu erzählen weiß. Auch die Nachrichten, die er über Sigismunds Beziehungen zu Ungarn gibt, scheinen mir recht beachtenswert zu sein.

Größer ist naturgemäß der Wert seiner Aufzeichnungen für die Metzer Geschichte selbst. Ihm allein danken wir die ausführlichen Nachrichten über den Vierherrenkrieg, aus seiner Chronik erhalten wir einen Einblick in die Folgen, die das Schisma für Metz gehabt hat, denn alle die Kämpfe, welche die Stadt seit der Wahl des Thilemann Vusz zum Gegenbischof beunruhigt haben bis zum Angriffe des Herzogs' von Orleans vermögen wir jetzt als ein zusammenhängendes Ganzes zu erkennen und es wird eine der dankenswertesten Aufgaben für Metzer Geschichtsforscher sein, unter Heranziehung des urkundlichen Materials zu schildern, wie Metz durch die beständigen Fehden, durch das Erlahmen der kriegerischen Kraft der Bürgerschaft und die pekuniären Verpflichtungen gegen die Söldnerscharen sowie die Geldopfer zur Beschwichtigung der Gegner finanziell völlig herunterkommt und durch seine Hilflosigkeit die Begehrlichkeit des lothringischen, barischen und französischen Nachbarn mehr und mehr geweckt hat.

Köstlich sind aber auch in diesem engeren Rahmen wieder die kleinen Kulturbilder, die der Chronist entwirft: Die Furcht vor einem Kaiserbesuch, die Schilderung zeremonieller Dinge, der Verkehr zwischen Metzer Bürgern und den Leuten des Herzogs von Lothringen u. a.

Der Chronist ist ein durchaus wahrheitsliebender Mann, ein Geschichtsschreiber, der sich sorgsam bemüht, die Dinge selbst zu uns sprechen zu lassen und wenn es irgend angeht, durch Heranziehung urkundlichen Materials die Zuverlässigkeit seiner Berichte zu erhöhen. Sein Gedächtnis ist freilich bei Jahreszahlen nicht mehr sicher, und so läßt er in seiner Niederschrift wiederholt die Zahl der Einer bei Jahreszahlen aus, um sie später nachzutragen. Große Schwierigkeiten macht ihm auch für die älteren Zeiten die Metzer Jahresrechnung, nach welcher bekanntlich das Jahr mit dem 25. März beginnt. Wenn in der Chronik die Ereignisse wiederholt um ein

Jahr falsch datiert werden, so läßt sich das nur dadurch erklären, daß der Autor versucht hat, eine vermutete Differenz zwischen der Überlieferung und der Metzer Rechnung auszugleichen.

Fassen wir unser Urteil kurz zusammen, so können wir sagen: die Chronik des Jaique Dex ist ein Werk, das in seiner allgemein geschichtlichen Bedeutung durchaus beachtenswert, für Metz aber durch die Zuverlässigkeit des Autors und die Fülle des Materials, das er zusammengetragen hat, von hohem Werte ist.

V. Editionsbemerkungen.

Der Publikation ist durchweg das Manuskript M zugrunde gelegt. Es bedarf dies keiner besonderen Rechtfertigung. M ist die einzige vollständige Handschrift, welche wir von der Chronik besitzen, sie ist auch für diejenigen Teile, welche noch anderweit überliefert sind, die älteste.

Im allgemeinen habe ich mich buchstäblich an die Vorlage gehalten. Die Abkürzungen sind meist aufgelöst. Es werden diese Auflösungen auch den Linguisten, welche die Publikation benützen, keinen Eintrag tun; denn im wesentlichen sind es stets dieselben wenigen, aber oft wiederkehrenden Worte, welche der Schreiber in Abbreviatur gegeben hat. *Nre, Vre* ist mit Nostre, vostre wiedergegeben, *pluss.* mit plusieurs, das Wort *seigneur, signeur, signour*, das ausgeschrieben und abgekürzt vorkommt, ist durchweg als sgr. gedruckt, wenn es in Abbreviatur stand, ist es dagegen im Manuskript ausgeschrieben, so gibt es auch unser Text so wieder. Man kann also in allen Fällen, in welchen das Wort in irgend einer Kasusform ausgedruckt ist, annehmen, daß dies genau der Vorlage entspricht.

p mit gekrümmtem Haken darüber erscheint als pour.

Schwierigkeiten machte die Auflösung von *p* für per oder par.

Ich habe durchweg par aufgelöst und nur da per gedruckt, wo die Form ausgeschrieben im Manuskript steht. Einigemale kommt allerdings auch die Form par ausgeschrieben im Manuskript vor. Alle außergewöhnlichen Abkürzungen sind durch Kursiv bezeichnet.

Die von Hand B geschriebenen Stellen sind in :|: :|: gesetzt. Hier habe ich, da die dialektische und individuelle Färbung am deutlichsten hervortritt und die Formen linguistisch besonders interessant sind, alle Auflösungen durch Kursivdruck markiert.

p ist hier regelmäßig als per wiedergegeben, weil in allen Fällen, wo das Wort ausgeschrieben ist, diese Form begegnet. Wenn das die Bequemlichkeit der Lektüre etwas beeinträchtigt, so wird mir der Historiker diese Rücksicht auf den Sprachforscher zugute halten.

Die Handschrift Pr brauchte bei der Publikation nicht berücksichtigt zu werden. Es ist oben gezeigt, daß sie eine Abschrift des 16. Jahrhunderts nach unserm Kodex M ist; auch die Einträge der Hand B haben dem Schreiber von Pr mit vorgelegen. Ich habe lediglich im Beginne der Chronik einige Lesarten von Pr als Varianten eingetragen, um das eben gekennzeichnete Verhältnis der beiden Handschriften zu illustrieren.

Eine andere Behandlung verdiente der Kodex P, der lediglich das große Epos über den Krieg von 1324 enthält.

Bouteiller und Bonnardot haben diese Handschrift, die selbständigen Wert hat, ihrer Publikation „La Guerre de Metz" zugrunde gelegt, weil sie eine Reihe von Versen enthält, die in M fehlen. Obgleich anerkannt werden muß, daß diese Verse keine späteren Zusätze sind, sondern tatsächlich der Dichtung in ihrer ursprünglichen Fassung angehören, so habe ich mich doch nicht entschließen können, für dieses Gedicht den Codex M zugunsten der Handschrift P bei Seite zu schieben.

Einmal handelt es sich ja bei der Handschrift M um das Gesamtwerk einer bestimmten individuellen und hervorragenden Persönlichkeit, sodann sind aber auch die beiden Manuskripte, abgesehen von den in M fehlenden Versen, gleichwertig. Bald ist hier, bald dort eine Lesart besser, ohne daß man durchweg der einen oder der andern Handschrift den Vorzug geben kann. Ich habe die Abweichungen von P als Varianten eingetragen. Falls die Fassung von P eine unbedingte Verbesserung gegen M darstellt und man mit annähernder Sicherheit annehmen darf, daß P dem Originaltext entspricht, habe ich der Pariser Handschrift den Vorzug gegeben und die Abweichung der Metzer als Variante gedruckt. Grundsätzlich habe ich mich dem Versuche fern gehalten, die Sprachformen der Abfassungszeit des Gedichtes, soweit sie durch die Individualität des Chronisten und den Wandel der Jahre verwischt oder beseitigt sind, wiederherzustellen.

Auch durch das Versmaß, das bei Bouteiller-Bonnardot für die Redaktion des Textes maßgebend ist und selbst Korrekturen bewirkt hat, die auf keiner der vorhandenen Handschriften basieren, habe ich mich nicht in demselben weitgehenden Maße bei der Wahl der Lesart bestimmen lassen. Einmal wird man niemals bestimmt verneinen können, daß dem Dichter selbst ein Fehler untergelaufen ist, dann aber war auch für die konservative Art der Publikation maßgebend, daß die Chronik des Jaique Dex publiziert wird und die Eigentümlichkeiten des Chronisten wie im Dialekt so im Ausdruck des rhythmischen Gefühls Berücksichtigung beanspruchen mußten, falls nicht direkt Irrtum oder Nachlässigkeit zu beweisen war.

Ebenso selbständig wie P steht unserer Handschrift der Metzer Codex D gegenüber. Nur unterscheidet sich letzterer insofern von P, als wir diesen Text lediglich in einer verhältnismäßig modernen Abschrift vor uns haben. So mußten, wenn auch alle sachlichen Abweichungen dieselbe Berücksichtigung fanden wie die Varianten von P, doch die rein orthographischen Varianten auf das Wichtigste beschränkt bleiben.

Von Bedeutung ist Codex D für die kleineren Gedichte von 1324/1326; denn hier war D die einzige Handschrift, die zum Vergleiche mit M herangezogen werden konnte.

Den poetischen Teilen der Chronik ist eine Übersetzung beigegeben, die Bonnardots Feder entstammt. Ich denke, daß damit den Lesern gedient ist. Gerade in diesen Gedichten ist das Verständnis für den nicht romanistisch gebildeten Leser sehr erschwert; insbesondere würden nur wenige deutsche Historiker in der Lage sein, ohne eingehenderes Studium diese Teile als Geschichtsquellen zu benutzen; geben die altertümlichen poetischen Formen und Wendungen doch selbst dem Gelehrten, der das Französische als Muttersprache spricht, wie ich konstatieren konnte, Rätsel auf, deren Lösung die Übersetzung wesentlich erleichtern wird.

Bonnardot bin ich außerdem dafür verpflichtet, daß er die Korrekturen mit gelesen hat; bei seiner gründlichen Kenntnis des mittelalterlichen Metzer Dialektes konnte er manche schwierige Lesart sicher stellen und quälende Zweifel beseitigen.

Endlich hat er das Wörterverzeichnis gefertigt, das für die Publikation unentbehrlich war. Hatte ich zunächst eine Erklärung der schwierigen Wörter für die ganze Chronik unter den Text gesetzt, so war das für den, der die ganze Chronik liest, gewiß bequemer. Da die Mehrzahl der Benutzer aber doch nur einzelne Teile berücksichtigen wird, so hätten ihnen, wenn man nicht jedes schwierige Wort so oft erklären wollte, wie es vorkommt, die nötigen Hinweise ebensoviel Zeit genommen, als wenn sie das Glossar am Schlusse des Bandes benutzen.

— XCV —

Das Namensregister fertigte Archivassistent Dr. Müsebeck, der mich auch sonst jederzeit bereitwilligst mit Rat und Tat unterstützte.

Außer den genannten haben mich noch zahlreiche Berufs- und Fachgenossen durch jederzeit bereitwillige Auskunft zu lebhaftem Danke verpflichtet. Es waren dies die Herren Bibliothekar Dr. Altmann in Berlin, Universitätsprofessor Breßlau-Straßburg, Archivrat Bongert in Rudolstadt, Archivar Dr. Bernays in Straßburg, Professor Dr. Bour in Metz, Professor Delachenal in Paris, Pfarrer Grob in Bivingen, Geh. Archivrat Dr. Grotefend in Schwerin, Dr. Grotkaß in Rodemachern, Geh. Archivrat Joachim in Königsberg, Archivar Lesort in Bar-le-Duc, Professor Knodt in Straßburg, Archivar Marichal in Paris, Professor Michaelis in Straßburg, Archivdirektor Dr. Mummenhoff in Nürnberg, Archivdirektor Prümers in Posen, Archivdirektor Dr. Pfannenschmid in Colmar, Bürgermeister Weber in Bolchen, Geh. Archivrat Dr. Wagner in Wiesbaden, Prof. Dr. Wiegand in Straßburg, Prof. Dr. Wichmann in Metz, Prof. Dr. Traube in München und Prof. Zéliquezon in Metz. Ihnen Allen sei der herzlichste Dank auch an dieser Stelle nochmals ausgesprochen. Besonders hervorheben möchte ich aber die unerschöpfliche Liebenswürdigkeit meines früheren Metzer Kollegen, des Herrn Stadtarchivars und Bibliotheksdirektors Paulus. Er hat mir die Herausgabe des Werkes dadurch wesentlich erleichtert, daß er mir für die Benutzung des Codex die denkbar größte Freiheit gewährte.

(p. 1, 2)

Rebriche de plusieurs coroniques faites et advenues p.
des rois de Bahaigne et des empereour, des le tempz l'empereour Hanrey cuien de Lucembourg que conquestait le dit reaume de Bahaigne jusques a la fin de Symon roy de Hunguerie et de Bahaigne que fuit empereour, et fuit coronnei a Romme le jour de la panthecoste per м ɪɪɪɪ^c et xxxɪɪɪ et plusieurs enseignemenz de leurs descendues et de leur despendences.

:|: I. Premier don le dis enperrour uxit dez quien de Lusanbourch. [15]
II.^a) Coment le dis enperrour fut aidan a sial de Mes d'une guerre contre lez Berroy devan ceu qui fut enperrour.
    Et qui fut sai femme.
    Et comment qui conquist п roiame en ung an. [15]
III. Coment il donait ansoy qui fut enperrour xv lb. de terre al *sgr.* Felippe Dex chevalier, sitain de Mes. [16]
IIII. Lez gaige que le dis quien enportay de Mes ai son depertement.
    Et coment il en fut ellut por roy dez Romain. [16]
    Et le non de sez freire. [17]
    Et coment il fut devan Franquefor. [17]
    Et coment qu'il fut coroney a Aise a lay Chaipelle. [17]
V. Coment le dis roy, quien de Lusanbour, fit Jehan son fil roy de Boeme, dis de Baiheingne.
    Et de lor fay et aivenuee, ensy aipres anxuan suis xɪɪɪɪ^b) troverey lez aicomansement de sei fay suis une telle ensigne Ih. [17]
VI. Coment le dis roy Hanris quien de Lusanbourch fit guerre p.
a ung *sgr.* de Voirtenberch. [20]
VII. Come le dis roy s'an allait en Lonberdiee por an aller a Rome et de pluxour avanture que ly aivinxon on dis voiaige. [22]

---

a) *Die Stellung der II entspricht dem Inhalt der Handschrift. Im Manuskript steht die II vor dem Satze:* Et qui fut sai femme. b) *Für verwischtes* XX.

VIII.	Coment le dis roy s'an allait a Rome por estre corroney.	[22]
	Et ceu qui fit et ceu que ly aivint.	
	Et coment il fut enerbey per ung proicheur.	
VIIII.	Lez voul que lez sgrs. et noble firent, et lez avanture que lor aivinxe on voiaige dou dis enperrour tan an allan ai Rome com on paixe et an revenan.	[25]
X.	Lez non de pertiee dez anfan dou dis enperrour Hanris.	[42]
XI.	Pluxour enperrour qui ont aieut non Hanris et pluxour de lor aivanture.	[45]
XII.	Coment le roy Lovil de Balvierre fut fait roy de Romain per forxe, et puet fut dechay per son orguelle.	[46]
XIII.	Coment le roy Chaille de Boeme fut ellut por enperrour et coment il dechaisay Lovil de Balvierre.	[48]
XIV.	Apres vous pailleron dou boin roy Jehan de Baiheingne fil doudis enperrour Hanris et de sez aivanture, et y trouverey pertiee de sez anfan suis une telle ensigne 1 h.	[49]
XV.	Coment le dis roy Jehan de Boeme fit guerre ay ung duc d'Oteriche et le fit venir a obaixanse.	[50]
XVI.	Coment le dis roy Jehan ot debet a une contasse de Bair et lay guerre qui ly fit.	[54]
XVII.	Coment le dis roy Jehan, l'erxevaique de Trueve, le duc de Lorrengne et le conte de Bair firent guerre a sial de Mes; et y son lez demande et response qui se faixoie l'un l'atre.	[57]
XVIII.	Coment sgr. Jehan de lay Cour se governait en lay dite guerre portan qu'il en aivoit lay chairge jusques a lay fin de laidite guerre.	[66]
XVIIII.	Lay lettres de lai paix de laidite guerre dez dis IIII sgrs. et de sial de Mes et lay y troverey comman c'on doit plaidieir dez haritaige defiee en l'ostey dez sgrs. don il mueve.	[71]
	Ay sont lez mairche et estal et lez loy que la ville ait contre lor sgrs. vexin.	[76]
XX.	Une coronique et ung bial dit pairlan de laidite guerre desurdite; que tien xxvIII fuelle.	[77]
XXI.	Pluxour verxe en laitin coment c'on doit baitellier; que tien II fuelle et demeie.	[134]
XXII.	C'est le sermon don paipegay dez XIII de lay guerre de Mes et de lay comune de Mes; que durent II fuelle.	[139]
XXIII.	L'expolsision don sermon le paiquegay; que tien demeie fuelle.	[143]

XXIIII. Lay conformalsion don Jay d'Angleterre; q*ue* tien fuelle et demeie. [*144*] *p. 4.*

XXV. Lay profelsiee maistre Lanber de Cornuelle; q*ue* tien une fuelle pairlan de Mes et dez IIII *sgrs*. [*146*]

XXVI. C'est ly ABC maistre Esselin dou Pon fit contre sial de Mes; q*ue* tien II fuelle et demeie. [*149*]

XXVII. Lay rescribision de maistre Lanber rectour de Pairixe et d'Orlien; q*ue* tien II fuelle et demeie. [*154*]

XXVIII. Une patenostre q*ue* Rabin de lay Vallaie fist de lay guerre de Mes; q*ue* tien II fuelle et demeie. [*159*]

XXVIIII. Le Credol que Hanris de Hey fit dez guerre de Mes; que tien III fuelle et demeie. [*164*]

XXX. Le Credol Michelet Petispay q*ue* mainnoit devan lez Repanteie; q*ue* tien une bone fuelle. [*171*]

XXXI. L'Avel Marial Mergueritte don pon Rengmon; que tien II pairge. [*174*]

XXXII. Ung petis Credol q*ue* Lovil de Pitier, aivaique de Mes, fit q*ue* Deus perdon; que tien fuelle et demeie. [*176*] *p. 5.*

[XXXIII]. Suis XXXIII troverey lay devision qui ayvint en Mes aipres lay paix faite dez dite guerre dez dis IIII *sgrs*. et de sial de Mes; q*ue* tien II fuelle et demeie. [*181*]

[XXXIIII]. Et aipres sur XXXIIII troverey lai le*tt*re de lai paix que fuit faite de laidite guerre de lay dite devision qui avoit aistey em Mes; q*ue* tien fuelle et demeie per MCCC et XXVII. [*186*]

XXXV. Sy aipres raicomanseron a pairleir don boin roy Jehan de Boeme, dis de Baihaingne, come*n*t qu'il donait l'une de sez fille an mairiaige al roy Jehan de Franse, fil don roy Felippe de Franse et conte de Valloy^a), et pluxour chose qui en aivinxe. De coie il en morut et fut prin p*er* lez Yngloy, le dis roy Jehan de Franse ay la besoingne de Cresit l'ain M CCC XLVI. [*191*]

XXXVI. Ycy ne pairleron plus dez roy de Franse jusques atre part sy aipres.

Et raicomanseron a pairleir dez enp*er*rour et dez roy de Baihaingne et de lor dexanduee. [*194*]

XXXVII. Coment le roy Chaille de Boeme et de Pollainne fil don roy Jehan de Baiheingne fut ellut por roy dez Romain. [*197*] *p. 6.*

---

a) et–Valloy *übergeschrieben*.

1*

	Et coment il tin son siege^a) ymperial en Mes.	[*198*]
	Et y son lez non dez *sgrs.* qui furent aveuc luy.	[*200*]
	Et lez despan que lay ville y fit.	[*204*]
XXXVIII.	Coment le dis enperrour s'an allait en Avingnon.	[*206*]
	Et coment il s'an allait a Rome et y fut coroney.	[*207*]
[XXXIX].	Coment le dis enperrour fit delivreir son freire de prixin suis xxxviiii sy aipres.	[*209*]
XL.	Coment c'on volt trair Mes, quant le dis enperrour Chaille fut en Mes per m ccc lvi; tien fuelle et demeie.	[*211*]
XLI.	Coment le dis enperrour porchaisay que son fil put estre enperrour aipres luy. Et coment il fut coroney.	[*215*]
XLII.	Coment le dis enperrour s'an allait ay Sanz Mor dez Fousey donan a entandre qu'il y alloit en pallinaige; maix il y alloit por pairleir a roy de Franse secreitement.	[*217*]
XLIII.	En l'ain mccclxxviii vint lay devision de l'aiglixe qu'il y ot ii pape, que durait jusques l'an cccc et viiii et pluix.	[*218*]
XLIIII.	Coment le duc Lovil d'Angol fut envoieis ay forxe d'airme en perdiquesion on roialme de Naiple et y morut en tres povre estay, luy et say chevelleriee.	[*219*]
XLV.	Coment le dis enperrour Chaille, le halmaistre de Prusse et le roy de Laituee estoie lez iii plus saige don monde.	[*220*]
	Et coment le dis enperrour se conplaindoit de sez elleixour.	[*220*]
	Et coment le dis enperrour aistoit eschait.	
	Et coment qu'il s'aicroxait.	[*221*]
XLVI.	Lay dexanduee doudis enperrour Chaille, c'est a savoir don roy Vainchelat de Baiheingne, don roy Symon de Hongueriee que fut enperrour et don duc Jehan de Gorliche. Lequel enperrour Chaille ot iiii femme.	[*225*]
XLVII.	Coment le dis roy Vainchelat de Baiheigne fut resuis en Mes por roy dez Romain per m ccc iiii^{xx} et iiii.	[*226*]
	Et y troverey lez lettres qui donait a sial de Mes de lor franchixe.	[*231*]
	Et en celle anaie fut gaingnee Honbour et lay despandanse de ceu qui en aivint.	[*226*]
XLVIII.	Coment le dis roy Vainchelat de Boeme revint ay Lusanbour per m iiii^{xx} et xviii et volt faire guerre a sial de Mes.	[*235*]
	Et y troverey lai lettres de lay paix qui en fut faite et le per coie se fut.	[*238*]

a) *Hinzugefügt und ausgestrichen* de Messe.

Et y troverey lay devision que fuit de II aivaique de Mes apres la mor de l'aivaique Thiedris que morut per M CCC IIII^{xx} et III por lay devision qui aistoit en l'esglixe por le temp et lez guerre que sial de Mes en soffrirent. [235]

XLVIIII. Coment sial de Mes ruon juf sertain Allement on Genestroy qui avoie corrut on duchief de Bair, don il en firent grosse justise. [241] *p. 8.*

Et dez guerre que pues en aivinxe. [241]

L. Coman Eduair de Bair, merqui don Pon, entreprint de gaingnier Mes.

Et coment le duc Rober de Bair son peire volt faire ruey juf lez enbaixaidour de sial de Mes que revenoie de Parrixe. [243]

Coment le duc d'Orlien fut mor et aipres say mor fit le dis duc de Bair la paix de lay guerre que sial de Mes avoie contre IIII *sgrs.* Allement. [244]

LI. Coment on volt enairbey *sgr.* Thiebal Louve abey de S. Clement. Et ceu qui en aivint. [fehlt]

Coment Hannesse de S. Jullien l'aman fut pandut por fal escript qu'il avoit min en son airche et ceu qui en avint. Les XIII por laidite aynaie et le maistre eschaving. [245]

LII. En l'ain IIII^{xx} et XVIIII furent pluxour de Mes en Pruse. Et ceu que il y fixe; que tien II fuelle. [247]

LIII. Coment le merqui de Mairable fut ellut por roy dez Romain et por estre enperrour et lay ranfusait. [251]

Coment le duc Ropert de Balvierre fut ellut por roy dez Romain et coment il tin son siege devan Franquefor, ay print say premier corone a Aise. [251]

Et coment il fut a Venixe por alleir a Rome a foxe d'airme et ne pot pesse et s'en revin ay grosse perde [251]

Coment le roy de Balvierre^{a)} reconformait lez franchixe de sial de Mes. [252]

LIIII. Coment guerre s'aymeut entre syal de Mes et IIII *sgrs.* Allement; de coie por lez gros ergan qui covint avoir lay comune s'ailevait contre lez borgeriee. [252] *p. 9.*

Et coment lay chevelleriee et lay borgeriee requiennon le governement de Mes. [253]

LV. Coment que quant le dis roy de Balvierre revin de Venixe, il en revin sy abaixe qui n'ot ne piee ne main; et volt ellire de rechief le merqui de Mairable por enperrour enleire. [253]

---

a) *Gestrichen* Baihengne escrprit a sial de Mes.

Et coment le dis roy de Balvierre fut mor; et pues volt on elleire le dis merqui de Mairable por enperrour. [253]
LVI. De lay dexandue dou duc Jehan de Gorliche, dairien fil de l'anperrour Chaille. [255]
Coment dame Bone de Bair, contasse de S. Pol, vint demorey en Mes. [257]
LVII.ª) Per quel maniere que le dis roy Symon vint a roiame de Hongueriee. [258]
Coment qu'il en fut deschay et coment qui reconquaistay le dis paixe. [260]
Coment il juait al dey a Vienne en Oteriche. [263]
Coment lay roine sai femme morut san hoir de son cor. [265]
Et coment le dis roit ot le dis roiame de Hongueriee. [265]
Coment b) le dis roy fut desconfit per le Basaique ung sgr. Sarraisin de Tuerquiee et lez mal qui en vinxe pues en Franse et atre part, don le duc d'Orlien en fut mor, et pues en fut mor le duc de Borgoingne. [268]
Et coment lez Fransoy furent desconfit per les Yngloy.
Et coment lay comune de Parixe rebellay contre le roy de Franse et obaiait al roy Yngloy. [270]

---

a) *Durchstrichen ist folgende Fassung:*
LVII. Coment le roy Symon de Hongueriee fil de l'anperrour Chaille fut roy de Honguerice. pues roy dez Romain et pues anperrour, de say vice et de sei fey et de say fin.
Et coment il fut desconfit per le Balsaique ung gran sgr. Sairasin et de pluxour mal qui en sont dexandut en Franse don conte de Nyver qui fut prin en lay dite desconfiture. Et de lay fin don dis Balsaique, coment il morut; que tous tien XI fuelle.
LVIII. Coment le dis roy Symon de Hongueriee fut ellut por roy dez Romain.
Et comment il aisanblait ung sain consille a Costanse por mettre paix en l'union qui aistoit en l'aiglixe.
Et y fut desposey pape Jehan de Rome.
Et fait pape Martin.
Et coment lez Yngloy descoutire lez Fransoy per CCCC et XV.
Et coment le dis roy s'an allait en Franse et en Yngleterre por vaoir s'il lez poroit aipaixier.
Coment le duc d'Oteriche en menait pape Jehan neutamment fuer de Costanse.
Et lay guerre que le dis roy l'anfit.
Et coment qui fut ramaney et desposey et coment il eschaipay.
Et fait ung atre pape Martin; que tien III fuelle et demeie.
LVIIII. Coment le roy Wainchelat roy de Boeme morut per MCCCC et XX, s'an cheus le dis roialme a dis roy Symon de Hongueriee son freire non germain.
Lequel roialme de Baheingne aistoit jay de devan rebelle et en errour contre lay foy crestienne.
Coment II maistre de Baiheingne en furent air al sain consille de Costanse por lay mavaixe errour qui maintenoie.
LX. Coment le dis roy Symon roy dez Romain se pertis don sain consille de Costanse an faixan une airmeie suis lez dis Baihuignon per M CCCC et XXI et y fit aisey poque et s'an rallait en son pais de Hongueriee et y demorait tan c'on volt faire ailaiquesion d'un atre roy dez Romain et por celle doute il s'an revin per CCCC et XXX a Noiranber.
b) *M add.* met.

Et de pluxour chose qui aivinxe on roiame de Franse pour lez despandanse dez dite guerre. [*271*]

Et coment le dis Balsaque *sgr.* de Tuerquiee fut pues desconfit et mor hontousement; que tous tien x fuelle por cest erticle. [*275-6*]

LVIII. Coment le dis roy de Hongueriee fut ellut por roy dez Romain. [*279*]

Et coment il aisanbloit ung sain consille a leus de Costanse por lay paixe de l'esglixe dez prinse et paixe. [*280*]

Et y fut desposey pape Jehan de Rome et *fait* pape Mertin de Rome. [*280*]

Et coment lez Fransoy furent desconfit per lez Yngloy per cccc et xv et lez mal qui en vinxent. [*281*]

Et coment le dis roy dez Romain s'an allait en Franse et en Yngleterre et en Avignon por vaioir, sy poroit aipaixier les *sgrs.* prinse et paixe; maix Deus seit qu'il y fit. [*282*]

Et coment le duc d'Oteriche enmonait pape Jehan neutanment en voie fuer de Costanse. [*282*]

Et lay guerre que le dis roy l'an fit et coment que le dis pape fut ramoney et desposey et coment il eschaipay que tien iii fuelle et demeie. [*283*]

LVIIII. Coment le roy Vainchelat, roy de Boeme, freire doudis enprour, morut per cccc et xx, s'ancheut le dis roiame a dis enperrour, lequel roiame aistoit jay en errour contre lay foy crestienne et rebelle. [*284*]

De coie II clercs en furent air ay Costanse por la mavaixe errour qui maintenoie contre nostre foy et contre l'esglixe. [*284-5*]

LX. Coment le dis roy Symon se pertis don sain consille de Costanse an faixan une ermaie por conquestay le roiame de Boeme et fut a v luee pres de Prague et fit aisey poque. [*286*]

Et s'an rallait en son roiame de Hongueriee et y demorait tan que on volt faire ailaiquesion d'un atre roy. [*288*]

Et por celle doute revint il ay Noiranber per m cccc et xxx. [*291*]

LXI. Coment le dis roy revint de Hongueriee ay Noiranber per m cccc et xxx. [*292*]

Et coment sial de Mes y anvoion lor enbaixaidour por une quairelle, don il aistoie poxent devan l'anperrour. [*292*]

Et pluxour novelle que lez dis enbaixaidour mandon per desay que sont bone et hoir; que tienne ɪɪ fuelle. [292]
Et santance que fut dite per l'anperrour por sial de Mes. [294]
Et coment qu'il aisanblait ung sain consille a Baille suis LXII. [296]

LXII. Les ɪɪ ermaie que furent ordenaie por alleir suis lez Housse Baiheingnon don l'une fut faite per lez sgrs. prinse et furent on dis paixe et en revinxe san erroy per xxvii. [296]
Et l'atre fut ordenaie per loudis roy et per lez dis sgrs. prinse et bone ville per xxxi; laiquelle ne se fit miee. [297]
Maix s'an allait le dis enperrour a Rome por luy faire coroneir; et tien cest erticle x fuelle. [318]

LXIII. Coment le dis enperrour se pertis de Baille don sain consille qu'il y aivoit aisanbley et s'an allait a Rome por luy faire coroney. Et quant il y fut coroney coment qu'il s'an revint a sain consille qui aistoit a Baille et^a) coment qui volloie faire ung atre pape. [318]

LXIIII.^b) Coman sial de Mes envoion lor enbaixaidour en lay sitey de Baille a mandement doudis enperrour, on le dis sain consille aistoit aisanbley. Et y troverey ceu qu'il y firent et ceu que lor aistoit enchergief. Et y troverey pluxour chose qu'il y virent. [327-340]
Et lez despan qu'il y firent et conbien qu'il y demoron. [340]
Et lay coppiee dez lettre que le dis enperrour nous donait en reconforman nous franchixe. [349]
Et coment Renair Vousse raicomansait a refaire novelle poxence contre sial de Mes. [352]
Et que tous tien xvi fuelle.
Et y troverey aipres coment que Jehan de Lusanbourch an fut anvoieie an Hongueriee et an Boeme per dever l'anperrour aipres lez ansignement de lay despandanse doudis fait doudis Renay Vousse. [355]

LXV.^c) Suis LXV porey troveir lay conclusion et ayquel fin que lez Baihingnon vinxe de lor errour. Et de lay desobeixanse qui faixoie a dis roy et emperrour :|: [357]

---

a) et—pape *zugeschrieben für durchstrichenes* et qui fit depues. b) *Am Rande ein Viereck mit Schleifen an den Ecken; im Viereck zwei sich schneidende Senkrechte.* c) *Von hier an ist das Inhaltsverzeichnis zwar von derselben Hand, aber mit anderer Tinte, also wahrscheinlich nachträglich hinzugeschrieben.*

Suis LXVI.ª) Coment pappe Eugenne on moix de jung fuit deschat de   *p. 14.*
        Romme et s'en vint fuiant a Florance per ᴍ ɪɪɪɪᶜ et xxxɪɪɪɪ.
        . :|: et partiee de ceu que s'an despant.   *[360]*
Suis LXVII.ᵇ) enxuan troverey coment le dis enperrour et le sain
        consille escrivon a sial de Mes por le fait dou debet de
        l'erxevaichief de Trueve que por le temp aistoit en debet. *[365]*
            Et coment le dis enperrour escrivait et requi a sial de Mes
        que voxixe defieir et faire guerre a duc de Borg*[oing[*ne en
        son non, maix sial de Mes n'an fixe nate, portan que le dis
        enperrour lor aistoit trop lon por yal et reconfortey, se mestier
        en aivoie contre le dis ducque ne contre atre, et lor an-
        voiait coppiee dez defianse qui faixoit a dis duc de Bor-
        goingne. :̇:   *[365]*
[LXVIIJ]. [Par queille maniere que on coronne l'emperreour quant il
        vient a Romme].ᶜ)   *[381]*
[LXVɪɪɪɪ]. [Comme le Salsil fut aibaitus per le duc de Bair et per sial
        de Mes per cccc et xv]. ᵈ)   *[401]*

---

    a) *LXVI zeigt wieder anderen Duktus. Suis — XXXIIII ist von A geschrieben; darauf deutet auch die Schreibart von M IIIIᵒ (nicht M CCCC wie B stets schreibt).* b) *Am Rande ein T.* c) *Fehlt in der Handschrift. Ergänzt nach dem Texte der Chronik.* d) *Desgl.*

I.a)

Si apres trouveres et sont pluxeurs coroniques parlans de l'emperrour Hanrey cuien de Lucembourg et de sa desxandue jusques au roy Symont de Hunguerie et de Baheigne que fut coronnei a Rome pour empereour le jour de la panthecouste per mil iiii^c et xxxiii.

Memore que le dit emperour Hanrey IIIe de ce nom cuien de Luczemborg et de la Rouchelle marquis d'Erlon, lequeil regnoit per m iii^c..b)¹).

Et le queil emperour Hanrey fut fil de Hanrey cuien de Lucembourg et de la Rouchelle merquis d'Erlon et de Marguerite sa femme comtesse desdis lieu.

II.

Le queil emperour Hanrey s'appeloit ainsoy qu'il fut roy des Romains Hanrey quien de Lucembourg et de la Rochelle, merquis d'Erlon.

Le queil emperour Hanrey pour le tempz qu'il estoit quien de Lucemborg devant et ainsoy qu'il fut eslieut pour emperour fut aidant a ciaulx de Metz d'une guerre qu'ilz avoient contre les Berrois et aultrez :|: de^c) lor :|: malz vaillans. ²)

De laqueille guerre il aidait ciaulx de Metz si honnorablement et si saigement qu'il en fut eslieut pour roy des Romains et puis fut couronnez a Romme pour sa vallance.

---

a) *Über der Überschrift in M ein grosses* II *(Heinrich) und eine Krone. In Pr fehlen die Kapitelziffern.* b) *Lücke im Manuskript; die Zahlen sind vielfach, besonders am Ende der einzelnen Abschnitte nicht eingetragen. Dieselbe Lücke auch in Pr.* c) de la *Zusatz von Hand B, der auch in Pr steht.*

1) *1308—1313.*

2) *Bezieht sich auf den Krieg Bischof Reinalds (von Bar) gegen die Stadt. Da der Bischof damals auch die Grafschaft Bar verwaltete und infolgedessen von dorther Hilfskräfte bekommen haben wird, durfte der Chronist sagen* contre les Berrois. *Vgl. Huguenin Les chroniques de la ville de Metz S. 36. S. auch unten Kap. IX, Vers 1—3.*

Le queil emperour Hanrey olt a femme Marguerite fille du duc de Brabain, que moruit a Genne et geist aus cordellez a Genne et y fut ampoisonnee.

Le queil emperour Hanrey conquist II royaulmes en ung an¹) et fist moultz de biaus fais et de conquestez de son temps et au dairien fut enherbez.

III.

Coment le dit quien Hanrey ainsoy qu'il fut emperour donnait xv livreez de terre au sgr. Phelippe Dex, citain de Metz.

Nous Hanrey, cuien de Lucembourg et de la Rouchelle, merquis d'Erlon, et nous Marguerite sa femme contesse et damme d'iceulx meysmez lieus, et je Hanrey leur anney fil faisons savoir que nous avons donney au sgr. Phelipe Dex chevalier xv livreez de terre au for sur notre pescherie de Blebveville²). Fait per M II^c LXXI on moix de may.

Nous Hanrey quien de Lucembourg et de la Rouchelle, merquis d'Erlons faisons savoir que telt don comme monsgr. le cuien Hanry mes adjuel et madame Marguerite sa femme mon adjuelle et messire le quien Hanrey mes peire que furent ont fait au sgr. Phelipe Dex et a ces hoirs desditez xv livreez de terre, avons assignez a Jacomin fil le devant dit sgr. Phelippe Dex son peire. Que fut fait par M II^c IIII^{xx} et XVIII en septembre.

IV.

Item quant le dit quien Hanrey se depertit des gaiges de Metz, il empourtait L milles de boin petis tournoix de ciaulx de Metz pour les boins et aggreaubles servises qu'il avoit fait. De quoy ce fut ung grant refreschement pour maintenir son entreprise du saint empire.

Item par M III^c et VIII fut le dit quien Hanrey VIIe ª) de ce nom imperial eslieut a Rainse sur le Rin au desoure de Covelance pour roy dez Romains.

Le queil emperour Hanrey olt ung frere qui s'appelloit Baudowin arschevesque de Trieve que li fist grant confort en son election et en

---

a) M VIII c.

¹) *Hier arbeitet der Verfasser wohl nach* «Vœux de l'épervier» *s. unten Kap. IX Vers 33:* En ung an seullement II roealme ait pris.

²) *Blettingen a. d. M. s. Reichsland Elsaß-Lothringen. Landes- und Ortsbeschreibung unter Blettingen.*

son voiaige de Romme et ung frere qui s'appelloit Wallerant; le queil morut en Ytallie on dit voyaige de Romme faisant.

Le xxvii^e jour de novembre fuit en Francquefort sur le Menne permulge, et tint son siege devant la dite Franquefort xl jours ensi comme ung roy des Romains doit faire.

Januar 6. Et le jour des rois ensuant fuit a Aise c'on dit Ais a^a) la Chappelle coronney.

V.

Item le dit emperour Hanrey fist son fil Jehan roy de Boeme, c'on dit le roiaume de Bahaigne. Le queil roy Jehan fuit ung tres noble sgr. et fist plusieurs conquestes et disoit on grant bien de lui, combien qu'il fist guerre a ciaulx de Metz[1]) pour son oncle Baudowin archevesque de Trieve aveuc le duc de Bair et le duc de Lorrainne.

Et de ces fais en poures oyr pairler ci aprez sus ung telt nombre :|: xvii :|: et sus une^a) telle enseigne I h ^b)[2]) ∴ et suis lay xvii^e fuelle enxuan :|: ^c)

p. 18. Memore la maniere coment le dit emperour Hanrey fist son anney fil Jehan roy de Boheme. Il avint que quant le dit emperour Hanrey en comenssait a entreprenre son voiaige pour lui faire coronner, il fut adviseit que le roy de Bahaigne que pour le tempz estoit, faisoit grant mandement au plux secreitement qu'il povoit pour recister en l'encontre dudit roy Hanrey et le faisoit plux par honte que par vaillance ne par honnour, pourtant qu'il avoit esteit eslieut pour roy des Romains devant que ledit quien Hanrey; car on li donnoit grant blasme qu'il ne se tiroit avant.

Et quant le dit emperour le solt, il mandait au dit roy de Bahaigne qu'il estoit vrais, qu'il avoit esteit eslieut pour roy des Romains devant que lui et par deffault de ce qu'il ne se tiroit mie avant et qu'il dormoit, avoit il estes eslieu. Et pues que Dieu li avoit fait la graice de estre eslieu, il la maintanroit et procederoit jusques la mort.

Et li mandait le dit roy Hanrey que cil voulloit venir a une journee poussance contre puissance pour la querrelle a deffendre qu'il y venroit; de quoy le dit roy de Baheigne li ottriait.

Item a la dite journee que les dis sgrs. s'asamblont puissance contre puissance, et qu'ilz estoient asses pres l'un de l'autre, le dit cuien Hanrey mandait au roy de Bahaigne que c'estoit grant pitiet,

---

a) *M und Pr* unte. b) *In Pr fehlt das Zeichen* I H. *der Zusatz* et — enxuan *auch in Pr.* c) ¼ *S. frei.*

1) *Der sogenannte Vierherrenkrieg 1324—1326. Kap.* XVII.
2) *Das Zeichen* I H *kehrt bei Kap.* XVI, *wo über König Johann die Rede ist, wieder.*

qu'il covenoit pour II parsonnes estre tant de payx, de noble et de pueple destruit et pour eschuir la pitiet que n'aveinst mie qu'il se volcist combaitre pour la querelle corps pour corps ou x contre x ou xx contre xx ou cinquante contre L ou c contre c.

Dont li roy de Bahaigne mist tout a renfus for que puissance contre puissance, et la se fist grosse bataille et y fuit le dit roy de Baheigne mort et ces gens desconfis.¹)

Et gaingnait le dit roy Hanrey la dite besoigne et pues conquestait le dit payx de Boheme.

Item lor se mist le dit roy Hanrey a conquester le payx de Baheigne, les ungs obeioient et li autrez non. Or li vinxent novelle que son payx de Lucembourg se gaistoit et ruenoit. Il se pensait que ces II payx estoient trop longs l'un de l'autre pour tenir en subjection.²) Il fut trouvez par aucuns moiens que ung mariaige se fist de Jehan, anney fil le dit roy Hanrey, et de la fille du roy de Baheigne²) qui mort estoit en la dite besoigne, et qu'il n'avoit laissies plux nulz enffens que celle fille; et par le mariaige faisant le payx vint a obeyxance a la fille du roy de Bahaigne et au dit Jehan fil dudit roy Hanrey. Et le tinxent paixiblement toute leur vie. Et de la vient la duchief de Lucemborg au roieaulme de Baheigne. Et ainsi sont les rois de Bahaigne tout des quiens de Luczembourg de maisle en maisle en jusques a l'emperour Symont, roy de Hunguerie que fut secondt fil de l'emperour Charle. Et par ceste maniere vint le roeaulme de Boheme en la main dudit roy Jehan de Bahaigne que son peire l'emperour Hanrey li donnait quant il l'ot concquesteit.ᵃ)

VI.

Or avint que debat s'esmut entre le dit emperour Hanrey d'une part et ung seigneur de Wirtemberg⁴) d'autre part. De coy plusieurs

---

a) ½ Seite frei.

1) *Heinrich ist nicht nach Böhmen gegangen, sondern sein Sohn Johann, der Elisabeth von Böhmen geheiratet hatte. Nachdem Prag genommen war, ging König Heinrich von Böhmen nach Tirol zurück. Johann wurde am 7. Januar 1311 zum König von Böhmen gekrönt. Es liegt hier offenbar eine Vermengung der beiden Namen Heinrich von Kärnthen und Heinrich von Luxemburg vor. König Rudolf von Böhmen hatte gegen die Anhänger Heinrichs von Kärnthen vor der Burg Horazdiowitz gelegen und war da gestorben.*

2) *Der Gedanke, die Elisabeth mit einem Luxemburger zu verheiraten, ging von Böhmen aus.*

3) *Elisabeth war die Schwester Wenzels II., die Tochter Ottokars II.*

4) *Graf Eberhard von Würtemberg. Der Zwiespalt entstand, weil Eberhard Heinrich von Kärnthen in Böhmen unterstützt hatte.*

journeez s'en tinxent entre lez parties. Si avint que a une journee¹) que les partiez orent ensemblez, l'un devant l'autre, le dit sgr. de Wurtemberg parlait asses legierement en la presence dudit emperour. De quoy le dit emperour respondit en tiesse: «Se le chief de ces entreffaite est boin, trestout serait boin, c'est a dire que se la fin d'une querelle est bonne, tout le remenant en vault muelz.» Et se despertont sens riens faire et mist on journee avant.

Et a la seconde journee le dit sgr. de Wirtemberg vint devant le dit emperour Hanrey une houppelande de toile vestue, et audesobz de la dite houppelande ver les piedz et ver les mains estoit celle robe tres bien descopee de fine acarlette. Et quant le dit emperour le vit ainsy vestir, il li demendait que celle robe signifioit. De qouy le dit sgr. de Wirtemberg li respondit: «Monsigneur, vous me dites avant hiere que se le chief de nos entrefaite estoit boin et pourtant j'a fait le chief de ma robe don plux vin drapt que j'aix peu, adfin que tout vaille bien.» De quoy le dit emperour s'en tint pour tres mal comptant et ne volt point journier a lui.

Pues fut une autre journee mise sur entre les parties; a laquelle journee le dit sgr. de Wirtemberg vint devant l'emperour une houppelende vestue moitiet de maille, moitiet de rouge velin. Et quant le dit emperour le vit ainsi vestut, il li demandait que celle robe signifioit. De quoy le dit sgr. de Wirtemberg li respondit que elle signifioit la paix ou la guerre et que le dit emperour prinst le queil qu'il voulait, ou la paix ou la guerre.

De quoy le dit emperour fut moult meus et se panssait que c'il retenoit la paix contre ung de cez soubgis, que ce ne seroit mie grant honour a lui; de quoy sa responce fuit teille qu'il retint la guerre.

De la queille guerre²) le dit emperour Hanrey quien de Lucembourg conquestait dedens II ans sur le dit sgr. de Wirtemberg XL forteressez que bonnes villez. De quoy il en covint venir le dit sgr. de Wirtemberg a obeyxance et a la paix faisant le dit sgr. de Wirtemberg fut lessiet et promist pour la desobeixance qu'il avoit fait audit emperour,³) que jamaix signeur de Wirtemberg ne lui ne ces hoirs ne scellerient de rouge scire ne ferient porter espee ne corner trompettes ne menestrez devant yaulx a l'entree | de bonnes villes ne a l'issue, se dont n'estoit que ciaulx que dessanderient de sa ligne le puissent faire ad cause de lour mere.

---
¹) *Hoftag in Speier vom 21. August—September 1309.*
²) *1311 und 1312. Vergl. Stälin, Geschichte Württembergs I. 2 p. 476 ff.*
³) *Unter Heinrich VII. kam der Friede nicht zustande.*

Le dit seigneur de Wirtemberg s'entant en ii manieres; l'une est que Wirtemberg est une cotte de quoy on font lez vertoulz de terre, et l'autre on veult dire qu'ilz sont entrais d'osteliers et de taverniers, c'est a dire en tiesse^a) une wirte.

Et le pour quoy c'on le dist, on veult dire qu'il y ot ung sgr. de Wirtemberg qui laissait ces enffens en tres povre estat. De quoy on veult dire qu'il les convint envoier fuer don payx en petit estat secretement, adfin qu'ilz ne feissent nulz despens; et fuit mise la terre on gouvernement d'un prevost qui estoit hostelier et tavernier. Lequeil gouvernait si bien la terre et paiait les debtes et rafranchait tout. Et quant il olt tout mis en boin point, on mandont querrir les enffens; et quant ilz vinxent au payx et ilz trouvont le boin gouvernement que le dit hostelier leur avoit fait, ons advisont queil gaige et queil sallar c'on donroit au dit prevost qui estoit hostelier. De quoy l'anney fil de Wirtemberg dist qu'il ne li volloit donner nulz gaiges, mais pourtant qu'il avoit bien gouverneit et mis la seigneurie fuer de dongier, le prevost avoit une fille, il la penroit a femme pour donner esxemple a tuis autres officiers qui se prinssent pres de bien faire pour lour signour, et ausi pour veoir que bien sert boin lawier^b) en atant.

Et pourtant veult on dire que les seigneurs de Wirtemberg sont entrais d'osteliers.

Et les autres dient qu'ilz se doient appeller sgrs. de la montaigne, de quoy on font les vertoulz, pourtant que de la cotte et montaigne de Wirtemberg ons en font des vertoulz de quenoilles et lez portent les merciers vendre a val les champs.

Les airmes de la seigneurie de Wirtemberg sont teilles: la champeigne d'or et iii demys cornes de cerfz de seble.

VII.

Apres s'en allait le dit emperour Hanrey en Lombardie jusques Mielant et la li fut donnee la coronne de fer le jour des rois ensuant.

Apres deschassait le signeur Guy de lairge Cuire¹) lui et ces enffens. Et vint a Cremone et destruit la porte et le lion d'or.²)

Apres assigait Bricciam^c) et la fut occis Walerant son frere a ung asault et geist a Veronne.

---

a) *In Pr* tiesse *gestrichen und* allemant *überschrieben.* b) *Pr* lewier. c) *Pr schreibt über:* Bresse.

1) *Dies kann nur Guido de la Torre sein. In* Cuire *ist das c durch Lesefehler für t eingesetzt.*

2) *Ende April oder Anfang Mai. Die Tore wurden zerstört, desgleichen der goldene Löwe vom Turriazzo heruntergerissen.*

Et fist Theobald Brisaich[1]) qu'il avoit fait son viscaire mettre en la ruee pour ce qu'il estoit rebelle et li fist mettre la teste au chief d'une lance[2]) pour donner plux grant cruaultait et esxemple aus autres.

Et s'en allait a Jenne[3]) et la moruit sa feme Marguerite[4]) et gist as cordilliez.

Et apres de Pise[5]) jusques a Luc gaistait tout le payx.

VIII.

Et l'an mil iii^c et xii s'en allait a Romme et destruit les Gelphis on Capitoille[6]) per force d'airme, le moustier des cordeliers gaingnait et xxx tours fermees de Gelphes.

Et apres sceant en jugement fist mesire Piere de Savoie senatour.[7])

Et apres desconfist ces ainemis et especialement ciaulx de Florence ou grant desconfiture il fist et a ces subgetz.

Et fut coronney dor a Romme le xxix^e jour de jung.

Et le cril du pueple fuit telt: Hanrey de Lucembourg emperour plux eureus que August et meilleur que Trayan.

Et quant il olt descomfis les Florentins, il fist une citeit que ons appellet Mon imperialt.[8])

Et volloit aller contre le roy Roubert de Napple et de Cesile.

Et vint a Boquevant[9]) le jour de l'assumpcion Nostre Damme et la fut empoisonnei par ung prescheur et geist a Pise. Lequeil prescheur estoit son confesseur et aveit l'empoisonnement mis en ces onglez: et au donner audit emperour le corps Nostre Signeur il lavoit ces doies on calisce et au laves ces doiez qu'il fist le vin cheit on calice et puez li donnait boivre. Ainsy fut le dit emperour enherbez et empoisonnez. Et quant le dit emperour se santit enherbez, on mandont lez maistrez phisiciens; lesquelx disoient qu'ilz le gariroient tres bien,

p. 23.
1313
August 15.

---

1) *Theobaldo Brussiati.*
2) *Vgl. das Todesurteil bei Bonaini Acta Henrici VII p. 179.*
3) *Am 21. September 1311.*
4) *Am 13. Dezember 1311.*
5) *Am 6. März 1312.*
6) *Einnahme des Kapitols am 21. Mai 1312 und des Minoritenklosters kurz zuvor.*
7) *Senator war Ludwig von Savoyen, dem der König nach Ferreto de Vic. (lib. V zum Jahre 1312) dieses Amt kurz vor der Abreise nach Rom auch seinerseits verlieh. Peter von Savoyen, Ludwigs Bruder, war am 26. Mai gefallen.*
8) *Auf der Stelle des Ortes Poggibonzi; am 15. Januar.*
9) *Buonconvento.*

s'il volloit. Mais le dit emperour dit et respondit qu'avec ce digne mourcel, come il avait resut, n'enteroit autre. Car puez qu'il plaisoit a Dieu qu'il avoit souffrir de lui a empoisonner en recepvant son sain sacrement, il voloit bien morir; et priait et comandait que le dit prescheur qui l'avoit enherbes fut delivre et qu'il heust boin conduit jusquez a tant qu'il fust a saveteit; et ne volt point souffrir qu'il moruit et li perdonnait sa mort; et ainsy fut il.

Pues se despartit la chevalerie, sgrs. et autrez, dou dit voyaige et en revinxent povrement ou muelz qu'ils porent, ainsi comme vous saves que gens de rottes pueent faire, quant ilz ont lour signeur et leur capitainne perdue et qu'ilz sont en estrainge pays et fuer de lour marches.

Pues fut ordonneit par le saint peire, per les cardenalz, evesques et liegalz, princez et signeurs que de ci en avant jamais prescheurs ne celebroit ne ne useroit le corps Nostre Sgr. de la droite main for que de la clanche main, et que jamais ne pourteroient plux leur chappe jusques aus piedz for que jusques aus genoilz, adfin c'ons heust memore a tous jours maix de la mauvistiet dessus dite que le dit prescheur avoit fait d'enherber le dit emperour.^a)

---

a) *Hisrnach* ¹/₂ + 1 *Seite frei.*

IX.

Si apres trouveres les voulz que les noblez princes et seigneurs vowont et firent on dit voiaige de Romme en acompaignant le dit emperour Hanrey on dit voiaige de Romme.¹)

1. Apres ce que Hanrey olt deden Mets conquis
Et a force de bras de lour guerre acomplis,
Et enver les bourgois accourdez et paix mis,²)
S'en despartit li cuen, biaul, liez et jollys,
5. Et fut en Luczembourg en son chaistiaulz voltis,
Avecª) sa moillier honnorez et servis.
Et fut deden son lit couchiez et endormis;
La nuit songait ɪ songe dont il fut esmaris,
Car en songant li fut et en dormant avis
10. Que il estoit a Romme, la cite signoris,
En chaieire de roy et d'emperour assis,
A loy d'empereour coronney et servis,
Par les peiresᵇ) d'Allemaingne amez et conjoys;
Et s'avoit avec lui ɪɪ grant livriez³) gentis,
15. Desoure yerent plux noirs que sandel ne samis,
Et par desoubz plux blans que ne soit flour de lis;
Ens ɪɪ livriez amer olt mis tout son delis,
Mais li ung des livriers est sor lui engramis,
Ses ɪɪ piedz li avoit ains en la bouche mis,
20. Le cuer li araioit, le cuer li est partis.⁴)
Li cuens olt grant paour, a tant c'est esvallis;
Sa moillier regardait que tant olt cleirs le vis,
Fille au duc de Braibain,⁵) lor li dit son advis;
Se le confortᶜ) la damme, et se levait Hanris;
25. Au moustier s'en allait, si ait la messe oïs.
Le Wallerant⁶) encontre. Siᵈ) levait Hanris;

---

a) *Bonnardot* avecques. b) *Bon.* peirs. c) *Bon.* Sel conforte. d) *Bon.* add. se.

¹) *Das Gedicht ist unter dem Titel «Les vœuz de l'épervier, Kaiser Heinrichs VII Romfahrt» von Wolfram und Bonnardot im Lothr. Jahrbuch VI, 177 ff. herausgegeben.*

²) *Die Erwähnungen eines Krieges, den Heinrich beilegt, können sich wohl nur auf die Feindseligkeiten des Bischofs Reinald von Bar, der damals auch die Grafschaft Bar verwaltet, gegen die Metzer beziehen. S. oben Kap. II. Im Jahre 1307, Juni 29., schliessen Graf Heinrich und sein Bruder Walram mit der Stadt ein Bündnis gegen den Bischof und seine Brüder von Bar. Hist. de Metz III, pr. 286. Vgl. auch Huguenin, Les chroniques de la ville de Metz p. 43.*

IX.

Vous trouverez ci-après la relation des vœux que vouèrent et firent les nobles princes et seigneurs qui accompagnèrent l'empereur Henry en son voyage à Rome.

1. Après que Henry eut assuré la victoire à Metz
   Et terminé la guerre par la force de ses armes,
   En rétablissant l'accord et la paix entre les bourgeois,
   Il s'en retourna, le comte, plein de beauté, de joie et de gracieuseté,
5. Et s'en vint en Luxembourg, en son château voûté,
   Où ils furent, lui et sa femme, honorés et servis.
   Or, quand il fut couché dans son lit et endormi,
   Il songea un songe, la nuit, dont il fut fort troublé;
   Car en ce sommeil et songe il lui apparut
10. Qu'il était à Rome, la cité seigneuriale,
    Assis en chaire de roi et d'empereur,
    Couronné et servi selon la loi d'empire,
    Aimé et félicité par les pairs d'Allemagne.
    Et il avait avec lui deux grands lévriers de race,
15. Au dos plus noir que sandal ou samit,
    Au ventre plus blanc que fleur de lys.
    En ces deux lévriers il avait mis tout son plaisir.
    Mais voici qu'un des lévriers s'est courroucé contre lui,
    Et, lui enfonçant les deux pattes en la bouche,
20. Lui arrachait le cœur, et l'enlevait de la poitrine.
    Le comte eut grand peur, du coup il s'est réveillé;
    Et regardant sa femme, au teint si clair,
    (Elle était la fille du duc de Brabant), il lui raconte sa vision.
    La dame le réconforte. Henry se leva,
25. S'en alla au moutier où il ouït la messe.
    Il fait la rencontre de son frère Wallerand. Henry se leva,

---

3) *Lévriers. Diese Hunde sollen auf die beiden Dominikaner hinweisen, denen des Kaisers Ende zugeschrieben wurde. Die Bezeichnung der Prediger als Domini canes unterstützt diese Vermutung. Ihre Ordenstracht besteht in einem weißen Rock und schwarzen Mantel. Dem entspricht die Farbe der Hunde.*

3) *Damit wird wohl auf das Gerücht gedeutet, das auch Johannes von Victring (ed. Böhmer, Fontes I, p. 377) bei dem Berichte über den Tod Heinrichs giebt:* Unde corpore aperto et eviscerato cor eius scissum in duas partes est inventum.

4) *Margarethe, mit der er seit 1292 vermählt war, ist die Tochter des Herzogs Johann I. von Brabant.*

5) *Walram, Bruder Heinrichs.*

Adont mandait cez hommes et princez et marchis,
Et en allait a Ais: si ait la ville assis,¹)
Et fut roy d'Allemaigne a coronne saixis,
30. Avec^a) sa moillier, sacrez et honoris.
Per Allemaigne s'ait la terre tant concquis²)
Et que tant qu'en Baheigne se coronnait cez filz;³)
En ung an seullement ɪɪ roealme ait pris.
Adont cest^b) li roy du pays despartis,
35. Car il volt veoir Rome, lez terres et les pays.
Par les bourgois de Metz fut moult bien recoillis⁴)
En dons et en presens et en fais et ens dis,
Et par ɪ grant bourgoy ames et conjoïs
Que li promist par force et le vair et le gris,
40. Ses pallefrois emblans et ces chevalx de pris.
Don bourgoy sa le nom, n'en suix mie faintis.^c)
Phelippe le Gronnaix⁵) olt nom; du roy fut moult amis.
Li roy passait Borgoigne, c'est a Savoie mis,
Et les mons de Sanis,^d) et au Lombairdt c'est pris
45. Et ait ɪɪɪɪ citeis⁶) par sa force concquis,
Et fut deden Mielant la cite signoris,⁷)
En on palais hautour qu'est fait de maibre bis,
Avec^e) ces barons c'est a la tauble assis.

---

a) *Bon.* avecques. b) *Bon.* c'en est. c) *hiernach* ²/₃ S. *frei*. d) M Savis. e) *Bon.* avecques.

¹) *Die Krönung erfolgte am 6. Januar 1309. Von einer Belagerung der Stadt zu sprechen, ist irrig; asseoir bedeutet im abgeleiteten Sinne auch occuper un lieu, y séjourner.*

²) *Von einer Eroberung kann keine Rede sein. Er durchzog 1309—1310 dem Herkommen gemäß Deutschland, mit der Ordnung von Reichsangelegenheiten beschäftigt.*

³) *Sein Sohn Johann wurde Gemahl der böhmischen Erbin Elisabeth. Am 1. September 1310 fand das Beilager statt, die Krönung am 7. Februar 1311. Daß in einem Jahre* «en ung an seullement» *Böhmen und Deutschland erworben wäre, ist demnach eine kleine Übertreibung.*

⁴) *Von einem Besuche Heinrichs in Metz war bis dahin nichts bekannt. Man wird aber der Nachricht um so mehr Glauben schenken dürfen, als Bischof Reinald von Bar des Königs naher Verwandter war und die Beziehungen zur Stadt durch die in Vers 1 ff. erwähnten Verbindungen wohl gute gewesen sind.*

Der Besuch würde in die Zeit von Juni—Juli 1310, wo Heinrich sich in Luxemburg aufhält, um dann über Frankfurt nach dem Süden zu gehen, zu setzen sein.

⁵) *Philippe le Grounaix oder Gournay ist urkundlich nachweisbar. Ihm leistet im Jahre 1302 (mardi après la Magdeleine) der Herzog Friedrich von Loth-*

Et de suite manda ses hommes, tant princes que marquis,
Et s'en alla à Aix-la-Chapelle; il occupa la ville,
Et y fut couronné roi d'Allemagne,
30. Avec son épouse, sacré et honoré.
A travers l'Allemagne il conquit tant de terres,
Jusqu'à tant que son fils se couronna roi de Bohême;
En un an, pas davantage, il prit deux royaumes.
C'est alors que le roi quitta le pays d'Allemagne,
35. Car il voulut voir la terre, le pays et la ville de Rome.
Par les bourgeois de Metz il fut fort bien accueilli
En dons, en présents, en actes et en paroles;
Et par un haut bourgeois honoré et choyé,
Qui lui promit force cadeaux et de vair et de gris,
40. Ses palefrois marchant à l'amble et ses chevaux de prix.
De ce bourgeois je sais le nom, ce n'est pas une feinte:
Il eut à nom Philippe le Gronnais, il fut un grand ami du roi.
Le roi, traversant la Bourgogne, continue sa route par la Savoye
Et le mont Cenis. Il s'attaque au pays lombard,
45. Et après avoir enlevé de vive force quatre places,
Il entra dans Milan, la cité seigneuriale;
Et là, dans le haut palais construit de marbre bis,
Il s'asseoit à table avec ses barons.

ringen Sicherheit für eine Summe von 1200 livres petits tournois, die Philipp dem Ancel, sire de Joinville, geliehen hat. Hist. de Metz II, p. 493.

Da im Jahre 1312 ein Sohn des Philippe als Rechtsnachfolger in demselben Geldgeschäft erscheint — die Summe beträgt jetzt allerdings nur noch 1080 livres — so wird man annehmen dürfen, dass Philippe verstorben ist.

1302 stellt Arnols Graf von Los und Chiny den Grafen von Luxemburg (also Heinrich) als Bürgen für eine Schuld von 1157 liv. 10 sols, die er bei Philippe le Gronnaix aufgenommen hat. Publ. Luxemb. XVII, 101.

1303 Mai. Arnolz comte de Loz et de Chiny stellt denselben Grafen Heinrich von Luxemburg und La Roche, marquis d'Arlons als Bürgen für eine neue Anleihe von 1400 kl. Turnosen, die er bei Philippe lou Gronnaix gemacht hat. ib. 109.

6) Von einer Eroberung von vier Städten, bevor Heinrich nach Mailand kam, kann nicht wohl die Rede sein. Bis dahin haben ihm die auf dem Zuge berührten Städte freiwillig die Tore geöffnet. Man weiß auch nicht, welche vier Städte gemeint sein sollen. Von Susa kommt Heinrich nach Turin, Asti, Chieri, Vercelli, Novara.

7) Der König kam am 23. Dezember nach Mailand und nahm Wohnung im Palaste des Erzbischofs. Nach einigen Tagen wurde ihm aber das Gemeindehaus eingeräumt. Nicolai ep. Botr. rel., Böhmer Fontes I, p. 78. Er blieb bis zum 9. April und kam am 17.—19. wieder zurück.

Se fut ou moy de may¹) qu'esteit fuit joysant,
50. Chante li roysignoult et li malvis huchant.
   A Mielant fut Hanris li noble conquerrant,
   Conte de Lucenbourg, sire des Allemant,
   En proesse et en joie et a tauble seant,
   Par delez sa moillier en amour desirant.
55. Il regarde sor destre, s'ait vehus en estant
   Les xii²) dez meillours qu'adont fuissent vivant.

   Hanris sist a sa tauble, si s'acoste des dos,
   Biaus chivalierz et saigez et lairgez et cortois,
   Sa moillier delez lui; si la tient par le dois:
60. «Damme», se dist Hanris, «bien doit estre en destroit
   «De Jhesu Cris servir et d'essaucir la loy;
   «Je voy a celle tauble seoir asses estrois
   «Cez xii chevaliers; saiges sont et adrois.
   «Encor n'ait pas passez v ans, iiii ne trois,
65. «Se li piour de lours me mandez, il fuist droit
   «Je l'alaisse servir pour porter mez conrois;
   «Or me viennent servir». Tout ce fait li hault roy.

   «Voir»,ᵃ) dist la royne, «s'or y fust Wallerant,
   «Vostreᵇ) frere li gentil, dont fuissent en seant
70. «Les xiii des meillours que or fuissent vivant.
   «Ja voy je la seant Thiebault³) le combatent,
   «Li sire de Berroy et de Liege tenant;
   «Guis de Namur second; et Hanris li Flamant;⁴)
   «Li quair cuien de Savoie⁵) atous cez ii enffans;
75. «Li riche duc Lupos d'Osteriche⁶) la grant;

---

a) *Hon.* voire. b) *Hon.* vostre.

1) *Hier liegt ein chronologischer Irrtum vor, da der König im Mai nicht mehr in Mailand weilte. Es ist nicht unmöglich, daß der Dichter, der hier eine Rundtafel schildert, aus diesem Grunde diese Zeitangabe macht, denn die Rundtafeln wurden um Pfingsten, gewöhnlich also im Mai, abgehalten.*

2) *Die Zahl 12 ist gewählt mit Rücksicht auf die Tafelrunde des Königs Arthus, die für die Rundtafeln Vorbild gewesen ist. Walram tritt dann allerdings als Dreizehnter hinzu.*

3) *Thiebault ist Bischof Theobald von Lüttich, Bruder des Grafen Heinrich von Bar und des Bischofs Reinald von Metz. Die Vaterschwester der drei Brüder,*

C'était au mois de mai, en la gracieuse saison d'été,
50. Où chante le rossignol et le mauvis siffleur,
   Que Henry fut à Milan, le noble conquérant,
   Comte de Luxemburg, seigneur des Allemands,
   En prouesse et en joie assis à table,
   A côté de sa femme qu'il aime de grand désir.
55. Regardant à sa droite, il voit debout en pied
   Les douze des meilleurs chevaliers qui fussent alors au monde.

Henry est assis à table; il s'accoude au siége,
Le chevalier bel et sage, libéral et courtois;
A côté lui sa femme, qu'il tient par la main.
60. «Dame», dit Henry, «c'est un devoir rigoureux
   «De servir Jésus-Christ et d'exalter sa loi.
   «Je vois assis à cette table, un peu à l'étroit,
   «Ces douze chevaliers, qui sont sages et habiles.
   «Il n'y a pas encore cinq ans ni quatre ni même trois,
65. «Que, si le moindre d'entre eux m'eût mandé, il eût été de mon devoir
   «De l'aller servir pour remplir mes obligations.   [le haut roi.
   «Et ce sont eux qui me viennent servir aujourd'hui»! Ainsi parla

---

«Vraiment», dit la reine, «si avec eux était ici Wallerand,
«Votre noble frère, alors seraient présents
70. «Les treize chevaliers parmi les meilleurs qui soient au monde.
   «Et déjà je vois ici près assis Thiébaut le valeureux,
   «Le seigneur qui tient le Barrois et Liège;
   «Puis Guy de Namur; et Henry le Flamand;
   «Le quatrième est le comte de Savoye avec ses deux enfants;
75. «Puis viennent Léopold, le riche duc d'Autriche la grande;

Margarethe, war mit Heinrich I. von Lützelburg, dem Großvater des Königs, verheiratet.

4) *Guido und Heinrich von Flandern, Söhne des Grafen Guido und der Isabella von Lützelburg, die die Schwester Heinrichs II., des Vaters Kaiser Heinrichs VII., war.*

5) *Amadeus, Graf von Savoyen; seine Gemahlin ist Maria, Tochter Johanns von Brabant und Schwester der deutschen Königin Margarethe. Seine Söhne heißen Eduard und Aymo.*

6) *Leopold I., genannt «Blume der Ritterschaft», Sohn König Albrechts, führte dem Könige 400 Lanzen zu. Leopold ist der Verlobte von Katharina von Savoyen, der Tochter von Heinrichs Schwager Amadeus.*

«Et li duc de Bawiere¹) dez terrez conquerrant;
«Et li Daulfin de Vienne²) en amour desirant;
«L'archevesque de Trieve,³) voz frere li vaillant;
«Gaulthier de Monferrane;⁴) et Regnier de Brabant.⁵)
80. «Voies du capitain⁶) coment il est nuisant;
«Je croit qu'il soit au cuer courreciez et dollant
«De ce que par vos graice esteit tant conquerrant.
«S'or y fuist li tresime vos frere Wallerant,
«Et s'agarder puissies les xiii muelz montant
85. «Qui or soient on monde et lez muez chevalchant».
— «Damme», se dist Hanrey, «si le ferons mandant».
A ung escuier dist: «Soiez de cy tournant;
«Va querre le mien frere; je le veulz et coment».
— «Sire, a vostre plaisir». Et cil s'en est tournant.

90. Li escuier s'en tourne qui en Mielant entrait;
Tant quist et tant demande le Wallerant trouvait
En une chambre a volte ou il s'enbannoiait
Avec une pucelle que par amour amait.
Ung esprivier pourtoit, et gorge fait li ait
95. Des eillez d'un plevier, car il forment l'amait.
Et l'escuier li dist c'on lassus le mandait.
Quant li Wallerant l'ot, de cuer en soupirait,
Et la gentil pucelle en soupirant priait
Ung baixier par amour, et elle li donnait;
100. Pancer contre panceez chescun d'amour pansait.
Li Wallerant s'en retourne³); et celle demourait

---

a) Bon. tourne.

1) *Herzog Rudolf ist nur auf kurze Zeit zur Krönung in Italien, in Mailand war er jedenfalls noch nicht. Herr Reichsarchivrat Dr. P. Wittmann in München teilte mir über das Itinerar Rudolfs gütigst folgendes mit:* «*Rudolf war am 5. April 1311 in München (Fürstenfelder Urkdn. f. 15.), desgleichen am 9. August (Gerichtsurkdn. Nabburg, f. 1). Noch am 21. Oktober verpfändet er eine Burg seinem Gläubiger Graf Simon von Sponheim. Es ist somit kaum denkbar, daß er zwischen Mai und September vor Brescia lag*». *Er stößt wohl erst in Genua zum König. Ferreto Vic. hist., lib. V, p. 1095.*

2) *Aus Vienne nehmen Guido und Hugo, die beiden Dauphins, mit 400 Pferden teil. Hugo, der die Tochter des Amadeus von Savoyen geheiratet hat, ist dadurch mit Heinrich VII. verwandt geworden.*

3) *Balduin, Heinrichs Bruder, Erzbischof von Trier, 1307—1354.*

4) *Gaulthier de Monferrane. Wohl Montferrat. Einen Gaulthier de M.*

«Et le duc de Bavière qui maints pays a conquis;
«Et le Dauphin de Viennois, désireux d'amour;
«L'archevêque de Trèves, votre frère si vaillant;
«Gauthier de Montferrat; et Regnier de Brabant:
80. «Mais voyez le capitaine, comme il est mal disposé:
«Je crois qu'il a le cœur courroucé et dolent
«De la grâce que vous avez d'être un si grand conquérant.
«Et donc si avec eux était, lui treizième, votre frère Wallerand,
«Vous pourriez contempler les treize meilleurs cavaliers
85. «Et les plus habiles chevaucheurs qui soient à ce jour au monde».
— «Dame», repartit Henry, «nous le ferons mander».
«Tournez de ce côté», dit-il à un écuyer:
«Va chercher mon frère; je le veux et commande ainsi».
— «Sire, à votre volonté». Et l'écuyer d'aller où le roy l'envoie.

90. L'écuyer s'en retourne pour entrer à Milan;
Tant il chercha et demanda qu'il trouva Wallerand
En une chambre voûtée où il s'égayait
Avec une pucelle qu'il aimait d'amour.
Il portait au poing un épervier, auquel il faisait la gorge
95. Avec les ailes d'un pluvier, car il le chérissait beaucoup.
Or l'écuyer lui dit qu'on le mande là-haut.
Quand Wallerand l'entend, il soupira de son cœur,
Et soupirant il pria la gentille pucelle
De lui donner un baiser par amour; et elle lui donna.
100. Leurs pensées s'entremêlant, chacun pensa d'amour.
Or Wallerand s'en va: et elle demeura

---

weiß ich nicht anzugeben. Theodor v. M. ist am Königshofe. S. Böhmer, reg. nr. 354. Ob Verwechslung der Vornamen?

⁵) *Regnier de Brabant. Einen Zeitgenossen dieses Namens vermag ich nicht anzugeben. Bei Ferreto Vic. hist. lib. IV, p. 1057 begegnet ein Herzog Rudolf von Brabant. Friedensburg nimmt an, daß hier eine Verwechselung mit R. von Bayern vorliege, weist aber selbst darauf hin, daß Rudolf 1310 noch nicht beim König war.*

⁶) *Auf wen sich diese Verse beziehen, ist nicht ganz klar. An den Kapitän Guido de la Torre wird man nicht denken dürfen, weil die Zahl der 12 Pairs d'Allemagne bereits mit Regnier de Brabant abgeschlossen ist; es muß also einer der Vorstehenden gemeint sein. Man würde auch kaum annehmen können, daß Guido als Pair d'Allemagne aufgeführt wird. In Vers 199 erscheint wiederum der Kapitän und wird als Lombarde eingeführt. Es kann danach nur Theodor (Gauthier) von Montferrat gemeint sein. Freilich bleibt es dunkel, weshalb dieser als Kapitän charakterisiert wird.*

En pancee d'amour, coment elle amerait.
Li Wallerant pencis ains on pallaix entrait,
A ce que il desire et en amour pensait.
105. Ad ce que il fut boirgne en borgnant regardait; [1])
A l'entrer du pallais si tres fort se hurtait
Que lui et l'esprivier a la terre versait;
Li ges li sont rompus et l'esprivier s'en vat,
Dessus la tauble aus xu li esprivier voullait.
110. Et l'evesque Thiebault le prist, si s'escriait:
«Quant borgne sen conduit en I palais venrait,
«Dont serait grant mervelle se il meschiet n'i ait».
Et li Wallerant rist que respondus li ait:
«Sire, se je suis borgne et en vous moin n'en ait».
115. — «Signeurs», dist li evesque, «ceste esprivier pansait
«Grant honour quant pour mort enver nous avoulait;
«J'oys[a]) ja pairler que Porrus [g]) si tuait
«Ung pawoncel ansi que a lorrier trouvait;
«Li chevaliers de giete chescun d'iaulz envoiait.
120. «Vowons a l'esprivier: dehai ait qui le [b]) lairait;
«Et je dis que mes corps le vol comancerait;
«Et je vol et promet, et mes corps le tenrait,
«A riche roy Hanry cui Dieu graice donnait
«Qu'il fut roy d'Allemeigne et coronne y pourtait,
125. «Et son fil en Baheigne comme roy y laissait,
«Que li mien corps par graice de tant l'estourait [c])
«Qu'il yert droit emperere et c'on li clamerait;
«Et aprez tout ce fait, oultre mer passerait
«Sus les gens Sarazines, et si lez conquerrait,
130. «Deden Jherusalem patriarche y tenrait.
«Je dis que li mien corpz cez vous acomplirait,
«Se li mort ne me prent que mainz hommez pris ait».

Quant l'evesque Thiebault olt dit tous cel valoy,
Il appellait Guion de Namur le courtoy:
135. «Et vous, sire, qui esteit [d]) de Flandre le cornoy, [3])

---

a) *Bon.* Et j'oys. b) *Bon.* l'. c) *Bon.* l'estourrerait. d) *Bon.* qu'esteit.

1) *Die Lützelburger haben die Kurzsichtigkeit als Erbfehler. Barthold, Der Römerzug König Heinrichs von Lützelburg I, 292. So war Balduin kurzsichtig; vgl. Irmer l. c. 17. Heinrich schielte sogar oder war ganz blind auf einem Auge, vgl. Albertinus Mussatus lib I, rub. 13, Muratori SS. X, p. 339:* sinistri oculi albuginem detegit plus aequo mobilitas.

En pensée d'amour comment elle aimera.
Pour Wallerand, tout pensif il entra au palais,
Pensant à ce qu'il désire et aime.
105. Comme il était borgne, il ne voyait que d'un œil;
Au seul du palais il heurta si fort
Que lui et l'épervier furent renversés à terre.
Les attaches se rompent, et l'épervier s'en va;
Sur la table aux douze pairs l'épervier vola;
110. Et l'évêque Thiébaut le prenant, s'écria:
« Quand un borgne viendra dans un palais sans guide,
« Ce sera grand merveille s'il ne lui arrive accident ».
Wallerand rit et lui répond ainsi:
« Sire, si je suis borgne, et vous ne l'êtes pas moins » !
115. — « Seigneurs », reprit l'évêque, « cet épervier se fit
« Grand honneur, quand il vola vers nous pour y trouver la mort.
« Jadis j'ouïs dire que Porus pareillement tua
« Un paon qu'il avait trouvé dans un laurier;
« Chacun des chevaliers à tour de rôle prononça son vœu.
120. « Or faisons le vœu de l'épervier; male chance à qui s'abstiendra!
« Et je dis que c'est moi qui commencerai le vœu.
« Je voue donc et promets, et je tiendrai mon vœu,
« Au riche roi Henry, à qui Dieu fit la grâce
« D'être roi d'Allemagne et d'y porter couronne,
125. « Et de placer son fils sur le trône de Bohême;
« Je voue de lui servir gracieusement si bien
« Qu'il sera droit empereur, proclamé à ce titre;
« Et, cela fait, il passera outre mer
« Chez la gent sarrasine, et conquerra leur pays,
130. « Et dans Jérusalem établira un patriarche.
« Je dis que ce vœu je l'accomplirai en personne,
« Si la mort ne me prend, qui maints hommes a pris ».

Quand l'évêque Thiébaut eut dit tout son vouloir,
Il appela Guyon de Namur, le courtois:
135. « Et vous, sire, qui êtes le hérault de Flandres,

---

2) *Porus, König von Indien, Hauptperson des Epos:* Les vœux du Paon *von Jacques de Longuyon. S. Einleitung.*

8) *Guis de Namur ist einer der gefeiertsten Ritter seiner Zeit, der Sieger von Kortryk. Vgl. beispielsweise Johannis de Cermenate hist. cap. 42, p. 1261 (Muratori SS. IX.)* Guido comitis Flandriae filius qui non primus aetate licet cunctis fratribus

(La fille au duc Loherain[1]) espousait, si fut voir),
«Vowelz a l'esprivier lez raisons et lez drois».
Et li vassault respont comme[a]) chevalier courtoy:
«Sire, se on m'appelle de Flandre l'un dez hoirs,
140. «Mez toion commensait tel guerre ver Fransoy[2])
«Dont il desheritait[b]) lui et tous ces hoirs:
«Se ne doie pas vower ne ne vowerai des moy».

Et l'evesque respont: «Vous provez bien vower,
«Car je vous puez moult bien tesmoignaige pourter
145. «Que s'on poioit c hommez d'un soul copt desemer,
«C'on feroit de vostre[c]) corps c proulz . . . . .
«Lai fille au duc Loherain vous vis je espouser.[3])
«Ung pou fuist aveuc lye pour son corps depourter.[4])
«Puez vous vis or[d]) li roy pour honnour conquester».
150. Et quant li vassault s'oyt si hautement lower
Et l'amour de la damme cui il debvoit amer,
D'un dair d'amour trenchant il vat Amour donner
Sen les traps empirier ne la chair entamer;
Si en volrait son voult plux hautement doubler:
155. «Et je vol et promet et si veulz afier
«Au riche roy Hanris, cui debvons honorer,

---

a) *Bon.* com. b) *Bon.* add. et. c) *Bon.* voz. d) *Bon* cu.

virtute superior contra saevientem Philippum Francorum regem multa praeclara belli facta gesserat defendens patrium solum non sibi sed Roberto fratri suo et indigna captivitate patrem post multorum regis procerum necem liberans laudabilem pro se pro superbi regis parte degenerem obtinuit pacem.

1) *Gui verlobt sich im Jahre 1311 mit Marguerite, der Tochter Theobalds II., Herzogs von Lothringen. S. den Heiratsvertrag bei Calmet II, pr. 562, zum Jahre 1311, le mercredy devant Paixes Floris (31. März), Sierck. Hiernach muß Guido von Italien auf einige Zeit in die Heimat gegangen sein. Man wird am ehesten annehmen dürfen, daß er seinen Schwiegervater Theobald von Lothringen, der von Mailand aus zurückging, begleitet hat.*

Wenn man eine zeitweise Rückkehr in die Heimat nicht gelten lassen wollte, so müßte unter der Annahme, daß in der lothringischen Kanzlei das Jahr mit Ostern beginnt, der Vertrag 1312 gesetzt werden, wie das auch Calmet tut. Dem steht aber entgegen, daß Gui 1311 zu Pavia gestorben ist. Vgl. Johannis de Cermenate hist. cap. 42, p. 1261. Über die Datierung der Urkunde s. Wolfram, «Notice sur le commencement de l'année en Lorraine.» Bull. de la Société d'hist. lorr. 1894. Für das Jahr 1311 spricht auch, daß Nicolas de Butrinto rel. zum Jahre 1311, p. 85, berichtet, er habe den König in Lodi verlassen, um für Guido von Flandern einen Ehedispens beim Papste zu beschaffen. In Lodi war Heinrich vom 19.—22. April des Jahres 1311. Vgl. Böhmer, reg. nr. 388.

(Il avait épousé la fille du duc de Lorraine, en vérité),
« Vouez à l'épervier les raisons et les droits ».
Et le vassal de répondre, comme chevalier courtois: [Flandres;
« Sire, bien m'appelle-t-on l'un des héritiers de la couronne de
140. « Mais mon aïeul entreprit contre les Français une guerre telle
« Qu'il fut dépouillé de son fief, lui et tous ses héritiers;
« Par ainsi, je ne dois pas vouer, ni ne vouerai point de longtemps ».

Et l'évêque répond: « Vous pouvez bien vouer,
« Car je peux très bien porter témoignage en votre faveur
145. « Que, si l'on pouvait jeter d'un seul coup la semence de cent hommes,
« On ferait de votre corps cent preux......
« Je vous vis épouser la fille du duc de Lorraine,
« Avec laquelle vous êtes resté un peu de temps pour son amour;
« Puis je vous vis avec le roi pour conquérir honneur ».
150. Et quand le vassal s'entend louer si hautement,
Lui et son amour pour la dame qu'il doit bien aimer, [cœur
Le dieu d'amour lui décoche un dard d'amour qui le pénètre jusqu'au
Sans percer ses vêtements ni entamer sa chair.
A ce coup, Guy veut doubler son vœu plus fièrement:
155. « Je voue et promets, et je veux donner ma foi
« Au riche roi Henry, à qui nous devons honneur,

---

²) *Graf Guido von Flandern (v. Dampierre) hatte sich 1291 mit Adolf von Nassau und dem König von England gegen Frankreich verbunden. 1295 vermittelte Papst Bonifacius VIII. einen Frieden. 1297 fiel Philipp von Frankreich abermals in Flandern ein und nahm den größten Teil des Landes als französisches Lehen in Anspruch. Hierauf dürften sich die Andeutungen der Verse beziehen.*
³) *Wenn man den Vers wörtlich nehmen wollte, müßte man glauben, daß auch Theobald von Lüttich mit dem Herzog von Lothringen und Guis von Flandern auf kurze Zeit nach der Heimat gegangen wäre. Das ist aber ausgeschlossen, da er gerade am 31. März 1311 in einer Königsurkunde als Zeuge begegnet. Böhmer, reg. 377. Will man an der Ortsangabe des Dichters, die Rundtafel habe in Mailand stattgefunden, festhalten, so liegt ein chronologischer Fehler vor. Erst den 31. März 1311 findet der Ehevertrag statt, während der König nur bis zum 19. April 1311 in Mailand ist. Mit der Zeitangabe indessen, die der Dichter macht, wenn er diese Ereignisse in den Mai 1311 verlegt, wäre die vorgängige Verheiratung des Gui in Einklang zu bringen.*
⁴) *Ist auf die Heirat resp. Verlobung des Gui bezüglich. Da Nicolaus von Butrinto zwischen dem 19. und 22. April den Hof verläßt, um einen Ehedispens zu beschaffen, muß Guido eben von Sierck zurückgekommen sein. Danach ist der Dichter sehr gut über diese flandrisch-lothringische Angelegenheit unterrichtet.*

«Que li ferai sa tauble en itelt point garder
«C'on ne pourait son corps de rien envenimer;
«Et se velin y vient c'on li veulle donner,
160. Premier en maingerai et volrais avaller
«Car j'aimme plux la mort, moy poure bachiler,
«Qu'a homme que en prix puist si hault hom monter;
«Que se on vient a Bresse¹) dont j'aix oÿr parler,
«Je irai a la porte mi lancez frawer
165. «Tout soul sen compaignie et sen homme mener,
«Et demanderais jote, se je la puis trouver;
«Je ne sa don sorplux; ainsy l'ai an penser».

Quant Guis de Namur olt ᵃ) vowel son tallant,
Et l'evesque Thiebault se levait en estant;
170. L'esprivier aplanoie; se le vait regardant
Au piedt, en la plume et a la gorge devant,
Et la cowe li tient; lez plumez vat contant:
«Vescy oixiau de proie, bel et courtoit et gent;
«S'i doit on bien vower et faire acointement».
175. Et Hanris de Namur appellait maintenant:
«Et vous, sire, qui estez de la Flamanne gent,
«Qu'achuissez²) la guerre et lez tournois souvent,
«Vowelz a l'esprivier lez drois et le covent».
Et li vassault respont: «Et pour quoy et coment?
180. «Jai suix je soldoiour pour or et pour argent,³)
«Et si n'ais ne cite ne chastiaul ne cimant,
«Ne meublez ne chaptez, ne terre plain herpent;
«Si ne doie pas vower ne faire acointement».

---

a) Bon. ad si.

1) Vor Brescia muß sich Guido besonders ausgezeichnet haben. Bei der Übergabe von Brescia wird Guido mit Amadeus von Savoyen in erster Linie unter den Fürsten genannt, denen die Tore geöffnet werden. Albert. Muss., lib. IV, rubr. 6. Consummato itaque tractatu Ameo comiti Sabaudiae G. Flandrensi ceterisque regis principibus portae aperiuntur.

2) Heinrich von Flandern ist auf dem Zuge Marschall des Königs. Im Codex Balduini Trev., ed. Irmer, sehen wir ihn dementsprechend auf sehr vielen Bildern mit der Reichssturmfahne in den vordersten Reihen.

3) Ferreto Vic., hist. lib. IV, p. 1037 unterscheidet diejenigen Teilnehmer

«Que je ferai garde autour de sa table, en telle façon
«Qu'on ne pourra aucunement de rien l'empoisonner;
«Et si par aventure on voulait lui donner un mets vénéneux,
160. «Tout le premier je voudrai en manger et l'avaler;
«Car j'aime mieux la mort pour moi, pauvre bachelier,
«Que pour un homme de si haut prix qu'homme puisse valoir.
«Et si l'on vient assiéger Brescia, ainsi que je l'ai ouï dire,
«J'irai rompre quatre lances sur la porte,
165. «Tout seul, sans mener nul homme ni aucune compagnie;
«Et là je ferai un défi de joute, si je peux trouver un adversaire.
«Pour le surplus, je ne sais. Voilà ce que j'ai en pensée».

Quant Guy de Namur eut ainsi voué à son désir,
Alors l'évêque Thiébaut se levant en pied,
170. Va caresser l'épervier; il le regarde
Aux serres, au plumage et à la gorge;
Il lui tient la queue, lui compte les plumes:
«Voici», dit-il, «un oiseau de proie, beau, bien dressé et gentil;
«Aussi doit-on bien sur lui faire vœux et bon accord».
175. Puis il appelle Henry de Namur:
«Et vous, sire, qui êtes de la nation flamande,
«Vous qui venez souvent à bout des combats et des tournois,
«Vouez à l'épervier les droits et les promesses».
Mais le vassal répond: «Et pourquoi? Et comment?
180. «Je ne suis qu'un soldoyeur à prix d'or et d'argent;
«Et je ne possède ni cité, ni château, ni muraille cimentée,
«Ni biens meubles, ni cheptels, ni même un plain arpent de terre;
«Par ainsi je ne dois faire ni vœu, ni accord».

---

des Zuges, die sich aus freien Stücken angeschlossen haben und diejenigen, welche um ihrer Lehnspflicht zu genügen oder um Sold zu gewinnen teilnehmen. Bei den letzteren nennt er auch Heinrich von Namur.

Amadeus quidem Sabaudiae comes... Balduinus archiepiscopus Trevirensis, Gualeranus quoque... Theobaldus etiam de Barei Leodiensis episcopus... qui Cesarem summi zelo fervoris complectentes et sponte comitati, nullis illum fortunae tumultibus relictum deserunt. Reliqui vero debitis fidelitatis obsequiis aut stipendiorum mercede conducti socii se laboribus addiderunt, e quibus Guido Hugoque Delphini Viennae nuncupati, quatuor centum equitum duxerunt, Philippus de Sabaudia Lacedaemoniae princeps centum, Rodulphus Brabantiae dux trecentos, Guido Namurcensis comes centum, *etc.*

«Et non pourquant pour vous et pour la compaigniee
185. «Et pour ciaulx que ci voy une gent rapaigniee,
«Je vol et si promet, et si nen faulrai mie,
«Que, se on vient a Bresse la cite signorie,
«Et cilz de par deden par la lour estoutie
«Issixent per defors a bataille estormie[a])
190. «Que je dessanderai enmey la praierie[1])
«O m'espée tranchant et ma tairge florie,
«Avec la gent menue, coy que nulz hom en die.
«La morai et viverai[b]) se mort m'i est jugie;
«Ne ne m'an partirait[c]) pour mort ne por vie.
195. «Si averait[d]) le boin roy la forte[e]) citeit gaingnie».
— «Par Deus»! dist la royne, «cil cy ne vous fault mie;
«Or voy du boin Flamant n'ait point de cowerdie».

Li avesque Thiebault d'autre part regardait,
La capitainne appelle que Melinot[2]) gardait:
200. «Et vous, sire, qui estez des Lombars per desa,
«Que Mielant tenies quite quant le roy y entrait,
«Vous tint on a preudomme et moult proudomme y ait,
«Vowez a l'esprivier ce[f]) que vous cuer pancerait».
— «Et je vous et promet, et mes corps le tenrait,
205. «Au riche roy Hanrey, cui Dieu graice donnait
«Qui fut roy de d'Allemaigne et en Mielant entrait,
«Demain au matinet quant il esclarsirait,
«Armez de toutez armez, si c'on bien me vairait,
«Et m[c] Lombars que mes corpz y mainrait,
210. «Tournoix contre tournoy; or veigne qui volrait!
«A grant tornoiement: or veigne qui volrait,
«Toute jour et journee, car il m'y trouverait.

---

a) *Vorl.* estornie. b) *Bon.* vivrai. c) *Bon.* add. ne. d) *Bon.* S'a. e) *Bon.* fort. *Bon.* om. ce.

1) Dessanderai enmey la praierie: *das Lager des Königs war auf den umgebenden Hügeln und in der Ebene aufgeschlagen* (circumpositis castris per planitiem et omnes adversos colles). *Albert. Muss. lib. III, rubr. 5. Zwischen Lager und Stadt, von ersterem zum Teil noch bedeckt, liegt die «Wiese des Bischofs». Barthold l. c. II, 11.*

Heinrich hat sich in der Tat vor Brescia besonders ausgezeichnet. So sehen wir ihn auf einer Abbildung des Cod. Bald. Trev. XIII[a] an der Spitze der deutschen Scharen im Kampfe mit Theobaldo de Brussati und anderen Brescianern.

2) *Melinot nehme ich für Milano. Wenn auch Guido de la Torre Lombarde und Volkskapitän von Mailand ist, der die Stadt besetzt hält, als der König einzieht,*

«Et néanmoins, à cause de vous et de la compagnie,
185. «Et de ceux que je vois ici en troupe d'élite rassemblés,
«Je voue et promets, et je n'y manquerai pas,
«Que si l'on vient devant Brescia, la cité seigneuriale,
«Et que ceux de dedans fassent la folie
«De sortir au dehors en bataille rangée,
190. «Alors je descendrai parmi la prairie,
«Avec mon épée tranchante et ma targe peinte à fleurs,
«Accompagné des gens de pied, quoi que l'on en dise.
«C'est là que je vivrai et mourrai, si la mort doit m'y frapper:
«Et je n'en partirai ni pour vie, ni pour mort,
195. «Avant que le bon roi ait conquis la forte cité». [défaut:
— «Par Dieu!» dit la reine au roi, «cet homme ne vous fait point
«A cette heure je vois que le bon Flamand n'a rien d'un couard».

L'évêque Thiébaut regarde d'autre part,
Il appelle le capitaine qui avait eu Melinotto en sa garde:
200. «Et vous», lui dit-il, «sire, qui êtes du pays lombard, derrière nous,
«Vous qui teniez Milan en paix quand le roi y entra,
«On vous tient comme prudhomme, et certes vous l'êtes de tout point:
«Vouez donc à l'épervier ce que vous pensez de cœur».
— «Or je voue et promets, et je tiendrai mon vœu,
205. «Au riche roi Henry, à qui Dieu donna la grâce
«D'être roi d'Allemagne et d'entrer à Milan,
«Que demain matin, dès la pointe du jour,
«Armé de toutes pièces, ainsi qu'on pourra bien le voir,
«Avec trois cents Lombards que je mènerai moi-même,
210. «Je défie tournoi contre tournoi: or y vienne qui voudra!
«A grand combat: or y vienne qui voudra,
«Toute la durée du jour, car il m'y trouvera.

---

so widerstrebt doch dieser Beziehung, daß Guido unter den zwölf Pairs nicht genannt ist. Es bleibt sonach nur Theodor von Montferrat übrig. Vgl. Anm. zu Vers 80. Theodor v. M. ist «des Lombars per desus» — du pays Lombars derrière nous, wie es Bonnardot wiedergibt. Das würde vortrefflich auf seine Heimat an der Grenze von Piemont passen. Beim Einzuge Heinrichs ist er in Mailand anwesend. Wenigstens werden wir dies daraus schließen dürfen, daß er in Asti am Hofe weilt (25. Nov. Nicol. de Butr. rel.) und in Mailand schon am 27. Dez. als Zeuge in einer Urkunde auftritt; Böhmer, reg. p. 349. Daß er in Mailand beim Einzuge des Königs die Ruhe oder den Frieden aufrecht erhielt, ist recht wohl denkbar. War er es doch, der in guten Beziehungen zu den Welfen und insbesondere zu Guido de la Torre stand. Nicol. de Butr. rel.

«Et se je suix vencuis quant ont s'en partirait,
«Que mes corps a Hanris lez despens paierait
215. «Jusqu'as Rome la grant quant qu'il despenderait
«Entre lui et la gent qu'avec^a) lui mainrait».
Quant li Wallerant l'ot, que l'esprivier pourtait,
A la voix qu'il olt cleir hautement s'acriait:
«Outrajeus warnemant, vostre corpz vaez ait!
220. «De vostre li tornoy nulz homs ne parlerait,
«Car on sceit bien c'un corps tout ce eschiverait;
«Maix de paier Hanris tout ce qu'il despenderait,^b)
«Qui est roy d'Allemaigne et coronne y pourtait,
«Il est bien riche^c) hom et biens s'aquiterait.
225. «Et je voulz et promes, et mez corps le tenrait,
«Au grant tournoieement quant on s'asamblerait
«Et II^c Allemans que mez corps y mainrait,
«Et gaingne pain tenir et baston c'on pourterait;^d)
«Et se li pris est vostre quant on s'en pertirait,
230. «Que li boin roy Hanris^e) arier s'en irait
«A Luczenbourg, sa terre et son chastel tenrait,
«Ne james des Lombars plain piedz n'i clamirait».

Et li capitain dist: «Or soit sens courecier;
«Avanture nous ait apourteit a maingier,
235. Aveuc li roy Hanris cui nous debvons aidier.
«En sollas et en joie, et son corps soulassier.
«Herdement et argoil, et li duel desirier,
«Et amour^f) amie, et planteit de denier,
«Se vous ont fait vower au voul de l'esprivier;
240. «Et se niant aix mesdis, bien s'en doit courecier;
«Je suix prez d'amander au dit de chivallier,
«Et se suix^g) tout pres dou tournoix commencier».

Quant li cuien de Savoie^h) olt ainsy vower
De voul encontre voul et de fait eschiver,
245. Bien sceit que sen coirous ne poroit demander,
Ne li boin roy Hanris non poroit amander.
Si en volrait son voul afourcier et doubler:
«Et je voul et promez, et si vuel afier,

---
a) *Bon.* avecques. b) *Bon.* despendrait. c) *Bon.* richez. d) *Bon.* pourtrait. e) *Bon.* add. so. f) *Bon.* add. de. g) *Bon.* add. or. h) *Bon.* add. les.

«Et si je suis vaincu à la fin du tournoi,
«Je voue de payer de mes deniers à Henry tous les dépens
215. «Que coûtera son voyage d'ici à Rome la grande,
«Et celui de la troupe qu'il amènera avec lui».
A ces paroles Wallerand qui porta l'épervier
S'écria hautement d'une voix claire:
«Outrecuidant garçon, soyez mis au ban!
220. «De votre tournoi personne ne dira mot,
«Car on sait bien qu'un homme pourra faire tout ce que vous annoncez;
«Mais de rembourser à Henry tout ce qu'il dépensera,
«A lui qui est roi d'Allemagne où il porta la couronne,
«C'est un homme assez riche pour bien acquitter ses dépenses.
225. «Pour moi, je voue et promets, et je tiendrai mon vœu,
«Lorsqu'on s'assemblera pour ce grand tournoi,
«D'y venir avec deux cents Allemands que j'y mènerai moi-même,
«Tenant à la main épée et bâton.
«Et si vous remportez le prix quand on quittera le champ,
230. «Je voue que le bon roi Henry s'en retournera arrière
«A Luxembourg, où il tiendra sa terre et son château,
«Sans jamais plus réclamer aux Lombards seulement un pied de terre».

Et le capitaine répliqua: «Soit dit sans se fâcher.
«Une heureuse fortune nous réunit à table
235. «Avec le roi Henry, auquel nous devons tous aider
«En agrément et joie et divertissement de son corps.
«Mais hardiesse et orgueil, et désir de me combattre en duel,
«Et amour de femme, et soif de gagner argent,
«Tout cela vous a fait vouer les vœux à l'épervier.
240. «Quant à moi, si j'ai médit en quoi que ce soit, vous avez raison
de vous en courroucer,
«Et me voici prêt à faire amende selon l'usage de chevalier,
«Me voici prêt à commencer le tournoi».

Quand le comte de Savoye les entend vouer ainsi
Et opposer vœu contre vœu, et faire assaut de prouesses,
245. Bien sait-il qu'il ne pourrait formuler sa demande,
Et que le bon roi Henry ne le pourrait dédommager;
Aussi voudra-t-il renforcer et doubler son vœu:
«Je voue», dit-il, «et je promets, et j'en veux donner ma foi,

«Comme estandair irai enmey vous demourer,
250. «Tout soul sen compagnie et sen homme mener;
«Et d'une part et d'autre vous cui si atourner
«Que don tournoy ferai partir et desevrer,
«Et s'en averai^a) le prix, cui que en doit peser».

«Damme», se dist li roy, «or veez bonnement
255. «Que pour ung esprivier comencent hui noz gens;
«Chescun le ferait bien, se son valoir emprant.
«Et je voul et promez, et si tenrais convant,
«Se Dieu me lait venir la ou li mien cuer tent,
«D'estre droit emperere et coronne pourtant
260. «Que je ferais^b) I pappe,¹) pour salver toute gent,
«De l'evesque Thiebault ou toute Liege appent.
«Et si voulz et promez, et si ferais sairement,
«Que se j'ay en ma court duc ne conte tenant,
«Prince ne chevalier, n'escuier ne sergent,
265. «Que me face tornoix ne nulz acointement,
«Table ronde²) ne joste ne autre assamblement,
«Jusques a tant que j'aie de Bresse mon tallent,
«Que son corps ferais pendre ou ocire a ma gent.
«Maix soiens tuis ensemble a ung acordement:
270. «De conquerre lez pays et de veoir la gent³)
«Deilay la meire^c) salee, cui Dieu n'ainme noant;
«Et se je puis conqueirre chastel ne chassement
«Ne cite ne donjon, ne or fin ne argent,
«Mez compagnons soiez de ci oir en avant».

275. Et l'evesque Thiebault a haulte voix s'acrie:
«Oiez, boin roy Hanris, ne vous esmaiez mie;
«Vous averez bien Bresse et toute Lombardie,
«Se Dieu garist Guion a la chier^d) hairdie,
«Et Hanrey de Namur a s'espee forbie,
280. «Li Wallerant vos frere et sa chivalerie.

a) *Bon.* avrai. b) *Bon.* ferai. c) *Bon.* meir. d) *Bon.* chiere.

1) *Der Plan, den Bischof Theobald zum Papste zu machen, ist wohl nur in der Phantasie des Dichters vorhanden gewesen; jedenfalls ist uns sonst nichts darüber bekannt.*

2) *Rundtafel, ein in Deutschland und Frankreich weit verbreitetes Ritterfest, das an die Sage vom König Arthus mit seiner Tafelrunde anknüpft. Den Abenteuern der Ritter des Königs Arthus sollen Lanzenrennen (tjoste) und andere Ritter-*

«Que comme point de mire j'irai me placer au milieu de vous,
les combattants,
250. «Tout seul, sans mener nulle compagnie ni nul homme:
«Et je compte vous arranger d'une part et d'autre de telle façon
«Que je vous ferai partir et abandonner le tournoi,
«Et que j'en aurai le prix, dût quiconque s'en fâcher».

«Dame», ainsi parla le roi, «voyez donc bonnement
255. «Comme pour un épervier déjà débutent aujourd'hui nos gens;
«Chacun d'eux se comportera bien, s'il exécute son vouloir.
«Pour moi, je voue et promets, et je tiendrai ma promesse,
«Si Dieu me laisse venir là où tend mon désir,
«Qui est d'être droit empereur portant la couronne,
260. «Je voue de faire un pape, pour le salut de tous,
«De l'évêque Thiébaut qui a tout Liège en sa dépendance.
«Et encore je voue et promets, et j'en ferai le serment,
«Que s'il est en ma cour duc ou comte,
«Prince ou chevalier, écuyer ou sergent,
265. «Qui me fasse un tournoi ou tout autre engagement
«De table ronde ou de joute ou d'autre mêlée,
«Jusqu'à tant que j'aie fait ma volonté de Brescia,
«Je voue de le faire pendre ou occire par mes hommes.
«Mais plutôt soyons tous ensemble d'accord
270. «Pour aller conquérir le pays et voir la gent
«Qui habite au delà de la mer salée, et que Dieu n'aime pas.
«Et si je puis conquérir château ou fief.
«Ou cité ou donjon, ou or fin ou argent,
«Soyez mes compagnons désormais en avant»!

275. Lors l'évêque Thiébaut s'écrie à haute voix:
«Oyez, bon roi Henry, ne vous étonnez point.
«Certes, vous aurez Brescia et la Lombardie entière,
«Si Dieu préserve Guyon à la mine hardie,
«Et Henry de Namur à l'épée fourbie,
280. «Votre frère Wallerand et les chevaliers de sa suite.

---
spiele entsprechen, die bei der Feier der Rundtafel stattfinden. Vgl. Alwin Schultz, Das höfische Leben zur Zeit der Minnesänger, II° 117.

8) Von dem Plane Heinrichs, einen Kreuzzug zu unternehmen, ist meines Wissens sonst nichts bekannt. Es würde aber seinen Ideen über das Kaisertum und die Kirche ganz entsprechen.

«Et vous, sire Lupol, pour l'amour Dieu vous prie,
«Ostez de vostre cuer toute mirancolie,¹)
«Vowez a l'esprivier lez drois de vowerie».
Et li boin duc respont: «Ne vous en falrai mie;
285. «Et je voulz et promes a la chivallerie
«Que condurais Hanris et sa grant baronnie
«Tant qu'il venrait a Romme, la cite signorie;
«Et se li roy Robert,²) que^a) li porte envie,
«Volloit avoir bataille a moy,^b) ne falroit estornie,
290. «Je y^c) seroie pour le roy o m'espee forbie:
«Ou il averoit^d) la mort, ou je y perderoie^e) la vie».

Li avesque Thiebalt d'autre part vat tournant,
Le boin duc de Bawier appellait maintenant:
«Et vous, sire, qui estez de l'Allemaigne gent,
295. «Qu'achevissiez la guerre en honnour conquerrant,
«Vouwez a l'esprivier lez drois et lez covent».
Et li boin duc respont bel et courtoisement;
«Sire evesque Thiebault, se ferais voz tallant,
«Et je voulz et promez, et si tenrait covant,
300. «De conduire Hanry, lui et toute sa gent,
«Tant qu'il venret a Romme la fort citeit tenant,³)
«En coronne de roy et d'empereour^f) pourtant.
«Et se li roy morist et presist finement,
«Et je aprez sa mort demouresse vivant,
305. «Aprez lui serais roy d'Allemaigne la grant⁴)
«En Ais^g) a la chapelle, ou je ou my parent,
«Ou je i prendrai mort et destruirai ma gent».

Li evesque Thiebault fist formant a lower;
I chivallier de Bair⁵) en prist et apeller:

---
a) *Bon.* add. a. b) *Bon.* om. a moy. c) *Bon.* J'y. d) *Bon.* avroit. e) *Bon.* j'y perdroie.
f) *Bon.* d'emperour. g) *Vorl.* Ne air.

¹) *Die Aufforderung* «ostez de votre cuer toute mirancolie» *bezieht sich wohl auf die Mißstimmung, die das österreichische Haus wegen seiner Zurücksetzung bei der Königswahl dem Luxemburger gegenüber gehegt hat. Vgl. darüber Barthold I, p. 330 ff.*

²) *Robert, König von Neapel (1309—1343), die Seele des Widerstandes gegen das Kaisertum. In den Mailänder Tagen hat Heinrich das allerdings noch nicht erkannt, trägt sich sogar mit dem Plane, das Haus Anjou mit dem seinen durch Heirat zu verschwägern und mißachtet geflissentlich alle Warnungen, die ihm über die wahren Absichten Roberts zugetragen werden. Erst nach den Vorgängen in Rom wird ihm die wahre Gesinnung Roberts klar.*

«Quant à vous, sire Léopold, pour l'amour de Dieu je vous prie,
«Bannissez de votre cœur toute mélancolie,
«Et vouez à l'épervier les droits qu'on lui doit vouer».
Et le bon duc répond: «Je ne vous y ferai pas défaut.
285. «Donc je voue et promets à tous ces chevaliers
«De conduire Henry et ses nombreux barons
«Tant et si bien qu'il viendra à Rome, la cité seigneuriale;
«Et si le roi Robert, qui lui porte envie,
«Voulait batailler contre lui, la lutte ne pourrait être évitée,
290. «Et j'y prendrais part pour Henry avec mon épée fourbie;
«Robert y trouvera la mort, ou bien j'y perdrai la vie».

Or l'évêque Thiébaut s'en va tournant d'autre part,
Et voici qu'il appelle le bon duc de Bavière:
«Et vous, sire, qui êtes de la nation Allemande,
295. «Qui terminez les combats en conquérant honneur,
«Vouez à l'épervier les droits et les promesses»!
Et le bon duc répond en langage bel et courtois:
«Sire évêque Thiébaut, je ferai certes votre volonté.
«Donc je voue et promets, et je tiendrai ma promesse,
300. «De conduire Henry, lui et toute sa troupe,
«Tant et si bien qu'il viendra à Rome, maitre de la forte cité,
«Portant couronne de roi et d'empereur.
«Et si le roi venait à mourir et à prendre fin,
«Et que lui mort je restasse vivant,
305. «Après lui je serai roi d'Allemagne la grande
«En Aix-la-Chapelle, ou moi ou mes parents;
«Ou bien j'y gagnerai la mort et détruirai ma race».

L'évêque Thiébaut mérita d'être grandement loué;
Voici qu'il se met à appeler un chevalier de Bar:

---

3) Dies Versprechen hat Rudolf gehalten; geht aber unmittelbar nach der Krönung zurück. Nicolai ep. Botront. rel. zum Jahre 1312, p. 117. Alb. Muss. lib. VIII, rubr. 8. Hiernach verläßt er den Kaiser etwa am 24. Juli.

4) Rudolf war nach dem Tode Heinrichs VII. tatsächlich kurze Zeit Thronbewerber, vgl. Joh. Victoriensis bei Böhmer, Fontes f 359. Er tat vergebliche Schritte bei dem Erzbischof von Köln und bei Heinrich von Kärnthen. Als seine Aussichten sich bald zerschlugen, trat er für seinen Bruder Ludwig ein.

5) Der Ritter Johann, ein Vasall des Bischofs Theobald, ist bei der Tafelrunde nicht genannt. Um so auffallender ist hier seine Erwähnung zwischen einer Reihe von Fürsten. In Vers 473 begegnet er mit dem Zunamen de Fonte. (von Fentsch?).

310. Et vous, sire Jehan, il vous covient vower
 « Au voulz de l'esprivier lez drois d'avanturer ».
 Et li vassaul respont: « Je ne sa oul trouver
 « Voulz ne promesse^a) que je puisse eschiver,
 « Car je suix poure^b) hom, si ne me doie venter;
315. « Maix je voulz et promes, et si veulz afier,
 « Se li boin roy Hanris passoit oultre la mer,
 « Que li feroie^c) son host^d) l'ariegarde garder
 « Au poing et a l'espee pour combbatre et meller.
 « Et se li roy y pert IIII deniers d'or cleir,
320. « Se me facies aprez tous les membrez copper ».

On pallais a Mielant fut li^e) roy Hanrys
Avec^f) ses barons honnorez et servis,
Au volz de l'esprivier amez et conjoïs,
De ci au matinet que li^g) jour fut aclersis;
325. Et don tournoix a faire sont li plusours^h) assis:
Mais ilz sont par le roy sevres et despertis.
Or sont bien li lour volz de II pairs acomplis:
Li roy pairteⁱ) de Mielant¹) et au chamin c'est mis,
Car il vait veoir Bresse, lez terrez et lez pays.²)
330. Devant sont li ferriers soir lez chivaulx de pris;
S'ont prinsez lez montaingnes et lez terres conquis,
S'amenerent lez proies, buefz, vaichez et berbis,³)
Dont li os fut forment honnores et guernis.
Dont assigerent Bresse et pousternez et pourtis:
335. Ja seront li lour volz de plusours acomplis.
Guis de Namur s'armait, li prous et li gentis,
Armez de toutez armez sor son cheval de pris,
Tout soul sen compaignie c'est ver la porte mis,
La mainche de s'amie couverte^k) d'un vert samis.
340. Vat ferir a la porte, telt copt y ait assis
Qu'il ait sai grosse lance persoiez et mal mis,
Et a ciaulx de leant s'acriait a hault cris:

---

a) *Bou.* Ne promesse ne voulz. b) *Bou.* pourez. c) *Bou.* froie. d) *Vorl.* hostel. e) *Bou.*
add. hoin. f) *Bou.* avecques. g) *Bou. om.* li. h) *Vorl.* plus mit Abkürzungszeichen; in 335 pluss.
i) *Bou.* pairt. k) *Bou.* couvert.

1) *Der König bricht von Mailand auf am 19. April. Nicol. de Butr., rel.
zu 1311, p. 85.*

2) *Die Einnahme von Lodi und Cremona übergeht der Dichter, oder erwähnt
sie nur mit den Worten* « et lez terres conquis ». *Tatsächlich mußte hier der König*

310. « Vous aussi, sire Jean, il vous faut vouer
   « Au vœu de l'épervier les droits de votre aventure ».
   Et le vassal répond: « Je ne sais où trouver
   « Ni promesse ni vœu que je puisse accomplir,
   « Car je suis un pauvre homme, et je ne dois pas faire vantardise.
315. « Mais je voue et promets, et de cela je veux en donner ma foi,
   « Que si le bon roi Henry allait outre mer,
   « Je tiendrais l'arrière garde de son armée,
   « Et donnerais du poing et de l'épée dans le combat et la mêlée;
   « Et si le roi y perd seulement quatre deniers d'or clair,
320. « Eh bien! faites-moi couper tous les membres ».

   Le bon roi Henry fut à Milan au palais,
   Avec ses barons, honoré et servi,
   Et selon les vœux sur l'épervier aimé et congratulé,
   Jusqu'au matin à la première clarté du jour,
325. Que maints seigneurs s'occupent des préparatifs du tournoi;
   Mais ils sont séparés et renvoyés par le roi.
   Or voici que les vœux sont déjà pour les deux tiers accomplis:
   Le roi part de Milan et se met en chemin,
   Car il va voir Brescia, la terre et le pays.
330. En avant sont les fourriers, montés sur des chevaux de prix,
   Faisant la prise et la conquête des monts et des plaines;
   Ils ramenèrent leur butin, bœufs, vaches et brebis,
   Dont l'armée fut en grande liesse et abondance.
   Puis le siège fut mis devant Brescia, ses poternes et ses palissades.
335. C'est alors que les vœux de plusieurs seront accomplis.
   Guy de Namur s'arma; le preux et noble chevalier,
   Armé de toutes pièces, sur son destrier de prix,
   S'en vint, tout seul sans compagnie, se mettre devant la porte:
   Sa manche aux couleurs de son amie était recouverte de samit vert.
340. Il va frapper à la porte, sur laquelle il asséna un tel coup
   Que sa grosse lance en est brisée et mise en pièces;
   Et à ceux du dedans il cria à haute voix:

---

im Gegensatz zum Marsche bis Mailand erobernd vorgehen; selbst kleine Flecken wie Romano und Rosate mußten gestürmt werden. Vgl. Barthold II 10.

8) Johannes de Cermenate cap. 29, p. 1252, berichtet ausdrücklich, wie der König beim Zuge nach Brescia Lebensmittel und Fuhrwerke herbeischaffen ließ. Das Heer behielt dann die von den Bauern gestellten Ochsen mit Gewalt zurück, um sie zu schlachten. — Auch hier ist also der Dichter sehr genau unterrichtet.

«Ou estez vous allez? mavals Guelfez fallis!a)
«Venez o moy joster, vous nous avez traïs»!
345. Et cilz des murs li lancent lez gros challez massis,
Lour bauston et lour dair sor son escul voltis:
Non pourquant ait ces voulz mal greif aulx acomplis.
Toutez cez IIII lancez brisait sor cez postis,
Et repairait aus loges mal greif ces annemis.
350. Pour l'en fut li boin roy honorez et servis;
A sa tauble guerder telt morciaul y ait pris
Dont il fut en la terre enterrez et porris.[1])

Or est li roy Hanris devant Bresse la grant.
S'ait jurez et plevis et fait son sairement
355. Devant que il l'ait prins n'en partirait niant,
Si hault qu'il li plairait et que juront cez gent.
Maix haulte est la murelle et de bien fier syment,
Et sont preus et herdis sor lour corpz deffendent.
Et li roy les assault[b]) darier et devant;
360. Et li Vallerant s'airme et menus et souvent;
Avec[c]) lui assaillent Bawier et Allement;
Et si ont pris Thiebault le signour de Brixant,[2])
Traïneit et pendus et mis a finement.[3])
Et li Vallerant vat sur les murs,[4]) et montant
365. Les murs de la cite, vait antour regardant;
Et arbollestriez vont aus creniaus per errant,[d])
D'un bousson li traiyrent par sus le col[e]) en passant.

a) *Vorl.* sallis. b) *Bon.* add. et. c) *Bon.* avecquos. d) *Vorl.* praut. e) *Bon.* sul col.

1) *Guis de Namur stirbt vor Paria «an der vor Brescia erhaltenen Krankheit».*
Johannes de Cermenate cap. 42, p. 1261. Tunc Papiae Brixiensi morbo moritur
magnanimus Guido comitis Flandriae filius. *Der Dichter deutet hier, wenn auch
sehr vorsichtig, an, daß Gui an Gift gestorben sei. Vgl. Vers 157 ff.*

2) *Theobald de Brussati steht an der Spitze der Belagerten. Albert. Muss.,
lib. III, rubr. 7.*

3) *Theobald wird [in eine Rindshaut genäht und von wilden Eseln] um das
Lager geschleift. Dann sollte er dem Urteil entsprechend gehängt und nach dem
Tode geviertteilt werden. Vgl. das Urteil bei Bonaini Acta Henrici VII, p. 179 ff.*
Volentes... quod ipse (sc. Tebaldus) propter proditiones per eum commissas et
factas trainetur per castra nostri exercitus et postea suspendatur ad furcas. ita
quod penitus moriatur. *Der Cod. Bald. Trev. läßt ihn enthauptet werden, auch
Albert. Muss. berichtet nichts vom Hängen. Johannes de Cermenate, cap. 37, pag. 1257,*

« Où vous en êtes-vous allés? mauvais Guelfes faillis,
« Venez donc jouter avec moi! Vous nous avez trahis »!
345. Et du haut des murs les assiégés lui lancent de gros cailloux massifs,
Des épieux, des dards, sur son écu à voûte;
Et toutefois Guy de Namur a accompli son vœu malgré eux:
Ses quatre lances, il les a toutes brisées sur les palissades;
Puis il rentra sous les tentes, malgré ses ennemis.
350. Par ce chevalier le bon roi fut honoré et servi;
Mais en faisant le service de la table royale, il mangea d'un tel mets
Qu'il en devint pourri et fut mis en terre.

Or le roi Henry est devant Brescia la grande;
Il a certifié, juré et fait serment
355. De n'en point partir avant de l'avoir prise;
Telle est sa volonté, et ainsi l'ont juré ses gens.
Mais la muraille est haute et maçonnée d'un ciment bien dur,
Et les assiégés sont preux et hardis à se défendre.
Or le roi leur donne assaut de tous côtés;
360. Et Wallerand va fréquemment en armes au combat,
Avec lui font assaut Bavarois et Allemands;
Les voici qui ont pris Thiébaut, le seigneur de la terre Bressane,
Et après l'avoir traîné sur la claye, ils l'ont pendu et fait mourir.
Or Wallerand va et monte sur les murs
365. De la cité, et va regardant à l'entour.
Mais les arbalétriers, accourus en toute hâte aux créneaux,
Lui lancèrent un trait qui l'atteignit au-dessus du col.

---

sagt, er sei geschleift und geviertteilt, Giovanni Vilani lib. IX, cap. 20, er sei geviertteilt. In der Vita Baldwini, lib. II, cap. 12 heißt es, er sei enthauptet und geviertteilt. Der Verfasser des Gedichtes ist hiernach besser unterrichtet als alle übrigen wichtigen Quellen.

4) Walram wird am 27. Juli durch einen Pfeilschuß in die Kehle schwer verwundet, als er sich unvorsichtig ohne genügende Rüstung der Mauer zu weit genähert hat. Albert. Muss. lib. III, rubr. 18. Vgl. das Bild im Cod. Bald. Trev., ed. Irmer. Er stirbt am sechsten Tage darauf. Nic. Butr. z. J. 1311, p. 86. — Erat autem vicina civitati (Brixiae) rupes altissima, ubi Brixianorum thesaurus dicebatur esse absconditus.... Cum ... regis frater iam dictam rupem, spectandi gratia pulchritudinem Brixiae ascendisset, per balistam sagitta percussus in facie, telum extrahens cum vulnus parvi penderet, et demum sanguis ardore solis ebulliret, lecto decidens diem clausit extremum. Hocsemii Gesta Pontificum Leodiensium, in Chapeauville, Gesta Pontificum Leodiensium t. II, pp. 340—358. Liège 1613.

Si traist fors le bousson sen faire nulz semblant,
Aus logez se repaire en amour desirant;
370. Amour^a) compaingnie¹) et orgueil le souprent
En tenir compaignie et en boivre souvant;
En amour de pucelle et en feme gisant
Fut il mors et poris, et prinst son finement.
Et quant li roy le sot, s'en olt le cuer dollant.

p. 36. 375. Or est li roy Hanris devant Bresse la belle.
S'ait sa gent d'Allemaigne avec lui amenee
Pour assaillir la ville; mar fuit elle fondee.
Li roy ait Lucembourg s'ensigne rescriee:²)
«Hui serait cowerdie de tout point obliee,
380. «Herdement et amour toute renovelee,
«La mort le Wallerant chierement conparee».
L'ensigne que il crie ait lour gent confortee.
Et Hanris de Namur fut a pied en la pree,
Qui ait la gent menue et condue et menee,
385. Et l'ensigne au boin roy en la citeit pourtee.
Adonc fut Bresse prinse et rendue et livree,³)
Et la grant tour de marbre a terre crevantee.
Et quant li roy l'ot prinse, arriere^b) fist retournee,
Si en allait a Genne,⁴) si ait la meir passee;⁵)
390. Maix la roÿne y fut morte et enveniinee.⁶)
Li roy allait a Romme,⁷) c'est veriteit provee,
Avec Thiebault de Liege cui fine amour aggree;
Si le conduist et moinne c'onqe^c) ne li fist falcee,
Droit dever Sainct Jehan fist li roy son entree.⁸)

---

a) *Bou. add. et.* b) *Bou. arrier.* c) *Bou. c'onq.*

1) In keiner anderen Quelle wird Walrams Tod diesen Ursachen zugeschrieben. Richtig ist jedenfalls, daß der Graf noch fünf Tage nach seiner Verwundung gelebt hat. Albert. Muss. lib. III, rubr. 13. Joh. de Cermenate cap. 37. Vor allen Nicolaus Botr., z. J. 1311, p. 86: Ibi fuit dominus Walerannus sagitta percussus et postea sexta die mortuus.

2) Johannes de Cermenate hist. cap. 39, p. 1258: Cunctos (sc. rex) in iram exhortans memoratis offensionibus et iniuriis imperii atque suis, rogat ut taliter in hostes pugnare velint. etc. Haec paratas armis circuens turmas et plerisque procerum suae gentis necem fratris memorans, qui quas ipse tenet lacrymas immenso rore fundunt.

3) Brescia wird am 18. September übergeben. Vgl. den Brief des Königs hierüber an seinen Sohn. Böhmer, reg. nach 426.

4) Der König ist bis zum 1. Oktober im Lager vor Brescia (Irmer, p. 56)

Wallerand retira le trait sans plus s'en inquiéter,
Et rentre sous les tentes, désireux d'amour.
370. Luxure, mauvaise compagnie et orgueil l'entraînent
Dans la compagnie des femmes et dans l'ivrognerie,
Amour de pucelles et possession de femmes,
C'est de cela que Wallerand est mort et pourri, et allé à sa fin.
Et quand le roi le sut, il en eut le cœur dolent.

375. Or le roi Henry est devant Brescia la belle,
Et il a amené avec lui ses troupes d'Allemagne
Pour assaillir la ville, qui fut fondée en un jour de malheur.
Le roi a poussé son cri de ralliement: «Luxembourg!
«C'est aujourd'hui qu'il faut laisser de côté toute couardise,
380. «Aujourd'hui qu'il faut me donner de nouvelles preuves de har-
[diesse et d'affection!
«La mort de Wallerand doit être rachetée à un haut prix».
Ce cri qu'il pousse a redonné courage aux combattants.
Et Henry de Namur vient à pied en la prairie
Où il conduit et mène les gens de pied,
385. Et porte l'enseigne du bon roi jusque dans la ville.
Alors Brescia fut prise et rendue et livrée,
Et sa grande tour de marbre abattue à terre.
Et quand le roi l'eut prise, il retourna en arrière
Et s'en alla à Gênes, d'où il alla par mer,
390. (Mais en cette ville la reine mourut empoisonnée),
Le roi s'en fut à Rome, c'est la pure vérité,
Avec Thiébaut de Liège qui le chérissait tendrement,
Et qui le conduit et mène sans faire d'erreur,
Droit à Saint-Jean de Latran où le roi fit son entrée.

---

und geht dann über Cremona, Piacenza, Paria, Tortona nach Genua, wo er am
21. Oktober urkundet. Böhmer, reg. 485.

5) Von Genua aus geht der König zu Schiffe nach Pisa und von hier über
Viterbo nach Rom, wo er am 7. Mai eintrifft.

6) Die Königin Margarethe starb in Genua am 13. Dezember an den Folgen
der Seuche, die sie vor Brescia ergriffen hatte. So wenigstens Albert. Muss. lib. V,
rubr. 4. Nam sex ferme dierum spatio aeris pestilentis apud Brixiam ut asserere
physicorum optimi cordialiter infesta . . . vita subtracta est apud Januam in palatio
heredum Benedicti Zachariae in urbis appendiciis.

7) S. Anm. 5.

8) Der König zog durch die Porta del Popolo quer durch die Stadt nach
dem Lateran, um in der Basilika s. Johannis nach uraltem Brauche seine erste
Andacht zu verrichten. S. das Bild im Cod. Bald. Trev. ed. Irmer, XX[b].

395. La li ait ung liegal la coronne donnee[1])
En une chambre de[a]) volte que fut encortinee;
La coucherent li roy a maisniee privee;
Osteriche et Bauwiere ont la chambre gardee.
Li roy Roubert[2]) le sot, ad cui niant n'agree;
400. S'ait sa gent de Sexille avec lui amenee,
Enver lez pontz de Timpre[3]) ont saixie l'entree
Avec lez Orsiens,[4]) c'on n'y fesist passee;
Dont out maintez batellez en Rome devisee,
Et la mort a Hanris moult souvent pourpencee;
405. Nonpourtant ait coronne d'empereour pourtee.

Or est li roy Hanris deden Rome la grant
A loy d'empereour a coronne pourtant:
Et li siens se combatent et menus et souvent.
L'arschevesque de Trieve[b])[5]) olt moult le cuer vollant,
410. Herdis et coraijous, espris de mal tallant.
Des anemis trouver et d'iaulx faire dollant.
Ver la Champe de Flour[6]) soul allait chevalchant,
Les Orsiens encontre: lor se vont combatant.

Moult fut grant la bataille en la Champe de Flour;
415. Orsiens et Bidaus s'i asemblent ce jour,
Allement et Bawier[7]) et maintz[c]) boins poigneour.

a) *Bon. a.* b) *Vort. L'a.* Thiebault. c) *Vort.* maintez.

[1]) *Der König wird in der Johanniskirche des Lateran am 24. Juni gekrönt, weil St. Peter in den Händen Johanns, des Bruders König Roberts, ist. Der Legat war der Kardinal Arnold von Sabina. Vgl. vor allem Ferreto Vic. lib. V, p. 1104 ff.*
Im Lateran hat der König die ersten Tage nach seinem Einzuge in Rom, nicht nach der Krönung gewohnt. Der Dichter hat die Krönung anticipiert und im Gegensatz zur Reihenfolge der Ereignisse unmittelbar nach dem Einzuge erwähnt.

[2]) *Hier ist der Dichter im Irrtum. Robert war selbst nicht in Rom, er hatte seinem Bruder Johann den Befehl über die Truppen übertragen.*

[3]) *Johann hatte die Engelsburg, St. Peter, Trastevere und verschiedene Quartiere auf dem linken Tiberufer besetzt. Er beherrscht den Ponte Molle von einem Kastell «Tripizon» aus. Nach der bildlichen Darstellung des Cod. Bald. Trev., XIX[b] hat hier der erste Kampf zwischen den deutschen Rittern und der Besatzung stattgefunden. Nach dem Berichte des Ferreto de Vicenza wird zunächst die gefährliche Stelle vom König ohne Kampf passiert und erst am 8. Mai wird das Kastell nach größerem Kampfe genommen.*

395. Là un légat du pape lui donna la couronne d'empereur
    Dans une chambre voûtée, tendue de tapisseries.
    Là couchèrent le roi et sa maison privée,
    Et les ducs d'Autriche et de Bavière eurent la garde de la chambre.
    Le roi Robert le sut; cela ne lui fit nullement plaisir.
400. Ayant amené de Sicile avec lui ses gens de guerre,
    Il se saisit de l'entrée des ponts sur le Tibre
    Avec l'aide des partisans des Ursins (Orsini), pour empêcher le passage.
    C'est alors qu'il y eut dans Rome maintes batailles livrées,
    Et que Henry fut souvent en danger de mort:
405. Et toutefois il porte la couronne d'empereur.

    Or le roi Henry est dans Rome la grande,
    Portant le titre et la couronne d'empereur;
    Et ses gens bataillent fréquemment et souvent.
    Pour l'archevêque de Trèves, au cœur si vaillant,
410. Hardi et courageux, embrasé de la rage
    De trouver les ennemis et de leur faire du mal,
    Il s'en fut seul chevauchant vers le Campo de Fiori.
    Il y rencontre les Ursins: le combat est engagé.

    Grande et rude fut la bataille au Campo de Fiori;
415. Ursins et Bidaux s'y mêlent en ce jour,
    Contre Allemands et Bavarois, et maints braves guerriers.

---

4) Lez Orsiens *sind die Orsini, die guelfische Partei, die Johann unterstützen. Ferreto Vic. hist. lib. V, p. 1102. Auf des Königs Seite stehen die Colonna.*

5) *L'archevesque Thiebault ist ein Irrtum des Abschreibers. Entweder muß es heißen l'archevesque Baudouin resp. de Trieve oder l'evesque Thiebault. Tatsächlich ist Erzbischof Balduin gemeint, wie das Folgende ergibt.*

6) *Champe de Flour, eine Wiese, auf der das Vieh weidete. Einst stand hier das Theater des Pompejus. Vgl. Gregorovius, Geschichte der Stadt Rom VII, 616. Noch heute heißt ein hier liegender kleiner Platz Campo di Fiori.*
Der Angriff, um den es sich hier handelt, fand am 26. Mai statt. Die deutschen Herren, unter ihnen Balduin von Trier, Theobald von Lüttich u. a., beabsichtigten die Einnahme der dem Trastecere und der Engelsburg zugelegenen Stadtviertel der Orsini. Daß der Kampf seinen Mittelpunkt auf dem Champ de Flour hatte, geht hervor aus Giovanni Vilani cap. 43. Ziemlich eingehend berichten über die Vorgänge Albert. Muss. lib. VIII, rubr. 5, und Ferret. Vic. lib. V, p. 1100 ff.

7) et Bawier: *Rudolf von Baiern war mit seinen Scharen beteiligt. Vgl. das Bild im Cod. Bald. Trev. ed. Irmer, XXIIb.*

L'arschevesque de Trieve¹) vat poignant par l'estour,
En sa main tient l'espee, tout enbrasez d'irour:
Cui il atainst a l copt, mist a grant freour:
420. Dont veïssies bataille comancier a dollour
Et trabuchier a terre main gentil vauvessour.

En la Champe de Flour fut grande la mellee.
Lierschevequne de Trieve tient en sa main l'espee
Que pour c mairs d'argent ne seroit achitee,
425. Et fiert ung Orsien qui olt la teste armee²)
Que sa grant cervilliere li ait par my copee;
Mais l'espee brixait, c'est a terre vailles.
L'arschevesque la voit, s'ait la colour muee,
Dont ait saincte Marie doucement reclamee.
430. Orsiens et Bidaus font sor lui arestee,
Son cheval li ocient, c'est veriteit prouvee;
Adonc est Allemaigne hautement escriee.

Destroit fut l'arschevesque et s'olt le cuer dollant
Quant perdus olt s'espee et perdus l'auferant;
435. Dont escrie Allemaingne, si se vat deffandant.
A tant ez I vassault par my l'estour poignant,
Que pourtoit III mertiaulz en l escul d'argent;³)
Si despartit la presse et darier et devant;
L'archevesque remonte tost et inellement.
440. La bateille fut grande jusques l'avesprement
Que l'archevesque vat arierᵃ) repairant.

L'archevesque de Trieve est arrier repairiez,ᵇ)
Dollant et courajeus, lassez et travilliez;
Celle nuit se repose, et mains boins chevaliers,

---

a) *Bon.* ariere. b) *Vorl.* repairier.

¹) *Den Erzbischof Balduin zeigt das Bild im Cod. Bald. Trev., XVIIᵇ, mitten im Kampfgewühl.*

²) *Gerade diese Szene zeigt das eben erwähnte Bild. Balduin durchhaut mit seinem Schwerte den Helm eines Orsini. Die Genauigkeit, mit der der Dichter schildert, ist auffallend.*

³) *Nach dem Wappen war es der Burggraf Friedrich von Hammerstein. Auch der Maler des Cod. Bald. Trev. hat diesen Ritter auf seinem Bilde mit dargestellt. Der Dichter scheint den Lebensretter des Erzbischofs nicht mit Namen*

L'archevêque de Trèves va frappant parmi la mêlée,
Tout embrasé de fureur, il tient en main son épée   [frayeur.
Et quiconque il frappe, même d'un seul coup, il le met en grande
420. C'est alors qu'on eût pu voir s'engager la bataille douloureuse
Et renverser à terre maint noble vavasseur.

Au Campo de' Fiori fut grande la mêlée.
L'archevêque de Trèves tient en main son épée
Qui pour cent marcs d'argent ne serait point payée.
425. Il en frappe un des Ursins à la tête casquée,
Si bien que son grand heaume est coupé en deux;
Mais du coup l'épée se brise et tombe à terre.
A cette vue l'archevêque a changé de couleur,
Et alors il adresse une douce prière à sainte Marie.
430. Ursins et Bidaux font une charge contre lui,
Ils lui tuent son cheval, c'est vérité pure;
Lors l'archevêque s'écrie à haute voix: Allemagne!

L'archevêque est serré de près; il eut le cœur dolent
D' avoir perdu son épée et aussi son destrier;
435. Lors il s'écrie: Allemagne! et se met en défense.
Et voici venir un vassal, frappant dans la mêlée,
(Il portait sur son écu trois marteaux d'argent)
Qui, fendant la presse par derrière et par devant
Remet promptement et vite l'archevêque en selle.
440. Grande fut la bataille jusqu'à la tombée de la nuit
Que l'archevêque s'en va et retourne en arrière.

L'archevêque de Trèves est retourné en arrière,
Dolent mais plein de courage, lassé et accablé de fatigue;
Il se repose la nuit, ainsi que maints bons chevaliers,

---

gekannt oder auch seinen Namen vergessen zu haben. Für die Richtigkeit der dichterischen Darstellung spricht außer dem Bild eine Urkunde, laut welcher Balduin wenige Tage nach der Schlacht (5. Juni) den Burggrafen mit 200 Turnosen und 4 Fuder Wein jährlich belehnt, wogegen Friedrich und dessen Nachkommen das Banner und die Insignien des Erzbischofs im Kampfe gegen dessen Feinde zu tragen haben. Vgl. Urkunden und Regesten zur Geschichte der Burggrafen und Freiherren von Hammerstein, herausgegeben von E. Freiherrn von Hammerstein-Gesmold, Hannover 1891, p. 124. Hier ist auch Vers 422—441 auf S. 732 abgedruckt.

445. De cy qu'a matinet que jour fut esclarciez,
Que li guersons ont ja les assaulz comanciez.
Et l'evesque Thiebault¹) fut orguillouz et fiers,
Vers la Champe de Flours est tout droit chevauchiez,
Avecᵃ) lui C de vallans et escuiers.
450. Les anemis encontre, l'estour est comanciez,
Et l'evesque Thiebault fut gais et envoixiez.
En une estroite ruwe²) est maintenant lanciez;
La fut prins et encloz et tout nuit despoilliez;
D'un coutelt de bidaul par my le corpz lanciez:
455. Si voulz sont acomplis que il vouwet premier.ᵇ)
L'emperere le solt, de cuer fut courreciez.

Dollant fut l'emperere et souvent soupirait
Don bairon qu'olt perdus, et souvent regratait:ᶜ)
‹Hahy!ᵈ) evesque Thiebalt, quant il vous corps finait
460. ‹Amour et herdement de tout point s'enclinait;
‹Entre vous et Guion de Namur qui m'amait,
‹Je croy que herdement ambdui vous amanderait,ᵉ)
‹Car muedre clerc de vous ains messe ne chantait,
‹Ne muedre chevalier sorᶠ) chevalx ne montait.
465. ‹Bien doie haÿr la mort que de vous me sevrait›.
L'emperere se pame du grant duel qu'il menait.
. . . .
Guillame de Lyonᵃ) qui or le redressait,
Et Hanrey de Namur qui devant lui plorait.
Li roy ist de la chambre; lez Jacopins mandait,
470. A yaulx c'est confessez, sez pechiez dit lour ait.
Adonc partit de Rome,⁴) ces barons emmenait.
Guillame de Lyon son enseigne pourtait,⁵)

---

a) *Bou.* avecques. b) *Bou.* premiers. c) *Vorl. D. h.* que p. oll. et ε. le r. d) *Bou.* Hay.
e) *Bou.* amandrait. f) *Vorl. add.* I.

1) *Während der Dichter den Kampf und den Tod des Bischofs Theobald auf den folgenden Tag verlegt, geben die Prosaquellen übereinstimmend an, daß er am 26. Mai seine Verwundung erhalten habe.*
Giovanni Vilani cap. 43, sagt, der Bischof sei gefangen und dann erst von einem Katalanen hinterrücks erstochen. Kurz darauf sei er in der Engelsburg gestorben. Alb. Muss. lib. VIII, rubr. 5, berichtet lediglich den Tod zum 26. Mai, ebenso Ferret. Vic. lib. V, p. 1101. Irmer sagt in seinem Text zum Cod. Bald. Trev., p. 76, der Bischof sei erst am 27. gestorben. Leider vermag ich nicht festzustellen, welche Quelle Irmer für diese Angabe benutzt hat. Wenn es richtig ist,

445. Jusqu'au matin, à la première pointe du jour,
Où les valets ont déjà recommencé l'attaque.
Or l'évêque Thiébaut, rempli d'orgueil et de fierté,
Chevauche tout droit vers le Campo de Fiori,
A la tête de cent écuyers et vaillants hommes,
450. Il rencontre les ennemis, et la mêlée commence;
Et l'évêque Thiébaut est en gaîté et bonne humeur.
Mais en une rue étroite le voici maintenant lancé,
C'est là qu'il fut cerné, pris, et dépouillé tout à nu.
Du coup de poignard qu'un bidaut lui lança à travers le corps,
455. Ainsi fut accompli le vœu que l'évêque avait voué tout le premier.
L'empereur le sut: il en eut le cœur courroucé.

L'empereur en fut chagriné, et souvent il soupira
De la perte de son baron, et souvent il se lamenta:
« Hay! évêque Thiébaut, quand votre corps vint à fin,
460. « Amour et vaillance furent de tout point abaissés.
« Vous et Guyon de Namur qui m'aima,
« Je crois que votre vaillance vous eût profité à tous deux,
« Car jamais meilleur clerc ne chanta messe,
« Ni meilleur chevalier ne monta sur cheval.
465. « Certes, je dois bien haïr la mort qui me sépare de vous »
L'empereur se pâme du grand deuil qu'il éprouve.
[Il tombe à terre, pleurant de ses yeux];
Mais Guillaume de Lyon le redressa en pied,
Et Henry de Namur aux yeux pleins de larmes.
Le roi sortit de la chambre, il a mandé les Jacobins,
470. Il s'est confessé à eux et leur a dit ses péchés.
Puis il partit de Rome, emmenant ses barons.
Guillaume de Lyon porta son enseigne,

---

so war diese Tatsache für den Dichter vielleicht die Veranlassung, auch den Kampf auf den nächstfolgenden Tag zu verlegen.

2) *Hier ist wiederum der Dichter von allen Berichterstattern über dieses Ereignis der genaueste.*

3) *Guillaume de Lyon ist sonst nicht nachweisbar. Vielleicht ist zu lesen Guido de Lyon, das ist Guis de Vienne, der Delphin, der Vizemarschall des Heeres war (Irmer, p. 36). S. Vers 472.*

4) *Am 20. Juli geht der Kaiser nach Tivoli. Albert. Muss. lib. VIII, rubr. 8.*

5) *Heinrich konnte das Banner nicht führen, weil er in Rom zurückgeblieben war. Ferreto Vic., hist., lib. V, p. 1107. So wird der Vizemarschall das Amt des Marschalls übernommen haben.*

        Et Jehan de Fonte[1]) l'arriegarde gardait
        Avec X^m[2]) homez que li roy li baillait;
475. Et li fort roy Roubert[3]) a Romme demourait,
        Qu'ait ces barons appellez[a]) et si lour demandait.

        «Signour», dist roy Robert, «dite moy vostre avis;
        «Pour quoy est roy Hanrey de Romme despartis?
        «Car de ciaulx que ilz perdent ains ne fut esmaris,
480. «Que ci hui [pert][b]) un homme, il en averait demain VI».[c])
        — «Oncle,»[4]) si ait dit Charle, «par le corps Saint Denix,
        «Amour et herdement, qui est cez ainez filz,
        «Et bonteit et biauteit, et biaus fais et biaus dis,
        «Humiliteit[d]) et lairgesse le soustient on pays,
485. «Et lez biaulz dons qu'il ait aus barons despartis».
        — «Or pleust Dieu», dist li roy, «qu'or[e]) fut il noz amis».[5])
        Et li roy chevalchait dollant et esmaris,
        Et vint devant Florance[6]), et ait la ville assis.
        Le jour de Nostre Damme[7]) que li jour fut chaudis,
490. Se levait l'emperere, penssant a Jhesu Cris;

---

a) *Bou.: Cez* h. appellait. b) *Vorl. om. pert.* c) *Bou.:* h., en avrait. d) *Bou.:* humilteit. e) *Vorl.:* que or.

1) *Jehan de Fonte ist bereits oben, Vers 309, erwähnt und dort als Vasall des Bischofs gekennzeichnet. Sollte es eine Verwechselung mit Jean de Cort sein? Dieser ist nach Barthold II, 203, Hauptmann der lüttichschen Leibwache.*
Der lateinische Text des Ferret. Vic. lib. V, p. 1101 sagt: Theobaldus de Barre, Leodiensis episcopus, Joannes de Cont episcopi . . . . . (sic!) custos. *Danach könnte auch ein anderer Bischof gemeint sein. Wäre wirklich supradicti oder ejusdem oder Leodiensis zu ergänzen, dann müßte ein Irrtum des Dichters angenommen werden, insofern Jean de Cont am 26. Mai zu Rom gefallen ist. Ferret. Vic., hist., l. c.*

2) X *mille hommes ist außerordentlich übertrieben. So hoch hat sich während des ganzen Zuges die Stärke des gesamten kaiserlichen Heeres nicht belaufen.*

3) *Wie schon oben gesagt, ist Robert nicht in Rom, sondern sein Bruder Johann.*

4) *Auch hier scheint ein Irrtum des Dichters vorzuliegen. Wenn ein Neffe Karl angeführt wird, so kann das nur der Sohn König Roberts sein, der zu dem faktisch in Rom weilenden Johann «Onkel» sagen konnte. Von ihm ist als eventuellem Schwiegersohn Heinrichs VII. viel in damaliger Zeit die Rede gewesen. Sonst käme nur noch in Betracht Karl, der Sohn des eben genannten Johann, dessen Onkel tatsächlich Robert war. Aber von ihm ist niemals in den zeitgenössischen Quellen die Rede.*

5) *Die in diesem Vers ausgedrückte freundschaftliche Gesinnung König Roberts zu Heinrich VII. entspricht in keiner Weise den Tatsachen.*

6) *Der König kommt am 19. September vor Florenz.*

7) *Der Dichter hat hier die Ereignisse fast eines Jahres übergangen und*

Et Jean de Fonte commanda l'arrière-garde
Forte de dix mille hommes que le roi lui donna.
475. Quant à Robert, le fort roi, demeuré dans Rome,
Il appela ses barons, et leur fit une demande.

«Seigneurs», dit le roi Robert, «dites-moi votre avis :
«Pourquoi le roi Henry est-il parti de Rome?
«Car ce n'est pas de la perte de ses hommes qu'il fut jamais effrayé,
480. «Puisque pour un qu'il perd aujourd'hui, il en aura demain six».
— «Mon oncle», a répliqué Charles, «par le corps de Saint Denys,
«Amour et courage, qui est son fils bien-aimé,
«Bonté et beauté, beaux faits et beau langage,
«Débonnaireté et largesse : voilà ce qui le soutient dans le pays:
485. «Et aussi les beaux dons qu'il a départis à ses barons».
— «Or plût à Dieu», dit le roi, «qu'il fût aujourd'hui notre ami»!
Cependant, le roi Henry, chevauchant en chagrin et tristesse,
Vint devant Florence, et assiégea la ville.
A la fête de Notre-Dame, que la chaleur était brûlante,
490. L'empereur se leva, pensant à Jésus-Christ,

---

nimmt die Erzählung mit dem 15. August 1313 wieder auf. Wo Heinrich das Abendmahl genommen hat, sagt er nicht, doch ist es nicht im Feldlager gewesen: au mostier s'en allait. Danach scheint auch der Dichter anzunehmen, daß der König bereits am 15. August nach Buonconvento gekommen ist. Diese Angabe hat auch die Vita Balduini (Wyttenbach und Müller, Gesta Trev., tom. II): 15 Augusti, id est assomptionis b. Marine virginis. Nach Giovanni di Lelmo nimmt Heinrich das Sakrament in Buonconvento, wo er am den 15. August angekommen sein mag. Nach Ferreto de Vicenza ist Heinrich um den 15. in der Nähe von Buonconvento, geht dann gegen Siena, kehrt in das Feldlager bei Buonconvento zurück und stirbt kurz nach Annahme des Sakraments. Nach Albertinus Mussatus kommt er am 15. August in das Gebiet von Siena und drei Tage vor seinem Tode, also am 21. oder 22. August, nach Buonconvento, wo er krank in der Bartholomäuskirche liegt und darin stirbt. Vom Abendmahl sagt Alb. Muss. nichts. Mir scheint folgendes sich als sicherer Kern zu ergeben: Nachdem der Kaiser am 15. bis in die Nähe von Siena gelangt ist, geht er nach einem vergeblichen Angriff auf die Stadt, durch die Krankheit gezwungen, nach Buonconvento. Die Krankheit wird so kritisch, daß er die Sterbesakramente nimmt (22. August). Wenn spätere Quellen den 15. August als Tag der Ankunft in Buonconvento und Tag der Sterbesakramente angeben, so liegt hier vielleicht eine Verwechselung mit der Oktave des Marienfestes vor, die am 22. August gefeiert wird.

Ferret. Vic., hist., lib. V. p. 1115 ff. — Giovanni de Lelmo, nach dem Auszug bei Friedensburg, «das Leben Kaiser Heinrich VII.» (Geschichtsschreiber der deutschen Vorzeit). — Albert. Muss. lib. XVI, rubr. 8.

Au mostier s'en allait, si ait la messe oÿs;
Li Jacopins¹) li chantent, penssans et entrepris
Coment li emperere fust ou mors ou murdris.
Je ne dis pas qu'an l'ordre n'ait demon dous amis;
495. Maix cil estoit diauble,²) de Dieus fut annemis,
Le sacrement ait fait, proposez et traitis,
Et la chair Jhesu Cris ait deden le pain mis,
Le venin gitait sus: s'est voir. Le roi gainchis.
Qui en orison fut encoste li assis,
500. Sus ung tapin de soie couver d'un ver samis.
En la bouche li mist Dieu. Con perfut trahis!
Dont ait prins le calisce, a Il mains l'ait saixis,
Le roy donnait a boivre; or est li roy murdris,³)
Cil que fut blan comme ᵃ) flour, est tout tantost nercis.
505. En la chambre c'est trait, dollant et engremis;
Les Jacopins mandait que venissent ver lis,
Et si leur demandait pour quoy ilz l'ont ossis. ⁴)

«Signour», dist l'emperere, «or ne me sallez ja.
«Pour quoy m'avez vous mort? mez corpz tant vous amait;
510. «Mon or et mon argent a vous tout presentait.
«Ainsi fist fel Judas que Jhesu Cris trahait!⁵)
«Or me baixiez ambedui,ᵇ) et mez corps vous ferait
«Condure for des ostez que nulz ne le savrait». ⁶)
Dont le baixent en la bouche, sa mort lour pardonnait.
515. Et Hanry de Namur devant lui appellait:
«Conduissiez ces proudomez, et lour corps s'en irait
«Parler au roy Roubert que l'autrie les mandait».

---

a) *Bou.* come. b) *Bon.* ambdui.

¹) *Li Jacopins sind die Dominikaner. Sie werden Jakobiner genannt nach der Kirche St. Jakob in Paris, wo die Dominikaner ihre ersten Konvente hatten. Der Mönch, der ihm das Abendmahl spendete, war Bernardino aus Montepulciano.*

²) Maix cil estoit diauble. *So auch Histor. episc. Leod. (Script. Leod., t. II) c. 32:* At vir Belial omni bellua cruenta crudelior in calice miscens vino venenum, *und Johannes Vitodur., ed. G. v. Wyss,* «instinctu diabolico».

³) *Der Verdacht, die Dominikaner hätten den König bei Spendung des Sakramentes vergiftet, ist unmittelbar nach dem Tode des Königs entstanden. Vgl. Irmer p. 108, und die ausführlichen Untersuchungen Bartholds II, Beil. 1, und Böhmers p. 311. Sie sprechen den Dominikaner von der Schuld frei. Wie weit aber die Überzeugung vom Gegenteil verbreitet war, geht daraus hervor, daß der Marschall Heinrich von Flandern, der mit in Buonconcento gewesen ist, das Gerücht verbreitet hat. Vgl. Barthold II, Beil. 1, p. 22.*

Il alla au moutier où il ouït la messe.
Que lui chantent les Jacobins, méditant en leur pensée
Au moyen de tuer ou faire mourir l'empereur.
Je ne dis pas que, dans leur ordre, le démon ait eu deux amis:
495. Mais celui-là était bien un diable et un ennemi de Dieu
Qui fit la proposition de célébrer le saint sacrifice,
Et qui, après avoir fait entrer le corps de Jésus-Christ dans le pain,
Y jeta par-dessus du poison: c'est la vérité! Le roi se tourna,
Qui priait assis à côté du moine,
500. Sur un tapis de soie couvert d'un samit vert;
Le moine lui mit l'hostie dans la bouche. Dieu! comme le roi fut trahi!
Puis, prenant le calice et le portant à deux mains,
Il donna à boire au roi: et voilà le roi empoisonné.
Lui qui était blanc comme fleur, le voilà maintenant tout noir.
505. Il se retira en sa chambre, plein de douleur et de chagrin,
Et mandant aux Jacobins de venir auprès de lui,
Il leur demanda pourquoi ils l'ont fait mourir.

«Seigneurs», dit l'empereur, «maintenant ne me cachez rien.
«Pourquoi m'avez-vous fait mourir, moi qui vous ai tant aimés,
510. «Qui vous ai fait présent de tout mon or et tout mon argent?
«C'est ainsi que fit Judas le félon, qui trahit Jésus-Christ!
«Maintenant, donnez-moi un baiser tous deux, et je vous ferai
«Conduire en dehors de l'armée, que personne ne le saura».
Alors ils le baisent sur la bouche, et il leur pardonne sa mort.
515. Puis il appela devant lui Henry de Namur:
«Conduisez ces prudhommes, pour qu'ils aillent
«Parler au roi Robert qui l'autre jour les a mandés».

---

4) So auch *Joh. Vitodur. l. c.* Imperator . . dixit communicatori: Video quia intoxicasti me.

5) So auch *Joh. Vitodur. l. c.*, et more Judae, mercator pessimus, ... potum vini invisibiliter inmiscebat.

6) So auch *Joh. Vitodur.*, quanto citius poteritis fugam inite, ne in ultionem mortis meae mihi allatae a nobis in frusta concidamini *und Histor. episc. Leod. in Script. Leod.,* t. II, c. 32: Rex vero . . . praedicatorem clam jussit abire. *Joh. Victor; Böhmer, Fontes I,* p. 376: Fertur etiam quod sentiens letaliter interius se concussum ipsi ministro ut repentine aufugeret persuasisse.

Die Tatsache, daß Bernardino sich sofort entfernt hat, ist richtig. «Er wurde nicht bei der üblichen Leichenwache des Beichtsohnes gesehen.» *Barthold l. c. II*, 442, nach dem *Chron. di Pisa*.

Hanry[a]) les conduist et puez se retournait,
Et vint ains en la chambre ou son sgr. trovait
520. Que se destraint et torne, que la mort l'espressait.

« Signour », dist l'emperere, envenimez mourai;
« Cil m'ont donnei la mort cui je forment amai ».
Et ung clerc li respont: « Sire, vous garirai,[1])
« Le venin de la bouche et du corps vous osterai ».[b])
525. Et l'emperere dist: « Se Dieu plait, non ferai.
« Quant j'aix[c]) Jhesu Crist, ja ne le guerpirai;
« Pour moy morut en croix, et je pour lui mourai.
« Mais partez vous de cy ains tant comme je viverai,[d])
« Que si tost comme je yer[e]) mors et de vous partirai,
530. « Serez vous tous trahis, trestout de fin le sai ».

Et lit barons respondent: « Se Dieu plait, non ferons;[f])
« Tant que soiez en vie, ja ne vous guerpirons,
« Et aprez vostre mort les traytours suirons;
« Se par nous sont trouvez, a mort les meterons;
535. « Et se on nous assault, nous nous deffenderons ».
L'emperour[g]) l'entent, soy mist en genoillons:
« Signeur, pour Dieu vous prie que nous lour pardonnons
« La mort qui m'ont donnee, et Damme Dieu prions
« Que l'ame soit salvee quant de ci pertirons.
540. « Hanry de Namur, sire, vous estez moult proudons;[2])
« Prenes tout mon tresor, s'en donnez aus barons;
« Mon cheval et mez armes, cellez vous laisserons;
« Saluez moy ma meire,[3]) jamaix ne la vairons ».
L'emperreour morut par delez ces barons;
545. A Boin Covant[4]) fut mors. Dieu li face pardons!

Dollans sont li barons quant voient l'empereour[h])
Morir par telt destresse et chaingier sa colour;

---

a) *Bon.* Et Hanry. b) *Bon.* ostrai. c) *Bon.* je aix. d) *Bon.* com je vivrai. e) *Bon.* com j'yer. f) *Vorl.* aerons. g) *Bon.* L'empereour. h) *Bon.* l'emperour.

1) *Vgl. Joh. Vitodur., l. c.:* Medici autem .. persuaserunt imperatori, ut potionem ab eis quo venenum evacuaretur et extraheretur, acciperet, si sanitati restitui vellet, quibus ipse taliter respondit: Deum meum sumsi, cum illo etiam moriar animo libenti.

Joh. Victor. Et dum medici venenum eum hausisse judicarent et elevatione corporis pellere niterentur, *etc.* respuit dicens: se gloriosius non posse nec velle mori quam dum auctorem vite sibi presentem recognosceret et haberet.

Et Henry les conduisit, et puis s'en revint,
Et entra dans la chambre où il trouva son seigneur
520. Se débattant dans les affres de la mort qui l'oppresse.

«Seigneurs», dit l'empereur, «je vais mourir par la poison:
«Ceux-là m'ont donné la mort, que j'ai tant aimés».
Et un clerc lui répond : «Sire, je vous guérirai;
«De la bouche et du corps je vous ôterai le poison».
525. Mais l'empereur reprit : «S'il plaît à Dieu, je n'en ferai rien,
«Alors que Jésus-Christ est dans mon corps, je ne l'en ferai pas sortir:
«C'est pour moi qu'il est mort en croix, et c'est pour lui que je mourrai.
«Mais vous, partez d'ici pendant que je suis encore vivant,
«Car, aussitôt que je serai mort et séparé de vous,
530. «Vous serez tous trahis; je le sais tout certainement».

Et les barons répondent : «S'il plaît à Dieu, nous n'en ferons rien.
«Tant que vous serez en vie, nous ne vous abandonnerons point,
«Et après votre mort nous pourchasserons les traîtres ;
«Et si nous les trouvons, nous les mettrons à mort,
535. «Et si on nous attaque, nous nous défendrons».
A ces mots, l'empereur se met à genoux :
«Seigneurs», dit-il, «je vous prie, pour Dieu, de leur pardonner
«La mort qu'ils m'ont donnée; et prions le Seigneur Dieu
«D'accorder le salut à mon âme quand je quitterai d'ici bas.
540. «Sire Henry de Namur, vous êtes un parfait prudhomme;
«Prenez tout mon trésor, donnez-en aux barons:
«A vous mon cheval et mes armes, je vous les laisse.
«Saluez pour moi ma mère que je ne reverrai jamais».
Et l'empereur mourut entouré de ses barons.
545. Il mourut à Buon Covento. Dieu lui accorde pardon!

Dolents sont les barons quand il voient l'empereur
Mourir en telle extrémité et changer de couleur.

---

2) *Ferret. Vic. lib. V., p. 1116:* Post quae igitur accersitis ad se Germanorum ducibus magnanimo Caesar alloquio novissimae voluntatis suae codices in scriptis redegit singulatim quaeque coram omnibus patefaciens demum natos turbasque omnes iis commendans.

3) *Daß die Mutter Beatrix den Sohn überlebt hat, ist richtig. Vgl. Barthold, II, 456.*

4) *Buonconvento, s. Anm. zu Nr. 489.*

Dont le plourent ensemblez li grant et li menour;
Et Hanry de Namur demoinne telt dolour
550. Que tous ces draps despiece environ et antour,
Et dist: «Plorez, barons, hui perdons le meillour
«Que onque pourtaisse arme ne maintenist honnour.
«Hai! Lucembourg chaistiaul, comme decroisce^a) vostre honnour.
«[Morz est]^b) le prince dez chivaliers et la flour.
555. «Ai! contasse [noz|^c) damme, [com]^d) mar veïst le jour
«Que voz fils fut a Ais coronnei par honnour;
«S'adont heüscez joie, or avez vous dollour.
«Ha! Jhesu Crist sire, per queille desamour
«Avez heus mis a mort le muedre emperour^e)
560. «Que fut pues Alixandre le lairge donneour»?
Dont l'emportent a Pize.¹)

       Je prie au Creautour
Que s'ame soit salvee en la selestre honnour.
    Amen.

     Yci fenixent
les voulz dou voiage du boin emperour Hanry, cuien de Lucembourg,
que fut empoixonnei par ung prescheur,
en donnant le corps Nostre Signour le jour d'une Nostre Damme.

---

a) *Hou.* cont decroist. b) *Vorl. om.* Morz est *zugefügt des Sinnes wegen.* c) *Wie* b. d) *Vorl.* Airs. e) *Hou.:* empereour.

1) *Ferret. Vic. lib. V, p. 1116.* Cuius cadaver Germani maximis lacrymarum profluviis pheretro imponentes adusque Pisam delatum apud Cathedralis templi locum magnilicis subhumatum exequiis tumulant.

Alors ils le pleurent tous ensemble, les plus grands et les moindres.
Mais Henry de Namur témoigne une telle douleur
550. Qu'il déchire ses vêtements en mille pièces, [meilleur
En s'écriant : «Pleurez, barons, car aujourd'hui nous perdons le
«Qui ait jamais porté armes et maintenu honneur.
«Hay! château de Luxembourg, combien votre honneur décroit!
«Le voilà mort, le prince et la fleur des chevaliers!
555. «Ai! comtesse notre dame, quel jour de mauvais augure
«Que celui où votre fils fut couronné à Aix par honneur;
«Ce jour-là si vous avez eu joie, aujourd'hui vous avez douleur.
«Ah! sire Jésus-Christ, par quelle défaillance d'amour
«Avez-vous aujourd'hui laissé mourir le meilleur empereur
560. Qui fut depuis Alexandre, le large et libéral»?
Puis ils emportent son corps à Pize.
Je prie le Créateur
Que son âme soit sauvée au séjour de la gloire céleste
Amen.

Ici finit
la relation des vœux faits lors du voyage du bon empereur
Henry, comte de Luxembourg,
qui fut empoisonné par un frère prêcheur,
en communiant le jour d'une fête Notre-Dame.

X.ª)

Ci apres sont les enffans dudit emperour Hanrey :
Le boin roy Jehan de Bahaigne et de Poulainne qui olt a femme Beautrix fille du duc de Borbon.
La duchesse d'Ousteriche.
La duchesse de Bawiere.ᵇ) ¹)

XI.

Ci apres sont pluseurs coroniques de tuis les emperours qui orent onque a nom Hanrey que maistre Jehan de la Cour d'Owe²) m'ait bailliez.

Hanrey premier fil de Oth duc de Saixoigne l'an VIIIᶜ et XX.³) Et ostait la sainte lance de Raoul roy de Bourgoigne le second an de son empire l'an IXᶜ et XXIII⁴) et destruit les Hungres et l'an IXᶜ et XXXVI⁵) moruit empoisonney en Ytalie. ⁶)

Hanrey secondt seigneur de Bavenbergen fil de Hanrey frere de Oth premier emperour l'an mil et I,⁷) fut eslieut l'an mil et XIII⁸) et fuit coronnei par Benedic VIIIᶜ. Et assiget Trieve des paisques jusques septembre⁹) et n'y fist riens et moruit l'an mil et XXIII empoisenel en Ytalie.¹⁰)

Hanrey IIIᵉ genre de Conrard emperour et fil de Henry emperour second en l'an mil XL. et moruit l'an mil LVI.¹¹) En son temps fut trouves a Romme Pallas le joiant, navres d'une plaie de IIII piedz et demy de long gisant en I sarkeul et a sa teste une lampe ardant qui ne se povoit estindre et y avoit escript :

---

a) *Pr. om. Kap. X.* b) *Hiernach 2½ Seiten frei.*

¹) *Heinrichs Tochter Marie war mit König Karl IV. von Frankreich, Beatrix mit Karl I. von Ungarn verheiratet. Der Verfasser meint also wohl die Töchter Johanns, von denen die älteste, Margarethe, mit Heinrich, Herzog von Niederbaiern, und Anna mit Herzog Otto von Österreich verheiratet war.*

²) *Über Jean de la Cour s. die Einleitung.*

³) *919.*

⁴) *922. Über die Erwerbung vgl. Waitz, Jahrb. des deutschen Reiches unter König Heinrich I. p. 69/70.*

⁵) *933.*

⁶) *Zu Memleben in Thüringen.*

⁷) *1002.*

⁸) *1014.*

⁹) *Dies war bereits im Jahre 1008. Heinrich nimmt die Pfalz; aber schon sehr früh ist die Erinnerung an diesen Erfolg verloren gegangen. Vgl. Hirsch, Heinrich II, Bd. II, 205.*

¹⁰) *Vielmehr in Pfalz Grona.*

¹¹) *1039—1056. Er ist Sohn Konrads II.*

"„Evandri Pallas, quem lancea [aenea]ᵃ) Turni
Militis occidit, more suo iacet hic."¹)

Hanrey IIIIᵉ fil du devant dit Hanrey l'an mil LVII²) et fut I. ans emperour et excomuniez par Gregore VIIᵉ. Lequeil Gregore fut desposez et mis en lieu de lui Clemens IIᵉ.³) Et l'an mil LXXXIIII fut coronney a Romme et c'est celui Hanrey, dont le draps du grant mostier devise.

Hanrey Vᵉ fil du devant dit Hanrey fut esleut en l'an I. de l'empire de son peire l'an mil C et VI. Et quant il fut grant, il vint a Rome et prinst pappe et cardinalt et fut coronnei par force et moruit l'an mil C et XXV et fist morir son pere.

Hanrey VIᵉ fil de Fedric premier l'an mil Cⅲˣˣ et X. Et fut esluit et coronnei a Airs⁴) et fut coronnei a Romme par Celestin landemain de Pasque⁵) et olt Constance fille du roy de Castille,⁶) et moruit l'an mil IIIˣˣ XVII en Cesille, et Innocens pape empeschait l'election de Philippe son frere par despit de lui.

Hanrey lantgraive de Thuringe frere du marit de Ste. Elizabeth l'an mil IIᶜ XLII⁷) fut esluit contre Frederic et Conrard son fil desposey⁸) et gaingnet la bataille contre Conrard⁹) et fut roy des Romains et ne vesquit guaire; et pour ce qu'il ne fut mie coronnei, n'est il point on nombre des emperours.

Apres la mort de l'emperour Hanrey de Luccembourg VIIᵉ de cel nom imperial le queil olt I frere qui s'appelloit Wallerant; le queil moruit on voiaige devant dit: et olt ung frere qui olt nom Baudowin que fut archevesque de Trieve.

Le dit emperour Hanrey olt une suer que fut duchesse de Bawier, meire dudit Lowy de Bauwiere ci apres nommey.¹⁰)

XII.

Pues la mort dudit emperour Hanrey fut Lowy de Bawiere par l'ayde du roy Jehan de Bahaigne et de Baudowin son oncle, arsche-

---

a) Fehlt in der Vorlage. Vielleicht auch zu ergänzen: quem [ferrea] lancea Turni.

1) Pallas, Sohn des Euander, wird von dem Rutuler Turnus im Kampfe getötet. Vgl. Vergilius, Aeneis X 479 ff. Von der erzählten sagenhaften Ausgrabung ist Gregororius und Reumont nichts bekannt.

2) 1056. 3) Clemens III.
4) Aachen 1169. 5) 1191 April 15.
6) Tochter Rogers II. von Sizilien. 7) 1246.
8) Auf dem Reichstage zu Frankfurt. 9) Bei Frankfurt.
10) Diese Angabe ist unrichtig; die Mutter Ludwigs war Mathilde von Habsburg; doch war Ludwigs Vater in erster Ehe mit Marie, der Tochter Herzog Heinrichs von Brabant, verheiratet. Darauf ist wohl der Irrtum zurückzuführen.

vesque de Trieve par ᴍɪɪɪᶜ et xxvɪɪɪ¹) le lundemain de la Ste. Lucie²) fut eslieut a Franquefort et aprez a Aise coronnez. Mais l'archevesque de Coloigne que pour le temps estoit avoit fait coronner Ferry d'Ousteriche a Bonne sur le Rin. Lequeil Lowy de Bawiere fut apres assigiez per Ferry d'Osteriche en Ezeligen³) et per l'ayde du roy Jehan de Bahagne et de Baudowin archevesque de Trieve fut levez le siege et fut le dit Lowy de Bauwiere delivre.

Mais ᵃ) il recognut mal la courtoisie; car il gitait le fil du roy Jehan de Karinthie et prinst sa feme et la donnait a son fil avec la terre de Carinthie sens jugement d'esglise; dont a l'instance du roy Jehan il fut excomuniez et desposez de l'empire et fut esleut en lieu de lui Chairle quairt, fil du roy Jehan lui visquant; et ung an apres cest election moruit le dit Lowy de Bawiere et moruit l'an mil ɪɪɪᶜ et xlvɪɪ. Et en cel tempt y ot ɪɪɪ pappez: Clemens V., Jehan XXII. et Benoy XII.

En l'an mil ɪɪɪᶜ et xɪɪɪ l'empererise, femme de l'emperreur Henris, fuit apprinssee de tres grief malladie. Et quant elle sot par les maistres, qu'il n'y avoit nule esperance de vivre et qu'elle pensait au salut de son amme, elle fist venir son confesseur et se confessait humblement et devotement et regehit tous ses pechies et priait et requerrait a son dit confesseur que les pechies qu'elle li avoit confessez, il les volcist dire a l'apostole que pour le temps estoit, et que de sa benigne graice pour la parsonne d'elle li volcist au dairien jour de sa fin donner absolucion de poinne et de culpe. Lequel appostole liberalment et humblement luy otroiait par tele condicion que pour l'amme d'elle on fesist celebrer xlɪ messes, c'est assavoir ɪɪɪ de la trinité, xɪɪ des appostres, ɪx dez ɪx cuers d'aingles, vɪɪ des vɪɪ dons du St. Esperit, v dez v plaies Nostre Sgr., une de l'assumption Nostre Damme, ɪɪɪɪ dez ɪɪɪɪ ewangile. Et ordonnait que quicunque selond la foy catholique seroit confes, contrict et repentant de ses pechies et que aprez leur decept feroient celebrer les messez dessus dites, averoient pareille absolucion et seraient delivrez des poinnes de purgatoire.ᵇ)

XIII.⁴)

Karle IIIIᵉ fil du roy Jehan de Bahaigne fut eslieut en Reinse

---

a) *M* Mail. b) ½ *Seite frei.*

1) *1314. Der Verfasser gibt das Jahr der Kaiserkrönung.*

2) *Vielmehr S. Lucastag (18. Okt.). Die Wahl fand jedoch erst zwei Tage darauf statt, am 20. Okt., obgleich sie ursprünglich auf den 19. Okt. ausgeschrieben gewesen war. Am 19. Okt. war Friedrich d. Schöne gewählt worden.*

3) *Esslingen im August—September 1316.*

4) *Das ganze Kapitel XIII wird unten Kap. XXXVII p. 197 wiederholt.*

l'an mil iii^c xlvi le xi^e jour de jullet. Et le diemenge aprez Ste.
Katherine fut coronney a Bunne. Et aprez fist guerre contre Lowis de
Bawiere et marchis son fil¹)˜ qui deschassait de la terre de Karinthie
Lowis de Bawiere et son fil: aprez li fist grant guerre en son pays.
Et en l'an mil iii^c et xlvii le jour de l'Exaltacion Ste. Croix devant
vendenge furent engelleez lez vignez, dont grant chiereteit de vin s'en
fuit. Et en l'an mil iii^c lxxvi fist coronner son fil Wainchelat roy des
Romains a Airs,²) car il se doubtoit du duc d'Anjoy fil du roy de
France que se volloit traire avant pour faire coronner pour venir a
l'empeire.³) Et an l'an mil iii^c lxxvii allait de St. Mor a Parix,⁴) et
li fist le roy Charle de France grant honnour; lequel roy de France
estoit fil de sa suer et li fist grant dons.

Dont vous en trouvereres ci apres sus [xlii]^a) le porquoy que ce fut.

XIIII.^b)

Yci lairons a parler dudit emperour Hanrey et dudit
emperour Charle son aduelet jusques a tant que vous aies
oys parler ci apres du bon roy Jehan de Baheigne, fil dudit
emperour Hanrey et peire dudit emperour Charle. Et apres
lui parlerons dudit emperour Charle son fil.

:|: Cy devan suis v pairolle l'ancomansement don dis roy Jehan :|:^c)
Ci apres sont les enffens dudit roy Jehan de Bahaigne et de Poulenne.

L'emperour Charle qui olt enffens de ii femmes,⁵) l'une fut de
Stetingue⁶) et l'autre fut de . . .^d)

---

a) *Lücke in M.; ebenso in Pr.* b) *Am Rande in M. I k: entspricht dem Hinweis Kap. V.*
c) *Pr. om. Cy-Jehan.* d) *Lücke in M und Pr.*

1) *Ludwig Markgraf von Brandenburg, Gemahl der Margarethe Maultasch.*
2) *Aachen.*
3) *Davon ist sonst nichts bekannt. Gottlob, Karls IV. Beziehungen zu Frankreich p. 113 ff. spricht nur davon, daß Karl die Intriguen Frankreichs gefürchtet habe und, um Karl V. für Wenzel zu gewinnen, nach Frankreich gegangen sei. Vgl. auch über die Gründe der Reise Karls IV. Valois, Le projet de mariage entre Louis de France et Catherine de Hongrie (Ann. bull. de la soc. de l'hist. de France 1903 p. 209ff). Karl V. von Frankreich schreibt an König Ludwig von Ungarn von Karl IV.: il désire posséder le royaume de Pologne et nous a prié d'y consentir entant que cela nous touche à cause de notre fils cadet. Daß der Brief keine Stilübung ist, wie Lindner meinte, zeigt Valois.*
4) *Karl reiste am 26. Dezember 1377 von Cambray ab und kam am 4. Januar 1378 nach Paris. In dem Wallfahrtsort St. Maur-des-Fossés war er am 12. Januar. Vergl. Böhmer-Huber, reg. nr. 5857 a und b.*
5) *Vielmehr vier, von denen allen er Kinder hatte.*
6) *Elisabeth von Pommern (Stettin).*

Wainchelat, quien de Lucembourg, qui olt a femme une duchesse de Braibain.¹)

Le merquis Yost de Merauble qui morut sens hoirs de son corps.²)

Damme Bonne,³) fille dudit roy Jehan, olt a marit le roy Jehan de France, fil du roy Phelipe de France; lequel roy Jehan moruit en Yngleterre san uxit.

Charle roy de France V^e de cel nom.⁴)ᵃ)

XV.

Yci apres vous parlerons du boin roy Jehan de Bahaigne lequeil on appelloit le boin roy Jehan pourtant qu'il estoit lairge et courtoi et amoit jostes et tournoix, damez et embatemenz et de chiens et d'oixiaus.

Premier quant son peire l'ot fait roy de Bahaigne et laissiez le dit reaulme de Bahaigne et de Poulenne, le duc d'Ousteriche que pour le tempz estoit duc d'Osteriche et de Vienne ne voulloit mie bien obeyr a lui.

Le dit roy fist guerre audit duc d'Ousteriche et de Vienne en Osteriche, pourtant que le dit duc estoit et debvoit estre home au dit roy. Et sembloit audit duc qu'il estoit si poussant qu'il ne deignoit a estre homme au dit roy, pourtant que lesdis duc d'Osteriche ont adez estez si puissant c'on disoit qu'il ny ait duc que d'Oustreriche et ne volloit point reprenre de lui. Et quant le dit roy vit que le dit duc se tenoit estre si puissant qu'il ne dignoit a reprenre ne estre home d'un si petit reaume comme du reaume de Baheigne, le dit roy li fist si grant guere qu'il li gaingnait deden moin d'un an et demy iiii^{xx} et x bonnes villes⁵) que forteressez et n'i avoit homme qui puist apaisier le dit roy. Et pourtant que le dit roy estoit ung signeur legiez et joyeus et embatens et qu'il veoit voulentier festes, jostes et tournoix et embatemens de dammez, le concelle dez ii parties se pensont, coment ilz poroient mettre sus une feste. Et vinrent la chevalerie de Bahaigne au dit roy en disant: «Monsgr., il semble que vous soiez esbahis de la guerre que vous faites au duc d'Ousteriche,

---

ᵃ) ¹/₂ S. frei.
¹) *Johanna von Brabant.*
²) *Jobst von Mähren war nicht der Sohn, sondern der Enkel Johanns.*
³) *D. i. Gutta.*
⁴) *Karl V. war sein Enkel.*
⁵) *Damit sind wohl die Kämpfe von 1336 gemeint. S. Huber, Gesch. Österreichs II p. 167.*

et la merci Dieu le dit duc n'ait riens conquestez sur vous, max conquestez toz jours sur lui; et quant vous n'avez point de guerre, vous faitez et jostez et tornoix; max vous avez cesser de toutes cellez chosez a faire et pourtant nous sembleroit boin que vous eussiez fait crier une feste pour embatre la chevalerie et lez dammez de | vostre pays, adfin c'on ne dice mie que vous soies embahis de la guerre que vous faites au duc d'Ousteriche». Et le dit roy lour otroiait. Et quant la chose fuit passee et allee et les blazons furent fais et ordonnes, la chevalerie de Bahaigne li dirent: «Monsignour, nous avons tres fort faillis, se nous semble». Et le roy leur demandait pour quoy et coment. Et ilz respondirent: «Des blasons de nostre feste c'on porte per les pays et c'on n'ont point ordonney c'on n'en portes mis on pays d'Ousteriche; car il nous semble qu'il heust moult bien sceu c'on en heust pourtez on payx d'Ousterich, adfin c'on ne teinst mie que vous fuissies esbahis de ceste guerre. Et pensons que se les dis blaizons estient pourtez on pays d'Ousteriche qu'il y venroit de la chevalerie dou dit pays a vostre feste.» De quoy li roy lour respondit, que c'il leur donnoit esxurement, qu'ilz donroient a entendre qui'lz venroient a la feste pour embatemens; et ilz y venroient pour pourvoir lour pays. De quoy la chivellerie respondit au dit roy qu'il ne le convenoit mie avoir doubte de cela, mais seroit grant honnour, s'il se faisoit, adfin que la chevalerie d'Ousteriche deist tant muelz la noblesse de Baheigne et coment qu'il n'estient gaire embahis de la dite guerre. Adonc le roy lour otroiait. Et quant la chose fut ordonnee et les blaisons envoiez en Ousteriche, la duchesse d'Ousteriche mandait a la chivalerie de Behaigne que li voucissent emprunter saulf conduit pour lie et pour partie de sa chivallerie et elle iroit a la dite feste tres bien acompaignie pour complaire au roy. Et la chivallerie de Bahaigne pourchassait tant au roy qu'il l'otroiait a moult grant poine. Et quant la feste aprochait, la dite duchesse y vint tres bien acompagnie, et avoit bien la dite duchesse avec ley III^{xx} dammes parees et bien III^{xx} chevaliers que escuiers tres bien habitues que vinxent avec lie en sa compagnie pour dancier, pour josster et pour hoboier. Et quant la feste vint, la premier nuit c'on dancit, la dite duchesse d'Ousteriche priait toutes les dammes de Bahaigne a la recive et apres le despartement des dances elles y vinxent. Et apres la recive faite fist la dite duchesse une priere aus dites dames de Bahaigne.

Laqueille proiere fut qu'ellez la voucissent acompagnier le londemain apres le pris d'airme donnei au son de sa trompette pour parler au roy. Et elles li ottroiont. Et le lundemain, quant le pris d'arme fut doiney, la dite duchesse fist sonner sa trompette. Et incontinent au son de la dite trompette | toutes les dammes vinxent de coste la dite duchesse ensi comme elle lour avoit proiet. Et incontinent la dite duchesse s'en allait acompagnie desdites dammes vers le dit roy et se ruait en genoilz devant le dit roy en disant: « Mon tres redoutei signour, il est vray que le sgr. d'Ousteriche mon marit est et ait estez desobeissant en l'encontre de vous, pourtant qu'il n'ait mie voulus reprenre de vous; de quoy guerre s'en ait esmeut entre vous et mon dit sgr.; de quoy monssgr. en ait bien vehut et voit encor vostre poissance et bonne voullantez. Et pourtant mon tres redoubtei sgr. en meffaire geist amande, c'est bien raison que vous soiez et demourez sgr. et que monssgr. d'Osteriche soit vostre homme. Et pourtant s'il vous ait riens meffait que vous li veulliez pardonner et qu'il vous plase de faire cesser la guerre, et je le ferai venir par dever vous et reprenre de vous ensi comme ung vassault doit faire encontre son signeur. Et aucy vecy toutez ces damez ci que vous en prient. » Adonc li roy li respondist; « M'en pries vous? » Et ellez respondirent tout a une voixe, que oyt. Adonc dist le roy: « Se je fas a la priere des dammes qui se feret fort de faire et de tenir ce que vous dites? » Adonc respondit la dite duchesse: « Monsigneur, je me ferai fort de le faire, et vecy ma chivallerie que vous en demeurait pour le faire faire ». Adonc dist le roy a la chivalerie: « M'en demourez vous et me promettez de le faire faire? » Et ilz respondirent tuit a une voix que oyt. Adonc dist li roy: « Puies qu'ainsy vat, a la priere des dames je li perdon mon maltallant et li veulz rendre et quitter tout quant que j'ay conquestez sur lui a la priere des dammez ». Et la duchesse dist: « Monsigneur, Dieu le vous mire, et je le manderai tantost querrir pour faire ce qu'il doit faire per dever vous ». Et le mandait tantost querrir. Et le dit duc vint incontinent, et quant il fut venus, il reprist dudit roy et fut la paix faite et confermee, et danssont et hobiont ensemble. Et rendit ledit roy audit duc tout ce qu'il avoit conquesteit sur lui per bonne paix faisant.a)

XVI.

Item le dit roy Jehan de Bahaigne ad cause de la duchief de Luccemborg pour le fait de la terre commune avoit plusieurs debas en l'encontre de la contasse de Bair¹) que pour le temps etoit. Et

---

a) ¹/₄ + 1 S. frei.

¹) *In Betracht kommt nur Jolantha von Bar, die nach dem Tode ihres Gemahls, des Grafen Heinrich von Bar, seit 1344 die Regentschaft führte. Tatsächlich*

tant que le dit roy vint a Parix delez li roy Jehan de France son genre, et on temp pendent qu'il estoit a Parix, aucuns boins apointement avint entre les parties et missent une journee sus pour accorder les partiez. A laquelle journee le dit roy y allait. Et quant le dit roy i vint et les moiens virent que la contesse n'estoit encor point venue, il se tiront par dever la dite contesse en disant que c'estoit mal fait qu'elle faisoit attendre le dit roy. Et elle respondit: « Que doit on faire d'un telt roitel, m'en cuidies vous esbahis? » Lesqueilles parolles furent rapportees au dit roy, lesquellez il ne prinst mie bien passiamment et dit que jamaix ne renteroit on duchie de Lucembourg, si averoit fait ung telt habair c'on cuderont qu'il n'y heust bourson en la duchie de Bair qu'il n'y heust ung roy au tour pourtant qu'elle l'avoit appellei roitel. Car quant on li raportont les novelles, il n'entendit mie que c'estoit dire roitel, maix dequis il y pensait et li fuit dit, coment c'un roitel estoit ung petit oisillon et avoit nom de roy et que il sembloit a la dite contesse que le reame de Bahaigne fut ung petit reame, de quoy on ne debvoit tenir compe, et pourtant l'avoit elle appelley roitel. Et li roy dit qu'il li monstroit, c'il estoit roy ou nom, ains qu'il veinst jamaix en son pays. Et fist incontinant son mandement et mandait per toute la duchief de Lucembourg et ces aultrez biensvaillans que a ung certain jour qu'il lour escripvait vocissent estre devant Bair et airde et destruire tout le pays jusques a tant qu'ilz orient novelle de lui et ainsy se fist il.

Item le dit roy advisait que quant il pertiroit de Parix en revenant qu'il seroit on duchie de Lucembourg en passant qu'il seroit per devant Bair qu'il trouveroit ces gens; et que quant il aprocheroit pres de Bair qu'il veist la fumiere de l'autre part. Et ainsi se fist il. Et quant les dis Barixiens se vyrent ainsi gouvernes et ilz sorent le pourquoy, ilz furent en si grant doubte qu'il leur sembloit toz jours ou qu'ilz allient qu'il ni heust boursons ne haies en lour pays qu'il n'y heust des gens le roy deden. Et gouvernoit le dit roy la dite conteit de Bair par telt maniere qu'il fist venir la dite contesse a raison et qu'il ne fut plux clamey roitelt.[a]

---

[a] *Hiernach 2 Seiten frei.*
haben im Juni 1345 Verhandlungen zwischen Johann und Bar stattgefunden. (Mitteilung auf Grund archivalischer Quellen [Arch. départem. de Bar-le-Duc B 1125] durch Herrn Archivar Lesort.) In Paris ist Johann in diesen Jahren aber nur kurze Zeit gewesen, als ihn der König von Frankreich gegen die Engländer zu Hilfe rief. Zu Verhandlungen mit Bar dürfte damals kaum Zeit gewesen sein. Es scheint, daß hier verschiedene Vorkommnisse zusammengezogen sind.

XVII.

Coment l'archevesque Baudowin de Trieve et le dit roy Jehan de Baheigne et de Poulenne et quien de Lucembourg et le duc Ferry de Lorrainne et Eduart quien de Bair firent guerre a ciaus de Mets, dont la paix en fut faite par mil IIIe et xxv;[1]) de laqueille guerre on fist une chansson[2]): Roy de Baheigne,[a]) abater de gibat, malle mescheance t'aveigne.

Premier[3])[b]) ci apres trouveres les demandes et reponces que les dis IIII signeurs faisoient a ciaulx de Metz et celle que ciaulx de Metz leur faisoient.

[I] Premier. Tous et queilcunques heritaiges de fiedz et tous les fiedz que ceulx de Metz ont aquastes sens la vollentei et consentement desdis sgrs., encor les wairdes qui appartiennent et doient appartenir aux dits signours; lesqueillez chosez demandent lesdis sgrs. que leur soient renduez par ceulx de Metz ensembles les heritaiges et les leveez desdis heritagez, fieds et wairdez. Lesqueillez chosez montent bien a la some de III^{mc}) livres de Metz ou plux. Et se ausi lesdis de Mets volcissent mettre debat en ces choses, li seigneurs penroient a grei, que cilz de Mets venissent en lour hostelz pour penre et faire droit tant comme dez sgrs. dessusdis heritaiges, des fiedz, wairdes, arrieraigez et levees; et de ce li seigneurs leur feroint droit a l'us et a la coustume du pays.

[II] Item dient encor lesdis signeurs que quant cil de Metz ont fait sonner la bancloche et ilz panissent on font griefz dampmaiges aus dis sgrs. ou a leur homes, cilz de Metz dient qu'ilz ne sont mie tenus d'en defaire ne de rendre ne recroire. Se volroient lesdis sgrs.

---

a) *Hiernach in M (nicht in Pr) gestrichen wilhot.* b) *Das Wort «Premier» hat hier kaum einen Sinn. Der Schreiber hat wohl schon den nachfolgenden Passus hier beginnen wollen und dann, als er die Überschrift einschob, vergessen, das Wort zu streichen.* c) *Praillon (Huguenin 56):* trois cent mille livres.

[1]) *Am 3. März 1326. Ausführlich über den Vierherrenkrieg die Publikation* La Guerre de Metz en 1324, poème du XIVe siècle, publié par E. de Bouteiller, suivi d'études critiques sur le texte par F. Bonnardot et précédé d'une préface par Léon Gautier, Paris 1875. *Sodann Sauerland, Jahrbuch VII^2 103 ff.*

[2]) *Das Lied ist nicht erhalten.*

[3]) *Die Forderung der Fürsten und die Antwort der Metzer bilden den Abschluß des Krieges. Sie wurden unmittelbar vor den Friedensverhandlungen auf einem von Bischof Ludwig von Poitiers anberaumten Tage vorgebracht. Vergl.* Huguenin p. 56. Gedr. Hist. de Metz IV 13 ff. *und* Huguenin p. 56 ff. *nach dem Texte des Praillon.*

que ceulx de Metz du tempz passei en feissent restitucion ausdis sgrs. Et des or en avant qu'ilz n'en usaixent plux de tels chosez, ains rendissent ausdis sgrs. ou a leur home, s'il avenoit que prinse fut faite ou autrez griefz ausdis sgrs. ou a leur wairdes. Et pueent bien monter lez dapmaigez que cilz de Metz avoient fait a la somme de C millez librez de Metz on plux.

[III] Item li dis seigneurs demandent que tuis li meffais et dampmaigez qui ont estes fais par eulx a ceulx de Metz demourent bien a ceulx de Metz, et li dapmaiges et meffais qui ont estes fais par ceulx de Metz aus dis seigneurs leur soient deffais par ceulx de Metz. Car la guerre ait estei faite et comenciee a tort et au deffaulz desdits de Metz, ensi comme il appert par les raisons dessus dites.

[IV] Item encor dient et veullent li dis sgrs. que li amans soient osteis et que de cy en avant n'en soit usei; car c'est contre droit et contre coustume; car on ne le font en nulz lieus du monde; et que de cy en avant usoicent de seel autentique.¹)

[V] Item dient encor et veullent li dis sgrs. que de cy en avant nulz de leurs homes ne soient pris ne arrestez pour l'autruy lige [ne pour debtes]ª) qu'ilz dussent, se dont n'estoit qu'ilz en heussent obligies leurs corps pour leurs sgrs.

[VI] Item veullent li dis signeurs que de tous les biens qu'ilz ont pris sur ceulx de Metz on leur terres, a lours hommes, soient bestes, soient autres chosez, soient debtes que li dis homes deussent a ceulx de Mets, dont li sgrs. aient fais quittences aus dis hommes ou ressut paiement, cilz de Metz n'en doient a nulz jors maix riens demander aus dis homes ne a seuretei qu'ilz en averoient, ains en doient quitter lesdis homes et leur plesges et seuretes.

[VII] Item veulent li dis sgrs. que cilz de Metz ne puissent de ci en avant constraindre les dis seigneurs pour choses qu'ilz aient, a faire raison de leur dis hommez en lour hostelz, et que li dis sgrs. fussent quites de toutes debtes, de toutes plesgerieez et renderies que cilz de Metz lour pouroient demander, qu'ilz fuissent tenus a eulx dez ceste jour en arrier.

Aus erticles et aus griefz que li ɪɪɪɪ seigneurs demandont quant a maintenant aus citains de Metz respondent les dis citains²) que ilz aulz ɪɪɪɪ devant dis signeurs n'ont ne onque n'orent seignoraige en

---

a) *Ergänzt nach Praillon.*

1) *Die Urkunden der Amanns waren nicht besiegelt.*

2) *Die Metzer antworteten nicht sofort, sondern gaben ihre Antwort erst auf einem später zu Pont-à-Mousson gehaltenen Tage ab. Vgl. Praillon (Huguenin 57).*

la cite de Mets, et qu'ilz ne sont de riens tenus a eulx de ce qu'ilz veullent et demandent, ne ne sont lour articles rasoinaubles a la fin a quoy alz tendent. Ains sont tenus li devant dis sgrs. et leur aide aucy de faire et de rendre aus citains et a la comunalteit de la cite de Metz toutes les perdres et les dampmages qu'ilz leur ont fait en la guerre, qu'ilz ont encomanciee que montent a la somme de vi^c millez librez de Metz et plux; et requierent li devant dis citains que ainsy lour soit fait de part les dis signeurs et leur aidans par les raisons que s'ensuient et sont escripts ci apres.

[I] Premierement respondent li dis citains aus premiere article des dis seigneurs qu'il n'ait citains en Metz qui ait aquasteis fiedz ou wairdes qu'il n'en ait lettrez des sgrs., dont li fiedz et les wardes muevent, ou que li signeurs ne l'en aient repris a hommes ou qu'ilz ne veingnent aus citains d'ancienneteit si comme a hoirs a) de droite ligne. Et se on pooit trouver qu'il fuist autrement, si n'en dehussent mie li devant dis sgrs. avoir encomancie a b) mener guerre contre la comunite de Metz; car il en y ait plux de xxx^m que riens ne tenoient ne ne tiennent d'eulx; ne n'en deüssent mie avoir air le pays ne destruis lez esglisez de l'eveschie de Metz pour l'occasion des dis heritaiges, wairdes et fiedz, si comme ilz ont fais; ains deüxent avoir saixis les fiedz dont li fiedvei ne feist son debvoir, se aucun en y eust et deussent avoir menei li fiedvey selong le droit et l'usaige de leur hostelt; car pour la pe[ine] c) du fievey qui n'est sire du pays ne ne doit on pas le pays destruire, si comme li devans dis sgrs. ont fais a pechie et a tort, si comme il appert especiaument pour ce que ainsoy que li devant dis sgrs. encomancerent la guerre contre la dite comunateit de [Metz] d) et les citains, la justice et les gouverneurs de la cite de Metz envoierent soufixamment dever lesdis signeurs et lour monstrerent et offrerent | et a leur consceil aucy, que se li citains de Metz en comun ou en aucune persolne de la cite singulierement estoient de riens tenus a eulx pour queil chose que ce fuist, ilz en feroient et diroient tout sen plait et sen deslay qu'il leur debvroit souffrire; et que toutez bonnez gens qui en oiroient parler, diroient que la comuniteit et la justice de Mets en faisoient assez. Laqueille chose li IIII seigneurs et leur consceil mirent a renfus comme cilz qui avoient plux grant voulenteit de guerre que de paix et fut chose bien apparant. Car assez tost apres ilz defierent la cite de Metz a ung jour et landemain comencerent a faire les dampmaiges a maint airmee. Et n'orent

---

a) *M* homs. b) *In M* et. c) *Vorl.* pe *mit Abkürzungszeichen über dem* p. d) *Vorl. om.* Metz.

les dis citains que une soule houre, semplux, pour eulx proveoir et garnir sur leur deffiance. Li devant dis sgrs. pueent bien entendre et savoir, se ce fut honnour pour eulx sur ce c'on leur avoit offert de part les citains, si comme dist est. Et pour ce vous dient li dis citains qu'ilz ne sont mie tenus de paier aus dis sgrs. les III^m livres^a) de Metz qu'il leur demendent on devant dit premier article. Ains doient prendre li dis sgrs. telt droit et telt proprietei comme ilz avoient en devant dis fiedz pour la raison de la dite guerre, et de la mesprise qu'ilz en ont fait, especiaulxment contre eulx qui estoient leur fievey, et les doient de cy en avant tenir li fieveis qui les tenoient en fiedz d'eulx pour leur alluez pour leur meffais des dis sgrs.

[II] Item au second article respondent li dis citains qu'ilz ne sont mie tenus de rendre les dapmaiges que li sgrs. demandent on dit article jusques a la somme de c milles livrez de Metz; car de si longtemps qu'ilz ne souvient nullui du contraire, li citains de Metz ont usei paisiblement encontre ceulx qui en aulz marchissent, soient sgrs., soient autres, que quant personne ou citain de Metz estoit prinse et la justice de Metz le requerroit et est apparillie de faire raison pour lui ou journee en avoit^b) tenus ens hostalz^c) et raison ne vocist on prendre ne delivrer n'on volcist on, li comunalte de la cite de Metz, selong que raison portoit et que boin lui sembloit, requerroit son citain au son de la bancloche et a main armee au lieu ou li citain estoit prins et detenus a tort et a force ou en la terre du sgr. que le devant dit citain tenoit. Et se dampmage lour en venoit, ilz le souportoient, car cil qui ait dampmaige per sa deserte le doit demander a lui meysme, non a autrui. | Et n'ont mesuzeit li citains que, pour poine faire ou pour debtes requerrez, soit li bancloche de la cite sonnee; et s'il avenoit c'on la sonnest, adez en ont il fait et volront faire droit et usaige des mairches qu'ilz ont az sgrs.

[III] Item au thier article respondent li dis citains que li sgrs. pueent demander ce qu'il lour plait, mais cilz de Metz n'aquiteroient jai aus sgrs. lez meffais et les dampmages qu'ilz leur ont fait a deraysons^d) et a tort; ains les volroient, s'ilz pueent avoir d'eulx et leur aidans en tempz et en lieus. Et se li dis sgrs. ont heus dapmaige pour la guerre qu'ilz ont encomencie a lour tort et autrement qu'ilz ne deussent contre ceulx de Metz, li dampmage doit demeurer sur les sgrs.; car ilz leur sont advenus par leur mesprinse et par leur fait si grant tort, comme ci desoure est dit.

---

a) *Praillon* trois cent mille livres. b) *M add.* hostelz. c) *Praillon* estaulx. d) *Praillon* sans raison. *M* et de raysons.

[IV] Item au quairt article on queil li seigneur veullent que li amans de Metz soient osteis, respondent li dis citains qu'ilz ne sont mie tenus de ce faire ne voullanteit n'en ont. Car li amans sont fais et estaublis en Metz pour paix et pour le bien comung de tres grant anciennete per le consentement et par l'auctoriteit du souverain[1]) que faire le poit, et bien en son previlegiez li citains de Metz. Toute voie coment qu'il soit ou puisse estre des amans de Metz, ans devant dis sgrs. ne tient rien, car li devant dis seigneurs n'ont nulz seignoraige en la cite de Mets si comme dit est, ne citains ne menans n'en sont; et les pouroient requerre les devant dis citains, s'ilz voulloient par plux grant raison, que li sgrs. ostaissent les tabelions qu'ilz ont fais n'ait mie grant temps ens pays qu'ilz tiennent, salf l'autoriteit des sgrs. et des souverains dont ilz tiennent lour court.

[V] Item au quint article respondent li dis citains que ait[a]) on useit en Lourainne et especialment en Metz, qu'il ne souvient nului du contraire, que quant li sire doit et on ait cleire monstrence, on puet bien arrester les[b]) hommes des sgrs. pour sa debte et especialment par congier de justice; et pueent bien li hommes des dis sgrs. obligier leur corps sen avoir le grei de leur sgrs. Et ausi en ait on usei anciennement; car leur homez ne sont mie cerfz gens, ains sont gens de franchie. Et se on trovoit que aucun tut cerf ou de maisnie,[c]) la cite de Metz lez pouroient bien arrester pour le fait de leur sgrs., maix ilz penroient moult envif[d]) l'obligacion de cerfve genz, se ce n'estoit par le grey de leur lige sgr.

[VI] Item aus seixime article dient et respondent les dis citains, qu'ilz ne sont mie tenus d'acquiter ne ja n'acquiteront les sgrs. ne leurs hoirs dez biens, des bestes et des debtes que li dis signeurs ont prins et leves sur ceulx de Metz et sur leurs hommez; ne ja ne tenront li dis citains quittence que li dis sgrs. en aient fait ni en fecent ci aprez jusquez tant que li dis citains, leurs hommes ausy eulz, soient[e]) restaublis et paies entierement; et n'ait lieu en cristienteit c'on ne doit tenir la dite vi[e] article pour desraissonable. Se sont mervilleux li dis citains, par queil consceil et par queil voullenteit li dis sgrs. veullent et demandent si grant surquise comme ci est.

[VII] Item au septisme article[f]) qui est ausy desraisonnauble

---

a) *M* ont ait. b) *M* des hommes les s. c) *Praillon* maignie. d) *Praillon* envis. H. de M. lässt eine Lücke. e) *Von späterer Hand einkorrigiert.* f) *M* articicle.

1) *Philipp v. Schwaben bestätigt die betreffende Urkunde Bischof Bertrams (von 1197) am 27. Juli 1199. Gedr. Hist. de M. III pr. 166.*

ou plux con li seixime en ce que li seigneurs veullent estre quitte sen paiement faire des plesgeries et des renderies, qu'ilz ont creantees, et des debtes qu'ilz doient a ceulx de Mets du tempz passeis, et que li dis sgrs. ne puissent estre constrains par leur homes, respondent li dis citains, que ce ne ja a lour povoir ne venrait, car ce seroit contre droit, contre costume et usaige de pays. Et puet on veoir appartement, quel droit li devant dis sgrs. ont en jusqu'as cy heu en la guerre, et queille raison qu'ilz veullent faire aus dis citains, et ad queille cause ilz ont ceste guerre comanciee et a queille fin ilz la maintiennent. Car ilz veullent estre quitte par lour hautesse et par lour force, non mie seullement des biens qu'ilz ont prins sur les citains et sur leur hommes, des dampmagez qu'ilz lour ont fais que montent a plux de vi^c millez libres de Metz, ains voulloient encor avec ce estre quitte sen paiement faire, des debtes qu'il lour doient dont ilz ont l'argent resuis et des rendriez et des plesgeries qu'ilz ont cranteit pour leur amis et pour leur hommez et dont ilz se sont obligies par leur serrement et par leur foidz et par bons esplois et par leur lettrez. Et n'y mettent les dis sgrs. autres raisons for que ainsi le veullent, ce qu'ilz ne debvroient de Metz requerre ne volloir, se la citeit estoit assize en lour terre, ce que ne fut ne jai n'aveigne; car ainsoy fut la cite de Metz fondee et estaublie et en toute franchise que cite de l'empire de Romme doit avoir^a), ne^b) qu'il entrast archevesque en Trieve, ne roy de Bahaigne, ne duc en^c) Lorrainne, ne conte en^d) Lucembour, ne conte en Bair. Si prient [et requierent li dis citains de Metz tous proudommes et toutes bonnes gens que cestz chosez savront ou vairont les dis articlez et les demandez des dis sgrs. et les responces des dis citains de Metz que ne^e) leur veullet envoir et^f) penser des grans dampmagez de la grant destruction que li devant dis sgrs. ont fais contre Dieu et contre raison aus esglisez, abbayez et citains de Metz en leur personnez, en leur biens et en leur hommez en tele entencion, par telt cause et en telt fin, comme li devant dis seigneurs ont monstrei et desclairie en lour articles devant dis. Car tel chose ou semblant pouroit encor advenir en plussieurs lieus, s'il pooient jouyr de leur emprise, que jai Dieu du ciel ne veulle.

Yci fenissent les demandes que les IIII signeurs et ciaulx de Metz se faisoient l'un l'autre.^{g})

---

a) doit avoir *in der Vorl. gestrichen.* b) ne *später zugeschrieben.* c) *Übergeschrieben für* de. d) *Desgl.* e) ne *übergeschrieben.* f) *Huguenin* de. g) $^1/_2 + 2$ S. *frei.*

XVIII.

Coment sgr. Jehan de la Court, citain et bourgoy de Metz, se gouvernait et se maintint en la dite guerre devant dite bien et vaillamment que li fut recommandee.

Il avint que a une journee que se tint devant la dite guerre fermee que une journee se tint au Pont a Mouson[1]) entre les partiez; et se despartont sens rien faire. Et quant le dit Jehan vit c'on se despartoit sen riens faire, il prinst a dire si en hault comme il pot au dit comte de Bair: «Monsigneur, je vous prie que s'il y ait nulz icy ne de vostre hostelt que veulle dire que je faysse onque riens ne malle a point ne contre honnour, qu'il le me veulle dire tout en haul entrant que je suis yci en vostre presence». De quoy le dit conte de Bair li respondit: «Sgr. Jehan, qui vous esmuet de ce adire, pourquoy vous mouves vous ainsy?» Adont rencommensait le dit sgr. Jehan, comme il avoit fait de devant. Et le dit conte li dit: «Mesire Jehan, je ne say que vous vous demandeis; ne sceit on mie bien que vous estes une homme d'onnour et de bien et sen reproche?» Et de rechief prinst le dit sgr. Jehan ai dire comme de devant et dit: «Monsigneur, ce que j'ai dit, je l'ai dit, et le dit pourtant que je suix vostre homme et suis de vostre hostelt et aix estez de vostre consoil et a vos robes, et pourtant que nous nous despartons sens rienz faire, nous ferons demain de guerre ensemble les ungs contre lez autres. Et pourtant je me veulz despartir de vous per honnour et c'on ne puist mie dire que j'aie fait contre honnour ne autrement que a point en l'encontre de vous, ne que je m'en aie despartis autrement que je ne doie. Je m'en veulz excuser devant tous ceulx que yci sont et contre tous autres. Je vous rent vostre homaige[a]) a sainnes mains et vous rens vostre robe, ne ne veulx plux estre vostre homme ne a vos robes; car je serai demain de guerre a vous et pourtant je me veulz despartir per honnour de vous et a Dieu vous coment». De quoy le dit conte de Bair li respondit, qu'il ne li abesoignoit ja de faire ce qu'il faisoit ne de le dire, et le prinst per la main et le comandait a Dieu, et li dit qu'il le tenoit bien pour excusez | de ce qu'il faisoit et qu'il ne l'en savoit point de malgrey et c'on ne l'en saveroit donner reproche; «car vous faixes ce que vous debvez et ne vous en puet on donner cherge ne blasme», et se despertont. Et a lendemain se formait la dite guerre que durait[b]) . . .

---

a) bei *Praillon* gaiges. b) *Hiernach* 1/3 *Zeile frei.*
1) *Im September 1324* «la sepmaine de l'exaltacion Saincte Croix». *Praillon.*

De laqueille^a) guerre je me passe a parler, pourtant qu'il y averoit trop a dire, mais rencomencerons a parler de la darienne journee que se tint au Pont; a laqueille journee la paix se fist.¹) Il avint que le jour devant le jour que la dite journee se deust tenir, le dit sgr. Jehan de la Cour fist clore les portes a houre de midy, adfin que nulz ne peust uxir fuer; et fist ordonner et comander que toutes manieres de gens a piedz et a chevalz fuxent prestes a une certainne houre. Et adont avoit bien vii^c heaumez parres aus gaiges en Metz et bien vii^c en faisoit la ville tous estouffes. Et partont ciaulx de Metz a celle houre qu'ilz vinxent ung pou apres meienuit sus la coste de Froimont.²) Et quant ilz furent venus la, ledit sgr. Jehan huchait ces capitainnes et son consoil et leur dist: «Sgrs., je vous demande consoil; vous saves assez coment que cez seigneurs sont au Pont et que nous debvons demain journier contre yaulx. Je m'ai pancez, que se il se pooit faire et vous le concillies, que je vairoie vollantier que nous puissiens avoir les dairiens waiholz; s'il vous semble boin et que vous soiez fort assez, je vairoie vollantier que nous prenixions notre chamin per de coste le Pont et aller tout autour du Pont faire la procession. Et tantost que l'aube du jour creveroit que nous encomencissiens a arde et allans ades ardans tout autor du Pont, adfin que nous aiens l'onnour et la dairienne chevalchiee. Et demain quant nous serons a retour par desa le dit Pont ver la nonne, je m'enveirai audit lieu du Pont auvec mes consors que doient estre a la journee. Et quant je me partirai de vous, vous vous retournerez arriere par dever Metz et vous en yres a Mets auvec les rottes de gens d'airmes et des pietons». Et quant le dit sgr. Jehan olt finei sa raison, les capitainnes li respondirent, que se il s'ouzoit feier en ces gens de pies qu'ilz deussent tenir copt, qu'ilz estoient fort asses de faire une plux grant entreprinse. Et on dit consoil s'avoient bouteis tout secreteiment entre les chevalx aucuns de la commune por xourellier et pour escouter ce de quoy en povoit parler. | Mais quant ilz oiont la responce que lesdis capitainnes firent audit sgr. Jehan, ilz s'en tinxent pour tres mal comptans et encomensont a crier: «Avant! seigneur de la comune; les capitainnes de nos gens d'airmez n'ont mie bonne fiance en nous, nous avons oys lour consoil et savons bien qu'ilz veullent faire. Allons devant, encomanssons a faire ce qu'ilz veullent faire, adfin qu'ilz voisent bien que nous voullons vivre et morir deles et auvec nos seigneurs».

---

a) la *übergeschrieben*.
1) *Am 3. März 1326. S. unten Kap. XIX.*
2) *Etwas nördl. Pont-à-Mousson.*

Et s'en encomenssont a aller devant et airde. Et a poine les pooient tenir les gens d'armes en arrois dou despit qu'ils avoient des parolles qu'ilz avoient oyes desdis capitainnes. Et se fist la dite chevalchiee tout ensi comme ledit sgr. Jehan l'ot porpencer et ordonner.

Et en ladite chevalchiee faixant et en les feus boutans en commensant ad l'adjournant et finexant au long dudit jour, et que ciaulx du Pont virent les femiers haulsans et le pays ardant, s'encomansont a crieir: «Chescun a sa wairde montan». Adonc prinst le dit quien de Bair par les mains le dit roy de Baheigne et ledit arschevesque de Trieve et les enmenait sur les murs et lour monstrait les fumierez, que ciaulx de Metz li faisoient et coment son pays destruoient et lour dit: «Sgrs. advisez, coment ciaulx de Metz me gouvernent en vostre presance que ci estez, il s'i appert qu'ilz tiennent assez pouc de compe ne de vous ne de my. Advises vous, monsignour le roy, quant vous serez en Bahaigne, et vous archevesque de Trieve, quant vous seres sur le Rin, en queil point que ciaulx de Mets me gouverneront, quant en vostre presance vous vees coment qu'ilz me gouvernent. Se vous esties en vostre pays, vous y metteries assez pou de force; car pour le present vous n'y mettes mie grant remeide. Et portant j'aix besoing de la paix et fault que paix se face de ceste guerre; car je vous en prie et requier, car je ne le poroie plux endurer.» Or ont lesdis III sgrs. leur consceil ensembles.

Item ver la nonne en retournant d'ardan autour dudit Pont prent ledit sgr. Jehan de la Cour congier de ces gens d'arme et lour dit: «Sgrs., faites bien vostre debvoir en retournant ver l'ostel, il est temps que je m'en vaille au Pont a nostre journee; car il n'y ait autre sur estat entre nous for que ciaulx que venront auvec my a la dite journee». Et la se despertont et s'en allont | au Pont ciaulx qui dovoient aller. Et les gens d'airmes et gens de pies en revinxent en faisant tosjours lour debvoir de mues en muelz tant qu'ilz revinxent en Metz a grant joie et sen perde.

Item a ladite journee avoient fait ciaulx de Metz amener de leur prouviancez audit lieu du Pont, et en especial des harans frexes, car c'estoit ver la quairemme entrez.

Item quant ciaulx de Metz vinxent audit Pont et qu'ilz s'avoient assis au digner, les moiens[a]) qui avoient amoienei et mis sus la dite journee, les vinxent veoir. Et quant ilz vinxent devant les taubles de ciaulx de Metz, ilz trouverent que ciaulx de Metz avoient des hairans devant yaulx sur lour tauble. Ilz prinssent a dire: «Ilz apert[b]) bien que

---
a) *Übergeschrieben von späterer Hand* mediateurs. b) *M* pert.

vous paies bien vous hostez, que vous avez des hairans, et nous n'en povons nulz avoir». Adont lour respondont ciaulx de Mets: «Nous ne les avons mie de ceste ville, mais les avons amenes de Metz auvec nous». Adont dirent les dis moiens: «Coment se puet il faire que vous aies hairans a Metz pour les chamins^a) que vous sont clos? Et ilz ne sont mie cloz pour nous et si n'en povons nulz avoir». Et ciaulx de Metz lour dirent: «Vous cuidies tenir les chamins et pays clous pour nous, mais nous les tenons clous pour vous». «Il s'i appert», se dirent lesdis moiens, «car par Dieu, qui le jureroit a nos seigneurs, ilz ne le croiroient mie. Nous vous prions que nous en aiens demy dousainne pour les pourter et monstrer a nos seigneurs». Et ciaulx de Metz lour dirent: «Vous n'en averez ja demey douzenne, maix nous vous en ferons pourter ung cent apres vous pour presenter a vos^b) seigneurs, car nous en avons lairgement». Et ainsi se fist il.

Item quant les dis moiens^c) revinxent per dever leur signeurs, ilz lour dirent l'aventure qu'ilz avoient trouves. Les dis seigneurs ne les en voulloient croire. Adont ilz monstrerent de quoy. Adont se prinrent lesdis sgrs. a mervillier, coment qu'il se povoit faire selong lour ordonnence qu'ilz avoient fait et ordonnei tant on duchief de Luccembourg tant au long de la Muselle comme en Loirrainne; et prinxent a dire que c'estoit mal tenus, ce qu'ilz avoient ordonneit.

Adont prinst a dire le dit quien Andouart, comme il avoit fait per avant: „Adviseis que cest de ciaulx de Metz, coment ilz se gouvernent et nous auvec. Nous les cudons deschacier et enfamer et nous nous destruons et en mainjons de nous meysmes et faillons a vivre par les chamins qu'ilz tiennent et les chamins qu'ilz quierent. Et ilz ont de toutes proveances par lour argent et puissance devant que nous n'avons. Entre vous, mes seigneurs, est petitement tenir ordonnence en vos pays et petite obeixance tenir par vous aidans, servans, officiers et sougis que laissent ainsy passer vivre parmey vos pays et mener a Metz et qu'ilz en ont devant que nous. Or, advisez qu'ilz pueent faire d'autrez choses. Je vous aix ja dit et encor fas que nous n'avons plux que faire de gerroier et nous apaisons, car je veulx la paix. Il me soufflt de ce que fait en est. Car quant vous seres en Bahaigne et au long du Rin, il vous souvenrait assez pou de my, pourtant que ciaulx de Metz vous sont trop long pour vous aquerrir; car se ilz vous pooient ausi bien trouver comme ilz font my, vous y metteries autre force. Et pourtant que je lour suis trop prez, si come veoir le poiez, j'a besoigne de paix et fault que paix se face; car je n'en puis plux."

---
a) *Vorl. hier und zwei Zeilen weiter* chamis. b) *Vorl.* nos. c) *Übergeschr.*: mediateurs.

Et incontinent s'accordont les dis IIII seigneurs et ordonnont qu'ilz s'acorderoient a ciaulx de Metz. Et ainsi se fist il et orent lesdis IIII sgrs. et ciaulx de Mets accordt et paix faite a celle dite journee tuis ensembles et olrent lesdis de Metz ausi lez dairiens waiholz et firent lour dairienne chevalchiee tout a leur guise et a lour vollantey, si comme il s'appert per les perrolles devant dites.ᵃ)

XVIIII.

Ci apres trouveres la lettre de la paix de la guerre devant dite. En laqueille vous trouverez, coment que tuis heritaigez de fiedz que sont en debas se doient plaidoier et demenner en l'ostelt des signeurs dont ilz muevent. Et y trouverez encor plusieurs autres articles que sont bons pour avoir advis en semblans cas.

Nous[1]) Bauduwin par la graice de Dieu archevesque de Trieve, nous Jehan per celle meisme graice roy de Bahaigne, de Poulenne et quien de Lucembourg, Ferris duc de Loherainne et marchis et Eduart quien de Bair et nous li maistre eschevin, li treses jures et toute la communate de la cite de Mets faisons savoir a tous, que du descordt et de la guerre que nous Bauduwin archevesque [de] Trieve, Jehan roy de Bahaigne, Ferris duc de Lorrainne et Eduart quien de Bair avons heu, nos hommez et nos aidans contre la cite, les citains de Metz et contre leur justisaublez et leur aidans bonᵇ) accordt et bonne paix et leaul en est faite contre nous d'une part et d'autre pour tous jours maix en telt maniere, que tuis li prisons qui ont estes prins pour l'occoison de la guerre que nous tenons d'une part et d'autre, leur foids et leur ostaiges sont et doient estre tuis quites et tuis delivres en bonne foix et sens mal enging d'une part et d'autre, saulf leur despens paians soufisamment.

Item li citains de Mets, leur subgits et li clargie yront et pouront aller a leur terres, a lour villes et a leur heritages et a lour wagierez et a leur biens par tous, ou qu'ilz les aient et en esploiteront et leveront leur debtes, ensi come ilz poient faire devant la guerre, salf ce queᶜ) nous li devant dis seigneurs, nos homes et nos aidans avons

---

a) ½ *Seite leer.* b) *Ursprünglich* bonne *mit unterpunktiertem* ne. c) *Vorl. rep.* ce que.
1) *S. den Druck dieser Urkunde nach dem Original bei Bertholet, Hist. de Luxembourg t. VI pr. p. X. Calmet, Hist. de Lorr. t. II pr. col. DLXXIX (Originalurkunde im Metzer Stadtarchiv.) In Hist. de M. IV 19 und Guerre de Metz 404. Nach Praillon bei Huguenin 62.*

prins et leves du leurs et de leur aidans on tempz de la guerre en leur heritages, leur rantes et leur waigierez ou ailleurs, ou que ce soit en bestes, en bleifs, en revenues, en chaptes et en rantes d'argent ou en autres chosez et en semblant maniere, tout ce que nous li devant dis maistre eschevin, li tresez, li communate dessus dis, nos justisaublez et nos aidans avonz prins et leves des chaptes et des biens les devant dis sgrs., leur homes et leur aidans en queilquez chosez ce ait esteit. Et tuis li dapmaiges qui ont | estes fais on temps de la guerre *p. 72.* et toutes les xeuretez c'ons avoit donnei de ce que levei est deden la guerre sont tuis quittes d'une part et d'autre, n'en pourons jamaix nous les parties devant dites riens demander saulf ce que li devant dis citains, li clergie, leurs justisaubles et leur aidans pueent et pouront demander et lever, leur debtes de bleif et d'argent c'on lour doit, tout en la forme et en la maniere qu'ilz les puissent avoir leves et demander devant la dite guerre for que les chosez dessus dites. Et en semblant maniere nous li devant dis sgrs., nos homes et nos aidans pourons lever et demander toutes les debtes d'argent et de blef que li citains, li clergiez de Metz, lour justisaublez et leur aidans nous doient for que les chosez dessus dites.

Item toutes les revenues des heritages et les acrues que nous les devant dites parties, nos hommes, nos justisaubles et nos aidans avons fais d'une part et d'autre, li ung sor l'autre, sur clergie, sur nos hommes, sus nos justisaubles et sur nos aidans et sur nos terrez, en queilque maniere que ce soit on tant de la guerre, sont et doient estre tout d'une valour; et revenront li devant dis heritaiges, les droitures, rentes en quelque maniere que ce soit a nous les devant dites parties et au clergie, a nos homes, a nos justisaublez et a nos aidans, par quoy li devant dis heritages, les droitures et les rentes soient mis et restaublis en lour premier estat, salf les chapteis leves on tempz de la guerre en la maniere dessus dite.

Item nous les devant ditez parties avons accourdes que li citains de Metz pueent ne ne doient aquaster fiedz ne arrierfiedz sen la vollanteit dou sgr. de cui le fiedz ou les arriersfiedz muevent; et c'ilz achetent heritaige, cour ou maxon que muevent des wairdes des sgrs. ou des gens de poestei dezou lez sgrs., ilz en feront aus sgrs. tel service et en paieront aus sgrs. tel droiture, comme li heritaige debvoit devant l'aquast.

Item se li citains de Metz avoient plais de fiedz ou ilz seront entreit si comme du treffont, ilz en penront et seront en bonne foid *p. 73.* sen mal enging en l'ostelt du sgr. de cui le fied muet et en | feront telt service comme li fied doit et requiert. Et se li devant dis citains ont aquastes nulz fiedz jusques aujourd'hui don quel il n'aient mie reprins des sgrs. dont li fied muet, ilz les en doient reprenre et li sgrs. les en doient recepvoir.

Item il est accourdes entre nous que li citains de Mets ne pueent deffendre ne wairantir nulz des hommes de nos sgrs. devant dis que soit levant et couchant desoubz nous ou desoubz aucun de nos devant dis sgrs. ne contre nos homes.

Item il est accourdes entre nous que se aucun des hommes de nos devant dis sgrs. ou de nos subgis meffaixient sur ceulx de Metz, ceulx de Metz en doient requerre le sgr. et s'en pueent [repenre] a ceaulx et au meffaisant et tous leur aidans et a lour biens tant que raison soit faite a ciaulx de Metz.

Item de tous autres descordz qui poroient estre de ci en avant entre nous les parties dessus dites, nos hommes, nos justisaubles et nos aidans ou en ourer et faire d'une part et d'autre par estaul selong coustume d'estault.

Item accourdes est que chescun des sgrs. promet pour lui et pour les siens tant seullement a tenir les choses dessus dites tant comme a lui et aus siens touche.

Item les parties devant dites nous summes accourdes et avons promis et promettons en bonne foix que nous osterons et deschasserons tous les robours et tout ciaulx qui feront empeschement en condus et en chamins[a]) qui sont en nos terres et en nos pays, par quoy pellerins, merchans et toutes autres bonnes gens y puissent aller et venir seurement et condure leur biens droit faisant. Et cest paix et cest accord avons nous, li devant dis sgrs. pour nous et pour nos homes et pour nos aidans et nous li devant dis maistre escheving et tresez jures des Metz pour nous, pour toute la comunalte de Metz, pour nos justisaubles et pour nos aidans promis et jures sur saintes ewangilles et sur toute la creance et la foix que nous tenons de Dieu, et promettons en bonne foix sens mal enging sus l'obligacion de tous nos *p. 74.* biens, que nous tenrons | et garderons cest accord et ceste paix et toutes les choses dessus dites fermement et leaulment sens venir et sens faire venir en l'encontre par nous ou par aultrui en queil maniere que ce soit a nulz jours maix. En tesmoignaige de laqueille chose et pour ce que toutes les chosez dessus dites soient fermes et estaubles

---

a) *M* chamis.

a toz jours maix, nous Bauduwin archevesque de Trieve, Jehan roy de Bahaigne et de Poulenne et quien de Luccembourg, Ferry duc de Lorrainne et merchis, et Eduart quien de Bair devant nommes, avons mis nos grans seelz en ces presentez lettrez que furent faites l'an de graice Nostre Sgr. mil trois cens vingt et sincq, li tier jour du moix de mairs.

:|: Le a) dis arxevaique Baldovin fut fil [1]) de l'anperrour Hanris quien de Lusanbour et freire adis Jehan de Baiheingne et de Pollainne.

Le dis roy Jehan de Boeme morut lay vii^e kal. de septembre par mil CCCXLVI an; giest ai Lusembourch [2]) b) :|:

:|: Lez mairche et estal [3]) que sial de Mes ont contre lor sgrs. vixin. c) Contre le duc de Bair:

l'une ay Vaisaige, [4])

l'atre a lay gran haie ay Vallinprey al desay de S^t. Provey. [5])

Mairche lay duchief de Lusanbourch: an mey le pon de Rechiefmon [6]) suis lay rivierre d'Orne.

Contre l'archevesque de Trueve: *a* Caitenehem. [7]) d)

Contre le duc de Lorrengne: por le Roman paixe *a* Vaisaige [8]) et por l'Alemengne az arbes e) desay Luetange [9]) *et* a pon *a* Flaiquair. [10])

Contre l'aivaique de Mes: por l'Alemengne ay Chalsey [11]) *per* desay le Pon, et por le Roman paixe ay Soingne, [12]) maix y lay veut *a* Verney. [13])

---

a) *Pr lässt diesen ganzen Zusatz der Hand B aus und führt fort mit dem Gedicht Kap. XX.*
b) $^1/_2 + 1$ *S. frei.* c) *Hinter* vixin *in der Vorlage noch* volxin, vexin. d) *Vorl. rep.* a Quaitenhemme. e) *M rep.* aube.

1) *Er war der Bruder Heinrichs VII. und der Onkel Johanns*

2) *Johann wurde in der Benediktinerabtei zu Luxemburg beigesetzt; seine Gebeine kamen 1543 in das Franziskanerkloster, 1544 nach der Abtei Neumünster, 1809 nach Mettlach und 1838 erhielten sie ihre Ruhe in der Klause von Kastell bei Mettlach.*

3) *Les marches d'estault = Grenzplätze, an denen Streitigkeiten zwischen den Nachbarn durch friedliche Verhandlungen ausgetragen wurden. Über das Verfahren vgl. Chron. de Praillon abgedruckt in Hist. de M. IV 21a und Huguenin p. 64.*

4) *Voisage unterhalb Arry.*

5) *St. Privat-la-Montagne; Vallinprey ist nicht mehr festzustellen.*

6) *Reichersberg.*

7) *Kattenhofen.*

8) *Dasselbe Voisage wie gegen Bar; die Grenzen der drei Länder laufen hier zusammen.*

9) *Unter den Bäumen bei Lüttingen.*

10) *Flasgarten abgegangene Ortschaft bei Gehnkirchen a. d. Nied.*

11) *Courcelles-Chaussy.*

12) *Solgne.*

13) *Verny.*

Contre l'aivaique de Verdun: a lay grange a Naiveron.[1][a]
Les vey[2]) que doie estre en Saille:
Chamenat[3]) a l'abey de S[t]. Arnoul, ay Anoy[4]) a l'avaique de Mes.
a Pol sui Saille[5]) que tien a sgr. Felippe de Noveroy.
ay Morville suis Saille en droy Espley,[6])
ay Algencour,
ay l'abey de S[t]. Clement a Mengney;[7]) a Mairley[8]) a sgr. de Mairley.
a Sellengney[9]) a l'aybasse[10]) de Sainte Mairiee. :|:

---

a) *Praillon p. 41:* Noveroy.
1) *Norroy-le-Sec?*
2) = *gué* = *vadum* = *Furt*.
3) *Cheminot a. d. Seille, alter Besitz der Abtei S. Arnulf.*
4) *Aulnois bei Delme, bischöfliches Lehen mit Burg.*
5) *Port-sur-Seille (Frankreich).*
6) *Morville-sur-Seille und Eply rechts uud links des Flusses zwischen Nomeny und Cheminot.*
7) *Magny a. d. S. bei Metz.*
8) *Marly a. d. S. etwas oberhalb Magny.*
9) *Sillegny bei Verny, Besitzung der Abtei St. Marie.*
10) *L'abesse de Sainte-Marie.*

XX.

Une coronique et ung biaul dit de la guerre que le Roy Jehan de Bahaigne fist aveuc l'archevesque de Trieve, le duc de Lorrainne et le quien de Bair contre ciaulx de Metz par mil III^c et XXIIII.a)[1]

[1.] Pour escheveir mirancolie
Qui m'ait esteit souvent contraire,
Une matiere ais entaillie
Dont je voulrai pluseurs vers faire.
Or, m'en dont Dieu a telt fin traire
Que on b) n'y puist trouver folie
Ne nulle riens qui puist desplaire.

[2.] Toutes flours surmonte la rose,
Chascun sceit bien c'est veriteit.
Pour c) ce aix comancie cest chose
Que d) ansi fait Metz toute citeit; e)
Car en lie ait mainte prosperite f)
Franchise, avoir g) et gens pitose,
Cortoisie et humilite.

[3.] Metz h) est la meire de franchise;
Qui ce ne croit, il se descoit.
Elle ne doit taille ne prise
Ne droiture, queille qu'elle soit.[2]
Or veigne avant i) qui les resoit
Et si me monstre ce k) en quel guise,
Je l'paierai l) coy que ce soit.

[4.] Cilz de Metz ont bien maintenue
En la m) franchise lour cite,
Que onque n) ny ont chose rendue
N'a duc n'a roy d'ancienneté
Des le temps qu'en furent gite

---

a) *P* De la guerre des trois rois qui mirent le siege devant la bonne cite de Mets en l'an mil CCCC et XLIIII ans. *D* Recit des horreur de la guerre que Jean, Roy de Boheme et coute de Luxembourg, Baudouin archeveque de Treve et Ferri duc de Lorraine firent a la ville de Metz en 1324. b) *P* l'on, *D* Que ne p. t. f. c) *P D* Pour ceu vous ai dist ceste chose, d) *P* Qu'ensi, *D* Que *M.* surmonde t. c. e) *So P, M* cite. f) *P D om.* ait. g) *D* amour. h) *P* Elle. i) *D* aucun. k) *P* monstroice en, *D om.* ce. l) *P D om* l'. m) *P* sa. n) *P* C'oncques, *D* Qu'onque.

[1] Kapitel XX gedruckt nach Handschrift P. « La guerre de Metz en 1324

XX.

Une chronique et un beau récit de la guerre que le roi Jehan de Bohême fit avec l'archevêque de Trèves, le duc de Lorraine et le comte de Bar contre les citains de Metz en mil trois cent et vingt-quatre.

1. Pour dissiper la mélancolie
Qui m'a souvent été contraire,
J'ai entamé un sujet
Que je veux traiter en vers.
Dieu m'accorde la grâce d'y réussir
De sorte qu'on n'y trouve nulle sottise
Ni rien qui puisse déplaire.

2. La rose surpasse toute fleur,
Chacun sait bien cette vérité;
Si je vous la rappelle ici
C'est qu'ainsi Metz surpasse toute cité;
Car en elle résident prospérité,
Franchise, richesse, charité,
Courtoisie et humilité.

3. Metz est la mère des franchises;
Qui ne le croit pas, se trompe.
Elle ne doit taille, ni contribution,
Ni droit, de quelque nature qu'il soit.
Que quelqu'un vienne en réclamer,
Qu'il me montre comment on les doit!
Je le lui paierai, quel qu'il soit.

4. Ceux de Metz ont bien maintenu
En sa franchise leur cité;
Ils n'ont jamais rendu de devoir
Ni à roi, ni à duc, de toute ancienneté
Depuis le temps qu'en fut rejetée

---

poème du XIVe siècle publié par E. de Bouteiller suivi d'études critiques sur le texte par F. Bonnardot et précédé d'une préface par Léon Gautier.» Paris 1875.

2) *Das ist unrichtig. Metz war freie Reichsstadt und erkannte durchaus seine Verpflichtungen gegenüber dem Reiche an. Allerdings suchte es sich diesen Verpflichtungen möglichst zu entziehen und hatte bei seiner exponierten Lage auch wiederholt Erfolg damit.*

Une gent qui estoit mescreue,
La Wandice^a)¹) plain d'iniquite.

[5.] La grant richesse ne l'avoir
Qui est a Metz; ne les deniers
Vous n'y porries parmy^b) savoir
Ne les bleifs qui sont en greniers
Ne les vins qui sont en seliers.
Il n'ait^c) pas tant de bon avoir
Des Roncevaul^d) jusqu'a Peniers.^e) ²)

[6.] La gent de Metz est moult pitouse
Et si est moult grande ausmoniere.
Elle past^f) la gent souffraitouse
Et per devant et per dariere;
Hospitault, messe et simetiere
Lour amenistre a^g) la parclouse:
Par^h) Dieu, si est bonne maniere.

[7.] La gent de Metz est moult courtoise.
Quant estⁱ) deden Mets venus,
Ne cuidies pas que il leur poise,
Mais entre eulx est moult chier tenus.
Aucun^k) quant il y est venus,
On ne dit pas que il s'en voise.
S'il sceit riens, il est retenus.

[8.] Moult se contiennent humblement,
Ung chescun selong son afaire,
Messe oyr^l) devoltement,
Puis vat chescun a son afaire.
Foix que je doie St. Hilaire,
Je ne pourroie enthierement
De leur biens le deisime^m) retraire.

[9.] Que valroitⁿ) dire la maniere
De la cite qui tant est noble?
Coment il couble^o) double reviere

---

a) *P* Li Wandre, *D* Los Wandres.   b) So *P*, *M* Vous ne porres pour my s., *D* V. n. p. par nul s.   c) *P* Il n'y ait t., *D* Il n'a pas t.   d) *P* Ranconaulx.   e) *D* Depuis Verdun jusqu'à Angiers.
f) *P D* paist.   g) *D* que songneuse.   h) *D* Pour Dieu qui.   i) *P D* aucun est a Metz venu.
k) *P D* C'il est des grant ou des menu.   l) *P D* oient.   m) *P D* disme.   n) *P* Qui verroit, *D* Qui vouldroit.   o) *P D* cort.

¹) *Vandalen. Die Vandalen spielen in der Lothringer und Metzer Tradition eine grosse Rolle. So beginnt* Li Roman de Garin le Loherain: Vielle chanson

Une nation qui était mécréante,
Les Vandales, pleins d'iniquité.

5. La grande richesse et la fortune
Qui est à Metz, les deniers qu'elle possède,
Personne ne pourrait s'en faire une idée,
Ni des blés qui sont aux greniers,
Ni des vins qui sont aux celliers.
Il n'y a pas un tel avoir
Depuis Ranguevaux jusqu'à Pagny.

6. Les gens de Metz sont bien charitables,
Ils sont bien portés à l'aumône.
Les pauvres qui souffrent, sont soulagés
Par tous les moyens possibles.
L'hôpital, la messe et le cimetière
Leur sont fournis jusqu'à la fin :
Par Dieu! C'est la bonne manière.

7. Les gens de Metz sont bien courtois :
Quand un étranger vient à Metz,
Ne croyez pas que sa présence déplaise,
Mais il y est accueilli on ne peut mieux,
Qu'il soit un grand personnage ou homme du commun,
On ne lui dit pas de s'en aller;
S'il apporte des nouvelles, on le retient.

8. Leur genre de vie est des plus modestes,
Et conforme à la position de chacun.
Ils entendent la messe dévotement,
Puis chacun va à ses affaires.
Sur la foi que je dois à Saint Hilaire,
Je ne pourrais complétement
Dire la dixième partie de leurs mérites.

9. Qui pourrait dignement décrire
Cette cité qui est si noble ?
Dire comment y coule une double rivière,

---

voire volez oïr De grant istoire et de mervillous pris, Si com li Wandre vinrent en cest païs. *Geschichtlich ist von Beziehungen der Vandalen zu Metz nichts bekannt. Die Vandalen bedeuten schlechthin Barbaren und es ist wohl eher an Allemannen oder noch wahrscheinlicher Hunnen zu denken. S. darüber auch Settegast, Quellienstudien zur galloromanischen Epik.*

2) *Unbestimmt. — Bouteiller identifiziert den Namen mit Pagny.*

Et tout autour sont li vignoble?^a)
Il n'ait pas^b) jusques Constantinoble,
Ne per devant ne per daiere,
Cite qui ait plux riche mouble.^c)

[10.] Il^d) y ait a Metz destrier liars,^e)
Blans et noirs et d'autres coulours,
Doul^f) est et sain et boin li air,
Jai n'i averes nulles olours.^g)
Onque ne fuit pays^h) meillours.
Qui veult [bon vin, s'en prengne a Airs]ⁱ) 1)
Ou a Croune,^k)2) ja n'aille aillours.

p. 79.   *[11.]* Mets est ainsi^l) comme la fontainne
Qui donne adez auwe^m) aⁿ) foison.
Il est^o) trois jours en la sepmainne
Merchief a Metz sens ocquoison.^p)
La ne vent on nulle poison
Pour enherber, mais drapz de grenne^q)
Ou draps qui sont d'autre mayson.

[12.] On trueve bien en Vesignuef^r)3)
Poivre, seffrans et autrez espicez,
Soie, sendel, draps d'or^s) gneufz,
A Porsaillis 4) couppe^t) et calicez,
A^u) St. Martin 5) pennes et pelicez,
En Chambiere^v) les montigneus^w)6)
Et les grans lieus,^x) con^y) que nulz dice.

[13.] Et^z) cui ne plaist ceste maniere,
Si aille droit en Fourneirue;
La trouverait hauberc et^{aa}) gourgiere,
Heaumes^{bb}) plaute^{cc}) et lance ague,
Espee bonne et esmoulue,

---

a) *So P D. M* li vin noble. b) *P* Il n'y ait j. *D om.* pas. c) *P D* noble. d) *D* Il a. e) *P* Il ait a M. destriers liars. *M* destrier et aisne, *D om.* destrier et aisne. f) *P* Doulz, *D* Doulx. g) *So nach P.* *M* clours, *D* oleurs. h) *So nach P D, M* pas. i) *Lücke im M, ergänzt nach P D.* k) *P* Cronney *D* Corney. l) *D* aussy. m) *P* yawe, *D* cave. n) *So nach P D. M* et. o) *P* ait *D* a. p) *D* occhasion. q) *D* graine. r) *P* Vezenuef. s) *M* draps dou, *P* de tous gueus, *D* d'or tout neuf. t) *P* compe. u) *P D* vets. v) *So nach P D. M* Et Chambres. *Am Kammerplatz war aber, wie Str. 13 angiebt, der Fruchtmarkt.* w) *D* montigneuf. x) *P* lus, *D* lues. y) *P* quoique z) *D A* qui. aa) *P D om.* et. bb) *P* Hyalmes, *D* heaulmes. cc) *P D* places. *Bonnardot corrigiert* laces. *Ich bringe* plaute *zu* plater, fortilier = *plattierte Halme.*

1) *Ars a. d. M.* 2) *Corny a. d. Mosel oberhalb Metz.*
3) *Vicus novus, Stadtteil zwischen der alten Mauer und der Seille am Ausgang der Goldschmiedstraße, links und rechts von der Wechslerstraße.*

Et comment à l'entour sont les vignobles?
Non, il n'y a pas jusqu'à Constantinople,
Quelque part que ce soit,
Une cité plus riche et plus prospère.

10. Il y a à Metz des coursiers gris,
Blancs et noirs et d'autres couleurs;
L'air y est doux, sain et bon,
On n'y respire aucune mauvaise odeur;
Jamais il ne fut un pays meilleur.
Qui veut du bon vin le cherche à Ars
Ou à Corny, sans aller ailleurs.

11. Metz est ainsi comme la fontaine
Qui donne sans cesse eaux à foison.
Il se tient trois jours chaque semaine
Des marchés à Metz, sans mentir;
Là on ne vend nul poison
Pour faire du mal, mais draps d'écarlate
Ou draps qui sont d'autre façon.

12. On trouve bien en Vesigneuf.
Poivre, safran, et autres épices,
Soie, taffetas et drap d'or tout neuf;
A Port-Saillis, coupes et calices,
Vers Saint-Martin, draps et pelisses,
En Chambière, les montigneus
Et les grands brochets, quoi qu'on dise.

13. Ceux à qui ces objets ne plaisent pas
N'ont qu'à aller en Fournirue;
Ils y trouveront hauberts, gorgières,
Heaulmes, plates de fer et lances aiguës,
Épées bonnes et émoulues,

---

4) *Portus Saliae oder Porta Saliae. Stadtteil zwischen Goldschmiedstraße und Ludwigsplatz links und rechts von der Ziegenstraße.*

5) *In der Nähe der Martinskirche, die vor der alten Mauer lag. Zwischen Martinskirche und Ausgang der Goldschmiedstraße hatte sich vor der alten Mauer der Markt entwickelt, den Mittelpunkt desselben bildete Champ-à-Seille.*

6) *Chambière links der Mosel (heutige Friedhofstraße). Handschr. M verwechselt Chambière mit Chambre. Beides sind verschiedene Örtlichkeiten: Chambre lag unterhalb der Kathedrale. S. Str. 14.*

Escul,^a) selle, poitral, culliere,
Toute est d'airme plainne la rue.

[14.] En Chambre¹) ait^b) jardinet
Ung pou desoubz la grant esglise.
La trueve^c) on bien au matinet,
Quant il est tempz, crehelle^d) et serise,
Pomez et^e) poieres de mainte guise
Et en wayn^f) les rasinez^g):
Telz gerdins n'ait^h) jusques a Pise.

[15.] Fauconsⁱ) et esprivier
Et mains^k) oiselz qui vivent^l) de proie
Trueve on souvent^m) par Saint Levier²)
Droit auⁿ) portal la ou on proie
Celle dame qui^o) tous ravoie.³)
Ver Saint Gergone^p)⁴) ait ung vivier,
Il n'ait si bel jusqu'a Savoie.

[16.] Il n'est chose^q) tant soit salvaige
Qu'ait^r) a homme necessiteit,
Sens autre part faire voiaige,
C'on ne trouvast^s) en la citeit.
Se une chose ait auctoriteit,
Aucun dient par leur usaige:
«Cest Metz», font il en veriteit.

[17.] Qui veult avoir perdris, faisans,
Chappon, oisel qu'est de riviere,
Lievrez^t) novelz que li paisans^u)
Prennent qui sceivent la maniere,
A Porsaillis droitement quierre;
La trouverait chosez plaisans
On^v) en la place plus pleneire.^w)

[18.] Poivre, seffrant, avoir de pois,
Ou vat huchant per^x) les rues;
Aulz et oignons, feves et pois,
Persil, pourettez et laitues,

---

a) *D* estrier. b) *P* en ung j, *D* a ung j. c) *P* treuve, *D* tienne. d) *P* creelle. *D* cochelle. e) *P D* om. et. f) *D* la wayn. g) *P* resinet, *D* le roisinet. h) *D* n'y a. i) *P* Facon, oltour et esprevier. *D* faulcon, oltour, espervier. k) *P* mainte osel, *D* Et maint oysel. l) *P D* vit. m) *D* sonnet. n) *P* a. *D* an. o) *P* que tant. p) *P* Gergone en u. v., *M* Grigoire a. u. v, *D* Gergone a. u. v. q) *D* homme. r) *D* qu'est. s) *So nach P D*, *M* l'on tantost e. l. c. t) *P* Beurre. u) *P* plaisant. v) *D* om. On. w) *So nach P D*, *M* pl. plauviere. x) *P D* parmy.

Ecus selles, poitrails, croupières:
La rue est toute pleine d'armes.

14. En Chambre, est un petit jardin,
Un peu au-dessous de la Grande Église.
Là se trouvent, dès le lever du jour,
Suivant la saison, prunes et cerises,
Pommes, poires de toute espèce,
Et en automne, le raisin;
De tel jardin il n'existe pas jusqu'à Pise.

15. Faucons, autours, éperviers,
Et bien d'autres oiseaux de proie
Se trouvent souvent près de Saint-Livier,
En face du portail, là où l'on prie
La Vierge qui ramène tout à bien.
Vers Saint-Gorgon est un vivier
Tel qu'il n'y en a pas jusqu'en Savoie.

16. Il n'y a chose si rare
Qui soit nécessaire aux besoins d'un homme,
Sans faire de voyage ailleurs,
Qui ne se trouve en la cité.
Pour donner du crédit à une chose,
Chacun dit par expérience:
« C'est de Metz! » et c'est la pure vérité.

17. Qui veut avoir perdrix, faisans,
Chapons, oiseaux de rivière,
Lièvres nouveaux que les paysans
Prennent, qui en savent la manière,
Qu'il s'en aille en chercher droit à Port-Saillis.
Là il trouvera ce qui lui plaît,
Ou bien sur la place encore mieux fournie.

18. Poivre, safran, matières vendues au poids,
On s'en va criant par les rues;
Ails et oignons, fèves et pois,
Persils, poireaux et laitues,

---

1) *Heute Kammerplatz.*
2) *Die Kirche Sant Livier war in der Nähe der heutigen Medardenstraße.*
3) *S. Gorgon nicht mehr vorhandene Kirche zwischen Paradeplatz-, Goldschmied- und Kapitelstraße. In der Nähe noch heute die rue du Vivier.*

Aschaloignez a) bellez et drues;
On ne vent pas la b) chair a pois,
Mais lez grans pieces toutes crues.

[19.] S'aucun porte danree estrainge,
A Metz, on l'ait tantost c) achitee,
S'argent ne veult, on li eschainge
A draps ou a aultre danree,
A bleif, d) a vin, a chair salee;
S'il veult florins, on va au Chainge[1]
Ou gros tournoix, si e) lui aggree.

[20.] Li marchampt d'estrainge terre
A Metz ne sont point f) esmaies, g)
On ne lour fait noise ne guerre,
De leur avoir sont bien paies.
Ilz ne seront ja detries;
Leur h) paiement quant i) ilz k) vont querre,
Lour l) font boin et entier donner.

[21.] On lour doit bien,[2] maix rien ne doient
Aulz defourains, c'est leur usaigez;
Et savez vous coment ilz croient?
C'est per escrips ou sur bons gaiges
D'argent, d'or fin ou d'aritaiges. m)
Ou autrement ne presteroient; n)
Il me semble chescun est saige.

[22.] Encor ait une autre maniere
C'on preste a Mets bien de l'argent
A ung signeur qui en waigiere o)
Ait p) mis ces biens, lui et sa gent.
Et quant q) deffault de paiement,
Se l'oste vat a sa waigiere; r)
Faire le puet sens arrement.[3]

[23.] Par samblans sont trop debonnairez
Cilz qui a Metz veullent avoir

---

a) *P* Assalaignes, *D* porcelaines. b) *D* les chairs. c) *P D* tost. d) *D* bled. e) *P D* s'il. f) *D* pars. g) *P* amaiet. h) *D* de leur. i) *D* qu'ils. k) *P* le. l) *P* Lor deniers sont bon et cuers. *D* En or ou en argent bien cryez. m) *P* de heritaiges. n) *P* proteroient. o) *P* waigier, *D* gaigiere. p) *P* Ses biens, luy e. s. g., *D* En met ses. q) *D* Et en. r) *D* gaigiere.

[1] *Die Wechslerhäuser waren in der heutigen Wechslerstraße und am Ludwigsplatz.*
[2] *Über die Schulden der Fürsten und Herren an städtische Bürger vgl. Sauerland, Geschichte des Metzer Bistums im Jahrbuch VII² p. 107.*

Echalotes belles et drues.
On ne vend pas la viande au poids,
Mais les grandes pièces toutes crues.

19. Si quelqu'un apporte des denrées étrangères
A Metz, elles sont vite achetées ;
S'il ne veut pas d'argent, on les lui échange
Contre du drap ou d'autres objets,
Du blé, du vin, de la chair salée.
Qu'il aille Place au Change, s'il veut des florins,
Ou bien des gros tournois, s'ils lui plaisent mieux.

20. Les marchands des pays étrangers
A Metz ne sont pas tourmentés,
On ne leur cherche querelle ni guerre,
Ils sont bien payés de ce qui leur est dû.
Leur créance n'est jamais déniée ;
Quand ils en vont chercher le paiement,
Il leur est fait en monnaie de bon aloi.

21. On doit bien aux Messins, mais eux ne doi-
A ceux du dehors. C'est là leur usage. [vent rien
Or, savez-vous comment ils prêtent ?
C'est par des écrits en règle ou sur de bons gages
Consistant en argent, or fin ou héritages :
Autrement, ils ne prêteraient pas ;
Et il me semble qu'en cela ils sont sages.

22. Il y a encore une autre manière,
Pour les Messins, de prêter sûrement leur argent
A un seigneur : c'est qu'il donne hypothèque
Sur ses biens, lui et sa famille.
Et, à défaut du paiement,
Si le prêteur s'empare du gage,
Il peut le faire sans excéder son droit.

23. Ils se donnent l'air d'être les meilleures gens
Ceux qui veulent avoir à Metz [du monde

---

3) errements *Prozeßverfahren*. Hier wird auf den eigentlichen Grund des Krieges angespielt. Die Angreifer beschweren sich darüber, daß reiche Metzer Bürger Pfandschaften, Lehen und Afterlehen, deren Lehnsherrn die vier Fürsten sind, an sich bringen, ohne dafür die lehnsherrliche Einwilligung nachzusuchen. Sie verwandeln das ursprüngliche Lehnsgut allmählich in ein Allod. S. den ersten Klagepunkt oben p. 68.

Airgent, or fin ou pennez vairez,
Chevalx et draps ou autre avoir;
Mais quant on veult argent^a) avoir,
Adont ilz^b) sont trop deputaires;
Se^c) ne lour mant^d) pas de savoir.

[24.] Se Metz pannit^e) sur ces debtours,
On ne la doit pour^f) ce blamer,
C'elle^g) penit^h) lez malfaictours,
De ce la doit chescun amer.
On debvroit oultre la meir
Querre per boirs[1])ⁱ) et par detours
Cilz c'on^k) oyt lairons clamer.

[25.] Que vous diroie je vraiement?^l)
Tout le pays fait Metz trembler;
Nulz ne li ouse encombrement^m)
Neⁿ) mal faire ne rien ambler;
Nul^o) hom ne poroit assambler
Tant de gens^p) en son tenement
Qu'an^q) ceulx de Metz puist^r) riens sembler.

[26.] Bien ont esteis apparillier
De vangier leur griez^s) et leur honte.
Onque ne furent riens^t) travillier
De guerroier^u) duc ne conte
Et de venir a la^v) semonte.
Ceulz dez villez furent^w) moult liez,
Car les mauvais Metz^x) sourmonte.

[27.] Et s'il avient per avanture
Qu'a ceulx de Metz aucun mefface,
On lui mande^y) selong droiture
Que le meffait tantost deface.
S'il ne le fait, on le dechace,
On li fait honte et grant laidure:
Droit est mal ait^z) qui le porchace.

[28.] Cilz^{aa}) de Metz ont une maniere
Qui est moult belle et covenauble,

---

a) *P D* l'argent ravoir. b) *P D* sont ils. c) *D* Et. d) *P* mieulx, *D* ment. e) *D* pugnit. f) *P* pourteir blamer. g) *P D* S'elle. h) *P* punit ses m. i) *D* voys. k) *M add.* ont, *P* Ceulx qui oyt l. c. l) *P* briefment, *D* briesvement. m) So *nach P, M* encor briefment, *D* Mais on ne luy oze encombrement. n) *D* Aulcun faire. o) *D* Car homme. p) *P* d'argent. q) So *P, M* Qu'an, *D* Que ceulx. r) *D* sans rien sembler. s) *P* lais, *D* faict.

Argent, or fin, riches fourrures,
Chevaux, draperies ou autres biens;
Mais lorsqu'en retour on veut avoir l'argent,
C'est alors qu'on les voit faire mauvaise mine.
Ceci n'est point un mensonge, en vérité!

24. Si Metz fait des saisies sur ses débiteurs,
On ne doit pas l'en blâmer;
Si elle punit ses malfaiteurs,
Chacun doit lui en savoir gré.
On devrait par-delà les mers
Chercher à travers bois et chemins détournés
Ceux qui ont été clamés en justice comme voleurs.

25. Que vous dirai-je en un mot?
Metz fait trembler tout le pays,
Mais nul n'ose lui causer préjudice
Ni tenter de lui faire du tort;
Car aucun homme ne pourrait réunir
Assez de gens d'armes sous son commandement
Pour égaler la puissance de ceux de Metz.

26. Ils ont toujours été tout prêts
A venger les injures et les affronts.
Jamais ils n'ont été embarrassés
De faire la guerre à duc et à comte
Et de répondre à leurs provocations.
Ceux de son territoire ont toujours été joyeux,
Car Metz sait surmonter tous les méchants.

27. Et s'il arrive par aventure
Que quelqu'un fasse du tort à ceux de Metz,
On lui demande, selon le droit,
Qu'il répare sans délai le mal qu'il a fait.
S'il s'y refuse, on le pourchasse,
On lui fait honte et grand affront.
Un juste châtiment atteint qui s'y expose.

28. Ceux de Metz tiennent une conduite
Qui est très-belle et convenable;

---

t) *P D om.* riens. u) *P D* n'a duc n'a conte. v) *P D* lor. w) *P D* crrent. x) *P D add.* tous. y) *P* demande. z) *D* a qui. aa) *D om. Strophe* 28.

1) *Diese und die folgenden Strophen beziehen sich auf den zweiten Klagepunkt der Fürsten.*

Qu'ilz ne boutent feu ne fumiere
Ne en maxon ne en estauble.[1])
Certe, cilz sont cerfz[a]) au diauble
Qui airdent tout[b]) foin et litiere
Qu'ancor seroient profitauble.

[29.] Ilz abaitent bien les estaiches[c])
Des maxons et puis la murelle
A leur martiaus et a leur haichez.
Lor chiet li[d]) telt coment qu'il aille;
Ilz ne laissent riens de mainjaille,[e])
Barbix ne porcz ne bouefz ne vachez
Ne[f]) autrez chosez que denier vaille.

[30.] Sus leurs[g]) debtours quant ilz pennissent
Encor ont il un[h]) autre usaige,
Si[i]) comme leurs lettrez le devisent:
Qu'ilz ne feront nulz jours rendaige,
On lour doit rendre leur dampmaige,
Leur[k]) paiement quant n'acomplissent:
Dont ne font ilz ne point d'outraige.

[31.] Quant mener Metz doit le bancent,[l])
On fait la nuit Mute²)[m]) sonner;
Le main en vont millier et cent.
Se cil defors ne veult[n]) donner
C sols, sens riens a pardonner,
Mues li vaulroit per St. Vincent
Trestous ces biens abandonner.

[32.] Li deforains fait demourer[o])
Pour C sols Metz et son[p]) bernaige,
Qu'il[q]) ne pouroit mais[r]) restorer
Ne la perdre[s]) ne le[t]) dapmaige?
Pour droit faire met foy en gaige,
Puis ne cesse de labourer
Tant qu'ait defait tout[u]) l'outraige.

---

a) *P* sers. b) *P Q.* a. foiu et tout l. c) *D* ataiches. d) *D* le tout. e) *D* mengraille.
f) *D* N'aultre. g) *D* Sur les debtes. h) *P* une. i) *D* Si con leur treus. k) *D* Le. l) *D* le Vaulcent.
m) *P D* Meute. n) *D* veullent. o) *D* demoiner. p) *P* le. q) *D* Qui ne." r) *D* Metz. s) *P* perde,
D perte. t) *P* les. u) *P* don tout l'o, *D* du tout.

1) *Städtische Verordnung com 21. Januar 1303:* Ke se nulz keilz k'ilz soient

Ils n'allument jamais d'incendie
Ni en maisons ni en étables.
Certes, ce sont des serviteurs du diable
Ceux qui brûlent foin et litière
Qui pourraient encore être mis à profit.

29. Les Messins abattent bien les étais
Des maisons, et puis les murailles
A coups de marteaux et de haches.
Alors le toit tombe d'un côté ou de l'autre.
Ils ne laissent aucune victuaille,
Ni brebis ni porc, ni bœuf ni vache,
Ni autre chose qui vaille un denier.

30. Quand ils poursuivent leurs débiteurs,
Ils ont encore un autre usage,
Ainsi que leurs statuts le marquent:
C'est de ne jamais faire de restitution.
On leur doit un dédommagement
Pour n'avoir pas acquitté sa dette;
Ils ne commettent donc pas d'injustice.

31. Quand Metz doit mettre en branle le ban,
On fait la nuit sonner la Mutte;
Au matin viennent des centaines, des milliers d'hommes:
Si le débiteur étranger ne veut donner
Cent sols, sans en rien rabattre,
Mieux lui vaudrait, par saint Vincent!
Faire l'abandon de tous ses biens.

32. L'étranger fait mettre en mouvement,
Pour cent sols, Metz et son baronnage,
Et on ne pourrait pas lui faire payer
Ni la perte ni le dommage?
Pour faire valoir son droit, Metz engage sa foi;
Et puis elle ne cesse d'agir
Tant que le tort n'est pas entièrement réparé.

---

de nos menans de Mes ne de nos justesables, soient clers soient lais, bouttoient feu ne faixoient bouteir, tuit cil ke lou bouteroient ne ke bouteir lou feroient, pour dattes ne por waigieres. *Hist. de M. III p. 257.*

²) *Die Stadtglocke im südlichen Turme der Kathedrale. S. Kraus, Kunst und Altertum III 594 ff.*

[33.] Et s'il ne vient a Metz ou ⁾ n'envoie,
On le vat voir en telt maniere,
Que ᵇ⁾ on ne li laist geline n'oie,
Beste, ville ne grainge entiere,
S'il ait moullin sur la riviere
Ou sus ᶜ⁾ estans, on li parsoie, ᵈ⁾
Sen jamaix riens remettre arrier.

[34.] Tout le comun et li paraige ¹⁾
Sont bien tenans d'anciennetei,
Qu'ilz ne rendent point de dampmage
Quant li bancens ᵉ⁾ ist de la citei;
Dont est bien foul en veritei
Et bien lui muelt de grant outraige
Qui fait a Metz adversitei.

[35.] Et quant avient, ᶠ⁾ ung des fourains
Un de Metz prent et si l'enmainne ᵍ⁾
Dever Aussair ²⁾ ou devers Rains,
Et se ʰ⁾ lui fait ⁱ⁾ souffrir grant painne
Pour niant, c'est mis en essainne; ᵏ⁾
Qu'estre ne puet nulz de ˡ⁾ Metz ᵐ⁾ rains
D'airgent, ne or, ⁿ⁾ de vin, d'avainne. ³⁾

[36.] Se cilz de Mets certains ᵒ⁾ estoient
Que se rouber ᵖ⁾ nulle de leur villez,
Tous ces hostelz lui abaitroient
Et metteroient en teillez pilles
N'i remandroit une cheville;
Ja garantir ne l'en ᑫ⁾ pouroient
Ne parages, ne filz, ne filles.

[37.] En telt maniere et en telt guise
Ont cilz de Metz tosjours este,
C'onque oster de lour franchise
Ne pout avoir nulz poueste. ʳ⁾

p. 84.

---

a) *P* on mes n'envoie, *D* Metz, n'envoie. b) *P* C'on ne li lait g,. *D* Qu'on ne luy laisse. c) *D* ses. d) *P* pessoie, *D* peschoie. e) *P* Q. bance ist d. l. c., *D der Kopist bemerkt dass hier eine Lücke im Original ist und dass er sie nach einem Manuskript des Herrn Emmery ergänzt habe als* [Quant] vaucens [ist de la cité]. f) *P* qu'aulcuns foreins, *D add.* que. g) *P* l'amnoinue. h) *D* s'il. i) *D* fault. k) *P* assoinne. l) *D* denier. m) *D om.* Metz. n) *P* d'or. o) *So nach P D*, *M* citains. p) *D bemerkt: Lücke im Manuskript, ergänzt wohl wieder nach dem Manuskript Emmery.* *P* reuubeit, *D* rouber. *Bonnardot* reubeit. q) *D* ne luy. r) *P* poesteit, *D* poeste.

1) *Paragium, parentela Geschlechtsverband. In Metz fünf Paraigen, zu denen als sechste später Li Commun trat.*

33. Et s'il ne vient ou n'envoie messager,
On va le visiter de telle manière
Qu'on ne lui laisse poule ni oie,
Bête, ferme ni grange entière;
S'il a moulin sur la rivière
Ou sur étangs, on le lui met en pièces,
Sans jamais rien épargner.

34. Tout le Commun et les Paraiges
Sont bien d'accord, de tout temps,
Pour ne rien rendre du dommage,
Quand la Cité a fait sa sortie;
Aussi est-ce être fou, en vérité,
Et s'exposer à recevoir de grands outrages,
Que de commettre une injustice envers Metz!

35. Et quand il arrive qu'un étranger
Prend un Messin et l'emmène
Vers l'Alsace ou vers Reims,
Et qu'il lui fait souffrir grande peine,
Sans profit il s'est mis dans cette affaire;
Car nul de Metz ne peut être racheté
Ni pour argent, ni pour or, vin ou avoine.

36. Si ceux de Metz étaient informés
Que quelqu'un de leur terre fût un voleur,
Ils lui abattraient ses maisons
Et les mettraient à tel pillage
Qu'il n'y resterait une cheville;
Et nul ne pourrait l'en garantir,
Ni Paraige, ni fils, ni fille.

37. Telle est la manière et la méthode
Que ceux de Metz ont toujours suivie.
Les priver de leurs franchises jamais
Ne fut au pouvoir de personne.

---

2) *Alsace.*

3) *Vgl. zu dieser Strophe die städt. Verordnung v. 10. Aug. 1274:* Ke s'an prant nulz de noz menanz de Mes ne dessai soit se son cors, il ne se doict raembre ne rachater, il, ne autres por lui, de nulle vaillance ki soit; et s'il se raemboit, il, ne autres por lui, il seroit banis LX ans et un jor a X luwes ensus de Mes. *etc. Hist. de M. III pr. 218.*

Mains deniers ont certe preste
Que onque ny fut usure^a) prinse,^b)
Ni^c) en yver ni en este.

[38.] Mets^d) ont amei contez et rois,
Ducs et princes et autrez baironz,
C'onque ne^e) li^f) firent desrois
La montance^g) d'un esperon;
Mais desormaix vous conterons
D'une assemblee et d'un conroy
C'ont fait entre aulx quatre larons.^h)

[39.] L'an mil III^c et vingt quaitre
Puisque conceupzⁱ) fuit Jesu Cris
.A ceulx de Mets volrent^k) combatre,
Si come tesmoigne cil^l) escrips,
Quaitres seigneurs que par^m) leur cris
Maintez masons firent abaitre,
Car lour maistre fuitⁿ) Entecris.

[40.] Li^o) seigneurs sont de ceste guerre:
Trieve, Lorrainne,^p) Bair et Bahaigne.[1]
Cil qui le^q) ciel fist et la terre
De son propos chescun refraigne
Il lez faucit et leur compaigne
Per^r) aval le pays pain aller querre
Se Metz ne fut et sa compagne.^s)

[41.] Ilz ont la guerre commancie
Pour ce qu'ilz doient grant avoir[2]
Et qu'ilz^t) veullent la seigneurie
Entre eulx III de Metz avoir.
Ainsi robeir veullent l'avoir
Ou ilz n'ont part, per leur envie.
Ce ne leur meult^u) pas de savoir.

---

a) *D* d'usure. b) *D* prise. c) *P om.* Ni. d) *D* Mais ont ainsi. e) *P om.* ne. f) *D* leur. g) *D* montrance. h) *So P, M D* barons. i) *P* consuis. k) *P* vorroient, *D* voldre. l) *So P, M* ces, *D* ce m) *So P D, M* cui leur cris. n) *P* estoit. o) *D* Ses. p) *P D* Preney. q) *D* fit le ciel. r) *P* Per les paiis, *D* Par le pais. s) *P* champaigne, *D* charpaigne. *Übergeschrieben in D, wohl nach Manuskript Emmery:* Champagne. t) *D* Et qui veullent. u) *So P, M* vient, *D* meut.

[1]) *Erzbischof Balduin v. Trier, Herzog Friedrich IV. von Lothringen, Graf Eduard v. Bar und Johann, König von Böhmen und Graf von Luxemburg. In P*

Ils ont certes prêté bien de l'argent,
Mais jamais ils n'ont pratiqué l'usure,
Ni en hiver ni en été.

38. Ont aimé Metz comtes et rois,
Ducs et princes et autres barons,
Qui jamais ne lui firent de tort
Pour la valeur d'un éperon.
Mais désormais nous allons vous conter
Une assemblée et une entreprise
Qu'ont faites entre eux quatre larrons.

39. L'an mil trois cent vingt-quatre
Depuis que Jésus-Christ fut conçu,
On vit s'armer contre Metz
(Ainsi que le témoigne cet écrit),
Quatre seigneurs dont le cri de guerre
Causa la ruine de maintes maisons,
Car leur maître était l'Antechrist.

40. Les chefs de cette guerre sont
Trèves, Lorraine, Bar et Bohême.
Que celui qui fit le ciel et la terre
Réprime les mauvais desseins de chacun!
Il leur eût fallu, eux et leur compagnie,
Par le pays aller quérir leur pain,
Si Metz n'eût été là avec sa campagne.

41. Ils ont commencé la guerre
Parce qu'ils doivent de grandes sommes
Et qu'ils veulent que la seigneurie
De Metz soit partagée entre eux quatre.
Ainsi veulent-ils voler l'avoir
Auquel ils n'ont aucun droit, par envie.
Ils le savent bien, mais peu leur importe.

---

und D ist der Herzog von Lothringen mit dem Namen seines Schlosses Prény oberhalb Pagny (bei Novéant) bezeichnet.

2) Graf Eduard v. Bar hatte 1315 bei Pontia, der Witwe des Metzer Bürgers Nicolaus de la Court, 19000 gute kleine Turnosen und 112 solidi geliehen. H. d. M. II 505. Ebenso erscheint Pontia's Sohn, Jehan de la Court, als Gläubiger desselben Grafen 1320 und 1321. Lothr. Jahrb. VII² p. 155—156. Herzog Friedrich von Lothringen schuldete dem Metzer Bürger Griffonal 2700 Pfund kleine Turnosen. M. St.-Bibl. cod. 234 (Inv. des titres de Lorr. tom. X p. 129); Jahrb. VII² p. 108 n. 9.

p. 85.

[42.] Chescun estoit de ce certain
Que s'il faisoit son assamblee
Sens les autres, ja les citains
Ne greveroit[a]) une danree;
Or ont telt chose preparee[b])
C'un ost[c]) feront, dont chavetains
Serait le roy,[1]) cui[d]) guerre agree.

[43.] Qu'ilz assoiront la bonne ville,
Entre eulx III font accourdance.
Droit au[e]) sgr. de Thionville[2])
Li III[f]) ont faite une alliance,
Que se[g]) nulz d'eulx ait[h]) repentence,
Qu'il paierait livres x milles;
S'en font lettres pour remembrance.

[44.] Helais, pour quoy font aliancez
Sur ceulx de Metz? Rien ne leur doient
Et s'ont heus[i]) maintes finances
De[k]) nos citains qui leur prestoient
En tous besoings,[s]) les secouroient
De bleif, de vin, d'airgent a crance
Et de quant que mestier avoient.

[45.] D'orgueil, d'envie lez ait pris
Li Ennemis et tous loies[l]);
Chescun en doit estre repris[m])
Et en tous lieus contralies.[n])
Jhesus qui s'est[o]) humilier
Pour nous sauver, nous dont[p]) le pris
Et refraigne lez eslies.[q])

1324
August 25.

[46.] De ceste fait fut li plait tenus
Le jour devant que[r]) fut la feste
St. Burthelemus[s]) droit a Remus[t])[3])
La firent ilz chanter ung prestre,
Si[u]) comme on dit et bien pout estre,

---

a) *P* greneroit, *D* greneroient. Von Duprez de Geneste erklärt = mettroient en greniers.
b) *P D* pour parler. c) *So P*, *M* hoste, *D* oste. d) *D* qui. e) *So P D*, *M* aus. f) *So P D*, *M* Li IIII.
g) *P om.* se. h) *P D* fait. i) *D* en. k) *P* Et. l) *P* lieis, *D* lyes. m) *P bringt als Vers c:* Jhesus
etc., als d: Pour nous. e: Chescun, f: Et en. n) *D* contrahyez. o) *So P D*, *M* qui est p) *D* doit.
q) *P* aliez, *D* alyez. r) *P* qu'il. s) *P D* Berthemieu. t) *So nach P D*, *M* arrei mis. u) *D* Et puis
apres chacun s'apreste.

1) *Johann von Böhmen.*

42. Chacun était bien assuré
Que si seul il faisait son assemblée
Sans les autres, les citains
N'en seraient pas grevés de la valeur d'un denier.
Or, ils se sont concertés ensemble
Pour lever une armée dont le capitaine
Sera le roi, à qui cette guerre sourit.

43. Pour assaillir la bonne ville
Entre eux quatre ils font un accord.
Entre les mains du seigneur de Thionville,
Les quatre contractent alliance;
Si l'un d'eux en a repentance,
Il paiera dix mille livres.
Ils font un traité pour s'y engager.

44. Hélas! pourquoi font-ils alliance
Contre ceux de Metz? Ceux-ci ne leur doivent rien,
Ce sont eux qui ont reçu de grandes sommes
De nos citains, qui les leur ont prêtées,
Les secourant dans toutes leurs nécessités,
Leur fournissant le blé, le vin, l'argent à créance,
En un mot, tout ce dont ils avaient besoin.

45. Mais d'orgueil et d'envie les a tentés
Le diable et les a tous liés;
Chacun d'eux en doit être repris
Et blâmé en tout lieu.
Que Jésus-Christ, qui s'est humilié
Pour nous sauver, nous donne la victoire,
Et mette un frein aux projets des alliés!

46. L'assemblée où cela fut conclu eut lieu
Le jour avant la fête
De saint Barthélemy, à Remich.
Là ils firent chanter la messe par un prêtre,
Comme on l'a dit, et cela put bien être,

---

²) *Johann von Böhmen als Graf von Luxemburg. Vertrag vom 25. Aug. 1324.*
Gedr. Publ. de l'institut de Luxemb. 1873, p. 201.
³) *S. oben Anm. zu St. 41.*
⁴) *Remich a. d. Mosel in Luxemburg.*

Puis[a]) jurerent tuis sus Corpus
Qu'a[b]) Mets feront duel[c]) et tempeste.

[47.] De la parterent privement,[d])
Se[e]) vat chascun a son afaire.
Ung[f]) jour mettent certennement,
Qu'a[g]) ceulx de Metz volront malfaire.
Lor font per tout prevost[h]) et maire,
Cuire dou pain appartement,[i])
Qu'ilz[k]) ne l'ousent autrement faire.

[48.] A ceulx de Metz vint la nouvelle
Qu'ilz avaient mu anemis.
Sachies que onque[l]) ne leur fut belle,
Qu'ilz[m]) les tenoient pour amis.
Maintenant ont leur mes[n]) tramis
Pour enquerrir[o]) ceste novelle[p])
Et ilz[q]) se sont au chamin[r]) mis.

[49.] Tant ont alleis li messagiers
Qu'ilz ont trouver ceulx[s]) qu'ilz querroient,
Lour messaiger font sen targiers;[t])
La responce savoir volloient
Qu'ilz[u]) demandent s'a Metz vendroient;
Et ilz respondent sens dongier;
Que s'ilz y vont, bien le sairoient.

[50.] La responce fuit moult obscure,
Quant[v]) mesagiez l'ont[w]) racontee.
Loir[x]) ait chescuin mis sa cure
De repairier en sa contree.
Tel response ont rapportee
Sans escrips et par escripture
Qu'ancor ne soit[y]) Metz defiee.

[51.] Cilz de Metz tinssent[z]) vraiement
Leur parrolles a gibberie[aa])
Qu'ilz ne cuidoient nullement
C'on leur dehust faire envaiie.

---

a) *D* De jurer tous e. l. c. b) So *P D*, *M* qu'au. c) *P D* deul. d) *P* parteirent privement, *M* parterent premierement, *D* partent priveement. e) *D* s'en va. f) *D* Et promettent certainement. g) So *P D*, *M* quant. h) So *P D*, *M* comander au maire. i) So *P D*, *M* Vaille querre du p. a. k) *D* Qui ne. l) *P* c'onque, *D* qu'oncques. m) *D* Qui les. n) *D* a transmis. o) *P D* enquerre.

Puis ils jurèrent tous sur le Corps du Christ
De faire à Metz deuil et tempête.

47. De là ils partirent séparément;
Chacun s'en va se préparer,
Après avoir fixé formellement le jour
Où ils feront la guerre à ceux de Metz.
Alors leurs prévôts et maires font partout
Cuire du pain ouvertement,
Car ils n'oseraient s'y refuser.

48. A ceux de Metz vint la nouvelle
Qu'ils avaient quatre ennemis.
Sachez qu'elle ne leur fut pas agréable,
Car ils les tenaient pour amis.
Aussitôt ils ont envoyé des messagers,
Pour s'enquérir des causes de cette querelle:
Et ils se sont mis en chemin.

49. Tant sont allés les messagers
Qu'ils ont trouvé ceux qu'ils cherchaient.
Ils s'acquittent de leur message sans tarder
Et voudraient avoir une réponse positive;
Ils leur demandent s'ils viendront à Metz.
Et eux de répondre sans retard:
Que s'ils y vont, on le verra bien.

50. La réponse était bien obscure
Quant les messagers l'ont racontée,
Alors chacun s'empresse
De se retirer dans son pays.
Cette réponse est rapportée
Que ni verbalement ni par écrit
Metz n'était encore défiée.

51. Ceux de Metz tinrent vraiment
De telles paroles pour plaisanteries.
Ils ne croyaient aucunement
Qu'on dût venir les envahir;

---

p) *P D* querelle. q) *D* s'ils. r) *P* chemis. s) *So P D, M* ce. t) *P* targier. u) *P* Il demandent s'a Mets vendroient, *D om.* Qu' — vendroient. v) *P* Qu'a, *D* Qu'a. w) *P D om.* l'. x) *P D* Lors. y) *P D* n'estoit. z) *P* tinrent. *D* tindret. aa) *P* gabeire, *D* gaberie.

Mais li seigneurs plains de boidie^a)
Avoient ja couvertement
Mandee^h) leur chivallerie.

[52.] Cilz de Metz fissent^c) journier
Par III fois la^d) gent adversaire
Pour ce que^e) puissent detrier
Et qu'ilz ne seussent leur^f) afaire.

p. 87. Ilz furent pres^g) d'accort droit faire
En toutes cours sens deslaier;^h)
Maisⁱ) ce ne^k) lour pout plaire.

[53.] Le roy leur dit a^l) une journee :
« Vous aves fait ung^m) estandairt,
« Dont j'ayⁿ) ouy la renomee
« Qui ne doubte lance ne dairt.
« Je vous dis bien de moy^o) part :
« Se l'amenes a l'assamblee
« J'averais^p) des bouefz la meilleur part. »

[54]. Lor respondit ung des bourgois
Qui de rien ne fut esmaies :
« Or entendes,^q) biaul sire roy,
« Cilz de Metz ont les boeufz paies,
« Et li bouchier ont deffraies^r)
« Leur grans couteilz, si en^s) aurois,
« Bien est^t) raison, vous en aies. »

[55.] Lors repairerent^u) cilz de la ville
De Metz qui ont^v) apparceus
Per leur bairas et par leur guille^w)
Qu'estre^x) poroient decepus.^y)
De bons sergens sont^z) prouveus
Qui ne les prisent^{aa}) une estrille,
Car d'airme sont^{bb}) bien cogneus.¹)

[56.] Adont^{cc}) des terres enhapner^{dd})
Ung chescum hom forment se painne,
Et des bleifz baitre et^{ee}) vaner
Li plusieurs sont en moult grant painne.

---

a) *P* boidie, *D* baudye. b) *P* Mandes, *D* Prepares. c) *P D* firent. d) *D* les gens. e) *P* ceu ques, *D* qu'ilz. f) *D* les. g) *P D* pres (prestes) de tous drois (droitz) faire. h) *P* desflaier. i) *D* add. jamais. k) *P* M. c. n. ce l. peut p., *D* M. jamais c. n. l. p. pl. l) *P D* om. a. m) *P* une. n) *So P D*, *M* je ouy. o) *P* moie, *D* ma. p) *D* J'auray. q) *D* entendons. r) *P* assaies, *D* essayes. s) *P* om. en.

Mais les seigneurs, pleins de malice,
Avaient déjà à secrètement
Convoqué leur chevalerie.

52. Ceux de Metz firent assigner
Par trois fois leurs adversaires,
Afin de pouvoir se disculper;
D'ailleurs ils ignoraient les causes de la guerre.
Ils étaient prêts à donner juste satisfaction
Par-devant toute cour sans délai:
Mais jamais ces propositions ne furent accueillies.

53. Le roi leur dit à une journée:
« Vous avez fait faire un étendard
« Dont la renommée est venue jusqu'à moi,
« Et qui ne redoute ni lance ni dard.
« Or, je vous le dis bien, sur ma parole,
« Si vous l'amenez à la bataille,   [nent. »
« J'aurai la meilleure part des bœufs qui le traî-

54. Alors un bourgeois répondit,
Sans se laisser émouvoir en rien:
« Or, écoutez, beau sire roi;
« Ceux de Metz ont payé les bœufs,
« Et les bouchers qui les mènent ont aiguisé
« Leurs grands couteaux; vous en aurez,
« Il est bien juste que vous en goûtiez. »

55. Alors se retirent ceux de la ville
De Metz, qui se sont bien vite aperçus
A leurs paroles décevantes et railleuses,
Qu'ils pourraient bien être déçus.
Ils se pourvoient de bons hommes d'armes
Qui ne prisent l'ennemi la valeur d'une étrille;
Car ils sont bien connus pour leur vaillance.

56. Alors, pour labourer les terres,
Chacun se donne autant de mal qu'il peut,
Et pour battre et vanner les blés
Personne ne ménage ses peines:

---

t) *P* C'est bien r., *D* en.   u) *D* reparent   v) *D add.* tost.   w) *P* lor orguille.   x) *D* Qui pourroient bien estre deceus.   y) *P* deccu.   z) *D add.* bien pourveus.   aa) *P* prinsent.   bb) *D add.* ilz.   cc) *P* Adoncque.   dd) *P* enhaner, *D* ahenner.   ee) *P* et de vaner, *D* et de vennes.

1) *Über diese Verbündeten, resp. Söldner vgl. Hist. de M. IV 19 n.*

Chascuns ces biens a Metz emmoinne[a])
Qu'il[b]) ni l'ait riens qu'an puist mener
For[c]) que le foin et l'estrain d'avoinne.

[57.] Entrent[d]) leurs gens priveement
Li annemis ont assamblee,[e])
Aprez ont fait ung parlement,[f])
Coment serait Metz deffiee.
Et le roy dit sens demouree;
Je ferai mon defiement:
«[C'on me doint Mets et la contree].[g])

[58.] «De part vous soient[h]) deffies[i])
«Qu'ilz sont felons[k]) depuitaire;
«Vous estes a moy allies,[l])
«Vous ne poves[m]) sens moy paix faire,[l])
«Je leur serai tant[n]) de contraire
«[Que jamais jour ne seront lies][o])
«Ilz m'ont trouvei trop debonnaire.»

[59.] Chascun[p]) ait fait sa lettre escripre,[q])
Si mandarent leur deffiance
Per grant courous et par grant ire.
Dient: «Metz ert[r]) en grant balance.
«Car par l'escul et par la lance
«Ceulx[s]) de Metz metteront[t]) a martire;
«Plux ne leur[u]) plaist leur acointance.»

[60.] Le roy mande[v]) en la maniere
Que vous m'aves oyr conter.
De Justemon[2]) la ou il iere[w])
Fist ces lettres a Metz pourter.
Tantost ait fait lez feus bouter
Qu'ancor n'estoit ces mes arriere;
Doit on honnour tel roy pourter?

[61.] Nennil certe, il n'est pas rois,
Car il dehust[x]) XL jours

---

a) *P D* amoinne. b) *P* qu'en, *D* qu'on. c) *P D* forsque l'estrain foin et awoinne. d) *P* Entrant, *D* Tandis que. *In M* entre *mit Strich über dem* e. e) *P* ensamblee. f) *P* pareillement. g) *Ergänzt nach P. D;* Qui m. d. M. de l. c. h) *D* seront. i) deffieit. k) *P add.* et. l) *P* eslieit. m) *P* poies. n) *P* de tant contr., *D* si trescontraire. o) *Ergänzt nach P*, *D* Que j. ne s. lyes. p) *P* Ceschuin. q) *D* escript. r) *P* irent, *D* est. s) *D* Nous les m. tous a m. t) *P* mettroit a m. *D add.* tous. u) *D* nous. v) *P* mandait, *D* manda. w) *So P*, *D* yere, *M* eire. x) *P* deust, *D* deuhst bien.

Chacunn amène à Metz ses biens,
On ne laisse dehors rien de ce qui peut s'emmener,
Si ce n'est le foin et la paille d'avoine.

57. Tandis qu'isolément les hommes d'armes
Des ennemis se sont assemblés,
Les princes se réunissent pour décider
Comment Metz sera défiée,
Et le roi dit sans hésiter:
« J'exigerai dans mon défi
« Qu'on me donne Metz et son territoire.

58. « Que par vous les Messins soint défiés
« Comme parjures et rebelles:
« Vous êtes alliés avec moi,
« Vous ne pouvez sans moi faire la paix.
« Je leur serai un tel ennemi
« Que jamais plus ils n'auront de joie.
« Ils m'ont trouvé jusqu'ici trop débonnaire. »

59. Chacun d'eux a fait écrire sa lettre,
Ils formulèrent leur défi
Dans des termes pleins de courroux et de colère.
Ils disent: « Metz va être en grand péril,
« Car par l'écu et par la lance
« Nous y mettrons tout à perdition:
« Avec elle tout bon rapport est rompu. »

60. Le roi formula son défi de la manière
Que vous me l'avez entendu conter;
De Justemont, où il était,
Il envoya ses lettres à Metz,
Et aussi vite il fit allumer les incendies,
Avant même que son messager fût revenu.
Un tel roi mérite-t-il d'être honoré?

61. Non certes, ce n'est pas un roi,
Car il eût dû, pendant quarante jours,

---

[1] *So in der Bündnisurkunde vom 25. Aug. 1324. Public. de l'inst. archéol. de Luxembourg 1873 p. 201.*

[2] *Kloster bei Reichersberg, Kr. Diedenhofen.*

Estre tout quoy, et ces conrois
Deust[a]) avoir aussi sejours.
Cil qui conquerre veult honnours,
Ne doit pas faire telt desrois
Qu'il en seroit blasmes tosjours.

1324
September 16.
[62.] Le jour devant la St. Lambert,
Qu'avesque fut jadis de Liege,
Li roy qui ait[b]) vestus l'aubert[c])
Par devant Metz ait mis le ciege.
Il ne prise Dieu ne la Vierge;
Il monstre bien, coment il sert
Ceulx que perdirent leur[d]) hault siege.

p. 89.
[63.] Le quien[e]) Hanreis de Lucembourch[1])
Resemble mal qui[f]) fut ces peire;
Car ceulx de Metz et[g]) ceulx dez bourch
Amoit ainsi come fuit leur[h]) frere:
Au temps Regnault fuit sodoiere[i]).
Qu'il[k]) povoit souffrir poinne et labour
Du gaing qu'il fist fuit emperere[l]).

[64.] Li roy on lui olt Enduwart[s])
Qui enver[m]) Metz olt[n]) moult mespris:
Avoir dehust[o]) moult grant rouwart[p])
Ains c'un telt fait heust empris:[q])
Car il[r]) avoit honnour et pris
Des citains devant Dulowart[s])[3])
De ce c'est[t]) il maul garde pris.

[65.] Droit se logerent a Mancourt[4])
Quant ilz orent l'iauwe passee
La riviere pres de la court,
Qui moult leur plaist et moult[u]) agree
[Le feu boutent par la contree],[v])

---

a) *D* Deust aussy avoir en sejour.   b) *P* olt, *D* ot.   c) *D* haubert.   d) *P* le.   e) *P* cuen, *D* conte.   f) *D* que.   g) *P* c. d. bours, *D* aussy du Bourg.   h) *D* son.   i) *P* soldoiours, *D* soldeyers.   k) *P* Qn'il poit, *D* Qui pour s.   l) *P* empereres, *D* emperieres.   m) *D* emis, n) *D* a.   o) *P D* deust.
p) *D* rewart.   q) *D* entrepris.   r) *So D, P* en, *M* on.   s) *P* Dieulewart.   t) *P* De ceu s'ait.   u) *P* c. lor a., *D* et leur a.   v) *Ergänzt nach P D.*

1) *Über die freundschaftlichen Beziehungen des Grafen Heinrich von Luxemburg zu Metz s. Guerre de M. p. 279, insbesondere die Bündnisurkunde zwischen Heinrich und Walram von Luxemburg einer-, der Stadt andererseits gegen Bischof*

Se tenir tranquille, et ses troupes
Eussent dû rester en repos.
Celui qui veut conquérir de l'honneur
Ne doit pas commettre de telles félonies,
Dont il mérite d'être blâmé à jamais.

62. Le jour avant le fête de de saint Lambert,
Qui fut jadis évêque de Liége,
Le roi ayant revêtu son armure,
Devant Metz a mis le siége.
Il ne prise Dieu ni la Vierge;
Il montre bien comment il sert
Ceux qui perdirent leur place au ciel.

63. Au comte Henry de Luxembourg
Il ressemble mal, qui était son père,
Car ceux de Metz et du pays
Étaient aimés de lui comme des frères.
Au temps de Renauld, il fut à la solde de la cité;
Il ne s'épargna ni peine ni fatigue,
Et du gain qu'il fit devint empereur.

64. Le roi a avec lui Édouard,
Qui envers Metz se conduit bien mal:
Il eût dû y regarder à deux fois
Avant d'entreprendre un tel acte;
Car il avait reçu honneur et prix
Des citains devant Dieulouard:
Il en a bien mal gardé le souvenir.

65. Les princes se logèrent à Mancourt;
Quand ils eurent traversé
La rivière auprès du château,
Qui leur plaît et leur agrée beaucoup,
Ils mettent le feu dans la contrée

Reinald von Bar rom 27. Juni 1307. Hist. de M. III pr. 286, desgl. vergl. weiter oben Kap. IX Str. 1 ff.

2) *Eduard Graf von Bar 1302—1337.*

3) *Dieulouard bei Pont-à-Mousson a. d. Mosel (Frankreich). Über die Beziehungen der Metzer zu ihm vgl. Huguenin Chron. de M. p. 43. Eduard lag in Streit mit dem Bischof von Verdun und eroberte im Jahre 1318 mit Hilfe der Metzer Dieulouard.*

4) *Bei Ennery zwischen Metz und Diedenhofen a. d. Mosel.*

Qu'ilz ni laissent grainge ne court
Que en^a) feu ne soit toute ambrasee.

[66.] De Mancourt s'en vindrent avant,
Si se logent^b) a Maleroy.[1]
Et s'ilz^c) ont fait ung mal devant,
Encor^d) il firent plus grant desroy:
Per les vignes vont^e) li charroys
On^f) s'en vat bien appercepvant
Que ce firent les gens du^g) roy.

[67.] Le roy ai fait a mont venir
Une neif qu'estoit batillie;
Tant com elle pout soustenir
De rasins l'ait^h) sa gent emplie.
Lor fait le roy celle naviee
A Thionville revenir,
Ce fuit ung fait de roberie.

[68.] Hautconcourt[2]) et Arcancis[3])
Duⁱ) feu furent^k) tres mal gardeez,
Et Malleroy et Allexis[4])
De chiefs en chiefz sont embraseez.
Par le pays vont les fumees
[Roupegney Xeules et Charley[5])
Et Mons[6]) ausi en sont burlees]^l).

[69.] Depuis que Dieu nacquist de meire
Ne^m) fut nulz feus si grant vehus,
Comme il fuit la,ⁿ) c'est chose cleire.
Ilz airdent tous^o) huges et hus,
Le pays fuit mal proveus;^p)
Bien est raison cil^q) le compeire
Par cui^r) telt plait^s) est esmeus.

[70.] De boeufz, de vaiches, de chevalx
Firent ilz la grans roberies,
Par les montaignes^t) par les vaulz
[Prennent touttes les bergiries]^u).

---

a) *P D* Qu'en. b) *D* logerent. c) *P* Et s'il ont, *D* Et si on. d) *P D* Encor font ils. e) *D* va le. f) *P* Qui s'en vait b. a, *D* On est tres bien. g) *P* le. h) *D* l'ont ses gens. i) *P* Don. k) *P* fut trop m. g. l) *Ergänzt nach P D* Rompues Tieulles et Chassey Et mont de maison sont brulees. m) *D* Ne fut on ques veu si grand feu. n) *P* Plait. o) *D* dont. p) *D* porveu. q) *D* que. r) *D* qui. s) *D add.* si. t) *P D add.* et. u) *Ergänzt nach P D* Prinrent t. l b.

Et n'y laissent grange ni ferme
Qui ne soit entièrement livrée aux flammes.

66. De Mancourt ils s'avancèrent
Et se logèrent à Malroy,
Et s'ils ont fait du mal auparavant,
Ils en font encore bien davantage :
Leurs charrois passent au travers des vignes,
On s'aperçoit bien encore aujourd'hui
Quelle fut l'œuvre des gens du roi.

67. Le roi a fait remonter la rivière
A une nef qui était armée en guerre.
Autant qu'elle a pu en contenir,
Ses gens l'ont remplie de raisins;
Alors le roi commanda que ce bateau
Fût ramené à Thionville.
Ce fut un véritable exploit de pillard.

68. Hautconcourt et Argancy
Furent très-mal gardés du feu,
Et Malroy et Olgy
Furent embrasés de fond en comble;
Le pays se couvre de fumée,
Ruppigny, Chieulles et Charly
Et Montigny aussi sont brûlés.

69. Depuis que Dieu naquit de mère
On n'a jamais vu si grand feu
Ni si affreux; c'est chose sûre.
Ils brûlent tout, meubles et portes,
Le pays fut bien mal traité.
Il est bien juste qu'il paye le dommage
Celui par qui un tel fléau fut déchaîné.

70. De bœufs, de vaches, de chevaux
Ils firent là de grands pillages,
Par les montagnes, par les vallées
Ils prennent toutes les bergeries;

---
1) *Etwas weiter moselaufwärts als Mancourt.*
2) *Hauconcourt a. d. Mosel.*
3) *Argancy a. d. Mosel.*
4) *Olgy a. d. M.*
5) *Ruppigny, Chieulles, Charly; alle drei im Moseltal nahe bei Metz.*
6) *Mont abgegangener Ort bei Chieulles, Kr. Metz.*

Aussi^a) font ilz les pourcheries.
Ne pouroit rendre Cleirevaulz
Les dapmages ne lez p[anies]^b).

1324
September 18.

[71.] Saves^c) qu'avint ad ce mairdy?
Droit a l'oure c'on sonne nonne
Les boutes feu^d) comme folz hardis^e)
Leur termes passent^f) et leur bonne.
Mesire Jaique¹) esperonne
Qui les gaitoit des le meidy,^g)
V en retint, ses^h) emprisonne.

[72.] En l'ost en sont moult coureciez,
Li roy etⁱ) li cuein de l'avanture,
A ceulx de Metz ont^k) envoiez
Qu'ilz^l) venissent en^m) la pasture.
Le roy moult bienⁿ) les asseure
Qu'ilz^o) ny seront jai detries^p)
Et ilz y^q) vont grant aleure.

[73.] La vint li quien^r) de Sallebruche²)
Qui veult^s) ravoir tous les prisons.
[Cil de Metz respondent en duche
Qu'il n'est pas temps, lieu ne saison^t).
Lors dist li cuens: «Or nous taisons;
«Raler^u) me veult, car on me huche.
«Ars en seront^v) mainte maison.»

[74.] Ly cueus en l'ost est repairiez
Qui des prisons nulz ne ramainne]^w).
Le roy le vit, s'en fuit iries^x)
Et par semblant grant duel demoinne,
Il voit moult bien qu'il li^y) croist poinne
Quant de sa^z) gent est empiriez.
Mal c'est gardez de cest asoinne.

---

a) *D* Ainsi. b) *M* po *und Lücke; ergänzt nach P D* Les grands domages et pillaries. c) *P* Scaves, *D* Scavez. d) *P* Li boutefeu. e) *D* comme estourdy. f) *D* passant. g) *P* mardi. h) *D* qu'il. i) *P om. de, D* Li roy lequel de. k) *D* ot. l) *D* Qui. m) *P* a. n) *D add.* si. o) *D* Qui. p) *D* deszyez. q) *D* Et il si en. r) *P* cuens, *D* lo comte. s) *D* volt. t) *D* p. lieu temps et s. u) *D* Aller. v) *D* Arse en sont maintes maisons. w) *Ergänzt nach P D. Die Strophe* Lors—taisons *fehlt auch in D.* x) *P* ires, *D* irez. y) *P* l. v. m. qui li oit poinne, *D* qu'il y fault peine. z) *D* ses gons.

1) *Wohl Jacques Grognat, der auch Strophe 282 mit vollem Namen genannt*

Ainsi font-ils des porcheries:
Clairvaux même ne saurait indemniser
De si grands dommages et pilleries.

71. Sachez ce qu'il advint ce mardi,
Juste à l'heure où l'on sonne none:
Les boute-feu, follement hardis,
Dépassant leur limite et leur borne,
Messire Jacques joue des éperons
(Qui les guettait depuis midi),
Il en prend cinq et les mène en prison.

72. Dans l'armée sont fort courroucés
Le roi et le comte de cette aventure,
Ils envoient des messagers à ceux de Metz
Pour se rendre sur les glacis,
Le roi leur garantit fort bien
Qu'ils ne seront pas molestés,
Et ils y vont à grande allure.

73. Là vint le comte de Sarrebruck,
Qui feut ravoir tous les prisonniers;
Ceux de Metz répondent en allemand
Qu'il n'en est pas lieu, temps ni saison;
Alors dit le comte: «C'est assez, taisons-nous.
«Je veux m'en aller, car on m'appelle:
«Maintes maisons en seront brûlées.»

74. Le comte est de retour à l'armée;
Il ne ramène aucun des prisonniers;
Le roi le voit, il s'en irrite
Et en manifeste un grand chagrin;
Il voit combien ce fut un malheur pour lui,
Que ses gens tombassent en un tel péril.
Il s'est mal gardé de ce mauvais pas.

---

wird; entstammt einer vornehmen Metzer Familie aus der Paraige Porte-Moselle. Näheres über ihn s. Guerre de M. 281.

2) *Der Graf von Saarbrücken kommt offenbar im Auftrage des Königs und nicht als Verbündeter der Metzer, wie es bei Huguenin p. 43 dargestellt ist. Dann wäre wohl Graf Johann I gemeint, der enge Beziehungen zum Bischof Heinrich von Metz und zu Balduin von Trier hatte. S. Ruppersberg, Gesch. der ehemal. Grafschaft Saarbrücken I 142.*

p. 91.
1324
c. 16—19. Sept.

[75.] Les gens de Bair et de Bahaigne
Trois jours tous plains la sejournerent;
Car l'arschevesque et sa compaigne
Que^a) l'ost venoient, attenderent^b)
Quant sont venus, lor chevalcherent
Plux pres de Metz per la montagne,
Droit en Grymont¹) la ce logerent.

[76.] Lor fuit l'asaul grant a Valliere²)
Et a Vantoult³) et a Mays^c)⁴)
Ilz leur lancent^d) dairs et pierres;^e)
Pour si grant gent sont esmaiez.
Ilz leur viennent comme effraiey;^f)
Fuir les font par les cherrierez,
La en ont prins et mains^g) plaies.

[77.] La fait chescun du pis qu'il puet
L'un vat avant et l'autre arriere
Ja demander ne vous estuet^h)
S'on pays oltⁱ) point de fumiere:
Ilz n'y^k) laissent maxon entiere.
Chascun sceit bien que le roy veult
Que de mauxon face on maisiere^l).

[78.] D'ardoir le bourch^m) St. Julien⁵)
Li roy, li cuen moult se penoient;
Entr'eulx n'avoit point de moien,
A l'asaillir tuis s'acourdoient.
Mais ilz doubtent s'ilz assailloient
D'estre lies d'un mal lien
Des soldoieurs qui la estoient.

[79.] La estoit li sire de Biche⁶)
Qui moult avoit belle maisnieeⁿ).
Il jure Dieu et bien s'afiche

---

a) *P* Qu'en l'o, *D* Qui a l'ost.   b) *So P D. M* entendirent.   c) *P* Maiey.   d) *P* lancent et d. pieres, *D* lancerent et.   e) *So P D, M* quaires.   f) *D* effrayez.   g) *P* mait.   h) *So P. D* estuent, *M* convient.   i) *D* ont.   k) *D* Ils ne.   l) *P* maxier.   m) *D add.* de.   n) *P* maignie.

¹) *Oberhalb des heutigen St. Julien, dicht bei Metz.*
²) *Vor den Toren von Metz.*
³) *Vantoux dicht bei Vallières.*
⁴) *Mey an Vantoux angrenzend.*

75. Les gens de Bar et de Bohême
Trois jours plains là se sont arrêtés,
Car l'archevêque et sa compagnie,
Qui viennent à l'armée, sont attendus.
Lorsqu'ils furent arrivés ils chevauchèrent
Plus près de Metz par la montagne,
Et vinrent se loger droit à Grimont.

76. Alors l'assaut fut grand à Vallières,
Et à Vantoux et à Méy.
Ils y lancèrent dards et pierres.
De cela bien des gens s'effraient,
Ils fuient devant eux comme éperdus;
Ils les font fuir par les charrières;
Là plusieurs sont pris et plusieurs blessés.

77. Là chacun fait le plus de mal qu'il peut;
L'un va devant, l'autre derrière;
Déjà il ne faut pas demander,
Si au pays il n'y a pas d'incendies.
Ils ne laissent maison entière,
Chacun sait bien que le roi veut
Que de toute maison on fasse une masure.

78. Dé. brûler le faubourg de Saint-Julien
Le roi et le comte étaient bien en peine;
Entre eux ils n'en avaient pas le moyen;
Ils étaient bien d'accord pour l'assaillir,
Mais ils redoutaient, s'ils assaillaient,
D'être liés d'un mauvais lien
Par les soldoyeurs qui étaient là.

79. Là se trouvait le sire de Bitche,
Qui avait bien belle compagnie.
Il jure Dieu et bien proclame

---

5) *St. Julien damals noch auf dem Desiremont, dicht vor dem Barbaratore gelegen, Vorstadt von Metz.*

6) *Im städtischen Solde waren zwei Grafen von Bitsch, Eberhard und Simon. Im Jahre 1325, Juni 18, erklärt Symon zugleich im Namen seines Bruders Eberhard, daß ihm die Stadt zu 900 liv. kleiner Turnosen für seine Dienste verpflichtet ist und an demselben Tage gibt Eberhard, der sich mit 7 Rittern und 22 Knappen der Stadt verpflichtet hat, eine entsprechende Erklärung. Hist. de M. IV 19 n.*

Qu'il ny^{a)} ferait secours n'aye
Se tost^{b)} n'est la poirte^{c)} ouvrie.
Louwez^{d)} l'en ont et poure et riche
Qu'il n'ait cure de cohardie.

p. 92.

[80.] Il ait^{e)} parler a haulte chiere:
«Allei moy tost^{f)} la porte ouvrir!
«Ne vous traies humaix^{g)} ariere.
«Prenes escul pour vous couvrir.
«Quant ce venrait^{h)} aus cops ferir,ⁱ⁾
«Tenes vous tuis a^{k)} ma^{l)} baniere:
«Hui en ferons^{m)} grant part morir.»

[81.] Quant le roy sot ceste parolle,
C'onⁿ⁾ lait l'assaut s'ait fait huchier.
Il dist: «Je doute l'espingole,¹)
«Le bourch ne veult^{o)} plux aproichier^{p)}.
«Par ces vignes veulz chevalchier,
«Grape^{q)} penrait ou dure ou mole,
«Pour mon^{r)} ventre muelz alachier.»

[82.] Se poise^{s)} moy quant n'asaillirent
Qu'estez^{t)} fussent bien recuillis;^{u)}
Nos^{v)} sergens les attendirent
Tuis^{w)} de combatre apparilliez.
Certe, ilz furent trestuis^{x)} lies
Qu'auront^{y)} assaul quant entendirent,
Combien qu'ilz fuissent travilliez.

1324
September 21.

[83.] Nostrez^{z)} anemis qui se logerent
Droit en Grimont le venredy
L'assaul du tout^{aa)} ainsi laixerent,
Comme^{bb)} je vous ay conteit et dis.
Et quant ce vint le sabmedis

September 22.

Tuis^{cc)} li duchaulz la^{dd)} s'asemblerent
Devant nonne droit a meidy.

---

a) *D* ne fera. b) *D* tantost. c) *D* porte. d) *D* Loer le doibt et p. e) *D* a parlé. f) *P* tantost.
g) *In D* Lfloke, *dann* mais a. h) *D* venra. i) *P* Qu. le vanrait a col ferrir. k) *D* en. l) *P* ma.
m) *P* feront. n) *P* C. l. l'a. sa f. h., *D* Qu'on l'aist l'assaut a fait hushier. o) *D* veul. p) aprochier.
q) *P* Crap pranrai, *D* Crap prendray. r) *So P D, M* son. s) *So P D, M* suppose. t) *P* esteit. u) *P* recullez.
v) *P* Votre sergent, *D* Touttes nos gens. w) *D* Pres de. x) *D* tous. y) *D* Qu'auroient. z) Nos.
aa) *P D* ainssi (ensi) du tout. bb) *D* C. conté vous ay et dy. cc) *D* Tous ceulx du champ.
dd) *P* les a.

Qu'il ne donnera secours ni aide
Si la porte n'est pas vite ouverte.
Tous l'ont loué, pauvres et riches,
De n'avoir souci de couardise.

 80. Il a parlé, le visage haut et fier:
« Allez bien vite m'ouvrir la porte;
« Ne vous tenez pas en arrière,
« Prenez écus pour vous couvrir,
« Quand le moment viendra de férir un coup,
« Tenez-vous tous près de ma bannière.
« Nous en ferons mourir bon nombre. »

 81. Quand le roi sut cette parole,
Il a fait crier l'ordre de cesser l'assaut,
Et dit : « Je redoute l'espingole,
« Je ne veux plus approcher du faubourg,
« Je veux chevaucher par ces vignes,
« J'y prendrai des grappes, dures ou molles,
« Pour mieux rafraîchir mes entrailles. »

 82. Je suis fâché qu'ils n'aient pas assailli;
Ils auraient été bien reçus;
Tous nos gens les attendaient
Bien préparés à combattre;
Certes ils étaient tous réjouis
En apprenant qu'ils auraient un assaut,
Quoiqu'ils fussent déjà bien fatigués.

 83. Nos ennemis qui se logèrent
Droit à Grimont le vendredi,
Laissèrent ainsi complétement l'assaut,
Ainsi que je vous l'ai dit et conté,
Et lorsque vint le samedi,
Tous les gens du duc les rejoignirent
Avant none, juste à midi.

---

 1) *Die Chron. de M. ed. Huguenin sprechen von* « serpentins et canons »
« et tirent plusieurs coptz d'artillerie et en tuont beaucoup ». *Espingole brauchte
an sich kein Feuergeschütz zu sein. Entscheidend für die Frage, ob solche schon
in Metz in Gebrauch waren, ist die Untersuchung über die Priorität der beiden
Quellen. Darüber s. Einleitung. Vgl. auch Str. 114, 116, 118.*

[84.] Le duc vint la a grant [bobance]ᵃ)
Tout aussiment ᵇ) come il ᶜ) fut roy;
Chescun avoit escul et lance
Et bons destriers, fortz et norroys: ᵈ)
X banierez ᵉ) olt ᶠ) li conrois
Qui ait conduite la pitance
Et la vitaille ᵍ) des charois.

[85.] Ilz ʰ) avoient les feus bouttez
Par les villez a leur venir
Par le Sannoy ⁱ) ¹) furent doubtez,
Ilz n'y laissent ᵏ) bestes a pennir.
[Plussieurs en vis lance tenir] ˡ)
A ᵐ) l'escul joint prez du coustez; ⁿ)
De cui ᵒ) me doit bien souvenir.

[86.] Bair et li cuien de Lucembourch
Et cil qu'estoit paistre de Trieve
Du ᵖ) duc veoir sont en labour.
En son estant ᑫ) chescun se lieve
De greif ʳ) le font, riens ne leur grieve; ˢ)
Grant noise font, cor ᵗ) et tabour,
C'est merveille qu'aucun n'y crieve. ᵘ)

[87.] De leur destriers la descendirent;
Si s'en ᵛ) lougierent maintenant,
Leur pauwillons, leur trais tendirent
Qui ʷ) moult sont belz et advenans.
Ilz ne vont pas loing plais tenans,
Apres maingier se despertirent
Jusques au diemenche venant.

1324
September 23.

[88.] Le diemenge se rassemblerent
Pour accourder qu' ˣ) ilz ʸ) la feront;
A leur conseil ilz demanderent, ᶻ)
Se plux enqui ᵃᵃ) la ᵇᵇ) sejourneront,
Que ᶜᶜ) le matin s'empertiront.

---

a) *So P D, in M* voullenteit. b) *D* ainsi. c) *D* s'il. d) *So D, P* norrieis, *M* norris. e) *D* baniers. f) *P* ont. g) *So P D. M* bataille. h) *P* ll avoit. i) *P* Salnois, *D* Saulnoy. k) *D* laisserent beste a tenir. l) *Erg. nach P D.* m) *P D* Et. n) *D* costez. o) *P* ceu. *D* ce. p) *P* don. q) *D* estat. r) *P* grey, *D* gré. s) *P* ne lo grieve. t) *D* corne. u) *So P, M* grieve, *D* criefve. v) *P D* se. w) Qui estoient moult bel e. x) *D* comme ils porront. y) *P* quel la. z) *So D, P* demandirent, *M* manderent. aa) *D* illec s. bb) *P om.* la. cc) *D* Et que le m. partiront.

84. Le duc vint en grande pompe,
Tout aussi bien que s'il fût roi.
Chacun avait écu et lance
Et bon destrier fort et vigoureux:
Dix bannières accompagnent le convoi,
Qui a amené les provisions
Et les victuailles de l'armée.

85. Ils avaient mis le feu
Aux villages sur leur chemin;
Dans le Saulnois ils se firent redouter,
Ils n'y laissèrent pas une bête à saisir;
J'en vis plusieurs la lance au poing,
Et l'écu serré sur le côté.
De cela me doit-il bien souvenir!

86. Les comtes de Bar et de Luxembourg
Et celui qui était pasteur de Trèves
Sont en peine de voir le duc;
Sur ses pieds chacun se dresse;
Ils le font de bon gré et de grand cœur.
Cors et tambours mènent grand fracas;
C'est merveille qu'aucun n'en crève.

87. De leurs destriers là ils descendirent
Et prirent aussitôt leurs quartiers;
Ils dressèrent leurs tentes et leurs pavillons,
Qui étaient beaux et magnifiques.
Ils ne tinrent pas une longue assemblée;
Après dîner ils se séparèrent
Jusqu'au dimanche suivant.

88. Ce dimanche ils se rassemblèrent
Pour se mettre d'accord sur leurs projets.
Dans le conseil ils se demandèrent
S'ils séjourneraient là plus longtemps,
Ou si dès le matin ils repartiraient.

---

1) *Saulnois einer von den vier Bezirken, in welchen Pays messin eingeteilt war, das Stück zwischen Seille und Nied.*

A ceste accord tuis s'accourderent[a])
Et a Florey[1]) droit en yront.

[89.] Les fais qu'ilz font et qu'il avint
Ne sa[b]) pour quoy plux vous cellasce.
A Muzelle[c])[2]) li roy[d]) s'en vint[e])
Cui[f]) qu'il fuit bel ne qu'il[g]) desplaise.
Cilz d'Avoncourt[h])[3]) qui mal porchasce
Arier en l'ost puis[i]) ne revint,
Car il fut pris a une chasce.

[90.] La[k]) fut ocis Miles[l]) d'Assey
Et Hanrey pris[m]) de Seriere.[n])
S'ilz[o]) ne furent onque lassey
De mal faire en mainte maniere
Ou per devant ou per dariere,
Certe mains jours sont ja passez,
Qu'estre[p]) dehussent en π bierez.

[91.] De navres, de mors et de pris
D'autres y ot a grant foison;
Li Rougrave[q])[4]) en olt le pris

p. 94. Qu'il fist[r]) cest fait sens trayson.
En l'ost en sont en grant frisson,[s])
Enduwart ait grant duel empris,
Moult plaint Gillet[5]) qu'est en prison.

1324   *[92.]* Le matin se sont deslogiez
September 24. Plux en Grimont n'ont demeureis
[Il chevalchent trestuit rangiet[t])]
Le[u]) droit chamin vont a Florey.
Jamaix ne seront honnoreis,
Se leur semble, s'auront vangiez
Ceulx qui sont mors et demorey[v]).

---

a) *P reimt auf irent durch die ganze Strophe.* b) *D* scay p. qui ce vous c. c) *D* Mezelle. d) *P* rien. e) *D* seurvint. f) *D* Qui que marche ne qui desplasse. g) *P* ne cui d. h) *So D, P* d'Anoncourt. *In M* de Noncourt *und (wohl von späterer Hand) übergeschrieben* Le, *also* Lenoncourt. i) *P D* plus. k) *D* Bar. l) *D* proche d'Acez. m) *So P D, M* pres. n) *P* Ceriere. o) *P* Cil, *D* Cilz. p) *D* Que ja deussent etre en II bierc. q) *D* La rougeaue. r) *D* fut. s) *D* façon. t) *Erg. nach P D.* u) *P* Lou ch. v. a F. v) *So P, D* deroiez. *In M* denoiez *oder* devorez.

1) *Fleury südl. von Metz an der Straße nach Verny.*

2) *Muzelle oder Mezelle, wie D schreibt, kann heißen «nach dem Stadtteil Mazelle», der an S. Julien und Grimont angrenzt oder «an die Mosel», die unterhalb der feindlichen Stellung fließt. Für «die Mosel» spricht der Bericht in der Prosaschilderung (Huguenin p. 44) wo es heißt:* Le roy de Boheme ... se tira vers Muzelle ..., plusieurs Lorains et Barisiens, allant au long de la rivière etc.

A cet avis tous s'accordèrent,
De se diriger droit sur Fleury.

89. Ce qu'ils y firent, ce qui arriva,
Je ne sais pourquoi je vous le cacherais;
Le roi s'en vint près de Mazelle:
Mais que cela vous plaise ou déplaise,
Le seigneur d'Avocourt, qui cherche le mal,
Ne revint plus à l'armée,
Car il fut pris dans une escarmouche.

90. Là fut occis Milon d'Acey
Et pris Henry de Serières.
Ils ne furent jamais lassés
De mal faire, de toutes manières
Et par tous les moyens possibles.
Certes bien des jours sont déjà passés
Qu'ils auraient dû être chacun en sa bière.

91. De blessés, de morts et de pris,
Il y en eut une foule d'autres;
Le Raugraf en eut le prix,
Car il s'est conduit avec loyauté.
En l'armée ils sont dans l'épouvante;
Édouard, saisi d'une grande tristesse,
Plaint beaucoup Gilles d'Avocourt qui est en prison.

92. Le lendemain ils ont délogé,
Ils ne sont plus demeurés à Grimont.
Ils chevauchent tous en bon ordre
Et marchent droit vers Fleury.
Jamais plus ils n'auront d'honneur,
Leur semble-t-il, tant qu'ils n'auront vengé
Ceux qui sont morts ou prisonniers.

---

3) *Für die Freilassung des Gillet d'Avoncourt (Avocourt) verwendet sich 1325 (Oktober 25) Papst Johann. Vgl. Quellen zur lothr. Gesch., Band I, Vatikanische Urk. und Reg. nr. 469, 471, 472. S. d. Antwortschreiben der Stadt an den Papst. Hist. de M. IV 17 und bei Huguenin p. 53.*

4) *Conrad V, Raugraf hatte sich dem städtischen Dienste verpflichtet am 15. Sept. 1324 mit 24 Rittern und 34 Knappen gegen eine Zahlung von 1170 liv. und 50 liv. für ein Pferd. Hist. de M. IV 19.*

5) *Gillet d'Avoncourt s. Str. 89. (Avocourt, dép. de Meuse ca. Varennes.)*

[93.] Tant ont^a) allei sens point dessendre
Qu'a Florey sont venus sus Saille;
Leur pawillons la ont fait tendre,
Tant en y ot, ce fuit mervelle.
Et chascun queus^b) moult se travelle
Des^c) mes haster qu'il n'ait qu'attendre,
Lui^d) tient cuillier, l'autre craoille.^e)

[94.] Le feu fut^f) grant par les cusines,^g)
L'un ait souffles, l'autre vantey;
Haiste de poirc et de gelines
I veisies^h) et grant plantey;
Ilzⁱ) ont chair a leur^k) voullentey
Si en ont fait grant disciplinez:
Dieu leur envoise^l) malle santey.

[95.] Le feu si grant fuit^m) a Maigney¹)
Que toutⁿ) en fuit li airs^o) obscure.
On pays n'ont riens espargniez,
Ilz font cheoir grainges et meurs:
La ne fuit nulz de Metz seurs.
Ilz^p) y heust petit gaingniez
S'il^q) echapast, ce^r) fuist eurs.

[96.] Le roy mandait apres maingier
A ung consceil tous les barons,
Et^s) ilz y vinrent sens^t) dongier.
Lors dist li roy: «Queil la ferons?
«Dites coment nous passerons
«La riviere²) sens point plongiere,^u)
«Quant nous de cy deslogerons.»

[97.] Ilz s'acordent entierement
Que ilz feront ung boin^v) pont faire
Par ou pouront delivreement^w)
L'iawe passer nostre adversaire;
Faire le font prevost et maire
[Et il fut fait apertemant].^x)
La passerent sens nulz contraire.

---

a) *D* sont. b) *So P. D* queux, *M* quien. c) *D* De. d) *P* L'ung, *D* L'un. e) *P* croaille. *D* craille. f) *So P D, M* La font gr. g) *So P, D* cuisiniers, *M* cuisenies. h) *P* Y v. a. g., *D* Y eussiez veu a g. i) *P* Il lon ch.. *D* Et avoient. k) *D om.* leur. l) *P* anvoie, *D* envoit. m) *P om.* fuit.

93. Ils ont tant marché sans s'arrêter
Qu'ils sont venus à Fleury sur la Seille;
Là, ils ont fait tendre leurs pavillons;
Il y en avait tant que c'était merveille.
Chaque cuisinier s'occupe activement
A préparer les mets qu'il n'a qu'à leur passer,
Car l'un tient la cuiller et l'autre la fourchette.

94. Le feu fut grand par les cuisines;
L'un souffle, l'autre ventile;
Rôtis de porcs et de volailles
Vous auriez vu en grande abondance;
Ils avaient viande à volonté
Et ils en ont fait un grand abatis.
Que Dieu leur envoie mauvaise santé!

95. Le feu fut si grand à Magny
Que l'air fut tout obscurci par la fumée.
Dans le pays, ils n'ont rien épargné,
Ils font tomber granges et murs;
Pour nul sujet de Metz il n'y a de sûreté;
S'il y eut la moindre petite masure
Qui échappât, ce fut grande chance.

96. Le roi manda, après dîner,
A un conseil tous ses barons,
Et ils y vinrent sans tarder.
Lors dit le roi: «Qu'allons-nous faire?
«Dites comment nous passerons
«La rivière, sans y faire un plongeon,
«Quand nous délogerons d'ici?»

97. Ils s'accordèrent parfaitement
A faire construire un bon pont,
Par où pourront en toute sûreté
Passer l'eau nos ennemis.
Prévôts et maires le font exécuter,
Et il fut fait ouvertement;
Ils y passèrent sans aucun obstacle.

---

n) *D* tant. o) *D* l'air si o. p) *D* ll. q) *P* Q'il, *D* Q'ille. r) *D* s'il fust en heur. s) *D* Et y v.
t) *D* s. nul d. u) *P D* plongier. v) *P D* bon. w) *D* asseurement. x) *Ergänzt nach P D*.

1) *Magny bei Metz*.
2) *Die Seille*.

[98.] Entrant^a) ont fait les bourch waudier^b)
De St. Arnoult et^c) de St. Clement¹)
Cilz de Metz qui^d) per leur cuidier
Pencent avoir l'assault briefment.
La olt grant ensoniement;
L'un n'ot cure de l'autre aidier,
La courrent cheir^e) espessement.^f)

[99.] Devant la porte Serpennoise^g)²)
Font abaitre murs et masons
Qu'ilz pensoient avoir^h) noise,
Mais n'estoit pas encor saisons.
Ung petit fait, seⁱ) nous taisons,
Je me doubte qu'il ne vous poise,
Se^k) vous dirais qu'il est raisons.

[100.] Ci nous raconte nostre livre
Qui est escript per double^l) rangez
Qu'adont gaignait LX livrez
Jehan c'on dit de Wormerangez.^m)³)
[Il olt le prou et les lowanges],ⁿ)
Sen copt^o) ferir en fuit delivrez,
La ville^p) paiet toutez ces coustangez.⁴)

1324
c. 24.—27. Sept.

[101.] Et quant trois jours ont^q) sejourneis,
Nos^r) anemis pour le passaige
De leur airmes sont atournes;
Si se sont mis en leur voiaige,
Par le pont passent le rivaige,
Droit ver Moullin⁵) se sont tournes
La firent ilz moult grant dampnaige.

c. 28. Sept.

[102.] Quant sont venus devant Moullin,
Si se logent^s) tout de nouvel.
Je croy^t) leur Dieu est^u) Apolin
Qui^v) les conduit a telt ruel.^w)

---

a) *D* Tandis on. b) *P* veudier, *D* wider. c) *D om.* et. d) *P* que. e) *P* cheu, *D* chars.
f) *P* apessement. *D* esperstement. g) *D* Champenoise. h) *D* aultre bien grant noise. i) *P* si.
k) *P* Sel. l) *D* a simple range. m) *P* Wernerange. n) *Ergänzt nach P, D* Il ot le bruyt et la
louange. o) *P* Sans colz. p) *P* L'abbes paiet tous c. c., *D* L'abbe paya. q) *P* olt. r) *P* Nostre
emmin. s) *D* logerent. t) *D* c. que l. u) *D om.* est. v) *D* Si. w) *P D* revel.

1) Um die Klöster St. Arnulf und St. Clemens, die auf dem heutigen Banne
von Montigny-Sablon lagen, hatten sich ganze Ortschaften gebildet: villa ad basilicas.

98. Cependant on fait vider les bourgs
De Saint-Arnould et de Saint-Clément;
Car ceux de Metz, dans leur croyance,
S'attendent à un assaut immédiat.
Mais il s'y rencontre de grands embarras;
L'un ne se soucie pas d'aider l'autre;
On voit courir les chars en grand nombre.

99. Devant la porte Serpenoise
Ils font abattre murs et maisons
Qu'ils pensaient devoir leur être nuisibles;
Mais ce n'était pas encore la saison.
Ici je passe quelques petits faits,
Je crains que cela vous fatigue,
Je vous dirai seulement ce qu'il faut.

100. Ici nous raconte notre livre,
Qui est écrit sur deux colonnes,
Qu'alors gagna soixante livres
Jehan qu'on appelle de Volmerange.
Il eut le profit et la louange,
Sans coup férir il fut délivré;
L'abbé paya toute sa rançon.

101. Et quand trois jours ont séjourné.
Nos ennemis, pour le passage
De leurs gens, ils ont donné leurs ordres,
Et se sont mis en chemin;
Ils traversent la Moselle par le pont
Et se dirigent droit sur Moulins.
Là ils firent bien grand dommage.

102. Quand ils furent venus devant Moulins,
Ils établirent de nouveaux quartiers.
Je crois qu'Apollin est leur dieu,
Pour leur inspirer de telles violences!

---

²) *Das Südtor der Stadt, später Römer-, dann Friedrich Karltor genannt.*
³) *Wollmeringen Kr. Diedenhofen oder Volmeringen Kr. Bolchen.*
⁴) *Huguenin, Chron. de M. nennt die Summe von 60 lir. als Lösegeld.*
⁵) *Die Moselbrücke bei Moulins ist sehr alt und wird schon Anfang des 13. Jahrhunderts erwähnt. Seit dem Jahre 1614 hat die Mosel ihren Lauf geändert und die Brücke liegt heute trocken.*

Ilz ni laissent vaiches ne vel
Robes, toilles, chainve^a) ne lins
Ne cheval blan, noir ne fauvel.

[103.] Cilz dou Vaul[1]) son moult entrepris
Qu'ilz pensoient leur biens rescoure.^b)
Per desa^c) sont de l'ost soupris^d)
Et des contaulz sont per desoure.^e)
Il est bien fol qui la^f) demeure:
Qu'il ert^g) navrez ou mort ou pris
Desconfis ert^h) en petis d'eure.

[104.] Cilz de l'ost ont tant enchaciezⁱ)
Que cilz du^k) Vault ont maintes plaies.
Fuiant s'en vont tuis couroucies,
Les^l) mors laissent seloing^m) les haies.
Voulles oyrⁿ) raisons^o) vraies?
Cilz que^p) viennent sont deschauciez.
Ilz n'ont maisque chemisez et^q) braiez.

[105.] Des que l'ost vint pres de Chairley,[2])
Fist ades bruit et^r) maint et nuit.
De ce^s) n'avoie encor^t) parley
Se je l'a dit, ne vous ennuit.
Et saves vous qui l'ost^u) conduit?
Ce fait Jehan qu'est de Mairley;[3])
Qu'en faire^v) malz, moult se desduit.

[106.] Cil Jehan fist moult de meschief,
Si comme on dit parmey le Vaul,
Le feu boute de chief en chief
Il vat courrant tout contreval.
Il chevalchoit ung telt cheval
Qui blan avoit et dors^w) et chief,
Moult poit souffrir poinne et traval.

[107.] Moult se painne, des villez airdre^x)
D'ambedeux pars^y) la riviere.

---

a) *D* chanvre. b) *D* rescoeure. c) *P D* dessoubz. d) *D* souspris. e) *D* desure. f) *D* tant
g) *P* Qu'il y ert, *D* est. h) *P* y ert, *D* est. i) *D* chassiez. k) *P* don. l) *P D* Des. m) *D* le
n) *D* scavoir. o) *D add.* bien. p) *P D* qu'en. q) *P D* ou. r) *P* et main e. n., *D* et maint ennuye.
s) *P* De sou n'a., *D* De son fait n'a. t) *D om.* encor. u) *P* q. les c. v) *P* Qu'en mal f. m s. d., *D* ces
malfaire se d. w) *P* doz. x) *P* arde. y) *P* pars d. l. r., *D* par de la r.

Ils ne laissent vache ni veau,
Robes, toiles, chanvre ni lin,
Ni cheval blanc, noir ou bai.

103. Ceux du Val sont bien entrepris,
Eux qui pensaient sauver leur bien :
Ils sont en aval surpris par l'armée
Et par les gens du comté en amont;
Est bien fou qui là demeure :
Il sera blessé ou tué ou pris,
Il sera déconfit en peu d'heures.

104. Ceux de l'armée les ont tant poursuivis
Que les gens du Val ont maintes plaies :
Ils s'enfuient, s'en vont tous éperdus,
Laissant des morts le long des haies.
Voulez-vous savoir les détails bien vrais ?
Ceux qui en échappent sont déchaussés,
Ils n'ont plus que leur chemise ou leurs braies.

105. Dès que l'armée vint près de Charly,
Elle y fit grand fracas jour et nuit ;
De cela je n'avais encore parlé,
Ou si je l'ai fait, que cela ne vous ennuie pas.
Et savez-vous qui conduit l'armée ?
C'est Jehan, qui est de Marly :
Il n'a de joie qu'à faire le mal.

106. Ce Jehan fit bien des maux.
Dit-on, à travers le Val :
Il y porte le feu d'un bout à l'autre ;
Il va courant de toutes parts.
Il était monté sur un cheval
Qui avait le dos et la tête blancs.
Il sait supporter fatigue et grand travail.

107. Il se peine fort pour brûler les villages
Sur les deux rives de la Moselle :

---

1) *Val de Metz*, einer der vier alten Verwaltungsbezirke des *Pays Messin*, das Land links der Mosel.

2) Rechts der Mosel im Bezirk „*Haut Chemin*". Hiernach mußte die Armee die Mosel wieder überschritten haben, wenn nicht, wie Zeile 3 andeutet, die Erzählung eines früheren Ereignisses nachgeholt werden soll.

3) An der Seille, oberhalb Metz.

Des Airey[1]) en[a]) jusques St. Laidre[2])
Ne veissies[b]) for que fumiere.
Cilz de l'ost ont une maniere:
Quant ilz truevent hapnas[c]) de maidre,
Ilz n'ont cure dez[d]) mettre arriere.

[108.] Le landemain ont chevalchief
Ver le gibet en Genestroy:[3])
Les xiii ont en hault huchief
Plux d'une foix, de ii, de trois.
De ceulx de Metz font leur gabois,[e])
Le gibet ont jus trabuchief;[f])
Li lairons geixent par l'arbois.

[109.] Dieu leur envoise male estrainne!
Ja nous tesmoigne l'escripture
Qu'en[g]) chascun jour de la sepmainne
Puet on et doit on[h]) lairons destrure.
Abatu l'ont pour la ferrure,
Ilz ni laissent[i]) crochet ne chainne;
Certe ce fuit tres[k]) grant laidure.

[110.] Messire Hanrey de Fenestranges
Fuit adont prins et retenus,
Mais ne fist pas tres[l]) grans coustangez
A la cite quant fut venus[m])
Quar en telt point c'est maintenus
Par perrolles et par lousanges
C'onque en fer ne fuit tenus.

[111.] Ratagies[n]) fuit de x[m] livres
Jusques[o]) ung jour et[p]) sus sa crance,[q])
Et il ne fuit ne folz ne yvre
De[r]) pourchassier sa delivrance:
Aus soldoiours fist demonstrance,
Coment poroit estre delivre,
S'entr'eulx[s]) faisoient aliance.

---

a) *P* om. en, *D* jusqu'a St. b) *D* N'eussiez la veu f. c) *P* hanep, *D* hanap. d) *P* don. *D* de. e) *D* gatoix. f) *D* tresbuchie. g) *P* C'uin chescuin, *D* Qu'un. h) *D* om. on. i) *D* laisserent. k) *P D* trop. l) *P D* trop. m) *So P D*, *M* A l. c. a point c'est maintenus. n) *P* Rotigiez, *D* Hottigies. o) *D* Jusqu'a. p) *D* om. et. q) *D* creance. r) *D* Pour, *P stellt Str. d und e um.* s) *D* S'e. c. luy faisoist a.

Depuis Arry jusqu'à Saint-Ladre,
Vous n'auriez rien vu que fumées.
Ceux de l'armée ont une habitude :
Quand ils trouvent un hanap de madre,
Ils ont soin de ne pas le laisser.

108. Le lendemain, ils ont chevauché
Vers le gibet en Genestroit :
Ils ont à haut cri appelé les Treize,
Par plus d'une, deux et trois fois.
De ceux de Metz ils font des moqueries,
Ils ont jeté le gibet par terre ;
Les corps des larrons gisent sur l'herbe.

109. Dieu leur envoie male étrenne !
L'Écriture ne nous témoigne-t-elle pas
Que chaque jour de la semaine
L'on peut et doit détruire les larrons ?
Ils ont abattu le gibet pour en prendre la ferrure,
Ils n'y laissent crochet ni chaîne ;
Certes, ce fut une trop grande indignité !

110. Messire Henry de Fenestrange
Fut alors pris et retenu ;
Mais il ne lui en coûta pas trop
D'être amené dans la cité,
Car il obtint de tels avantages,
Grâce à ses paroles et à ses intrigues,
Qu'il ne fut jamais tenu dans les fers.

111. Il fut rançonné à dix mille livres
Jusqu'à un jour donné et sur sa parole ;
Et il ne fut ni fou ni ivre,
Pour recouvrer sa liberté :
Il démontra aux soldoyeurs
Comment il pourrait être délivré
Si avec lui ils formaient une entente.

---

1) *Arry gegenüber von Novéant.*
2) *S. Ladre auf dem Banne des heutigen Montigny.*
3) *Platz, wo der Galgen lag, in der Gemarkung Montigny-Sablon.*

[112.] Ly soldoieurs firent partie[1])
Pour monsigneur[a]) Hanrey a Metz.
Entr'eulx ont faite une ahaitie
Que s'il n'estoit quittes clames
Plux ne seroit[h]) nulz d'eulx armes.
Il fuit quitte par[c]) telt maistrie,
La vit on[d]) qui fuit ames.

[113.] Ains qu'il pertist, per foy jureit
Et par les Sains de Sainte Esglise
Que jamaix[e]) Metz ne nuireit[f])

p. 98.   Pour la raison[g]) de celle prise.
Ainsi[h]) fut de lui la foid prinse
Son sairement[i]) petit dureit;
Apres ores en queille guise.

[114.] Laissier vous veulz cestez[k]) perrollez;
Dire[l]) vous veulz des neis baitilliez,
Ilz ont estes a bonnez escollez
Cilz qui lez ont apparilliez.
De saiettes[m]) lez ont garniez,
D'aubolestres et[n]) d'espingollez[s])
D'esculs, d'espees bien forbies.

[115.] Quant lez neis sont bien atournees
Si y entrent[o]) gens de bernaige.
Tout droit ver l'ost les ont menees
Cilz qui bien sceuvent[p]) le rivaige[q]).
La feront ilz moult grant dampmaige,
Quant prez de l'ost seront encreies:[r])
N'apargneront seigneurs ne paigez.

[116.] L'un prent ferrei et[s]) l'autre trait
Au reins pour tost a mont naigier.
Les neis ne vont mie[t]) a trait.
Prez de l'ost vont sens atairgier
Pour ceulx de l'ost adampmaigier.
Nostre espingolle ait fait ung trait,
Si les ait fait tost deslogier.

a) P messire, D mons. b) P seroient, D soit. c) D pour. d) P D on bien qu'il. e) P D add. jour. f) So P, M aureit, D nuira. g) D l'occhaison. h) P D Tant ait (a) pues (puis) fait que poc le prise. i) P Ses s. p. d., D Son s. bien p. k) P celle. l) P Dirai vous des neiz batillies, D Diray je des nefs b. m) P sageittez. n) P D a., d'une c. o) P Si entrent ens. p) P D scevent. q) So P D. M l'arrivage. r) D ancrees, M entrees. s) P om. et. t) D v. par trop atrait.

112. Les soldoyeurs se mirent du parti
De messire Henry à Metz:
Entre eux ils firent un engagement
Portant que, s'il n'était proclamé libre,
Aucun d'eux ne prendrait plus les armes.
Il fut quitte, grâce à cette industrie.
Là vit-on bien qu'il avait des amis.

113. Avant de partir, il jura sur sa foi
Et sur les saints de la sainte Église
Que jamais il ne nuirait à la cité
A l'occasion de cette prise.
Il a tant fait depuis qu'il mérite peu d'estime;
Son serment dura bien peu.
Bientôt vous entendrez de quelle manière.

114. Je veux vous faire quitter ce sujet;
Je vous parlerai des nefs armées en guerre.
Ils ont été à bonne école
Ceux qui les ont appareillées:
De flèches ils les ont garnies,
D'arbalètes, d'une espingole,
D'écus, d'épées bien fourbies.

115. Quand les nefs sont bien équipées,
Alors y entrent les gens de vaillance;
Tout droit vers l'armée les ont menées
Ceux qui connaissent bien le rivage.
Là elles feront de bien grands dommages,
Quand en face de l'armée elles seront ancrées.
Elles n'épargneront ni seigneur ni page.

116. L'un prend un ferret, et l'autre tire
Sur les rames pour vite remonter le courant;
Les nefs ne sont pas tirées par des cordes.
Près de l'armée elles vont sans arrêter
Pour faire du dommage aux ennemis.
Notre espingole a tiré un coup
Qui les a fait bien vite déloger.

---

1) *Unter den Metzer Söldnerführern waren seine Nachbarn v. Saarwerden, v. Bitsch, Geroldseck, Château-Voué, vor allem aber zahlreiche Elsässer. S. deren Namen Hist. de M. IV 43.*
2) *S. Str. 81.*

[117.] Trestout li^a) ost moult se deslowe
Des neifz qui sont sur le gravier.
Chascun les fuit si come l'alowe
Fuit le faulcon ou l'esprivier.
Foid que je doie St. Livier,¹)
[Les neis gardeirent Waidrinoue],^b)²)
Avoir^c) ni doient reprouvier.

[118.] Pour l'espignole et l'abelestre
Que cilz des neis faisoient traire,
Pres de l'iawe n'osoient estre
Nostre^d) anemis, nos^e) adversaire.
On ne puet^f) riens aus neis meffaire
Qu'il n'i avoit nulle fenestre.
Benoit soit cil^g) qui la^h) fist faire.

[119.] Ce fistⁱ) Willame de Verey,^k)³)
Cui^l) Dieu perdoinst^m) ces meffais.
De sa mort sont plusieurs ireis,
Qu'esteit avoit a mains bonsⁿ) fais,
En^o) la conte de Bair fuit trais.
A Hamecourt^p)⁴) devant^q) Briey:
Cel^r) esperit^s) soit^t) on ciel trait.

[120.] Il n'est huralz^u) ne menestres
Qui bien seust conter et dire,
Ne lais ne clerc tant soit lettrez
Qui racontast le grant martire
Que cil de l'ost par le Vaul firent.
[Les neis gaignont II de lor treis]^v)
Quant de Moulin se despartirent.

[121.] Li ost ne fist plux de sejour;
VIII^w) jours c'estoit on Vaul tenus.
Droit le diemange au point du jour
Devant Les Pons⁵) s'en^x) est venus
Tout rangies c'est la maintenus.
N'ot tant^y) en Ynde la maiour,
De jouvenceaulx ne de chennus.

---
a) *D* leur. b) *Erg. nach P D.* c) *D* Car il n'eussent sceu obvier. d) *P* Vostre, *D* nos.
e) *P* vostre, *D* notre. f) *D* povoit aus n. m. g) *P* il. h) *P D* les. i) *P D* fut. k) *P* Wirey, *D* Wiry.
l) *D* Que. m) *P* perdoingne, *D* perdonne. n) *D* beaulx. o) *D* On contey de B. p) So *P D*,
M Hainecourt. q) *P* dever, *D* devers. r) *P* Ces, *D* Ses. s) *P* esperil, *D* esprits. t) *P D* sont.
u) *D* herault. v) *Erg. nach P D.* w) *P D* Trois. x) *P* si est v. y) *P* Et olt t, *D* Tant n'ot.

117. Chacun dans l'armée se plaint
De ces nefs qui sont sur la grève.
Chacun les fuit, ainsi que l'alouette
Fuit le faucon ou l'épervier.
Sur la foi que je dois à saint Livier!
Les nefs gardèrent Wadrineau;
On n'a rien à leur reprocher.

118. A cause de l'espingole et de l'arbalète,
Que ceux des nefs faisaient tirer,
Près de l'eau n'osaient se tenir
Nos ennemis et adversaires:
Ils ne pouvaient rien contre les nefs;
Car elles n'avaient nulle ouverture.
Béni soit celui qui les fit faire!

119. Ce fut Guillaume de Vry:
Que Dieu lui pardonne ses péchés!
De sa mort plusieurs sont peinés.
Après avoir pris part à maints beaux faits d'armes,
Dans le comté de Bar, il fut percé d'un trait,
A Homécourt, près de Briey:
Son âme est montée au ciel.

120. Il n'y a héraut ni ménestrel
Qui saurait bien conter et dire,
Ni lai ni clerc, tant lettré soit-il,
Qui racontât le grand martyre
Que ceux de l'armée causèrent dans le Val;
Nos gens des nefs prirent deux de leurs tentes
Quand ils partirent de Moulins.

121. L'armée ne prolongea pas son séjour;
Trois jours elle s'était tenue au Val.
Le dimanche, dès le point du jour,
Elle est venue devant les Ponts;
Toute rangée en bataille, elle s'est là tenue;
Jamais il n'y eut dans Inde la Grande
Tant d'hommes, jouvenceaux ou chenus.

---
1) *Dem heil. Livarius, St. Livier, war eine Kirche in Metz geweiht.*
2) *Wadrineauwehr unterhalb des S. Quentin.*
3) *Vry, Ort im Pays Messin, Kant. Vigy.*
4) *Homécourt ca. Briey (Frankreich).*
5) *Dicht unterhalb Metz.*

[122.] Le^a) roy, li ducz et li barons
Des chivaliers la adouberent;^b)
Quant chaucies sont li^c) esperons,
Les^d) espees apres cinderent,
Les^e) couleez apres donnerent.
Puis chevalcherent^f) tout environ,
Maix pou d'onnour y conquesterent.

[123.] Entrent^g) ont fait nos^h) citains
Par eulz armer Meuteⁱ) sonner;ⁱ)
Puis demandent au chavetain,
Coment se^k) pouront demenner.
Cil qui^l) debvoit^m) tout ordonner
Leur respondit:ⁿ) «Soies certains,
Jai pietaille n'i^o) quier mener.

[124.] «Je me doubte de la pietaille,
«Que Metz ne mette en grant balance.
«Elle ne sceit rien de bataille
«Ne de poirter escul ne lance.
«Or en dites vostre semblance;
«Soies certains, coment qu'il aille,
«Je veulz tenir vostre accordance».

[125.] Au consceil vont et^p) l'un et l'autre,
L'un dit avant et^q) l'autre arrier.
Par la foid que doie^r) St. Aultre²)
Ilz s'acorderent en telt maniere
Que des portes n'istrait^s) baniere
Ne nulz qui ait lance sur fautre,
Qu'avoir pensoient mainte biere.

[126.] Cui qui^t) fut bel ne cui fuit lait
De la ville point n'isteront.^u)
On tempz aprez, se Dieu leur^v) lait,
Des anemis se vengeront,
Et^w) cilz qui ont airs, ilz arderont
Et s'ilz ont fait ne^x) honte ne lait,
D'autretel jeu^y) leur jeueront.

---

x) *D* Les roys les ducs et les b. b) *D* abouderent. c) *D* leurs. d) *D* Leurs. e) *D* Et les c.
f) *P* chevalchent, *D* chevaulchent. g) *D* Tandis. h) *P* nostre, *D* les bons. i) *So P D. M* maintez soldoiers. k) *D* C. pourront se. l) *P* ques. m) *P* doit, *D* devoient. n) *D* respondirent. o) *D* ne quieres. p) *P* et ung et aultre, *D* a l'ung a l'a. q) *P om.* et. r) *D* d. a. S. s) *P* n'ytrait b.. *D* n'istrase bagniere, t) *P* Qu'il, *D* Qui que. u) *P D* n'isseront. v) *D* les. w) *P* Et s'il ars ont il a. *D* Et s'ilz ont arts ils a. x) *P D om.* ne. y) *D add.* ilz.

122. Le roi, le duc et les barons
Adoubèrent là des chevaliers.
Quand ils eurent chaussé leurs éperons,
Ils leur ceignirent ensuite l'épée,
Et leur donnèrent l'accolade.
Puis ils chevauchèrent dans tous les environs,
Mais ils y conquirent peu d'honneur.

123. Cependant nos citains ont fait,
Pour prendre les armes, sonner la Mutte;
Puis ils demandent aux capitaines
Comment ils comptent s'en tirer.
Celui qui doit les mettre en bataille
Leur répond: « Soyez-en certains,
« Je me soucie peu de faire sortir les gens de pied.

124. « Je me défie des gens de pied:
« Je crains qu'ils ne mettent Metz en péril:
« Ils ne savent rien de la guerre,
« Ni même porter écu ni lance:
« Or, dites-moi ce qui vous en semble;
« Soyez assurés qu'en toute circonstance
« Je veux marcher d'accord avec vous. »

125. Ils vont au conseil, les uns et les autres;
L'un parle d'une façon; et l'autre d'une autre.
Par la foi que je dois à saint Auteur!
Ils se mettent d'accord de telle façon
Que des portes ne sortira bannière,
Ni nul qui ait lance à la selle,
Car ils craignent de subir de grandes pertes.

126. A qui cela plaise ou non,
De la ville on ne sortira point.
Plus tard, si Dieu le permet,
On se vengera des ennemis,
Et s'ils ont brûlé on brûlera chez eux;
S'ils ont fait actes honteux et félons,
On leur jouera chez eux le même jeu.

---

1) *S. Str.* 31.

2) *Sanctus Auctor, erwähnt in Gesta epp. Met. zum Jahre 451 bei der Belagerung von Metz durch die Hunnen. Ihm war eine Kapelle geweiht, in deren Krypta eine heilkräftige Quelle entsprang. Sie lag am heutigen Neumarkt (Schulhaus) und wurde Anfang der 90er Jahre für kurze Zeit wieder freigelegt.*

[127.] Nos[a]) anemis l'iauwe passerent
Tout endroit la porte Patart.[b]) [1])
Droit au Moullin le[c]) duc[2]) allerent
Du feu bouter leur estoit tart.[d])
Le feus bouttent[e]) et li tis art[f])
Ilz entrent[g]) ens, si en gitterent
Barbix et porcz pour Endowart.

[128.] Per les baizes endemantier[h])
Furent[i]) passes[k]) bien x[l]) ribaulz
Avec eulx fuit ung du mestier
Le[m]) corvisier qui ont le cuer baul.
Les anemis forment assault,
Ilz leur navreit[n]) main grant destrier
Et ilz sont mors, se Dieu me sault.[o])

[129.] [Les ennemis s'en sont fuis
Pour les quarreaulx et espingoles
Dont on fereit par grant aïr
Ung grant signour parmy la goule;
Plux ne dirait vainne parole.
Quant il fut mort, l'amme s'enfuit
D'enfer tout droit en la jaolle.][p])

[130] Devant les Pons or ont esteis
Li[q]) duc, li[r]) conte et li[s]) roy;
Ce qu'ilz ont prins[t]) et conquesteis
Aves ouys et les desrois[u]).
Lor enmenerent leur charois
Vers Sainte Croix,[3]) la sont resteis,
Puis[v]) s'est logie chescun conrois.

[131.] Cilz de l'ost sont moult[w]) tost logiez,
Car bien s'en sceivent entremettre.
Quant logiez sont, n'ont point targiez,
L'ome[x]) trait font en terre[y]) mettre.
A Sainte Croix sens rien promettre[z])

---

a) *P* Nostre. b) *P* Patart, *D* Patartt, *M* Patrat. c) *D* les ducs. d) So *P D*, *M* trait. e) *P* bouteirent. f) So *P*, *D* le toict art, *D* li tel airt. g) *P* entront, *D* entrerent. h) *P* endemestier, *D* endementier. i) *D* Firent passer. k) *P* asses. l) *D* XI. m) *P* Les c. qu'ont, *D* Les courvissiers qu'ont les cueurs baulx. n) *D* vanrent. o) *P* om. Zeile *f, g*; *D* saulx. p) *Fehlt in M und D, der Raum dafür ist in beiden freigelassen (in M eine ganze Seite), ergänzt nach P. Im Vers c hat P* Dont on en f. q) *D* les. r) *D* les. s) *D* les. t) *P D* pris. u) *P om. Zeile d.* v) *P* Lour se logeit ch. c., *D* Pour y logier. w) *D om.* moult. x) *D* comme. y) *D* notre. z) So *P*, *D M* parmettre.

127. Nos ennemis traversèrent l'eau
Tout en face de la porte Patard;
Ils allèrent droit au Moulin-le-Duc.
Il leur tardait de mettre le feu;
Ils allumèrent l'incendie, le toit brûle:
Ils y entrèrent et en firent sortir
Brebis et porcs pour Édouard.

128. Par les barres, pendant ce temps-là,
Allèrent bien passer dix ribauds;
Avec eux en était un du métier
Des cordonniers, au brave cœur.
Il assaille hardiment les ennemis;
Il leur blesse maints grands destriers,
Dont ils périrent; vrai comme Dieu me sauve!

129. Les ennemis s'en sont enfuis
Par crainte des carreaux et espingoles,
Dont fut frappé avec violence
Un grand seigneur en plein visage.
Il ne dira plus de vaines paroles;
Quand il fut mort, son âme s'enfuit
Tout droit en la geôle d'enfer.

130. Devant les Ponts s'en sont allés
Les gens du duc, du comte et du roi.
Ce qu'ils ont pris et conquis,
Vous l'avez entendu et le mal qu'ils ont fait;
Alors ils emmenèrent leur convoi
A Sainte-Croix: ils s'y sont arrêtés,
Là s'est logée chaque compagnie.

131. Ceux de l'armée sont bientôt logés,
Car ils savent bien s'y prendre.
Quand ils sont logés, ils n'ont point tardé
A faire mettre en terre l'homme percé d'un trait.
A Sainte-Croix sans formalité,

---

1) *Die Lage dieses Tores ist nicht sicher; jedenfalls in der Nähe der großen Moselbrücke. S. d. Urk. v. 1320, wo alle Tore aufgezählt sind. Hist. de M. III 335.*

2) *Die Lage von Mollin-le-Duc ist nicht bekannt.*

3) *Prämonstratenserabtei, auch S. Eloy genannt a. d. Mosel nicht weit von der Stadt.*

La ᵃ) biere prinrent sens congiez
Pour ung autre seigneur ans mettre.

[132.] De l'aubelestre a tour fuit trais
Cil sire droit a Longevile.¹)
Li quairiaul ᵇ)²) fuit de son corps trais
Qu'estoit plux long d'une cheville
Dollans en sont plux de ᴍ millez
Car de grans gens estoit estrais,ᶜ)
Mort l'enmenront ᵈ) jusques sa ville.

[133.] Cilz de l'ost n'ont plux arrestez,
Sainte Croix ont toute robee,
Devestus ont li moinnez estez,
Et li convent sens demouree;
De feur ᵉ) ni ont laissies danree.
Mais li moinnes ont tant conquestez
Que leur maxon ne fuit brulee.

[134.] Tout leur porpris de feu garderent
Par les armes as ᴍᴍ ᶠ) chiefz.
Vollantier li ᵍ) trois leur donnerent,
Mais trop envis l'arscheveschiez.
Ad ʰ) ce jour y firent grans meschiez,
Sans feu ⁱ) bouter riens ny laisserent,
Ce fuit dapmage et pechies.

[135.] Adonc ardait forment Wapey ³)
Et lez menoirs ᵏ) Jehan Ancel.
p. 103. Bien ont vehus les grans despeis,
Anffens, viellart et jouvencel
Que li roy fist au lioncel. ⁴)
La n'estoit pris d'ardoir respeis, ˡ)
S'on n'y veoit son panoncel.

[136.] J'ai oy dire sens mantir
Qu'il avoient une maniere
Que l'un sens l'autre garantir
Ne pooit ᵐ) maxon, ne grainge entiere.

---

a) *D* Leur. b) *D* Le carreau. c) *D* attraict. d) *D* le meneront jusqu'à. e) *P* feu. *M* feir, *D* fouyr. f) *In P Lücke zwischen* armes *und* chieffz, *D* d'aulcuns des ch. g) *P* l'otroi. *D* les roys. h) *P D* assez y firent. i) *So P D*, *M* S'en fus. k) *D add.* de. l) *P* repris. m) *D* pouvoit.

¹) *Longeville zwischen Metz und Moulins; das Geschoß war also wohl vom Schiff aus geschleudert worden.*

Ils prirent une bière sans permission
Pour lui donner un autre maître.

132. De l'arbalète à tour fut frappé
Ce seigneur près de Longeville;
Le carreau fut tiré de son corps:
Il était plus long qu'une cheville.
En furent chagrins plus de deux mille,
Car il était extrait de grande parenté.
Ils emmèneront son corps à sa seigneurie.

133. Ceux de l'armée ne se sont plus arrêtés,
Ils ont pillé Sainte-Croix de fond en comble,
Les moines ont été dépouillés
Et aussi le couvent, sans retard.
Ils n'y laissèrent nulle chose de valeur;
Mais les moines ont pourtant obtenu
Que leur maison ne fût pas brûlée.

134. Ils gardèrent leur enceinte du feu,
Grâce aux armes des quatre chefs;
Volontiers trois d'entre eux accordèrent cette grâce,
Mais l'archevêque le fit bien malgré lui.
Ils y causèrent d'assez grands désastres,
Sans mettre le feu, ils n'y laissèrent rien.
Ce fut bien dommage et péché.

135. Alors Woippy fut fortement brûlé,
Ainsi que le manoir de Jean Ancel.
Tous ont bien vu les grands méfaits,
Enfants, vieillards et jeunes gens,
Que commit le roi au Lionceau;
Il n'y avait nulle part de répit à l'incendie,
Si l'on n'y voyait son panonceau.

136. J'ai entendu dire sans mentir
Qu'ils avaient fait un accord,
Que l'un sans l'autre ne pût préserver
Du feu ni maison ni grange aucune.

---

2) *S. Str. 129.*
3) *Woippy bei Metz.*
4) *Johann führte sowohl als König v. Böhmen wie als Graf v. Luxemburg den Löwen im Wappen.*

Se chescun n'y met sa baniere;
Et se ᵃ) ad ce ne se ᵇ) veult consantir,
On y voit tost feu et fumiere.

[137.] Or vous ay je ᶜ) compteit et dit
Pourquoy ont fait l'assemblee, ᵈ)
Et coment ont sen contredit
Metz et les bourchs environnee.
De repairier en leur contree
October 1. S'acorderent tuis au lundi
Qu'ilz n'avoient plux de livree.

[138.] Quant ᵉ) vint li houre de complie
Tuis se prinrent ᶠ) au deslogier
Chers, ᵍ) charois [ont emplies
De lour harnois] ʰ) sens atargier.
N'i laissent riens c'on puist chargier,
Vont s'ens ⁱ) li cheir ver leur partie ᵏ)
Qu'en ˡ) l'ost n'avoient que maingier.

[139.] Adonc n'y olt nulz chevalier,
Prince ᵐ) ne duc, conte ne roys,
Que la nuit osaist somillier,
Puis que partis sont li cherroys.
Le ⁿ) main s'en vont tuis leur conrois
De leur airmes ᵒ) apparillier
Que ᵖ) ne leur face Mets desroi.

[140.] Rangies ce sont les la riviere,
Quant des armes sont atournes.
Chascun se tient a sa baniere
Mains cors y ont ᑫ) le jour courneis.
Droit vers tierce s'en ʳ) sont tournes,
Le quien devant, li roy darier;
p. 104. Devant Mets n'ont plux sejournei.

October 1. *[141.]* Le jour de feste St. Remy
Qui est tout droit on chief d'octembre
Se ˢ) partirent nostre anemis
De devant Metz, bien m'en ᵗ) remembre.

a) *D om. se.* b) *P Et s'a ceu ne v. c., D om. se.* c) *P om. je.* d) *P l'ensemblee.* e) *D Et q. v.*
l'eure. f) *P prenerent a. d., D prennent a. d.* g) *P D Chars et charettes.* h) *Erg. nach P D.*
i) *D sans.* k) *D patrie.* l) *D Que l'ost.* m) *P Conte ne duc, prince n. r., D Comte n. d. ne prince*

Si chacun n'y a mis sa bannière,
Et ne veut consentir à faire grâce,
On voit bientôt feu et fumée.

137. Or je vous ai dit et conté
Pourquoi ils ont fait l'assemblée,
Et comment, après avoir sans obstacle
Environné Metz et ses faubourgs,
De retourner en leur pays
Ils s'accordèrent tous pour le lundi,
Car ils n'espéraient plus que la ville se rendit.

138. Et quand vint l'heure de complies
Tous se prennent à déloger.
Ils ont rempli chars et charretes
De leurs bagages sans tarder,
Ne laissant rien de ce qui se pouvait charger
Les chars s'en vont chacun de son côté;
L'armée ne garde que ses vivres.

139. Alors il n'y eut nul chevalier,
Comte, duc, prince, ni roi,
Qui la nuit osât sommeiller,
Depuis que le convoi des chars est parti.
Le matin toute la troupe s'en va
Se mettre en appareil de guerre
De crainte que Metz ne la mette en désarroi.

140. Ils se sont rangés vers la rivière:
Quand ils ont fini de s'armer,
Chacun se tient à sa bannière;
Tout le jour ils font sonner leurs cors.
Puis à l'heure de tierce ils sont partis,
Le comte devant, le roi derrière;
Devant Metz ils n'ont plus séjourné.

141. Le jour de la fête de saint Remy,
Qui est juste en tête d'octobre,
Ainsi partirent nos ennemis
De devant Metz, bien m'en souvient:

---

ou r. n) *P* Lou main s'en vont tuit lor conroy. *M* Le m. semont t. l. convois, *D* Le matin s'en va tout le convoy. o) *D* harnoix. p) *D* Qu'on ne les metto en desarroy. q) *D* font. r) So *P*, *M* s'en soit t., *D* se sont t. s) *D* Si se partit. t) *D* me r

Venus furent^a) enmy septembre.
Ainsois^b) qu'il ait an et demy,
De leur terre perderont main membre.

[142.] Des anemis aves ouy
Qui nous ont fais mains^c) dompmagez;
De leur propos ont mal jouy,
Combien qu'ilz heussent grant bernaige.
Metz cuidoient mettre en grant^d) servaige,
S'en faire assault s'en sont fouyz,
Mal ont monstrei leur vaucelaige.^e)

[143.] Pour nulle^f) riens qu'ilz^g) aient fais
Ilz ne doient honour avoir;
Le pays ont par leur meffais
Airt et bruys et pris l'avoir.
Par leur terre^h) puis font savoir
Que cilz seront reinsⁱ) ou deffait
Qu'a Metz rendront bestes n'avoir.^k)

[144.] Huchier ont fait appertement;
Que se nulz doit argent a Metz,
Qu'aus seigneurs face paiement,
Bien en serait^l) quitte clames.
Mais queil^m) croiret, je vous prometz,
Combien quiⁿ) tairt, entierement^o)
Qu'ancor paier les ferait Metz.

[145.] Entr'eulx^p) ont fait ung tel atour
Dont je n'ay pas^q) la lettre escripte
Que moiterier et li debtour
De leur terre seront tuis quite.
Par celui Dieu c'on^r) ciel·habite
Ainsois^s) feroient le retour
Qu'a Metz paiaissent une mitte.

[146.] Se quittes sont en telt maniere
Ilz averont bien esploitie.
Se leur terre demeurent^t) entiere
On leur ferait grant amistie.

---

a) *D* etoit. b) *D* Avant que soit. c) *P D* moult grant d. d) *P D* om. grant. e) *D* vasselage.
f) *D* mille. g) *P* qui aient f. h) *D* terres, *dann am Rande erklärt:* lettres. i) *P* reint, *D* destruicts

Ils étaient venus à la mi-septembre.
Avant qu'il soit un an et demi,
Ils perdront plus d'un membre de leur seigneurie.

 142. Vous avez entendu le fait des ennemis
Qui nous ont causé de bien grands dommages:
Ils ont mal exécuté leurs projets,
Quoi qu'ils eussent un grand baronnage!
Ils croyaient mettre Metz en servage:
Sans donner l'assaut ils s'en sont enfuis.
Ils ont mal montré leur vaillance.

 143. Pour aucun de leurs actes
Ils ne méritent d'honneur;
Le pays a été, par leurs méfaits,
Brûlé et mis en cendres, et dépouillé
Puis, par leur terre ils font savoir
Que ceux-là seront rançonnés ou maltraités
Qui rendront à Metz bête ou quoi que ce soit.

 144. Ils ont fait proclamer publiquement
Que si quelqu'un doit de l'argent à Metz,
Il en fasse le paiement aux princes alliés,
Et qu'il en sera déclaré quitte;
Mais qu'il s'avise d'y croire, et je vous promets,
Que, lors même qu'il y aurait un long retard,
Metz finira encore par le faire payer.

 145. Alors ils ont publié une autre ordonnance
Dont je n'ai pas le texte écrit,
Portant que les fermiers et débiteurs
Des terres de Metz étaient tous quittes.
Par le Dieu qui habite le ciel,
C'est à eux qu'auront affaire
Ceux qui paieront à Metz ne fût-ce qu'un denier.

 146. S'ils s'acquittent d'une telle manière,
Ils auront bien réussi;
Si leur terre demeure entière,
C'est que Metz aura trop de bonté:

---

de fait. k) *P* ne avoir. l) *P* seront, *D* serez. m) *P* quelz croient, *D* tel croira. n) *P* qu'il. o) *D* longuement. p) *P* Entrant, *D* Tandis. q) *So P D*, *M* n'a pais. r) *P* Dieu o n c. h. s) *D* Ancors. t) *P* demoure.

Mais cilz qui ont trop convoitie[a])
Ilz aivient bien au perdarier[b])
Qu'ilz perdent tout ou la moitie.

[147.] Laissier[c]) vous veulz des anemis,
Bien vous aix dit tout leur afairez.
Comter vous veulz de mes[d]) amis
Que j'aimme muelz par St. Hilairez.[1])
Ilz ont[e]) estez trop debonnairez
A ceulx qu'en[f]) guerre lez ont mis,
Rendus leur ont mal pour bien faire.

[148.] Se cilz de Metz ont laischement
Des anemis prinse vengence
Puis qu'ilz firent despartement,
Ne[g]) leur tenes point a vitence.
Je vous dis bien selon ma crance :
Ains que la guerre ait finement
Leur ferai Metz duel et pesance.

[149.] De feu[h]) bouter cure n'avoient
Pour la raison de leur wagierez
Et pour les biens qu'ilz avoient
Par[i]) leur terrez en maintez manierez ;
Au dairien ny vallent prierez,
Accordez sont qu'ilz arderoient,
Et tout premier dever Vandierez.[1])

[150.] Li waudisours[k]) encomencerent
Que tuis estoient[l]) d'un couraige ;
Li ungz a pries a mont allerent
Et li autrez par le rivaige
Vers Preney[m])[2]) firent grant dampmaige,
Mairiens de[n]) moulins en[o]) amenerent
Et autrez biens de grant provaige.[p])

[151.] Puis montait messire Jehan,
Ung chevalier c'on dit de Metz,
Moult poit souffrir poinne et enhan,[q])
Legierement estoit airmes.

---
a) *P om. Str.* e. b) *P* parderriere. c) *In D Str. 147 am Rande nachgetragen.* d) *So M D, P* Mets. e) *P* Qui ont e. f) *P* qu'a g. g) *P* Ne les t., *D* Ils ont fait assez grant vaillance. h) *P* Le feu. i) *D* En terres et autres m. k) *P* waudexour. l) *D add.* tout. m) *D* Perny. n) *P D om.* de. o) *D om.* en. p) *D* priage. q) *P* anhans, *D* mehans.

Mais à ceux qui ont trop de convoitise,
Il pourra bien arriver à la fin
De perdre le tout ou la moitié.

147. Je veux vous faire laisser les ennemis,
Je vous ai bien dit toute leur affaire.
Je veux vous parler des amis de Metz,
Que j'aime mieux, par saint Hilaire!
Ils ont été trop débonnaires
A ceux qui les ont mis en guerre,
Leur rendant le mal pour le bien.

148. Si ceux de Metz, faiblement
Des ennemis ont tiré vengeance,
Depuis qu'ils sont entrés en campagne,
Ne les tenez pas pour cela en mépris:
Je vous dis bien, selon ma croyance,
Avant que la guerre ait pris fin,
Metz leur causera deuil et dommage.

149. Ils ne se souciaient pas de mettre le feu,
Pour la raison de leurs engagères
Et à cause des biens qu'ils avaient,
Dans leurs terres, en diverses natures;
A la fin, les prières ne sont plus écoutées,
Ils ont arrêté qu'ils incendieraient,
Et tout d'abord ce sera à Vandières.

150. Les éclaireurs commencèrent;
Tous étaient animés d'un même courage.
Les uns franchirent à pied les côtes,
Les autres suivirent le rivage.
Près de Prény ils firent maint dommage,
Ils abattirent charpentes et moulins
Et autres biens de grand prix.

151. Puis monta messire Jehan,
Un chevalier qu'on sur nomme de Metz,
Capable de supporter peines et fatigues;
Il était armé légèrement.

---

[1] *Dem heil. Hilarius waren in Metz zwei Kirchen geweiht, die eine in der Nähe des heutigen Justizpalastes, die andere beim Pont Remont (Barbarator).*
[2] *Vandières a. d. M. bei Pagny zum Herzogtum Lothringen.*
[3] *Prény bei Pagny a. d. M. oberhalb Metz.*

A Preney vint ª) entremes
De feu ardent, quant ᵇ) il fuit ans;
Pour ceu ᶜ) devant trestous le ᵈ) mes.

[152.] Apres furent a grans banieres, ᵉ)
Li chevalcheurs devers ᶠ) Preney
La firent il feu et fumierez,
Ains ᵍ) c'on heust a Metz diney.
On pays ont ʰ) riens apairgney, ⁱ)
Bien le sceivent ceulx de Vandierez
De ᵏ) Noweroy ¹) et de Pairgney. ²)

[153.] Voules ˡ) ouyr la verite?
D'ambedeux pars ᵐ) de la riviere
Entre le Pont ⁿ) ³) et la cite
Ni est remeise ville entiere,
Ou il n'eust feu ou fumiere.
S'ilz ont rasei sus nostre cite, ᵒ)
Achecque ᵖ) l'averont au par dariere.

[154.] Cilz que seigneurs sont des Messains
Droit vers Vigey ⁴) s'en ᑫ) allerent
1324 Le diemenche devant Tous Saint.
October 28. Les anemis la encontrerent,
Par le pays tant les chascerent
Cils qu ʳ)'avoient les corps tous sains;
XX boins ˢ) prisons en ramenerent. ᵗ)

[155.] Des mors ᵘ) y ot et des plaies,
Soies certain a celle chace.
Le plus herdis fuit esmaies.
Chascuns de nous l'escul embrace,
Veudier ᵛ) leur font tost ʷ) la place,
En l'estant en olt ˣ) des noies.
Ne cuidies pas qu'il ʸ) me desplase.

[156.] Li Rougraive ᶻ) de la journee
Par raison doit avoir le pris,

---

a) *P D* fit ung. b) *D* q. fut dedans. c) *So P, M* sen. d) *So P D, M* les. e) *So P D, M* Apres f. devant Preney li ch. a grant b. f) *M D* devant. g) *D* Ains qu'il fut ja apres disney. h) *P D* n'ont. i) *P* esparguey. k) *D* Et de N. l) *P* Vous oir. m) *D* pres. n) *So P D, M* les pons. o) *P* nous getter, *D* gette. p) *So P, D* Eschec, *M* Achater. q) *P D* apres a. r) *D* qui a. s) *D om.* boins. t) *P* amenerent. u) *P add.* il. v) *D* Rendre. w) *P D* tantost. x) *D* ont. y) *D* que soit fallace. z) *D* Ringreve.

A Prény il fit une réjouissance
De feu ardent, quand il y fut entré:
Pour cela je le mets devant tous les autres.

152. Après cela, allèrent en grand nombre
Les chevaliers aux environs de Prény:
Là ils firent feu et fumée
Avant qu'on eût à Metz dîné.
Dans le pays ils n'ont rien épargné,
Ils le savent bien, ceux de Vandières,
Et de Norroy, et de Pagny.

153. Voulez-vous entendre la vérité?
Sur les deux rives de la rivière,
Entre le Pont et la cité,
On ne laisse pas une ferme entière,
Où il n'y ait feu et fumée.
S'ils ont fait incursion chez nous,
Ils remporteront l'échec final.

154. Les seigneurs, qui tiennent pour Metz,
Allèrent ensuite droit sur Vigy,
Le dimanche avant la Toussaint:
Là ils rencontrèrent les ennemis,
Ils les chassèrent par le pays,
Sans recevoir aucune blessure,
Et ramenèrent vingt bons prisonniers.

155. Il y eut là des morts et des blessés,
Soyez-en sûrs, à cette poursuite:
Le plus hardi en fut troublé.
Chacun des nôtres embrasse son écu,
Ils leur font bientôt vider la place;
En l'étang il y en eut des noyés.
Ne croyez pas que cela me déplaise.

156. De cette journée le Raugraf
A bon titre doit avoir le prix,

---

1) *Norroy sous Froidmont a. d. Mosel.*
2) *Pagny a. d. M.*
3) *Pont-à-Mousson.*
4) *Vigy NÖ. Metz.*

Quar par la^a) lance et par^h) l'espee
Lez ait^c) aussi trestous pris.
Tel duel avoit on cuer empris
Que sa force en^d) est doublee :
En mal ne doit estre repris.

[157.] Celui jour ont bien esploitie
Cils de Metz qu'ilz^e) ont retenus
Mains boins prisons^f) et tuis haitiez
En lour^g) hostelz sont revenus.^h)
[De ceu leur est bien advenus]ⁱ)
Qu'ilz^k) n'ont mie en vain gaities ;
Lies en furent grans et menus.

[158.] Dolans fut li roy de Bahaigne
Il ly semble trop ait^l) perdus ;
Tuis li barons de sa compaigne
En sont dollant et esperdus.
Leur hommes sont la dessendus
Ou ilz n'ont pas trouvei coquaigne^m)
Qu'ilz ne serontⁿ) des mois rendus.

[159.] Pour les prisons a^o) desporter
Cilz de Metz font une jayole^p) ;
Les u convient v fers pourter.
Ilz sont trestuis a^q) une estolle.
Li ung^r) l'autre point ny rigole,
Mais ce les fait reconforter
Qu'ilz chanteront comme jai on dole.

1324
November 2.

[160.] Quant vint le jour de Toutes Amez,
Ceulx de Metz font leur baronnie
Appartement penre lour airmez.
Puis vont on vault^s) Ste. Marie,¹)
Buefz n'y laissent ne bergerie,
Cilz du pays batent leur paulmez
Pour leur terre qu'est esxillie.^t)

---

a) *P D* sa. b) *P* par espee, *D* et son e. c) *P* Les ait ainsi con trestous pris, *D* Ainsi les a comme tretous pris. d) *P* il ly f. d., *D* luy fut. e) *P D* qui. f) *D* prisonniers. g) *D* les. h) *P* retenu. i) *Erg. nach P D*. k) *D* Que ils n'ont pas. l) *D* a. m) *So P, M* compaigne, *D* cocagne. n) *P om.* seront. o) *D* entreporter. p) *P* jaolle, *D* fayole. q) *D* en. r) *D* Les ungs aultres. s) *P* Valz. t) *P* exiliee. *D* expillie.

Car, par sa lance et par son épée,
Il les a, pour ainsi dire, tous pris.
Il avait une telle colère au cœur
Que sa force en était doublée:
Il ne faut pas lui en faire de reproche.

157. Ce jour-là ont bien travaillé
Les gens de Metz, qui ont retenu
Maints bons prisonniers, et tous sains et saufs
En leurs logis sont revenus.
L'affaire a bien tourné pour eux,
Ce n'est pas en vain qu'ils les ont guettés;
En furent joyeux grands et petits.

158. Dolent en fut le roi de Bohême;
Il lui semble qu'il a tout perdu;
Tous les barons de sa compagnie
En sont tristes et désolés;
Leurs gens sont là descendus
Où ils n'ont pas trouvé cocagne;
Ce n'est pas de sitôt qu'ils lui seront rendus.

159. Pour garder leurs prisonniers
Ceux de Metz font une geôle;
Chaque couple est enchaîné par cinq fers;
Ils sont tous attachés à un poteau;
Ni l'un ni l'autre ne sont en joie:
Mais ce qui pourra les distraire,
Ce sera de chanter comme geais en cage.

160. Quand vint le jour des Morts,
Les gens de Metz fond à leur baronnie
Ouvertement prendre les armes,
Puis ils vont au val Sainte-Marie;
Ils n'y laissent bœuf ni bergerie:
Ceux du pays se tordent les mains,
De voir leur terre ainsi ravagée.

---

1) *In der Nähe von Prény, das Tal nannte sich nach der Prämonstratenserabtei Sainte-Marie-aux-Bois.*

[161.] Le pays fuit brulez et airs,
Bestes n'y laissent ne vitaille:
A Mousons estoit Endowars
Qui ne leur fist onque bataille.
Ilz redoubtoit trop la pietaille
Pour ce qu'avoient[a]) mains mortel[b]) [dars][c])
Et mainte espee qui bien taille.

p. 108.   *[162.]* Cilz des [Manis [1])[d]) et cil d'Antons][a])
Sont bien certains d'estre brules;
En leur mains prennent leur bastons,
Fuiant[e]) au Pont en sont alles.
Li cuen les voit, lor ait parles:
« S'a ceulx de Metz nous combatons,
« Tuis summes mors et afalles.

[163.] « Pour ung homme que nous avons,
« Ilz en ont vi ou v ou quatre,
« Per nos mesages[f]) le savons,
« Si ne veulz pas[g]) eulx combatre:
« Se mes masons me[h]) font abatre,
« Vous saves deservis[i]) l'avons,
« De teil verge lez ai fait baitre. »

[164.] Nos[k]) citains sont repairies
Qu'ont visiteit ung pou li conte;
Li contalz sont forment iriez
Pour leur dapmaige et pour leur honte.
C'est[l]) pour niant, a riens ne monte,
Qu'encor seront mues esclairiez[m])
Ains que finer face mon conte.

1324
bis c. 9. Nov.   *[165.]* Trois[n]) jours et plux ont sejournez.
Nostre[o]) citains que point n'ardirent[p]);
Puis sont d'airmez[q]) bien atournez,
Droit a Lustange[3]) chevalcherent;
Par le pays li feus bouterent.
Ainsoy qu'ilz[r]) fuissent retournez
Le roy forment adampmagerent.[s])

---

a) *P D* avoit. b) So *P D*, *M* martels. c) *Ergänzt nach P D*. d) *Ergänzt nach P*, *D* Mesnilz et ceulx d'Estons. e) *P F*. en sont au p. a. *D* Au pont fuyans, f) *D* messagers. g) *P D* a eux.
h) So *P D*, *M* ne. i) *D* dessins. k) *P* Nostre c. s. r., *D* Or, sont n. c. r. l) *D* C'est bien p.
m) *D* eschairiez. n) *P* VIII, *D* Huit. o) *D* Nos hons c.. p) *P* arderent. q) *D* s. bien d'a. a.
r) *D* que f. s) *P* endomageirent, *D* adomagerent.

161. Le pays fut brûlé et incendié,
Ils n'y laissent bête ni vivres.
A Mousson était Édouard,
Qui n'osa leur livrer bataille:
Il redoutait trop nos gens de pied,
Car ils avaient maints dards mortels
Et mainte épée bien tranchante.

162. Ceux des Ménils et ceux d'Atton
Sont bien certains d'être brûlés:
En leurs mains ils prennent leurs bâtons,
Fuyant, ils s'en sont allés au Pont.
Le comte les voit, il leur parle:
« Si nous combattons ceux de Metz,
« Nous sommes tous morts et perdus.

163. « Pour un homme que nous avons
« Ils en ont six, ou cinq ou quatre,
« Par nos messagers nous le savons:
« Aussi je ne veux pas les combattre;
« S'ils me font abbattre mes maisons,
« Vous savez que nous l'avons mérité,
« Car de même verge je les ai fait battre. »

164. Nos citains sont rentrés chez eux,
Après avoir fait cette petite visite au comte.
Les comtaux sont fortement courroucés
D'avoir ainsi subi dommage et honte:
C'est peu de chose, cela ne compte pour rien:
Ils seront encore mieux éclairés
Avant que je n'arrête mon récit.

165. Trois jours et plus sont demeurés
Nos citains, sans rien brûler;
Puis ils se sont bien munis d'armes
Et on chevauché droit vers Luttange.
Par le pays ils mirent le feu,
Et, avant de s'en retourner,
Causèrent au roi de grands dommages.

---

1) *Mesnils cant. Pont-à-Mousson.*
2) *Atton in der Nähe von Pont-à-Mousson.*
3) *Lüttingen bei Metzerwiese.*

[166.] On pays bestes ne laisserent,
Pot ne pelle a) n'autre hernois;
Trestout a Metz en amenerent,
Ce que remaint ne vault π noix.
Jehan de Heis que bien cognoix
Li anemis ung pou blescerent,
Mais garit fuit tout b) demenoix.

[167.] Apres allerent a Chambleis, 1)
[Pour tout ardoir comment qu'il aille] c)
Ilz arderent d) et foins et bles,
Feves et pois, estrains et paille.
Qui volcist croire la pietaille,
Quant li host e) fuit la assemblez,
Ny remancist f) que denier vaille.

[168.] Asses y firent grant meschiez, g)
De ce ne vous fault h) doubter;
Car ilz firent de chiefz en chiefz
Par les villes le feu bouter
Pour le conte de Bair doubter.
Ne poroie venir a chiefz,
Les malz qu'ont fait de raconter.

[169.] A Metz en sont maints i) retournez
Quant le pays ont esxillies, k)
Et mains l) a Gorze m) sejournez
Pour ce qu'estoient travilliez. n)
Hostelz leur ont apparilliez
Cilz de Gorze et abandonnez;
De o) ce furent cilz de Metz lies.

[170.] Le matin querre les allerent
Li chevalcheurs a grant bobance,
Et cilz de pies s'apparillerent
De leur airmez sens demourence;
Venus en sont sens detriance.
Grant piece a Metz puis sejournerent,
Qu'ilz p) n'ont pourtez escul ne lance.

---

a) *So P, D* Pot ne pesle, *M* Pois ne paille. b) *D* d'un Champignois. c) *Ergänzt nach P, D* Partout ardont, comment qu'ils aillent. d) *D* ardirent. e) *D* leur ost. f) *D* demourait chose que vaille. g) *D* meschief. h) *P* estuet, *D* convient d. i) *So P D, M om.* mains. k) *D* epilliez. l) *So P, D* maint, *M* vont. m) *P* Goize. n) *P. om. Strophe* d. o) *D* Dont. p) *D* Qui n'ont p.

166. Au pays ils ne laissèrent ni bête,
Ni pot, ni pelle, ni autre ustensile;
Ils amenèrent le tout à Metz;
Ce qui restait ne valait pas deux noix.
Jehan de Heis, que je connais bien,
Fut légèrement blessé par l'ennemi,
Mais il en fut guéri sans retard.

167. Après, ils allèrent à Chambley
Pour tout brûler de côté et d'autre.
Ils brûlèrent foin, blés,
Fèves, pois, litière et paille;
Si l'on eût voulu croire les gens de pied,
Lorsque l'armée fut là réunie,
Il n'y fût demeuré la valeur d'un denier.

168. Ils y firent d'assez grands dommages,
Vous ne devez pas en douter,
Car ils firent, d'un bout à l'autre,
Par les villages mettre le feu,
Pour inspirer de la crainte au comte de Bar.
Je ne pourrais venir à bout
De raconter tout le mal qui fut fait.

169. A Metz beaucoup sont retournés,
Lorsqu'ils eurent pillé le pays:
Et beaucoup ont séjourné à Gorze,
Parce qu'ils étaient fatigués.
Des logis leur sont préparés
Par ceux de Gorze, et mis à leur service,
Ce dont les Messins furent joyeux.

170. Le matin allèrent les chercher
Les chevaucheurs en grande réjouissance;
Alors ceux de pied se munirent
De leurs armes sans tarder,
Et ils sont rentrés sans délai:
Puis ils séjournèrent à Metz quelque temps
Sans reprendre l'écu ni la lance.

---

[1] *Chambley* westl. *Gorze.*

[171.] Quant ainsi se furent vengiez
Par pannies a) et par fumiere,
Li soldoiers heurent congies
En leur pays d'aller arriere,
Foirs que li sire de La Piere, 1)
Que cilz de Metz orent on gres b):
Retenus l'ont et sa baniere.

[172.] Et li sire Jehan de Metz 2)
Remaint ausi et sa maignie, c)
Quar il estoit moult d) armez
Quant on debvoit faire envahie.
Saichiez e) qu'il fist mainte pannie,
Dont il ne doit estre blasmes
Pour perrolles que nus f) en die.

[173.] Encore furent ɯ retenus
Que je ne veulz mie nomer:
Si tres g) bien se sont maintenus,
Aus h) anemis sont tropt ameir
Et des citains se font amer.
Mains homez ont fait i) poure [et nud] k)
Et mains hostels airdre et fumer.

[174.] Laissier vous veulz de mes amis, l)
De guerre sont forment lies.
Si vous dirais dez ainemis
Qu'ades ce m) sont [multiplies]. n)
A eulx o) ce sont ɯ p) eslies
Et en la guerre ce sont mis
Et ceulx de Metz ont deffiez.

[175.] Li ung est Goupert q) d'Aispremont 3)
Qui trop envifz Metz deffiait;
L'autre Hanrey de Faulquemont 4)
Qu'en lieu de bien mal rendus ait.

---

a) *D* personnieil. b) *So P, M* ongies, *D* orent ungie *gestrichen und übergeschrieben* vient vengier. c) *D* maisnie. d) *D* m. bien a. e) *D* S. qu'il a fait en sa vie. f) *P* nulz. g) *D* trop. h) *P D* Que Metz les doibt toujours aimer Aux anemis son trop amer. i) *P D* f. et p. k) *P* nuit, *ergänzt nach D.* l) *P* Metz amis. m) *P D* nous. n) *Ergänzt nach P D.* o) *D* ceulx. p) *D* trop. q) *P* Gobert.

1) *Andreus, sires de la Pierre erklärt, daß er sich mit 14 Rittern und 38 Knappen für 1590 liv. und 50 liv. für ein Pferd der Stadt gegen den König v. Böhmen etc.*

171. Quand ils se furent ainsi vengés
Par des saisies et des incendies,
Les soldoyeurs eurent congé
Pour se retirer en leur pays,
A l'exception du seigneur de La Pierre
Que ceux de Metz prirent en gré;
Ils le retinrent avec sa compagnie.

172. Et le sire Jehan de Metz
Resta aussi avec sa suite;
Car il était très-bien armé,
Quand on devait faire une course.
Sachez qu'il a fait mainte saisie,
Ce dont il ne doit être blâmé,
En dépit de ce que l'on peut dire.

173. On en retint encore trois autres
Que je ne veux pas nommer.
Ils se sont fort bien comportés,
Ils ont été très-amers aux ennemis,
Que Metz doit toujours les aimer.
Ils ont rendu mainte homme pauvre et nu
Et mis maint maison en flamme et fumée.

174. Je veux maintenant laisser les amis de Mets,
Qui sont très joyeux du succès de la guerre.
Je vous parlerai des ennemis
Dont le nombre vient encore de s'augmenter:
Trois seigneurs ont fait alliance avec eux,
Ils sont entrés dans la guerre
Et ont défié ceux de Metz.

175. L'un des trois est Gobert d'Apremont.
Qui, à regret, défia Metz;
Le second, Henry de Faulquemont,
Qui pour le bien a rendu le mal:

---

für die Dauer des Krieges verpflichtet hat 1324 Sept. 15. Abgedr. nach dem Original (?) im Metzer Stadtarchiv bei Bouteiller, La Guerre de M., 296.

2) S. auch Str. 151.
3) Gobert d'Apremont, Schwiegersohn des Grafen Theobald v. Bar.
4) Bereits oben Str. 110 ff. genannt als Henry de Fenestrange. Die Herren v. Finstingen besaßen Falkenberg. S. Chatelain: Ein Vasallenverzeichnis der Herren von Finstingen. Jahrb. VII² 1 ff.

Quant rendus fut, sur Sains jurait,
Bien le sceit on, a val et^a) a mont
Que jamaix jour^b) Metz ne nuirait.

[176.] Messire Ambleis^c) qui l'eveschiez
Tient en sa main,¹) ce fuit^d) li tiers,
Il me semble qu'il ait peschies,
Qu'il^e) estoit pas temp^f) ne mestiers.
Mes li lait^g) bien ces drois entiers,
Et^h) c'elle n'avoit pointⁱ) nez fleschies,
Radrecier^k) se veult voullentiers.

[177.] Nos^l) citains, bien le sachies,
Ne croient pas sa deffience ;
Car l'evesque qui^m) est leurⁿ) droit chiez,
Tuis ont en lui bonne esperance
Qu'encor averont son acointance.
Or lui veigne duel et meschiez
Par cui serait la descordance ?

p. 111.
1324.
November 29.

[178.] Dire vous veulz apres d'un fait
Qu'avint la vigille^o) St. Andreu.
En telt point l'ont anemis fait
Qu'ilz empourterent [le vereu]^p)
Et l'aubelastre a tour^q) [perdu].^r)
Autrement ont encor meffait
Qu'au Pont des Mors²) boutont^s) le feu.

[179.] Le pontenier en menont pris
Et ung^t) autre homme la^u) navrerent^v)
Bien en doient^w) estre repris
Cilz qui adont au pont garderent.
Li anemis les espierent,^x)
Si lez virent de vin soupris,
Il^y) faulz deniers ne les priserent.

[180.] Pour la raison de cel despit
S'acourderent et fol^z) et saige

---

a) *P D om.* et b) *P om.* jour, *D* jamais a M. c) *P* Embiais, *D* Emblas. d) *P* refut, *D* resut le t. e) *P D* n'estoit. f) *So P, M* tant, *D* tems. g) *So P, M* ait, *D* laist. h) *D* S'elle en avoit sans point f. i) *P* nes point f. k) *D* Rendre le vouldrois v. l) *P* Nostre, *D* Tous n. c. m) *P D om.* qui. n) *D* l. vray d. o) *D* veille. p) *Ergänzt nach P D.* q) *D* tout. r) *Ergänzt nach P D.* s) *D* bouttent. t) *P* II. u) *P D* nous. v) *P* navreirent. w) *P* doit, *D* doivent. x) *P* espirirent. y) *D* Sauf leur bon droit, ils les chargerent. z) *P* foy, *D* fol.

Quand il fut délivré il jura sur les saints,
(On le sait bien de tous côtés,)
Que jamais il ne nuirait aux Messins!

176. Messire Amblard, qui l'évêché
Tient en sa main, fut le troisième.
Il me semble qu'il a péché,
Il n'en était ni temps ni besoin;
Metz lui laisse bien ses droits entiers,
Et lors même qu'elle eût eu le moindre tort
Elle est toujours prête à le réparer.

177. Nos citains, sachez-le bien,
Ne peuvent pas croire à son défi,
Car l'évêque est bien leur chef véritable et direct.
Tous mettent en lui bonne espérance
Et comptent encore sur son appui.
Or, sur lui deuil et malheur
Sur qui sera l'auteur du désaccord!

178. Je veux maintenant vous dire un fait
Qui eut lieu la veille de saint André.
Les ennemis sont venus à tel point
Qu'ils emportèrent le verrou de la porte,
Et l'arbalète à tour est perdue.
Ils ont encore commis un autre méfait,
Ils ont mis le feu au pont des Morts.

179. Ils emmenèrent le pontonnier
Et nous blessèrent un autre homme.
Ils doivent en avoir bien des reproches,
Ceux qui étaient alors à la garde du pont!
Les ennemis les épièrent;
Ils les virent pris de vin,
Et ne les prisèrent deux faux derniers.

180. A la suite d'un tel affront
Sages et fous s'accordèrent

---

[1] *Amblard Noir de Beaumont. Urk. datiert v. 15. Nov. 1324 Biaurain (Belrain zwischen Bar-le-Duc u. S. Mihiel) gedr. in Publications de la section hist. de l'Institut de Luxembourg 1874 p. 203. Über die Ursachen der feindlichen Stellungnahme des Bistums vgl. Sauerland, Geschichte d. Metzer Bistums. Jahrb. VII[2] 69 ff.*
[2] *Die große Moselbrücke auf der Westseite der Stadt.*

Qu'ilz aibatront sens nul respit
Ceu^a) qu'il avoit la de mannaige
Entre les murs et le rivaige.
Foussez averait de grant prouffit,
Que jamaix la n'averait estaige.

[181.] Nulz ne doit estre^b) couroucie,
C'il pert gerdins ou menandie;^c)
Muez vault le bourch soit^d) enfourcie^e)
C'on n'y puist^f) faire envahie.
Quant la chose fuit estaublie,
Les hostelz ont tous despecie^g)
Pour les fousses,^h) coy queⁱ) nulz die.

[182.] Les foussez font cilz des parrochez,
Tuis^k) y mettent, et lait et prestre.
Les fondemens font^l) plains de rochez.
Pour les^m) garder chescunⁿ) s'areste.
Quant fait seront,^o) s'iert moul grant feste :
Con^p) y penrait ecrevisce^q) et lochez
Et des chassoz^r) qui ont grosse teste.

[183.] Des^s) foussez qui sont en Chambiere¹)
Vous doit apres bien souvenir.
Ilz sont si haulz d'ambedous terrez
C'on ne pouroit aus^t) murs venir.
Quant ce venrait au perfenir,
Conduit aurait^u) parmey les freirez²)
Pour Muselle deden venir.

[184.] De fousses font tous les bourchs
Les gouvernours de la cite :   [cloure
Entre^v) lui chescun laboure
Qu'il voit la grant neccessite.
Se li foussez fuissent gitte
En droit Stoixey^w)³) au perdesoure
Plux y heust^x) d'utilite.

---

a) *P D* Quant qu'il (qu'ilz) avoit (avoient) la de mennige (mesnage). b) *P om.* estre. c) *D* prairie. d) *D* estre. e) *P* Mieulx li bour sont enfourciez. f) *P D* puisse. g) *D* despenez. h) *P* foucel. i) *P* que que nul d. *D* qu'on en dye. k) *D* Et d'y ouvrer chacun s'apreste. l) *P D* sont. m) *P* la. n) *D* on s'i arreste. o) *D* sont, s'il n'est g. f. p) *P* C'on il, *D* On. q) *M* gravisce, *P* truictes, *D* truictes. r) *P* sachos qu'o., *D* chassies qu'ont. s) *P D* Les. t) *P* a. u) *D* aurez. v) *P D* En contre. w) *D* Scopiey. x) *D* auront.

Pour faire abattre, sans le moindre retard,
Tout ce qu'il y avait de constructions
Entre les murailles et le rivage;
On y creusera des fossés au profit de la défense
Avec interdiction d'y bâtir plus jamais.

181. Nul ne doit se courroucer,
S'il y perd jardin ou habitation;
Il vaut mieux que le faubourg soit défendu,
De façon qu'on ne le puisse envahir.
Quand la chose fut décidée,
Tous les bâtiments ont été abattus
Pour creuser les fossés, quoi qu'on ait pu dire.

182. Les gens des paroisses creusent les fossés;
Tous s'y emploient, laïcs et prêtres.
Ils l'approfondissent jusque sur la roche;
Pour les regarder chacun s'arrête:
Quand ils seront finis, ce sera une grande fête:
On y prendra écrevisses et loches,
Et des chabots à grosse tête.

183. Des fossés qui sont en Chambière,
Il doit bien ensuite vous souvenir;
Ils sont si profonds entre les deux bords
Qu'on ne pourrait atteindre aux murs.
Quand on viendra à les terminer,
Il y aura un conduit passant chez les Frères
Pour y amener les eaux de la Moselle.

184. Tous les faubourgs sont clos de fossés.
Par ordre des seigneurs de la cité.
En droit de soi chacun travaille,
Car il en voit la grande nécessité.
Si des fossés eussent été ouverts
En face de Stoxey et au-dessus,
Ils auraient eu plus d'utilité encore.

---

1) *Stadtteil links des innerstädtischen Moselarmes zwischen Georg- u. Gitterbrücke.*

2) *Von S. Vincenz. Das Kloster lag nicht weit von der Totenbrücke. Es ist wohl der Moselarm hinter dem Bezirkspräsidium gemeint.*

3) *Stadtteil an der Seille.*

[185.] Ilz leur semble qu'il est mestier,
Se[a]) font aprez les[b]) tours couvrir,
Ilz les depairtent[c]) aus[d]) mestiers;
Biens les feront sens espennir[e])[f])
Que[f]) on lez puist clore et ouvrir,
Ilz comandent aus cherpantiers
Et aus masons pour eulx[g]) garir.

[186.] Quant seront[h]) fais li[i]) tels entiers,
Au[k]) bancens font mettre l'enseigne
Telle come ait[l]) en leur mestier,
Qu'il[m]) n'y ait nulz qui aultre[n]) praigne
Pour[o]) ce qu'aprez muelz en souveigne.
La ont gaingnier li cherpantier
Et li massons, qui que s'emplaigne.[p])

[187.] D'abolestres et d'espingoles
A grant planteit font encore faire;
Qu'ilz ont ouys tellez perrollez
Que revenront[q]) nostre adversairez.
S'ilz[r]) reviennent, cez feront trairez;
Cil[s]) qui ert atains,[t]) serait des colez
Garis sens autrez laituairé.[u])

[188.] Huchie fuit au comancent[v])
De la guerre qu'eust lanterne
Chescun ardent entierement
On[w]) temps d'esteit et quant yverne;
Par[x]) celui Dieu qui tout[y]) gouverne
La olt si grant alumement[z])
C'on en perrolle en la taverne.

[189.] De[aa]) ces chosez vous veulz laier
Et des fousseis et des ouvraiges.
Chescun se doit plux esmaier
Pour la raison des heritaiges
Qui sont malz fais, c'est[bb]) grans dampmages.
Fandus[cc]) soient jusqu'al braier [dd])
Cilz[ee]) pour cui vint si grant oultraigez.

---

a) *D* Si. b) *D* leurs. c) *P* desparterent. d) *So P, D* aux, *M* au mestier. e) *P* apourir *D* amenrir. f) *P* C'on, *D* Qu'on. g) *D* les. h) *D* sont. i) *P* ties, *D* les toits. k) *So P, M* beautempz, *D* Les ventans. l) *D* a. m) *P D* Qui. n) *So P, M D* entre. o) *D* Affin qu'apres. p) *D* s'en plaigne. q) *D* revenra. r) *P* S'il revennerent ses f. t., *D* Et s'il revient les feront. s) *P* Cilz, *D* S'il. t) *P* estans.

185. Ainsi qu'il leur semble nécessaire,
Ils font ensuite couvrir les tours:
Ils les répartissent entre les gens de métiers.
Ceux-ci feront bien en sorte, sans encourir d'amendes
Qu'on les puisse fermer et ouvrir.
Puis on commande aux charpentiers
Et aux maçons de les mettre en état.

186. Quand les toits seront terminés,
Au son du beffroy ils y mettront leur enseigne,
Telle que chacun l'a en son métier,
Pour qu'il n'y ait nul qui s'y trompe,
Et pour qu'ensuite on en garde la mémoire.
Là ont eu du profit les charpentiers
Et les maçons, quoi qu'on puisse dire.

187. Arbalètes et espingoles,
En grand nombre ils font encore faire:
Car ils ont entendu telles paroles
Que nos adversaires doivent revenir.
S'ils reviennent, ils en tireront contre eux:
Et qui en sera atteint ne souffrira plus de la bile,
Il en sera guéri, sans autre électuaire.

188. Il fut proclamé, au commencement
De la guerre, qu'il y eût une lanterne
A chaque maison, brûlant constamment,
En temps d'été comme d'hiver,
Par le Dieu qui tout gouverne!
Ce fut là une telle illumination
Qu'on en parle encore dans les tavernes.

189. Je veux laisser là tous ces détails
Et des fossés et des ouvrages.
Chacun se doit plus émouvoir
Pour la raison des héritages
Qui sont mis à mal, ce qui est un grand dommage.
Qu'ils soient fendus jusqu'à la ceinture,
Ceux à qui l'on doit de tels désastres!

---

u) *So P D, M* quairez traire. v) *D* commencement. w) *So P D, M* On temps d'aste entierement Chascun ardent, quant en yverne. x) *D* Pour. y) *D* nous. z) *P* eslumement. aa) *D* Toultes c. ch. veut delayer. bb) *D* en. cc) *D* Que f. s. dd) *P* au braies. ee) *P* Cil par cui v. ɛ ɡ. damaiges, *D* Par qui sont fait.

1324
Decembre 19.

[190.] Six^a) jours devant la^b) nativite
Le roy du ciel qui tousjours dure,
Avint a ceulx de la cite
Si comme je croy une avanture
Que moult leur fuit sauvaige et dure.
Et moult leur fist d'avercite
Et de meschiez et de laidure.

[191.] Tout droit que nous disons
Cil de Bieupe^c)¹) fist assemblee,
Toutes mandait lez garnisons
Qui estoien en la contree.
Devant^d) Metz vint sens demouree
Adont prist^e) xvi prisons
Dont li cite fuit moult troublee.

[192.] La fuit ocis Joffroy Courbel,
Ung bourgoy qui est^f) d'Outresaille.
Li roy du ciel qui tant est bel,
Qu'a bien faire chescun consceille,
De tous ces malz ainsi l'absoile^g)
Que part n'y ait li noir courbel
Qui les mauvais tient et travelle.

[193.] Pour empetrer qu'ainsi soit il
Dites chascum Ave Marie!
Pour ce qu'avoit le sen subtil
La ville an fut moult esmarie.
Toute nostre^h) chivalerie
Fuit mise adont en telt peril
Pour une soule bergerie.

p. 114.

[194] Li anemis de cest prinse
Furent moult liez, soies certain.
Li roy forment asauceⁱ) et prise
Signeur Theiris li chavitain.
Il fist telt fait dont li citains
Amaissent muelz qu'il fuist a Pise
Ou en reaumez plux lontains.

---

a) *D* Dix. b) *P D om.* la. c) *P* Bierpe, *D* Trierte. d) *P D* Devers. e) *P D* p. il. f) *D* estoit.
g) *P* l'asoille. h) *D* come. i) *P* essaulce, *D* exaulce.

¹) *Bei Huguenin p.* 49 *heißt es:* ceulx d'Yveuxe firent mandeir et assembler

190. Six jours avant la Nativité
Du roi du ciel, qui règne éternellement,
Arriva à ceux de la cité,
Comme je le crois, une aventure
Qui leur fut bien cruelle et dure,
Et leur causa grande adversité,
Grand dommage et grand affront.

191. Le jour même que nous disons,
Le seigneur de Bierp fit une assemblée;
Il manda toutes les garnisons
Qui étaient répandues dans la contrée.
Devant Metz il vint, sans tarder,
Et y fit seize prisonniers :
Ce dont la cité fut bien troublée.

192. Là fut tué Geoffroy Corbé,
Un bourgeois d'Outre-Seille.
Le roi du ciel, qui est si bon
Et qui inspire à chacun de bien faire,
Daigne l'absoudre de tous ses péchés,
Pour que n'ait prise sur lui le noir corbeau,
Qui tient et tourmente les méchants!

193. Pour obtenir qu'ainsi soit fait,
Dites chacun « *Ave Maria* ».
Comme il avait l'esprit subtil,
La ville en fut très affligée.
Toute notre chevalerie
Fut mise ainsi en tel péril
Pour une seule accident faute.

194. De cette prise les ennemis
Furent bien joyeux, soyez-en certains.
Le roi exalte et vante hautement
Seigneur Thierry, le capitaine :
Il fit là une chose pour laquelle nos citains
Eussent mieux aimé le voir à Pise
Ou dans un royaume encore plus lointain.

---

touttes les garnisons du pays de Luxembourg. *Bouteiller gibt den Namen p.* 57 (*Guerre de M*). *wieder als « le capitaine d'Ivoy, chef-lieu d'une prévôté du comté de Luxembourg ».*

[195.] Ung seul prison encor n'avoient
Ne soldoieur de la cite,
Des anemis gardes c'estoient,
Ce sceit on bien de^a) verite.
Mais ce Dieu^b) donne advercite
Je dit a ceulx qui^c) en lui croient
C'est pour monstrer humilite.

1324 *[196.]* Chose qui face^d) a recourder
December 25. Ne fuit faite parmy Noel;
Tuit^e) ont laissier le^f) behoider
Pour achiter aucun joel;
Quant la fumiere ist du tuel,
Tres bien se sceivent accourder
Coment averont Saint Tortuel. ¹)

1325 *[197.]* Ainsi avint jusqu'al mardy
Januar 8. Apres la feste des III rois;
Des anemis qui erent^g) herdis
Per nos vignes vint I convoys.
Grant despis font et grans desrois.
Bien en doient estre laidis^h);
Mais la ne fuit nulz des Barroisⁱ).

[198.] Les gens le roy au lioncel,
Soies certains que ce fait firent,
De parselz airs ont main moncel;
Le feu tout cleir cilz de Metz virent.
Et saves vous ou il meffirent?
C'est^k) entre Mons^l)²) et le Poncel;³)
Li vignerons s'en esbahirent.

[199.] Onque ne fuit de bonne ligne,
Certes^m) atrait ne de haultesse,
Le roy qui fait destruire vigne,
Ce n'est pas fait de gentillesse;
p. 115. Car du vin naist toute liesse.
Je voroie qu'il heustⁿ) la teigne
Que^o) les vigneurs ainsi apresse.

---

a) *P* en. b) *P D om.* Dieu. c) *D* qu'en. d) *D* soit. e) *P* Tuit, *D* Tous, *M* Tant. f) *P* le bahorder, *D* leur bahorder. g) *D* qu'estoient. h) *D* alaidy. i) *D* de B. k) *P* Certe. l) *P* Moins. m) *So P, D* Cert, *M* certain. n) *D* cut eu l. t. o) *P* Quant l. vignerons ensi a., *D* Quand les vignes a. opresse.

195. Ils n'avaient pas encore perdu un prisonnier
Ni un soldoyeur de la cité,
Tant ils s'étaient bien gardés;
On le sait bien en vérité.
Mais si Dieu envoie adversité,
Je le dis à ceux qui croient en lui,
C'est pour inspirer de l'humilité.

196. Rien qui soit digne d'être rapporté
Ne fut fait la semaine de Noël;
Tous ont laissé les exploits de guerre,
Pour se livrer aux réjouissances:
Quand la fumée sort de la cheminée,
Ils savent très bien se mettre d'accord
Pour célébrer saint Tourteau.

197. Ainsi advint-il jusqu'au mardi
Après la fête des Trois-Rois.
Des ennemis, qui étaient hardis,
A travers nos vignes vint un parti;
Ils y ont causé grande perte et grand dommage;
On doit bien leur en faire honte!
Mais parmi eux il n'y avait nul Barrisien.

198. Les gens du roi au lionceau,
Soyez-en certains, en furent les auteurs.
Ils ont brûlé maints monseaux d'échalas;
Le feu clair en fut vu de Metz,
Et savez-vous où ils commirent ce méfait?
C'est entre Mont et le Ponceau;
Les vignerons en restèrent ébahis.

199. Jamais ne fut de bonne lignée,
Certes, ni sorti de haute noblesse,
Le roi qui fait détruire la vigne!
Ce n'est pas le fait d'un gentilhomme,
Car du vin nait toute liesse.
Je voudrais qu'il eût la teigne
Celui qui opprime ainsi les vignerons!

---

1) *Bouteiller erklärt dies ansprechend damit, daß bei allen Festen* les tartes *oder* tourtes *eine große Rolle spielen.*

2) *S. Str. 68. Mons abgegangene Ortschaft bei Chieulles Kr. Metz.*

3) *Ein Ort dieses Namens ist nicht bekannt, wohl* = *kleine Brücke.*

[200.] Cilz qui n'aimment vin et vignoble,
Ne sont pas nes de bonne gestez;
Car jamaix lais, ne clerc, ne noble,
S'ilz n'ont du vin. ne feront festez.
Sens vin chanter ne puieent prestez
Messe, qui est chose tres noble.
Dont meffait moult que vin tempestez.

[201.] Plains sont trestuis li escuiers
De Baheigne de mal eur;[a])
Car vignerons et charruiers
Ades doient estre seurs.[b])
Par eulx sont tuis li biens meurs;[c])
Mais or les font baitre[d]) et hueir
Perdre[e]) en doient du ciel l'oneur.

[202.] Coment l'ont fait li waudisours[f])
De raconteir me[g]) prent envie.
Ilz ne[h]) doubtent esquermisours[h])
Ne[i]) aubolestres en leur navie.
N'ait si herdis jusqua Pavie,
Chescun vault bien II[k]) demis fours,[l])
Dieu les teigne longtempt en vie!

[203.] Alles veoir sont Endowart
Souvent par terre et par rivaigez;
N'i ait[l]) celui qui ait rowart[m])
De II, tant sont de fiers couraigez.
Conqesteit ont par leur barnaiges
Le ponton qu'iere[n]) a Deulowart;[z])
De l'amener[o]) furent moulz saigez.

[204.] Parmy le Pont[a]) quant ilz passerent,
Les anemis bien[p]) ont vehus;
Si saigement les palz soierent[q])
Que cilz du Pont ne l'ont[r]) seheus.
Per[s]) parrollez ont decehus
Cilz qui adont au Pont garderent
Qu'ilz n'ont paiet point de trehus.[t])

---
a) *D* de maulvaix cuers. b) *D* asseurs. c) *P* venir. d) *D* f. tost charryer. e) *D* Dont p. e, d. bien du ciel l'eur. f) *D* gaudisseurs. g) *D* m'en. h) *P* I. n. d. asquermissours, *D* Ils n'y d. escarmoucheurs, *M* les quermissours. i) *P* N'abelestrier, *D* N'arbalestriers. k) *P* ung demissour. *D* ung home seurs. l) *D* a. m) *D* regart. n) *D* qu'entre. o) So *P*, *M* la mener, *D* l'enmener. p) *D*, b. si ont veu. q) *D* scyerent. r) *D* l'ont pas sceu. s) *D* Par parlez ont este deceu. t) *P D* treu.

200. Ceux qui n'aiment ni vin ni vignoble
Ne sont pas issus de bonne race :
Car jamais clerc, laïc, ni noble,
S'ils n'ont du vin, ne feront fête.
Sans vin le prêtre ne peut chanter
La messe, qui est chose si sainte:
Aussi est-ce un crime que détruire la vigne.

201. Ils sont remplis, tous ces écuyers
De Bohême, de mauvais vouloir,
Car vignerons et laboureurs
Doivent toujours être sauvegardés ;
Par eux les biens de terre viennent à maturité,
Et voilà qu'ils les font battre et outrager :
Ils en doivent perdre leurs chances de paradis.

202. Comment ont fait les éclaireurs,
De le raconter il me prend envie.
Ils ne redoutent ni les escarmoucheurs
Ni les arbalétriers, dans leurs nefs.
Il n'en est pas de si hardi jusqu'à Pavie:
Chacun d'eux a une grande valeur.
Dieu les tienne longtemps en vie!

203. Ils sont allés visiter Édouard
Souvent, par terre et par eau;
Il n'y en a pas un qui craigne
Deux ennemis, tant ils sont de fier courage!
Ils ont conquis par leur vaillance
Le pont de bateaux qui était à Dieulouard.
Ils l'ont ramené, et ont eu bien raison.

204. Quand ils passèrent près du Pont,
Ils virent bien les ennemis ;
Mais ils scièrent si adroitement les barres
Que ceux du Pont ne l'ont pas su.
Par de vaines paroles ils ont trompé
Ceux qui alors gardaient le Pont,
Si bien qu'ils n'ont rien donné pour le péage.

---

1) *Sowohl in dieser Lesart wie in der von P* (demissours) *unverständlich. Godefro führt* demissours *auf mit der Erklärung* «faute pour missodour?» *S. Glossar*
2) *Dieulouard bei Pont-à-Mousson.*
3) *Pont-à-Mousson.*

p. 116.

[205.] Par leur savoir et par leur poinne
En sont venus sens detrience,
Pour eulx garder de mal assoinne
Avoit chascun ou dair ou lance.
De nuire a) au Pont chescun s'avance,
En la grainge de St. Anthoinne¹)
Ont prins mains buefz et leur substence.

[206.] Ilz ont gaingniez mains grans b) fer
Si l'ont c) vendus pour eulx despendre. [delz,
Ung dou lignaige Palaudelz d)
Ont e) mors, que onque f) ne se volt rendre.
Alleis estoit au lievrez tendre,
D'un espee olt ung telt lardel
Qu'il est quitte de lievre prendre.

[207.] Droit chevauchant x soldoieurs
Devant le Pont apres allerent,
Et cilz du Pont g) orent paour.
Pour eulx h) chassier tantost s'armerent.
Mais li nostrez les recullierent
Si bien qu'ilz furent au piour;
V des contalz mors y laisserent.

[208.] Cilz de Mets ont i) tous leurs k) chevalx
Qu'ilz l) conquirent par leur m) bernaigez.
Onque Tristans ne Percevalx
N'orent d'eulx n) plux fiers couragez.
Aus anemis firent o) mains dampmaigez,
Car per ces mons et par ces vaulz
Bestez ne laissent p) en pastouraige.

[209.] Or vous dirais dez homes d'Airs²)
Qui sont armes moult noblement,
Espeez ont, porpoins q) et dairs
Si r) s'en aiderent vigoreusement.
Souvent leur font assemblement
Cilz de Preney ou s) Andowars,
Mais n'y ont fors t) gaingniet granment.

---

a) *So P, M* nuicre, *D* nuyre. b) *D* bon. c) *So P, M* Cilz o., *D* Sils o. d) *P* Pallardelz, *D* Palaudel. e) *So P D, M* On. f) *P* c'onque. g) *D add.* si. h) *D* les. i) *P* on, *M* o, *D* ot. k) *D* les. l) *P D* Qui (Que) les conquist. m) *P D* son. n) *P D* de luy. o) *P D* fit. p) *P* lait, *D* laisse. q) *P D* pourpoins. r) *P* Si s'en aident, *D* Dont s'aident v. s) *So P, M* o, *D* ont. t) *P D* pas.

205. Grâces à leur habileté et à leurs peines,
Ils en sont revenus sans retard;
Pour se garder de mauvaise affaire,
Chacun avait ou dard ou lance.
Pour nuire aux gens du Pont chacun va de l'avant
En la grange de Saint-Antoine
Ils ont pris maints bœufs avec leur fourrage.

206. Ils ont fait maintes bonnes prises
Qu'ils ont vendues à leur profit.
Un homme du lignage des Paillardel
Fut tué par eux, qui ne se voulut rendre;
Il était allé tendre aux lièvres,
D'une épée il reçut tel lardon
Qu'il a fini de prendre des lièvres.

207. Chevauchant tout droit, dix soldoyeurs
Devant le Pont ensuite allèrent,
Et ceux du Pont en eurent telle peur
Qu'aussitôt ils s'armèrent pour les repousser;
Mais les nôtres les reçurent
Si bien qu'ils les mirent au pire état;
Cinq des comtaux restèrent morts.

208. Ceux de Metz ont pris leurs chevaux,
Qu'ils ont conquis par leur vaillance.
Jamais Tristan ni Parceval
Plus qu'eux n'eurent un fier courage;
A l'ennemi ils firent maint dommage,
Car ni e montagnes ni en vallées,
Ils ne laissent bête en pâturage.

209. Or je vous parlerai des gens d'Ars,
Qui sont armés très-noblement;
Ils ont épée, cottes d'armes et dards,
Dont ils s'aident vigoureusement.
Souvent font contre eux attaque
Ceux de Lorraine ou de Bar,
Mais ils n'y ont pas grand profit.

---

¹) *Zur Antonistenniederlassung von Pont-à-Mousson gehörig.*
²) *Ars a. d. Mosel.*

[210.] De maltallant est plain et chaul
Ung^a) chescun d'Airs qu'est^b) sus Muselle
Et des contaulz et des duchaulz
En font pourter en clincleselle:
Contre leurs cops^c) chescun chancelle,
Maint en ot^d) mors et des deschaulz
En font^e) raller et sens coutelle.

[211.] Cilz de Lupey¹) dever Pontoy²)
Des anemis ont prins vengence.
Le duc Ferry fuit mal courtoy
Queilz^f) assaillit a grant bobance.^g)
Mais chascun prinst ou dairs ou lance,
Si s'affichait^h) sus ces artois:
Le chavetain ont mors d'Aumence.ⁱ) ³)

[212.] Dollant en fuit forment li duc,
Car il estoit de biauteit plain.
Chescuns des siens est esperdus,
Si fuit forment ploreis et plain.
Le duc meysme c'est^k) complain
Et dist qu'il ert^l) moult chief^m) vendus,
Se les vilains tenoit au plain.

[213.] Apres cest faite vous conterons
Ce qu'avint le jour de St. Blaise:
Vers Gorze fuit prins Chauderons⁴)
Et II autrez, per St. Niquaise.
Tuis cilz du Vaul en furent aise
Etⁿ) entr'eulx dient: «Vengiez serons
De ceulx qui nous ont fait malaise.»

[214.] Ses III ait·prins cil de La Piere⁵)
Que ceulx de Metz doient amer;
Tuis cilz^o) hommes sont, par St. Piere,
Aus ennemis forment amer.
On ne les puet de rien blasmer,
Vont s'en^p) devant, viennent daier
S'on vat pennir ou enflamer.

---
a) *D* Trestout. b) *D* om. qu'est. c) *P D* colz. d) ont. e) *P* sont. f) *D* Qui a. g) *So P D*, *M* bundance. h) *So P D* (s'afficha), *M* s. la fichait. i) *P* Amance. k) *D* s'en est. l) *P* y ert, *D* est. m) *P D* chier. n) *P* om. Et. o) *P* ses. p) *So P, M V.* seurs, *P* Vont s'en d., v. d., *D* Voise en devant, vienne en deriere.

¹) *Luppy Kant.Pange.*

210. D'animosité est plein et chaud
Chacun des gens d'Ars-sur-Moselle;
Et maints comtaux et maints duchaux
Ils renversent à bas de leurs selles;
Sous leurs coups chacun chancelle,
Maints sont tués, et plusieurs, sans chausses
Ni cottes, prennent la fuite devant eux.

211. Ceux de Luppy, près de Pontoy,
Des ennemis ont pris vengeance.
Le duc Ferry fut mal courtois
Quand il les assaillit à grand fracas;
Mais chacun prit ou dard ou lance,
Et se tint ferme sur ses pieds;
Ils ont tué le capitaine d'Amance.

212. Le duc en fut fort dolent,
Car il était plein de mérite.
Chacun des siens en est tout éperdu,
Il fut grandement pleuré et regretté.
Le duc lui-même en a gémi
Et dit qu'il fera payer cher cette mort
Si jamais il tient ces villains en sa main.

213. Après ce fait nous vous conterons
Ce qui arriva le jour de saint Blaise:
Vers Gorze fut pris Chauderon
Et deux autres, par saint Nicaise!
Tous ceux du Val en furent aises:
Entre eux ils se disent: «Nous serons vengés
«De ceux qui nous ont fait tant de mal.»

214. Tous trois furent pris par le sire de La Pierre
Que ceux de Metz doivent aimer.
Tous ses hommes sont, par saint Pierre,
Aux ennemis fort amers;
On ne peut les blâmer de rien:
Ils marchent les premiers et reviennent les derniers,
Quand on va saisir ou mettre le feu.

---

2) *Kant. Pange.*
3) *Amance Kant. Nancy-Ost.*
4) *Chauderons in Chron. Mess. p. 50 mit dem Zusatze seigneur de Friaville.*
5) *Andreas von Lützelstein s. oben Str. 171.*

[215.] A celui tempz Richairt Poujoise
Et Hanrias chavetains a) erent. b)
Des anemis forment leur poise
Que sens raison Metz assigierent·
De c) aller sur eulx si s'acourderent
Qu'ilz d) n'y lairont vin ne servoise;
p. 118. Jusques ung jour bien le cellerent.

1325 *[216.]* La premier nuit de quairasme
Februar 20. C'on mainjust e) bien f) pois et lochez,
Si comme je pance et g) bien aaisme,
Ilz font sonner per les perrochez
Apres Meute les grossez cloches. h)
Au roy feront saulce i) tres pasme,
Ilz k) n'en doient avoir reprochez.

[217.] Et quant leur gens ont assamblee,
Si s'en vont droit vers Thionville
Le feut boutent l) par la contree,
Ja m) n'espargnent n) grainge ne ville.
Soies certains que mainte utille o)
Y ot airsez p) celle journee;
Ce que remaint ne vaut estrille.

[218.] Couvert q) fuit et vaul et mon
Ains que leur gens fuit despartie.
Demeurer font r) en Richiefmon s) t)
De la pietaille une partie.
Celle ne fuit pais esmatie; t)
Car qui volcist brisier le pont,
Ja u) ne veist la Saint Mathie.

Februar 24.

[219.] Li chevaucheurs et v) l'autre pietaille,
Se sont alogiez w) vers Florehangez. 2)
Ilz pensoient avoir bataille,
Si se x) sont mis en belles rangez.
Robert et y) Jehan de Wormerengez z) 3)

---

a) *D* H. pour chiefs esterent. b) *P* irrent, *D* esterent, *M* orent. c) *P* D'aler, *D* D'aller.
d) *D* Qui n'y lairoient. e) *P* menjut, *D* mengut. f) *P* b. et pois et loches, *D* p. et soches, *M* p. a l.
g) *D* om. et. h) *P* closses. i) So *P D*, *M* scutte. k) *P D* Jai n'en. l) *D* boutter. m) *P D* Ils n'e.
n) *P* espargnirent. o) So *P D*, *M* ville. p) *D* bruslee. q) *D* Ouvert. r) *P* sont. s) *P D* a Richem

215. En ce temps-là Richard Poujoise
Et Henriat étaient capitaines des Messins
Ils sont fortement irrités contre ces ennemis
Qui sans raison sont venus assiéger Metz.
Aussi convinrent-ils de courir chez eux
Et de n'y laisser ni vin ni cervoise;
Jusqu'au jour fixé ils cachèrent leur projet.

216. La première nuit de carême,
Où l'on mange et pois et loches,
Comme je le pense et le trouve bon,
Ils font sonner par les paroisses,
Après la Mute, les grosses cloches.
Au roi ils accommoderont une sauce très-mauvaise;
Ils n'en doivent pas avoir reproche.

217. Et quand ils ont assemblé leurs gens,
Ils s'en vont droit vers Thionville:
Ils mettent le feu par la contrée,
Sans épargner grange ni ferme.
Soyez certains que plus d'un train de culture
Y fut brûlé cette journée:
Ce qui reste ne vaut pas une étrille.

218. La fumée couvrit et monts et vaux
Avant que leur troupe fût repartie.
Ils ont fait demeurer devant Richemont
Une partie de leurs gens de pied.
Elle n'y fut pas inactive,
Car qui eût voulu forcer le pont
N'eût pas vu la saint Mathias.

219. Les chevaucheurs et le reste des piétons
Se sont établis près de Florange;
Ils pensaient avoir à livrer bataille,
Et ils se sont mis en bel ordre.
Robert et Jean de Volmerange

---

ont. t) *P* amathie, *D* amatie. u) *D* N'eust ja veu la S. M. v) *P D* om. et. w) *P D* logiez lez F.
x) *P* om. se. y) *P D* om. et. z) *P* Wermeranges.

1) *Reichersberg bei Diedenhofen.*
2) *Flörchingen bei Diedenhofen.*
3) *Volmeringen Kr. Bolchen oder Wollmeringen Kr. Diedenhofen. Vgl. Str. 294.*

S'en vont airdant coment q'uil aille
Des Richiefmont jusques Haitangez. a) 1)

[220.] A u lues de Lucembourg
Fuit adont b) le feus boutez;
soies certains que cilz du bourch
Les boutes feus ont redoubtez,
Et li c) oste fuit tout aroutez,
Tout leur afaire et leur labour
Vous conterai, se m'escoultez.

p. 119.

[221.] Sens les moullins et bergeries
Bonnez villes ont airs quairante.
Les gens le d) roy sont e) esbahiez;
Des airs y ot plux de cinquante;
Robert les voit, s'en rist et chante.
Pour muelz condure lez pennies
Tien de son dair chescun la f) hante.

[222.] Li waudiseurs g) a Florehangez
Vigoireusement ont assaillis;
La h) heussent mal et coustangez
Se ne fuissent quairelz i) fallis.
Ilz ont esteis jusquas palis. k)
Bien en doient avoir louengez
C'onque l) ne fuit nulz mal baillis.

[223.] Vaiches et boeufz, berbis et pors,
Chievres, m) chevalx ou autres bestez
Ont ramenez a grand depors;
Bien n) l'ont veu et clercz et prestez
Li o) ost s'en vint, plux n'y arrestez:
Onque ne fuit si grant apors
N'a p) dicaice, n'a sains, n'a festez.

[224.] Ses q) soulleirs ront et ces tacons
N'ait pais en vain notre pietaille,
Rappouertez ont r) les grans baucons
Et mainte aultre meilleur mainjaille. s)

---

a) *P D* Richemont jusqu'a Haianges. b) *D* adonques. c) *D* leur. d) *D* L. g. du roy sont.
e) *P* sont esmaiez. f) So *P D*, *M* de. g) *D* gaudisseurs. h) *P* Fait eust m. e. c., *D* Ils. i) *D* om. qu. f.
k) *P* au pallis, *D* pailly. l) *P* C'onque n'en f, *D* Qu'a homme oncques cop ne bailly. m) *D* C. et c.
n) *D* Et b. o) *D* Que l'ost s'en va. p) So *P*, *M* Ne d., ne s., ne f., *D* En dedicace ou aultre feste.
q) *P* S. s. r. ne ses t., *D* Les soulez rons ne ses. r) *P* ait mains g. b., *D* a. s) *D* mengalle.

S'en vont brûlant de tous côtés,
Depuis Richemont jusqu'à Hettange.

220. A deux lieues de Luxembourg
Fut alors le feu allumé.
Soyez certains que ceux de la ville
Ont redouté les boute-feu.
Là notre armée fut toute réunie,
Ce qu'elle a fait, ses exploits,
Je vais vous en parler si vous m'écoutez.

221. Sans compter les moulins et bergeries
Ils ont brûlé quarante bonnes fermes.
Les gens du roi sont désolés;
De brûlées il y en a plus de cinquante!
Robert les voit; il s'en rit, il chante.
Pour mieux exécuter les saisies,
Chacun tient la hampe de sa lance.

222. Les éclaireurs à Florange
Ont donné un vigoureux assaut;
Il eussent causé grand mal et grandes pertes
S'ils n'avaient pas manqué de carreaux.
Ils ont été jusqu'à la palissade;
Ils doivent en avoir bien des louanges,
D'autant plus qu'aucun d'eux n'a été mis à mal.

223. Vaches et bœufs, brebis et porcs,
Chèvres, chevaux et autres bêtes
Ils ont ramené en grande liesse;
Ils l'ont bien vu et clercs et prêtres.
L'armée s'en revient sans plus s'arrêter;
Jamais on ne vit telle abondance
A fête patronale ou à toute autre fête.

224. Souliers et semelles n'ont pas été usés
En vain par nos gens de pied;
Ils ont rapporté de grandes pièces de lard
Et mainte autre victuaille encore meilleure;

---

[1] Da nach Str. 220 bis auf zwei Meilen von Luxemburg vorgerückt wird, so verdient die Lesung Haitange gegen Haiange den Vorzug; denn Hettingen liegt nördlicher als Hayingen, näher an Luxemburg.

Ilz n'ont laissiez que^a) denier vaille
For^b) que cendre, pierez et vaucons:
On pays n'ait autre^c) vitaille.

[225.] Je ne say home qui puist dire,
S'il n'avoit [fait]^d) trestous lez fais,
Les dapmaigez ne le^e) martire
Ne lez meschiez qui^f) la furent fais.
Les hostelz ont si bien deffais
Que le roy n'ait tallant de rire;
Car tout avint per ces meffais.

[226.] Pour ce c'on dit parmey champaigne
Que cil qui fiert veult c'on le fierce,
Et pour meter^g) ceulx de Bahaigne
Sont li poon^h) desvenus fierce.
Ainsois qu'il fuist meidy ne tierce
Telt feu leur fist nostre compaigne
Qu'il convendrait chascun pain quierce.ⁱ)

[227.] Poon fierces^k) sont devenus;
Ains que la guerre preigne fin,
Seront poon pour roc tenus
Pour chivalier et pour aufin.
En la guerre tout leur or fin
Metteront ainsois, gros^l) et menus,
Qu'ilz n'en veignent a bonne fin.

[228.] La maxon Jehan de Mairley¹)
Abatue ont le jour des Bures.^m)
Pour ce vous ais de lui parles
Qu'ilⁿ) fist a Metz maintes laidurez,
Mains oultraiges et mains injurez,
Mains hostelz ait airs et brulleys,
En mal faire ait toute sa cure.

[229.] Droit le quint jour apres de mars
L'ont moult bien fait cilz de Joiey;^o)²)
Grant ayde leur ait fait Mairs,
Quant cest fait cecy m'esjoiei;^p)

---

a) *D* l. denier ne maille. b) *P* Fors que pieres e. e. w. c) *D* n'a d'autre vietaille. d) *M om.* fait, *erg. nach P D*. e) *P D* les. f) *P* que la fut fait, *D* que f. f. g) *So P, D* mater, *M* mettre. h) *P* paon, *D* pouons. i) *P* Qu'il c. chescun p. quierce, *M*. querre. *D* Qu'il fauldra chacun son pain quierce. k) *So P, M* liers. l) *P* grant. m) *P* burles. n) *D* Qui. o) Preneyz. p) *P* s'ensi mesjoiei, *M* m'esjoyt. *D* cy je m'esjoy.

Ils n'ont laissé pas même la valeur d'un denier,
Rien que pierres, cendres et décombres;
Dans le pays il n'y a plus d'autres vivres.

225. Je ne sais pas d'homme qui pût dire,
(A moins d'avoir lui-même pris part à ces prouesses),
Les dommages ni les ruines,
Ni les ravages qui furent faits.
Ils ont si bien détruit les maisons
Que le roi n'a pas sujet de rire,
Car tout cela est arrivé par ses méfaits!

226. Comme l'on dit à la campagne
Que celui qui frappe mérite bien être frappé,
Pour mater ceux de Bohême
Les pions sont devenus *fierces*.
Avant qu'il fût midi ni tierce,
Nos troupes leur alumèrent un tel feu
Que chacun sera réduit à chercher son pain.

227. Les pions sont devenus *fierces*;
Avant que la guerre ne prenne fin,
Les pions seront tenus pour *rocs*,
Pour *cavaliers* et pour *auphins*.
En la guerre tout leur or fin
Ils mettront, grands et petits,
Pour en venir à bonne fin.

228. La maison de Jean de Marly
Ils ont abattue le jour des Brandons,
Parce qu'il a, comme je vous l'ai dit,
Fait à Metz maintes vilenies,
Maints outrages et maintes injures.
Il a brûlé et détruit bien des maisons;
Il n'a souci que de faire le mal.

229. Le cinquième jour du mois de mars
Ont bien travaillé les gens de Jouy.
Le dieu Mars leur est venu en aide.
De ce qui fut fait je me réjouis;

---

1) *Marly im Kant. Verny.*
2) *Jouy-aux-Arches oberhalb Metz a. d. Mosel.*

D'eulx vangier sont esvertuys;[a])
La perdist Bair plux de mil mars;
Car suis[b]) hommes furent tueys.

[230.] Tuis li nostrez se sont penes
Coment contaulz aient grevancez;
De leur haiches ont troncenez[c])
Et maintez[d]) grans dairs et mains[e]) lancez;
De bien faire chescun s'avance,
Deffandent[f]) soy come fourcenez
La ont contalz [malle[g])] acointance.

[231.] Cilz de Joiey par ceulx d'Ancey[1])
Furent garnis a leur venir;
Et li nostrez[h]) n'ont pas dancey,
L'assaul aimment muelz a tenir.
Moult l'ont bien fait jusqu'al fenir
Leur bidaulz ont aus nostrez lancier[i])
Plux ne pueent[k]) l'assault tenir.

[232.] Des mors y ot et des navrez,
Soies certains, celle journee.
Par moy[l]) les noms d'aucuns saureis,[m])
Car bien en sai la renomee.
Nostre gent fuit ung pou navree
Mais n'y ot nulz a mort navrez
Garis seront sens demouree.

[233.] Pour ce qu'ilz ont tenus estaul
Aus anemis, Metz les fist[n]) mettre
En une chambre en l'ospital,
En leur santei pour eulx[o]) remettre.
La s'en sceit on bien entremettre.[p])
Or, vous dirais ce que contalz
Ont la perdus selong la lettre.

[234.] Messire Aubert qu'est de Nercey[2])
La fuit ocis et tout froit mors;
Li cuien[q]) en fait chanter: *Parcey*[3])

---

a) *P* esvirtuei. b) *P D* ses. c) *P* troncel. d) *D* Et maint grand dart et mainte lance. e) *P* maintes. f) *D* Deffendus sont. g) *M om.* malle, *erg. nach P, D* mal. h) *D* E. l. n. du tout aussy. i) *P* a nous lanciet, *D om.* nostrez lancier. k) *D* peullent. l) *P* Par my. m) *So P, D* sçaurez, *M* savez. n) *P* le fait. o) *D* les. p) *P* remettre. q) *D* conte.

1) *Bei Ars a. d. Mosel.*

A prendre vengence ils se sont évertués ;
Là, Bar perdit plus de mille marcs,
Car nombre de ses hommes furent tués.

230. Tous les nôtres se sont mis en peine
Pour faire du mal aux gens du comte ;
De leurs haches ils ont tranché
Et maint grand dard et mainte lance ;
A bien faire chacun est plein d'ardeur,
Ils se défendent comme des forsenés :
Là, les comtaux ont mal rencontré.

231. Ceux de Jouy par ceux d'Ancy
Furent renforcés à leur venue ;
Et les nôtres ne se sont pas amusés,
Ils aiment mieux soutenir l'assaut ;
Ils l'ont bien soutenu jusqu'à la fin,
Les ennemis ont lancé sur nous leurs archers ;
Ils ne peuvent plus tenir l'assaut.

232. Il y eut des morts et des blessés,
Soyez-en sûrs, en cette journée.
Par moi vous saurez le nom de plusieurs,
Car j'en sais bien la renommée ;
Les nôtres furent un peu blessés,
Mais il n'y en eut aucun frappé à mort ;
Ils seront guéris sans retard.

233. Pour ce qu'ils ont tenu en échec
Les ennemis, Metz les fit mettre
En une chambre à l'Hôpital,
Pour les remettre en bonne santé ;
Car là sait on bien s'y entremettre.
Or je vous dirai ce que les comtaux
Ont perdu là, selon la lettre.

234. Messire Aubert de Narcey
Là fut tué et resta roide mort.
Le comte lui fait chanter le *Parce*

---

2) *Wohl Naix am Ornain S. Ö. Ligny Dép. de la Meuse (1402 Narceyum).*
Bouteiller conjiziert *Nancy* gegen alle drei Handschriften und meint, es wäre ein
Mitglied der Familie Lenoncourt. *Guerre de M. S.* 306.

3) *Parce*, Anfang des *Officium Defunctorum, Lectio I : Parce mihi Domine.*
Breviarium Romanum.

Et les autrez leicons des mors.
Quant les siens voit navrez et mors
Que li donnast le pourtacey^a)
Maingiez n'eust^b) ung tout seul mors.

[235.] Soies certains, messire Aubert^c)
A moult grant duelz fuit mis en terre,
Onque hiaulme ne cez haubert
Ne li vallont^d) une vielz^e) serre.
Pou ait gaingnier en ceste guerre,
Combien qu'il fuist un vaillant bers^f)
Et renomez en autre terre.

[236.] Ung escuier de la contree
[D'Ardenne]^g) olt mors la^h) vraiement
Il olt d'un dair la lanceⁱ) oultree
Permey le chief villennement.
Navrez y ot certainnement
Bien xxv celle journee;
Mais je me^k) veulz passer briefment.

[237.] Apres ceste fait que je^l) vous ais dit
Quair jour devant la St. Grigoire,
Je croy ce^m) fuit le venredy,
Bien l'ais encor en ma memoire
Ceulz de Metz ont prins leurⁿ) oire;
Vers Briey¹) vont sens contredis,
Vous saves bien ceste chose voir^o)

[238.] Le matinet, quant il adjourne
Que [les gens vont en lour ouvraige],^p)
Cilz de Metz sont venus sur Oirne;²)
De neis, de planches font passaige,
Par la passent^q) oultre le rivaige.
De la pitaille^r) la sojourne
Une partie a^s) fier couraige.

---

a) *So P*, *M* pont aircey, *D* poutarcey *oder* puntarcey. b) *D add.* sceu. c) *P* Aubers. d) *D* vallent. e) *So P D*, *M* vie. f) *So P D*, *M* ver. g) *Nach P D*, *M om.* d'A. h) *D* et. i) *P D* hante. k) *D* m'en. l) *P D om.* je. m) *D* que. n) *D* droit aire. o) *D* voire. p) *Ergänzt nach P D*, *in M Lücke.* q) *P* passeit on l. r., *D* passe ont le r. r) *So P*, *M* bataille, *D* pietaille. s) *D* de.

Et les autres leçons de l'office des trépassés.
Quand il voit les siens blessés et morts,
En vain lui eût-on servi le meilleur repas,
Il n'aurait su manger une seule bouchée.

235. Soyez certains que messire Aubert,
A grand deuil fut mis en terre.
Ce jour-là son heaume ni son haubert
Ne lui valurent non plus qu'une vieille ferraille.
Il a peu gagné à cette guerre,
Quoiqu'il fût un vaillant baron
Et renommé en autre terre.

236. Un écuyer du pays
D'Ardennes est mort là aussi vraiment:
Il eut d'une hampe de lance
La tête traversée cruellement.
Des blessés, il y en eut certainement
Bien vingt-cinq en cette journée;
Mais je veux en finir brièvement.

237. Après ce fait que je viens de vous dire,
Le quatrième jour avant la saint Grégoire,
Je crois que ce fut le vendredi,
Je l'ai bien encore en la mémoire,
Ceux de Metz se sont mis en route;
Vers Briey ils vont sans obstacle,
Vous savez bien que c'est chose vraie.

238. Dès le matin, au lever du jour,
Quand les gens vont à leur ouvrage,
Ceux de Metz sont arrivés sur l'Orne;
Ils font un pont de bateaux et de planches,
Grâce auquel ils passent la rivière.
Là s'arrête des gens de pied
Une partie, au fier courage.

---

[1]) *Briey in Frankreich nicht weit von der deutschen Grenze bei Groß-Moyeuvre.*
[2]) *Orne, Nebenfluß der Mosel, der zwischen Metz und Diedenhofen auf der linken Seite mündet.*

[239.] Puis ont les gens de la cite
Devers Briey fait mains dampmagez.
Voulantier ont la visite
Car li conte fist grans oultraigez,a)
Quantb) avoit maintez avantaigez
De ceulx de Metz en verite
Et mains denier sens laissier gaigez.

[240.] Toutc) li pays femit et airt
N'yd) est remeise ville entiere
Cilz de Briey n'orent rowarte)
Qu'ilzf) se tinxent en leur ta[niere]g)
Lah) voient ilz la fumiere
Par la terre qu'est Endowart
Et per devant et par darriere.i)

[241.] Cil d'Aispremont, qui deffiait
Tous ceulx de Metz par la requeste
Ausk) anemis, perdus y ait
Et maintez villes et mainte beste.
Si grant meschief ne telt tempeste
N'oys conter, tres grantl) piece ait:
On en puet bien chanter de geste.

[242.] Puis que Paris ravit Elainnem)
Dont Troie ardit Menelaus,
Ne des le temps que tint le rengne
Apres Heroden) Archelaus,
Ne puis que Job habitait Hus,
Ne fuit telt feus comme en Lorrainne
On vaituo) fait Nicolaus.¹)

[243.] Repairies sont en leur masons
Quant la terre fuit degaistee;
Il estoit bien temps et saisonsp)
Car ilz firent tres grant journee:
Pluseurs bestes ont rameneez
Cilz d'Anglemurs et de Taisons²)
Et cilz qui prennent les soldeez.

---

a) *P* damaige. b) *P* Quant eu, *D* Et eu. c) *P* T. l. p. bruit et art, *D* Le pays est bruys et art. d) *D* Et si n'y a plus v. e. e) *D* regart. f) *D* Fors d'eulx tenir. g) *Ergänzt nach P D.* h) *P D* Le feu veoient (voit) et la fumiere. i) *So P*, *M* daier. k) *D* Des. l) *P* trop gr. m) *P* Halenne, *D* Helene. n) *Übergeschrieben* Hector. o) *P* vertus, *D* vatu, *daraus korrigiert* batu. p) *So D*, *M* rasons, *P* saisons.

239. Puis les gens de la cité ont
Vers Briey fait maints dommages:
Bien volontiers ils ont envahi ce pays,
Car le comte leur a fait grands outrages,
Quoiqu'il eût tiré maints avantages
De ceux de Metz, en vérité,
Et maints deniers sans donner de gages.

240. Tout le pays est incendié et brûlé,
Il n'y reste pas un village intact.
Ceux de Briey ne pensèrent qu'à une chose,
Se renfermer en leur tanière;
Ils voient partout feu et fumée
Par la terre qui est à Édouard,
Et par devant et par derrière.

241. Le seigneur d'Apremont qui défia
Tous ceux de Metz, à la requête
Des ennemis, y a perdu
Et maint domaine et mainte bête.
Tel dommage ni telle tempête
Je n'entendis conter, depuis longtemps:
On en peut bien faire une chanson de geste.

242. Depuis que Pâris ravit Hélène,
Ce qui fit brûler Troie par Ménélas,
Ni depuis le temps que régna
Après Hérode Archélaüs,
Ni depuis le temps que Job habita Hus,
Ne fut tel feu qu'en Lorraine,
Où saint Nicolas opère ses miracles.

243. Ils se sont retirés chez eux
Après avoir dévasté le pays;
Il en était bien temps et saison,
Car ils firent là une grande journée:
Ils ont ramené des bêtes en grand nombre,
Ceux d'Anglemur et de Taison,
Et ceux qui sont à la solde de Metz

---

[1] *Besonders in Lothringen verehrt; seine Reliquien sind in St.-Nicolas-de Port-sur-Meurthe.*

[2] *Anglemur, Stadtteil am ehemaligen Moselabhang, wo jetzt das Häuserviereck zwischen Wachtstraße und Arnulfstraße liegt. Taisons, Stationsstraße.*

[244.] Or vous dirai le grant meschies
Que le mairdis apres avint :
Une assemblee de rechief
Dever Failley¹) d'anemis vint.
La des vigneurs ᵃ) morir convint
Tranchiez orent ou ᵇ) bras ou chief;
Onque si grant murtre ᶜ) n'avint.

[245.] La olt grant duel et grans dampmaigez
De sang y ot trop rependus.
Li anemis tout plain de raiges
Furent apied ᵈ) tous descendus,
En ɪɪɪ lieus ont assaulz rendus,
Et cil qui estoient ᵉ) en leur ovraigez,
Tant come ᶠ) pourent, sont deffendus.

[246] Que mors que prins ou qu'afallez ᵍ)
Des nostre ʰ) y ot plux de quairante
Chascun en doit estre adoleis. ⁱ)
Qu'ilz ᵏ) fovoient ˡ) ou vigne ou ᵐ) plante
Rappourter n'ont entiere hante.
Chascun fuit la si foulles ⁿ)
Que ᵒ) le plux sain convint grant tante.

[247.] Et quant ce vint au despartir,
Navres y ot maint de Bahaigne ᵖ).
Li nostrez sont vrais ᑫ) mairtir,
Dieu les recoive ʳ) a sa compaigne,
Dez ˢ) Bahignons trestout maheigne!
Qu'ilz ᵗ) ne sceivent ᵘ) guies ᵛ) murtrir
Ou desrober qui que s'em plaigne.

[248.] Des ʷ) Bahignons les fais je tiens
A droit murtre, non pas en ˣ) guerre;
Quar cilz de Metz sont boins Cristiens,
Ilz ʸ) n'est meilleur en nulle terre,
Ilz ᶻ) ne sceivent nullui for querre
Ilz ne prennent s'on ne dit: tiens!
Ilz n'aimment pas murtrours ne leire.

---

a) *P* vignerons. b) *D* et b. et ch. c) *P* martire. d) *So P D, M* apres. e) *P* qu'il irrent, *D* qui crerent. f) *D* que. g) *P* qu'affoleis. h) *So P D, M* mors. i) *So P, M* dollant, *D* emboulez. k) *D* Car ils faisoient. l) *P* fooient. m) *P* en v. on en p. n) *P* trobleis, *D* triboulez. o) *D* Qu'au plus haitiez convint g. tente. p) *So P, M* Hahaigne, *D* Behaigne. q) *D* comme un m. r) *P* ressoice en s. c.

244. Or je vous dirai le grand malheur
Qui le mardi d'ensuite advint:
Derechef, une troupe
D'ennemis vint vers Failly.
Là, des vignerons furent mis à mort,
Ils eurent la tête ou les bras tranchés,
Jamais on ne vit meurtre si cruel.

245. Là fut grand deuil et grand dommage,
Là fut beaucoup de sang répandu.
Les ennemis, tout pleins de rage,
Sont tous descendus de cheval;
En trois lieux ils ont donné l'assaut,
Et les vignerons, qui étaient à leur ouvrage,
Autant qu'ils ont pu, se sont défendus.

246. Tant morts que pris ou que blessés,
Il y en eut des nôtres plus de quarante;
Dont chacun doit être affligé.
Quoiqu'ils bêchassent leur vigne ou leur plante,
Les ennemis ne rapportèrent pas une hampe intacte:
A l'action chacun s'échauffa tellement
Que les mieux portants durent se mettre au lit.

247. Et quand ils vinrent au départ
Ceux de Bohême comptèrent maint blessé:
Les nôtres sont de véritables martyrs,
Dieu les reçoive en sa compagnie,
Et maudisse tous ceux de Bohême!
Car ils ne savent rien que meurtrir
Et piller, qui que s'en plaigne.

248. Les faits de ceux de Bohême, je les tiens
Pour vrais meurtres et non pour faits de guerre,
Car ceux de Metz sont bons chrétiens,
Il n'en est de meilleurs en nulle terre,
Ils ne savent faire de tort à personne,
Ils ne prennent que si on dit: tiens!
Ils n'aiment ni meurtriers ni larrons.

---

s) *P D* Et. t) *D* Et les face aussi m. u) *P* sc. que m. v) *D* sic! w) *P* Les. x) *P* a.y) *P* Il n'ait millour. z) *D* On ne scet que sur eulx fourquerre.

1) *Failly, Kant. Vigy.*

[249.] Sus Sarasins ou sus païens
Pour quoy ne vont nos^a) adversairez,
Qu'ilz ne prisent ɪɪɪ pois [bayens]^b)
D'omes tuer qui^c) n'ont que dairez?
Ne tenons pas leur esxemplaire,
Combien que nous la cause aiens
Homecidez sus^d) eulx de faire.

[250.] Quant sus le conte ne^e) sus le roy
Cilz de Metz vont ardre ou pennir
Sens murtre^f) faire, leur conrois
Se sceivent bien tuit maintenir
Et a l'aller et au^g) venir.
Ilz n'ont cure^h) de telt desroy,
Nulz des villoisⁱ) ne font fenir.

[251.] Dites^k) vous donc c'est vasselaige
D'omme tuer de ces villois?
Certe non est, ains est outraige
Et contre Dieu et contre lois.
Romains dient et li Gallois:
Qui^l) ne lait faire le gaingnaigez,
De tous doit estre^m) bien mallois.

[252.] Jeⁿ) ne vous veul plux faire compe
Des anemis, trop sont hautain^o)
Apres ceste faite font une trompe
Sonnez de Metz le chavetains.
Li soldoieurs et li citains
Pour^p) l'oye de celle trompe
S'armerent tuis, soies certains.

p. 125.

1325
März 25.

[253.] Ce fuit la nuit c'on fait la feste
Quant Dieu preist chair en la pucelle,
Qui tant fuit saige et tant honneste,
Quant a l'aingle dist:^q) «Je suis ancelle
«A ce Signeur que^r) tous appellent.»^s)
Quant que *Eva*^t) fist de moleste
A celui jour *Ave* rappelle.

---

a) *P* notre. b) *So D, P* baiems. *M* Lücke. c) *P* qu'il n'ait que daire. d) *D* seroit a f. e) *D* on. f) *Nach P D, M* meltre. g) *P* a. h) *So P D, M* cuer. i) *P* villains. k) *So D, P* Dite, *M* Doutes. l) *P* Qui lai faire. m) *P* d. bien estre m. n) *So P, M* Je ne vous ai p. fais c. des Bahegnons, sont trop hautain, *D* Je ne me veul plus emtraper Des Behaignons, trop sont haultains. Apres leur trouppe ont fait tromper Et dent de Mets les chevetains. o) hautains *nach P D, in M* batus. p) *D* Bien se sont

249. Sur les Sarrasins ou les païens
Pourquoi ne vont nos ennemis,
Eux qui ne prisent trois pois chiches
Le meurtre d'hommes désarmés?
Ne suivons pas de tels exemples,
Bien que nous ayons le juste droit
De commettre sur eux des homicides!

250. Quand sur les terres du comte ou du roi
Ceux de Metz vont brûler et saisir,
Sans faire de meurtre, leurs gens
Se savent bien tous maintenir,
Et à l'aller et au retour;
Ils n'ont cure de tels méfaits,
Ils ne font périr aucun villageois.

251. Dites-vous donc que c'est vaillantise
Que de tuer des laboureurs?
Non certes pas, mais c'est outrage
Et contre Dieu et contre les lois;
Les Romains disent et les Français aussi:
Qui met obstacle à la culture de la terre
De tous doit bien être maudit.

252. Je ne veux plus vous parler
De nos ennemis, car ils sont trop inhumains.
Après cette aventure, les capitaines de Metz
Ont fait sonner de la trompe:
Les soldoyeurs et les citains,
Au son de cette trompe,
S'armèrent tous, soyez-en certains.

253. Ce fut la nuit qu'on fait la fête
Où Dieu prit chair en cette vierge,
Qui fut si sage et si sainte,
Alors qu'elle répondit à l'ange: «Je suis servante
Du Seigneur qui appelle à lui tous les hommes.»
Tout ce que Eve fit de mal,
En ce jour-là Marie [1]) le répare.

---

voln occuper A eulx armer, soyez certain.   q) P Qu'a l'a. d.,   D om. dist.   r) D qui.   s) P D appelle.
t) So P D. M Ava.

1) *Le français ne peut conserver le jeu de mots du latin:* Eva Ave, *qui se rencontre entre autres dans l'hymne à la Vierge,* Ave Maris stella: Sumens illud Ave Gabrielis ore, Funda nos in pace mutans Evæ nomen, *dont ces deux vers de notre texte offrent le commentaire. (Bonnardot.)*

[254.] Quant sont armeis, lor chevalcherent
En la duchie vers Roupedange,[1])
Plusieurs seigneurs adapmagerent:
C'est Salebruche[2]) et Fenestrange[3])
Ceulx de Ma[ingnes],[a])[4]) ceulx de Crehanges;[5])
Mais li duchaulz plux y perdirent[b])
Onques n'orent si chiers[c]) coustangez.

[255.] Vers Wairneperg[d])[6]) toute la terre
Fuit lors en feus et en fumiere.
Il li fauroit longement querre
Qui volroit veoir maxons entiere.
Encor n'ont airs en[e]) maniere
Des le premier jour de la guerre;
Warrise[7]) en fuit airse dariere.

[256.] Cinquante[f]) villes sens les graingez
Et les moullins y ot[g]) brulles.
Li duchaulz ont trouveis estraingez
Citains et ceulx qui[h]) sont soldoiez.
Plusieurs proies ont amenez[i])
Et mains[k]) hommes laissiez en laingez,
Mais[l]) n'y ot nulz ferrus d'espeez.

[257.] Cilz du pays fuient[m]) comme lievrez,
Nuis[n]) estoient, c'est avantaigez.
De[o]) la paour perdent les fievrez
Li dehaitiez et leur malaigez.[p])
Tuis s'en fuient[q]) vers lez boucaigez.
Ilz ont perdus anes[r]) et chievrez
Et tuis leur biens par leur outraigez.

[258.] Li cuien, li duc sont courouciez
Pour leur terre qu'est degaistee!
Entr'eulx dient:[s]) «Trop summez[t]) bleciez,
«Envoions tost par la contree,
«Faisons briefment nostre assamblee;

---

a) *Erg. nach* P D. b) *P* perdeirent. c) *P* grant, D griefz. d) *P* Wernepet, *D* Warnep.
e) *P D add.* tel. f) P D Quarante. g) P ont. h) P qui ont soldees, D de leur soldies. i) D ramenees. k) *P* mainte homme. l) *D* Sans ceulx qui sont ferus d'espees. m) *P* fuirent. n) *D* Vintz
o) *D* Et de grant p. p) *So P, D* malaige, *M* mallades. q) *P D* s'enfuirent. r) *D* brebis. s) *P* dirent. t) *P* sont.

1) *Rüplingen bei Bolchen.*
2) *Saarbrücken.* 3) *Finstingen.*

254. Quand ils furent armés, ils chevauchèrent
Dans le duché, vers Roupeldange;
Ils ravagèrent plusieurs seigneuries:
Celles de Sarrebruck et de Fénestrange,
Celle de Mengen, celle de Créhange;
Mais les duchaux y perdirent plus encore,
Jamais ils ne subirent de si graves dommages.

255. Vers Warsberg tout le pays
Fut alors mis en feu et fumée.
Il lui faudrait chercher longuement
A qui voudrait voir une maison intacte.
Ils n'avaient pas encore fait de si grand feu
Depuis le premier jour de la guerre.
Varize fut brûlée la dernière.

256. Cinquante métairies sans compter les granges
Et les moulins furent brûlés.
Les duchaux ont trouvé terribles
Les citains et ceux qui sont à leur solde;
Ceux-ci ont ramené un nombreux butin
Et laissé maint homme en chemise,
Mais il n'y en eut pas de frappés par l'épée.

257. Ceux du pays fuient comme des lièvres,
Ils sont tous nus, ce n'en est que plus commode;
La grande peur guérit de la fièvre
Et de toute souffrance ceux qui sont malades,
Tous s'enfuient vers les bois;
Ils ont perdu ânes et chèvres,
Et tous leurs biens, en punition de leurs outrages.

258. Le comte et le duc sont courroucés
De voir leur terre ainsi ravagée;
Ils se disent entre eux: «Nous sommes trop mal-
«Envoyons nos ordres par la contrée,   [traités;
«Pour réunir nos gens sans délai;

---

4) *Mengen a. d. Blies. Herrschaft Mengen erstreckte sich bis in Pays Messin.*
5) *Kriechingen bei Falkenberg.*
6) *Warsberg Kr. Bolchen.*
7) *Varize = Weibelskirchen Kr. Bolchen.*

«S'estre deviens tuis despeciez,a)
«Encorb) iert Metz environnee.»

[259.] Entrantc) sad) gent chescun asamble
Qu'il ni ait pas longuement mis,
A l'evesque de Verdun1) semble
Qu'encor ait Metz pou d'anemis.
Per ung prescheur qu'il ait tramis
Tout ceulx de Metz deffie ensemble,
Estre ne veult plux leur amis.

[260.] Quant onte) heusf) leur mandement,
Li cuen de Bair, Ferris li dus
Parmey le Vaul vinxent briefment.
De ce suix je trop esperdus,
Quant la sepmainne ou Dieu vendus
Fuit aus juyfz pour nous vilement,g)
Ont devant Airs leur treis tendus.

1325
März 31 bis
April 7.

[261.] Ilz ont les vignes atrapezh)
Trestout a fait et tout par ordre;
De paixeli) ont les grans moielk)
Toutes airsez sens rien escordre.
Consciance lez deustl) remordre,
Quant les vignez ont degaisteez,m)
Muelz leur vaulcist leur laingue mordre.

[262.] Ilz en averont confusion
Et grant honte, bien le sachies.
On tempz c'on list la passion
De Jhesu Crist qui atachiez
Fuit enn) la croix pour nos pechies,
Qu'ilz n'onto) heus compassion,
C'est heresie et grant meschies.

[263.] Quant par Judas fuit Jhesucrist
Vendus, la olt utilite,
Si comme tesmoigne li escris,p)
Tuis en fumes d'anfer gittes;

p. 127.

---

a) *D* despeoz. b) *D* Tost sera. c) *D* Tandis. d) *P* ses gens. e) *D* Qu. ils ont eu l. m. f) *P* neu. g) So *P*, *D* vilment, *M* villainnement. h) *D* estrepees. i) *P* parcelz, *D* paisselz. k) *P D* brassees. l) *P* doit, *D* doibt. m) *P* gastee. n) *D* a. o) *P* Quant n'ont eu c., *D* n'en n'ont c. p) *D* l'escript.

1) *Heinrich v. Apremont (1310—1349). Den Eintritt des Bischofs in das*

Quand même nous devrions être mis en pièces,
« Il faut que Metz soit encore assiégée. »

259. Pendant que chacun assemble ses gens,
Ce qu'il n'a pas mis longtemps à faire,
A l'évêque de Verdun il semble
Que Metz a encore trop peu d'ennemis :
Par un frère prêcheur, son messager,
Il défie tous ceux de Metz ensemble ;
Il ne veut plus être leur ami.

260. Quand ils ont fait leur mandement,
Le comte de Bar et le duc Ferry
Vinrent rapidement dans le Val.
D'une chose je suis tout éperdu,
C'est qu'en la semaine où Dieu fut vendu
Aux Juifs pour nous, à vil prix,
Ils ont devant Ars dressé leurs tentes!

261. Ils ont arraché les vignes,
Complétement, par ordre exprès ;
Les grands amas d'échalas,
Ils les ont tous brûlés, sans en rien laisser.
Leur conscience devrait avoir remords
D'avoir ainsi saccagé les vignes ;
Mieux leur eût valu se mordre la langue.

262. Ils en auront confusion
Et grande honte, sachez-le bien!
Au temps qu'on lit la Passion
De Jésus-Christ, qui fut attaché
A la croix pour nos péchés,
N'en avait pas eu compassion,
C'est hérésie et grand sacrilége!

263. Alors que par Judas fut Jésus-Christ
Vendu, ce forfait eut du moins pour résultat,
Ainsi que le témoigne l'Écriture,
De nous faire tous échapper à l'enfer ;

Bündnis der vier Fürsten setzt die Chron. de la ville de M., Huguenin p. 49 schon viel früher, unmittelbar im Anschluß an die Absage, die Gobert v. Apremont an die Stadt gerichtet hat. S. Str. 175.

[Maix on peut dire en veriteit],[a])
Qu'autretel sont comme Antecrist
Qu'an leur fais n'ait qu'iniquiteit.

[264.] Or, me dites, est[b]) il prouvaige
En[c]) destrure vignez et bois?
Nennyl serte, mais grant dampmaige,
Ne le tenes pas a gabois.
Ilz ont destruis tous les villois,
Aulter brisier et mainte ymaige,
C'est contre Dieu et contre lois.

[265.] Or[d]) vous dirai que [j'ai][e]) pancey
De ceust de l'ost quant j'oy l'estre.[f])
En mon cuer dit: cilz de Nancey
Ne devraitt[g]) plux chivalier estre.
Quant la maxon au roy ceslestre
Abatue ait[h]) qu'iert[i]) a Ancey;
Garder la deust[k]) per St. Silvestre.

[266.] Li chivaliers doient deffendre
Prestes et clercz et Ste. Esglise.
On doit blasmer et bien reprendre
Ceulx qui ne font en ceste[l]) guise.
Le[m]) duc n'ait foid ne gentillise,
Quant de Celui qui en croix pendre
Voult pour nous, ait la teste prise

[267.] Encor veult Dieu crucifier
Et delivrer aus faulz juyfs;
Nulz ne s'en doit en lui fier
Trop ait de juyfs[n]) en son pays.
Cilz qu'aimment Dieu, honnour et pris,
Le debvroient tuis defier
Par quoy fuist mors, navrez ou pris.

[268.] Or parlerai sus Endovart
Qu'a tort heit Metz, c'est l'un des quaitrez.
Pour lui n'ont pas esteis covars
Du clochier d'Air[o]) ces hommes abaitre;
Violez ont l'esglise et l'aitre,

---

a) *Erg. nach P D.* b) *P* ait, *D* a. c) *D* A. d) *D* Si. e) *Erg. nach P D.* f) *So P D* j'ou d'estre. g) *So P, D* debveroient, *M* debveront. h) *So P, M D* ait. k) *So P, M D* deussent. l) *D* aultre.

Mais on peut dire en vérité
Que de telles gens sont comme l'Antechrist,
Et qu'en leur fait il n'y a qu'iniquité.

264. Or dites-moi, est-ce prouesse
Que détruire vignes et bois?
Non pas, certes! mais grand dommage;
Ne le prenez pas en plaisanterie.
Ils ont détruit tous les villages,
Brisé les autels et maintes statues.
C'est pécher contre Dieu et les lois!

265. Maintenant je vous dirai ce que je pense
De ceux de l'armée quand j'appris leurs actes;
En mon cœur j'ai dit: Le duc de Lorraine
Ne devrait plus être chevalier,
Quand la maison du roi céleste
Il a abattue, qui était à Ancy;
Il eût dû la respecter, par saint Sylvestre!

266. Les chevaliers doivent défendre
Prêtres et clercs et sainte Église;
On doit blâmer et fortement reprendre
Ceux qui agissent d'une autre manière;
Un duc n'a plus foi ni noblesse
Quand de Celui qui voulut être suspendu à la croix
Pour nous, il a pris la tête!

267. Il veut encore crucifier Dieu
Et le livrer aux perfides Juifs;
Nul ne doit mettre sa confiance en lui,
Il y a trop de Juifs en son pays!
Ceux qui aiment Dieu, l'honneur et la gloire,
Devraient tous le défier,
Jusqu'à ce qu'il soit mort, blessé ou pris.

268. Or, je vais parler d'Édouard,
Qui à tort hait Metz; c'est l'un des quatre.
Par son ordre n'ont pas été couards
Ses hommes, pour abattre le clocher d'Ars;
Ils ont violé l'église et le cimetière;

---

m) *D* Un duc n'a chose qui mielx luy duise Que servir cil qui e. c. p. Volt et payer tel amandise n) *P* jeus, *D* jeux o) *P* d'Ars sus h.

Tuis ont heus^a) mauvais rouwars.^b)
Muelz leur vaucist leur coupe^c) baitre.

[269.] J'ai bien raison se tout l'ost blasme,
Car par tout vat la renomee
Que^d) une ymaige de Nostre Dame
Qu'estoit on Vault ont descopee.
Mains colz^e) y ont ferrus d'espee,
De haiches grans ou de [jhusarme];^f)
Heresie est toute esprouvee.

[270.] Encor vault pys c'un^g) crucefis
On jusqu'alz bras en terre mis.
Laissie ont Dieu, je vous afie,
Tous lez ait pris li Ennemis.^h)
Amenez ont les faulz juyfz
Qui de la loy Dieu dient: fie!
Si ont destruis tout le pays.

[271.] Depecie ont la remembrance
De Jhesucris et de sa meire.
Je vous dis bien, seloing ma crance:
Dieu en penrait vengence ameire.
Onque mais n'otⁱ) tel vitupeire
Si grant meschief^k) ne felt vitance
Devers^l) France n'en tout l'Empeire.

[272.] Quant Sarasins ont guerre entr'eaulz,^m)
Honneurⁿ) portent a leur ydoilles;
Mais le duc est plux desleaul,^o)
De Dieu laissier^p) et^q) lez escoillez;
Car les juyfs par ces parolles
Ait^r) amones avec leaulz:
Dollent en yert^s) li Apostoille.

[273.] Or vous lairais ci^t) des Barois,
Et des duchaulz et de leur geste,
Des malz qu'ils^u) ont fais et des desrois,
Car je me plain [plux]^v) du grant preste
Des Verdenois¹) qui a la teste

---

a) *D add.* ces. b) *D* regars. c) *P* corpe, *D* corps abatre. d) *P* C'une. e) *D* cop. f) *Erg nach P, D* guisarme. g) *D* qu'an. h) *So P, M D* Tous les ont prins lez anemis. i) *D* n'ut. k) *D* viite ne tel mechance. l) *D* En tout le monde par sainct pere. m) *So P, M D* entreulx. n) *D add.* ils.

Tous ont eu cette mauvaise inspiration;
Il leur eût mieux valu battre leur coulpe!

269. J'ai bien raison d'accuser toute l'armée,
Car partout va la renommée
Qu'une image de Notre-Dame,
Qui était à Vaux, a été brisée par eux;
Ils ont frappé sur elle maint coup d'épée,
De grande hache ou de guisarme.
C'est la hérésie bien prouvée!

270. Ils ont fait pis encore: un crucifix
A été par eux mis en terre jusqu'aux bras;
Ils ont renié Dieu, je vous l'affirme,
Le diable a fait d'eux tous sa proie.
Ils ont amené les perfides Juifs
Qui de la loi de Dieu disent: fi!
Et ils ont détruit tout le pays.

271. Ils ont mis en pièces l'image
De Jésus-Christ et de sa Mère.
Je vous le dis, selon ma croyance,
Dieu en prendra une vengeance amère;
Jamais il ne fut un semblable outrage,
Un acte si honteux, une telle méchanceté
Ni en France ni dans tout l'Empire.

272. Quand les Sarrasins ont guerre entre eux,
Ils rendent honneur à leurs idoles,
Mais le duc est plus déloyal;
Il a laissé là les enseignements de Dieu,
Car les Juifs, grâces à ses paroles,
Ont été amenés avec les fidèles chrétiens;
L'Apostole (de Pàpe) en est affligé.

273. Or je cesse de parler des Barrois
Et des duchaux et de leurs actes,
Des maux et des ravages qu'ils ont faits;
Car je me plains davantage encore du pontife
De Verdun, qui a vu

---

o) *D* despiteulx.   p) *D* laisse a les escolles.   q) *P* ait.   r) *D* Ont anemis a. l.   s) *So P, M* en est
t) *P* ci des Barois, *D* ceulx de Barroys, *M* ci des barons.   u) *P* c'on f., *D* qu'ont.   v) *So P*.

1) *Bischof von Verdun.*

Veu coper^a) au roy des rois
C'onque au cuer n'ot^b) moleste.

p. 129.

[274.] S'il heust^c) ouvreit comme leaul paistre,
Tantost heust prinse^d) vangence
De ceulx qui ont brisies les aitres^e)
Et les moustiers a telt vitance^f)
Ont fait de Dieu a l'assamblance;^g)
Mais n'est pas fil, mais droit^h) fillaistre,
Bien en oies la demonstrance.

[275.] A pou se tient que ne m'asome
Quant me souvient d'unⁱ) telt menistre.
Se^k) j'estoie pappe de Romme,
Je le tenroi en mon chapitre:
Jamaix n'averoit d'evesque titre.
Plux ait mespris que li^l) autre homme;
Perde en doit bien et croce et mitre.

1325
April 2.

[276.] L'an mil m^c v apres vingt
Le grant mardy au pie^m) du pont¹)
Piere de Bair²) pour truesⁿ) vint.
Mais la Justice li respont:
«Citains trues^o) n'otrieront;^p)
«Car onque mais telt fait n'avint
«Combien que^q) tairt, s'en vengeront.»

[277.] Piere^r) en l'ost est repairies
C'onque ne pot trevez avoir;
Contre lui est li duc yries,
Se li ait dit qu'il^s) prent avoir
De ceulx de Metz et fait^t) savoir,
Coment chascun est empiriez;
On s'en puet bien appercepvoir.

[278.] Messire Piere respondit:
«Certe a tort m'avez repris,
«llz n'est pas voir,^u) coy^v) que on dit
«Onque avoir^w) de Mets ne pris.

---

a) *So P, M D* veult comparer. b) *P D* n'en ot m.c) *P* S'il ourent comme. d) *P* T. h. p. la v., *D* T. pris il eust la v. e) *P* les atres f) *P* viltance, *D* et tel offence. g) *P* la semblance, *D* la samblance. h) *D* dict. i) *P* de t. m. k) *D* Et se j'etois. l) *D* nul. m) *P* a pied, *D* au pied. n) *P* trives, *D* trefves. o) *P* trives *D* trefves. p) *D* n'ottroyeront. q) *P* qu'il. r) *So P, M* ceste rep., *D* En l'ost est Pierre repatriez. s) *P* qui p., *D* qu'a en avoir. t) *D* faire. u) *D* vray qu'onques en dit. v) *P* que. w) *P D* denier.

Couper la tête au roi des rois,
Sans en avoir le cœur chagrin.

274. S'il eût agi comme un bon pasteur,
Il eût aussitôt pris vengeance
De ceux qui ont violé les saints parvis,
Avec les églises, et par qui telle offense
A été faite à l'image de Dieu;
Mais il n'est pas fils, mais fillâtre de l'Église,
Vous en avez bien la preuve.

275. A peu ne tient que je ne me révolte,
Quand il me souvient d'un tel prélat.
Si j'étais pape de Rome,
Je le tiendrais dans ma prison capitulaire,
Jamais il n'aurait titre d'évêque.
Il s'est conduit plus indignement qu'aucun autre,
Il doit bien en perdre et crosse et mitre.

276. L'an mil trois cents et vingt-cinq,
Le mardi saint, au pied du pont,
Pierre de Bar vint parler de trêve;
Mais les seigneurs de la Justice lui répondent:
«Les citains n'accorderont pas de trêve,
«Car jamais on ne vit rien de pareil;
«Tôt ou tard ils se vengeront.»

277. En l'armée Pierre s'est retiré,
Sans avoir pu obtenir de trêve;
Contre lui le duc s'est mis en colère
Et lui a dit: qu'il avait reçu argent
De ceux de Metz et leur avait fait connaître
La position fâcheuse de chacun des alliés;
Qu'on peut bien s'en apercevoir.

278. Messire Pierre répondit:
«Certes, c'est à tort que vous m'avez repris:
«Il n'est pas vrai, quoi que l'on dise,
«Que jamais j'aie rien reçu de Metz;

---

1) *An der Totenbrücke, so auch Huguenin, Chron. de M. 54. Vgl. auch Str. 268.*
2) *Peter v. Bar, Herr v. Pierrefort, dritter Sohn des Grafen Theobald v. Bar, Onkel des Grafen Eduard. Das Friedensangebot erklärt sich aus dem Abschluß eines Bündnisses zwischen Stadt und Bischof am 24. März. S. Str. 286.*

«Se vous oze^a) conquerre pris,
«L'iawe passai,^b) citain m'ont dit,
«De la bataille ont concelle^c) pris.»

[279.] Adont en l'ost tres grant bataille
Deust avoir et grant mellee;
Li chevalcheurs et li pietaille
Se rangerent sens demouree.

p. 130. Mains grans coutelz et maintes espeez
Dont l'allemelle tres bien taille
Ont trais entre eulx celle vespree.

[280.] Briefment^d) entr'eulx s'acorderent^e)
Ferus n'y olt copz^f) ne coleez
L'iawe passer onque n'ozerent
Qu'ilz doubterent avoir melleez.^g)
De repairier en leur contreez

1325 Au merquedy tuis^h) s'acourderent,
April 3. Plux ne leur plaist la demouree.

April 2. *[281.]* Droit au mardis, dont j'ay comter,
Aulcunsⁱ) passerent la riviere.
Pluseurs y ot de la conteit,
J'a bien oy d'eulx la maniere:
Parmey Joiey¹) feu et fumiere
De chief en chief si ont bouteit;
Bien ont^k) du tout Dieu mis arriere.

[282.] Trais fuit messire Jacque Groignet¹)²)
Des annemis celle journee.
De tout mal est^m) pur et net,
De celuiⁿ) est grant la renomee
Pour ce qu'il ait maint copt^o) d'espee
Sus les paiens pour Dieu donneit
Oultre la mer vers Galilee.

[283.] Dollante^p) en fuit la comune
De la cite de ceste oultraige.
Cil qui le ciel fist et la lune
Et qui le fist a son ymaige,

---

a) *M add.* je. b) *P* passes, *D* passez. c) *P* conseil. d) *P* Briemont. e) *P* c. e. se racorderent, *M* e. e. ne s'a., *D* e. e. s'accordent. f) *P* col. g) *P* Qu'il doutoient avoir m., *D* Car ilz doubtoient autre m., *M* couleez. h) *D* m. delibererent. i) *So P D*, *M* Chascuns. k) *D* Bien ont Dieu dont tous mis arriere.

« Si vous osez disputer la victoire,
« Passez l'eau, m'ont dit les citains;
« Ils sont résolus à livrer bataille. »

279. Alors en l'armée grand tumulte
Dut se faire, et grande mêlée;
Les chevaucheurs et les gens de pied
Se mettent en ordre de bataille sans retard.
Maint grand coutelas et mainte épée
Dont la lame est bien affilée
Ont été tirés entre eux cette vêprée.

280. Bientôt un accord se fit entre eux,
Ils ne donnèrent pas un coup d'épée;
Ils n'osèrent jamais passer l'eau,
Car ils redoutaient d'avoir une mêlée.
De se retirer en leur pays,
Le mercredi, ils prirent la résolution,
Point ne leur plaît de demeurer davantage.

281. Dès le mardi dont j'ai parlé,
Un grand nombre passèrent la rivière;
Il y en eut plusieurs du comté,
J'ai bien appris leur manière d'agir,
Qui dans Jouy, feux et incendies,
D'un bout à l'autre, ont allumé.
Ils ont tout à fait mis Dieu de côté!

282. Messire Jacques Grognat fut frappé d'un trait
Par les ennemis, cette journée.
De tout vice il est pur et net.
Grande est sa renommée,
Parce qu'il a maint coup d'épée
Sur les païens frappé pour Dieu,
Par-delà la mer, vers la Galilée.

283. L'affliction fut grande dans le peuple
De la cité, à cause de cet accident.
Puisse celui qui fit le ciel et la lune
Et qui créa l'homme à son image,

---

l) *P* Grounes, *D* Grones. m) *P D* est et p. n) *P* li, *D* luy. o) *P* colz. p) *P* D. en f. moult l. c., *D* Dolente y fut molt l. c.

1) *Jouy-aux-Arches.*
2) *Erwähnt Str. 71, 285, 286.*

[Li doint santeit de son malaige]a)
Et li envoie telt fortune
Qu'il soit vangiez par son bernaige.b)

[284.] Des ennemis y ot noies,
Quant verc) Joiey l'iauwe passerent.
Il ne quier ja pour eulx prier,
Car sens raisons les feus bouterent.
Cilz de noz neisd)1) adapmagerent
1325 Les anemis, certains soies;
April 3. Le merquedy si s'en allerent.

p. 131. *[285.]* Or vous dirais ce qu'il avint
Devant le fait dont j'aix touchie.e)
[Nostre evesque on pays vint2)
Se l'ait troveit molt empechiez.]f)
Mesire Jaique3) chevauchie
Olt tant vers lui que ilg) covint
L'evesque aidierh) son eveschie.

[286.] Tant olt parleyi) mesire Jaique
Qui heitk) orgueil et toute envie,
April 7. Ou'ansoisl) que fuit le jour de Paisque
Ou Dieu levait de mort en viem)
La Justice tant s'umilie4)
De la cite que li evesque
A nos citainsn) se jointo) et lie.

[287.] Coment qu'il soit des convenancez
L'evesque ait sa vollanteit.
Lettres ont parp) eliances5)
Pour plux grant foid et leaulteit;
Hommes averont a grant planteit

---

a) *Ergänzt nach P, D* a s. m. b) *D* p. grant courage. c) *P* Quenvers. d) *P P* noz neis, *D* nos nefz, *M* de Noweroy. e) *D* preschie. f) *Erg. nach P D.* g) *D* qui luy. h) *M add.* et. i) *So P D, M* per. k) *D* ot. l) *So P D, M* Quant sot. m) *P D* a vie. n) *So P D, M* cuitains o) *So P, D* se joingt, *M* s'esjoint. p) *P D* fait des a.

1) *Norroy (bei Pont-à-Mousson) gibt kaum einen Sinn, da der Ort lothringisch war, also wohl besser* noz neis.

2) *Henry Dauphin war Mitte März aus der Provence wieder ins Metzer Land gekommen (nicht Louis de Poitiers, wie Bouteiller angibt).*

3) *Wohl Jaique Groignet. Ob dieser Jaique identisch ist mit Jaques le Gronats, der dem Bischof Henry im Jahre 1322 eine Summe von 4000 liv. kleiner Turnosen*

Lui donner guérison de sa blessure
Et lui envoyer une belle occasion
De se venger par grande vaillance!

284. Il y eut des ennemis noyés
Quand à Jouy ils passèrent l'eau.
Il ne me soucie pas de prier pour eux,
Car ils mirent le feu sans raison.
Ceux de nos nefs firent du mal
Aux ennemis, soyez-en sûrs.
Ils s'en allèrent le mercredi.

285. Or je vous dirai ce qui advint
Avant le fait dont j'ai parlé;
C'est que notre évêque vint au pays;
Il l'a trouvé bien en désarroi.
Messire Jacques a chevauché
Vers lui et tant fait qu'il a décidé
L'évêque à venir en aide à son évêché.

286. Tant a parlé messire Jacques
Qui hait tout genre d'orgueil et d'envie,
Qu'avant le jour de Pâques,
Où Dieu se releva de mort à vie,
Les marques de soumission du conseil
De la cité font que l'évêque
A nos citains se réunit et se lie.

287. Toutes les conventions établies
Donnent satisfaction à l'évêque,
Les lettres d'alliance sont écrites
Pour plus grande foi et loyauté;
Ils auront des hommes en grand nombre,

---

geliehen hat (Sauerland, Geschichte des Metzer Bistums. Jahrb. VII² 158) läßt sich nicht sicher sagen. Bouteiller, Guerre de M. 309 unterscheidet mit Recht die Familien de Gournay (Gornais, Gronais) und Grongnat (Grogniet, Groignet, Grones).

4) Am 24. März schließt der Bischof mit der Stadt ein Bündnis, Urk. Hist. de M. IV 8, am 31. März wird die Friedensurkunde unterzeichnet. Die Erniedrigung der Justiz bestand vor allem darin, daß die Abschaffung der Prudhommes von Seiten der Stadt konzediert wurde und die Dreizehner als bischöflicher Rat allein die Gewalt über die Stadt erhielten. Vgl. Sauerland l. c. Jahrb. VII² 139—140.

5) S. Anm. zu 286.

Garnis d'airmes, d'esculz^a) et de lancez.
Or leur doint Dieu bonne senteit!

[288.] Cil affaire fuit confirmez
1325 Apres Paisque la quairte^b) feirez¹)
April 10. Entre l'evesque et ceulx de Metz.
De la guerre seront tuis freirez,^c)
L'un^d) sen l'autre paix entiere
Ne pot faire; je vous prometz,
Lorrainne en yert^e) en grant miseire^f)²)

[289.] Aprez ceste fait fist assavoir
Li Rougraive qu'il avoit pris
Sus Bahignons tres grant avoir,
Or et argent, chevalx de prix.
Benoit soit cil qui l'ait apris
A guerroier^g), qu'il doit avoir
En toutez cours honnour et pris.

[290.] Or faites paix, tous les mahains
Vous conterai a brief mos cours:
Apres fuit airs Chastel-Brehains³)
Et III villes et Thehaucours;^h)⁴)
p. 132. Faire n'y pout li duc secours,
Li nostrez ont prins buefz et poulains,
Quant ourent airs graingez et cours.

[291.] Li duchaulz qu'estoientⁱ) on Saulnois⁵)
Furent adont moult esbahis:
Ilz ont perdus bleif et hernoix,
Entr'eulx dient qu'ilz sont trays.
Li waudisours ront envays
Buefz et vaiches, dont St. Benois⁶)
Ait dit souvent: ahi, ahis.

[292.] Ung escuier de la contree
L'archevesque fuit mors aprez,

---

a) *P* d'estriers. b) *P* quaitre. c) *D* frere. d) *D* Et s'il ne peuvent la paix faire, L'ung sans l'autre je vous promets. e) *So P, M D* est. f) *Ende der Handschrift D. Der Kopist bemerkt:* Icy s'arrete le manuscript et je dirois que le copiste ne l'a pas achevé s'il étoit possible de penser que le poete a eu dans l'idee de mettre une conceusion a cette pitoyable amphigourie. g) *So P, M* gouverner. h) *P* Thebeicours. i) *P* qu'irrent.

1) *Diese Bestätigungsurkunde ist nicht erhalten.*

Bien fournis d'armes, d'écus, de lances.
Dieu leur donne bonne santé!

288. Cet accord fut confirmé
Après Pâques, la quatrième férie,
Entre l'évêque et ceux de Metz:
Dans la guerre, ils seront tous frères,
L'un ne peut sans l'autre
Conclure la paix. Je vous promets
Que Lorraine en sera en grande misère.

289. Après cela fit assavoir
Le Raugraf qu'il avait fait
Sur ceux de Bohême très-riche prise,
En or et argent, et en chevaux de prix.
Béni soit celui qui lui apprit
A guerroyer; il doit recevoir
En toute cour honneur et distinction.

290. Or faites paix, tous les accidents de guerre
Je vous conterai en peu de mots:
Après furent brûlés Château-Bréhain,
Trois autres villages et Thicourt;
Le duc ne put y apporter secours.
Les nôtres ont pris bœufs et poulains
Après avoir incendié granges et fermes.

291. Les duchaux qui étaient en Saulnois
Furent alors fort ébahis:
Ils ont perdu blés et train de culture.
Ils disent entre eux qu'ils sont trahis.
Les éclaireurs, dans une autre course,
Ont pris bœufs et vaches, dont Saint-Benoît
A gémi longtemps: ahi! ahi!

292. Un écuyer de la contrée
De l'archevêque fut tué ensuite.

---

²) *Durch dieses Bündnis erklärt sich auch, daß Pierre de Pierrefort Verhandlungen anbietet. S. Str. 276.*
³) *Château-Bréhain, Dürrkastel (lothringisch) im Kreise Château-Salins.*
⁴) *Thicourt bei Falkenberg (lothringisch).*
⁵) *Das zum Pays Messin gehörige Gebiet zwischen Seille und Nied.*
⁶) *Abtei St. Benoît-en-Woëvre Cisterzienserabtei am Yron in der Nähe von Commercy (Grafschaft Bar).*

Il olt don bui[a] la teste ostee;
Des wauldisours se mist trop prez,
Jamaix n'yrait aval lez preis.
Il fuit occis droit a l'entree
D'un[b] boix ou il n'ait nulz cipres.

[293.] Et quant ce vint au definer
Du moix d'apvril, certainnement
Aucuns de Metz pour chamineir
S'atournerent premierement[c]
On Wairant[1] vont ignellement.
La sont restez pour sejourner
Faire y vorront[d] encombrement.

[294.] Les [euves][e] dou val de Gosangez[2]
Et l'estallon[f] ont ramenei.
La fuit Jehan de Wormerangez[3]
Et Lowiat de Louveney[4]
Et Girerdin de Cervigney,[5]
Tuis y doient avoir louangez;
Car bien se sont ades peneis.

[295.] Celui jour fuit de la pietaille
Une partie ver Espanges[g][c],
La ont rendus fiert bataille
A la maisniee de Bretange[7]
Et a ceulx qui estoient[h] de Lustange.[8]
IIII en ont mors coment qu'il aille
Et m pris sens avoir coustange.

[296.] De nos citains une partie
Ait chevauchie celle journee
A ceulx du Pont font envahie;
Ung en ont mors de copz[i] d'espee.
Quant nostre gent fuit[k] retournee,
Le courcier olt en sa baillie
Qui l'ait[l] gaingnier en la mellee.[m]

---

a) *So P, M* de lui. b) *P* D'uin b. c) *P* se retournerent privement. d) *So P, M* n'yront. e) *Nach P, Lücke in M.* f) *M* le stallon. g) *So P, M* Esperange. h) *Pierent.* i) *P* col. k) *P* fist. l) *So P, M* Qu'elle ait g. m) *Hiernach in M* ³/₄ *S. frei.*

1) *Warantwald zwischen St. Avold und Saarlouis.*
2) *Wadgassen.*
3) *Vgl. Str. 100, 219.*

Il eut la tête séparée du buste ;
Il s'approcha trop des éclaireurs.
Jamais plus il n'ira à travers les prés.
Il fut tué juste à l'entrée
D'un bois où il n'y a nul cyprès.

293. Et quand on approcha de la fin
Du mois d'avril, certainement,
Plusieurs Messins se préparèrent chemin,
A se mettre en route sans délai ;
Vers le bois de Warent ils vont en toute hâte ;
Là ils sont restés pour séjourner :
Ils y feront du mal au pays.

294. Les juments de Wadgasse
Et l'étalon ils ont ramené.
Là furent Jean de Volmerange,
Et Louyat de Louvigny,
Et Gérardin de Servigny.
Ils doivent tous être loués,
Car ils se sont bien donné de la peine.

295. Ce même jour, fut des gens de pied
Une partie vers Epange ;
Ils ont soutenu une fière bataille
Avec les gens de Bertrange
Et avec ceux de Luttange ;
Ils en ont tué quatre, de diverses manières,
Et pris trois, sans avoir rien perdu.

296. De nos citains un autre parti
A chevauché cette même journée,
Chez ceux du Pont ils font une envahie ;
Ils en ont tué un d'un coup d'épée.
Quand nos gens s'en sont retournés,
Le coursier resta au pouvoir
De qui le gagna en la mêlée.

---

4) *Louvigny Kant. Verny.*
5) *Servigny (Silbernachen) Kant. Pange.*
1) *Epingen Gem. Charleville Kant. Vigy.*
2) *Bertringen a. d. Mosel Kant. Metzerwiese.*
3) *Lüttingen südl. v. Metzerwiese.*

XXI.

Plusieurs vers en latins de la guerre de Metz.

[1.] Omnibus illustra tu qui legis hos, rogo, versus.
Cum fuit adversus Metin Lothoringia frustra,
Sex ciclos capies et quemlibet in duo frustra,[a]
Summe[b] novem socies et viginti[c] tria lustra[1])
[5.] Ut cile dent[d] cisma ter, et hex quater eprima scisma.[2])
Metis nummisma[e] dabo, spargitur hic quia crisma
M C ter oc[t]o ter[3]) et Metis viso(!) lare meret
Exsequunt[f]) quia vi vallantam bis duo ravi[4]).
M C bis V quinta dodrans decas octuaginta[5])
[10.] Ruit tunc patria prope Metim per incendia.
Mille ter ac echaton[g])[6]) sociati sex quater anni,
Bis bini calatos dant quando tulere tiranni[7])
LVC[h]) novies decimum facies que veru removere[8])
Quandocies[i]) prope Mes acies utrobique fuere.
[15.] Quinquaginta si vis[k]) et quinque pedum numerabis
Ossa simulque tuis numeris[l]) duo bis sociabis,[m])[9])
Rex, dux, mitra, comes obierunt tunc cuneo Mes.
Undecies decas accipies solidos que quaternos
Adicies nummos, sapies, si tot capis annos,

---

a) *Für* frusta. *Der Dichter setzt auch an anderer Stelle des Reimes wegen ein* r *zu:* parce *für* pace *(Vers 88).* b) *M* Summe. c) *M* vingiti. d) *M* dant. e) *M* nummisciva. f) *M* Esse quut; exsequunt *für* exsequuntur *ist auch sont belegt.* g) *M* echatos. h) *M* Luc. i) *M* Qu sicz. k) *M* suis. l) *M* numerus. m) *M* duobus sociabis.

1) *Die Rechnung ist folgende:* $(6 \times 100) \times 2 + 9 + (5 \times 23) = 1324$.

2) *Die Zeile ist unverständlich. In* cile *muß 1000 stecken* (χίλιοι), *in* cisma ter *300,* hex quater = 24.

3) $1000 + 3 \times 100 + 3 \times 8 = 1324$.

4) *Der Wärwolf. Gemeint sind der Herzog von Lothringen, der Graf von Bar, König Johann von Böhmen und Erzbischof Balduin von Trier.*

5) M = *1000,* C bis = *200,* V = *5,* quinta dodrans decas = $^3/_4 \times 50 = 37 ^1/_2$, octuaginta = *80. Diese Summe ergibt freilich 1322 ½, nicht 1324, wie man annehmen sollte.*

6) echaton = *100. Das Ganze wieder 1324.*

7) Bis bini = *Vier, zu* tiranni *gehörig.* Calatus = *der Grabhügel.*

8) LV. C = $55 + 100 = 155$ *oder* L. VC. = $50 + 95 = 145 \times 10 = 1395$. *Da nach dem* «removere» *etwas gestrichen werden soll, ist das erstere wahrscheinlicher. Aber wie die Rechnung herauskommen soll, bleibt unklar.*

9) *Die Rechnung scheint zu sein:* $(24 \times 55) + (2 \times 2) = 1320 + 4 = 1324$. *Volle Klarheit ist nicht zu gewinnen. Will man* suis *beibehalten, so wäre das der Genitiv von* sus.

[20.] Denarii quot sunt, cunei circuierant[a]) nos.[1])
Anno milleno tercentum bis duo deno
Septembris mense fieri mala multa recense;
Nam fuit in terra Metensi maxima guerra.
Dux Lotho, rex Boemi, comes, archipiscopus «He my»,[2])
[25.] Dicere fecerunt Metensibus, et timuerunt[b])
Undique cernentes ignem tot et arma ferentes.
Urbs fuit obsessa[c]) nec gens tamen inde progressa;
Concilio procerum periit[d]) sic copia rerum.
Cur obsedere[e]) nemo s[c]it dicere vere,
[30.] Sed puto quod[f]) Marte moti vel demonis arte.
Promptus erat quivis ius condere vel dare civis,
Nobil[i]um turmas[g]) dum vidit, quisque datur mas,
Hostiles alas dum vidit Mes, dedit: Ha! las[3]),
Patria predatur, vitis fructu spoliatur.
[35.] Loca nimia cepere sua temptoria.
Nescio, que villa[h]) fumo caruit ve favilla,
Tota nigrescit[i]) humus, tantus fuit undique fumus,
Aer palescit quia fumus ubique patescit.
Vix possunt dici, quot ubique sunt inimici.
[40.] Dicere nemo quidem valet,[k]) ostes sunt quot ibidem;
Et nisi vidissem,[l]) vix credere tot potuissem.
Uruntur fena, frumentum, stramen, avena
Ipse comes Bari voluit non parcere farri.
Muros[m]) cum lignis torcular torruit ignis
[45.] Multumque torcular laesit regis movicular.
Esuriunt eque nec edunt animalia queque,
Sic Lothoringia maxima iurgia tota subivit,
Quando, Bohemia conduce, menia Metis obivit.[4])
Sed quid erit cultura? Perit, dic messe sequenti:
[50.] Scripta ferunt: qui[n]) pauca serunt, non multa legent hii,
Laude frui[o]) modiga sed debet gens inimica.
Obsedit montes hinc flumina[p]) dein que pontes;

p. 135.

---

a) *M* circuerant. b) *M* fuerunt M. et tumerunt. c) *M* obcessa. d) *M* perriit. e) *M* obcedere. f) *M* puta que g) *M* turnas. h) *M* vila, *so auch später.* i) *M* ingressit. k) *M* vales. l) *M* vidicem. m) *M* murros. n) *M* que. o) *M* frii. p) *M* flumiam.

1) 110 + 4. *Die* 110 *sol. zu Denaren verwandelt* = 12 × 110 = 1320. *Die quaternos nummos hinzu* = 1324.

2) *Wohl ein Ausruf wie das spätere* Ha. las = Hélas.

3) = Helas.

4) *Der König von Böhmen unternahm einen Angriff auf Metz selbst von* S. Julien *her.* S. Kap. XX Str. 78 ff.

14

Que probitas, quis honor, ego si rex urere conor,
Ac ego racemor¹)ᵃ) vere decet hic male memor
[55.] Et hominum turbis violare crucem, pudor urbis,
Ac uncos ferre²) non est victoria guerre.
Arbitror indigenas latronum, quando cathenas
Secum portarunt, ferro patriam³) spoliarunt.
Rex est murilegus, villas caulasque cremando
[60.] Cepitᵇ) sacrilegus oleum cum crismate quando.
Corpus humi Christi sparsum, cur ista tulisti?
Es nimium mite,ᶜ) rex hic bene non coluit te,
Christe, nimis mitis,ᵈ) rex inmemor iste fuit tis.⁴)
Des breviter mortem totam frenesqueᵉ) cohortem.ᶠ)
[65.] Est apocalipsi dignum, quot fecimus ipsi.
Multos predones nostri cepere barones
Ac occiderunt, temptoria non habuerunt,
Omnia sed vina tenuit sibi nostra carina,⁵)
Auxiliante deo nullus civisᵍ) retinetur,
[70.] Illorum cuneo non est qui nostra tuetur.
Si quos de villis ceperunt, quid valetʰ) illis?
Non sunt nummosi, solus ve duo generosi
Jam rediment cunctos, sanctos ubi iudico functos,
Armatique noviⁿ) quid fecerunt, ego novi:
[75.] Non fuit insultus aliquis quam is ibi multus
Grex foret ante fores; non illis dantur honores.
Festo venere Lamberti, sed rediere
Remigii festo; memor huius quilibet esto.
Post hec Metenses portaverunt saepiusⁱ) ensesᵏ)
[80.] Cum galeis que larem, villas ego vix numerarem,
Quas conbusserunt,⁷) armenta boum rapuerunt

---

a) *M* edo racemos. b) *M* cepis. c) *M* mitte. d) *M* mittis. e) *M* frenasque. f) *M* cohortam g) *M* si vis h) *M* vallet. i) *M* cepius. k) *M* ances.

1) racemari = *Nachlese halten.*
2) *Die Verbündeten nahmen alle Ketten und Halseisen vom Metzer Galgen mit. Kap. XX Str. 109.*
3) *Soll wohl heißen:* suam patriam, *d. h. der Platz, wo der Galgen steht.*
4) = tui, *so auch bei* Plautus.
5) *Die Metzer hatten Schiffe ausgerüstet und griffen von ihnen aus die Verbündeten an. Kap. XX Str. 114 ff.*
6) *Der Herzog von Lothringen hat seine Scharen zuletzt herangeführt; möglicherweise bezieht sich die Stelle aber auch auf die Banden, die als Nachzügler aus Pont-à-Mousson gekommen waren.*
7) *Kap. XX Str. 147 ff.*

Plurima valantum [1]) que greges, non hec duo tantum
Hostes sed plures cepere [2]) tenendo secures
Conpare[a]) sic guerra consumitur utraque terra
[85.] Et sic vastatur, quod villis nemo moratur,
Sunt hominum turbe castris ve morantur in urbe[b])
Hii sunt securi, quos clausit copia muri,
Et qui sunt arce, dominantur ibi bene parce. [3])   *1324*
Quid quarta feria cicius quam virgo Maria   *December 19*
[90.] Deberet parere fuit actum, nolo silere.
Semper fortuna Metensibus haut fuit una
Retraxitque manus. Gaudet rex unde prophanus,
Quippe lucrum[c]) grande gentes fecere nephande.
Bis septem cives ceperunt[4]) nomine, quorum
[95.] Quilibet est dives et ceditur unus eorum. [5])
Ut nequam princeps rediit rex, iste deinceps[d])
Post stelle festum [6]) faciens[e]) culpabile gestum   *1325*
Palma brevis, non culpare vis, legem decolavit   *Januar 8*
Magna lues fuit, ipse strues dum vite cremavit. [7])
[100.] Rex Bohemi, de iure premii reus et sine laude,
Christicolas quare violas vinetaque fraude?
Omnis homo quacunque domo fuerit sine vino
Tristis erit risusque[f]) perit fumante camino.
Viticolas igitur recolas, sit vinea tuta.
[105.] Hii socii sunt egregii, quis pila secuta.
Tu facis ut demens, clemens rex esse tenetur,
Nam brevis est etas, pietas cui non adhibetur.[g])
Contra gentiles miles valet arma movere,
Non in Christicolas, recolas qui te coluere.
[110.] Hortor amore dei fideique tenendo tenorem:
Cerne modum veterum procellamque[h]) repelle furorem
Est tibi sensus[i]) ebes, debes memor esse parentum,

---

a) *M* conparre. b) *M* hurbe. c) *M* lucum. d) *M* deincepz. e) *M* facies. f) *M* rissus. g) *M* ahibetur. h) *M* proceliumque. i) *M* census.

1) *Für* valentium.
2) *Kap. XX Str. 154:* XX bons prisons en amenerent.
3) *Für* pace; *s. oben Vers 4:* frustra *für* frusta.
4) *Kap. XX Str. 191:* XVI prisons.
5) *Kap. XX Str. 192: Es war Joffroy Corbelz.*
6) *Kap. XX Str. 197.*
7) *Die Mannschaften des Königs Johann verbrannten die Weinstöcke. Kap. XX Str. 197 ff.*

Quos Metis coluit tribuit multumque talentum[1])
Fit pater augustus, iustus quoniam fuit ille,
[115.] Ut sua facta probant; reprobant certe mala[a]) mille,
Tu male regna regis, [regis][b]) non nomine dignus
Fur velut ipse legis, [legis][c]) servas neque pignus
Auctor[d]) tu cedis,[e]) cedis quos colere[f]) debes.
Tu sequeris ravum, pravum nomen tibi prebes.
[120.] Nullus despiceret, fieret si iusta querela,
Sed sine iure furis, furis geris armaque tela
Jus nec habes, quod ibi que tibi dare nemo tenetur,
Nec dabit, ut spero, vero ius quisque sequetur.
Lumen habent secum, tecum quos associasti,
[125.] Sed caput es gerre, terre bona sic spoliasti.
Culparis merito, subito quoniam domus arsit.
Nescis cur tua gens se tangens incendia sparsit,
Venit ut hec pestis, estis non multa lucrati,
Vos nos destruitis eritisque bonis[g]) spoliati.
[130.] Quid moror[h]) esxemplis? Templis rebus spoliatis
Despiciam divos, nisi vos in fine ruatis.
Et hoc nec timeo, video vos iure carere,
Et quia speratis gratis bona Metis habere,
Non erit ut vultis, stultis vindicta paratur.
[135.] Talis ut ars reserat, superat qui post superatur.
Dicere plura nego sed ego. Spem consula ponat
Metis divinis, finis non pugna[i]) coronat.
Sed qui non sapiunt, veniunt cur dampna tot orbi,
Hos versus videant, caveant ut Seiani[2]) morbi
[140.] Si modo sit fatalis,[k]) talis mihi causa[l]) videtur:
Terra repleta malisque salis via (!) mala tenetur,
Dixit multociens sapiens, mala tunc orientur,
Cum preerunt pueri, fieri nunc ista videntur.
Septra tenent iuvenes que senes modo despicientur.
[145.] Sunt adeo populi queruli graviterque premuntur.
Si Christus patitur premiturque mundus inique,
Dico: fit hoc igitur agiturque crimen ubique.

---

a) *M* malla. b) *M* om. regis. *Wohl sicher regis zu ergänzen; s. die zwei folgenden Verse.*
c) *M* om. legis. *S. den voraufgehenden und folgenden Vers.* d) *M* Actor. e) *M* scedis. f) *M* tolere.
g) *M* boni. h) *M* morror. i) *M* puna. k) *M* satalis. l) *M* cause.

[1]) *S. oben Kap. IX die Bemerkungen über König Heinrich VII., den Metz mit Geld unterstützt hatte.*

[2]) *Unglücksbringend von Seius, römischer Name. Equus Seianus das Pferd eines Cn. Seius, welches diesem sowie allen folgenden Besitzern Unglück brachte.*

Sed si coripimur, colimur, fit biblia testis.
Ergo malum pereat, abeat pro guerra que pestis
[150.] Quoque de Delphine[1]) vidi, nolo scribere fine,
Cum sic per vulpi Delphini debent mala sculpi.[2])
Peior et est vulpe, sicut referunt metra culpe.
O quam delphines perversi sunt,[a]) quia fines
Predarunt Metis racionibus undique spretis.
[155.] Delphines curvi florenos nescio cur vi
Portaverunt[b]) secum.[3]) Metis dominacio secum
Lumen habet bonum, cum tenuit[c]) pro praesule metum.[d])[4])
Servi nudipedes venerunt Metis ad edes
Et male vestiti, modo sunt sericis redimiti
[160.] Dando florenos Metis ditavit egenos.
Fit praesul miles[5]) per nummos interheriles
Plus[e]) fore non debet[f]), quia cunctis scandala[g]) praebet.
Dimisit cives, fuit auri pondere dives.
Qui[h]) salutavit nec eos sed clam remeavit.
[165.] Fons fuit et guerre, per quam spoliantur acerre,
Sic desolatur que diocesis invadiatur.[i])
Castra[k]) tenent hostes nobis clausere que postes.
Talem Delphina pestis premat atque ruina,
Celi regina sibi det contra miam[6]) trina
[170.] Ante necem. Post insit pressus[l]) demone Delphin
Pro cunctis Delphinibus oro, dic Gabriel Phy[7]),
Phi nota dedecoris debetur in omnibus oris
Peiores Juda quantum discrecio nuda
Morte mori cruda quod possint Christe Jesu da.

Amen.

Scriptor qui scripsit cum Christo vivere possit.

---

a) *M* perverci sont. b) *M* porrtaverunt. c) *M* thenuit. d) *M* methum. e) *M* plux. f) *M* debes. g) *M* scandela. h) *M* Quem. i) *M* invadiatus. k) *M* castre. l) *M* presus.

1) *Bischof Henricus Delphinus. S. über ihn besonders Sauerland, Geschichte des Metzer Bistums II Jahrb., VII*[a] *69 ff.* 2) per *ist mit* sculpi *zusammenzubringen.*

3) *Heinrich hat sich von der Stadt dafür, daß er vom Bündnis mit den Fürsten zurücktrat, 15 000 Pfund ausbedungen, l. c. 142. S. auch das Credo des Henry de Heis, Kap. XXIX.* 4) *Gegenstand der Furcht.*

5) *Heinrich trat in den Laienstand zurück. Sauerland l. c. 144.*

6) miam *griechisch* = unam.

7) *Bonnardot erinnert zur Erklärung dieser Zeile an einen alten Vers:* «Phi *nota foetoris,* lippus *malus: ergo Philippus Et* phi *et* lippus *totus malus». Dem* Foetus *würde französisch* Fi *entsprechen. Gabriel bleibt dabei aber noch unerklärt.*

XXII.

C'est le sermon du pappegay des Tresez de la guerre de Mets et de la commune.a)1)

p. 139. [1.] L'autrier estoie les ung arbre
　　　　　Ou il n'avoit piece de maibre
　　　　　Si regardais tous les rainxiaus,
　　　　　Trestous les vis chargiefs d'oixiaus
　　　[5.] Et la b) tenoient ung parlement
　　　　　Et chantoient divercement;
　　　　　D'oisiaus y ot tres grant couppie,
　　　　　La chantoit fort et hault la pie,
　　　　　Mais onques riens ne c) pou entendre.
　　　[10.] Lors esgardais, si vis descendre
　　　　　Droit sur cel airbre ung papegay;
　　　　　Onque pour ce ne deslougay
　　　　　Que voullentier seusse l'estre
　　　　　De ces oisiaulx, s'il pouist d) estre.
　　　[15.] Li pappegay les fist tous taire
　　　　　Pour ung sarmont qu'il voulloit faire.
　　　　　Venus estoit lors des escolles,
　　　　　Si les preschait par paraboles
　　　　　Le pappegay, bien entendis,
　　　[20.] Je crois ce fuit le sabmedy
　　　　　Devant feste e) Symon et Jude 2)
　　　　　Que repairies fust de l'estude.

1325 Oktober 26.　　　L'an mil iiic cincq ans et vingt
　　　　　Cil affaire a Metz avint
　　　[25.] Devant feste Jude et Symon.
　　　　　Le pappegay fist son sermon;
　　　　　Le sien sermont tiens a tres chier,
　　　　　Car onque mais ne vis preschier
　　　　　Sa perrolle ais en mon cuer mise.
　　　[30.] Le pappegay dist en telt guise:
　　　　　« Or escoultez, car chascun touche;
　　　　　« Je dis premier que nostre bouche

---

a) *D* du commun.　b) *So D, M om.* Et.　c) *D* n'en.　d) *D* s'il eust peu estre.　e) *D*. f. de S.

XXII.

C'est le sermon du Papegay des Treize de la guerre de Metz et du Commun.

    L'autre jour j'étais près d'un arbre
    Où il n'y avait perron de marbre;
    Je regardai tous les rameaux
    Et les vis tous chargés d'oiseaux.
5. Qui tenaient là un parlement
    Et chantaient en diverses manières.
    Les oiseaux étaient en grant nombre.
    La Pie chantait à forte et haute voix,
    Mais je n'y pus jamais rien entendre.
10. Alors regardant avec attention je vis descendre
    Droit sur cet arbre un Papegay.
    Moins que jamais je quittai ma place;
    Car je voulais savoir, comment se comporteraient
    Ces oiseaux, s'il était possible (de l'apprendre).
15. Le Papegay les fit tous taire
    Pour un sermon qu'il voulait faire;
    Etant lors venu des écoles,
    Il leur prêcha par paraboles.
    Le Papegay, je l'entendis bien;
20. Je crois que ce fut le samedi
    Devant la fête des SS. Simon et Jude
    Qu'il revint de l'étude
    L'an mil trois cent vint-cinq,
    Que cette affaire arriva en Metz
25. Devant la fête des SS. Jude et Simon.
    Le Papegay fit son sermon;
    Ce sermon, je le tiens à haut prix,
    Car jamais je ne vis mieux prêcher.
    Sa parolle je l'ai mise en mon cœur;
30. Le Papegay parla de telle manière:
    «Or, écoutez, car l'affaire vous touche tous et
    «Premièrement je dis que notre bouche   [chacun.

---

1) *Ein kurzer Auszug dieses Gedichtes gedruckt nach einer Abschrift der Handschrift D bei Bouteiller, La guerre de Metz p. 326 ff.*
2) *Es ist nicht ersichtlich, weshalb gerade dieser Tag angegeben wird.*

« Perolle droit de l'abundance
« Qui vient du cuer, c'est sens doubtance,
[35.] « Or ne blasmes dont ma perrolle,
« Se je d'ordure ung pou perrolle,
« Quant les choses vont a) ordement,
« Parler doit on villaiemment. b)
« Ma matiere est et vil et orde, c)
[40.] « Pour ce vilment d) la vous recorde.
« C'est folie quant on ne lait e)
« Les f) fais qui sont g) et ors et lais.
« Souvent avient ceste besoigne
« Qu'onnour h) chiet bien en grant vergoigne.
[45.] « Saves, pour quoy la guerre dure?
« Il me semble c'est par l'ordure
« Des cigongnes i) [qui ont este]
« Vous saves bien on temps d'aste,
« Coment se contient k) dame Berte
[50.] « La cigongne qu'est tant aperte
« De garder son nit par nature;
« Car ses maris vat en pasture,
« Tant vait et vont l) et tant porchasse
« Que de viande une grant m) masse
[55.] « Au repairier on nit rapporte.
« Dame Berte qu'oeuvre la porte
« La viande prent et despart .
« Pour soy n) retient la meilleur part,
« Lor se prannent a terteller,
[60.] « Come fait martel a marteller.
« Adont Berte veult par sa force
« Et le main grain o) et puis la corce p)
« De hault parler et q) de convoitise
« C'est bien souvent Berte souprise.
[65.] « Or ont son nit environneis
« Il oitours r) et п coronneis ¹)
« Entour ont fait grant villainie
« Qu'ilz avoient grant compaignie.

---

a) *So D, M* sont. b) *D* vilainment. c) *So D, M* ordre. d) *So D, M* villeonnement. e) *D* laise. f) *D* Le. g) *D* est et ort et lait. h) *D* Or ne nous chice en g. v. i) *So* (auch im Folgenden) *D, M* singne *D* cigongnes. k) *D* couchoit. l) *D* avant. m) *D* ung tas amasse. n) *So D, M* son. o) *D*, le magrin. p) *D* s'efforce. q) *D om.* et. r) *D* aultours.

«Parle droitement de l'abondance
«Qui vient du cœur; il n'y a pas en douter
35. «Or, ne blâmez donc pas ma parole
«S'il m'arrive de parler un peu d'ordure;
«Car lorsque les choses vont en vilenie,
«Doit on en parler vilainement
«Et puisque ma matière est sale et vile,
40. «Pour tout je vous la rapporte vilainement;
«C'est folie que de laisser sous silence
«Les faits qui sont et sales et laids.
«Souvent advient ce mauvais cas
«Que honneur choit en grande honte.
45. «Savez-vous pourquoi la guerre dure (si longtemps)?
«Il me semble que c'est à cause de l'ordure
«Des cigognes qui ont été là.
«Vous savez bien comment, au temps d'été,
«Se comporte dame Berthe.
50. «La Cigogne qui est tant habile
«De garder son nid par instinct naturel,
«Alors que son mari s'en va à la pâture,
«Et va tant avant et tant recherche
«Qu'une grande masse de victuaille
55. «Il rapporte en revenant au nid.
«Dame Berthe, qui lui ouvre la porte,
«Prend et partage les provisions,
«Dont elle retient pour elle la meilleure part.
«C'est alors qu'ils se prennent tous à s'attaquer du bec,
60. «Tel le bruit du marteau qui martelle.
«Cependant Berthe veut de vive force
«Et le . . . . et l'écorce.
«Le haut parler, la convoitise,
«C'est bien souvent le défaut de Berthe.
65. «Mais voici que son nid est environné
«Par deux autours et deux faucons couronnés,
«Qui tout à l'entour ont fait grande vilenie
«Avec leur nombreuse compagnie.

---

1) *Gemeint König Johann v. Böhmen, Herzog Friedrich v. Lothringen, Graf Eduard v. Bar. und Erzbischof Balduin v. Trier.*

«Dame Berte bien les veoit,
[70.] «Mais en son nit ades seoit
«Et si chioit en my son nit
«Que nel laissait pour ces marit.
«Quant cel^a) marit la vit chier
«Lor vat le nit tout conchier,^b)
[75.] «Or ont chier^c) tous II ensemble.
«Or esgardez qu'il vous en semble,
«Se de leur nit issus fuissent,
«[La victoire je crois qu'ilz eussent]^d)
«Or poves^e) veoir, pour quoy la guerre
[80.] «Ait tant durei en ceste terre.
«Pour ce qu'encor trueve en ordure
«On nit Berte, la guerre dure
«Se pure et net estoit le nif,
«Moult tost seroit guerre fenis.
[85.] «Or est ja^f) tant la chose allee
«Que cigongnes ont^g) desposee.
«Damme Berte qu'estoit^h) leur meire
«Qu'ilz ont trouvee trop ameire,
«Tant ont trouveit en leur nif merde
[90.] «Qu'ilzⁱ) en ont dampmaigez et perde.^k)
«Pour ce veullent trestuis savoir
«Que Berte ait fait de leur avoir,
«Qu'elle ait heu pour eulx^l) garder.
«Leur fais doit on bien regarder,
[95.] «Qu'ilz ne quierent fors que raison,
«Car perdues ont maintes masons
«Que li oitours ont mis en cendre,
«Dont on doit bien Berte reprendre;
«Car c'elle heust^m) son debvoir fait,
[100.] «Ja n'eussentⁿ) tant de mal fait
«Li coronneis ne li oitours,
«Qu'antour le nif^o) ont fait leur tours.
«Ceste chose est cleire et apperte
«Qu'ainsi perdus y ait moult Berte.
[105.] «Apres avint c'un boin grifaul^p)¹)

---

a) *D* son. b) *D* pourchier. c) *D* ambdeux chiez ensemble. d) *Erg. nach D.* e) *D* pourrez.
f) *D* Or e. l. ch. tant a. g) *D* sont. h) *So D, M* qu'est. i) *D* Que ilz. k) *M D* perdre. l) *D* leur.
m) *D add.* bien. n) *D* Ja n'y eust eu t. d. m. f. o) *D* leur nidz. p) *D* gerfaults.

«Dame Berthe les voyait bien,
70. «Mais elle restait tranquille en son nid.
«Au milieu duquel elle chiait
«Sans nul souci de son mari.
«Quant celui-ci la vit ainsi chier,
«Alors il va aussi conchier tout le nid,
75. «Et par ainsi ils ont chié tout les deux ensemble.
«Or regardez, que vous ne semble?
«S'ils fussent sortis de leur nid,
«Je crois qu'ils eussent remporté la victoire.
«Maintenant pouvez-vous voir pourquoi la guerre
80. «A tant duré en cette terre?
«C'est parce qu'on trouve encore de l'ordure
«Au nid de Berthe, que la guerre dure;
«Car si son nid était pur et net,
«La guerre serait bientôt finie.
85. «Mais la chose est déjà allé déjà si loin
«Que les Cigognes ont déposé
«Dame Berthe, leur mère,
«Qu'elles ont jugée trop ributant
«Pour avoir trouvé en leur nid tant de merde,
90. «A raison de quoi elles ont subi dommage et perte.
«Aussi veulent-elles toutes savoir
«Ce que Berthe a fait de leur avoir
«Qu'elle a reçu en garde.
«Ce qu'elles font doit être regardé en bien,
95. «Ne demandant rien que de raisonnable,
«Car elles ont perdu maintes maisons
«Que les autours ont mises en cendres.
« C'est pour cela que Berthe mérite reproche,
«Car si elle eût rempli son devoir,
100. «Jamais ils n'auraient fait tant de mal
«Ces faucons couronnés ni ces autours
«Qui ont mis le siège autour du nid.
«C'est chose claire et évidente
«Que si la perte est grande, c'est par la faute de Berthe.
105. «Après, ils advint qu'un bon gerfaut

---

[1]) *André de la Pierre, in Metzer Diensten, erwähnt Kap. XX Strophe 171. Die Urkunde, durch welche er sich zum Dienste der Stadt Metz verpflichtet, bei Bouteiller, Guerre de Metz p. 296.*

«Qu'ains^a) vers le nit ne fuit jour^b) faul
«Aus champz trouvait ung esprivierⁱ)
«Qui aus oitours voulloit aidier.
«Et li griffaul si l'assaillit
[110.] «Que l'esprivier^c) point ne faillit,
«Ains l'amenait a Berte prins.^d)
«Bien doit avoir telt griffaul pris,
«Qu'ains qu'il peust estre delivrez,
«Berte en resceupt vii^m livrez.
[115.] «Li cicongnes^e) aparceu
«Ont tout^f) ceste fait et^g) bien seü;
«Entr'eulx^h) se sont tuis accourdez
«Et ont jurei sur le corps Deyⁱ)
«Que l'esprivier convient ravoir,
[120.] «Coment qu'il soit, on tout l'avoir
«Que Berte ait prins ou les ostaigez.
«Or me ditez, se c'est outraigez,^k)
«De demander une telt chose.
«J'a^l) grand paour c'on ne me chouse.^m)
[125.] «Berte ne veult de rien respondre,
«Muelz se lairoit la teste tondre.
«Cil affaire ait jaⁿ) tant couveit
«Que cicongnez l'ont esprouveit,
«Berte en deust^o) estre mal mise,
[130.] «Se n'y heust fenix paix mise.^p)
«Cel jour fenix fist grant miracle;
«Car quant Berte vit le triaicle^q)
«Trestout armez ver li^r) venir,
«Plux ne se pout contretenir.
[135.] «D'autre latin^s) l'estuit^t) chanter
«Qu'il^u) li convint l'argent cranter
«A Boiliawe²) l'esmerillon
«Qui n'ait pas cuer^v) de pawillon.
«Ainsi fine ma parabole,
[140.] «La merde puit quant on la bole.

---

a) *D* Qu'envers. b) *D* pas. c) *D* Qu'a l'espervier pas ne f. d) *D* pris. e) *D* add. ont. f) *D* Trestout. g) *D* et tres b. s. h) *D* Tandis. i) So *D*, *M* Dex. k) *D* folages. l) *D* J'ay bien g. p. m) *D* choix. n) *D* a ja tant, *M* ait tant. o) *D* add. ja. p) *D* Se paix n'y eust la fenix mise. q) *D* miracle. r) *D* luy. s) *M* matin, *D* martin. t) *D* lestuet. u) *D* Qui luy c. v) *D* cure.

«Qui fut toujours loyal envers le nid,
«Rencontra aux champs un épervier
«Qui voulait prêter aide aux autours;
«Et le gerfaut l'assaillit si bien
110. «Qu'il ne manqua pas l'éprivier,
«Il l'amène donc prisonnier à dame Berthe.
«Tel gerfaut doit être estimé à un haut prix,
«Car avant qu'il pût être rendu à la liberté,
«Berthe reçut pour sa rançon sept mille livres.
115. «De tout cela les cigognes se sont bien aperçues,
«Elles ont su tout ce qui s'était passé;
«Elles se sont mises d'accord unanimement
«En jouant sur les saintes hosties
«Qu'il fallait reprendre l'épervier
120. «N'importe comment, avec tant l'avoir
«Que Berthe a pris, et aussi les otages.
«Or, dites-moi si c'est commettre un outrage
«Que de faire pareille demande!
«J'ai grand peur d'être blâmé à ce sujet
125. «Quant à Dame Berthe, elle ne veut répondre de rien,
«Et préférerait se laisser tondre la tête,
«Cette affaire a déjà duré si longtemps
«Que les cigognes en ont été bien éprouvées
«Et que Berthe eût été réduite en mauvais état,
130. «Si le Phénix n'y eût mis la paix.
«Ce jour-là, le Phénix fit un grand miracle,
«Car lorsque Berthe vit le monstre
«Armé de toutes pièces s'avancer contre elle,
«Elle n'a pas pu lui tenir tête;
135. «Et c'est sur un autre air qu'il lui fallut chanter,
«Et donner caution d'argent
«A Boileau l'émerillon,
«Qui n'a pas un cœur de papillon.
«Aussi finit ma parabole:
140. «La merde pue quant on la remue.»

---

1) *Gemeint ist Heinrich von Finstingen, Herr von Falkenberg, der Ende September 1324 gefangen und gegen ein Lösegeld von 7000 livres freigelassen wurde. S. Kap. XX Str. 110 ff.*

2) *Ein Jaicomin Boilawe spielt eine Rolle im Zwiste der Bürgerschaft 1326. Vgl. Huguenin p. 66.*

XXIII.

p. 143. C'est l'exposicion du sarmont le pappegay.[1])

[1.] Or vous dirais l'entendement,
Car j'ay parlei obscurement:
Mets est li nis, entendes bien,
Qui ait heü honnour et[a]) bien,
[5.] Les ordurez ce sont li fais
Qui contre Dieu ont estez fais
Par damme Berte, la Justice,
Qui en son nit ait fait laitrice.
Cil de Biche[2]) fuit ces maris
[10.] Par cui[b]) le nit fuit esmaris.
Les viandes sont les pennies
Qu'ehus ait[c]) Berte et leur maisniez.
Li II oitours et[d]) li coronnez
Qui ont le nif environnez,
[15.] Je dis briefment, ce sont li quaitre
Qui mains hostelz ont fait abaitre.
Li cicongnes c'est la comune
De la cite qui est toute une.
Li grifaul c'est cil de la Piere
[20.] Que Metz amer doit par St. Piere.[3])
Li esprivier ce fuit Hanris[4])
A Fauquemont qui fuit noris.
Et li fenix qui fist la paix,
C'est Jhesucris qui nous dont paix.[e])
[25.] Encor ung mot dire me plait
Pour eschevier[f]) riot et plait:
Se li paraige et la comune
Avoient tuis voullente une,
La paix seroit ligiere a faire,
[30.] Si come je croy per St. Hilaire.
Or nous doint Dieu per sa pitiet
Que tous aiens bonne amistiet.

---

a) *D add.* tout. b) *D* qui. c) *D* Qu'a eu B. et l. m. d) *D om.* et. e) *D* nous a fait.
f) *M* eschvier.

1) *Gedr. nach einer Abschrift der Handschrift D bei Bouteiller, La Guerre de Metz p. 330.*

2) *Im Dienste der Stadt standen Eberhard und Simon, Grafen von Bitsch. S. oben Kap. XX, Str. 79. Offenbar ist es in erster Linie der Graf von Bitsch gewesen, durch dessen Einfluß die Metzer Obrigkeit bewogen wurde, den gefangenen*

XXIII.

C'est l'exposition du Sermon du Papegay.

Or je vous dirai comme il faut entendre (le sermon),
Car j'ai parlé en termes obscurs :
Metz est le nid, entendez bien,
Qui a eu et honneur et tout bien.
5. Les ordures, ce sont les faits
Qui contre Dieu ont été faits
Par dame Berthe, la Justice,
Qui en son nid a fait des immondices.
Le comte de Bitche, c'est son mari,
10. Par qui le nid fut tout souillé.
Les victuailles, c'est le produit des exactions
Levées par Berthe et sa compagnie.
Les deux autours et les deux faucons couronnés
Qui ont environné le nid,
15. Je dis brièvement que ce sont les quatre
Qui ont fait abattre maints hôtels.
Les cicognes, c'est la Commune
De la cité qui est tout une.
Le Gerraut, c'est André de La Pierre,
20. Que Metz doit aimer, par Saint Pierre.
Et l'Epervier, c'est Henri de Fénestrange
Qui fut élevé à Fauquemont.
Et le Phénix qui fit la paix,
C'est Jésus-Christ, qu'il nous donne paix!
25. Encore me plait-il de dire un mot
Pour terminer querelle et litige:
Si les Paraiges et le Commun
N'avaient tous qu'une seule volonté,
La paix serait facile à faire,
30. Ainsi le crois-je bien, par saint Hilaire!
Or, Dieu veuille nous donner par sa pitié
Que nous soyons tous de bonne amitié.

Heinrich von Finstingen und Falkenberg wieder frei zu geben. Grade dieser Vorgang — Heinrich hielt sein gegebenes Wort nicht und kämpfte bald von neuem gegen die Stadt — hat die allgemeine Entrüstung wachgerufen und den Dichter veranlaßt, seine Verse zu schmieden.

3) André de la Pierre s. Kap. XX Str. 171 und XXII 105. Er hatte den Finstinger gefangen genommen.

4) S. Kap. XX Str. 110 und XXII 107.

XXIIII.

p. 144. C'est la confirmacion le Jay d'Ingleterre.a)1)

[1.] En celui sermont du pappegay,b)
Pourc) parfenis, sicome dit ay,
Ung wauterotd) qui est venus
Droite) de Londre ou ertf) tenus
[5.] A grant honnour chiefg) ı Angloy
Alla parleir en son jangloy,h)
Car on sceit ja en Engleterre
Les nouvelles de ceste guerre.
Pour maintenir dei) ceste matiere,
[10.] Il comensait en telt maniere:
« Quant ung œuvrier follement œuvre,
« Durer ne puet longuement sonk) euvre,
« Quant mauvais sontl) li fondementm)
. . . .
[15.] « Si mal ouvrez ont li grans maistrez
« Qu'a malle heure les vit Metz naistrez,n)
« Ilz ont pourteit tant le bansent
« Queo) mal ouvreit ont de leur biaul sent.
« Quant eire ont li maistres ouvriers,
[20.] « Se par les folz n'ont recouvriers,
« L'œuvre chairaitp) de piece en piece,
« Et la guerre durait grant piece.
« Souvent aves oys retraire
« C'on doit garir par le contraire.
[25.] « Il me semble ceste œuvre fole
« Quant li riche le poure fole;
« Ilz en ont ja tant dezfouliez
« Que ces villois ne sont plus liez.q)
« Je me doubte que li folours
[30.] « Ne perdent tout per leur folour.r)
« De trop souffrir est grant folaige,
« Guerre ne veult que cuer voulaige;s)
« Pour ley vangier et deffollert)

---

a) *D* C'est la confirmation du sermon du Jay d'Angleterre. b) *D* Quand le sermon du papegeay. c) *D* Fut. d) *M* waucerey, *D* watrot. e) *D om.* Droit. f) *D* etoit, *M* est. g) *D* chiez. h) *D* l'anglois. i) *D om.* de. k) *D* l'euvre. l) *D* est. m) *Hiernach in M Raum für eine ausgelassene Zeile. D führt, ohne eine Auslassung zu markieren, fort.* n) *D* maistres. o) *D* Qu'ouvre ont mal de leur beau sens. p) *D* chierra. q) *D* lez. r) *M* foleurs, *D* folieure. s) *D* folage. t) *D* et les fouler.

XXIV.

C'est la confirmation par le Geai d'Angleterre du Sermon du Papegai.

      Quand le sermon du Papegai
      Fut terminé, ainsi que je l'ai dit,
      Un Geai qui était venu
      Droit de Londres, où il était tenu
5. A grand honneur chez un Anglais,
      Se mit à parler en son jargon,
      — Car on connaît déjà en Angleterre
      Les nouvelles de cette guerre —.
      Afin de s'en tenir à son sujet,
10. Il commença de telle façon:
     «Quand un ouvrier travaille follement,
     «Son travail ne peut durer longuement,
     «Puisque les fondements de l'œuvre sont mauvais.
    . . . . [œuvre,
15. «Les grands maîtres (le gouvernement) ont fait si mauvaise
     «Que c'est pour son malheur que Metz les vit naître.
     «Ils ont apporté un si grand trouble (dans les affaire de la Cité)
     «Qu'ils ont mal travaillé, malgré leur bonne opinion.
     «La male façon des maîtres ouvriers,
20. «Si elle n'est réparée par les fols,
     «L'œuvre tombera pièce à pièce,
     «Et la guerre durera long temps.
     «Vous avez souvent entendu raconter
     «Qu'on doit guérir un mal par son contraire.
25. «Il me semble que c'est œuvre folle
     «Quand le riche foule le pauvre;
     «Ils en ont déjà tant affolés
     «Que ces villageois ne sont plus en liesse.
     «Je crains bien que les affoleurs
30. «N'en viennent à tout perdre par leur folie.
     «Trop souffrir, est d'un esprit fol.
     «Guerre ne veut qu'un cœur léger
     «Pour tirer vengeance et mettre en folie

---

[1]) *Gedr. nach einer Abschrift der Handschrift D bei Bouteiller, La Guerre de Metz p. 332.*

«Ceulx qui lez ont fais deffoller.
[35.] «Par les saiges est Metz foulee^a)
p. 145. «Et par les folz^b) est rafilee^c)
«L'autreiet^d) me dist ɩ jonne fol
«Qu'ainsois ferait fevre^e) sens fol
«Haiche tranchant et afinee,
[40.] «Que la guerre soit afinee.
«Se par les folz n'est mise a fin.
«Or y pances, veicy la fin :
«Cil qui n'ait point de finement
«Et qui fuit nes si finnement
[45.] «De la Virge qui est tant fine
«Qu'a sa purete chascun s'afine,
«Veuille nos cuers si afiner
«Que nous puissie[n]s bien afiner.[1])

XXV.

p. 146. C'est la prophesie Maistre Lambelain[1]) de Cornualle[2])

[1.] Dieu gart la compaignie de pechiez et de crime.
Faites paix, je veulz dire une nouvelle rime,
Elle fut l'autrie faite entre vespre et prime
J'ay en mon coeur^g) limei d'une nouvelle lime.

[2.] J'ai si grant duel au cuer qu'a pou que je n'eserre^h)
— Comentⁱ) souffre cil^k) Dieu qui fist et ciel et terre —
Q'un bargier Bauduyns, ung C., ung D., ung R.[3])
Ont mis la cite de Metz en prison et en serre.

[3.] Ilz ont airs le pays sens cause et sens raison;
Ilz n'i ait ville entiere ne bourde ne mason.
Li ouvriers sont oisours, si perdent la saison;
Il pert bien Oultresaille, on Bourch et en Taison.[4])

[4.] Or aveigne qu'aveigne, ne lairais que ne dice:
Renart et sui parens ont estez folz et nicez,
Ilz ont esteis si plains d'orgueil et d'avarisce
Que sont^l) chant ait gaingniet ma damme la Gravisse.[5])

---

a) *D* affolee. b) *D* for. c) *D* raffolee. d) *D* L'auttrier. e) *M* serait, *D* febvre. f) So *M*, *D* par bien finer; *M* ¹/₂ *S. frei.* g) *M und D* J'ai mon c. h) *M* que je ne serre, *D* que me serre. *Bon. schlägt vor* n'eserre, i) *D* Comme. k) *D* celuy. l) *D* son champ.

1) Lambelin, *Diminutif von* Lambin, *abgeleitet von* Lambert *wie* Robelin-bin-bert.
2) *Gedruckt nach einer Abschrift der Handschrift D bei Bouteiller, La Guerre de Metz p. 335.*

«Ceux là mêmes qui ont déchaîné sa folie.
«Metz par les sages est foulée,
35. «Et remise en bon état par les fols.
«L'autre jour un jeune fol me dit
«Qu'un forgeron ferait plus tôt sans soufflet (de forge)
«Une hache tranchante et bien affinée,
«Avant que la guerre soit finie
40. «Si les fols ne la mettent à fin.
«Or pensez-y; voici la fin:
«Celui qui n'a point de finition
«Et qui est né si finement
«De la Vierge qui est si fine
45. «Qu'à sa pureté chacun s'affine,
«Qu'il veuille si bien affiner nos cœurs
«Que nous puissions en bien finir!»

XXV.
C'est la Prophetie de maître Lambelin de Cornouailles.

1. Dieu garde la compagnie de péché et de crime!
   Faites paix; je veux dire un nouveau poëme,
   Qui fut composé l'autre jour entre vêpres et prime
   Et que j'ai travaillé dans mon esprit sur un nouveau mode.
2. J'ai si grand deuil au cœur qu'à peu je ne perde le sens,
   De voir comment ce Dieu qui fit et ciel et terre
   A souffert qu'un berger Baudouin, un Comte, un Duc, un Roi,
   Ont mis Metz la cité en prison et en géole.
3. Ils ont brûlé le pays sans cause ni raison,
   En sorte qu'il n'y reste plus ni ferme entière ni cabane ni maison,
   Les ouvriers sont sans ouvrage, qui perdent leur temps; [Taison.
   Il y paraît bien aux quartiers d'Outre-Seille, Bourg Saint-Nicolas et
4. Or advienne que pourra! je ne laisserai de parler:
   Oui! Renart et les siens ont été fols et simples,
   Ils ont été si pleins d'orgueil et d'avarice,
   Que leur chant a séduit Madame l'Ecrevisse.

---

3) *Comte, Duc, Roi.* 4) *Metzer Stadtteile und Straßen.*

5) «*Je vois là dedans un jeu d'esprit par opposition de sens, antithèse: la séduction (du chant) est si forte que de la forêt elle gagne le marais (Fuchs-Krebse) — Cette vue est confirmée par l'antithèse de la strophe suivante, mettant en regard le Limacon (tardif) et le Cerf (vite). — Cette manière de jeu d'esprit voile-t-elle des personnalités?*» (Bonnardot).

[5.] Tardis^a) li Limesson sceit plux que Seirs ramez
Qui ait esteit long tempz et prisiez et amez;
Mais or est par son fait si vilment diffaumes
Que Tardis est ces sire per son savoir clames.

[6.] Or^h) est li poivre^c) faible et li cumis^d) est fors;
Li Comuns^e) fait a Mes ces lois et sez affors.
Dieu dont la fin soit bonne, c'est tout mez reconfors;
Se paix aviens dedens, nous paix averienz de fors.[1]

[7.] La guerre qu'est deden fait a Metz grant dampmaige.
Ne sont pas d'un accort li Commun, li Paraige.
« Je veulz », « Tu ne veulx mie », fait faire cest outraige.
Or face Dieu briefment que tuis soient d'un couraige!

[8.] Se li cher vat devant et li bœufz vont^f) dariere,
Nulz ne^g) doit mervillier d'une telle maniere.
Il ne fault c'un tres pou pencer a ma matiere:^h)
Leaulte passe tout, si doit estre premiere.

[9.] Se T[ersites est roy et Atrides vaincu],ⁱ)
Nulz n'en doit mervillier, maix dire: « C'est decus. »
Pour quoy ne fist pourter et lancez et escus.
Quant l'ost fuit a Mancourt,^a) bien pert que^k) fut cecus.

[10.] Li maironniers^a) qui sont entre Saille et Muselle,
Ont si mal gouvernee leur naige^l) et leur nazelle.
S'encor heussent tenue la cowe^m) de la peille,
En cendre fuit cheue la menuse tres belle.

[11.] Des citains vous lairais sens plux dire et gloser.
Je n'ai pais grant tallent de mes dis exposer.
Je doubteⁿ) les mesdisans que li boins font chouser
[Et pourtant me veulx je ung petit reposer].^o)

[12.] Or, dirai des seigneurs qui Metz cuident conquerre,
Ilz ont tres fol pancer, ja n'en seront herre.
Ilz ont assez pis fait que murtreur ou que leire^p)
Quant^q) ont mis sens raison si boin pays en guerre.

[13.] Quant li mons de Monjeu en Guigneval^r)⁴) vendront,

---

a) *D* Jadis. b) *D* Et. c) *D* poures. d) *D* comun. e) *D* comun. f) *D* om. v. g) *D* n'en. h) *M* mamtiere. i) Lücke in *M*, erg. nach *D*. k) *D* qu'il. l) *D* barge. m) *D* queue. n) *D* dout. o) Lücke in *M*, erg.nach *D*. Bon. schlägt vor: Et t. je ne v. u. p. r. p) *D* lerre. q) *M* add. ilz. r) *D* Gignevault.

1) *Die Inschrift auf dem erst vor kurzem niedergelegten Barbaratore lautete fast wörtlich ebenso:* [Si] nous a[vons] paix dedans, nous avons paix defor.
Ob die Inschrift nach dem Gedichte gemacht ist, oder das Gedicht auf die In-

5. Tardif le Limaçon en sait plus que Cerf à la tête ramée
   Qui fut longtemps prisé et aimé;
   Mais le voici aujourd'hui par son fait si vilainement diffamé
   Que Tardif par son savoir est proclamé son seigneur et maître.

6. Aujourd'hui le poivre est faible, et le cumin est fort;
   Le Commun fait à Metz et la loi et la force.
   Dieu veuille y donner bonne fin, c'est toute ma consolation:
   Si Metz avait paix dedans, Metz aurait paix dehors!

7. La guerre de dedans cause à Metz un grand dommage
   L'accord ne règne pas entre le Commun et les Paraiges.
   « Je veux! » — « Tu ne veux pas! » telle est la cause de pareil outrage.
   Or face Dieu bientôt que tous n'aient qu'un même esprit!

8. Si la charrue va devant et les bœufs vont derrière,
   Personne ne doit admirer une telle façon (de labourer).
   Mon sujet ne demande que très-peu d'attention (pour être compris):
   C'est que Loyauté passe avant tout, et doit tenir le premier rang.

9. Si Tersite est roi, si le fils d'Atrée est vaincu,
   Personne ne doit s'en étonner, mais doit dire: « C'est bien ».
   Pourquoi n'avoir pas fait avancer les troupes avec lances et écus
   Alors que l'ennemi était à Mancourt? Il paraît bien qu'on était [aveugle.

10. Les mariniers qui sont entre Seille et Moselle
    Ont bien mal gouverné leurs barques et leurs nacelles!
    Si encore ils eussent tenu la queue de la poêle
    Le beau petit fretin eût été réduit en cendre.

11. Les citains de Metz, je les laisserai sans plus rien en dire ni gloser;
    Je n'ai pas le désir d'exposer au long mes paroles.
    Je redoute les médisants qui molestent les bons,
    Et cependant je ne veux pour cela prendre repos.

12. Donc je parlerai des Seigneurs qui prétendent conquérir Metz;
    C'est là une pensée bien folle, car ils n'en seront jamais maîtres,
    Ils ont certes fait pis que des meurtriers ou brigands
    Quand ils ont mis si bon pays en guerre, sans raison.

13. Quand les montagnes de Montjeu en Guignevaux descendront,

schrift hinweisen will, ist nicht mit Sicherheit zu sagen; wahrscheinlich ist das letztere. Die Form der Buchstaben in der Inschrift steht dieser Annahme nicht entgegen.

2) Mancourt war schon am 16. September 1324, dem Tage der Kriegserklärung, von den Verbündeten niedergebrannt worden.

3) Bildlich: diejenigen, welche das Staatsschiff lenken.

4) Vielleicht Moncheu bei Delme, Mont de M. wäre dann die Höhe von Delme. Aber Guignecal bleibt unerklärt.

Et les yauwes de Trievez droit a Metz revendront,
Et trestuis les paiens en ma main se rendront,
Adont B. E.ᵃ) J. [F]ᵇ)¹) les murs de Metz prendront.

[14.] [Quand de vins de Blenou²) sera meue la nouvelle
Qu'ils vauront vins d'Arbois, d'Auxay ou de Rochelle]ᶜ)³)
Adont seront seigneurs Trieve, Nancey, Bair, L.⁴)
D'une cite que ciet entre Saille et Muselle.

[15.] Quant il n'averait ribaus esᵈ) foierez de Champaigne,
Et j'averai la coronne de Navaire et d'Espaigne
Et serai roy en paix de France et d'Allemaigne,
Adont serait Metz prinse par le roy de Bahaigne.

[16.] Quant muelz vaurait ı lierreᵉ) c'un leaulᶠ) pellerin
Et l'iawe de Saille ertᵍ) plux cleire que vin,
Et arrier sens r'iront li Ro[sne] et li Rin,
Adont serait de Metz sire de Trieve Bauduyn.

[17.] Quant je vairai plux cler c'onque ne fist Argus,
Et serai aussi grant comme fuit Poliphemus,
Et s'araiʰ) plux de force que Hector ne Meindus,
Adont eirtⁱ) de Metz sire ou li cuenᵏ) ou li dus.

[18.] Quant li poissons lairontˡ) la mer ou lez rivaigez,
Et li coullons lairont lez tours ou lez boucaigez,
Les desers li lyons et usurier boinz gaigez,
Adont ɪɪɪɪ seigneurs metteront Metz en servaige.

[19.] Il ait encor grant tempz que ce doit advenir.
La guerre n'est pas bonne, il la faudrait fenir.
Cil qui pour nous sauver volt on monde venir,
En sa franchise veulle la cite maintenir.ᵐ)

XXVI.

C'est li A, B Cⁿ) maistre Asselin du Pontᵒ)⁵) contre ceulx de Metz.⁶)

[1.] Chascun me dit ad quoy je pance:
Jeᵖ) pence a Metz, s'on ne me pance.

_{a) *So D, in M C.* b) *D B E F J.* c) *Erg. nach D, M* Quant venront vins d'Arbois d'Ausais ou de Rochelle, *hiernach Lücke von einer Zeile.* d) *So D, M* et. e) *M* lievre, *D* lerre. f) *D* maulvaix. g) *D* sera. h) *D* s'auray. i) *D* sera. k) *D* conte. l) *M* hairont, *D* hayront. m) ³/₄ *Seiten frei.* n) *D add.* que. o) *D add.* a fait. p) *D* De.}

¹) *Balduin, Eduard, Johann, Friedrich.*
²) *Blénod bei Toul.*
³) *Arbois in der Grafschaft Burgund, Elsaß und La Rochelle in Poitou.*

Et que les eaux de Trèves droit à Metz remonteront,
Quand tous les payens en mon pouvoir se rendront,   [prendront.
C'est alors que Baudouin, Edouard, Ferry et Jean les murs de Metz

14. Quand sera venue la nouvelle que les vins de Blénod
Vaudront les vins d'Arbois, d'Alsace ou de La Rochelle,
C'est alors que Trèves, Nancy, Bar et Luxembourg seront seigneurs
Da la citeit assise entre Seille et Moselle.

15. Quand il n'y aura plus de ribauds aux foires de Champagne,
Quand je porterai la couronne de Navarre et d'Espagne,
Et que je serai en paix roi de France et d'Allemagne,
C'est alors que Metz sera prise par le roi de Bohême.

16. Quand un larron vaudra mieux qu'un fidèle pèlerin,
Quand remonteront leur cours et le Rhône et le Rhin,
Quand l'eau de la Seille sera plus claire que le vin,
C'est alors que Metz aura Baudouin de Trèves pour seigneur.

17. Quand je verrai plus cler que jamais ne fit Argus,
Quand je serai aussi grand que fut Polyphemus,
Quand je serai plus fort que Hector ou Meindus,
C'est alors que Metz aura ou le comte ou le duc pour seigneur.

18. Quand les poissons délaisseront la mer et ses rivages,
Quand les pigeons délaisseront les tours ou les bocages,
Et le lion les déserts, et l'usurier bons gages,
C'est alors que les quatre seigneurs réduiront Metz en servage.

19. Il s'écoulera encore longtemps avant que cela n'arrive;
Guerre n'est pas chose bonne; il conviendrait de la finir.
Celui qui voulut venir en ce monde pour nous sauver,
Veuille maintenir la Cité en possession de sa franchise!

XXVI.

C'est l'A B C de maître Asselin du Pont-à-Mousson contre ceux de Metz.

1. Chacun me demande à quoi je pense:
Je pense à Metz si l'on ne me panse.

---

⁴) *Luxemburg.*

⁵) *Ein Esselin du Pont, dessen Herr gleichfalls der «Herzog von Bar» ist, verpflichtet sich im Jahre 1409 Juli 11, in der Stadt Metz Wohnung zu nehmen und der Stadt mit seinem Rate zu dienen. Er ist jedenfalls ein Sohn oder Enkel des Dichters. S. d. Urk. in Hist. de Metz IV 657.*

⁶) *Gedr. nach einer Abschrift der Handschrift D bei Bouteiller, La Guerre de Metz p. 340.*

Tuis ceulx de Metz sont folz nays;a)
Ilz n'ont en eulx sens ne science.
Pour queil raison, pour queil science
Serontb) ilz seigneurs du pays?

[2.] Bien sontc) plains de grant demesure,d)
Quant ilz cuident par leur usure
Leure) voisins mater et confondre.
Ilz sont plux prenans que presure;
Ilz f) font leur lois et leur mesure
Et s'acorchent aprez le tondre.

[3.] Et pourtant me veulz entremettre
De faire sur chescune lettre
De l'A B C ung ver de rime.
Veullent ilz [ydes]g) en l'air mettre
On varaith) Metz encor remettre
Et enbusinieri) en l'abime.

[4.] Asselin du Pont, ung notaire,
Dist qn'encork) merchiez et contraire
Vanrait a ceulx de Metz sens doubte.
Ja ont veus des esxemplairez
Ceste annee plux de ɯl) pairez,
Mais orguoil ne leurm) lait voir goute.

[5.] Bien averientn) or mestier d'aprendre
Et bien les en doit on reprendre,
Quant per ung pou descript en airche,
Quanto) ilz y plantent pour rapenre,
Voulloient en lour ville prendre
Les gentilzhomme de la mairche. ¹)

[6.] Chaitifz, ou aves vous fiance?
Vous estez tuis en deffiance
De Dieu, du monde et de la terre;
Dieu vous ait mis en obliance.
Vous rasamblez de mescrancep)
Le desvoiez qu'a Dieu prist guerre.

---

a) *D* natifz. b) *D* Sont. c) *D* add. ilz. d) *D* definesure. e) *D* Les. f) *D* om. Ilz — mesure.
g) *Erg. nach D.* h) *D* voir a. i) *D* embuissonne. k) *D* aulcuns. l) *D* VII. m) *D* les laist v. g.
n) *D* auront ores. o) *D* Que. p) *D* mescreance.

¹) *Die Erbitterung der vier Angreifer richtete sich wesentlich mit gegen die*

Tous ceux de Metz sont fols de naissance,
Qui n'ont en eux ni sens ni science.
Alors, pour quelle raison ou pour quel titre
Seront-ils seigneurs du pays?

2. Ce sont gens pleins d'outrecuidance
Quand ils prétendent par leur usure
Mater leurs voisins et les abattre.
Ils font à leur gré lois et mesures,
Ils sont plus prenants que la présure,
Après avoir tondu, ils écorchent encore.

3. Néanmoins je veux entreprendre
De faire sur chacune lettre
De l'A B C un couplet en rime.
Ceux de Metz veullent-ils relever leurs ydoles?
Encore verra-t-on Metz retomber
Et s'empêtrer dans l'abîme.

4. Asselin du Pont, un notaire,
Dit que male chance et fortune contraire
Aviendra encore à ceux de Metz, sans aucun doute.
Ils en ont déjà fait l'expérience
Cette année plus de trois fois;
Mais orgueil ne leur laisse voir goutte.

5. Bien besoin d'apprendre auraient ils à cette heure,
Et bien les en doit-on reprendre
Alors que pour un petit bout d'écrit,
Qu'ils ont fourré en arche pour l'en resortir,
Ils voulraient prendre en leur ville
Les seigneurs des marches voisines.

6. Chétifs! où est votre fiance?
Vous êtes tous en querelle
Contre Dieu, contre le monde et la terre.
Dieu vous a mis en oubli,
Par votre mécréance vous ressemblez
Au dévoyé qui fit guerre à Dieu.

Amans. Sie verlangten, wie aus den Kap. XVIIII der abgedruckten Verhandlungen hervorgeht, die Beseitigung der *Amans*, weil ihnen durch Verschreibungen, die in den ‹arches› der Amans lagen, viele Besitzungen, die sie in Pfand an Metzer Geldleiher gegeben hatten, verloren gegangen waren.

p. 150. *[7.]* **D**ieu n'en a) puit mais, se il vous donte
Ne s'il vous bat ne b) vous fait honte:
Trop greves Dieu c) et Sainte Esglise.
Vostre orgueil tous autrez sourmonte;
Mais par roy, per (!) duc et par (!) conte
En serait la vengence prinse.

[8.] En toy et pour d) toy et per ty
De ceste monde se desperty
Maistre Ferris que fuit tues,
Adcui e) diviniteit appartit. f)
Mais de sa graice l'ait perty g)
Cil qui nous ait renvertues. h)

[9.] Fait le bien, si lais la folie,
Viens i) a mercy et t'umilie; k)
Tu ne te puis contretenir,
Trop est la chose avant taillie;
Ains que la guerre soit faillie
Ne te pourais tu soustenir.

[10.] **G**rans duelz et grans hontez puez avoir;
Tui citains faisoient savoir
Qu'ilz ne se l) lairrent approchier
De III m) lues par leur savoir;
Mais ilz ont bien failli avoir,
Auz murs leur ont allez touchier.

[11.] **H**e! foule n) gens et esbahies
De Dieu et du monde hayes,
Que tous jours avez pris sens rendre,
Moult aves clergie envahie
Et destruite mainte abbaye.
Or vous convient o) ou rendre ou pendre.

[12.] **J**e p) qui vous ai loing tempz traittie,
Vous prie que vous aiez pitie
De vous meysmez et q) mercy
Prisiez ceulx qu'aves [despitie] r)
Ou plus ne serez respitie s)
Se li ost remaint t) plux par cy.

---

a) *D* ne p. b) *D* ou f. h. c) *D* luy. d) *So D*, *M* per. e) *D* Qui. f) *D* aperty. g) *D* lu parti. h) *D* om. [a]it renvertues. i) *So D*, *M* Bien. k) *D* et humilie. l) *M* lairient (?), *D* te lairoient. m) *D* IIII.

7. Dieu n'en peut mais; aussi vous dompte-t-il,
   Vous bat-il, et vous fait-il honte,
   Car vous grevez trop Dieu et sa Sainte Eglise;
   Votre orgueil surmonte tous autres.
   Mais par roi, par duc et par comte
   Vengeance sur vous sera prise.

8. En toi et pour toi et par toi
   De ce monde fut séparé
   Maître Ferry qui fut tué
   Et qui participe à la divinité (qui est au ciel);
   Car de sa grâce lui a fait part
   Celui (Dieu) qui nous a remis en bon état.

9. Fais le bien et laisse la folie,
   Viens à merci, humilie-toi.
   Tu ne peux plus résister,
   L'affaire est poussée trop à fond.
   Avant que la guerre soit terminée
   Tu ne pourras plus te soutenir.

10. Grand chagrin et grand honte peux-tu avoir:
    Car tes citains faisaient savoir
    Qu'ils ne se laisseraient approcher
    De plus près que trois lieues, grâce à leur science militaire;
    Mais ils se sont bien trompés dans leur compte,
    Puisque les ennemis sont venus toucher les murs de la cité.

11. Hé! folles gens et sans raison,
    Haïes du monde et de Dieu,
    Vous qui toujours avez pris sans rendre,
    Vous qui avez envahi les biens de clergie
    Et détruit mainte abbaye: [potence.
    Maintenant il vous faut choisir entre la rançon ou la

12. Je, qui vous ai depuis longtemps fréquenté,
    Vous prie d'avoir pitié
    Et merci de vous-mêmes.
    Donc prisez ceux que vous avez méprisés:
    Sinon vous ne seres plus traités avec pitié.
    Si votre armée séjourne davantage par ici

---

n) *D* De folle gens. o) *D* comment. p) *D* De. q) *D* aussi. r) *Erg. nach D.* s) *So D, M* despitie. t) *D* revient.

[13.] **Karle**ᵃ⁾ qui or est roy de France[1]
Ne vouroit plux mettre en souffrance
Ceᵇ⁾ qu'ont souffert ses devantiers.ᶜ⁾
Il veult estre de l'aliance
Il le mandeit ja per fiance
Aus IIII princez avantier.[2]

[14.] **Li** orguoil etᵈ⁾ li jattacion
Qui est en ta partecionᵉ⁾
Te ferait encor paulmez baittre,
Et la gent de religion
Que vont en autre region
Sa ung, sa II, sa III, sa quaitre.

[15.] **Mets** moult te vient de minceᶠ⁾ afaire
Quant tuᵍ⁾ veulz nouvelle lois faire
Contre Dieu et nouvel status,
Et ce que Dieu fist veulz defaire;
Tu veulz les droisʰ⁾ contrefaire,
Dont Dieu en est contreistatus.

[16.] **Ne** tarderais pas longuement
Que tu vairais le jugement
De ton orgueil, de ton envie.
Il t'estuetⁱ⁾ rendre ligement,ᵏ⁾
On ja n'averais aligement
Pour nul homme qui soyt en vie.

[17.] **Orguoil** et pechie te desporteˡ⁾
Et teᵐ⁾ maintient et te comporte,ⁿ⁾
Pour toy faire plux de dapmaige;
Vien aᵒ⁾ merci, oeuvre ta porte,
Prens les cleys etᵖ⁾ les aporte
Aus princes et leur fais homage.

[18.] **Par**ᵠ⁾ ceste partus t'estuet saillir,
Tu ne puis souffrir l'asaillir
C'on te ferait de toutez pars;

---

a) *M* Charle, *D* Charles. b) *D* Ceulx qu'ont s. ses devantiers. c) *So D*, *M* ceulx de Nancey. d) *D om.* et. e) *D* protection. f) *M* mce, *D* nice, *daraus korrigiert* nre = nostre. g) *M* du. h) *D* decrets. i) *D* taffiert. k) *So D*, *M* legierement. l) *D* comporte. m) *D* le. n) *D* deporte. o) *So D*, *M* Bien ais. p) *D add.* si. q) *D* Par ce partuys trestous faillir.

[1] *Karl IV von Frankreich 1322—1328.*

13. Karles qui est aujourd'hui Roi de France
    Ne voudrait plus supporter
    Ce qu'ont supporté ses prédécesseurs;
    Il veut entrer dans l'alliance,
    Il l'a déjà mandé, c'est chose certaine,
    Aux Quatre Princes l'autre jour.

14. L'orgueil, la jactance,
    Défauts qui sont ton partage,
    Te feront encore battre la coulpe (te repentir),
    Et pareillement les gens de religion
    Qui s'en vont en d'autres régions
    Par un ou deux ou trois ou quatre.

15. Metz, c'est pour toi une bien mauvaise affaire
    Que vouloir dresser de nouvelles lois
    Et de nouveaux statuts contre Dieu,
    Et vouloir défaire ce que Dieu a fait.
    Voici que tu veux faire contre le droit,
    Dont Dieu en est fort contristé.

16. Ne tardera pas longtemps (à venir le jour)
    Où tu verras le jugement
    De ton orgueil et de ton envie.
    Il te faut rendre loyalement (ce que tu as pris),
    Sinon, tu n'auras allégeance
    Par nul homme vivant.

17. Orgueil et péché te fait marcher
    Et te maintient et t'emporte
    A faire de plus en plus dommage (à tes voisins).
    Or, viens à merci, ouvre ta porte,
    Prends les clés (de la cité) et les apporte
    Aux Princes pour leur en faire hommage.

18. Par cette ouverture il te faut passer;
    Tu ne peux supporter l'assaut
    Qu'on te fera de toutes parts.

---

2) *Im Oktober 1324 traten die vier Verbündeten mit einem Bündnisvorschlag an den König von Frankreich heran. Abgedruckt bei Bouteiller, La Guerre de Metz 402. Zum Abschluß des Bündnisses scheint es nicht gekommen zu sein; jedenfalls greift der französische König nicht mit in den Kampf ein.*

Honnir t'estuet et mal baillier
Ne tu n'y puis mie faillir
Se de ton erreur ne te part.ᵃ⁾

[19.] Quelle houre qu'apvril ou mars veigne,
On irait la, quoy qu'en aveigne,
S'ensi est qu'aucun ne t'acorce.
Or te deffent, oir te conteigne, ᵇ⁾
Maisᶜ⁾ je te prie qu'il te souveigne
p. 152.   A com grant tort tu brisais Gorze. ¹⁾

[20.] Rome Jherusalem etᵈ⁾ Paris
[Et Troyes dont fut nez Paris] ᵉ⁾
Abatit orguoil en pou d'oeure,
Encor Metz tu miez parhays.
Or dis: «Plorer veulz»; trop ais ris.
Telt rit au mainᶠ⁾ qui auᵍ⁾ soir ploure·

[21.] Signeurs citains, car me creeisʰ⁾
Leⁱ⁾ consoil que vous retraies.ᵏ⁾
Perdus l'avez, soit pis soit perne.
Onˡ⁾ depuis qu'Adamᵐ⁾ fuit creez,
Ne fuit ɪ lieu, si descreez
Comme serait Metz, non fuit Lucerne.

[22.] Trop aves grant fiance heu
En vostre avoir quiⁿ⁾ deceu
Vous ait, encor decepverait;
Trop aves d'autrui receu,
Tart vous aves aparceu:
Bien veirez, coment ce verait.ᵒ⁾

[23.] Vraiment, je ouze bien dire,
Ne nulz ne s'en puet escondire,
Que Mets neᵖ⁾ fuist et ne soit l'une
Des meilleurs cites de l'Empeire.
Helais dollent! mais trop l'empire
Avarisce, orgueil et fortune.

---

a) *D* depars.   b) *M* coveigne, *D* convengne.   c) *D* Paix.   d) *D om.* et.   e) *Erg. nach D, eine Zeile ist in M nach* parhays *frei gelassen.*   f) *D* matin.   g) *D* qu'au.   h) *D* treiz.   i) *D* Je conseille.   k) *D* recreez.   l) *D* Oncques.   m) *So D, M* que Dieu.   n) *D* que.   o) *D* il ira.   p) *D* ne soit et ne fut, *M* rep. fuit.

1) *Es ist nicht recht ersichtlich, worauf sich diese Anspielung bezieht.*

Il te faudra subir la honte et l'outrage
A quoi tu ne peux échapper,
Si tu ne te départis pas de ton erreur.

19. Quelque soit la saison, avril ou mars,
On viendra là (chez toi), quoi qu'il advienne,
Puisqu'aussi bien personne ne veut faire accord avec toi.
Maintenant donc défends-toi et te mets en état (de com-
Mais, je t'en prie, qu'il te souvienne   [battre)!
Comme à grand tort tu as ravagé Gorze.

20. Rome, Jérusalem, Paris
Et Troie la patrie de Pâris   [orgueil.
Furent abattues en peu d'heures en punition de leur
Et toi, Metz, tu les dépasses encore en haine!
A cette heure écrie-toi: «Je veux pleurer»; car tu as trop ri
Tel au matin rit qui au soir pleure.

21. Seigneurs citains, veuillez m'en croire,
Le conseil que vous recherchez
Ne vous sera d'aucun profit.
Jamais, depuis qu'Adam fut créé,
Il n'y eut lieu si décrié
Que sera Metz, non pas même Lucerne.

22. Trop grande confiance vous avez mis
En votre avoir qui vous a déçus
Et vous décevra encore.
D'autrui vous avez trop reçu,
Et trop tard vous vous en êtes aperçus.
Or vous verrez bien ce qu'il en arrivera.

23. Vraiment je l'ose bien dire
Et personne n'y peut contredire,
Que Metz ne fut et ne soit l'une
Des meilleures cités de l'Empire.
Hélas, la pauvre! la voici dans le pire état
Par avarice, orgueil et male fortune.

Am 7. November hatten die Metzer eine Expedition nach Chambley bei Gorze gemacht und zogen sich mit ihrer Beute nach Gorze zurück; aber ausdrücklich wird gesagt, daß die Metzer freundlich in Gorze aufgenommen wurden. Kap. XX 167—169.

[24.] **X**appeis¹) xappez c'est eschappez;
Il fist que saige dan Xappez,ᵃ)
Quant a Metz fuiant, seurement
Ilz peust bien estre frappez,
Ou mors ou pris ou entrapezᵇ)
La emprist prez de vingt.ᶜ) ²)

[25.] **Y**zaiemᵈ) ³) nous fait savoir
Par orgueil envie aᵉ) avoir,
L'un contre l'autre s'entreprent;
Mais je tien le proverbe a voir
Qu'il convient le piour avoir
La vache quant au buef se prent.

[26.] **Z**acharie⁴) dist en son livre:
Loing temp ne puet durer ne vivre
Citeᶠ) qu'est de toutez autres assaillie.
Mais quier mercy, rent toy et livre,
Ou j'ay paour c'on ne te livre,
Du pestaul et non de la lie.⁵)

[27.] Et par mon ame toute voie,ᵍ)
Se veoie raison ne voie
Dont Metz gaingnier puist en la guerre
Je leʰ) diroie, maix se je y avoie
Panseis c ans, je n'y voiroie
Qu'onnour ne prou y puist acquerre.

[28.] Combien [que je soye homs le conte],ⁱ)
S'oze je bien direᵏ) en mon conte
Que c'est grand duel, se Metz se pert;
Maisˡ) quier merci, n'aies ja honte,
De trop hault chiet qui trop hault monte
Trop pert quiᵐ) ces voisins depert.

[29.] [Triste]ⁿ) et marie doitᵒ) bien estre.
N'est nul a destre n'aᵖ) senestre

---

a) *D* deschapez. b) *So D, M* eschappez. c) *D* XXX, *Bonnardot stellt den Vers folgendermassen her:* La en(ou)emprist prez de llc. d) *D* Ysaye. e) *D* et. f) *D* Gent. g) *D* contenoie. h) *So D, M om.* le. i) *Ergänzt nach D.* k) *So D, M* Se oze bien d. l) *D* Mets. m) *D* que. n) *So D; in M unleserliche Zeichen.* o) *D* doibs. p) *So D, M* ne a, *erg. nach D.*

¹) Xappey *ist ein Beiname der Raigecourt (hiernach place Chappé in Metz); so Thiebalt de Raigecourt dit Xappey, dit le bon Thiebalt Xappey, der 1323 lebte. Vgl. Hannoncelles, Metz ancien II 210. Welchen Zusammenhang dieser Name mit den geschichtlichen Ereignissen hat, ist unklar.*

24. **X**appé (Chappé) happé s'est échappé (d'un combat)
    Il agit en sage le seigneur Chappé (Raigecourt)
    Quant il s'enfuit à Metz, sinon à coup sûr
    Il eût pu être frappé
    Ou tué ou pris au piège et jeté en prison,
    Dans l'affaire où l'on fit près de deux cents prisonniers.

25. **Y**zaïe nous apprend
    Que l'orgueil engendre l'envie
    De sorte que l'un entreprend sur l'autre;
    Mais je tiens pour vrai le proverbe
    Disant que le pire sort est mérité
    Par la vache qui s'attaque au bœuf.

26. **Z**acharie dit en son livre:
    Longtemps ne peut durer ni vivre
    La gent qui est assaillie de tous côtés.
    Ainsi donc, Metz, demande merci, rends-toi et te livre,
    Sinon j'ai bien peur qu'on ne te donne
    Du . . . .

27. Et toutefois, si dans ma pensée,
    Je voyais raison ou moyen
    Par quoi Metz pût rien gagner en cette guerre,
    Je le dirais; mais j'aurais beau
    Y penser pendant cent ans, je n'y verrais rien
    Par quoi Metz y pût gagner honneur ni profit.

28. Bien que je soie l'homme du Comte (de Bar),
    J'ose bien dire, en mon sentiment,
    Que c'est grand deuil si Metz vient à périr.
    Ainsi donc, Metz, demande merci, sans honte.
    De trop haut tombe qui trop haut monte,
    Et trop perd qui cause perte à ses voisins.

29. Tu dois bien être triste et chagrine,
    Car il n'est personne ni à droite ni à gauche

---

2) *Zweihundert Mann, wie Bonnardot des Reimes wegen conjiciert, sind niemals gefangen worden, weder auf der einen noch auf der anderen Seite. Vielleicht kann man aber an die Gefangennahme der 20 denken, die am 28. Okt. 1324 erfolgte. S. Kap. XX Str. 154.*
  3) *Eine bezügliche Stelle ist bei Jesaias nicht zu finden.*
  4) *Auch bei Sacharja ist eine solche Stelle unauffindbar.*
  5) *Der Sinn des Verses ist unverständlich.*

Que mal a Metz ne prophetie,ᵃ)
Ne mette huix contre fenestre;
Il te convient chaingier ton estre
Et lanterne contre vecye.ᵇ)

[30.] Or prionsᶜ) au finement
Le fil Dieu qu'a la fin ne ment
Que la chose messetᵈ) en telt fin
Que elle aitᵉ) [ung] boin finement.
Et se gart jusqu'aul definement,ᶠ)
Lyon, Bair, l'Aigle et le Delphin.¹)

XXVII.

C'est la rescripcionᵍ) maistre Lambelin, recteur de Parix et d'Orliens.²)

[1.] Se Dieu me gart de mal et d'ire!
J'ay trop grant dieul quant j'oye dire
Nulz mal de Metz, et se me poise.
Pourtant vous veulx je contredire
Le hault parler et escondire;ʰ)
Je n'ai cure de vostre noise.

[2.] Du duc Ferris, du roy Jehan
Qu'ont fait a Metz pluxours enhans,ⁱ)
De Bauduyns ne de leur geste,
De ces ɪɪɪ cy ni[l] retraham;
Et si n'avint des Abraham
En Loherainne si grant tempeste.

[3.] Il ait au Pont ung clercʲ) appert
Par ces perolles bien appert,
Asselins est per nom clamez.
Je dis de lui tout en appert
Qu'il trueve bien, maix niantᵏ) pert,
Quandˡ) ceulx de Metz ait tant blasmez.

---

a) *So D, M* prophetice. b) *So D, M* vesiere. c) *D* passons au finement, *M* definement. d) *D* mette. e) *D* Qu'elle aille. f) *D* finement. g) *D* reception. h) *D* lescondire. i) *D* aham. k) *D* mainjour. l) *So D, M* car.

1) *Aus den Wappen der vier Kriegführenden, lyon = Luxemburg, bar (Barsch) = Bar, l'aigle (alérions) = Lothringen, delphin = Henry Dauphin, Bischof von Metz.*

Qui ne prophétise malheur à Metz.
A quoi bon mettre porte contre fenêtre (se barricader?),
Il te faut changer de façon,
Et pour lanterne prendre une vessie.

30. Or donc pour en finir, prions
Le Fils de Dieu, qui jamais ne ment
D'amener l'affaire en telle fin
Qu'elle ait une bonne finition
Et de garder jusqu'à la parfin
Lion, Bar, Aigle et Dauphin.

XXVII.

C'est la Rescription du maître Lambelin recteur de Paris et d'Orléans.

1. Que Dieu me garde de méchanceté et de colère!
J'ai trop grand chagrin d'entendre dire
Aucun mal de Metz; et cela me pèse.
C'est pourquoi je veux faire la contrepartie
De votre parler hautain et lui donner riposte.
Je n'ai cure de votre querelle (que vous pourriez me faire).

2. Du duc Ferry ni du roi Jean
Qui ont mis Metz à grand tourment,
De Baudouin, ni de leurs faits et gestes,
De ces trois-personnages, je ne rapporterai rien.
Et pourtant, depuis Abraham
Il n'advint en Lorraine une aussi forte tempeste.

3. Il est au Pont à Mousson un clerc instruit
Et au parler disert,
Asselin est son nom.
Je dis de lui tout ouvertement
Qu'il « trouve » bien, mais qu'il n'y a pas d'apparence
A jeter si grand blâme sur ceux de Metz.

---

2) *Gedr. nach einer Abschrift der Handschrift D bei Bouteiller, La Guerre de Metz p. 349.*
3) *Das Gedicht ist die Antwort auf Kap. XXVI.*

[4.] Pour les Contaulz et lui^a) remordre
Conter vous^b) veulz trestout per ordre^c)
Ung A B C c'un clerc ait fait.
De malle mort les^d) puist^e) mordre,
Ne ja de l'an ne puissent escordre
Cilz qu'ont a Metz tant de mal fait.

[5.] [A]^f) Asselin, ung clerc du Pont
Lambelin dit et si respont:
Que sens raison ait Metz blasmee;
Ce que geline chie du pont^g)
Ne vault sez dis; se^h) ne respont,
Perdue en est sa renomee.

[6.] Bien doit estre de tous blasmez
Et laidangiez et diffaumez
Qui consoille folie a faire.
Coment serait donques amez
Cil qui l'autrier mandait a Metz
Que sa franchise estuet defaire?

p. 155. *[7.]* Contaulz chaitifz, conter convient:
Or me dites cil droit d'ouⁱ) vient,
Que de^k) vos debtes seres tuis quittez?
De maulvistiet cil^l) fait vous vient,
De nulle honnour ne vous souvient:
Ce fait pechies qu'an vous habite.

[8.] Dieu vous envoie male estrainne!
C'est merveille^m) c'on ne vous traynne.
Tuis li Contaulz sont conchiours.
Il n'ait des Metz enⁿ) jusques Sainne¹)
Contaul qui ait pancee sainne;
Du monde estez tuis li piours.

[9.] En verite, je me merveille
Coment ouzent^o) lever l'oureille
Nulz des Contaulz devant proudomme.
En mal faire chascun deulx vaille
Ilz ne gardent feste ne vaille:
Pour ce Barrois barretours^p) nomme.

---
a) *D* les. b) *So D, M* Contre lui. c) *M* per orde, *D* par ordre. d) *D* et puis mordre. e) *M add.* mol. f) *D* Ly. g) *So M, D* Sans q. g. crie ou p. h) *D* s'il. i) *M* du, *D* dont. k) *D om.* de — quittez. l) *D* ce. m) *M* C'est mal fait, *D* merveille que ne v. t. n) *D* jusqu'a Saverne. o) *D* ose. p) *M* bartous.

4. Afin de mordre à mon tour Asselin et les Comtaux,
   Je veux vous conter tout par ordre
   Un A B C qu'un clerc a fait
   Que male mort les puisse mordre
   Ni que d'ici à un an ils ne puissent s'en garer
   Ceux qui ont fait tant de mal à Metz.

---

5. Asselin, un clerc du Pont,
   Ainsi parle et répond Lambelin :
   S'il a blâmé Metz, c'est sans raison,
   Ses dires ne valent même pas
   Ce que geline chie du pont. S'il ne me répond pas,
   Sa renommée en est perdue.

6. Bien doit encourir le blâme de tous
   Et la honte et la mauvaise renommée,
   Celui qui conseille de faire folie;
   Comment donc sera-t-il aimé
   Celui qui l'autre jour mandait à Metz
   Qu'elle eût à renoncer à sa franchise ?

7. Comtaux pervers, il nous faut parler.
   Or dites-moi d'où vous vient le droit (de proclamer)
   Que vous serez entièrement acquittés de vos dettes (envers Metz ?)
   C'est d'un mauvais esprit que cette pensée vous vient,
   D'honneur il ne vous souvient nullement;
   C'est le fait du péché qui habite en vos cœurs.

8. Dieu veuille vous envoyer males étrennes!
   C'est merveille qu'on ne vous traie
   Tous les Comtaux sont de sales gens.
   Il n'est depuis Metz jusqu'à la Seine
   Aucun des Comtaux qui ait une pensée saine;
   Du monde entier c'est vous qui êtes les pires gens.

9. En vérité je m'émerveille
   Comment ils osent dresser l'oreille,
   Aucun de ces Comtaux devant un homme d'honneur.
   Ah! pour faire le mal, chacun de ces Comtaux en vaut bien deux,
   Ils n'observent ni fête ni vigile;
   C'est pourquoi on appelle les Barrois baretiers (trompeurs).

---

1) *Siena.*

[10.] Foix ne raison vous ne gardez,
D'autrui avoir trop vous lardez:[a])
Maul encor Me[tz] vous materait
Combien qu'il tart; or vous gardez!
Les pourez gens pour quoy ardes?
Lowis[1]) a point vous metterait.[b])

[11.] Grant mauvistie, grant trayson
Fait aves et grant mesprison
Onque certe si grant ne vy;
Vous en serez tuis en prison.
Vous ne saves nulle oicquison
Pour quoy aves destruis le vin.[c])[2])

[12.] He,[d]) desleaulz et desputairez,
Pour quoy creez[e]) ung fol nottaire,
C'est Asselin de la Conteit?
Bien[f]) se deust desoirsmais[g]) taire.
Ait il gaingniet soie ou[h]) tartaire
Quant ces bourdes vous ait conteit.

[13.] Je suis certain, vostrez pechiez
Vous feront[i]) honte et grant meschiez.
Chascun le sceit des cardinalz
Coment serez vous despechie,
Qu'avez robee[k]) l'aveschie
Que tant amait vostre Regnaulz?[3])

[14.] Karle[l]) qui est de France roy[4])[m])
Vous assaurait,[n]) lors que ferois?
Et celle qui fuit ja royne.[5])
Ilz amainront chers et charrois

---

a) *D* tardez. b) *D* chastira. c) So *M*, *D* Vy. d) *D* Le desloyal. e) *D* croyez. f) *D* Que g) *D* desormais. h) *D* ne. i) *D* fera. k) *D* desrobez. l) *D* Charles. m) So *D*, *M* roy de France. n) *D* assauldra.

1) *Ludwig von Poitiers, der am 26. Aug. 1325 zum Nachfolger des Bischofs Henry Dauphin vom Papste ernannt worden war.*

2) *Es ist angespielt auf die Entrüstung, welche die schwere Schädigung der Weinberge kurz nach dem Dreikönigstage 1325 hervorgerufen hatte; vgl. Kap. XX Str. 198 ff. Ebenso waren um Ostern die Weinberge in Val de Metz zerstört worden; ib. Str. 264 ff. — Die Handschrift D gibt statt le vin: Vy, d. h. Vic. Man könnte bei Erwähnung dieses Ortes an die Zerstörung der bischöflichen Stadt Vic*

10. Foi ni raison vous ne gardez,
    Du bien d'autrui vous vous engraissez trop.
    Metz vous mettra bien encore à mal
    Si tard soit-il; prenez y garde!
    Les pauvres gens (de la campagne) pourquoi les brûler?
    Louis notre évêque vous mettra bien au point.

11. Grande méchanceté, grande trahison
    Et grande méprise avez-vous fait,
    Si grande que jamais je n'en vis la pareille;
    Pour cela vous serez tous faits prisonniers.
    Vous ne savez pas seulement sous quel prétexte
    Vous avez détruit nos vignobles.

12. Hé! gent déloyale et de mauvais renom,
    Pourquoi en croire ce fol notaire
    Qu'est Asselin de la Comté?
    Il devrait bien se taire désormais.
    A-t-il gagné soie ou tartelle
    A vous conter ses bourdes?

13. Je suis certain que vos péchés
    Vous vaudront grand honte et mauvaise affaire;
    Chacun sait de quelle façon
    Vous serez arrangés par les Cardinaux,
    Vous qui avez dévasté l'évêché
    Qu'aimait tant votre Renaud.

14. Karle, le roi de France
    Vous assaillira; alors, que ferez-vous?
    Et aussi celle qui a déjà été reine.
    Ils amèneront chars et charrois

---

an der Seille durch den Grafen von Bar am 2. Februar 1325 denken; vgl. Kap. XXIX Str. 4 und 26. Auf dieses Ereignis spielt vielleicht auch Str. 13 an. Die Lesart Vy paßt besser in den Reim, le vin entspricht dem Metrum.

    3) *Reinald von Bar, der 1302—1316 Bischof gewesen war.*
    4) *Karl IV. von Frankreich 1322—1328.*
    5) *Geht diese Anspielung auf Jeanne de France, die dritte Frau König Karls, die dieser sehr bald nach dem Tode seiner zweiten Frau Marie, der Schwester Johanns von Böhmen, die am 14. Februar 1324 gestorben war, schon am 5. Juli desselben Jahres geheiratet hatte?*

Par la Conteit, par le Barrois;
Ne cuidiez pas que je devine.

[15.] Lowy venront trestuis aidier,
Jl ne lui fault que souhaidier,
Ses lignaigez vat^a) jusques Ypre.
Tuis y venront nes li hardier;
Meschans Contaulz, sens plus targier,
Alles vous ens fuiant en Chipre.¹)

[16.] Mauvais^b) Contaulz, c'est [ingratitude],^c)
Quant cuidiez mettre en servitute
Tuis ceulx de Metz ou faire rendre.
Ainsois sereis toute destruite
Vostre conteit et^d) male estruite:
Querez^e) la paix, n'avez qu'atendre.

[17.] N'est^f) ce merveille d'Audouart
Qui ne pense qu'a Deulewart?²)
Tres grant honnour li fist Metz la:
Bien pert qu'il ait^g) mauvais rouwart,^h)
Quant ceulx de Metz desrobe ou airt
Et n'espairgne ne clerc ne lait.

[18.] Or voit on bien qu'il ne voit goute:
Sainte Esglise n'aimme ne doubte;
Quant il mal fait en telt maniere,
Perdre en doit bien la Conteit toute.
La gorge aient trestuis cilzⁱ) route
Qui ont estez en sa baniere.

[19.] Partout ou court souloil et lune,
Sceit on de voir que Metz est l'une
Des citeis qui soit la plux franche.
Pour ce Contaulz ont grant rancune,
Ilz voulroient tuis que fortune
Abatist Metz de ceste brainche.

---

a) *D* vont. b) *D* Montaulx, c'est grant ingratitude, *Bon.* bessert wegen des Metrums: Malz contaulz. c) *In M Lücke, erg. aus D.* d) *D* c. bien mal estrute. e) *So D, M* Or vainez. f) *D* Mais c'est m. g) *D* a. h) *D* regart. i) *D* si.

1) *Siehe die Anmerkung zu Strophe 30.*
2) *Kap. XX Str. 202 ff. Die Metzer hatten dem Grafen bei Dieulouard im*

A travers la Comté, à travers le Barrois.
N'allez pas croire que je plaisante.

15. Louis notre évêque, ils viendront tous à son aide,
Bien qu'il n'ait besoin (pour se défendre) que de ses seules forces;
Son lignage s'étend jusqu'à Ypres.
Ils viendront tous, et même jusqu'aux pâtres.
Méchants Comtaux, sans plus tarder,
Allez-vous en fuyez jusqu'en Chypre.

16. Mauvais Comtaux, quelle ingratitude est la vôtre
De penser réduire tous ceux de Metz
En servitude et sous votre joug!
Mais plutôt (au contraire) c'est votre Comté
Qui sera toute détruite et mise en mal point.
Demandez la paix, et sans plus attendre.

17. N'est-ce pas merveille de voir Edouard
Ne penser à rien qu'à Dieulouard!
En quoi Metz lui fit très-grand honneur.
Il y a bien apparence qu'il a le mauvais oeil
Alors qu'il vole ou brûle (les biens de) ceux de Metz
N'épargnant ni lai ni clerc.

18. Or voit-on bien qu'il ne voit goutte (il agit en aveugle):
La Sainte Eglise, il ne l'aime ni ne la craint;
Puis qu'il se comporte d'une manière aussi mauvaise,
Il est juste qu'il perde sa Comté tout entière.
Puissent-ils avoir la gorge coupée
Tous ceux qui ont marché sous sa bannière!

19. Par tout l'univers ou le soleil et la lune déroulent leur cours,
C'est vérité reconnue que Metz
Est parmi les Cités l'un des plus franches.
C'est pour quoi Comtaux en ont grand rancœur;
Et qu'ils voudraient tous que la (mauvaise) fortune
Abattît Metz de ce piédestal.

Januar 1325 die Schiffbrücke weggenommen. Oder soll es ironisch genommen werden und auf das Ereignis anspielen, von dem auch Kap. XX Str. 64 spricht:
    En avoit honnour et pris
    Des citains devant Dieulowart;
    De ceu s'ait il mal garde pris.
S. die Anmerkung zu dieser Strophe.

[20.] Queilz diaublez font or tant vivre
Ses Contaulx? Ilz sont tuit yvre.
C'est de mal sen, je le voy bien;
Onque ne pou trouver en livre
Leaul Contaul ne bonne wivre:
Cilz deux ne servent de nul bien.

[21.] Retraies vous, fellons Contaulz,
Ou vous averez ung mal frontaul
Ou de l'evesque ou des citains.
Ilz vous faulrait^a) com caritaul^b)
Querre du pain et^c) hospitaul;
De ce soit bien chascun certain.

[22.] Seurement puis tesmoignier^d)
C'on doit contaulz tous vergoignier,
Pour la raison de leur oultraige.
Chascun lez doit bien esloignier,
Qu'embracier vourent^e) et empoignier,
Ou ilz n'ont roie d'eritaige.

[23.] Tous les Contaulz voy fourvoier.^f)
Ilz^g) nes convient pas^h) envoiyer
A Toullatteⁱ) pour mesaprendre^j)
Dieu leur envoise ung telt luwier^k)
Des fais qu'ont fait^l) ou hui ou hier
Que bec a bec lez puist on pendre.

[24.] Vous^m) estes plains de desrason;
Pour quoy aves tantesⁿ) mausons
Sus ceulx de Metz brulez et airs?
Vous pences pou a la saison
Qu'il convendrait rendre raison,
Ains que la foiere^o) se desparce.

[25.] X tant^p) et plus perdus aves
Que vous guaignies certe n'avez
En la guerre, selong mon ame;^q)
C'est a droit: deservis l'aves.
Targez^r) vous bien, vous ne saves,
Se vous prenderez deden quarame.^s)

---

a) *D* fauldra. b) *D* barutaul *oder* karitaul *wie es in einer Anmerkung heisst.* c) *D* de l'ospitaul. d) *Bon. schiebt wegen des mangelhaften Metrums ein* puis je t. e) *D* vont. f) *D* fournoyer. g) *D* Il ne. h) *D* c. les renvoyer. i) *D* mal apr. k) *D* louyer. l) *D om.* f. — hier. m) *D* Tous.

20. Quels diables donc peuvent tant faire vivre
 Ces Comtaux? Ils sont tous ivres;
 Ils ne sont pas de bon sens; je le vois bien,
 Et jamais je ne pus trouver en aucun livre
 Exemple de comtaux loyaux pas plus que de vipères bienfaisantes.
 De ces deux bêtes ni l'une ni l'autre ne sont capables de bien.

21. Retirez-vous, Comtaux félons,
 Sinon vous subirez un rude châtiment
 Du fait ou de l'évêque ou des Citains,
 Et alors il vous faudra, ainsi que des mendiants,
 Quérir pain et hôpital;
 Que chacun de vous en soit bien certain!

22. Sûrement puis-je témoigner
 Qu'on doit honnir tous les Comtaux
 A raison de leur conduite outrageante.
 Chacun doit les chasser au loin
 Eux qui n'ont rien voulu que saisir et empoigner
 Les terres où ils ne possèdent pas même une raie par droit d'héritage.

23. Tous ces Comtaux, je les vois se fourvoyer;
 Il n'est besoin de les envoyer
 A Tolède pour perdre leur chemin.
 Veuille Dieu leur envoyer un tel salaire,
 Pour leurs méfaits d'aujourdhui et d'hier
 Que bec à bec ils puissent être pendus!

24. Vous êtes pleins de déraison;
 Pourquoi à ceux de Metz
 Avez-vous brûlé et incendié tant de maisons?
 Vous pensez peu que viendra le temps
 Où il vous faudra rendre raison,
 Avant que la foire se disperse.

25. X(c)éans vous avez bien plus perdu
 Certes, que vous n'avez gagné
 En cette guerre, selon mon calcul;
 Et c'est justice, car vous l'avez bien mérité.
 Prenez-vous bien de garde, que vous ne savez
 Si vous prendrez durant le carême.

---

n) *D* tant de maison. o) *D* foire. p) *M* X tant, *D* Seans. q) *D* esme. r) *D* Gardez. s) *D* naresme.

1) *Toledo.*

p. 158. [26.] Yason qui fuit a Troie prenre
Ne fist onque tant a repenre
Com font Contaulz, par Saint Remy.
Ilz n'espairgnent ne brus ne genrez,
Ne pucelle vielles ne tenrez,
Ne les enffans d'an et demy.

[27.] Zacheus dist et nous enseigne
D'autrui[a]) chosez que nus ne preigne,
Et si[b]) la prent, il lui fault rendre.
Contaulz, ainsois que pix aveigne,
D'un proverbe bien vous souveigne,
Que dit qu'il fault ou rendre ou pendre.

[28.] Et se ja Dieu me dont[c]) bonteit,
Onque ne furent surmonteit
Cilz de Metz ne ja ne seront
Par ceulx qui sont de la Conteit.
Maintenant sont trop haulz monteit
On vairont[d]) bien queil la feront.

[29.] Combien qu'il tart,[e]) je vous prometz
Suis eulx irait Lowis ou Metz
Et si mainront grans baronnies.
Contalz, gardez ou vous sometz;
Car par Lowys qu'est[f]) rennomez
La[g]) semence serait honnies.

[30.] Bien asiegiez de touttes pars
Serez, quand l'ost sera espars.
Se voit le fil apres le pere[h])
Droit en Chipre a prenre cez pairs.[i])
Tel doit estre li siens despars.
Bien est raison qu'il[k]) le compeire.

[31.] Je prie a Dieu, le fil Marie
Que la Conteit soit esmarie,
Se paix ne quiert[l]) prochiennement;

---

a) *D* Aultruy. b) *D* s'il. c) *D* doibt. d) *D* verra. e) *D* Combien que tarde. f) *D* L. ung entremetz. g) *D* Aurez avant la departie. h) So *D*, *M* Vous(?) seres de toutes pars Et quant l'oist serait espars Si vois le fil aprez le peire. i) *D* a prendre ses pars, *M* apenre. k) *M* qu'il le, *D* qui les c. l) So *D*, *M* ne prennent.

26. Yason qui fut à la prise de Troie
 Ne fit jamais chose où il y eut tant à reprendre
 Que chez les Comtaux, par saint Remy!
 Qui n'épargnent ni brus ni gendres,
 Ni pucelles vieilles ou jeunes
 Ni enfants du premier âge.

27. Zachée dit et nous enseigne:
 La chose d'autrui, que nul ne la prenne;
 Et s'il la prend, il lui faut la rendre.
 Contaux, auparavant qu'il vous avienne pis,
 Remémorez vous bien le proverbe
 Disant: Il faut ou rendre ou pendre (être pendu).

28. Et voici déjà que Dieu me donne la bonne nouvelle,
 Que ceux de Metz ne furent jamais surmontés
 Et qu'ils ne le seront jamais
 Par ceux de la Comté.
 Maintenant les Comtaux sont trop arrogants;
 Mais on verra bientôt quelle mine ils feront.

29. Bien que ce soit déjà tard, je vous promets
 Que sur eux marchera Louis l'évêque ou la Cité de Metz,
 Qui avec eux amèneront de nombreuses troupes.
 Comtaux, regardez ce que je vous annonce,
 C'est que Louis vous servira un plat de sa façon
 Avant votre départ d'ici.

30. De tous côtés vous serez bien assiégez
 Quand l'armée de Metz sera répandue autour de vous.
 Aussi bien je vois le fils après le père
 Aller droit en Chypre rechercher son héritage.
 C'est ainsi que se fera son départ,
 Et c'est justice quil soit ainsi traité.

31. Je prie Dieu, le fils de Marie,
 Que la Comté soit mise à mal
 Si elle ne demande la paix tout prochainement;

---

1) *Der Vater Graf Eduards, Heinrich III. von Bar, hatte sich gegen Philipp den Schönen erklärt. Nach seiner Niederlage mußte er im Vertrage von Brügge sich dem Könige zu auswärtigen Kriegsdiensten verpflichten und starb 1302 in Cypern.*

Et gart Lowis et sa compaignie,a)
Tout ceulx de Metz et leur lignieb)
Et leur boin definement.
    Amen.

XXVIII.

p. 159.   C'est une patenostre de la guerre de Mets que Robinc) de la Valee fist.¹)

[1.] Cil qu'estaublit Piere l'appostre
Me dontd) sa graice et puis la vostre,
Lors serait bien de graices plains;
Or escoultez la patenostre.
Elle est de ceulx qu'ont estes nostrez
Ennemis grans, dont je me plains.

[2.] Pater et Fil de Dieu le Peire
Ne souffree) plux que Metz compeire
Les fais qu'elle n'ait deservis.
Ennuit li font et vitupeire
Cilz devers Bair, cilz de l'Empeire:
Ce n'avint pas au tempz Hanris.f) ²)

[3.] Noster et tiensg) debvons tuis estre,
Ou nous yriensh) a la senestre
Ou nous serionsi) tres mal partis.
Dieuk) fait Metz tenir telt estre
Qu'aulerl) puissent citains a destre
Quant de ceste mont seront partis.

[4.] Qui es in celis, c'est a droit
Dieu garde Metz, car elle ait droit,
Et la maintientm) en sa franchise,
Par tout sceit or bien orendroit
Que grant meschief a Metz vendroit
C'ellen) estoit en servaige mise.

[5.] Sanctificetur ceste chose
Les annemis chastoie et chose

---

a) *D* lignie. b) *D* maisnie. c) *D* Robert. d) *D* doient. e) *D* souffrez. f) *D* Hervy. g) *D* tues. h) *D* irrioue. i) *D* serions. k) *D* add. or. l) *D* aller. m) *D* maintiengne. n) *D* S'elle.

¹) *Gedr. nach einer Abschrift der Handschrift D bei Bouteiller, La Guerre de Metz p. 359.*

Et qu'il garde Louis et sa lignée,
Avec tous ceux de Metz et leur compagnie,
Et qu'il leur octroie bonne fin.

XXVIII.

C'est une Patenôtre de la guerre de Metz que fit Robin de La Vallée.

1. Jésus qui établit Pierre pour chef des Apôtres
   Veuille m'accorder sa grâce et la vôtre aussi (lecteurs),
   Alors je serai bien rempli de grâce.
   Or écoutez la Patenôtre;
   Elle est faite contre ceux qui ont été
   Nos grands ennemis, ce dont je me plains.

2. Pater et Fils de Dieu le Père,
   Ne souffrez plus que Metz pâtisse
   Des maux qu'elle n'a pas mérités.
   Ennui et reproche lui font
   Ceux de Bar et ceux de l'Empire;
   Il n'en était pas ainsi du temps de l'empereur Henry.

3. Noster, aussi devons-nous être tous à toi;
   Autrement, nous irions à gauche (en enfer)
   Où nous serions très-mal partagés.
   Dieu, veuille faire que Metz tienne telle voie
   Que ses citains puissent aller à droite (en paradis)
   Quand ils auront quitté ce monde.

4. Qui es in celis, il est bien juste
   Que Dieu garde Metz, car elle a le droit pour elle,
   Et qu'il la maintienne en sa franchise.
   On sait bien partout, à l'heure présente,
   Que grand dommage arriverait à Metz
   Si elle était mise en servage.

5. Sanctificetur cette chose:
   Châtie et tourmente nos ennemis,

---

2) *Heinrich VII.* S. über dessen nahe Beziehungen zu Metz Kap. IX, *Anm. zu Vers 3.*

Et les retrait de leur folie.
   Ilz meffont^a) trop, bien dire l'ose;
   Dieu or envoie une telt glouse,
   Dont la cite soit toute lie.

   [6.] Nomen tuum est admirauble,
   Et gracieus et admiauble,
   On le doit bien par tout doubter.
   Dieu par ton nom qui est doubtauble,
   Ses anemis, ces malz diaublez
   En fins^b) de Metz veulles bouter.

p. 160. *[7.]* Adveniat, ainsi aveigne!
   Dieu des citains pitie te^c) preigne;
   De ton ayde ont grant mestier.
   Des pourez gens bien te souveigne,^d)
   Ilz ont pou bleif, cherbons et leigne,
   Et s'œuvrent^e) pou de leur mestier.

   [8.] Regnum tuum ne doit avoir
   Li hom qui vit d'autrui avoir;
   Telz gens ne sont de nulz bien digne.
   Dieu, tu sceis bien que dit a voir,^f)
   Je te requier qu'apercevoir
   Face citains aucuns boin signe.

   [9.] Fiat, soit fait! Quant Dieu plairait,
   Leur grant orgueil moult tost chairait
   Que maintenant nostre ennemis.
   Je croy ploier les^g) covenrait^h)
   Et si pance que se venrait
   Ainsois qu'il ait an et demy.ⁱ)

   [10.] Voluntas, Dieu, ta vollenteit
   Est^k) que chascun soit entallenteit
   De faire bien a toutes hourez.
   Dieu, trop souffrez grans cruautez,
   Quant brisiez ont fons^l) et aulters
   Et les moustiers on tu demourez.^m)

   [11.] Tua doit estre Sainte Esglise,
   Franche et quitte sans nulle prise;
   La fait on le Saint Sacrement.

---

a) *D* mesprent trop dire bien l'ose. b) *D* Ensus. c) *D* si. d) *D* souvengnent. e) *D* surement. f) *D* ay voir. g) *D* te. h) *M* converait, *D* convenra. i) *D* Avant que soit a. e. d. k) *D* A chacun

Et les retire de leur esprit de folie.
Ils font trop de mal, j'ose le dire;
Dieu veuille leur envoyer une telle récompense
Dont la Cité soit toute joyeuse.

6. **Nomen tuum** est admirable
Et gracieux et aimable,
On le doit bien partout redouter.
Dieu, par ton nom redoutable
Veuille bouter nos ennemis, ces méchants diables,
Hors du finage de Metz!

7. **Adveniat**, qu'ainsi advienne!
Dieu, prens en pitié les Citains:
De ton aide ils ont grand besoin.
Des pauvres gens qu'il te souvienne,
Ils n'ont que peu de blé, de charbon et de bois de chauffage,
Et si peu de travail dans leurs métiers.

8. **Regnum tuum** ne doit avoir
L'homme qui vit du bien d'autrui,
Telles gens ne méritent rien de bon.
Dieu! tu sais bien que j'ai dit vérité;
Je te supplie de faire apercevoir
Aux Citains quelques bons signes (de succès).

9. **Fiat**, soit fait! Lorsqu'il plaira à Dieu,
Le grand orgueil sera bientôt abattu
Que déploie maintenant notre ennemi.
Je crois qu'il leur faudra plier (devant nous),
Et je pense que ce sera
Avant un an et demi.

10. **Voluntas**, Dieu! ta volonté
Est que chacun ait bon désir
De bien faire à toute heure.
Dieu! tu as souffert bien cruellement
Quand ils ont brisé les fonts et les autels
Et ravagé les églises où tu demeures.

11. **Tua** doit être Sainte Eglise
Franche et quitte sans aucune perte;
Puisque c'est là qu'est institué le Saint Sacrement.

---

soit entalente, *Bon.* streicht que wegen des *Metrums.* l) *D* four. m) *D* E. l. m. ou tu demeures, *M* ont tuis meurez.

Dieu garde, a Ars[1]) en queille guise
Ennemis ont ta mason mise:
Il n'i ait for le fondement.

[12.] Sicut in coelo ais puissance,
Je te requiere que la vengence
Penre en veulle briefment sur terre.
C. D.[2]) sont plains d'outrecuidance
Et B. et J.[a])[3]) qui ont fait[b]) dance
Tout autour Metz et mise en serre.

[13.] Et in terra, sommer[c]) ne laient,
Et suis[d]) vignours huient et braient,
Et ne sceivent pour queil raison.
p. 161. Dieu conforte ceulx qui c'esmaient!
Je te requier, telt confor aient
Que pas ne perdent la saison.

[14.] Panem nostrum tollir nous veullent;
Tres mauvais loz certe acuellent,
Lairons ont nom comunement.
Adez font pis que ilz ne suellent;
Les pourez gens forment se[e]) duellent;
Dieu[f]) y mette consoille briefment.

[15.] Cottidianum, chescun jour
Nous desrobent a no[g]) sejour
De mal faire n'ont point de honte.
Ilz ne sont pas[h]) boin hauberjour
De pellerins, mais abrejour.[i])
Or y pencez,[k]) ad quoy ce monte.

[16.] Da nobis! ilz sceivent bien dire
Dont vient cil mot; trop est plain d'ire.
Il[l]) pert bien qu'ilz soient enyvrez.
Leur doit on rien? Nennil voir, sire
Dieu, s'il avient ce que desire[m])
Nous en serrient tost[n]) delivrez.

---

a) *M und D :* C. b) *So D, M om.* fait. c) *D* semer. d) *D* sus. e) *D* s'en. f) *D* Dieu or y mets c. b. g) *So D, M* ilz nont s. h) *D* point bon haubrejour. i) *So D, M* hauberjour. k) *So D, M* pence. l) *D* Bien pert qu'ilz sont tous e. m) *So D, M* qu'ilz disirent. n) *D* b. *D* bientost.

Dieu! jette ton regard sur Ars, vois en quel état
L'ennemi a mis ta maison,
Qu'il n'y reste plus rien que les fondements.

12. Sicut in celo tu as puissance,
Je te supplie de vouloir bientôt
Prendre vengeance, sur terre de nos ennemis:
Comte et duc sont pleins d'outrecuidance,
Et pareillement Baudouin et Jean qui ont mené la danse
Tout autour Metz et l'ont mise sous clef.

13. Et in terra ne laissent pas travailler;
Sur les vignerons ils jettent cris et font tapage;
Encore ne savent-ils pour quoi!
Dieu, veuille réconforter ceux qui sont troublés!
Je te supplie de leur donner tel confort
Qu'ils ne perdent pas leur récolte.

14. Panem nostrum ils veulent nous dérober;
Certes, c'est là recueillir un très mauvais renom:
Larrons, tel est le nom qu'on leur donne communement.
Aujourd'hui ils font encore pis qu'à l'habitude;
Les pauvres gens se fondent en grand deuil;
Dieu veuille y mettre bientôt ordre!

15. Cottidianum, à chaque jour
Ils nous pillent dans nos maisons;
De mal faire ils n'ont nulle honte.
Ils ne sont pas bons pour héberger
Les pélerins, mais plutôt pour abréger leurs jours.
Or, pensez un peu à quoi tout cela aboutit.

16. Da nobis! ils savent bien dire
D'où vient ce mot, et le disent en grande fureur;
Il paraît bien qu'ils sont ivres.
Mais leur doit-on rien? Nenni, Seigneur
Dieu! si ce que je désire arrive,
Nous en serons bientôt délivrés.

---

1) *Die Barenser hatten den Kirchturm von Ars im April 1325 zerstört, die Kirche und den Kirchhof beschädigt. Kap. XX, Str. 268 ff.*
2) *Comte (de Bar), Duc (de Lorraine).*
3) *Baudouin (de Trèves), Jean (de Luxembourg).*

[17.] Hodie, Dieu me veulle ouyr.
　　Dont ferais je citains jouyr
　　De lour propos, et par droiture
　　Les anemis faudrait fouyr.
　　Cilz qui volront^a) vignes fouyr
　　Ne seront plux en avanture.

[18.] Et dimitte toute ta terre.
　　En Chipre vat ton^b) peire querre,[1])
　　Conte de Bair, car ce est droit.
　　Tu ez entrez en une guerre,
　　Ou tu ne puis nus biens aqueirre,
　　Car au dessus ja n'en vendrais.

[19.] Nobis [debvez paix demander
　　Tous quatre ensemble, et amender
　　Ce qu'avez fait. Comme traystres
　　On vous debvroit les yeux bander,
　　Sur vous croisier et gens mander
　　Tantque fussiez et matz et tristes].^c)

[20.] Debita nostra^d) retenis
　　Et chascun jour^e) sur nous pennit;
　　Dont vient cil droit? Je me merveille^f),
　　Pour quoy au jour tu^g) ne venis
　　Et la guerre tost ne fenis?
　　Fair l'estuet^h) ou s'iertⁱ) merveille.

p. 162. [21.] Sicut et nos pour quoy [ne faictes]?^k)
　　Triwes^l) donnes pour lez deffaites;
　　Mais de^m) nous sont moult bien gardeez.
　　Pour quoy pourtezⁿ) espeez traites
　　Sus ceulx qui n'ont armez ne gaites
　　Pour eulx^o) garder de vos [menees]?^p)

[22.] Dimittimus et vous robes,
　　Vous ressambles lours^q) ou hobers
　　Qui ne vivent for que de proie.
　　De ceulx de Metz trop vous gabez,
　　Vous n'aspairgniez moinnez^r) n'abeis;
　　Il est bien fol qui pour vous proie.

---

a) *D* vouldront.　b) *So D, M* tout.　c) *Erg. nach D.*　d) *In M. ist Strophe 19 und 20 in eine zusammengezogen. Sie beginnt* Nobis debita nostra retenis *etc.*　e) *M om.* jour.　f) *D* mesmerveille.

17. Hodie, Dieu! veuille m'entendre,
    Alors je donnerais aux Citains la (libre) jouissance
    De leur état; et par juste fortune
    Les ennemis seraient forcés de s'enfuir;
    Alors ceux qui voudront planter vigne
    Ne courront plus le risque de male aventure.

18. Et dimitte toute la terre,
    Va donc chercher ton père en Chypre,
    Comte de Bar, car c'est justice;
    Tu es entré en une guerre
    Où tu n'as rien à gagner,
    Car tu n'en viendras pas à bout.

19. Nobis devez-vous demander la paix
    Tous quatre ensemble, et amender
    Le mal que vous avez fait. En tant que traîtres
    On vous devrait bander les yeux,
    Courre sur vous et lever des troupes contre vous
    Jusqu'à ce que vous soyez mats et abattus.

20. Debita nostra tu retins
    Et levas chaque jour des contributions sur nous.
    D'où te vient ce droit? Je me demande avec étonnement
    Pourquoi tu ne viens nous offrir la bataille
    Et par ainsi terminer la guerre promptement?
    C'est pourtant ce qu'il te faut faire, sinon gare!

21. Sicut et nos pourquoi ne faites-vous?
    Accordez une trêve après les combats,
    Par nous au moins les trêves sont bien gardées.
    Pourquoi attaquez-vous avec vos épées nues
    Ceux qui n'ont ni armes ni gens de guet
    Pour se garder contre vos menées?

22. Dimittimus, et vous au contraire, vous volez,
    Semblables à des loups et à des faucons
    Qui ne vivent sinon de proie.
    De ceux de Metz c'est trop se moquer,
    Vous n'épargnez ni religieuse ni abbé.
    Ce serait folie que de prier pour vous.

---

g) *D* tous. h) *D* lesquel. i) *D* c'est. k) *Erg. nach D.* l) *D* Tayes. m) *D* lez nous seront b. g.
n) *So D, M* pourtent il esp. t. o) *So D, M* vous. p) *Nach D, in M Lücke.* q) *D* loups et hobez. r) *D* nonne.
1) *Vgl. die Anmerkung zu Strophe 30 in Kap. XXVII.*

[23.] Debitoribus aves fait
Jurer les^a) Sains, c'este^b) trop mal fait:
Et s'aves prinsez nostrez debtez.
Respondes moy tous^c) a ceste fait.
Dont vient cy droit et qui l'a fait?
L'avez vous apris droit a Tollettes?¹)

[24.] Nostris^d) citains a tort greves.
Est ce pour ce que vous debves
Que vous faitez la guerre longe?
S'estiez^e) proudomez, bien saves
Paier convient^f) se vous l'aves
Ou tout laissier: n'est pas mensonge.

[25.] Et ne debves souffrir meschiez;
Oil^g) certe, car grant pechiez
Aves fait et grant mesprison;
Robes aves par l'eveschie,
Vous en estez tuis entachiez;
En vos fais n'ait que traison.

[26.] Nos indicas en droite voie,
Vrais roy du ciel qui es vie et voie²)
Et ne laissier Metz desvo[i]er.
Aus ennemis grant mal envoie;
Se chascun d'eulx ne se ravoie,
Par^h) droit lieu dois tu envoier.

[27.] In temptacionem n'a cure
Que Metz enhausseⁱ) ja sa cure;
Surmonter^k) dois temptacion.
Et s'il avient par avanture
Qu'elle y chasce, si l'en esture
Jhesus par ta redempcion.

[28.] Sed libera nos, et^l) delivre
Des anemis, ou tu lez livre
A ceulx de Metz, se il te plait.
Contrefait ont la foid^m) on livre,
On pourait bien faire ung livre
De leur riot et de leur plait.

---

a) *D* leurs. b) *D* c'est. c) *So D, M om.* tous. d) *So D, M* Nostrez. e) *So D, M* Se estez. f) *D* escuet. g) *So D, M* Ou. h) *So D, M* Car. i) *D* enbasse. k) *So D, M* surmonterre. l) *D* a, m) *D* le sot.

23. Debitoribus vous avez fait [mauvaise;
　　Jurer sur les Saintes Reliques (c'est une action par trop
　　Et par ainsi vous avez pris ce qui nous était dû.
　　Répondez-moi tous sur ce fait :
　　D'où vous vient pareil droit? Et qui l'a établi?
　　Est-ce à Tolède que vous l'avez appris?

24. Nostris citains vous ne devez pas faire grief;
　　Est-ce parce que vous êtes nos débiteurs
　　Que vous faites durer la guerre si longtemps?
　　Si vous étiez hommes d'honneur, vous sauriez bien
　　Qu'il faut nous payer si vous gardez ce qui est à nous
　　Ou bien tout nous laisser; ce que je dis là n'est pas mensonge.

25. Et ne devez-vous pas en supporter les conséquences
　　Oui certes, car grand péché [fâcheuses?
　　Vous avez fait et grande injustice:
　　Vous avez pillé tout à travers l'évêché,
　　De quoi vous portez tous la tache;
　　En tous vos actes il n'est que trahison.

26. Nos inducas en droite voie,
　　Vrai roi du ciel, toi qui es la vie et la voie,
　　Et ne laisse Metz se dévoyer.
　　Grand mal à nos ennemis envoie;
　　Si chacun d'eux ne rentre dans la bonne voie,
　　C'est en toute justice que tu leur enverras du mal.

27. In temptacionem il n'est souci
　　Que Metz retarde sa guérison.
　　La tentation, Metz doit la surmonter;
　　Et s'il arrive par aventure
　　Qu'elle y succombe, veuille l'en retirer
　　O Jésus! par le mérite de ta rédemption.

28. Sed libera nos et nous veuilles délivrer
　　De nos ennemis, ou bien livre-les
　　A ceux de Metz, s'il te plaît ainsi.
　　Ils ont parjuré la foi au Livre des Evangiles;
　　On pourrait bien faire un grand livre
　　De leurs querelles et contestations (fausses).

---

1) *Toledo.* Vgl. über die Einschätzung von Toledo auch *XXVII* Str. 23.
2) *Johannes XIV, 6.*

[29.] A malo voisin mal matin
Ait on souvent et maint tatin;ᵃ)
Ceᵇ) trueve on bien en l'escripture
Et en romant et en laitin.
Dieux! ilz sont pire que Kayn;ᶜ)
Faist tost la paix, ceᵈ) est droiture.

[30.] Amen, dites,ᵉ) compaignons fin,
Faire le doiez,ᶠ) vecy la fin.
Cil qui n'ait point de finement
De la guerre face telt fin
Que finer puist a la parfinᵍ)
Metz a honnour auʰ) finement.ⁱ)

XXIX.ᵏ)

C'est le Credo Henris de Heix.ˡ)¹)

[1.] Pater noster sens le Credo
Ne vaulroit riens, sicut credo;
La sont li poins tuis de la foy.
Devenus est chascun predo.
Or vous dirais quodᵐ) concedo;
Sy vous tenez sens faire affroy.

[2.] Credo, se tuisⁿ) me vouloientᵒ) croire,
Je feroie tous ceulx recroire
Que contre Mets sont engremys.ᵖ)
La guerre vient par leur acroire,
Car per prester, c'esteᑫ) sens mescroire,
Mets ait guaigniez mains ennemis.

[3.] In Deum vat toute Lorrenne;
Fors ceulx de Metz ou tous biens regne,
Contre Dieu vont trestuis li autrez.
Ilz destruient eulx et lour rengnez,
Bien pert qu'en eulx Anemis regne
Pourter leur faitʳ) lances sur fautrez.

---

a) *D* catin. b) *D* S'en. c) *D* matin. d) *D* car c'est. e) *D* dis. f) *D* doibs, *Bon. streicht* le *wegen des Metrums.* g) *So D, M* fin. h) *D* en. i) *M* ½ *S. frei.* k) *D schiebt hiervor ein:* C'est l'Ave Maria Margueron du Pont Remont. *S. unten XXXI.* l) *D* Hez. m) *D* quid. n) *D* tu. o) *D* voulois. p) *D* engreny. q) *D* c'est. r) *D* fault.

29. A malo voisin mauvais matin
 A-t-on souvent et mainte dispute.
 Ce dicton, on le trouve bien dans l'Ecriture.
 Et ce roman et en latin.
 Dieu! ils sont pires que Caïn;
 Donne-nous la paix bientôt, et ce sera justice.

30. Amen dites, compagnons loyaux,
 C'est ce que vous devez faire; voici la fin.
 Celui qui n'a point de fin
 Veuille mettre à la guerre telle fin
 Que Metz puisse en fin de tout
 Gagner l'honneur définitivement.

XXIX.

C'est le Credo de Henry de Heiz.

1. Pater noster sens le Credo
 Ne vaudrait rien, ainsi que je crois,
 Le Credo renferme tous les articles de la foi.
 Chacun est devenu tel un larron;
 Or je vous dirai mon sentiment sur ce point;
 Tenez-vous en repos sans faire de bruit.

2. Credo que, si tous voulaient me croire,
 Je ferais venir à merci tous ceux
 Qui se sont élevés contre Metz;
 Si la guerre est venue, c'est à cause de leurs dettes,
 Car, sans mentir, c'est pour leur avoir prêté,
 Que Metz a récolté maint ennemi.

3. In Deum (contre Dieu) va la Lorraine tout entière;
 Hors ceux de Metz où toutes vertus règnent,
 Contre Dieu vont tous les autres.   [la destruction;
 Mais c'est sur eux-mêmes et sur leurs biens qu'ils portent
 Il paraît bien que l'Ennemi (le diable) règne sur eux,
 C'est lui qui leur fait porter lance au poing.

---

1) *Gedr. nach einer Abschrift der Handschrift D bei Bouteiller, La Guerre de Metz p. 368.*

[4.] Patrem ne prisent ne sa Meire;
Ceste guere est dure et ameire,
Onque certe teille ne vy.
Ades engreigne,ª) adez empeire,
Ilz n'ont laissies ne fil ne peire,
Ce sceit on bien, ne femmez a Vy.¹)

[5.] Omnipotentem ne redoubtent,
Car sens raison par tout feuᵇ) boutent;
Ilz sont ainsy comme forcenes,
Ilz me semble que ilz rasotent;
En malfaire trestuis s'aroustent;ᶜ)
Lour cuers sontᵈ) la tuis ordonnez.

[6.] Creatorem celi et d'iaulx
Aiment tres pou, quant les bidaulz
Pour nuire a Metz ont fait venir.
Ilz sont tous plains de ribaudiaulx,
Cilz desrobent, cilzᵉ) font ferdiaulx:
Telz gens ne veullent que pennir.

[7.] Et terre les laboureux hapent,
Ilz les huent, et si lez frapent,
Et les mettent en lour prison;
Cilz sont tuis lies qui leur eschapent,
Et les vignes pour quoy estrapent?
Nulz ne sceit dire l'occoison.ᶠ)

[8.] Et in Ihesum, je croy, guerroie
Cilz de Moncleire,ᵍ)²) cil de Parroie,³)
Comenciez ont cilz п la guerre.
Chascun des leurs trop se desvoie;ʰ)
Trop voulentier le jour vairoie
Qu'ilz n'eussent roie de terre.

[9.] Cristum, je prens a tesmoignaige,
Se citains fuissentⁱ) d'un couraige,
La guerre fin plux tost prendroit.
Cil qui fist tout a son ymaige
Lour doint telt cuer et tel usaige
Que tuis soient ilz bien orendroit.ᵏ)

---

a) *D* angrangne. b) *D* se. c) *D* s'arotent. d) *D* est la desordonne. e) *D* si. f) *D* l'ochason. g) *D* moult cler cilz de perroye. h) *D* desroye. i) *D* yerent. k) *So D, M* soient d'un boin accort.

4. **Patrem** ils ne prisent ni sa Mère;
   Cette guerre est dure et amère,
   Et jamais, certes, je ne vis sa pareille;
   De plus en plus elle s'aggrave et empire.
   Les ennemis n'ont laissé ni enfant ni père,
   C'est chose connue, ni femme à Vic.

5. **Omnipotentem** ils ne redoutent,
   Car sans ombre de raison ils mettent partout le feu;
   Ils sont pareils à des forcenés,
   Il me semble qu'ils cumulent sottises sur sottises;
   Faire le mal, c'est à cela qu'ils s'ingénient,
   C'est à cela que toutes leurs pensées sont tendues.

6. **Creatorem** cœli et d'eux-mêmes
   Ils n'aiment que très-peu, quand ils ont fait venir
   Les bidaux pour faire nuisance à Metz.
   Leur armée est remplie de ribauds;   [fardeaux;
   Ceux-ci dérobent nos biens, ceux-là les emportent à gros
   De telles gens ne se plaisent qu'au pillage.

7. **Et terre** les laboureurs par eux sont arrêtés,
   Et moqués et même frappés;
   Ils les mettent en leurs prisons;
   Ceux-là sont bien joyeux qui leur échappent.
   Et les vignes, pourquoi les couper?
   Personne n'en saurait dire la raison.

8. **Et in Jhesum**, je crois, guerroie
   Le seigneur de Montcleir et celui de Parroye;
   C'est par eux deux que la guerre fut commencée.
   Chacun de leurs hommes suit une trop mauvaise voie,
   Et de grand cœur je voudrais voir venir le jour   [terre.
   Où ils ne possèderaient plus même une seule raie de

9. **Christum** je prends à témoin
   Que, si nos Citains n'avaient qu'une seule volonté,
   La guerre prendrait fin beaucoup plus tôt.
   Celui qui fit tout à son image
   Veuille leur donner tel cœur et telle pratique
   Que désormais tous soient en bon état.

---

¹) *Vy, Vic; vgl. die Anm. zu Kap. XXVII Str. 11.*
²) *Montclair, jetzt Ruine im Kreise Merzig, gehörte dem Erzbischof von Trier.*
³) *Parroie, Parois in der Grafschaft Bar.*

[10.] Filium eius ne le^a) peire
Qui moy desrobe, que m'enpeire
Amer certe je ne pouroie.
Je pris le fil a l'emperere^b)
Que fuit jadis,¹) ceste fait compeire,
Car a grant tort citains guerroie.

[11.] Unicum voy qui me desplait,
Quant cilz qui^c) ont bati ceste plait
Donnent robes a nos citains.²)
Ilz lez prinrent^d) qu'ainsy leur plait
Et lez portent sens avoir plait:
C'est oultraige, j'en suis certains.

[12.] Dominum nostrum nostre evesque
Ne prisent rient ne ciaulx aveque
De son hostel nostre ennemis.
Mervilleus suis de l'archevesque
Qu'en Metz sa gent amenait presque
Toute devant la St. Remys.³)

1324 vor Oktober

[13.] Qui conceptus est droit en mars,
Certe de fin or pour c^{me}) mars
La perde n'iert^f) ja restouree.
Trop ait a ceulx^g) obeys Mars
Chascun vault pis ne fist Guimars^h)⁴)
Qui ait emblez mainte danree.

p. 166

[14.] De Spiritu Sancto n'ont cure,
Autrepart ont mise leur cure:
C'est en roberⁱ) et en malz fairez.
Mal et meschiez chascun parcure,
Ilz vont per nuit noire et obscure;
Ilz ne pansent a autrez afairez.

[15.] Natus qui fuis droit en descembre
En Bethlehem, bien m'en remembre,

---

a) *D* leur. b) *D* l'empere. c) *D* quilz qui o. batu. d) *D* prennent quand si leur plait. e) *D* IIIc. f) *D* n'y est. g) *D* eulx. h) *D* que mars. i) *D* Robert.

1) *Kaiser Heinrich VII. Die Dichter der Kriegsjahre 1324/5 kommen wiederholt auf die guten Beziehungen zwischen Kaiser und Stadt zu sprechen. So Kap. XXVIII*

10. Filium ejus ni son père
   Qui me fait larcin ou dommage pire,
   Certes, je ne pourrais les aimer.
   Je prie le fils du défunt empereur
   De bien réfléchir à cela,
   Car c'est à grand tort qu'il guerroie les citains.

11. Unicum, ce qui me déplaît par-dessus tout, c'est de voir
   Que ceux qui ont engagé la querelle   [nos citains,
   Sont ceux mêmes qui donnent robe (gages) à maints de
   Et de voir que ceux-ci les ont prises avec plaisir
   Et les portent sans en avoir reçu licence;
   A coup sûr, c'est là une chose outrageante.

12. Dominum nostrum notre évêque
   Ni ceux de sa compagnie
   Nos ennemis ne prisent en rien.
   Je suis stupéfait du cas de l'archevêque
   Qui amena presque toute sa gent
   A Metz avant la saint Remy.

13. Qui conceptus est droit en mars,
   De celui-là, certes, pour cent mille marcs d'or fin
   La perte ne pourrait être compensée.
   Mars fut trop obéissant à nos ennemis,
   Dont chacun vaut pis que Guimard
   Qui a dérobé mainte denrée.

14. De Spiritu Sancto ils n'ont cure;
   C'est ailleurs qu'ils ont mis leur souci,
   Leur soin consiste à dérober et à mal faire.   [nôtres.
   Chacun d'eux s'efforce à causer dommage et perte aux
   Ils cheminent par nuit noire et obscure,
   Ils ne pensent à nulle autre affaire.

15. Natus qui fus droit en décembre
   En Bethléhem, il m'en souvient bien,

Str. 2. Auch in dem Gedichte über den Romzug Kaiser Heinrichs Kap. IX wird darauf hingewiesen.

²) *Vgl. die Beziehungen von Jean de la Cour zum Grafen von Bar Kap. XVIII. Jean sagt zum Grafen* « et ait estez de vostre consoil et a vos robes » *und als er sich von ihm lossagt* « et vous rens vostre robe ne ne veulx plux estre vostre homme ne a vos robes ».

³) *Vgl. Kap. XX Str. 75.*

⁴) *Die Anspielung ist unklar.*

Donne aus citains force et aye.
Les ennemis trestout demembre,
Ne leur laissiez^a) ne pies ne membre
C'est une gent qu'est trop haye.

[16.] Ex Maria, c'est de Marie,
Ne puis tenir que je ne rie.
Onque ne fuit tel Marion.
Se Metz a lie^b) bien se marie
Plux ne serait certain^c) marie,
Dont veulz qu'a lui^d) nous marions.

[17.] Virgine, voir caste et pucelle,
Fille de Deu, meire et ancelle,
Fontenne de misericorde,
Vierge plaisant, Virge tres belle
Entre la gent qu'est tant rebelle
Veulles mettre paix et accorde.^e)

[18.] Passus la mort pour donner vie
Jhesus qui^f) es et voie et vie,
Met ceulx de Metz en droite^g) voie,
Les ennemis remplis d'envie,
Ne laissiez^h) pas longtemp en vie,
Se chascun d'iaulx ne se resvoie.ⁱ)

[19.] Sub Poncio, desoubs le^k) pont
Soient gittes tuis ceulx du Pont.^l)
Aultre glose ne veulz ci faire.
A ceulx de Metz chascun respont
Par grant orgueil, et leur despont
Qu'ilz n'ont^l) cuire de la paix faire.

[20.] Pilato, Dieu au tempz Pylaite
Qui resuis mort, briefment^m) translate,
Ensuis de Metz les ennemis.
Tous leur hostelzⁿ) brisez^o) et desflate,
Ne leur laissiez^p) planchez ne lattez
Que ne soit tout en cendre mis.

[21.] Crucifixus pour nos pechies
Jhesus qui fuis et^q) detranchies,^r)

---

a) *D* laisse. b) *D* elle. c) *D* certes. d) *D* elle. e) *D* concorde. f) *So D, M* qui fus qui es voie et vie. g) *D* bonne. h) *D* laisse. i) *D* ravoye. k) *D* leur. l) *D* Qui n'ont. m) *D* bien fut. n) *So D, M* osts. o) *D* brisent et deslate. p) *D* laisse. q) *D* tant. r) *D* decrachiez.

Donne aux citains et force et aide;
Leurs ennemis, démembre-les tous jusqu'au dernier,
Sans leur laisser ni pied ni membre:
Car c'est une gent trop haïssable.

16. Ex Maria, c'est de Marie.
Je ne puis me tenir ici de rire:
Il n'y eut jamais telle Marion;
Si Metz avec elle se marie
Pour sûr, Metz ne sera plus jamais marrie;
C'est pourquoi je veux que Metz se marie avec Marie.

17. Virgine, vraiment chaste et pucelle,
Fille et mère de Dieu, et sa servante,
Fontaine de miséricorde,
Vierge de toute plaisance et de toute beauté,
Entre ceux qui sont ainsi en guerre
Veuille mettre paix et accord.

18. Passus la mort pour donner la vie;
O Jésus, toi qui es et la voie et la vie,
Mets ceux de Metz dans la droite voie;
Nos ennemis, remplis-les d'envie,
Et ne les laisse pas longtemps en vie
S'ils ne rentrent tous et chacun dans la bonne voie.

19. Sub Poncio, par dessus le pont
Soient jetés tous ceux du Pont!
Je n'en veux faire ici autre glose.
A ceux de Metz chacun d'eux répond
Paroles outrecuidantes, en leur certifiant
Qu'ils n'ont cure de faire la paix.

20. Pilato, Dieu, toi qui au temps de Pilate
Reçus la mort, — je le relate en bref —
Pourchasse les ennemis de Metz,
Brise et abats toutes leurs maisons,
Sans y laisser ni planche ni latte
Qui ne soient toutes réduites en cendre.

21. Crucifixus qui fus pour nos péchés
Et tes membres percés, ô Jésus,

---

1) *Johannes XIV 6 wie Kap. XXVIII Str. 26.*
2) *Les gens de Pont-à-Mousson, d. h. die Leute des Grafen von Bar.*

Pour nous d'enfer trestous gitter,
Si comme tu sces lez grans meschiez
Que souffre a tort nostre eveschiez,
Si^a) la veullez tu visiter.

[22.] Mortuus soit de malle mort
Cui conscience ne remort
De mal faire! Bien le doit estre.
Dieu qui pour nous a reçu^b) mort
Resoice tuis ceulx qu'ont estez mors
On^c) ciel lasus et en son estre.

[23.] Et sepultus soit en enfer
Chascun des leurs, ou^d) Lucifer
Par orgueil convint^e) avaller.
Ilz n'ont laissiez charbons ne fer
Venir a Metz. Vray^f) Dieu, [en] onffer
Que^g) la puissent trestuis aler!

[24.] Descendit qui mort surmontait,
Apres Paisques et remontait
XL jours, par droit compter.
Boin fait monter^h) ou il montait;
Metsⁱ) d'ennemis I grant mont ait,
La ne puissent ilz ja monter.

[25.] Ad inferna puissent descendre,
Qu'ilz^k) ne laissent mairiens, essendre^l)
Ou autrez biens a Metz venir.
Metz afamer cuident ou prendre.
Bien les doit on de ce reprendre:
Metz se puet bien contre eulx tenir.

[26.] Tercia die devant feste
Sainte Agathe ont^m) fait grant tempeste
A ceulx de Vy et en pou d'oure
Laissies n'y ont ne clerc ne preste,
Femmeⁿ) n'enffant, bourgoy n'agreste:
C'est tout perdus, nulz n'y demeure.

[27.] Resurrexit qui au tier jour,
Doigne a Lowy, sens grant sejour,
Pour vengier Vy,^o) force et ayde.

---

a) *D* Pour ce la v. visiter. b) *So D, M* nous resuît. c) *D om.* On-estre. d) *D* ô. e) *D* comment avalez. f) *D* pour rechauffer. g) *D* Ceulx qui estoient engalez. h) *M* monter la ou, *D* monter ou.

Pour nous tirer tous hors de l'enfer,
Autant tu sais les grands dommages
Dont souffre à tort notre évêché,
Autant tu veuilles le voir d'un œil favorable.

22. Mortuus soit de male mort
Celui dont la conscience n'a pas remords
De mal faire! Il le mérite bien.
Dieu, qui pour nous reçut la mort,
Veuille recevoir tous nos morts
Au ciel là-haut, en sa demeure.

23. Et sepultus soit chacun des leurs
En enfer, où son orgueil
Fit précipiter Lucifer.
Ils n'ont laissé ni fer ni charbon
Entrer à Metz. Vray Dieu, en enfer
Puissent-ils tous s'en aller!

24. Descendit celui qui surmonta la Mort
Et remonta au Ciel quarante jours
Après Pâques, le compte est exact.
Bon fait monter où il monta;
Metz a d'ennemis un grand nombre,
Mais jusqu'à elle ne puissent-ils jamais monter!

25. Ad infernos puissent-ils descendre
Puisqu'ils ne laissent venir à Metz
Ni merrain ni essande ni aucunes autres denrées.
Ils prétendent affamer Metz ou la prendre;
Mais en cela doit-on bien les reprendre,
Car Metz peut bien tenir contre eux tous.

26. Tercia die avant la fête
De sainte Agathe ils firent male tempête
A ceux de Vic, où en peu d'heures
Ils n'ont laissé ni clerc, ni prêtre,
Ni femme, ni enfant, ni bourgeois, ni paysan:
Tout est détruit! il n'y reste plus personne.

27. Resurrexit qui au troisième jour,
Veuille donner à Louis, sans plus attendre,
Force et aide pour tirer vengeance de la perte de Vic!

---

i) *So D, M* mais. k) *D* Qui n. l. marrie. l) *So D, M* descendre. m) *D* ot. n) *D* Fermes. o) *D add. et.*

Aidies li tuis, marchant, chaingour,
Estre trestuis debves vanjour
De l'outraige^a) de l'omecide.

[28.] A mortuis ay grant pitiet;
Petis enffans n'ont respitiez,
Femme gisant, ne pucellettez.
Or, est bien Vy^b) a grant viteit.^c)
Duchaulz, Contaulz l'ont avitiez
Chargies y ont maintez charrettez.

[29.] Asscendit trop souvent suis femme
Li duc Ferry: si s'en deffaulme,^d)
Duchesses^e) fait a grant planteit.
Et Endouart sa gent afamme.
Il en doit bien perde sa fame,^f)
Il prent le fruit qu'il n'ait planteit.

[30.] Ad celos, Dieu! coment iroie[nt]^g)
Cilz qui a^h) tes citains guerroient?
Ce ne seroit mie raison:
Grant duel seroit, s'ilz conquerroient
La cite de Metz, ilz n'i lairoient
Choseⁱ) que fut, mur ne maison.

[31.] Sedet, ou^k) Dieu ja ne sairont
Cilz qui jamaix Metz asairont:
Ilz averoient trop digne siege.
Sagez seront qui me^l) croiront,
De leur emprise retrairont,^m)
Car trop est fol qui Metz assiege.

[32.] Ad dexteram coper la teste
Puisseⁿ) on celui qui Jehan Teste
Mist en prison, car il est moinne.
Lor mauvistie est manifeste
He, dyauble, or est^o) ta feste
Quant a faire^p) tez^q) fais lez moinez.

[33.] Dei Patris de la bonteit
Cilz qui sont neis de la Conteit^r)
Ne sceivent riens, tres bien apert.

---

a) *So D, M* et de la l'omecide. h) *D* vil. c) *D* Vilte. d) *D* diffame. e) *M* duchesse, *D add.* a.
f) *M* femme. g) *Erz. nach D.* h) *D* a tort cit. g. i) *So D, M* Choses qui fuissent. k) *D* ò.

Aidez-lui tous, marchands et changeurs ;
Tous, tous, vous devez tirer vengeance
De l'outrage commis par ces homicides.

28 A mortuis, c'est grand pitié
De n'avoir respecté ni les petits enfants
Ni les femmes en couches, ni les jeunes pucelles.
A l'heure présente Vic souffre une grande vilenie ;
Duchaux et Comtaux l'ont mise en vilain état,
Qui en ont emporté maintes charrettes chargées.

29 Ascendit trop souvent sur femmes
Le duc Ferry ; pour cela est-il diffamé,
Qu'il fait des duchesses en quantité.
Quant à Edouard il affame son pays,
Pour cela doit-il bien perdre son bon renom,
Car il prend le fruit de l'arbre qu'il n'a point planté.

30 Ad celos, Dieu ! comment iraient-ils
Ceux qui guerroient tes citains ?
Il n'y aurait pas de raison.
Ce serait grand deuil s'ils conquéraient
La cité de Metz : ils n'y laisseraient
Ni mur ni maison, absolument rien.

31 Sedet où, par Dieu ! jamais ne siégeront
Ceux qui Metz assiégeront ;
Trop honorable serait leur siège.
Sages seront ceux qui me croiront
Et se retireront de leur entreprise,
Car est trop fol qui Metz assiège.

32 Ad dexteram puisse-t-on couper la tête
A celui qui mit Jean Teste
En prison, car c'est un moine.
Leur mauvaiseté est manifeste.
Hé ! Diable, c'est alors que tu fais fête
Quand tu les entraînes à faire comme toi.

33 Dei Patris de la bonté
Ne connaissent rien, c'est bien visible,
Ceux qui sont nés en la Comté.

---

l) *So D, M* ne.   m) *D* recroiront.   n) *D* Puis.   o) *So D, M* ais.   p) *D* femme.   q) *So D, M* sez.
r) *M* citeit, *D* conte.

En pou de tempz sont haul monteit,
Mais ilz seront tost desmonteis;
Tost^a) prent aufin qui son roc pert.

[34.] Omnipotentis trez poc^b) tient
Da la graice cil qui maintient
La follie qui^c) ait emprinse.
Cil qui aultrui avoir retient,
Cil qui robe, cil qui soubtient,^d)
Est bien compaing de telle prise.^e)

[35.] Inde dirai une nouvelle:
Le tempz est bel qui renovelle,
Nous avons ja passez febvrier.
Se^f) celle gent plux se revelle,
Une^g) chanson que la muelz vaille
Faudroit chanter per saint Livier.

[36.] Venturus^h) est li jour de l'ireⁱ)
Que^k) Dieu vourait lez siens eslire
En son hostel pour habergier, —
En tez^l) livrez fault,^m) citains, lire
De Jhesucris qui fort hait l'ireⁿ) —
Puis les mener en son vergier.^o)

[37.] Judicare [puis del Delphin],^p)
Que^q) faire dois autretel fin
Con fist Judas le fel traitte.
Il empourtait de Metz l'or^r) fin¹)
Si^s) l'empourtait sens avoir fin:
Il est pirre que nulz erite.^t)

[38.] Vivos citains Cil veullez amer
Qui terre fist, ciel, air^u) et meir,
Et en sa garde tous les preignez.
Contre anemis qui sont ameir,
Lez veulle si forment armer
Que les princes fouyr conveigne!

---

a) *M* Tout present, affinque lour honte pert, *D* Tost prent affin, *D* qui son roc p. b) *So D, M* por. c) *D* qu'il a. d) *So D* soubtient, *M* se tient e) *So D, M* Si tu conpant de tel provise. f) *So D, M* De. g) *D* Ung aultre champ que la muelle. h) *M* Ventris. i) *So D, M* liure. k) *D* Il vous fauldra. l) *D* tel. m) *So D, M* fait. n) *So D, M* De J. n'aiez liure. o) *D* Ains l. m. e. s. v., *M* Huis la moinne droit en son v. p) *Erg. nach D.* q) *D* Qui faire doibt. r) *D* leur. s) *D* Si s'en allat. t) *D* herite. u) *M* airt.

En peu de temps ils ont monté haut,
Mais c'est pour être bientôt démontés.
Tel prend le fou (aux échecs) qui perd sa tour.

34. Omnipotentis de la grâce
Très peu jouit celui qui persiste
En la folle action qu'il a entreprise.
Celui qui retient l'avoir d'autrui,
Celui qui le dérobe, celui qui leur donne aide, [l'affaire.
Tous ces trois sont bien compères et compagnons dans

35. Inde je vais vous dire une nouvelle:
Voici le beau temps du renouveau,
Nous avons déjà passé Février.
Si ces gens se livrent encore à des extravagances,
Il faudra leur chanter une chanson
Encore meilleure, par saint Livier.

36. Venturus est le jour de colère
Où Dieu voudra faire choix de ses élus
Pour les héberger en son hôtel,
— Citains, il vous faut lire l'Evangile
De Jésus-Christ qui hait fort le péché de colère —
Et ensuite les mener en son verger.

37. Judicare par après ce Dauphin
Qui doit avoir pareille fin
Que Judas, le traître félon;
Ce Dauphin, qui emporta de Metz l'or fin,
Qui l'emporta sans cesse ni trêve:
Il est pire qu'aucun hérétique.

38. Vivos Citains veuille aimer
Celui qui fit terre, ciel, air et mer;
Qu'il veuille les prendre tous en sa garde.
Contre les ennemis qui leur causent tant d'amertumes,
Qu'il les veuille armer si fortement
Que les Princes soient contraints à la fuite!

---

[1] *Henry Dauphin hatte sich eine bedeutende Summe Geldes auszahlen lassen, als er mit der Stadt am 29. März 1325 seinen Frieden geschlossen und sich mit ihr verbündet hatte, war dann aber nach dem Delphinat abgegangen. S. darüber Sauerland im Lothr. Jahrbuch VII¹ 141 ff.*

[39.] Et mortuos veulle resoivre
Et^a) ses biens leur faire apperçoivre
Cil qu'est^b) ung Dieu en triniteit.
Les vifz n'ont pas voullus deçoivre^c);
Dieu, des mauvais or les [deçoivre]^d)
Par ta Sainte Diviniteit.
 Amen.

XXX.

p. 171. C'est le Credo Michelet Petit Pain,^e) que maint devant les Repanties.¹)

[1.] Li grant Credo sens le petit,
Sicut credo vaulrait petit.
Dont me fault il 1 nouvel dire,
Mette y dois^f) bien mon auppetit.
Quant je voy bien que droit petit
Que^g) des maulvaix bien ne puis dire

[2.] Credo que Mets^h) n'iertⁱ) jamais prince.
Se je l'aime^k) ou je la prise,^l)
Bien ait raison, je^m) y demoure.
Ennemis [font] trezⁿ) forte emprise,
Lour^o) terre est et serait prise,
Si^p) que je crois, sens grant demeure.

[3.] In^q) Spiritum Sanctum on Sainct Esperit
Nulz^r) homme ne doit qu'avoir desir
On^s) grant secret de Dieu le Peire.
He Deus! j'aime la paix tres chier;
La guerre veulliez^t) estenchier,^u)
Ainsois que nulz plux le compeire.

[4.] Sanctam Ecclesiam garder
Veulle Jhesus et regarder,^v)
Bien ait mestier de son aye.^w)
Et tors faix^x) face amander.

---

a) So D, M Et les biens qu'ilz ont fait appercepvoyr. b) So D, M qui est. c) So D, M decepvoir. d) M desevoir, D decepvre. e) M Pax. f) M doie. g) So D, M Que de bien grant puet biens mal dire. h) M Credo qui niert. i) D n'y ot jamais. k) M aine. l) M le p., D la haix m) D om. je—demoure. n) D om. trez—prise. o) D Les tres *dann Lücke.* p) D Si comme *dann Lücke.* q) D In deum *dann Lücke.* r) D Ne *dann Lücke.* M desir. *Der Schreiber von D hat am Rande dieser Auslassungen notiert:* Toutes ces lacunes sont au manuscrit. s) D Les grans secres. t) So D, M veult. u) So D, M entanchier. v) M *lässt folgen* a c b d. w) So D, M ayde. x) D Et les torfais fais a.

39. Et mortuos veuille recevoir
   Et ses biens leur faire apercevoir
   Celui qui est un Dieu en Trinité.
   Ces morts, qui n'ont pas voulu décevoir les vivants,
   Veuille à cette heure, ô Dieu! les séparer des mauvais
   Par ta Sainte Divinité!
         Amen.

XXX.

C'est le Credo de Michelet le Petitpain, qui demeure devant les Repenties.

1. Le grand Credo sans le petit,
   A mon avis ne vaudrait pas grand chose.
   Donc me faut-il en dire un nouveau,
   Où je dois mettre tout mon talent,
   Quand je vois bien qu'à trop juste titre
   Je ne puis rien dire de bien des mauvais.

2. Credo que Metz ne sera jamais prise;
   Si je lui ai voué amour et estime,
   C'est pour une bonne raison, puisque j'y habite.
   Nos ennemis ont engagé une forte entreprise;
   Voici que leur terre est déjà prise et le sera entièrement,
   Comme je crois, d'ici à peu de temps.

3. In Spiritum Sanctum, en le Saint Esprit
   Tout homme doit tendre son désir
   Au grand secret de Dieu le Père.
   Hé Dieu! j'aime la paix de tout mon cœur;
   Veuille donc mettre fin à la guerre,
   Afin que nul n'en soit plus longtemps victime.

4. *Sanctam Ecclesiam* garder
   Veuille Jésus et la regarder d'un œil favorable,
   Elle a tant besoin de son aide!
   Veuille aussi Jésus compenser les dommages qu'elle a subis.

---

¹) *Gedruckt nach einer Abschrift der Handschrift D bei Bouteiller, La Guerre de Metz p. 377.*

Souvent ait prins sens demander
La gent qu'est si forment haye.

[5.] Catholicam foid ait^a) mantie
Ung chivalier de leur partie.
Je crois qu'il fuit nes on Saunois¹)
De Cerieres^b)²) tient partie;
[Aussy fuit la chose partie],^c)
Or est clames Hanreys renois.

[6.] Sanctorum en^d) la compaignie
Ne doit estre qui foid renie
Ne des hommez, puis qu'est faulsaire.
Il vault pis c'un serf de maignie,
Abaissez ait trop sa lignie.
Chascun luy^e) doit estre adversaire.

[7.] Communionem de l'aulter
Ne doit penre que fait fait tel;
Car Dieu le heit et n'en fait signe.
Cil qui vivent d'autruy^f) chastel,
Qui^g) desrobent ville et chastel
De telt maingier ne sont pas digne.

[8.] Remissionem doit avoir
Cil qui desrobe aultrui avoir,
Quant il le rend et se repent.^h)
Vous savez bien se dit aix voir,
Encoreⁱ) vous fais je savoir
Que^k) per penre maint homme on pent.^l)

[9.] Peccatorum de^m) part enliez
Qui sont de tout apparelliez,
Veullies vous tost amander
Et plux ne vous en travilliez;
La paix briefment querre veulliez
On meffait ne fault qu'amander.

---

a) *D* amentye. b) *So D, M* Desarier. c) *Nach D, wo die Zeile gleichfalls erst hereinkorrigiert ist.* d) *D om.* en. e) *Nach D, M om.* luy. f) *So D, M* vient d'autour c. g) *D* Et qu'ilz. h) *M* il le prent et si le rent, *D* se rend et se repent. i) *M* Encor., *D* A ceulx vous f. je a scavoir. k) *D* Qu'en autre maint lieu on se pent. l) *M* prent. m) *D om.* de- qu'amander.

Bien souvent a-t-elle pris sans demander,
Cette gent qui mérite si fort notre haine.

5. Catholicam a foi mentie
Un chevalier de leur bande.
Je le crois natif du Saulnois;
C'est un partisan de Henry de Serrières;
C'est une chose bien connue,
Aussi l'appelle-t-on Henry le Renégat.

6. Sanctorum en la compagnie
Ne doit être qui renie sa foi,
Ni en la compagnie des hommes, puisqu'il est faussaire.
Il vaut moins qu'un serf corvéable;
Il a trop ravalé sa noble lignée;
Aussi chacun doit-il être son adversaire.

7. Communionem de l'autel
Ne doit recevoir qui agit pareillement,
Car Dieu le hait et n'en fait cas.
Ceux qui vivent sur le bien d'autrui,
Ceux qui mettent à sac fermes et châteaux,
Ceux-là ne sont pas dignes de recevoir semblable nourriture.

8. Remissionem doit avoir
Celui qui dérobe le bien d'autrui
Lorsqu'il le rend, et se repent.
Vous savez bien que je dis vrai;
Et de plus je vous fais savoir ceci:
Qui prend pend (au gibet).

9. Peccatorum dans les liens vous qui êtes enserrés
Et qui êtes prêts à toute mauvaise action,
Or tôt veuillez vous amender
Et cesser votre méchant travail;
Veuillez demander la paix en bref temps.
Qui fait mal, doit réparer son méfait.

---

¹) *Saulnois Name des südlichen Teils des Pays messin, östlich der Seille.*
²) *XX Str. 90 wird dieser „Hanrey de Seriere" bereits unter den Feinden der Stadt erwähnt.*

[10.] Carnis^a) tous ceulx qui dou pechiez
Or et villains sont entachiez
Heit Dieu forment, soit hom soit^b) femme.
En aultrui champ tel^c) ait bechiez
Dont convenrait souffrir meschiez,
Combien que tart, son corps ou s'ame.

[11.] Resurrectionem^d) Dei
Crurent^e) li filz Zobedey;
Mais cilz qu'ont fait leur alliance
Sus ceulx de Metz, que Judei^f)
Sont tuis piours, et d'eulx je di^g)
Que onque en Dieu n'orent creance.

[12.] Vitam eternam, qui c'est dit
Ont escoulteit et qui l'ait dit,
Aprez la mort puissent avoir!
Et maldit soit qui contredit
Que paix ne soit, car trop mesdit,
Et perde en puisse^h) son avoir.

[13.] Amen dites au definer:
Jhesus, qui es -sens definer,
Cest guerre briefment define,
Et en telt pointⁱ) face finer
Qu'il coveigne^k) debtes finer
Et s'aie^l) Metz^m) paix et bonne et fine.
Amen.ⁿ)

XXXI.

C'est li Ave Maria Marguerite^o) du Pont Rengmont.¹)

[1.] [Ains iroie trans maria
Que laissasse Ave Maria
Quand l'ay trouve en l'A, B, C
Dieu qui pour voir^p) in Maria
Son filz par l'angle maria
A la vierge Theotece.]^q)²)

---

a) *D* Carnem. b) *D* ou. c) *So D, M* chastel. d) *So D, M* Resurrectione de. e) *M* courent, *D* Creent. f) *So D, M* je di. g) *M* on cuidy, *D* ou quidez *Beides gibt keinen Sinn.* h) *So D, M add.* tout s. a. i) *So D, M* la f. f. k) *M, D add.* les d. f. l) *M* faie, *D* fait. m) *So D, M* ma. n) *Hiernach* ³/₄ *S. frei.* o) *D* Margueron du Pont Remont. p) *D* pourir. q) *M om.* Ains — Theotece; *erg. nach D.*

10. Carnis, tous ceux qui du péché
　　Sale et vilain portent la tache,
　　Soit homme soit femme, encourent gravement la haine de Dieu.
　　Quiconque aura bêché en terre d'autrui,
　　Il lui en faudra subir le châtiment
　　Si tardif soit-il, ou dans son corps ou dans son âme.

11. Resurrectionem Dei
　　Les fils de Zébedée y ajoutèrent foi;
　　Mais ceux qui ont fait alliance
　　Contre ceux de Metz sont tous pires
　　Que des juifs; et d'eux je dis
　　Qu'ils ne crurent jamais en Dieu.

12. Vitam eternam puissent avoir
　　Après la mort ceux qui ont écouté
　　Ce dit et celui qui le fit.
　　Et maudit soit qui s'oppose
　　A ce que la paix se fasse, car il parle trop méchamment,
　　Et puisse-t-il en perdre tout son avoir!

13. Amen dites pour finir:
　　Jésus, qui est sans fin (éternel)
　　Veuille terminer cette guerre en bref temps,
　　Et lui donner telle finition
　　De contraindre nos ennemis à payer leurs dettes,
　　Et de donner à Metz bonne et durable paix.
　　　　　　　Amen.

XXXI.
C'est l'Ave Maria de Marguerite du Pont Rengmont.

1. Je traverserais plutôt les mers
　　Que d'oublier l'Ave Maria
　　Après l'avoir trouvé dans l'A B C.
　　C'est vérité reconnue que Dieu fit annoncer
　　Par l'ange la conception de son Fils à Marie,
　　A la Vierge Mère de Dieu.

---

¹) *Gedr. nach einer Abschrift der Handschrift D bei Bouteiller, La Guerre de Metz p. 382.*
²) *Theotece*, Θεοτόκος, *Gottesgebärerin.*

[2.] Ave! Seigneurs, ouvreis la porte,
Bien soit venus qui paix aporte,
Plus bel juel ne puet[a]) pourter.
Tel vat a Romme qui n'aporte[b])
Ung si biaul dont come je raporte:
C'est paix, pour nous muelz depourter.

[3.] Maria qu'est de Dieu la meir[e]
Ait destruicte la guerre ameir[e]
C'est la meire qu'est nette et monde[c])
Nulz autre a lie[d]) ne se compeire;
Elle pourtait le[e]) Fil au Peire
Qui rachitait trestout le monde.

[4.] Gracia plena doulce Dame,
Nos corps, nos cuers mette en tel[f]) lamme,
Pour quoy se[g]) puist la paix tenir.
Mondez nos cuers, mondez noz amez
De tous pechies et de tous blasmez;
Par quoy puissie[n]s[h]) a toy venir.

[5.] Dominus ait gardes en terre,
S'a[i]) destruicte toute la guerre
Que par Loherenne ert[k]) espandue.
Chascun amer doit ung telt here
Et[l]) lui servir et lui requeire:
La terre fuist sans luy perdue.[m])

[6.] Tecum ver[n]) Dieu fait boin aler.
Bien est meschant cui[o]) esvaller
Convient es mains dez ennemis.
Dieu, or nous veulle[s] appeller
Et[p]) telz lieus faire osteller
Ou[q]) t'ais logiez tuis tez amis.

[7.] Benedicta tu doie bien estre
Meire et fille du roy celestre;[r])
Tu ais la guerre ad fin menee.
Maint homme[s]) alast a la senestre
Qu'encor irait per dever destre,
Puis que la guerre est definee.

---
a) *D* peux. b) *D* qui raporte. c) *So D, M* net ou monde. d) *M* autre lieu ne se comp., *D* a elle si se compere. e) *D* el filz et pere. f) *So D, M* celle. g) *So D, M* je puisse. h) *M* puissies, *D* puissions. i) *So D, M* Et s'ait. k) *D* yert. l) *M* Et celui, *D* Et le linir et le requerre. m) *So D, M* La

2. Ave! Seigneurs, ouvrez la porte;
   Bien venu soit qui apporte la paix,
   Plus beau joyau ne pourrait-il apporter!
   Tel va à Rome qui n'en rapporte
   Un présent si beau que celui que j'apporte:
   La paix, pour nous mettre tous en joye.

3. Maria, mère de Dieu
   A jeté bas la guerre amère.
   Marie est la mère nette et pure,
   A Marie personne autre ne se peut comparer:
   Elle porta en son sein le Fils du Père
   Qui racheta le monde tout entier.

4. Gratia plena douce Dame,
   Mets nos cœurs et nos corps en telle épreuve qu'il te plaira,
   Pourvu que la paix puisse se maintenir.
   Nettoye nos cœurs, purifie nos âmes
   De tous péchés et de toutes actions blâmables,
   En sorte que nous puissions venir à toi.

5. Dominus a pris notre terre en garde,
   Il a jeté bas toute la guerre
   Qui était répandue par toute la Lorraine.
   Chacun doit bien aimer un tel Seigneur
   Et le servir et le prier:
   Sans lui notre terre eût été perdue!

6. Tecum il fait bon aller vers Dieu.
   Il a bien male chance celui qui est forcé
   De tomber entre des mains ennemies.
   Dieu, or veuilles nous appeler
   Et nous héberger en lieu pareil
   Où tu as logé tous tes amis.

7. Benedicta tu dois bien être,
   Mère et fille du Roi céleste;
   Car c'est toi qui a mené la guerre à fin.
   Maint homme serait allé à gauche
   Qui à cette heure ira à droite
   Puisque la guerre a pris fin.

---

tune fuist sens perdue. n) *D* vray. o) *D* qui avaller. p) *D* Et en tel lieu f. hosteller. q) *M* Ou t'es l., *D* Ou t'a l. t. t. a. r) *M* senestre. s) *D* ame.

[8.] In mulieribus que furent
Ne en cellez qui[a]) encore durent
N'out[b]) tant de bien comme olt Marie.
Toutes autrez femmez c'espurent
En sa pure . . . .
Bien en debvons amer Marie.[c])

[9.] Et benedictus Jhesucris
Soit, qu'ait fineis et plours et cris
Que pourez gens souvent faisoient.
En verite, je vous descris :
Chascun vaulloit[d]) pis qu'Antecris
«Tout seroit[e]) leurs» entr'eulx disoient.

[10.] Fructus ventris, virge et pucelle,
C'este Jhesucris et[f]) tu es s'ancelle.
Par vos π est la paix venue.
Virge qui ais mainte[g]) chapelle,
Je te requier et se t'appelle
Que la paix soit fermme[h]) tenue.

[11.] Tui sergens estre debvons
Et toy prier[i]) quant nous levons,[k])
Ains que li jours de la mort veigne.
Certainnement trestuis savons
Que nous par toy[l]) la paix avons;
Dame, or fait qu'elle se teigne.

[12.] Amen! Virge plaisant et fine
Resois mon dit et si l'afine
Et si me fais[m]) par bien finer.
Foix que je doie Ste. Rafine,
Se tu mon ame n'en[n]) fait fine,
Ne sa, coment doie finer.
    Amen.

---

a) *D* qu'encores. b) *D* N'orent tant de dons que Marie. c) *D om.* c'espurent-Marie. *In M hinter* pure *Lücke.* d) *D* valoit. e) *D* soit. f) *D* et ses ancelle. g) *M* qui es ma, *D* a mainte ch. h) *D add.* et. i) *So D, M* pries. k) *D* lerrons. l) *M* par tout, *D* la paix par toy a. m) *So D, M* fait. n) *D* ne.

8 In mulieribus qui ont été
  Ni en celles qui sont encore,
  Aucune n'eut autant de dons que Marie.
  Toutes les autres femmes reçoivent pureté
  En sa pure
  Aussi devons-nous bien aimer Marie.

9 Et benedictus soit Jésus-Christ
  Qui a mis fin aux pleurs et aux cris
  Que nos pauvres gens poussaient trop souvent.
  En vérité je vous le signifie :
  Chacun de nos ennemis était pire que l'Antechrist ;
  « Tout sera nôtre », se disaient-ils entre eux.

10 Fructus ventris, vierge et pucelle,
   C'est Jésus-Christ, dont tu es la servante.
   Grâce à vous deux, la paix est venue.
   Vierge honorée en mainte chapelle,
   Je t'adresse requête et appel
   Pour que la paix soit fermement tenue.

11 Tui serviteurs nous devons être,
   Et te prier à notre lever
   Avant que vienne le jour de la mort.
   Tous bien certainement nous savons
   Que c'est par toi que nous avons la paix ;
   Or, Dame, fais qu'elle se maintienne.

12 Amen ! Vierge de fine plaisance
   Reçois mon dit, et raffine-le de telle façon
   Que par toi je puisse arriver à bonne fin.
   Par sainte Rufine,
   Si tu n'affines point mon âme,
   Je ne sais comment finir.
                    Amen.

XXXII.

C'est ung Benedicite de Lowis de Pitie^a), evesque de Mets; cui^b) Dieu perdont.¹)

[1.] Seigneurs, pour Dieu, paix facite!
S'ourez^c) li Benedicite;
Il est de Lowis nostre evesque.
Conter de lui puis licite
Qu'em paix ait mise la cite
Et toute^d) Loherainne avecque.^e)

[2.] Benedicite, Dieu benie
Nostre evesque et sa compagnie
On le doibt^f) bien partout benir.^g)
Il^h) est atrait de grant lignie,²)
Noble et gentil et sa maisnie;
Dont l'en doit on plux chier tenir.

[3.] Dominus l'ait de grant biauteit,
De sans, d'onnour et de leaulteit
Garnis; bien est si fait apert.
Dieu de Langre l'ait translauteitⁱ)³)
Et c'estoit de la reauteit
De France l'un des XII per.^k)⁴)

[4.] Nos et ea que nous avons
Ait mis en paix, bien le savons,
Par son porchat la paix est faite.
Ung telt Lowy amer^l) debvons,
Bien est raison que l'alevons,^m)
Ilⁿ) est atrait de gens perfaite.

[5.] Sumus en paix par son ouvrage
Ilz n'a pais beus d'un^o) tel brouvaige
Con^p) fist Hanris de Montabant,
C'est le Daulphin⁵) qu'est plain d'outraige,

---

a) *D* Pitieres. b) *D om.* cui- p. c) *D* Oycz. d) *D* trestoutte Lorrainne. e) *M* avesque, *D* avecques. f) *So D, M* voit. g) *So D, M* venir. h) *D om. Vers 10—12.* i) *D* transplante. k) *D* pairs l) *D* louer. m) *D* que saluons. n) *D* Qu'il. o) *D* b. ung. p) *D* Qu'a faist.

1) *Gedr. nach einer Abschrift der Handschrift D bei Bouteiller, La Guerre de Metz p. 385.*
2) *Vgl. oben XXVII Str. 15: Ses lignaigez vat jusques Ypre.*
3) *Louis de Poitiers war bis dahin Bischof von Langres gewesen und wurde*

XXXII.

C'est un Benedicite de Louis de Poitiers, évêque de Metz.

1. Seigneurs, pour Dieu faites paix!
    Vous entendrez le Benedicite,
    Qui se dit de Louis notre évêque.
    C'est à bon droit que je puis parler
    De celui qui a mis la Cité en paix
    Et avec Metz, toute la Lorraine.

2. Benedicite, que Dieu bénisse
    Notre évêque et sa compagnie!
    Il doit bien être béni en tout lieu.
    Issu qu'il est de grande lignée,
    Sa maison est noble et de bonne race;
    Aussi doit-on le tenir en plus chère affection.

3. Dominus l'a orné de beauté grande,
    De sens, d'honneur, de loyauté:
    C'est un fait bien reconnu.
    Dieu l'a transféré à Metz de Langres
    Où il était l'un des douze paires
    Du royaume de France.

4. Nos et ea que nous avons
    C'est lui qui l'a mis en paix, c'est chose bien connue:
    C'est grâce à ses efforts que la paix est faite.
    Un tel évêque que Louis a bien droit à notre amour,
    Il est bien juste que nous l'élevions au dessus des autres;
    Il est issu d'une maison parfaite.

5. Sumus en paix; c'est là son ouvrage.
    Il n'a pas bu à la même coupe
    Que Henry de Montauban,
    C'est Henry Dauphin qui, par grand outrage,

---

durch päpstliche Bulle vom 26. August nach Metz transferiert. Sauerland, Vatikan. Urk. und Regesten I nr. 459.

⁴) *Über seine Abstammung eine Bulle Johanns XXII. bei Sauerland l. c. nr. 480; hier heißt es von ihm:* suademus, ut cum dilecto filio Ademaro de Pictavia Valentinensi et Diensi comite, tuo genitore. *Pair de France war er in seiner Eigenschaft als Bischof von Langres.*

⁵) *Über Henry Dauphin, den Vorgänger Ludwigs auf dem Bischofsstuhl, vgl. besonders Sauerland, Geschichte des Metzer Bistums. Lothr. Jahrb. VII² p. 69 ff.*

Quant^a) Metz debvoit faire souffrage;
Mais rien n'en fist, par St. Urbain.

[6.] Sumpturi sont citains de Metz
Leur viandez,^b) leur entremetz
Trez plux en paix qu'ilz^c) ne soulloient.
A^d) ennemis, je vous prometz,
S'ait fait Lowis qu'est renomez;
Lorrains de lui mestier avoient.

[7.] Benedicat tout son paraige
Cil qui le fist en son ymaige;
C'est Dieu qu'est ung et en nom tier
Cez peire est [hom] de grant eaige^e)
Et encor ait en son prouaige^f)
Toute la terre de Poitier.

[8.] Dextera Christi est fourmez
Cil qu'ait la paix mise entour^g) Metz.
S'ait fait Lowis belle parsolne.^h)
Lowis leaul estre clamez
Doitⁱ) et estre de tous amez;
Car li sien nom en bien resonne.^k)

[9.] In nomine Patris creez^l)
Et vous serez bieneürez,
Car ainsi est certainnement.
Il fait merveille, bien^m) veez,
Il revoie lez desvoiez;
La guerre ait mise a finement.ⁿ)

[10.] Et Filii tien[t] la maniere
Qui volt souffrir poinne et hachiere^o)
Pour rachiter l'umain lignaige;
Car^p) pour plaisir lez gens cruere^q)
Et pour faire la paix entiere
Sa prope terre ait mise en gaige.¹)

[11.] Et Spiritus Sancti la grace
Apert Lowy enmy la fasce,
Il rit adez, quant il parrolle.

---

a) *D* Car. b) *M* add. et. c) *D* qui n. s. d) *D* Et. e) *D* rage. f) *M* paraige, *D* prouage.
g) *D* encore. h) *D* personne. i) *M* Doit estre et d. t. a., *D* Ce doit estre d. t. a. k) *D* om. Car—resonne.

Voulait mettre Metz en souffrance;
Mais il n'en put rien faire, par saint Urbain.

6. Sumpturi sont désormais les citains de Metz
Leur nourriture et entremets
En bien plus grande tranquillité qu'auparavant.
Ce bon tour joué aux ennemis, je vous certifie
Que c'est l'ouvrage de Louis au bon renom;
Les Lorrains en avaient grand besoin.

7. Benedicat tout son parage
Celui qui le fit à son image:
C'est Dieu qui est un en trois personnes.
Le père de Louis est un homme de grand âge
Qui tient encore en sa possession
Toute la terre de Poitiers.

8. Dextera Christi est formé
Celui qui a rétabli la paix tout autour de Metz.
Louis a joué là un beau rôle,
Louis doit être acclamé comme rempli de loyauté
Et être aimé de tous les citains,
Car son nom retentit en bonne part.

9. In nomine Patris croyez
Et vous serez bienheureux,
Car pour sûr il en est ainsi.
D'ailleurs, vous voyez bien qu'il opère merveille,
Remettant en bonne voie les dévoyés
Et terminant la guerre définitivement.

10. Et Filii il suit l'exemple
Qui voulut souffrir peine et tourment
Pour racheter les humains;
Et notre évêque, voulant satisfaire cette gent cruelle
Et établir solidement la paix,
A mis sa propre terre en gage.

11. Et Spiritus Sancti la grâce
S'épanouit sur le visage de Louis;
Le sourire accompagne sa parole.

l) *D om.* creez—bienheurez.   m) *M add.* les, *D* bien voyez.   n) *So D, M* definement.   o) *D* misere.
p) *D* Qu'a.   q) *D* crueire.

1) *Davon ist sonst nichts bekannt.*

Or veulle Dieu que nulz ne face
Chose qu'a luy jamaix desplase
Ne a tous ceulx de son escolle.

[12.] Amen dite, je vous en proie^a)
Par ung convent, que jamaix proie
Ne puist devant Metz estre prinse.
Je prie a tous les Sains c'on proie
Que cil^b) qui Metz desrobe^c) ou proie
Puisse^d) cheoir en mortelt prinse.^e)

p. 178. *[13.]* Or^f) prions Dieu devoltement
Que veulle de tous malz garder
Ceulx et celles qui bonnement
Veullent la cite de Metz amer,
Et leur dont vivre teillement
Qu'en paradis puissent aller.

[14.] Amen de part Dieu tout poissant
Et de tous Sains c'on doit clamer.^g)

---

a) *D* prie.   b) *So D, M* ceulx.   c) *So D, M* desrobent.   d) *So D, M* Puissent.   e) *D* prille.
f) *D om.* Or—clamer.   g) *M* 3/4 + 2 *S. frei.*

Or, Dieu veuille que personne ne fasse
Jamais rien qui lui déplaise
Ni à aucun de son entourage.

65 Amen dites, je vous en prie,
Par tel accord que jamais nulle prise
Ne puisse être faite sous les murs de Metz.
Je supplie qu'à tous les Saints on adresse cette prière :
Qui voudra piller ou rançonner Metz,
Puisse-t-il choir en étreinte de mort.

70 Or, prions Dieu dévotement
De vouloir bien garder de tout mal
Ceux et celles qui de bonne amour
Veulent aimer la cité de Metz,
Et de les faire vivre ici-bas en telle manière
Qu'ils puissent aller en Paradis.

71 Ainsi soit-il! par Dieu tout puissant
Par tous les Saints qu'on doit honorer.

XXXIII.

p. 181. Et yci apres ensuant trouveres la devision qui avint en Metz apres la paix faite de la guerre des IIII seigneurs devant dis et de ciaulx de Metz pour sur ce penre avis que c'este de fin de guerre.

Item il avint apres la dite guerre qu'il convint [avoir]ᵃ) biaulcopt d'argent tant pour les frais qu'ons avoit fait en la dite guerre comme pour paier les soldoieurs, plux de vııᶜ, c'ons en avoit heu parmey la dite guerre comme d'autres despens qu'il convenoit paier, c'on avoit fait en soustenant la dite guerre, qu'il covint trouver grant finence d'ergent. Et fist on taille pour trouver argent que furent tres mal prinse en greif, si comme on feroit encor aujourdhui qui en feroit. Et veult on dire que par celle guerre y ot bien ıɪᶜ hommes de lignaiges qui en furent presque destruis des grossez perdez qu'ilz souffront tant en feus bouteis comme en autre maniere sens les autrez gros et griefz dompmaiges que chascun avoit souffert en droit lui. Et quant lesdites tailles furent gitteez et ordonneez, ciaulx qui avoient plux perdus que les autres prinxent a braire mervilleusement en yaulx complaindans, coment qu'ilz estoient destruis et avoient perdus le leurs en la dite guerre, et que aprez ce que on les taillet tres durement et plux que ciaulx qui n'avoient riens perdus, et qu'il debvoit bien souffire de la perde qu'ilz avoient fait sens yaulx plux a demander, et que ciaulx qui n'avient mie granment perdus et qui estient drusᵇ) et plantenous debvoit on demander argent, non mie a yaulx. Et s'en esmeut telt debat entre lesdis bourgoix et gouverneurs les ungs contre les aultres, que la commune que se sentoit ausi bien foullee comme les autrez, se boutait auvec les braixais par telt maniere que la comune s'eslevait et chassont fuers partie des bourgois; et partie s'en allont fuiant au muelz qu'ilz porent. Et encomenssont a gouverner le comun auvec partie des braixais, dont il en y ot des bairetez, pourtant qu'ilz cuidoient estre sirez. Mais ilz faillont; car quant le comung olt le pied *p. 182.* en | l'estrier, ilz volxent estre segnours et gouverneurs auvec partie des braixais, non mie tuis. Et si ot partie des braxais que furent puis appellez des porte en mauxon, pourtant qu'ilz avoient aidies et coure et fouragiez les maxons de cialx qui estoient defoeurs et deschat. Et de yaulx estoit l'ung de lour droy principal capitainne Jacomin Boilawe l'amant qui mennoit devant Cens Mamyns.¹) Et s'en y ot ung

---

a) *Zusatz von Pr. Praillon* trouveir. b) *Von späterer H. übergeschr.* riches.

1) *Saint Maximin, in der Metzer Aussprache Mamin.*

des Xellefas qui ot la teste couppee devant la Grande Esglise et enmuriez, et fuit pour lez gros injure et villomnie qu'il disoit de la comune et de leur amis. Et voxent abaitre la maxon du peire sgr. Jaique Groingnat devant St. Ferrus,[1]) et l'eussent tueis, s'ilz l'euxent peu tenir. Mais il fuit quachies et s'en alloit coiement envoie au plux secreitement qu'il pout. Et veult on dire qu'il y ot encor pixe, dont je m'en pase et lequeil s'appelloit Morequin. Et pour celle cause veult on dire qu'ilz chaingont le nom des Morequins et prinxent le nom des Groignas. Et lesquelx se fixent tres grosse guerre les ungz contre les autres; c'est assavoir ciaulx qui estoient de defuer qui estoient deschas de Metz et de leur amis d'une part et de ciaulx qui estoient de la comune et de ciaulx qui estoient demeurez auvec yaulx deden Metz d'autre part, et tenoient grossez warnissons ciaulx qui estoient fuers de Metz au lieu de Verey[2]) et autre part, et yaulx faisoient grant guerre a ciaulx de Metz uxans et rentrans de la dite Verey et autre part et avoient grant confort des sgrs. voixins de autour de Metz.

Et avint que ciaulx de Metz prinxent et ruont jus ung de lingnaige de defoeurs, et le quaichont lez soldoieurs bien III jours, tant que la chaleur fuit passee; car se ciaulx de dedens l'euxent tenus de venue ou de chalt en chaul,[a]) ilz l'eussent fait morir. Si avint dedens lez VIII jours ensuiant que ciaulx de defuers qui se tenoient a Verey ruont jus le fil de ung des gouverneurs de Metz; et tantost qu'ilz le tenont a Verey, ilz le menont tout hal sur la tour de Verey et l'enfermont tout hault sus la dite tour, et li mixent devant lui une chaudiere d'iawe | et III fouralz d'avoine et li dirent: «Ton peire et ciaulx de Metz tiennent ung de nos amis pris a Metz et ne le povons ravoir, et pourtant nous t'enclorons yci et te jurons que jamax n'averez autre vivre nez que tu vois, se raverons nostre ami, et tu ne veulz salter aval, et ne tient qu'a ty de saillir aval ou don laissier. Mais tu n'averez autre vivre nez que nous te lairons icy en present, et s'il te plait de le laissier savoir a tes amis, il ne tient qu'a ty.» Et incontinant mandait a Metz per dever ces amis. Et tinxent si bien ciaulx de Verey leur poin, qu'ilz fuixent quitte l'un parmey l'autre.

Si avint en la dite guerre plusieurs merveilles dont je m'en pase de le dire, pourtant c'on s'en puet bien entre pourter de en rien dire ne parleir.

Et sy ot une maniere et une quantitey de gent de lingnaige qui

---

a) *Pr.* chault en chalt.
1) *St. Ferroy, Kirche in Metz in der Nähe von St. Segolena.*
2) *Vry im Kanton Vigy.*

aidont a coure et a fouraigier auvec la comune les maxons de ciaulx qui s'en estoient alleis fuiant fuer de la ville pour la doubte de leur corps, et pourtant qu'ilz ne volloient mie estre contre les nobles, auvec le comung, et lesquelx on appelloit les porte en maxon. Et durait celle guere...^a)

Item quant le comung vit et sentit la dur guerre que ciaulx de defieurs leur faisoient auvec leur sgrs., servans et aidans par le confort et ayde que leur sgrs. leur fasoient, ilz sentont qu'ilz ne la pouroient mie bien ne longuement tenir ne souffrir et s'avisont qu'il vaulloit trop muex qu'ils s'apaixaissent contre ciaulx qui s'en estoient alleis defuers, que ce qu'il leur convenist penre seigneurs et gouverneurs et qu'il lez avoient encor plux chier a seigneurs et a gouverneurs que nus autrez. Car ilz sentoient bien qu'ilz ne le poient dureir s'ilz ne prenoient ung seigneur pour yaulx aidier et conforter, et que s'ilz prenoient seigneur, ce seroient lez premiers qui s'en repentiroient. Et se laisson traittier et apaisier les ung contre lez autrez, si comme la lettre que faite en est de la dite paix que vous trouveres yci ung pou apres ensuant.¹) Et fuit la dite paix faite par telt que chascun debvoit ravoir ces offices et tout ce que ilz pouroient trouver du leur que ne seroit mie esteit vendus pour la ville ne venus on proffit de la ville.

p. 184. Si avint que ung pou apres la dite paix et que ciaulx de defuers furent tuis revenus en Metz, il y ot ung dez dessus dis des dis porte en maixon qui estoit de lingnaige, sommenut a ung digney plusieurs de ces parans et amis qui estoient revenus en Metz. Lequeil avoit ung tres bel bueffat de vaixelle. Et quant ciaulx qui estoient somenus au digner, vinxent lean et ilz virent ledit buffat si bien parey de vaixelle, ilz prinrent a dire: «Qu'est cecy? Ceste homme de seant n'avoit mie teille vaixelle quant nous en allames. Dont li vient ce, se ce n'est du nostre? Se nous faisiens bien, nous le penriens. Et orent accord qu'ilz digneroient, ainsois qu'ilz entrepreixent riens et que aprez digney ilz penroient tout. Et quant ilz orent disney, il en y ot ung qui dit: «Biaul hoste, quant nous partimes de Metz, vous n'avies mie teille vaixelle, com vous aves maintenant. Dont vous vient elle, se ce n'est du nostre? Mauvay sal guernemant, tu nous ais aidiez a deschacier. Veulz tu avoir le nostre par teil maniere? Se nous faissienz bien, nous t'ociriens. Veulz tu dire que cecy ne soit mie mien? Je le penray malgreif tes dens et l'empourterai; et se lasse veoir, se tu en ouzerais

---

a) *Hiernach freier Raum.*
1) *Kap. XXXIV.*

faire semblant.» Et les autrez de main en main prinrent semblablement en dixant, que tout estoit lors, tant qu'ilz orent tout prins en disant qu'ilz averoient encor du sien et qu'il n'en eschapoit mie encor ainsi. Le queil dis des porte en maxon fuit si hontous dou tempz passez, qu'il ne n'ousait onque parler, et fuit encor bien liez, quant il pout estre bien d'iaulx et c'on ne li faissit chier du tempz passey.

Item en la dite guerre olt une tres grosse besoigne on Hault Chamin[1]) au moullin a vant, et la nome on encor aujourd'hui la besoigne du moullin a van. En laqueille ciaulx de Metz olrent tres grossez perdrez, maix ilz retinxent la plase. Et ad celle besoigne fuit pourteis l'olifant[2]) de Metz par le princier de Metz que le doit pourter, qui que princier soit, quant on le veult pourter fuer; et ne le doit on point desploier, se ce n'est a tres grant neccessite. Et y ot de ciaulx de defuers des mors grant | quantiteit, dont il en geist plusieurs a *p. 185.* Viller l'Abaye[3]) qui furent menez et encepvelez, pourtant que on ne les heust osez amener en Metz pour la dite guerre. Et y geixent III des Faulquenelz, tuis III en ung tombel l'un sur l'autre en clostre prez de l'entree du moustier a la droite main.ª)

XXXIIII.

C'est la coppie de la lettre de la paix des bourgois fuers *p. 186.* issus de Mets et des demeurans deden per mil IIIᶜ et XXVII ans.

En[4]) nom du Peire et du Fil et du Saint Esperit. Amen. Sachent tuis que comme guerre et descord ait estes entre les citainz les bourgois de Metz, c'est assavoir entre ciaulx qui sont issus fors d'une part et ceulx qui sont demeurez deden d'autre part, commune[b]) paix et bon escord en est entr'eulx fait pour tous jour maix en la formme et en la maniere que ci apres s'ensuit. Toutes nouvelletes qui sont faictes la guerre durant dont la ville n'ait usei anciennement que touchent le comung estat de la ville, doient estre nulles, saulf ce que on ont pris de bien des bourgois que fuers issirent. La cite se gouvernerait et justicerait par le maistre escheving et par les eschevings et par les Tresez et per lez contes, chascun de son office, ensi comme

---

a) ⁴/₅ *Seite frei.* b) *Hist. de M. Bonne; M. coment.*

¹) *Der Haut Chemin ist die alte, auf der Höhe entlang laufende Strasse von Metz nach Busendorf.*

²) *Auriflamma, oriflamme, das Metzer Banner.*

³) *Villers-Bettnach.*

⁴) *Gedr. Hist. de M. IV p. 41 nach Paul Ferry, Observ. sécul.; die Vorlage Ferrys war wohl das Original. Praillon (Huguenin) 67.*

ilz ont fait anciennement sens autre justice atraire avant, se ce n'estoit par les bonnes genz des paraigez et du comung. Li amans doient revenir en leur estat et doient revenir li esplois en leurs arches, ensi comme ilz estoient, quant ilz partont de la ville. Chascune parroche averait sa baniere [de] ^a) teille enseigne comme elle ait heut anciennement sens autres banierez et senz autrez enseignez atraire avant. Les conteis revenront en la main de ceulx qui lez donnoient, par ainsi que cilz des parrochez ^b) esleiront chescun an en chescune parroche eulx IIII des plux souffisant, et cil qui la conteit debverait donner, la doit donner a ung de ceulx IIII et a autre non; et cil ad cui il la donrait, il la doit pourter. Les cleifz des pourtes et des postis revenront en la garde des bonnes gens des paraigez et dou comung, ensi come ellez y ont esteit anciennement. Li mestiers se gouverneront par leur maistrez de ce que a leur mestier appartient, chascun maistre son mestier ensi comme ilz ont fait anciennement, saulve la haute justice, les heritaigez et les debtes. Nus ne doit mettre nombre de gens ensemble, se ce n'estoit par semonce de pairaige et de comung pour conseil a avoir, ensi comme on ont fait anciennement. Et ne doit nus faire aliance deden la ville les ung contre les autrez ne penre nullui pour gouverneur ne pour chavetain, se ce n'estoit | par la justice et par les paraiges et par le commung et par leur accordz. On doit maintenant faire le maistre escheving on paraige de Saint Martin, et ne doient estre de vallour jugemens qui soient estez dis par maistre escheving de la journee qui fuit tenue a Saint Clement, par telt que Collignon et Willemin li II filz sgr. Thiebault de Heu doient pourter l'eschevingnaige Auburtin Lohier et l'eschevingnaige sgr. Poince Chameure que furent. Se cilz qui dedens demeuront avoient nelluis bannis ne forsjugiez ne mis nullez poinez sus cils qui fors sont issus pour la guerre, il ne vault et doit estre nus, saulz ce que cilz qui seroient tailliez par les Tresez et par les contez pour autres meffais que pour la guerre; ilz ne doient mie estre rappelles. Le tempz courus on tempz de la guerre n'est niant grevant aus bans escondis ni encor a tout ce, dont li eschevins sont emplait. Chascun revenrait a son heritaige, a sa wagiere et a ces debtes ensi comme devant la guerre. Tous dampmaigez fais, soit a champz soit a la ville, pour le fait et pour l'occoison de la guerre, sont tuis quittez d'une part et d'autre et aniantis, saulf ce que se cilz qui dedens demouront avoient niant pris des biens de ceulx qui fuers issont qui ne sont venus en la main de ceulx qui

---

_{a) *Zugefügt nach Hist. de M.* b) *M add.* qui.}

estoient estaublis pour recepvoir les biens des bourgois qui fuers estoient. Li fuers issus n'en pueent rien demander a ceulx qui sont demeurez en la ville, mais la ville lez en puet et doit constraindre de rendre boin compe et dou remettre arrier a la ville par ainsi que se li foeurs issus avoient aucune chose en la ville, fuit en comandixe ou en autrez manierez ou la ville ou cilz de la ville n'aient mis la main, ilz le pueent bien penre et demander. Toutes ces chosez doient tuis cilz qui demeurerent dedens Metz et tuis cilz qui fors en issirent jurer sur Sain, a tenir et a maintenir en bonne foix et leaulement sens malenging a tousjours maix sens venir a l'encontre. Et se on avoit autre serment fait ne mis aliemenz, tout doit estre nulz et de nulles vallours. En tesmoignage de laqueille chose et pour ce que fermme chose soit et estauble, et nous les parties devant dites avons priez et requis tres noble et tres puissant prince Jo., par la graice de Dieu roy de Boheme et de Poullainne et conte de Lucembourg, et Eduart conte de Bair, et noble homme monsgr. Piere de Bair, | seigneur de Piereffort, *p. 188.* qu'ilz meissent leur seelz en cez presentez lettrez. Et avons encor pries et requis hommez honoraublez et discreis les chanonnes et le chappitre de la grant esglise de Metz, le doien et le chapitre de St. Salvour de Metz et le doien et le chappitre de St. Theobold fuer de Metz, qu'ilz meissent ausi lez grans seelz de leur chapitre en ces presentes lettrez. Et pour avoir plux grant seureteit et plux grant foix en toutes les chosez devant dites et en chascune d'ellez si comme dessus sont deviseez, nous li paraiges de Portemuselle, li paraigez de Jeurue, li paraige de St. Martin, li paraigez de Porsaillis, li paraiges d'Oultressaille et nous la comunalteit de la cite de Metz avons mis nos seelz en ces presentez lettrez auvec les autrez seelz desoure nommez. Et nous Jehan par la devant dite graice de Dieu roy de Boheme et de Poullainne et quien de Lucembourg, et Eduart quien de Bair, et je Piere de Bair sgr. de Pierefort desoure nommez, et nous li chanoines et le chappitre de la Grant Esglise de Metz, le doiein et le chappitre de St. Salvour, le doien et le chappitre de St. Thiebault a la priere et requeste des devant dites parties avons mis nos seelz en ces presentes lettrez auvec les autres seelz devant dis en tesmoignaige de verite. Lesquellez furent faites l'an de graice Nostre Seigneur mil trois cens et vingt sept le sabmedi apres feste de la *1325 Juni 29.* nativiteit St. Jehan Baptiste. a)

---

a) 1/2 + 2 S. frei.

XXXV.

Coment le dit roy Jehan de Bahaigne donnait damme Bonne[1]) l'une de ces II filles en mariaige au roy Jehan de France,[2]) fil du roy Philippe; et lequeil roy Jehan de France fuit prins en Yngleterre[3]) par m. III^c et LVI et y moruit.[4]) Lequeil roy Jehan de France que moruit en Yngleterre estoit fil du roi Pheleppe de France que fuit desconfit par le roy Eduart d'Ingleterre a la grant besoigne de Cressis que se fist par mil III^c et XLVI le sabmedi aprez la St. Burthemeu.

En laqueille besoingne le dit roy Jehan de Boheme y fuit mors et se combatit tout aveugle en l'ayde dudit roy Phelipe. S'an y ot biaus copz des mors et des prins, maix le dit roy Phelipe ne fuit mie prins et eschapait.

Et en laqueille besoingne sgr. Jehan Drowin chevalier l'anney, citain de Metz y fuit pris et mors, et si fuit encor mors le duc de Loraine, le conte d'Allansson, le conte de Flandre, le conte de Blois, le conte de Hercourt, le conte d'Aussoire,[5]) le conte de Saulme[6]) et XII^c chevaliers et XVI^c homez, et fuit le nombre des mors nombrez a XXVIII^c parsonnes.

Et des prisonniers je n'en sa le nombre maix.

Lequeil roy Jehan de Bahaigne fuit ramenes mors a Lucembourg et y est encepvelit[7]), pourtant qu'il en estoit seigneur.[a])

Item en l'an mil III^c et XLVI s'en allait le dit roy Jehan de Bahaigne en l'ayde du roy Pheleppe de France pour trouver aucun bon traitier entre lez Ynglois et Fransois pour le temp que le roy Eduart d'Jngleterre estoit descendus en France et gaistoit tout le pays.

Et le roy Phelipe de France avoit fait son mandement si grant et si puissant que les Ynglois le doubtoient tres fort, que ilz heussent voullentier traitier et bailliez grosse somme d'argent et fondes chappelles pour les dampmaigez qu'ilz avoient fait en France, mais les Fransois

---

a) ½ S. frei.
1) *Gutta.*
2) *Im Jahre 1332; Johann war noch Kronprinz.*
3) *1356 Sept. 19 Schlacht bei Maupertuis. Johann II. wird gefangen und nach England geführt.*
4) *Im Jahre 1364.*
5) *Bei Froissart:* Auxerre.
6) *Salm.*
7) *In der Abtei Münster; 1543 kamen die Überreste in die Benediktinerabtei, 1618 nach Neumünster, 1744 in die Obhut eines Bäckers, von da an den Fabrikanten Boch in Mettlach, wo sie Friedrich Wilhelm IV fand und in einem Mausoleum in der Clause zu Castell beisetzen ließ.*

ne le vorent point penre a mercy pourtant qu'ils les cuidoient avoir d'avantaige. Et pour ce que le dit roy Jehan ne consilloit point la bataille aus Francois, aucuns des Francois li reprouvont, que s'il avoit doubte, qu'il s'en faisit remener et que c'estoit la coustume des Allemens de envif batillier. Adont respondit le dit roy Jehan, que graice a Dieu il n'avoit mie paour de batillier et qu'ils s'oseroit bien faire mener si avant comme les autrez ouserient regarder, nonobstant qu'il fuist aveugle. Et tant avant se fist il mener en la bataille qu'il y demeurait et y moruit, lui et plusieurs autrez. Lequeil roy Jehan geist et fuit amenez et encepvelit a Luczembourg.ᵃ⁾

Et le sabmedy¹⁾ apres la St. Burthemeus par ᴍ ɪɪɪᶜ et xʟᴠɪ fuit celle bataille et celle des confiture. La fuit occis le roy Jehan de Bahaigne, le duc de Loherainne, le conte d'Allanson, le conte de Flandre, le conte de Blois, le conte de Hercourt, le conte d'Aussoire, le conte de Saulme et xɪɪᶜ chivalliers. Et fuit la mortalitez nombree a xxᴠɪɪɪᶜ hommez. *1346 p. 193. August 26.*

Quant le roy Phelipe partit dou champt, il allait [a]ᵇ⁾ Amiens et cuidait ces homez rasembler pour aller a bataille contre roy Eduart. Maix ce povoit estre; car de plusieurs parties s'en ralloient Francois en leur contreez et en leur lieus. Dont s'en ralloit le roy Philippe a Parix et le roy Eduart fist cerchier le chamt de la bataille et fist plusieurs princes enterrer et mettre enseignez, par coy ilz fuissent cogneus de leur hommes et empourtes en leur contrees.

En celui tempz mandait le roy Pheippe a Jehan son fil le fait de la desconfiture et estoit au ciege encor devant Aguillon²⁾ a moult grant pueple et mandait que tantost sens deslai il laissaist le ciege et veinst a lui, et il le fist. Puis y ot plusieurs autrez chosez faites dont je m'en pase pour cause de briefteit.ᶜ⁾

Item en l'an mil ɪɪɪᶜ et ʟ fuit mors le dit roy Phelippe de France, peire du roy Jehan, que moruit en Yngleterre.ᵈ⁾

Yci ne parlerons plux des rois de France, mais nous en pourons bien parler ci aprez. *p. 194.*

XXXVI.

Maix rencomencerons a parler des emperreurs et des rois de Bahaigne et de Hunguerie.

Item du dit empereur Hanrey uxit le boin roy Jehan de Baheigne et dudit roy Jehan uxit l'empereur Charle. Ainsi sont entrais les rois

---
a) ⅛ S. frei. b) M om. a. c) *Raum für ca. 4 Zeilen.* d) ⅛ S. frei.
1) *Et — XXVIIIᶜ hommez ist schon weiter oben, S. 300, mitgeteilt.*
2) *Aiguillon, Lot-et-Garonne.*

de Bahaigne, les rois de Hunguerie, les ducz de Gorliche, les merquis de Brandebourg et de Merrauble, les borgraivez de Noiremberg, les roys de France, lez ducz de Bourgoigne, d'Orlienz, de Berry, de Borbonne, de Bair et encor plusieurs autrez grans seigneurs qui en sont uxis, dont je me pase de les nommer pour cause de briefteit. Se durait la lignie dudit empereur Hanry de maisle en maisle jusques a l'empereur Symond roy de Hunguerie, second fil dudit empereour Charle. Lequeil moruit sens hoirs maislez fors c'une fille qu'il laissait que fuit femme du principal duc d'Ousteriche et de Vienne en Ousteriche.

1437 Dez. 9.
1438 März 18.
:|: Lequel emperrour Symon morut en desembre per ᴍ cccc et xxxvii et on quairaine enxuan a leus de Franquefor fut ellut por roy dez Romain le duc Abel d'Oteriche son ganre.[b]) :|:

XXXVII.

p. 197.
Ci apres parlerons, coment Charle roy de Bahaigne, fil du roy Jehan de Bahaigne, fuit eslieu pour empereur, et de ces advantures.[c])

1346 Nov. 26.
Karle[1]) IIIIᵉ, fil du roy Jehan de Bahaigne, fuit esliéut en Rainse l'an mil ɪɪɪᶜ xʟvɪ le xɪᵉ jour de jullet, et le diemenge apres Ste. Katherine fut coronnei a Bunne; et apres fist guerre contre Lowy de Bawiere et marchion son fil qui deschassait de la terre de Carinthie Lowy de Bawiere et son fil. Et aprez li fist grant guerre en son payx.

1347 Sept. 14.
Et en l'an mil ɪɪɪᶜ xʟvɪɪ le jour de l'Exultacion Ste. Croix devant vandenge fuirent engelleez lez vignez, dont grant chiereteit de vin s'en suit. Et en l'an mil ɪɪɪᶜ ʟxxvɪ fist coronner son fil Wainchelat roy des Romains a Aise, car il se doubtoit du duc d'Angois, fil du roy de France, qui se voulloit traire avant pour coronner.[2])

Et en l'an mil ɪɪɪᶜ ʟxxvɪɪ allait de St. Mor a Parix, et li fist le roy grant honnour. Lequeil roy de France estoit fil de sa suer et li fist grant dont.[a])

Et en l'an mil ɪɪɪᶜ et ʟɪɪɪ[3]) fuist le dit roy en Metz et fist Wainchelat son frere duc de Lucembourg[4]) et de Braibain et le conte Roubert de Bair merquis du Pont.[5])

---

b) ¹/₈ + 2 S. frei.   c) Raum für 11 Zeilen.   a) Raum für ca. 8 Zeilen.
1) *Der ganze Abschnitt ist eine Wiederholung von Kap. XIII.*
2) *S. die Bemerkung über diese Kandidatur weiter oben S. 63.*
3) *Nach Metzer Rechnung. Er hielt am 13. März 1354 seinen Einzug.*
4) *Am 13. März. Böhmer-Huber, Reg. nr. 1307.*
5) *Am selben Tage. Böhmer-Huber, Reg. Reg. nr. 1308.*

Item la maniere et coment le dit Wainchelat duc de Lucembourg vint a la duchief de Braibain, ce fuit pourtant qu'il n'y avoit mis hoirs maisle for c'une damme,¹) et voulloit dire l'empereur Charle que la baronnie et seigneurie lui estoit escheute par deffault de | hoir maisle, de quoy guerre s'en debvoit amuevre. Et fuit advisez et apointiet pour traittier que le dit Wainchelat frere dudit empereur Charle averoit la damme a femme. Et ainsy demeuroit le pays en paix.

Item quant le dit duc Wainchelat vint on seignouraige du duchief de Lucembourg et il trouvait la devision qui estoit on payx et coment qu'il convenoit waitier les bonnez villes et fourteressez par doubte c'on ne lez desrobeit par nuit, il ordonnait et comandait c'on ne mettit plux nulles gaittes sus nus murs en ce pays et qu'il vairoit le herdit qui ouzeroit entreprendre de gaingnier place neutemment, et fist crier en son payx sus la hart que nus ne dampmageit l'autre sens jugement. Et tint son pays si en paix, tant comme il visquit que nus n'ousoit dampmagier d'une geline on dit payx et disoit on que la duchie de Lucembourg estoit fermee d'un fil de soie.

Le queil moruit sens hoirs de son corps,²) dont ce fuit grant dampmaige.ᵃ)

Et en celle annee³) fuit le dit roy Charle emperour de Romme et fut aprez en Metz.

Item puis que le dit emperour Charle ot fait marquis du Pont le dit Roubert de Bair,⁴) il olt a femme Marie fille du roy de France;⁵) lequeil le fist duc de Bair en espousant la dite dame,⁶) pourtant que

---

a) *4 Zeilen frei.*

1) *Johanna, die Tochter Johanns III. von Brabant, der am 5. Dez. 1355 gestorben war. Die Hochzeit fand im März 1352 statt. Publ. de l'institut de Luxembourg XXIV 1.*

2) *Im Jahre 1383.*

3) *En celle annee bezieht sich auf den Anfang des vorhergehenden Abschnitts:* quant le dit Wainchelat vint on seignouraige du duchief de Luxembourg. *Freilich ist auch dann die Angabe noch nicht ganz richtig, da Wenzel 1354 Herzog von Luxemburg wurde, Karl aber erst 1355 in Rom und 1356 in Metz war.*

4) *Urk. vom 13. März 1354, gedr. bei Calmet II 619. Böhmer-Huber, Reg. nr. 1808.*

5) *Johann II.*

6) *Vgl. darüber Calmet, Hist. de Lorr. ed. I, t. II 538. Nur von einer Verlobung Herzog Roberts und Maria könnte die Rede sein, nicht von der Verheiratung, die erst am 4. Juni 1364 stattfand, nachdem König Johann schon am 8. April gestorben war. Karl IV. nennt Robert in der Urkunde vom 13. März 1354 noch comes. S. die Untersuchungen über das erste Auftreten des Herzogstitels bei Calmet l. c.p. 540 ff.*

Bair geist par de la Muese, car Muese departe l'empeire et le reaume de France en partie.^a)¹)

En l'an mil iii^c lvi tint le dit empereur Charle son siege imperial on Champ as Saille²) a Metz et la y fist pluxours ducs, marquis³) et barons. Et on dit Champ as Saille fuit tournez le buef en i hatiet, et on dit buef avoit ung porc, et on dit porc i chastron, on dit chastron une oie, en l'oie une geline et en la geline ung oeufz.^b)

p. 200. Ci apres sont et doient estre les princes, seigneurs et barons que furent en Metz auvec l'empereur, quant il tint son siege imperial on Champ as Saille et qu'il chantait l'ewangile la nuit de Noiel en la Grant Esglise de Metz, et veult on dire qu'il y ot xxxii^c esperons⁴) doreis sens les autres seigneurs d'esglise et escuiers.

Premier le dit emperreour Charle, fil du boin roy Jehan de Bahaigne, fil de l'empereur Hanrey, quien de Luczembourg, que conquestait le reaume de Bahaigne, de Poulenne et autrez seignouries, si comme cez coroniques le dient.

Item le boin cardinault de Pieregot,⁵) confesseur dudit empereour; lequeil ne volt mie souffrir que le dit empereour Charle souffrist a faire nulle trayson en Metz.⁶)

Ci apres sus la [vi]⁷) fuelle trouverez par quel maniere c'on volt guaingnier et trayr la ville, quant le dit empereur fuit en Metz per mil iii^c et lvi.

Item Charle le Daulfin duc de Normandie, anney fil du roy Jehan de France, lequeil roy Jehan de France estoit prins en Yngleterre.⁸) Et estoit le dit Delphin son fil regent du reaume pour le temps. Lequeil Delfin olt et avoit petite obeysance, et li fuit la plux grant partie du

---

a) *7 Zeilen frei.*
b) *1 S. frei.*

1) *Barrois mouvant, links der Maß, dependierte seit 1301 von Frankreich, Barrois non mouvant, rechts des Flusses, wurde vom Kaiser als Lehn vergeben.*

2) *Der alte Marktplatz von Metz an der Stelle der heutigen Coislinkaserne.*

3) *Markgraf Wilhelm von Jülich wird zum Herzog erhoben. Die Ernennung eines marquis bezieht sich wohl auf den Reichstag von 1354, wo Robert v. Bar zum Marquis von Pont-à-Mousson ernannt wurde.*

4) *Goldene Sporen als Abzeichen des Ritters.*

5) Talleyrand de Périgord.

6) *Bezieht sich auf den weiter unten berichteten Vorfall mit den Metzgern.*

7) *p. 211.*

8) *Johann II war 1356 Sept. 19 in der Schlacht bei Maupertuis gefangen.*

reaulme de France rebelle pour le roy de Navaire[1]) que voulloit estre roy de France.

Et en vint le dit Delphin Charle en Metz pour penre consoil audit empereour Charle, son oncle.

Lequeil Delfin fuit puis roy de France tout em paix, combien qu'il olt moult a souffrir, ainsoy qu'il olt son obeissance.

Le duc d'Orliein, l'abbey de Cligney,[2]) li archevesque de Maiance,[3]) *p. 201.* li archevesque de Trieve,[4]) li archevesque de Couloigne,[5]) le roy de Bahaigne,[6]) le duc de Bawiere,[7]) le merquis de Brandebourg,[8]) le duc de Sansoigne,[9]) li avesque de Liege,[10]) li evesque de Metz,[11]) li evesque de Strabourg,[12]) li evesque de Verdun,[13]) li evesque de Toult,[14]) li evesque de Murtelusse,[15]) chancelier de l'empereour, li evesque de Lubise[16]) du pays le marquis de Brandebourg, le marquis de Misse,[17]) le marquis de Juleis[18]) et duc de Faucommon,[19]) le duc de Braibain,[20]) le duc de Bair,[21]) le duc de Vauquenbair,[22]) le duc Conrard de Poulainne,[23]) le duc de Tassien,[a])[24]) le conte de Medebourg,[25]) maistre de l'ostel

---

a) *Vorlage Cassien.*

[1]) *König Karl I. von Navarra war vom Könige v. Frankreich gefangen. Karls Bruder Philipp kündigte dem Könige den Lehnseid und schloß sich König Eduard von England an.*

[2]) *Abt Androin von Cluny.*

[3]) *Gerlach v. Nassau.*

[4]) *Bohemund II. v. Saarbrücken.*

[5]) *Wilhelm v. Gennep.*

[6]) *König von Böhmen war Karl IV. selbst.*

[7]) *Ruprecht v. d. Pfalz, der die bairische Kurstimme führte.*

[8]) *Ludwig der Römer v. Brandenburg.*

[9]) *Rudolf v. Sachsen.*

[10]) *Engelbert, Graf v. d. Mark, Bischof v. Lüttich.*

[11]) *Ademar v. Monthil.*

[12]) *Johann von Straszburg.*

[13]) *Hugo III., Graf v. Bar, B. v. Verdun.*

[14]) *Bertram de la Tour.*

[15]) *Kanzler ist seit 1355 Bischof Johann von Leitomischl.*

[16]) *Heinrich von Lebus.*

[17]) *Friedrich von Meissen.*

[18]) *Wilhelm von Jülich.*

[19]) *Faulquemont = Falkenberg. Der Markgraf (Herzog) v. Jülich war Herr von Falkenberg a. d. Maas.*

[20]) *Wenzel von Luxemburg.*

[21]) *Robert von Bar.*

[22]) *Herzog Bolko von Falkenberg (Schlesien).*

[23]) *Nicht zu bestimmen.*

[24]) *Przchemysl von Teschen.*

[25]) *Burggraf Burchard von Magdeburg.*

20

l'empereour, II contes de Raides,¹) II contes de Sewarsebourg,²) le duc de Maclenbourg,³) le sire d'Ainhaule,⁴) | le conte de Nausouwe,⁵) le sire de Hannowe⁶) et conte, II conte de Linenge,⁷) le conte de Veldenctz,⁸) le conte de Spanehain,⁹) le conte de Carsenabowe,¹⁰) le conte de Dou Pont,¹¹) le conte de Salwern,¹²) le conte de Saulme,¹³) le conte de Granprey,¹⁴) l'abbey de Volle,¹⁵) l'abbey de Prume,¹⁶) le borgraive de Noremberg,¹⁷) le conte Walerant de Spanehain, le conte de Wernbour,¹⁸) le conte de Monbeliart,¹⁹) le conte de Sarbruche,²⁰) le conte de Valdezmons,²¹) le conte Jehan de Nausowe,²²) le sire de la Garde, senechal de Berkaire,²³) le conte de Viainne,²⁴) le sire de Roucine,²⁵) le duc de Bretaigne,²⁶) le conte d'Anio et de Poitiet,²⁷) li

---

1) *Johann und Burkard von Retz.*
2) *In Betracht kommen Heinrich IX. v. Schwarzburg-Schwarzburg † 1361, Heinrich XII. von Schwarzburg-Blankenburg † 1373 und dessen Bruder Günther XXV., † 1368.*
3) *Johann von Mecklenburg.*
4) *Albert von Anhalt.*
5) *Adolf von Nassau, Herr v. Idstein und Wiesbaden.*
6) *Wohl Ulrich IV. von Hanau (tritt nicht als Zeuge in Urkunden hervor).*
7) *Friedrich VII. von Leiningen, wohl mit seinem gleichnamigen Sohne.*
8) *Heinrich v. Veldenz.*
9) *Johann von Spanheim.*
10) *Johann v. Katzenellenbogen.*
11) *Walram von Zweibrücken.*
12) *Graf von Saarwerden.*
13) *Johann von Salm.*
14) *Jean de Grandpré.*
15) *Heinrich von Fulda.*
16) *Theoderich von Prüm.*
17) *Albert von Nürnberg.*
18) *Gerhard von Virneburg.*
19) *Graf Heinrich vom Mömpelgard (nicht als Zeuge).*
20) *Johann von Saarbrücken.*
21) *Heinrich von Joinville, Graf von Vaudémont.*
22) *Johann von Nassau-Weilburg.*
23) *Hugues Adhémar, seigneur de la Garde war Seneschall de Beaucaire.*
24) *Vienne? Die Lesart ist zweifelhaft, vielleicht auch Vianden; dann wäre es Heinrich v. Luxemburg.*
25) *Lesart zweifelhaft, Roucine wäre Roucy (Rüttgen) Kr. Diedenhofen. Dann wäre gemeint Johann v. Luxemburg.*
26) *Charles de Chatillon, dit de Blois, duc de Bretagne.*
27) *Graf Johann von Poitiers, Bruder des Dauphins. Dieser war aber nicht Graf von Anjou; das war der ältere Bruder Ludwig.*

arschevesque de Rouwain,¹) chancelier le Delphin, le sire de Liney,²) le conte de Lucistain,³) le conte de Granscey,⁴) | les ıı enffens le conte de Pieregot,⁵) vı archevesque que vinxent avec le cardinault de Pieregot,⁶)⁷) le conte d'Estampes,ᵃ)⁷) le chambrelain de Tanquervelle,⁸) le conte de Saulme⁹) en Ardenne, le sire Adam de Moullin,¹⁰) ɪɪɪ frerez.ᵇ) *p. 203.*

Cy apres sont les despens et les presens c'on fist au dit empereour Charle, quant il fuit en Mets. *p. 204.*

Delivres aus septz que sont prins pour faire la proveance de l'empereour et sont escripz on pappie dez tresez. xɪɪɪɪᶜ librez.

Item ont les dis vɪɪ delivrei aus sgrs. de Meizenbourg et au clerc l'empereour que vinxent a Metz au moix de Paisque par le Conseil et la Justice pour le present c'on leur fist. vɪɪɪ librez et x solz.

Item pour les torches de cire c'on pourtont ardans devant l'emperreour et l'emperreresse a la venue qu'ilz firent a Metz auᶜ) octavez de la St. Martin¹¹) l'an mil ɪɪɪᶜ et ʟᴠɪ. ɪɪᶜ librez. *1356 November 18.*

Item ont delivreis aus septz que sont prins en la ville pour faire lez proveancez et vivres que la ville fist pour l'empereour a sa venue, c'est assavoir seigneur Thiebalt de Meltrix, Collignon Drowin, Ferriat Boucquin, sgr. Piere Noirel, Jehan de Champel, sgr. Willamme de Heus et Jehan Gemel, delivrez par la femme Waltrin de St. Polcourt. ɪɪᶜ librez.

Somme xvɪɪɪᶜ vɪɪɪ librez et x solz.ᵈ)

---

a) *So nach Prailton. M. de Campes.* b) *⁵/₄ S. frei.* c) *Hiernach gestrichen* moix de Paisque. d) *1 S. frei.*

1) *Pierre de la Forêt, Erzbischof von Rouen.*
2) *Waleran von Luxemburg, Herr von Ligny-en-Barrois oder sein Sohn Jean (gest. 1364).*
3) *Lützelstein?*
4) *Eudes de Grancey, zweiter Gemahl der Beatrix v. Bourbon, Witwe Johanns v. Böhmen-Luxemburg.*
5) *Périgord.*
6) *Taleyrand de Périgord.*
7) *Louis II, comte d'Etampes.*
8) *Jean II, vicomte de Melun, comte de Tancarville, grand chambellan de France, chambellan de Normandie.*
9) *Heinrich, Graf v. Salm.*
10) *Adam de Melun. Der Graf von Tancarville hatte einen Sohn, namens Adam, der 1362 starb.*
11) *November 18; tatsächlich hielt der Kaiser schon am 17. seinen Einzug. Böhmer-Huber, Reg. nr. 2519 a.*

XXXVIII.

p. 206. En l'an mil mᶜ Lxɪɪɪɪ¹) en allait le dit empereur Charle en Avignon deles le pappe Urbains VIᶜ.ᵃ)

Et en l'an mil mᶜ Lxɪx²) revint pappe Urbain en Avignon et la moruit.ᵇ)

p. 207. En l'an mil mᶜ Lxvɪɪɪ s'en allait le dit empereur Charle a Rome et li vint le pappe en l'encontre a toute sa clergie. Et y fuit corronney.ᶜ)³).

Le dit empereour Charle fuit maldit du pappe, pourtant qu'il ne li tint mie ce qu'il li avoit promis, quant il le receut a Romme pour donner le deadelme du St. Empeire. Et par celle maldison il fuit maingie de goute et de vermine. Et estoit toz jours vestus de drapz de camelin de la colleur des pulz ad fin c'on ne s'en apperceust mie. Et avient ces secreis servans certainnez plumes pour abaitre le vermine de dessus le dit empereour, quant ilz s'en apperceivent, fust a la tauble ou autre part.

Car le dit empereour olt grant finance dudit pappe, pourtant qu'il le debvoit aidier a vangier de plusieurs de ces anemis et mal vaillant que guerre li faisoient. Et quant il olt la dite finance resuite dudit pappe, il pensait qu'il vaulloit muex qu'il s'aidaist des dites finance en lui retournant par desa que de faire guerre on pays du dit pappe, et s'en revint sens autrement reconforter le dit pappe for que de belles parollez. Et pourtant le demaldit le dit pappe et li fist et donnait teille maldisons, qui fuit mangiez de vermine et en moruit.ᵈ)ᵉ)

XXXVIIII.

p. 209. Et l'an mil ɪɪɪɪᶜ Lxxɪɪ li empereur Charle fist par force delivrer son frere Wainchelat, duc de Luczembourg et de Braibain, de la prison le duc de Jullit.

Le dit Wainchelat, duc de Luczembourg et de Braibain, se combaitit puissance contre puissance et fuit pris et desconfis par le dit duc de Jullit.⁵) De quoy il fuit remonstrei a l'empereour Charle son

---
a) ½ S. frei. b) Desgleichen. c) 4 Zeilen frei. d) ½ + 1 S. frei.
1) *Vielmehr 1365 Mai und Juni.*
2) *Nicht 1369, sondern 1370.*
3) *Nicht Karl, sondern seine Gemahlin Elisabeth. Böhmer-Huber, Reg. 4700b.*
4) *Karl starb an einem schleichenden Fieber.*
5) *Wilhelm v. Jülich schlägt Wenzel und nimmt ihn gefangen in der Schlacht bei Baesweiler 22 Aug. 1371. S. darüber Ernsing, Wilhelm III von Jülich.*

frere que s'il ne le ravoit par force d'arme que ce seroit grant honte a lui.[1]) Et incontinant fist ces mandemenz par toutes terrez et en approichant le Rin qu'il faisoit, il fuit advisez que le duc de Jullit estoit asses reconfortei de ce que povoit advenir. Et quant le dit emperour en fuit advisei, il fist querrir au plux secreitement qu'il pout et par la meilleur maniere, que on povoit querrir la delivrance de son frere[2]) en faisant tous jours ces mandemans a force d'airme. Et fuit apointiet que le dit duc de Jullit debvoit amener le dit duc de Braibain publiquement[3]) en la presence de l'emperour en disant: « Mon tres redoubtei seigneur, il est vrai que votre frere et my avons heu debas ensemblez et summes venus ensemble, puissance contre puissance, lez ungs contre les autrez et m'ait fait Dieu la graice qu'il m'ait donnei victoire contre li. Et pourtant que je entent qu'il vous desplait, je le vous clamme quitte, et vous prie que je demeure en vostre graice et en vostre amour ». Et quant lez chosez furent dittes et faites on baillont au duc de Jeullit L^m florins au plux secreitement c'on pot.[4]) Et pourtant que les chosez ne pueent estre secreite, quant elles furent en aucune maniere seue, on en donnont blaisme au dit emperour; de quoy le dit empereur leur respondit: « Taisiez vous, folz; se la guerre fuist allee avant, je husse plux despendus en perdre de chevalx et de cloz de cheval qu'il ne me couste, et m'eust voullu tenir ma chivallerie du piet sor la gorge et en dongier, et m'eust bien peu faillir au besoing et pourtant il vat bien ainsi et vault muelx bien que trop bien, car on se doit mettre on dongier de sa chivallerie au plux tart c'on puet ».

Et se le dit duc n'eust heu acord au dit empereur, il estoit tout prouveu de mener le dit duc de Braibain en Yngleterre. Et li debvoit on seignier recept pour detenir le dit duc de Braibain, frere dudit emperreour.[a])

---

a) *1 S. frei.*

[1]) *Besonders suchte ihn Johanna, die Gemahlin Wenzels, aufzustacheln.*

[2]) *Der Kardinalpriester Johann vermittelt eine Einigung, nach welcher der Herzog ohne jedes Lösegeld freigegeben wird; dafür wird das Herzogtum Geldern als erledigtes Reichslehen an den ältesten Sohn des Herzogs von Jülich übertragen. Bereits Anfang April hatte sich der Kaiser mit dem Herzog geeinigt.*

[3]) *Der Herzog erschien mit seinem Gefangenen vor dem Kaiser in Aachen am 21. Mai 1372.*

[4]) *Davon ist sonst nichts bekannt.*

XL.

Item il avint quant le dit empereur Charle fuit en Metz par M III^c et LVI qu'il y ot certains bouchiers et autrez¹) que firent tant qu'ilz parlont audit empereur secreitement, et li remonstront, coment s'il voulloit estre seigneur de Metz et guaingnier la ville. Et quant le dit empereur olt oyt par queil maniere, il leur donnait journee de respondre. Et incontinant s'allait confesser au boin cardenal de Pierregot. Et quant le dit cardinalt ouyt la confession dudit empereur, il li chargait en penitence qu'il le reveleit ou il appartenoit. El le dit empereur y mettoit difficulte de le reveler, et le dit cardinal li dit qu'il vauloit mues, que VI ou VII ou VIII parsones moruissent per exemple, que une teille noble cite fuist perdue et ung empereur parjus et deshonnorei. Et incontinent le dit empereur mandait querrir lez comissairez de la ville et leur dist: « Biaus seigneurs, faites que vous aies vos sergens furnis armeis et boin luminaire prez de cy, au plux secreitement que vous poures, adfin que quant il serait temp des mettre en oevre, qu'ilz soient prestz ». Et ainsi se fist il. Et quant se fuit fait, lesdis comissairez de Metz revinxent deles le dit empereur. Et tantost le dit empereur les quachait darier ung lit de pairement encourtinez et mandait les traytrez. Et tantost que lesdis traytrez vinxent devant lui, il leur dist: « Biaus seigneurs, vous aves parler a moy secreitement, soul a soul, en vous complaindans et en moy remonstrant, coment vous me feries guaingnier la ville, se je voulloie; et pourtant je vous ai mandeis par loisir au plux secreitement que j'ai peu, pour parler de ceste matiere et vous en remercie, tant come je puis; et vous prie que vous me veullies adviser par queil maniere que la chose se puet faire ». Et ilz li respondont: « Monsigneur, vous aves noble compaignie en ceste ville et si estez fort et puissant en la ville, nous adans, advisez que nos seigneurs de la ville vont tous les soirs en la compaignie; et seroit boin que nous heussiens quantite de gent abilliez secreitement pour mener devant lesdites compaignies a houre de souppey, et que chascun de nous heust ung nombre de gent auvec lui et chascun de nous saveroit oul il debveroit aller. Et quant nous vanriens a houre de souppey devant lez ditez com-

---

¹) *Praillon p. 99 f. nennt die Leute* parens et alliés de Huguignon le bouchier et de ung sien frere et de Collin de Bossange. *Huguignon war wegen eines Aufstandes 1347 hingerichtet worden, (vgl. Huguenin S. 83) 1348 Collin de Bossange, der aus demselben Grunde auf 16 oder 20 Jahre verbannt und wieder in der Stadt erschienen war.*

pagniez, nous crieriens: «Au feu»; et tantost ilz isserient hors pour savoir que c'est. | Et a fait qu'ilz isserient hors, nous les tueriens, et quant nous averiens fait, nous en iriens par leur hostelz et tueriens femmes et enffens. Et en ce faisant il faulroit que vous heussiez de vos genz par les rues pour le crit que se feroit, que se le pueple se vouloit [mesler],ᵃ) adfait qu'ilz ixeroient de leur hostelz, c'on lez tuet. Et par ceste maniere seroit ce tantost fait». Adont leur respondit le dit empereur: «Vous aves tres bien dit, mais il nous faulroit adviser journee de le faire». Et incontinent fuit la journee advisee de le faire. Et quant la journee fuit ordonnee du faire, il leur demandait leur noms et coment ilz avoient a nom; et quant ilz s'orent nommeiz, le dit emperour leur dist qu'ilz tenissent la chose secreite, et ilz respondirent qu'ansi ferient ilz, et qu'il n'averoit point de deffault en yaulx; et prinxent congiez et s'en allont. Et quant ilz en furent allez, le dit empereur mandait et huchait lez comissairez de Metz qui estoient quechiez daicr le lit, et leur dist: «Biaus seigneurs, vous aves ouys que c'est, je vous prie que vous en faites gracieusement, tant comme je serai cy». De quoy les comissairez de Metz li respondirent qu'ilz en ferient si gracieusement qu'il s'en tenroit asses pour comptant, et prinrent congiez et se despartirent dudit empereur. Et tantost qu'ilz furent partis hors de l'ostel de l'empereur, qui estoit logiez en la court l'evesque qui est son hostel, car les evesques de Metz la tiennent en fiedz des emperours, ilz s'en allont en leur pallais et prinssent tantost leur sergens et grant luminaire et en allont a houre de sept heure en la nuit par lez hostelz des dis traytrez et les prinxent et emprisonnont et amenont on paullaix et lez detinxent em prison, tant comme l'empereur fuit cy. Et quant le dit empereur se partit de Metz, il s'en allait per le Pont des Mors; et en allant qu'il faisoit, on enmenoit les traytrez aprez lui pour morir. Et ne pooit mie estre le dit empereur plux long qu'a St. Eloy¹) devant Metz, c'on noyoit les dis traytrez aus Pontz des Mors. Et par celle maniere furent gardez lesdis traytrez et n'en fuit plux.

Pues avint que l'an mil iiiᶜ et v que la comune de Metz rebellait contre la bourgerie. De quoy il y ot ıı bouchiez, l'un appelles Stevenin Belbouchiez, et l'autre Jehan.²) Lesquelz ıı estoient des principalz capitainnez de la dite rebellion³) et menoient grant cris en

---
a) *Ergänzt nach Praillon 160.*
1) *Abtei St. Eloi nördlich vor der Stadt.*
2) *Bei Praillon Groß-Jean.*
3) *Schilderung dieses Aufstandes bei Praillon-Huguenin S. 131.*

disant qu'ilz voulloient vengier la mort de leur oncles Uguignon le bouchier et d'autrez que les bourgois avoient fait morir, quant le dit empereur fuit en Metz; et en firent si bien leur debvoir que sgr. Nicolle Groignat en moruit.¹) Et environ ung moix ensuant par l'ayde de Dieu regaingnont les bourgoix la ville contre le commun²) et firent noier lez u dessus dis et plusieurs aultres.ª) ³)

XLI.

p. 215.   Item le dit roy Charle s'avisait, coment qu'il pouroit faire que son anney fil Wainchelat puist estre eslieut pour roy des Romains et empereur aprez son decept. Il fist tant et porchassait tant per dever les septz esleixours du Saint Empeire qui li orent couvent et promis qui aprez son decept ilz eslirient son ausney fil Wainchelin pour empereour parmey plusieurs dons que le dit empereour leur fist tant en moinoie come en wagiere, de bonnes villez et de passaigez qu'il leur mist en waige⁴) et y sont encor aujourd'hui. Et quant on veult faire election du Saint Empeire, lesdis esleiseurs ne s'i consenterient jamaix, s'ilz ne sont conformez de leur dites wagierez. Et par ceste maniere lez tanront ilz, tant que ung puissant empereur venrait qui leur osterait, mais ce serait asses tairt. Et quant le dit empereur olt fait son traitier par dever les esliseurs comme dessus, il s'en allait a St. Mors de Foussos.⁵) ᵇ)

Et la cause pourcoy le dit empereur le fist, c'estoit pourtant qu'il se doubtoit du duc d'Angois devant dit et ausi pourtant qu'il li sembloit bien que son dit fil ne seroit jamaix souffixant de venir au St. Empeire pour le petit entendement qu'il avoit.ᶜ)

p. 216.   En l'an mil iiiᶜ Lxxv⁶) fuit eslieut pour roy des Romains le dit Wainchelin.ᵈ)

En l'an mil iiiᶜ Lxxvi fist coronner le dit empereur Charle le dit Wainchelin son fil pour roy d'Allemaigne a Ais a la Chappelle pour

---

a) ²/₃ + 1. S. frei. b) ½ S. frei. c) 6 Z. frei. d) ½ S. frei.

1) *Sie beschuldigten ihn des Verrats und Groignat wurde infolgedessen 1405 hingerichtet.*

2) *20. Mai 1406. Vgl. die Urk. v. 1409 Dec. 15. Hist. de M. IV 662.*

3) *Die Chron. de S. Thiéb. sagt, es sei nur einer hingerichtet worden, Namens Ruxey. Calmet II, CXCI.*

4) *Vgl. Böhmer-Huber, Einleitung XXX.*

5) *St. Maure-des-Fossés bei Paris. Über diese Reise ist schon oben wiederholt berichtet; vgl. S. 63, 302.*

6) *Am 10 Juni 1376.*

la doubte de Lowy duc d'Angois fil du roy Jehan de France et frere du roy Charle de France V^e. a) 1)

XLII.

L'an mil iii^c lxxvii allait Charle l'empereur a St. Mors des Fousses en pellerinaige, et a Parix 2) li fist le roy de France, fil de sa suer, grant honnour et furent fais dons a lui de bien lx millez francz et de plus. Et ne savoit parsonne pourquoi il y alloit for que en pellerinaige de St. Mort. Le dit roy de France donnait le dit empereur a digner tres grandement et de tant de pairez de met que ce fuit merveille, dont le paillaige rotis estoit rotis et quant on deservoit, on raluoit tout.

Puez donnait le dit empereur a digner le dit roy de France de ii pairez de met, c'est assavoir le premier une grant piece de bœuf et ung chappont boillis au navel et une joutte au baucon. Le second met chappons et pourcillons rostis sen sause et gellee. Le tier met lachefrites, poierez et neuxes.

Et tout quant que on ostoit desor tauble tant de vin comme de viande on n'en raluoit riens, mais tout gittez on pot a l'ausmonne et tout donnei pour Dieu aprez dignei. Se fuit plux prisier que le disney du roy pourtant c'on ne raluoit rien. Et disoit le dit empereur qu'il donnoit grossement a disner selong la coustume d'Allemaigne, combien que le disney de Fransoys estoit trop pluz coustangeauble.

Et au despartir qu'ilz firent l'un de l'autre, le dit empereur demandait ung don audit roy de France que li volxit promettre qu'il n'entreprenroit riens ne ne soufferoit de riens laissier entreprenre contre son fil Wainchelat de venir a l'empeire aprez son decept. Lequeil roy li ottriait et le tint. Et se fut la cause pourquoy le dit empereur s'en allait a St. Mor de Parix. Et depuis on envoiont le dit roy et son consceil le duc Lowy d'Angois pour conquester le reaume de Naple pour lui estre en perdiction. b) 3)

XLIII.

L'an c) mil iii^c lxxviii vint la devision en l'esglise de ii pappes, l'un a Romme l'autre en Avignon et durait jusques pappe Alexandre, ung cordelier, que fuit fait pape a Pise a ung Saint Consille qui estoit

---

a) 1/2 S. frei. b) 1/4 S. frei. c) L'an — XXXI ans *von gleicher Hand, aber mit anderer Tinte.*
1) *Vgl.* S. *312 Anm. 5.*
2) *Am 4. Januar 1378 kommt er nach Paris.*
3) *S. die Anm. 2, S. 314.*

assembleis audit lieu de Pise per m iii^c et viii. Ainsy durait la dite devision xxxi ans.

·|: Et morut le dis emperour Chaille per mil ccc lxxviii :|: a)¹)

XLIII.

Et environ l'an mil iii^c et iiii^{xx} fuit envoiet le dit duc d'Angois²) on reaume d'Airleblan³) et on reaume de Naiple pour conquester et la demeurait en moult tres grant poureteit.

Le duc Lowis duc d'Angois fil du roy Jehan de France et frere du roy Charle Ve de France lequeil estoit ung tyrant et volt entreprendre de gaingnier Metz et disoit, que se le soloil y entroit, qu'il y entreroit et voulloit entreprendre d'estre empereur⁴) et pour celle cause fuit le dit emperour Charle a Parix.

Item le dit duc d'Angois enherbait le roy de France son frere et ne pot estre le dit roy garis que per ung xaul, et ne volt point souffrir c'on le faisit morir, mais li pardonnait, et volt avoir le xal sur le dors de la droite main, en signifiance que quant il maingeroit et buveroit que son frere veist les œuvrez qu'il avoit fait, adfin qu'il en heust contriction a la mort.⁵)

Et pourtant que ledit duc d'Angois estoit ung tirant et plain de tyrannie et qu'il ne tiroit qu'a conquester, il fuit advisei par le consoil des reaulz c'on l'envoieroit en exil on reaume de Naiple. Et li chargont on flour de gent d'airmes, dont ce fuit pitiet et finance a vollenteit. Et en allait si avant on dit pays qu'il ne pout retourner; car quant il fuit lieu avant, il ne pot retourner, pourtant qu'il n'avoit mis nulle garde sus le retourner. Et la moruit en tel poureteit que la vigille de Noiel et le plux feauble qu'il avoit n'orent c'un œuf pour tout le jour. Et n'en revint parsonne que par le val de Brube.^b)

---

a) ³/₄ S. frei. b) ¹/₃ S. frei.

1) *1378 November 29.*

2) *Ludwig von Anjou, König Johanns Sohn, der von Johanna von Sicilien an Kindesstatt angenommen war. Nach deren Tode (1382 Mai 22) zieht Ludwig gegen Karl v. Durazzo, der sich des Königreichs bemächtigt hat, stirbt aber schon 1384.*

3) *Das Königreich von Arles (Burgund), in der Literatur des Mittelalters stets Arles-le-Blanc genannt.*

4) *Vgl. Ist schon wiederholt erzählt. S. oben. S. 63, 302, 312, 313.*

5) *Diese angebliche Vergiftung wird sonst dem Könige von Navarra Schuld gegeben.*

XLV.

Coment le hault maistre de Prusse,¹) que pour le temp estoit, et le roy Sidregal²) roy de Laitue en Sarasinem, lequel roy s'appelloit le boin roy Sidrega, et le dit empereur Charle avoient la renommee d'estre les III plus saiges princez du monde. Et nom obstant qu'ilz se faisoient ades guerre l'un l'autre, le dit roy de Laitue et le dit halt maistre, s'estoient il bien souvent [accordes] ensemble par esxurement et s'alloient veoir l'un l'autre en leur payx et se faisoient tres bonne chiere l'un l'autre tant comme ilz estoient en sorsceance.

Et disoit le dit empereur que sgr. Poince de Vy, citain de Metz, amant et escheving³), estoit le plux saige hom et le plux saige bourgoy de bonne ville que fuit en toute son empeire.ᵃ)

Item or avint que quant le dit empereur revint de Parix, il estoit per advanture une foix sus le Rin et en neggant qu'il faisoit au loing du Rin, il se fist tirier a rive. Et en issant qu'il faisoit fuer de la ney pour penre rive, il prist a dire en soupirant: «Or, ne sa je aujourdhui, en coy je me doie fier; car j'ai fait perjurs trestuis mes esliseurs du St. Empeire par convoitise; car je lez aix trenglez tant par wagierz de bonnes villes et de paissaiges comme de monnoie». Et son feauble⁴) li demandait, pourquoy et coment. Et le dit empereur li respondit: «J'ay tant fait que les VII eslixeurs esliront mon fil aprez mon decept et je sai bien qu'il n'est mie digne de l'estre par nonsens et qu'il ne vauroit jamaix riens. Et pourtant sont ilz mauvais, faulz et perjus de le moy avoir promis et moy meysme vaul encor pix que aulz, pourtant que je les aix fait perjurer.»

Et apres la mort dudit empereur Charle fuit eslieut son fil le

---

a) *5 Zeilen frei.*

¹) *Winrich von Knieprode oder Conrad von Jungingen?*

²) *Das kann nur der Großfürst Switrigal Boleslaw v. Littauen sein, der seit 1392 in der littauischen Geschichte eine Rolle spielt. Die Nachrichten über ihn befinden sich in großer Verwirrung. Caro, Geschichte Polens III p. 189 ff. In der Zeit Karls IV. kommt der Name Sidrigal von Littauen nicht vor.*

³) *Poince de Vy ist als Gesandter der Stadt im Jahre 1356 beim Kaiser. Karl IV. nennt ihn in einem Schreiben an die Stadt* nostre amé et feal conseillier. *Hist. de M. IV p. 149 (mit falscher Datierung). Huber, Reg. 2414. Poince ist Maitre échevin 1342 und Amant von S. Vy. Hannonecelles, Metz ancien II 262.*

⁴) *Es scheint also Poince de Vy gewesen zu sein, an den der Kaiser seine Worte gerichtet haben soll.*

roy Wainchelat de Bahaigne pour estre empereour; de quoy il n'en avint mie grant bien.

p. 221.   Coment le dit empereur Charle estoit eschair et coment il achitait la marque de Brandebourg et la donnait a son second fil de sa dairienne femme, Symon, que puis fuit roy de Hunguerie et empereur. Et le duc Wainchelat son frere qui estoit duc de Luczembourg et de Braibain estoit lairge et despendoit tout en joste et en tornoix, en dances et en faitier dammez et damoiselles. Si avint une foix que ung escuier venoit de Braibain en Bahaigne delez le dit emperour; se li demandait que faisoit son frere et il li respondit qu'il faisoit tres bien, et qu'il avoit tres bien jottey a Burxelle et .qu'il avoit guaingnie le prix d'airme. De quoy li emperere li respondit qu'il avoit muex jostez que son frere, car il avoit jostey le merqui de Brandebourg fuer de sa selle, c'estoit a dire qu'il acroissoit, pourtant qu'il avoit achiteit la merquisetey de Brandebourg et l'avoit donney a Symont son secondt fil. Se li sembloit que c'estoit muez josster d'acqueire que de despendre, si comme faisoit son frere en jouste et tournoix.

Et lequel Symon fuit puiez roy de Hunguerie et puis fuit empereur et moruit par ᴍ ɪɪɪɪᶜ et :|: xxxᴠɪɪ on moix de descembre :|:

Et quant il fuit roy des Romains il donnait la dite marque de Brandebourg au borgraive de Noiremberg.ᵃ⁾

XLVI.

p. 225.   Ci apres doit estre partie des enseignemens de la dessendue dudit empereur Charle :|: lequel ot ɪɪɪɪ femme, se me dit maidamme de Bawierre :|:ᵇ⁾ ¹⁾

Dudit empereour Charle et de sa premier femme²⁾ :|: fille don duc de Briee en Hongueriee³⁾ :|: uxit Wainchelat son ainsnei fil; lequeil fuit fait roy de Bahagne par ᴍ ɪɪɪᶜ ʟxɪɪ⁴⁾. Et li donnait son peire l'empereur Charle a son visquant le dit reaume pour venir au St. Empeire aprez son decept. Et lequel roy Wainchelat fuit esleut pour roy des Romains en l'an mil ɪɪɪᶜ ʟxxᴠ⁵⁾ et moruit par ᴍ ɪɪɪɪᶜ et xx⁶⁾

---

a) ¹/₂ u. 3 S. frei.   b) c. 10 Zeilen frei.

1) *Elisabeth von Görlitz.*
2) *Vielmehr der dritten Frau.*
3) *Anna, Tochter Heinrichs von Schweidnitz (Brieg); sie war in Ungarn erzogen.*
4) *1363 Mai 15.*
5) *1376 Juni 10.*
6) *1419 August 16.*

sens laissier hoir de son corps et dont vous orez parler de sa vie ci aprez.

Le dit empereour Charle olt une fille que fuit femme d'un bourgrave de Noiremberg¹) et n'ot une fille; maix je ne sai, c'elle fuit de la premiere femme ou de la dairienne femme dudit empereour Charle.²) :|: Layquelle fille fuis femme d'un sgr. de Voirtamber³) don elle n'ot nul enfan et morut san hoir de son cor. :|:

Ci apres vous parlerons des ıı filz que le dit empereour Charle ot de sa dairainne femme, c'est assavoir du roy Symon de Hunguerie que fuit empereour et du duc Jehan de Gorliche le plux jonne dez ıı.⁴) Duquel duc Jehan nous vous parlerons premier, pourtant qu'il moruit jonne, et aprez vous pairlerons dudit roy Symon de Hunguerie que puez fuit empereour; lequel vesquit plux de LXXV⁵) ans et moruit par M IIIᶜ et :|: XXXVIII on moix de desembre. :|:

:|: Maydame ᵃ) de Balbierre⁶) me dit, anperrour Chaille ot IIII femme, don l'une fut fille d'un duc de Briee en Hongueriee,⁷) don le roy Vainchelat de Boeme uxit qui ot une fille de Balbierre⁸), lesquel moron san hoir de lor cor. Et ai son temp aycomanson lez Boeme et autrey en lor airrourre contre *nostre* foy.

Et l'une dez femme don dis anperrour Chaille fut fille d'ung duc de Staitingue⁹) ver lay mairque de Brandebourch; s'au uxit le roy Symon de Hongueriee *que* fut enperrour.

Et le duc Jehan de Gorliche¹⁰) en Boeme qui ot ai femme . . . . . ᵇ)¹¹) S'an uxit une fille qui ot non Ysaibel¹²) *que* fut femme de Antone, duc

---

a) *Der nachfolgende Passus von Hand B auf eingeklebtem kleinen Blatte.* b) *Lücke in der Handschrift.*

1) *Margarethe, geb. 1373, verheiratet mit Johann III., Burggrafen v. Nürnberg.*
2) *Von der letzten Frau, Elisabeth von Pommern.*
3) *Elisabeth, eine Tochter Johanns, Burggrafen von Nürnberg, also eine Enkelin Karls, heiratet Eberhard d. Milden von Wirtemberg. Aus der Ehe sind zwei Kinder entsprossen.*
4) *Karl hatte von Elisabeth noch einen dritten Sohn, Karl, der aber nur ein Jahr alt wurde.*
5) *Sigismund war noch nicht 70 Jahre alt.*
6) *Elisabeth von Görlitz; s. Einleitung.*
7) *Anna, Tochter des Herzogs Heinrich von Jauer. Briee ist Brieg; Anna war in Ungarn erzogen worden.*
8) *In erster Ehe Johanna, Tochter Albrechts von Baiern-Straubing, in zweiter Sofie, Tochter Johanns v. Baiern.*
9) *Stettin. Es ist gemeint Elisabeth, Tochter des Bogislav von Pommern.*
10) *Görlitz.*
11) *Margarethe von Östreich.*
12) *Elisabeth von Görlitz.*

de Brayban et de Jehan duc de Balbierre et moron tuis III san hoir¹) de lor cor. Et por ansy faillit lay dexanduee don dis duc Jehan de Gorliche.

Et ot ancor le dis enperrour Chaille II femme, de coie je ne say, s'il an ot nul anfan; don l'une fut fille d'un sgr. de Mielan²) et l'atre femme fut de Franse.³)

Et por ansy ot le dis enperrour Chaille IIII femme.

Le dis enperrour Chaille ot une fille que fut femme d'un borqueraive de Noiraubel,⁴) maix je ne say de laquelle femme qu'elle fut.

Et ne say, se le dis enperrour ot plus de fille que celle devan dite. :|:

XLVII.

En l'an mil mᶜ mɪɪˣˣ et ɪɪɪɪ fuit le dit roy Wainchelat en Mets et y fuit resus comme roy des Romains.

Se li fist la ville de presant tant en vaixelle comme en autre proveance xvɪɪɪɪᶜ livrez.

Item au chancelier pour le seel de la conformacion des franchisez de Metz c florins.

Item aus herralz, menestrez et mesaigiers et autrez maisnieez LVI florins.

Et le dit roy donnait aus sergens des Tresez xx florins.

Et au despartir de Metz s'en rallait par Lucembourg et de Lucembourg en Bahaigne.

Etᵃ) aprez ceste article trouverez l'ensignement des lettrez qu'il donnait a ciaulx de Metz pour leur franchise, et aprez la lettre que ciaulx de Metz li donnont en recognissant qu'ilz le tenoient pour roy des Romains.⁵)

Et en celle annee fuit gaingniee Hombourg⁶) sus sgr. Hanrey Baiere et sus sgr. Coinrard Baiere son frere,⁷) qui la tenoient en gage

---

a) Et — Romains *ist nachträglich von Hand A hier eingetragen.*

1) *Ein Sohn des Anton von Brabant war im frühesten Alter gestorben.*
2) *Das ist unrichtig. Die zweite Frau ist Anna, Tochter des Pfalzgrafen Rudolph. Sie hat einen Sohn Wenzel gehabt, der zweijährig starb.*
3) *Margarethe von Valois, seine erste Frau. Von ihr sind zwei Töchter Margarethe und Katharina und ein Sohn Johann, der sehr jung gestorben ist.*
4) *Margarethe, Tochter der Elisabeth von Pommern, vermählt mit Johann III., Burggrafen von Nürnberg.*
5) *S. unten S. 323.*
6) *Homburg bei St. Avold.*
7) *Über die Baier v. Boppard vgl. Prost, Albestroff (Siège d'une Chatellenie*

de leur oncle l'evesque de Metz Thiedrich Baier de Bopert[1]) que fut,[2]) et fuit prinse par St. Piere de Lucembourg, fil d'un conte de St. Pol et de Liney, lequeil estoit nouvellement devenus evesque de Metz, et fuit guaingnie par sgr. Wallerant de Lucembourg, conte de St. Pol et de Liney en Baroy, frere dudit evesque de Metz, que fuit puis appellez St. Piere de Lucembourg, que geist encepvelit en Avignon.[3]) Et fuit prinse et guaingnie principalment sus sgr. Hanrey Baiere pour lez menus bien qu'il faisoit ixant et rentrant de la dite Hombourg.

Et depuis la mort dudit St. Pierre fuit sgr. Raul de Couscy[4]) evesque de Metz; lequel puez fuit evesque de Noion;[5]) auquel le dit sgr. Hanrey Baiere fist guerre pour la prinse de ladite Homburg,[6]) de quoy il en avint qu'environ VIII ou VIIII ans aprez la dite Hombourg prinse et ainsi gaingniee le dit sgr. Hanrey Baiere uxant et rentrant d'Abe[7]) en Allemaigne, laquelle tenoit pour le tempz audit sgr. Hanrey Baiere et a sgr. Conrrad Baiere son frere. Et pour la dite guerre que le dit sgr. Hanrey Baiere faisoit audit evesque uxant et rentrant de la dite Abe, de laqueille guerre sgr. Conrart Baiere ne se melloit, le dit evesque si mist warnison au lieu d'Allebestorf contre la dite Abe. Si avint que ung jour le dist evesque fist renfourcier sa warnison de la dite Allebestorf et fist coure devant la dite Abe. Et d'avanture le dit sgr. Coinrart Baiere y estoit venus le soir devant; lequel avoit la meite en la dite Abe. Maix quant il se vit dampmager, il fist requerrir c'on li rendit le sien. De quoy on n'en volt riens faire et tantost le dit sgr. Coinrart mandait le conte Symon de Sarwerden | que li *p. 227.* amenait domisoul Symon, fil du Waucaire de Biche[8]) et conte de II Pontz[9]), que li vinxent en ayde et domisoul Symon, fil de sgr.

---

de l'évêché de Metz, 72 ff.). Prost nimmt an, daß Heinrich und Conrad Großneffen des Bischofs waren.

1) Für 6000 Gulden. Publ. Lux. XXV 31.

2) Bischof Dietrich war 1384 am 15. Jan. gestorben.

3) Er starb in Avignon am 2. Juli 1387. Sein Grab ist in Villeneuve d'Avignon (Mitteilung Bonnardots).

4) 1387—1415.

5) Im Jahre 1415 wird Raoul durch Johann XXIII auf dem Konzil zu Konstanz nach Noyon transferiert.

6) Vgl. darüber Hist. de M. II 601 u. vor allem Prost l. c.

7) Saaralben. Wenzel hatte Conrad und Heinrich Baier v. Boppard 300 fl. auf die Hälfte v. Alben, das er als Pfand von Johann v. Salm hatte, angewiesen. Urk. v. 1386 Apr. 29. Publ. Lux. XXV 31.

8) Wecker von Bitsch.

9) Zweibrücken.

Jehan conte de Saulmen,[1]) lequeil estoit a Putlenge[2]) que li vint en ayde. Et quant le dit sgr. Coinrart sentit le servixe et l'ayde qu'il avoit, il dis a son frere: « J'ay ceste buffe de part vous; se Dieu plaist, nous averonz bonne advanture ». Et encomensont a chastier per accort et en chassant qu'ilz faisoient tout bellement et leur anemis vinxent prez de leur logies, ilz s'en comensont a traire prez de leur logiez pour le chault et s'acomensont a despoillier et baingnier pour yaulx a refreschir. Entrant qu'ilz se baingnoient, lour arriergarde fuit aprochie de si prez qui ruont piet a terre d'une part et d'autre et se combatont trez freixement et furent desconfitz[a]) les eveschaulx et perdont bien L homez d'airmez, dont la flour du Blammondois y fuit prinse. Car tous les picquais et archiez que le dit evesque avoit amenez de Picardie, s'en allont fuiant; de quoy lez II frerez en orent bien leur dampmaigez par une paix que s'en fist. De laqueille pax le dit sgr. Coinrart ne volt rienz penre en wage, for c'une somme d'argent que se paiait par certains termes a lui, et ne volt point quitter ces prisonniers for que tenir a plesge et tenir hostaige tant qu'il fuit bien paiez. Et ainsi fuit il paiez paisiblement de son escort.[3]) Et le pourquoy le dit sgr. Coinrart ne volt riens penre en waige, il disoit que s'il prenoit aucune place en waige que le sgr. li pouroit roster, quant boin li sembleroit et poroit encor perde du sien auvec, et pourtant il voulloit estre quitte de telle doubte. Maix le dit sgr. Hanrey Baiere ne volt mie faire ainsi et prinst en waige la dite Allebestorff pour sa part de la somme d'argent qu'il dehust avoir de ces prisonniers. Et quant il fuit en pocession de la dite place, il rencomensont a mener sa vie comme de devant et prenoit assez legierement de l'autrui et acomensait a faire guerre a l'evesque de Strabourg et a autrez. De quoy il en fuit devant la dite Abbe et n'y fist riens; maix le dit evesque de Strabourg et le dit evesque de Metz et le duc de Lorrenne s'accordont ensemble et missent siege devant la dite Allebestorff[4]) et n'en partont tant

---

a) *M desconfilz.*

1) *Salm.*

2) *Püttlingen war Johann von Salm durch seine Frau Marguerite de Blamont zugebracht. Vgl. Prost, Albestroff p. 80.*

3) *Darauf bezieht sich wohl folgendes Regest, das Prost l. c. nach der handschriftl. Geschichte von Metz des Benoit Picard gibt:* 1358 premier dimanche de carème (7. *März 1389*) accord conclu à Vic entre Raoul de Coucy et les Bayer, par lequel ces derniers désistent de toutes leurs prétentions moyennant 2000 fr. que l'évêque leur paiera pour tous frais et indemnité.

4) *Friedrich, Bischof von Straßburg, Karl, Herzog von Lothringen und Raoul v. Coucy verbünden sich 1391 December 29 zur gemeinsamen Eroberung von Albesdorf. Dumont, dipl. t. II, pars I 232. Reg. bei Prost l. c. p. 92 nr. XX.*

qu'ilz l'orent prinse et gaingnie par^a) :|: lay monne :|: et fuit rendue et gaingnie le jour d'une Paisque.¹) Aprez s'en rallait le dit sgr. Hanrey Baiere a Meizenbourch²) on duchief de Lucemborg sus l'eritaige de sa femme et menoit sa guerre au muez qu'il povoit³) et puis moruit environ l'an mil iii^c iiii^{xx} et xiiii et la s'apaisait et finait la dite guerre. Lequeil moruit senz hoir de son corpz.

Si avint que on tempz pendent que la dite Hombourg fuit gaingniee, le dit sgr. Coinrart Baiere estoit en Bahaigne pour le tempz par dever le dit roy, et quant il revint par desa et il trouvait que leur place estoit prinse et perdue par le deffault dudit sgr. Hanrey son frere, il li despleut dou gouvernement de son frere et des dampmaigez qu'il en souffroit, et pour celle cause et pour autrez n'estoient mie ledis ii frerez tres bien ensemble et ne parloient mie ensemble pour la diverseteit dudit sgr. Hanrey. Mais le dit sgr. Coinrart estoit tos jours plux saige et plux raisonnauble que le dit sgr. Hanreis, si come il apparuit de leur ii fins. Sy avint que aprez la dite Hombourch ainsi prinse le dit sgr. Hanrey chevachoit et fuit rencontrez assez prez de Boulay⁴) per certains compaignonz d'armez sens recet que le fissent cranter et ne le savoient ou mener. Maix ilz firent tant que sgr. Gueirart de Boullay lez soustint et leur seignait recept. Et quant ledit sgr. Coinrart en fuit enformey, non obstant qu'ilz n'estoient mie bien ensemblez, ilz encomensait a porchassier son frere si acerte comme il pot, et quant il vit qu'il non povoit ravoir et c'on le tenoit assez legierement, il s'en allait en Bahaigne ver le dit roy en lui complaindant de celle advanture et empetrait tant par dever le consoil dudit roy qu'il amenait le dit roy par desa et fuit adont la premier foix qu'il vint a Metz.⁵) Et quant il vint en son chastel de Lucembourg, sgr.

---

a) *Hiernach Raum für einige in der Vorlage offenbar unleserliche Worte. Von Hand B ist nachgetragen* lay monne.

1) *Das muß Ostern 1392 sein, denn 1392 Juni 25 spricht der Bischof davon, daß er Albesdorf nach langer Belagerung wieder zurückgewonnen hat. Prost l. c. p. 93 nr. XXI.*

2) *Meysemburg zwischen Mersch und Fels in Luxemburg. Heinrich war verheiratet mit Margarethe von Meysemburg (begegnet als Schwiegersohn der Dame Jutta von Meysemburg 1377 Febr. 3.) M. Bez. A. Clerf nr. 493. Nennt sich Herr von Meysenburg seit 1387 Oct. 21 ib. nr. 546.*

3) *Nach Prost wurde Heinrich von den Belagernen gefangen genommen und nach Marsal geführt. Jedenfalls lebte Heinrich 1395 October 21 noch. Prost l. c. X. p. 93 Nr. XXVI. Ist aber wohl verstorben vor 1396 December. Prost l. c.*

4) *Bolchen.*

5) *Wenzel war 1384 zum ersten Male in Metz.*

Coinrart Baier fist sa plainte au dit roy sus le dit sgr. de Boulay que li tenoit son dit frere en prison ferme assez legierement et sens cause. S'en fuit mandez le dit sgr. de Boulay; et quant il vint devant le dit roy, il n'y vint point a jeune, maix il vint ver le soir que le dit roy estoit assez legierement clairie. Il li dit pourquoy qu'il tenoit sgr. Hanrey Baier prin et qu'il le voulloit ravoir. Et quant le dit sgr. de Boulay volt faire son excusacion et respondre par devant le dit roy, le dit roy ne le volt onque ouyr et le fist tantost prenre [a]) et mettre au font d'une tour et dist que, s'il ne ravoit tantost le dit sgr. Hanrey tout quitte, qu'il li feroit tranchier la teste et en fuit en tres grant advanture, se lez amis n'eussent heu courrant mandez le dit sgr. Hanrey. Et quant le dit seigneur Hanrey fuit amenez a Lucembourg, lez amis dudit sgr. de Boulay le menont devant le roy. Lequeil roy le volt avoir tout quitte et l'enmenait soupper de coste lui et ne pot on ravoir le dit sgr. de Boulay fuer de prison tant qu'il convint qu'il donnait lettrez, coment que lui ne Boullay ne povoient estre jamais contre la duchie de Lucembourg et que ladite Boulay seroit a tozjours maix rendauble et receptauble audit duchief de Lucembourg aprez le sgr. de Fenestrange de cui quelle muelt ad cause de Faulquemont.[1]) Et quant le dit roy s'en retournait en son pays et que le dit sgr. Hanry estoit quitte par le porchas de son dis frere et c'on li remonstroit le bel servise que son frere li avoit fait, il respondoit qu'il ne l'en savoit greif et refuit tantost mal de lui comme de devant. Et quant on disoit audit sgr. Coinrart qu'il avoit bien emploiez ce qu'il avoit fait, il respondoit: «J'ay fait ce que je debvoie et feroie encor. Se mon freire ne m'en veult savoir greif, se le laisse; se il est mal advisey, une autre foix s'aviserait muez, car s'il ne prent raison en lui, raison le pourait bien penre, plux tost qu'il ne volrait. Et ainsi se fist il, car il prinst petite fin. Et le dit sgr. Coinrart olt tres bonne et tres bonnorauble vie et belle fin. Et fuit fait ceste porchat en l'an mil m^o m$_{11}$^{xx} et nn que le dit roy fuit en Metz.[b])

Yci apres doient estre les coppies dez lettrez de franchisez que le dit roy Wainceslaus conformait a ciaulx de Metz et la lettre que ciaulx de Metz li baillont en cognissant qu'ilz le tenoient pour roy des Romains.

Cy apres est la lettre des franchisez que le roy Wancelat de

---

a) M penre. b) Hiernach ³/₄ + 1 Seite frei.

1) Bolchen war ursprünglich Burglehen von Falkenberg. S. Reichsland Els.-Lothr. unter Bolchen, Grafschaft. Falkenberg wiederum war 1238 an Finstingen gekommen. l. c. unter Falkenberg, Herrschaft.

Bahaigne donnait a ciaulx de Mets quant il fuit a Mets par м ɪɪɪᶜ ɪɪɪɪˣˣ et ɪɪɪɪ.

Et aprez est la lettre comment que ciaulx de Mets recognoissent le dit roy Wancelat de Bahaigne a roy des Romains, lequel ne fuit point emperour. Lesqueilez lettrez debveroient estre cy devant sus la :|: premier :|: fuelle cy devant, maix pourtant qu'elles n'y povoient chavoir, les ont on mis cy apres.

Wainchelat[1]) par la graice de Dieu roy des Romains ades accroissant et roy de Bahaigne a la memoire perpetuelle de la chose. Mehue de juste et raisonnauble cause par cez presentez escriptures roiaulx recognissons publiquement les ansiennes libertez et franchises, desqueilez jusques ad cy la cite de Mets et les citains et les habitans d'icelle cite, feaulx du St. Empeire, du temps passey ont joys avoir estez et estre legitimez et vallables. Sor quoy mehure deliberacion devant heue et de sertaine seance[2]) en parolles de roy tant comme roy des Romains par ces meismes escriptures promettons que la cite, les citains et habitans devans dis sus les libertes et franchises devant dites nulement ne molestrons par nous ne par autres. Maix ad ce donrons ayde et confort que la cite, les citains et habitans d'icelle cite joyront on temps ad venir d'icellez libertes et franchises et que lez libertez et franchises devant dites des ors en avant demouront fermes et estaubles, en jusques ad cy du tempz ce glorieuse recourdacion de tres serain prince et seigneur, seigneur Chairle nostre tres chier pere et des tempz des autrez noz puissans predecesseurs ellez ont demoures. Pour le tesmoignaige de ces presentez lettrez soubz le seel de nostre roial maieste donnees a Mets l'an de Nostre Sgr. mil ɪɪɪᶜ ɪɪɪɪˣˣ et ɪɪɪɪ le xv-ᵉ jour de novembre, de noz reugnes le xxɪɪᵉ ans de Bahaigne et des Romains le ɪxᵉ.

1384 Nov. 15.

Nous[3]) li maistre escheving, li treses jurez de la cite de Mets recognissons par cez presentez et faisons a tous savoir que nous avons tres serain et tres excellent prince et seigneur, sgr. Wancelaut, roy des Romains adez accroissant et roy de Bahaigne, nostre sgr., receu et recogneu pour roy des Rommains et le recognissons et tenons tant comme pour vray roy des Romains et promettons que nous yceluy tenons et tenrons ainsy comme roy des Rommains; et en tempz advenir quant il serait emperrour, nous voulons et debvons a

---

[1]) *Abgedruckt in lateinischer Sprache nach einer Kopie des Originals: Hist. de M. IV 358.*

[2]) *scientia.*

[3]) *Gedruckt nach einer Kopie des lateinischen Originals: Hist. de M. IV 357.*

luy faire ce que faire debvons a emperrour. Et quant, Dieu devant, il sera coronnei pour emperrour par le deauldemme du Sainct Empere que adont voulons et debvons faire a luy tout ce que nous debvons faire a emperror; aussy voulons tenir le devant dit tres serain sgr. Waincelat pour roy des Romains tant comme il visquerait. Maix quant il serait coronnei pour emperor, nous tenrons yceluy pour emperrour tant comme il visquerait et nulz autres, tous mal engins fuer mis.¹) Et s'il advenoit, ce que Dieu ne vuelle aucun adversaire lever pour l'occoison dudit royamme contre le dit roy des Romains, nous ne y assisterons ne consenterons aucunement a yceluy adversaire, la contreversie on debat pendent,²) ne n'aiderons ne ahaulcerons l'adversaire dudit roy Wainceslau, maix pour vray tenrons et averons, si comme dessus le dit Wancelas roy pour vray roy des Romains quelcunques fraudes et baras fuer bouttes. Donnee a Mets soubz nostre grant seel de nostre communite de la cite de Mets, l'an de graice Nostre Sgr. mil III^c III^{xx} et IIII le xv^e jour du moix de novembre.

1384 November 15.

:|: Pues s'en ralloit le dis roy an son roiame de Boeme san luy de plus a arbansier jusques an l'an M CCC IIII^{xx} et XVIII, qui revin on duschief de Lusanbourch; sy con vous an vairey say venuee sus lay IIIe fuelle enxuan :|:ª)³)

XLVIII.

p. 235.

Item per mil III^c III^{xx} et XVIII revint le dit roy Wainchelas de Bahagne roy des Romains sgr. du duchief de Lucembourg on duchie de Lucembourg⁴) et fuit jusques Thionville et volt faire guerre a ciaulx de Metz.⁵) De quoy ciaulx de Metz en furent en grant cous-

---

a) ¹/₄ u. 4 S. frei.
1) Omni malo ingenio expulso.
2) Pendente controversia. 3) S. hierunter XLVIII.
4) *Mai 4 urkundet Wenzel in Luxemburg. Deutsche Reichstagsakten III 75.*
5) *Der Grund der Feindseligkeit lag darin, daß Metz den Kandidaten Wenzels für den Bischofsstuhl, Thilemann Vusz, nicht anerkennen wollte, sondern avinionistisch war. Wenzel selbst hatte 1384 den Thilemann nach Metz gebracht und seine Anerkennung durchsetzen wollen. Chron. de S. Thieb. zu 1384. Nur so erklärt es sich, daß Metz wegen privatrechtlicher Forderungen eines gewissen Fritz Hofmann von Nürnberg in die Reichsacht getan wurde. 19 Nov. 1394. Hist. de M. IV 459. Die Stadt erkannte die Berechtigung der Acht nicht an, weil sie dem römischen König vor der Kaiserkrönung nicht unterstehe; ib. 459. 1399 Mai 23 und 24 erklärt Wenzel die Zwistigkeiten für beigelegt, ib. 497 u. 499, und am 4. Juni wird die Acht aufgehoben; ib. 499. In derselben Angelegenheit auch Schriftstücke vom Dec. 1399; ib. 509 u. 510. Im Jahre 1404 Nov. 26 bestätigt Ruprecht die Aufhebung der Prozesse;*

tangez en retenant a leur gaigez chevaliers et escuiers et autrez gens d'airmes pour yaulx deffendre. Et quant le roy vit que ciaulx de Metz estoient reconfortez contre lui, il s'apaisait tout gracieusement a ciaulx de Metz et en furent faites lettrez que chantent de l'an mil iii^c iii^{xx} et xix.[1]) Et s'en allait en France jusquez a Rains et la parlait il au roy de France.[2]) Et de la se partit et s'en rallait tout gracieusement en son pays. Et vaucist muex qu'il heust demeurez en son payx que de venir par desa, pourtant que on vit le petit gouvernement qui estoit en lui et comment le vin le soprenoit.[3])

Et l'une des principalz querrelles et demandes que le dit roy Waincelat roy de Boeme faisoit a ciaulx de Metz estoit pour plusieurs dampmaigez fais per ciaulx de Metz on duchie de Lucembourg sur le dit payx et sus les adans de sgr. Thielemant Vousz de Batemberg, chanonne de Metz,[4]) que pour le tempz s'appelloit esleut de Metz pour la guerre qu'il faisoit au sgrs. de chapitre et a ciaulx de Metz pour cause doudit chapitre, pourtant que ciaulx de Metz ne se voulloient mie desister ne laissier les sgrs. de chapitre en telt neccessiteit, mais les voulloient conforter jusques a droit, et de fait les confortont tant qu'il s'aparuit et que la chose delle meysme s'apaixait, si come il s'aparuit a la fin. Et c'esmeut celle guerre pour tant que devision estoit pour le tempz en l'esglise de ii pappez, c'est assavoir l'un a Romme, l'autre en Avignon ; laqueille devision encomenssait par m iii^c lxxvii [5]) que durait bien xxxi ans, c'est assavoir jusques l'an xiiii^c et ix que pappe Alixandre fuit esleut par ung Saint Conseille qui estoit asembles a Pise.

Chmel, Reg. imp. nr. 1896. Vgl. auch Deutsche Reichstagsakten V 560. S. unten Kap. LXIIII.

1) *Vom 23. Mai 1399. S. unten p. 328. Gedr. in latein. Sprache nach einem Kartular Hist. de M. IV 497.*

2) *Wenzel ging im März 1398 nach Rheims.*

3) *Wenzel war bereits am ersten Tage der Zusammenkunft völlig betrunken.*

4) *Thielemann Vusz von Bettemburg war der Sohn des Ritters Thilemann V. v. B., Propstes von Diedenhofen. Als Princier der Kathedrale von Metz war er nach dem Tode Theoderichs v. Boppard als Urbanist zum Bischofe von Metz gewählt gegen den Clementisten Peter v. Luxemburg. Wenzel unterstützte ihn und nahm ihn selbst November 1384 mit nach Metz, um die Anerkennung durchzusetzen. Theoderich war 1384 Jan. 15 gestorben. Schon am 23. Januar 1384 verbündet sich Thielemann mit Peter v. Cronenberg und zu der Nuwenburg u. a. und macht ihnen Versprechungen auf Burgen des Metzer Bistums, falls es ihm gelingen sollte, Metzer Bischof zu werden. Publ. Lux. XXV z. 8.*

5) *1378.*

Car en l'an mil iii^c iiii^{xx} et iii¹) moruit Thiedrich Baiere de Bopert, evesque de Metz. Se volt le dit seigneur Thielement Vusz, qui estoit chanonne de Metz, estre evesque de Metz; lequeil s'appelloit esleut de Metz et se fist conformer par pappe Urbain qui estoit pappe de Romme. Et pour celle confyrmacion tenoit le dit sgr. Thielemant toute la terre que lez sgrs. de chappitre tenoient par Allemaingne | et la gouvernait tant comme il visquit; mais ja pour ce ne laissoient a estre paiez de leur droiturez les sgrs. de chapitre pour la doubte qu'ilz avoient d'estre destruis pour la guerre que s'en fist. Et ainsy paioient ilz double droiture tant come le dit sgr. Thielement visquit; lequeil moruit par м m^c iiii^{xx} et . . . ²)

Et de part le pappe Clement d'Avignon fuit St. Piere de Lucemborg que fuit evesque de Metz, lequeil olt la pocession en bonnez villes, fourteressez et payx de l'eveschie tant comme il visquit, lequeil ne visquit guaires.

Puit vint sgr. Raul de Couscy³) que fuit evesque de Metz on nom du pappe d'Avignon, lequeil olt les bonnes villes, fourteressez et pays en obeixance, si comme son devantrien avoit heus et les tint tant comme il fuit evesque.

Et en l'an mil iiii et . . . . ª) ⁴) s'ademist le dit evesque en la main de Conrard Baiere de Bopert et s'en allait estre evesque de Noion pour les torcions que Charle duc de Lorraine et autrez li faisoient et y demeurait tout son visquant.

Et aprez le dit seigneur Raul de Couscy fuit evesque de Metz le dit Conrard Baiere de Bopert fil de signeur Coinrard Baier de Bopert chevalier, lequeil fuit fait evesque per m. iiii^c et x .. ⁵) et fist merveille a son tempz.

Item il avint que on tempz pendant du debat qui estoit desdis

---

a) *Lücke im Text.*

1) *1384 Januar 15. 1383 more Met.*

2) *Sein Todesjahr ist nicht bekannt. Nach Angabe der Benediktiner lebte er noch im Jahre 1403. Hist. de M. II 596. Nach der oben stehenden Angabe muß er vor 1400 gestorben sein. Da er 1398 Febr. 21 noch urkundlich nachweisbar ist (H. d. M. IV 489), so ist die Zeit seines Todes auf die Jahre 1398 und 1399 eingeengt.*

3) *1387 August 13. Eubel, Hierarchia cathol. 354. Raoul war auch Schützling des französischen Königs und wurde von diesem an den Rat empfohlen 1389. Hist. d. M. IV 390.*

4) *1415. Die Ernennungsbulle seines Nachfolgers datiert vom 20. März 1415. Eubel, Hierarchia cathol. 354.*

5) *S. Anm. 4.*

ii avesquez pour lez gros et griefz dompmaigez que le dit sgr. Thielemant Vusz faisoit sur les sgrs. de chapitre et sus plusieurs autrez de ciaulx de Metz qui se tenoient de la crance du pappe d'Avignon a l'instance desdis sgrs. de chapitre en entrant en guerre et pour cellez entrefaitez en vint le duc de Juley devant Metz¹) et on payx de Metz bien viii jours en dampmageant, | tout ce qu'il pot et puis s'en rallait. S'en fuit de guerre sgr. Petre²) de Cronenberg et sgr. Gueirart³) de Boulay son genre, lesquelx maintenient la dite guerre, de quoy ciaulx de Metz firent qu'ilz orent aus gaigez sgr. Jehan Du Vergier⁴) et ii de ces filz et d'autrez noblez gens d'airmez.⁵) Et se tiront par ung gray diemenge devant le Nuef chastel⁶) devant Thionville et aprez devant Haitange⁷) et aprez devant Baitemberg⁸) et lez gaingnont toutez troix sur le dit sgr. Thielement et sur ces frerez et lez abatirent et airdont et destruont en iii jours. Et quant la dite guerre olt durei environ ii ans ou plux, le dit sgr. Peltre et le dit sgr. de Boulay s'apaisont a ciaulx de Metz.⁹) Et demeurait le dit sgr. Thielement en guerre toute sa vie et tant bu'il n'en pot plux.¹⁰) Et ne le savoit la ville plux de riens dapmagier et ne pot on trouver autre paix entre les parties for que de seur estat

p. 237.

---

¹) *Nach Chron. de St. Thiébaut l. c. p. CLXXXVII im Jahre 1386. Ebenso die Chron. rimée bei Calmet II p. 133.*

²) *Peter v. Cronenberg und Neuerburg war der Onkel des Thielemann Vusz, Erwählten von Metz, und hatte sich bereits am 23. Januar 1384 mit seinem Neffen verbunden, um diesem zum Bistum zu verhelfen. Publ. Lux. XXV p. 8. Er befindet sich 1387 Juli 31 mit der Stadt im Kriege, H. d. M. IV 377 n., und schließt 1388 Mai 20 als Verbündeter des Gerard von Blankenheim und Gerhard von Bolchen Frieden; H. d. M. IV 374. 1391 tritt Peter in städtische Dienste; ib. 405. Begegnet noch 1394 Nov. 17 als Mitexekutor des Urteils für Fritz Hofmann gegen Metz, ib. 458, und in städtischen Diensten 1401 März 14, ib. 526, und 1406 Jan. 3., ib. 592. Vgl. auch Chron. de S. Thiéb. (Chron. des Célest.) zum Jahre 1388.*

³) *Gerhard von Bolchen, Schwiegersohn des Peter v. Cronenberg (Publ. Lux. XXV 74) schließt 1388 Mai 20 Frieden mit der Stadt. Urkundlich in städtischen Diensten 1397 April 2. H. d. M. IV 475. Am 3. April wird er sogar städtischer Bürger; ib. 476. Seine Zwiste mit der Stadt im Anfange des 15. Jahrhunderts s. weiter unten.*

⁴) *Jehans de Vergey in städtischen Diensten mit Guillaume und Jaicot seinen Söhnen 1387 April 4. H. d. M. IV 377 n.*

⁵) *S. die Aufzählung dieser Söldner ib. 377 n.*

⁶) *Neuerburg, ehemalige Benennung des Hofes Gassion bei Diedenhofen.*

⁷) *Hettingen bei Diedenhofen.*

⁸) *Bettenburg im Großherzogt. Luxemburg.*

⁹) *S. oben Anm. 1.*

¹⁰) *1393 Nov. 16. schließt Metz mit ihm und seinen Brüdern einen Frieden. H. d. M. IV 439.*

en seur estat d'un an, de ɪɪ ans, de ɪɪɪ ans en aultrez jusquez la mort dudit sgr. Thielement; que moruit per m. ɪɪɪᶜ ɪɪɪɪxx et . . . ª) ¹)

Et quant il fuit mors la dite guerre fuit morte. Et pour les dapmaigez que ciaulx de Metz avoient fais on pays de Lucembourg on tempt de la dite guerre en querrant et dampmageant leur anemis, aidans dudit sgr. Thielement, demandoit le dit roy les dampmaigez a ceaulx de Metz de son dit pays. Desqueillez entrefaitez la lettre de la paix qui en fuit faite en est ci apres ensuiant escriptez. ᵇ) ²)

:|: Et giest le dit seigneur Thielement Vousse ensevelit ay Tionville en l'aiglixe de laidite Thionville et n'y ait nulle monnoie quelconque suis luy :|: ᶜ)

Vanceslaus ³) par la graice de Dieu roy des Romains ades acroissant et roy de Bahaigne a tous singuliers ceulx que nos presentes lettrez vairont nostre graice reale et adjoster fois creable ⁴) a cez presentez. Comme jadit fuit mehue matiere de descort et de controvercion entre nostre duchie de Lucembourg et les gens d'icelui d'une part et la cite et les citains de Metz et lez gens d'autre, tant pour occuson de wagiere et d'obligacion comme pour l'occasion de plusieurs exces, et pour ce d'une part et d'autre entre lesditez parties injurez, homecidez, boutez, rapinez, spoliacions et pererils des parsonnez et des biens et griefz dampmagez soient ensuis, et pour ce ausi nous poirsuisiens pour raison des devant ditez chosez commise lesdis et monvesiens questions contre eulx, et au contraire les dis citains aleguessent causez legitivez, pour lesqueillez ilz disoient eulx non estre tenus aus chosez devant dites. Nous sur ce considereez de voir et considere*renz*⁵) et par la tenour de ces presentez avons discernez et desclairiez et decernons et desclairons yceulx citains aus devant ditez chosez non mie estre tenus, et en apres d'habundant ⁶) nous certainnez causez raisonnaublez ad ce menéz, nostre ⁷) cosmaige real quittons et par la tenour de cez presentez liberons pour nous et nos hoirs et successeurs la cite, les citains, hommez et habitateurs devant dis des devant ditez injurez, homecides, feu boutez, rapinez, spoliacions

---

a) *Lücke in der Handschrift.* b) Escriptez *von Hand A später nachgetragen.* c) ¹/₄ *S. frei.*
1) *S. oben S. 326, Anm. 2.*
2) *1399 Mai 23.*
3) *In latein. Sprache nach dem städt. Kartular gedr. Hist. de M. IV 497.*
4) *Lat. Text.* fidem credulam adherere.
5) Consideratis considerandis.
6) ex habundanti.
7) cosmaige *deutlich zu lesen. Im lateinischen Text:* ad id animun nostrum regium moventibus.

de crimes et dampmaigez tous et singuliers, comunement et diviseement generalment et singuleirement de tout le temp passey jusques ad cy commis en tant comme ilz averient estez en chosez devant dites courpablez et renunsans de certanne science et expressement pour nous, nos hoirs et successeurs, a tous drois et accion, lequeil et laqueille nous aviens et poviens avoir par quelcunques manierez pour causez des chosez devant dites, encontre la cite et lez siens devant dis, en telt maniere que pour occasion des chosez devant dites aucune action querrelle ou peticion ne puet estre ententee criminelment ou civilment contre eulx. Pourcoy nous deffendons en comandant destroitement sur la retenue de nostre graice reaul a nos amez gouverneurs du devant dit duchie et en ycelui lieutenant, seneschauls, nobles, | officiers, prevostz, sergens et autrez queilcunque en ycelui duchie et autre part, en queil leu ilz soient constituez present et advenir que, pour occasion desditez injurez, homecidez, feu boutez, rapines, spoliacions et autrez crimez et de tous et singuleirs dampmaigez devant dis et dez ensuitez et despendancez de yceulx et per yceulx la devant dite cite de Metz, lez citains, persolnez et biens d'icelle, jamaix en aucuns tempz par queilcunquez manierez ne presumez invicider, penre, arrester, sequester, occuper ou autrement par queilcunque maniere molester par nous ou par autrez, per queilcunquez colours directement ou indirectement, publiquement ou coiement, maix lez devant dis citains, hommez, habitateurs et parsonez de la devant dite cite, lesqueilx et lesqueilles avec leur biens nous avons de gracieuse affection recommander, laissier trespasser, demeurer, aller et revenir seurement et franchement par noz terrez, destrois et lieux et rivierez, en donnant a eulx, s'ilz le requerent sal conduit et pour leur tuicion et deffencion ayde, consoil et favour, se vous voullez eschuir nostre indignacion real. Donnees desoubz le seel de nostre reaul maiesteit en tesmoignage de cez prescntez l'an de nostre signeur m. iii^c iiii^{xx} et xviii a) le xxiii^c jour de may, en l'an xxxvi^c de nostre reaulme de Boeme et en l'an xxiii^c de nostre reaume des Romains.

p. 239.

1399 Mai 23.

        par sgr. W. patriarche chanceleier
        Fransois chanone de Praugue.

:|: Cy apres suis lay viii^c 1) fuelle enxuan suis lui troverey comme le dis roy Wainchelat fut desposer et comme c'on fit novelle ailaiquesion d'un atre roy dez Romain per le defol de ceu qui ne faixoit rien for que de trop bien boivre et ne ly an challoit de rien for que d'estre tres bien abroveir. :|: b)

---

a) A XVIII. b) *1 S. frei.*
1) *p. 251, S. 341.*

XLVIIII.

1398 December 24. Item en celle annee de l'an mil iii^c iiii^{xx} et xviii la vigille de Noiel avoit certains Allemenz que faisoient groz dampmaigez on duchie de Bair en pairtant de Faulquemont et de Boulay et d'autre part et en passant qu'ilz faisoient parmey le payx de Metz, ilz prenoient ce qu'ilz povoient sens recreance. Si avint que une foix ilz alloient courre au duchief de Bair et cuidoient retourner, si comme ilz faisoient lez autrez foix. Mais ciaulx de Metz leur mirent tant d'ambuchez que quant ilz orent passez le pont a Moullin en cuidant passer au pont a Maigney, ilz furent rues jus par ciaulx de Metz assez prez du gibet de Metz la vigille de Noiel et enmenez a Metz. Sy fuit prins Coneman Risch dit de Blanche Esglise et Jehan de Baldrange,[1] ii de leur capitainnez, lesqueilx ii orent lez testes tranchieez devant la Grant Esglise et s'en y ot bien xxv[2]) des pendus et bien xx[3]) que demeuront prisonniers tant que Dieu les aidait.[4]) Et de la dite prinse eschapait Guiat de Faulquemont,[5]) ung de leurs capitainnez.[6]) De laqueille chose avint grant guerre

---

[1]) *Chron. de S. Thiéb.:* Walderange. *Vgl. diese Chronik p. 189. Im Jahre 1404 ist die Stadt Metz noch im Kriege mit dem Bruder des Conemanns, Jehan de Wiszkirche, dit Rixe, der den Tod Conemanns rächen will. H. de M. IV 546 u. Hier werden auch die übrigen Verbündeten des Conemann und Jehan de Balderenge genannt.*

[2]) *Chron. de S. Thiéb.:* XV.

[3]) *Ib.:* XVIII.

[4]) *Nach der Chron. de S. Thiéb. ist das so zu verstehen, daß sie im Gefängnis starben. Dagegen spricht aber die urkundliche Nachricht H. d. M. IV 546 u., wo drei Leute genannt sind, die im Sept. 1404 aus der Gefangenschaft, in der sie mit Coneman de Wyszkirche waren, entlassen werden.*

[5]) *Das ist wohl Gerhard von Bolchen.*

[6]) *Chron. de S. Thiéb. ist hier genauer, bringt aber die Ereignisse nicht in Zusammenhang mit denen von 1398. 1404 Sept. 16 hat die Stadt noch versucht, sich den Frieden zu erkaufen, und stellt dem Philipp v. Saarbrücken, Gerhard v. Bolchen und Johann v. Salm eine Schuldurkunde über 13 000 fl. aus. H. d. M. IV 539. Vgl. auch Huguenin p. 129. Wann der neue Krieg beginnt, ist urkundlich nicht festzustellen. Nach Huguenin im Sept. 1405. Die Urkunde, durch welche sich die Stadt ein Bündnis mit dem Herzog v. Lothringen und dem Bischof Raoul sichert, ist vom 2. Januar 1406. Publ. Lux. XL 116. S. auch die Bündnisurkunde zwischen Herzog und Bischof gegen die Grafen v. Saarwerden, Saarbrücken, Salm und den Herrn v. Bolchen; ib. 117. 1406 Januar 3 verpflichtet sich die Stadt Metz, dem Bischof Raoul, solange er Bischof von Metz ist, jährlich 300 liv. zu zahlen. Publ. Lux. XL 117. Vgl. die Quittung des Bischofs über die ihm von der Stadt für geleistete Dienste gezahlte Summe von 1406 Juli; 4 H. d. M. IV 587, und den Brief des Herzogs, in dem er Auszahlung eines Teiles des ihm von der Stadt geleisteten Unterstützungsgeldes verlangt, vom 29. Mai 1405; ib. 563.*

en l'encontre de ciaulx de Metz par ᴍɪɪɪᶜ et v du conte de Nausowe,¹) du conte de Sarwern,²) du conte de Salme³) et du sire de Boullay⁴) et de Jehan d'Aulter⁵) que durait ɪɪɪ ans.⁶) De quoy a la cause dessus dite ilz colloroient en partie leur fais. Et de laqueille guerre s'acompaignait Loys duc d'Orliens auvec yaulx⁷) pour cause du duchie de Lucemborg

---

¹) *Philipp von Nassau-Weilburg, der 1381 Saarbrücken geerbt hatte. Seine Beziehungen zur Stadt s. H. d. M. IV 492, 493, 494, 527, 528, 538. 1404 Sept. 16 zahlt ihm die Stadt neben Johann v. Salm und Gerhard v. Bolchen eine größere Summe; ib. 539. 1407 Febr. 4 und 1408 Juli 2 noch im Kriege mit der Stadt; H. d. M. IV 600, 614 ff. 1408 Juli 25 Friede mit der Stadt; ib. 636. S. auch Urk. v. 1408 Okt. 14; ib. 640. Vgl. über ihn Ruppersberg, Geschichte der Grafschaft Saarbrücken I 180 ff.*

²) *Graf Friedrich v. Saarwerden, Sohn des Grafen Friedrich von Mörs und der Walpurga von Saarwerden. Ob Friedrich von S. zu den Kriegführenden gehört, steht urkundlich nicht fest. Im Jahre 1406 vermittelt er den Frieden zwischen der Stadt einerseits, den Grafen v. Saarbrücken, Salm und dem Herrn v. Bolchen andererseits; H. d. M. IV 592. Nach Huguenin ist der Graf v. Saarwerden vorher auch am Kriege beteiligt. 1407 Febr. 4 ist Friedrich wieder im Kriege mit der Stadt; H. d. M. 600, desgl. 1408 Juli 2; ib. 614 ff. Schließt Frieden 1408 Juli 25; ib. 636.*

³) *Johannes v. Salm der Jüngere. S. über ihn Prost, Albestroff. 1404 Sept. 16 erster Friedensschluß zwischen ihm und der Stadt; H. d. M. IV 539. Zweiter Friedensschluß durch Vermittlung des Grafen v. Saarwerden 1406; ib. 592. Weitere Urkunden über seine erneute Beteiligung am Kriege gegen die Stadt H. d. M. IV 600, 621, 636, 659.*

⁴) *Gerhard von Bolchen. In städtischen Diensten und städtischer Bürger 1397 April 2 und 3; H. d. M. IV 475, 476. 1404 Sept. 11 verzichtet er auf sein Bürgerrecht; ib. 538. Friede mit der Stadt 1404 Sept. 16; ib. 539. Über seine weiteren Feindseligkeiten gegen die Stadt in den Jahren 1407—1408 ib. 600, 614—621, 636.*

⁵) *Daulcey, Chron. de S. Thiéb. Jehan Dautel, seigneur d'Apremont H. d. M. IV 607 (1407 Oct. 21), Dautei ib. 667 (1410 Febr. 14). Jean d'Autel ist der Sohn des Erbmarschalls v. Luxemburg, Huart d'Autel, dem Wenzel im Jahre 1384 die Kastellanei Apremont gegeben hatte; Publ. Lux. XXV, 28. Im Jahre 1387 Oct. 10 wird er mit Jeanne d'Apremont verlobt; ib. 35. Autel-Elter. Publ. Lux. XL 175.*

⁶) *Für die Kenntnis der Ereignisse wichtig Le grand Atour de Metz vom 16. Nov. 1405; H. d. M. IV 564. Desgl. die Aufrüstung der Stadt für den Krieg von 1404; ib. 547, Anm. Vgl. dazu Chron. de S. Thiéb. und Huguenin zu den betreffenden Jahren.*

⁷) *Das Bündnis des Herzogs v. Orleans mit dem Grafen v. Saarwerden, Saarbrücken, Salm u. Gerhard v. Bolchen gegen Metz vom 13. Febr. 1406 vgl. Publ. Lux. XL 117.*

Am 3. März verbündeten sich die fünf Vorgenannten mit dem Herzog v. Bar gegen Metz ib. 120. Vgl. auch Huguenin 134—136 S. auch die Bündnisse zwischen Orleans und Bar vom 8. Mai 1407. Publ. Lux. XL 124 und zwischen Orleans und den vier Herren vom gleichen Tage; ib. 126.

Vgl. auch E. Jarry, Louis duc d'Orléans (1372—1407); Chap X: Achat du

qu'il tenoit en gaige du roy de Bahaigne.¹) Lequel duc d'Orliens fuit tuez a Parix la vigille St. Clement en novembre par ᴍɪɪɪᶜ et ᴠɪɪ par le duc de Bourgoigne neutemment en revenant qu'il faisoit de veoir la royne que geisoit d'enffant. De laqueille mort grant mal s'en ensuyt, si comme il s'appert par lez descendancez qui en furent faites.

1407 November 22.

:|: De layquelle guerre fut faite lay paix en jullet per ᴍᴄᴄᴄᴄ et ᴠɪɪɪ, c'est aisaivoir dez dis ɪɪɪɪ sgrs. *et* de sial de Mes.²)

Et de lay dite guerre estoie aidan *a* sial de Mes sgr. Raul de Cosy aivaique de Mes et Chaille duc de Lorrengne³) q*ue* pues fit tan de mal *a* sial de Mes. Lezquel de Mes avoie bien vᵒ lanse al gaige en lor ville q*ue* de Liegoy q*ue* de Xovalboy⁴) que d'atre. Et en layquelle guerre y avoit bien ᴠɪɪɪɪᶜ prixonier q*ue* sermoie q*ue* d'un part que d'atre san sial de powestey don je n'an say le nonbre. :|:⁵)

L.

p. 243.

Et on temps pendant la dite guerre avint que Eduart marquis du Pont, fil du duc Robert de Bair, faisoit guerre a ciaulx de Metz par desoubz le chapel sens deffiancez en maniere de bousson et entreprist de guaingnier Metz neutemment⁶) par le consoil de son peire et furent

---

Luxembourg, Chap. XII: Causes et événements de la guerre contre le duc de Lorraine et la ville de Metz. Prise d'armes de 1405.

¹) *Luxemburg war durch Jost v. Mähren am 18. Aug. 1402 an Louis von Orleans verpfändet worden. Publ. Lux. XL 168.*

²) *1408 Juli 25. Friedensschluß zwischen der Stadt, Raoul de Coucy einerseits und den vier Herren andererseits. Publ. Lux. XL 134.*

³) *Das erste Bündnis der Stadt mit Raoul und Karl von Lothringen 1406 Januar 2. Publ. Lux. XL 117. Die Stadt zahlt dafür dem Bischof, solange er das Bistum regiert, jährlich 300 liv.; ib. 117. Ebenso zahlt die Stadt dem Herzog eine Jahrespension von 500 lir. Hist. de M. IV 563, 587, 593, 640, 666. Insgesamt werden im Inv. des archives de Metz, (Colbert vol. 76, Paris Bibl. nat.) neun Quittungen des Bischofs über 14533 fl. und 10 Quittungen des Herzogs (1407—1423) über 21000 fl. 500 liv. 2000 fr. erwähnt. Publ. Lux. XL 117.*

⁴) *Huguenin 136: ilz eurent aux gaiges tant du pays de Liege, de Swawe et d'autres lieux cinq cents lances.*

⁵) *Wohl hauptsächlich durch die Schlacht von Champigneulles (1407), in der der Herzog Karl die Gegner besiegte und u. a. auch Philipp v. Nassau, Friedrich v. Saarwerden und Johann v. Salm gefangen nahm. Calmet II 669.*

⁶) *Louis v. Orleans verbündet sich mit Eduard v. Bar gegen Metz am 9. und 14. Febr. (Huguenin 135 und Hist. de M. IV 604). Hiernach haben Metzer Bürger den Herzog v. Orleans aufgefordert, die Stadt zu besetzen, und ihre Mitwirkung zugesagt. Am 7. Sept. 1407 neuer Vertrag zwischen Orleans und Robert und Eduard v. Bar fast gleichen Wortlauts. Publ. Lux. XL 130. Vgl. über die Ereignisse Huguenin 137 und das oben S. 331 Anm. 7 genannte Buch von Jarry.*

jusquez aus Wassuelz¹); maix le jour lez seuprist; et quant il olt faillis de son entreprise, le dit duc Roubert son pere li fist defier tout en hault ciaulx de Metz pour et on nom du duc d'Orliein pour colorer son honnour.

Item le proppre jour²) que le dit Eduart marquis du Pont cudoit guaingnier Metz, sgr. Coinrard Baiere, sgr. Joffroy de Nancey, sgr. Arnoult Baudoiche, sgr. Jehan Noiron, sgr. Joffroy de Werrixe et Jehan de Vy et Collignon Louve qui estoit ung jonne fil auvec son oncle sgr. Jehan Noiron estoient a Bair. Les queilx revenoient de Parix de delez le duc d'Orlienz en amsbasardie pour ciaulx de Metz³) et ne lez volt point le duc Roubert de Bair laissier partir de Bair tant qu'il seust novelle de l'entreprise de son fil.

Et quant il sot que son fil avoit faillit de son entreprinse, il souffrait bien que ciaulx de Metz¹) en reveinssent par desa. Adonc ciaulx de Metz demandont conduit au dit duc de Bair et il leur baillait tel conduit que tantost qu'ilz orent passez Longeville devant Bair, ilz furent mis a chassez de toutez pairs et leur faillit leur conduis, et en vint qui en pot venir. Et la merci Dieu n'y perdont ciaulx de Metz que partie de leur cariaigez et en revinxent a l'ayde de Dieu sains et saulz. ª)

Pues avint que le dit duc d'Orliens fuit mors comme dessus, et quant le dit duc de Bair fuit enformez que le dit duc d'Orliens estoit mors, il se pensait que ciaulx de Metz et leur esliez estoient trez fort contre lui. Il mist sus journee entre ciaulx de Metz et leur esluz d'une part et leur malz vaillans d'autre part. Et quant il vit qu'il ne les povoit acourder, il s'esliait a ciaulx de Metz et a leur esliez.⁴) Et quant lez Allemenz virent que le dit duc de Bair s'avoit esliez auvec ciaulx de Metz, ilz se laissont traittier et fist on la paix de la

p. 244.

---

a) ¹/₄ S. frei.

¹) *Huguenin* «aux Wassieulx au pré S. Symphorien». *Die heutige Symphorienwiese.*

²) *Nach Huguenin 7. Juli 1407.*

³) *Im Juli 1407; Huguenin 136. Nach einer Urkunde König Karls VI vom 2. August 1407 wird dem Herzog von Lothringen mit 120 Begleitern, darunter 25 aus dem Bistum und der Stadt Metz, bis 1. September freies Geleit nach Paris gesichert, damit dort über den Frieden verhandelt werden kann. (Publ. Lux. XL 127). Das ist also, vorausgesetzt, daß die Erzählung Huguenins richtig ist, eine zweite Gesandtschaft, ebenso wie sich die Urkunde des Herzogs v. Orleans vom 9. Febr. 1407 fast wörtlich am 7. Sept. 1407 wiederholt. Nach dem Original gedruckt Publ. Lux. XL 130.*

⁴) *1408 Juli 2. Hist. de M. IV 614.*

dite guerre.¹) Et de laquelle guerre y avoit bien ix ᶜ prisonniers cun quantite que chavalchoient armez sen lez gens de poestez. ᵃ)

LI.

[1398.ᵇ) Encor en l'an dessusdit avint que trois moines de St. Clement et trois clerssons volrent enherber leur abbey qui s'appelloit sire Thiebault Lowe; de quoy deux des moines en mouront en prison et l'autre fut deschassé plus de xx ans aval le pays et depuis ses amis firent tant qu'il ot sa paix et fut absolz de nostre St. Pere le pape et les clerssons furent pendus.

Item en celle mesme annee furent Jean Amblecolz et Hannes de St. Julien, tuit dous amans de Metz, bannis et forjugiez de Metz et tous lours biens confisquez a la ville de Metz pour ceu qui s'en estient allé fuyant neutament pour belcoupz de faulx escriptz qu'ilz avoient mis en lor arches qui montoient a plus de ɪɪɪ ᴍ v c livres de Metz pour eulx. Lesquelz Jean Emblecolz qui estoit vielz morut au Pont-à-Mousson ou il estoit alle fuyant et Hannes de St. Julien en estoit alle de coste le seigneur dou Vergier et vouloit faire guerre a ceulx de Metz; mais ceulx de Metz feirent tant pour argent que l'an apres, c'est asscavoir par ᴍᴄᴄᴄʟxxx et xɪx ans fut ammoinés pres de Metz et traict] | et la fut il prins par ciaulx de Metz qui lez attendoient et fuit amenez on paulaix tout droit et fuit le dit Hannesse de St. Jullien mis on pellorin et pendus au gibet de Metz. Et lez autrez ɪɪ²) furent paiez de leur gaigez et lez laissont on aller. Les queilx s'en rallont a Toul ou ilz estoient demeurans. Et quant la femme dudit Hannesse et ces amis sorent qu'ilz estoient a Toult, ilz le segnefiont a ciaulx de Toult et la trayson que les ɪɪ avoient fait; et ciaulx de Toult les prinssent tantost et les fist pendre et ainsi furent ilz paiez de leur gaigez.

a) ³/₄ *S. frei. Ein Blatt ausgerissen.*
b) *Die in eckige Klammer gesetzte Stelle ist nach Chron. de S. Thiéb. und nach dem Inhaltsverzeichnisse von M ergänzt. In der Vorlage, in der ein Blatt ausgerissen ist, fehlt das Stück. Von Praillon (Huguenin p. 119) wird der Vorgang ganz kurz erzählt.*

1) *1408 Juli 25. schließen durch Vermittlung des Herzogs Robert v. Bar der Bischof v. Metz, der Herzog v. Lothringen und die Stadt Metz mit den vier Herren ihren Frieden. H. d. M. IV 636. Wie aus der Urkunde vom 26. Juli (ib. 638) hervorgeht, muß die Stadt Metz an die vier Herrn 10 000 fr. zahlen.*

2) *Der Inhalt der Handschrift M stimmt, wie man sieht, nicht mit der Erzählung der Chron. de S. Thiéb. überein. M ist ungleich besser unterrichtet. Unter* lez autrez II *muß wohl zu verstehen sein ein gewisser Perrix, Bürger von Toul, der Hannes de S. Julien verraten hat (Huguenin p. 120), und ein zweiter, der mit Perrix im Einverständnis gewesen sein muß, aber nicht genannt wird.*

La somme des falz escripz qu'ilz avoient mis en leur archez de lettrez contrefaitez montoient a xxvii^m quairtez de bleif¹) et chantoient du datum du tempz que Hanrey de St. Julien son peire visquoit. Et quant on disoit audit Hannesse: «Doul au diauble te viennent si faitez debtes?,» il respondoit: «J'a estez voule du temp passez; il est tant que je m'avisasse, j'ai cerchiez les debtez de mon peire; je m'en souvienrai de lez chassier et s'en lairai a faire belcopt de voulie.» Et menait celle vie, tant que une foix il vint au sgr. Nammerey Noiron chevalier dit Guenange qui estoit amant et li dist: «Je vous prie que vous me querrez ceste escript, ou vous me ditez plainement que vous en aiez fait vostre debvoir.» Et le dit sire Nemmery li respondit: «Se tu pence que je ne n'aie mie bien fait mon debvoir, venant avuec moy, je te mainrai en mon airche, si t'aiderai^a) a querrir toy meysme,» et l'enmenait en son airche. Et quant il vinssent en la dite arche, ainsi comme Dieu volt, le dit sgr. Nemmeris olt l'oeul audit Hannesse et vit qu'il laissoit cheoir ung escript contrefait et montait sus et semblablement en bouttait ung en ung boieul. Et quant il olt ce fait, il pensoit que le dit seigneur Nemmerey ne l'eust mie vehus. Il li dist: «Querrons en ceste boieul, s'il doit estre en nulz lieus, il y douvroit estre,» et prist une liesse en laqueille ilz ne trouvont rienz; maix en la seconde fuit trouvez l'escript qu'il y avoit bouttez. Et quant il y fuit trouvez, il dist: «Il en fault encor ung, laissonz querrir, se nous le pourienz trouver»; et querront tant qu'ilz n'en trouvont point. Et quant ilz virent qu'ilz n'en trouverient point, il dist: «Pouroit il estre cheus ci aval entrant que nous avonz cerchiez par lez boieulz?», et regardait a terre et dist: «Veez en cy ung, pouroit ce estre ce que nous querronz?» et regardont deden et vissent que ouyr et lez proveurent. Et quant ilz furent prouveus, le dit Hannesse li dist: «Esgardez c'est une chose nouvelle, lez escripz de l'airche et lez miens sont tous d'une main.» De quoy le dit seigneur Nemmery respondist: «Tant sont ilz plux aisiez a tesmoignier,» et lez seignait. Et le lundemain s'en allait le dit seigneur Nemmery devant Justice tout secretement et leur dist: «Bel sgr., mandez querrir Hannesse de St. Juliens pour certainne cause que je vous veul dire.» | Et tantost fuit mandez le dit Hannesse par lez Tresez. Et quant il vint devant lez Tresez, le dit sgr. Nemmeris encomensait a dire toute la chose, comme elle est ci dessus escript et gitait lez escripz sur le banquet des tresez et le dit Hannesse dit du contraire. Et lez tresez faisont les partiez et tournait le dit Hannesse

---

a) *Vorlage* l'aiderez.
¹) *Nach der Chron. de S. Thiéb. sind es in Gold 3500 livres de Metz, s. oben.*

seureteit de revenir le londemain devant Justice, pour lui concillier de respondre. Et laissont en aller le dit sgr. Nemmery sen seuretei, lequeil revint au matin devant Justice, comme promis l'avoit. Maix le dit Hannesse ne vint mie, car il s'en estoit allez fuiant dez la mienuit. Car dez celui temp on ne savoit que ce fut de clore lez guechas des portes et n'avoit nulle warde aus portez pour le tempz. Et quant lez Treses virent au londemain qu'il ne venoit mie, ilz mandont querrir lez amis et plesgez dudit Hannesse et lez requixent de convenance. Et lez plesgez et lez amis le missent en ny et disoient qu'ilz ne n'avoient riens promis ne convent. Adont s'en allont lez Tresez en l'ostel le dit Hannesse, et quant ilz viussent leant, ilz trouvont que c'estoit tout veudiez. Adont furent ordonnez iii amans d'allez par leur archez et par autrez ou on pensoit qu'il povoit estre estez, et y trouvont on prez de xxvii^m quartez de bleif de faulz escripz et puis fuit forjugiez et fuit depuis pendus come dessus. Et le pourquoy qu'il faisoit ces escripz de bleifz, c'estoit pour tant que pour le tempz d'adont on ne prenoit nulle burlette[1]) sur les bleifz for que sur somme de monnaie; car s'il lez heust fait de somme d'argent et ilz n'eussent estez burlez, ilz n'eussent riens vallus et pour tant lez faisoit il chanter de bleifz pour le baras qui l'en vint, ce qu'il ne cuidoit mie, car il ne cuidoit mie que riens le puist nuire, don grant orgueil qui estoit en lui.[a])

LII.

p. 247.
1399
November 25.

Item en l'an m. iii^c iiii^{xx} et xviii le mairdy, jour de Ste. Katherine, partont de Metz sgr. Jaique d'Aix chevalier, Jehan Noiron, Guerciriat Boulay, Jehan de Waldrewange que tuis iii devinxent chevaliers, Jehan de Vy fil de sgr. Jehan de Vy chevalier, Lowy Paillat l'escheving, Jehan Faulquenel dit Crowelet, Parrin le Grounaix et Morixat de La Tour. Et s'en allont a Nancey pour aller en la compaignie de Charle duc de Loheraine en Prusse.[2]) Et y allont a leur proppre frais et

---

a) ¹/₃ S. frei.

1) *bulette = bulleta, kleines Siegel, das in Metz an die Verkaufsurkunden gehängt wird. S. den Atour, durch welche die Bulette eingeführt wird von 1381 Jan. 3. Hist. de M. IV 323.*

2) *Karl II folgte dem Aufruf des Kaisers Manuel von Konstantinopel und des Papstes Bonifaz IX. Gleichzeitig wollte er den Tod seines Schwagers Enguerrand de Coucy rächen, der in der Schlacht bei Nicopolis gefangen und in der Gefangenschaft gestorben war. Zunächst wollte er nach Ungarn gehen, änderte aber seinen Plan, da dort der Kampf aussichtslos erschien, und ging, um der Sache des Glaubens anderweit zu dienen, gegen die Littauer; Calmet II 661. Vgl. über den Zug Voigt, Geschichte Preußens VI 183 und Scriptores rerum Prussicarum III 235 ff.*

despens et missent vi sepmainez a l'aller et viii jours sejournont a Cunischberch en Prusse. Aprez s'en allont en la reise au deilay Laitue [1]) et furent et destruont lez pays de Salmete et de Caldee [2]) et furent prez dez Tertez [3]) et de Rusie et geurent i moix en plain champt a ciel descouver par gellee en la nois. Et estoit le duc Withate [4]) de Laitue Saraisin, aidant des Prusois qui avoit bien que de son payx de Laitue que de Poulaine, que dez Russe, que des Tertez iiii^{xx} millez chevalx, et le hault maistre d'Yflandre [5]) l^m chevalx, et le marchault de Ramguenette [6]) a tout le pays de Prusse a tous lxx^m chevalx. Et en celle rotte estoit le dit duc de Lorraine qui fuit fait chevalier [7]) et ciaulx de Metz, et disoit on qu'ilz avoient bien destruictz lx luez de payx de longe et xl de lairge et y ot iii^m et v^c villez arses et destruitez et d'omes et de femes et d'enffans prins sens nombre; car lesdis Salmaite volxent combatre les Crestiens. Maix quant ilz sentont la force desdis Crestiens, ilz recullont arrier et s'en allont fuiant en ung mervilleux boix, qu'ilz appelloient le Saint Boix, ou onque Crestien n'avoit esteit, et onqueil boix, quant ilz se sentient constrains, ilz s'i alloient adez salver. Et y avoit de tres fort fermeteit de gros mairiens on dit boix et de belz edeficez et fuit gaingniez par les Crestiens. Et quant ilz se sentont ainsi promonez, ilz vinxent a obeysance permey ce qu'ilz debvoient avoir leur femez et enffens qui estoient prins et donnont seuretei d'estre en obeyxance. Et on queil payx ait pou de forteressez for que plaitez villez; car on ne puet entrer on dit pays, se dont n'est par tres grant sachoibre ou per tres grant temp de gellee et de nois. Car en celle saixon il gellait iii lunesons, pour tant osimez(!) nous si boin tempz. Car le dit payx est baix et plain de crallierez et de mairesierez et n'est d'autre chose fort. Et se tiennent pour ainsi fort

---

1) *Littauen.*

2) *Chron. de Thieb.* Sameth et en Galolee. *Sameth ist das Land der Samaiten; unter Caldee ist wahrscheinlich das Land Koltiniany an der Okmiana, einem Nebenflusse der Jura, zu verstehen.*

3) *Tartaren.*

4) *Chron. de S. Thieb.* Witaire = *Witold, dem Jagiello die Verwaltung Littauens übertragen hatte.*

5) *Der Ordensmeister von Livland.*

6) *In dem marschault de Ramguenette stecken zwei Persönlichkeiten: der Ordensmarschall (Werner von Tettingen) und der Komtur von Ragnit (Marquard von Sulzbach).*

7) *Der Herzog wurde vom Ordensmarschall zum Ritter geschlagen und vom Hofmeister mit einem kostbaren Ritterzaum beschenkt. Voigt, Geschichte Preußens VI 183.*

payx qu'ilz ne veullent a nullui obeyr for qu'a yaulx meysmez, se dont n'est par maistrie. Et quant leur reise fuit faite, ilz s'en revinxent a Cunisberch et sejournont xv jours. Et puiz missent vi sepmainez au revenir a Metz. Item qui veult aller en ce payx, il li faut tant de chevalx, tant de c florins. | Et au retourner que nous feismez de la reise, le tempz se defist si soudainement qu'a poine pomez nous passer lez rivierez; si fort se defaisoit le tempz. Et nous convint chevalchier une nuit; car se nous heussienz heu atendus jusqu'al matin, nous ne fussienz jamais revenus. Et toutez voiez lez rivierez devinssent en feste de Noiel a glace et la repasemez arriere a glace le diemenge aprez lez burrez.[1])

Item quant on volt alleir en la reise, le duc fist querrir que ciaulx de Metz volcissent traire desoubz son panon en la dite reise et il leur paieroit vollantier leur despens allans et venant et sejournant. Lesquels de Metz s'acusont qu'ilz ne le pouroient ne non seroient faire, pour tant qu'ilz en seroient blasmez de leur amis. Et pour tant le dit duc leur en monstrait ung pou les greignes; car se ciaulx de Metz heussent prins leur despens dudit duc, ilz n'eussent mis sceus a la tauble d'onnour, car il ne n'y siet nulz for que ciaulx que sont a leur despens. Et pourtant que lesdits de Metz estoient a leur despens, seurent ilz a la dite tauble d'onnour auvec le dit duc et autrez qui y estoient a leur despens; car on tient ciaulx que sont a leur despens a plux grant honnour, que ciaulx que sont aus despens d'autruis.

Et ne seurent mie a la tauble d'onnour sgr. Herman de Biche, sgr. Olris de Blaumon, ne piece des dis Lorrains, pour tant qu'ilz estient aus frais dudit duc. Lesqueilx avoient aucune foix belcopt d'envie sus ciauls de Metz secreitement, conbien c'on leur faisoit adez bonne chiere.

Item quant nous revinsmez de la reise, lez Lorrains cuidont esbahir ciaulx de Metz de revenir par desa, pour tant qu'ilz n'avoient mie voullus faire plaisir a monsgr. de Lorrainne ne honnour de traire desoubz lui en la reise en disant qu'ilz avoient mal recogneus le plaisir que mondit seigneur leur avoit fait de laissier venir en sa compaignie pour venir plux seurement, et que s'ilz ne fuissent mie venus auvec lui, ilz ne fuissent mie venus si seurement comme ilz ont; maix on lez en relaisseront aller per eulx, pour veoir coment qu'ilz en veront seurement enchiesz eulx. De quoy il en y ot de ciaulx de Metz que furent ung pou enbahis. Maix sgr. Jaique Dex leur dist: «Se vous me voullez croire

---

[1]) Burrez = *bordae, burae, erster Fastensonntag und die darauf folgende Woche.*

et faire ce que je vous dirai, je nous ferai prier d'en raller auvec monssgr». Et ilz li respondont que ouy. Et il leur dist: «Se on vous demande, quant nous en volrons aller, ditez que nous en voullons aller par Yflandre et me laissies convenir du remenant». Et ainsi se fist il. Et incontinant le dit sgr. Jaique Dex s'alloit bouter entrez lez jounez chevaliers de Lorraine et leur prinst a dire: «Or sa entre vous nouvelz chevaliers, qu'avez vous entencion de faire»? Et ilz respondont de*a*) raller a l'ostel au plux tost qu'ilz poroient. Adonc leur*b*) dist le dit sgr. Jaique: «Je pensoie que nous trouverienz aucune compaignie en vous pour aller autre part.» Et lez Lorrains li respondont: «Voullez vous aller autre part que de retourner a l'ostel?» «Oy», se dist le dit sgr. Jaique, «nous en voullons alleir en Ynflandre veoir une reise et n'avons mie entencion de revenir a Metz, s'averons estez ung an fuer de Metz et du pays». Et lez Loherains leur demandont, s'ilz avoient finance et coment qu'ilz s'en yroient seurement. Et le dit sgr. Jaique ne leur ousoit dire qu'ilz heussent point de monnoie, pour tant c'on ne leur empruntoit; car les Loherains en avoient assez pou. Maix il leur dist: «Quant a l'aller seurement, je n'en doubte riens; car nous avons salf conduit assez pour aller par toute Crestianteit et pour revenir a Metz et avons fait icy finance secrete, laqueille nous debvons rendre a Bruge.» Et ce dit, lesdis jounez chevaliers allont tantost sommer cellez parollez a la court dudit duc. Et quant le prince et son consoil en ouyont lez novelles, ilz envoiont parler sgr. Coinrart Baiere et sgr. Gueirart de Harraucourt audit sgr. Jaique en lui demandant, queille entencion avient ciaulx de Metz de faire ou d'en revenir en nostre payx ou autre part et qu'il leur volcist dire plainement ung pou de leur entencion et il seroit bien dit entre eulx. Et le dit sgr. Jaique leur dist: «C'est nostre entencion d'aller en Yflandre comme dessus.» Et lesdis sgrs. Gerard et sgr. Conrard li demandont, comme avoient fais lesdis jounez chevaliers et le dit sgr. Jaique leur respondit, si comme il avoit fait aus jones chevaliers. Adont le dit sgr. Coinrart dist: «Il ne sairoit mie bien, dez que vous estez venus en la compaignie de monsigneur, que vous le laisessiez et que vous ne reveinssies auvec lui jusquez enchief lui ou autremement; vous ne li feriez mie grant plaisir.» Adont leur dist le dit sgr. Jaique: «Se nous pensiens que monssgr. nous seust mal greif de nostre entreprise, et qu'il heust plus chier que nous en retournesiens auvec lui, nous laisserienz ainsoy nostre entreprinse et s'en reveriens auvec lui pour lui acomplaire.

---

a) de — ostel *von Hand A übergeschr.* b) leur *wie a.*

Mais on nous ont dit que monssgr. nous tient en son indignacion pour le fait de la reise de ce que nous n'avons mie trais desobz sa baniere; et ausi son fourier nous ait fait trop de desplaisir en venant en plusieurs manierez. Se vous voulliez que nous en rallesienz auvec vous, il vous y falroit mettre remeide aucunement.» Et tantost lesdis ɪɪ chevaliers disont: «Qui vous ait donnei a entendre que monsigneur ait nullez malleyvallancez contre vous, il vous ait donnei flabez a entendre, et se le fourier vous ait fait aucun desplaisir, nous n'en savons riens. Laissiez aller si faites parollez et s'en revenez auvec monsgr. et il sairait bien. Et se le fouriez ait fait ce qu'il ne doit,

p. 250. nous y metterons remeide et le vous ferons amander». | Et le dit sgr. Jaique lour dist qu'ilz ferient ce qu'ilz vorient et ce qu'ilz li conseilleroient; et ainsi orent ilz accort. Maix au revenir, le dit fourier ne leur fist plux de desplaisir qu'ilz ne logaissent ou ilz volloient et leur fist le dit duc et lez autrez tres bon chiere. Et fuit une belle honnour que ciaulx de Metz y virent en allant et revenant et sejournant auvec le dit duc. Car per toutes lez bonnez villez ou ilz passoient, lez sgrs. princez et autrez leur venoient en l'encontre et lez reconduisoient si nettement comme ilz povoient; et faisoient dancier lez dammez et leur monstroient leur artillerie et la faisoit il boin veioir lez estas et lez honnours dez seigneurs et bonnez villez. De^{a}) quoy je m'en passe pour cause de briefteit d'en plux avant parler.^{b})

LIII.

p. 251. Item per le deffault que le dit roy Wainchelat de Bahaigne qui ne se tiroit mie avant au Saint Empeire et que la dite Empeire alloit a ruyne per son deffault, volrent lez vɪɪ esliseurs eslire le merquis de Merrable^{1}) pour empereour; maix il la renfusait et ne la volt point resoivre contre son coisin, pourtant que le dit roy Wainchelat estoit son coisin germain; lequeil ne faisoit que amasser tresor et bevoit voullentier boin vin.

Item quant les dis esliseurs virent que le dit marquis avoit renfuseit l'election et que le dit roy de Bahaigne se tenoit tousjours en ɪ point sens lui a avancier, il firent election per ᴍ ɪɪɪɪ^{c}. Et eslurent pour

---

a) De — parler *nachträglich von Hand A zugesetzt*. b) $^{3}/_{4}$ *S. frei*.

^{1}) *Mähren. An Jost v. Mähren ist nach den sonstigen Berichten damals nicht gedacht worden. Man hatte sich lediglich darauf geeinigt, einen Angehörigen der Häuser Baiern, Meißen, Hessen, Burggrafen von Nürnberg und der Grafen von Wirtemberg zu wählen. Lindner, Deutsche Geschichte unter den Habsburgern und Luxemburgern II p. 186.*

roy de Romains sgr. Ropert duc de Baviere, sgr. de Heidelberg et conte pallantin du Rin. Lequeil estoit tres proudomme et tenoit on damme Violatte sa femme une tres devolte damme et piteuse. Maix quant ilz furent eslieus pour roy et qu'ilz orent l'obeyxance des princez, ilz devinrent tirans. Lequeil duc fuit peire madame Marguerite, femme du duc Charle de Lorrainne.

Item le dit roy Ropert tint son siege devant Franquefort :|: XL jour :|: et prinst sa premier coronne a Rainse[1]) sur le Rin et la seconde coronne a Aix la Chapelle.[2])

Item per mil III^c et ...[3]) s'en allait le dit roy Ropert et entreprist le voyaige de Romme et enmenait auvec lui tres noble compaignie de chevalier et d'escuier de plusieurs mairches et payx. Et quant il aprouchait Lombardie, il ne se volt point accorder au sgr. de Mielant, pourtant qu'il cuidoit passer a force de gens d'airmmez pour la noble compagnie qu'il avoit auvec lui, et ne pot passer oultre. Et vint jusquez Venise et le resurent les Venisienz tres honnorablement. Et quant il vit qu'il ne povoit aller plux avant, il le convint bien retourner et en revint a grant perde et en grant poureteit et perdit partie de sa chevalerie, et fuit une pitiet de veoir revenir lez dammez qui estoient auvec la royne a tous leur charrois parmey lez montaignez; car ung empereour ne doit point aller sens la compaignie de sa femme.

Item per dever le dit roy de Baviere avant qu'il s'en alleit en son voyaige de Romme envoiont ciaulx de Metz leur ambasiateurs pour reconformer leur franchisez[4]) et ausi pourtant que nous estiens on

---

[1]) *In Rense wurde Ruprecht am 21. August 1400 zum König gewählt.*

[2]) *Die Krönung fand am 6. Januar 1401 in Köln statt, da Aachen dem Könige den Eintritt weigerte.*

[3]) *1401.*

[4]) *Daß die Metzer vor dem Römerzuge um Bestätigung ihrer Privilegien gebeten haben, ist sonst nicht bekannt, auch nicht wahrscheinlich. Nach Huguenin p. 121 schickt vielmehr der König nach Metz, um sich dort anerkennen zu lassen, und das wird bestätigt durch die Urkunde Chmel nr. 968. Ein Urkundenkonzept, das die gleichzeitige Bestätigung der Privilegien der Stadt enthält (Chmel nr. 969), trägt die Randnotiz* non transivit. *Tatsächlich werden die Privilegien erst 1404 November 26. bestätigt. Recueil des edits enregistrés au parlement de Metz par M. Emmery, I 660. (Originalurk. im Metzer Stadtarchiv). Über die Vorgänge des Jahres 1401 vgl. besonders die Anweisung Ruprechts für Graf Friedrich v. Leiningen und Johann Kemmerer von Dalberg, auf der Reise nach Frankreich in Metz zu verweilen, um mit dieser Stadt über seine Anerkennung als König und Hilfe zum Romzuge zu verhandeln, 1401 September 18. Deutsche Reichstagsakten IV, 453.*

ban dudit roy Wainchelat pour ung appelley Friche de Noiremberg.¹) Lequeil roy de Baviere ne se volt point acourder a ciaulx de Metz tant qu'il en ot xiiiᵐ florins par les grans menassez qu'il leur faisoit, et quant il ot lez xiiiᵐ florins, il fist quant que on volt mal tenus.ᵃ)

Item²) en l'an m iiiiᶜ et iiii fist Phelippe conte de Nausowe. Jehan conte de Salmme, signeur Gueirart sire de Boulay, Jehan d'Aulter guerre a ciaulx de Metz et empourtont xiiiᵐ florins³) de ciaulx de Metz per paix faisant, pourtant qu'ilz ne poient avoir confort ne ayde dudit roy et pourtant que les graingez estient plainnez; et fuit a la Ste. Croix en septembre. Et fuit celle guerre apaisiee par sgr. Ferry anney fil de Moirs⁴) conte de Sarwerdenᵇ).

1404
Sept. 14.

LIIII.

Item en l'an mil iiiiᶜ et v pour les gros urgens et les grossez taillez c'on faisoit tant pour paier leurᶜ) soudeieurs comme pour paier lez sommez dessus ditez et pour lez grossez perdez que plusieurs avoient fais et lez autrez non, et aussi pourtant que le dit conte heust fait paix pour xᵐ, maix ciaulx qui n'avoient riens perdus se haistont dez xiiiᵐ a donner, et il despleut a ciaulx qui avoient perdus et quiᵈ) estoient airs et destruitz que disoient qu'ilz n'en paieroient rien; s'en avint si grant devision en Metz que la comune s'eslevait et regnait ix moix. Et on tempz pendant deffiont ciauls de Metz Jehan conte de Salme et li destruiont la terre de Puthelenge⁵) et de Morehenge⁶) en iiii jours a force d'arme qu'ilz geussent fuer de Metz. Pour laqueille chose sgr. Phelippe conte de Nausowe et de Sarbruche, sgr. Ferry conte de Sarwerden et Gueirart, sgr. de Boulay, deffiont ciaulx de Metz et firent guerre eaulx iiii ensemblez contre ciaulx de Metz. Laqueille guerre durait iii ans, laqueille guerre fuit appellee la guerre des iiii seigneurs. De laqueille guerre vous en

p. 253.

---

a) *6 Zeilen frei.* b) *5 Zeilen frei.* c) leur *übergeschr. von a.* d) *Huguenin statt* et qui: leurs villaigee.

1) *Vgl. über diese Angelegenheit Anm. zu p. 235.*

2) *S. oben p. 241 und die ausführlicheren Angaben bei Huguenin S. 129.*

3) *S. die Schuldurkunde der Metzer vom 16. September 1404. Hist. de M. IV 531.*

4) *S. über ihn oben Anm. zu p. 172. Friedensurkunde vom 16. September 1404 unter Vermittelung Friedrichs. Hist. de M. IV 538.*

5) **Püttlingen**, *Kr. Forbach.*

6) **Mörchingen.**

avez ja ouys parler ci devant, sus :|: suis xlviiii :|: et en pourez encor ouyr parler ci aprez sus¹) [lxiiii].ᵃ)

Item en l'an mil iiiiᶜ et vi la vigille de l'ascencion regaingnont la chevalerie et lez anciens bourgois la ville contre le comung per l'ayde de leur soldoieurs et per leur engins et lez remissent en leur obeysance comme ilz estoient per avant et estre debvoient. Et ne cessait ja pour ce la dite guerre jusquez l'an mil iiiiᶜ et viii on moix d'aoust²) que la dite paix en fuit faite par Roubert duc de Bair qui en fist vaillamment si comme on dist.ᵇ)   *1406 Mai 19.*

LV.

Item puis que le dit roy Ropert revint de Venise il n'ot ne piez ne main, et par deffault de ce que lui et le roy Wainchelat de Bahagne ne foisoient rienz et se tenoient tousjours en telt estat, les vii esleiseurs volrent esleire le merquis de Merrauble comme devant; maix il la renfuisait, pourtant qu'il se disoit estre trop viez et qu'il ne la volloit mie entrepenre contre sez coisins.

Et on temp pendant c'on porchassoit de faire novelle election moruit le dit roy de Baviere sens estre empereour; s'en covint faire election d'un autre.

Et de rechief voullient tousjours lesdis esliseurs eslire le dit merquis de Merrauble et tousjours la renfusoit,³) pourtant qu'il estoit viez et ne volloit rienz entrepenre contre cez coisins qui avient ja l'election devant que lui, et demeurait la chose en telt estat jusquez en l'an iiiiᶜ et x que le roy Symont de Hunguerie fuit eslieut.ᶜ)

Item dudit duc Jehan de Gorliche⁴) que geist on reaume de Bahaigne que moruit joune homme⁵) sen laissier nus hoirs maisle for c'une fille qui ot nom Ysabel⁶), laqueille le roy Symont de Hunguerie son oncle li ostait tout ce qu'elle debvoit tenir de part son peire et de part sa meire;⁷) et li donnait a marit Anthonne duc de Braibain

---

a) *Lücke in der Vorlage; hiernach c. 6 Zeilen frei.* b) *10 Zeilen frei.* c) *³/₄ Seite frei.*

1) *S. p. 343 der Handschrift.*

2) *Oben p. 235 hieß es, der Friede sei im Juli geschlossen. Tatsächlich ist der Friedensschluß von 1408 Juli 25. H. d. M. IV 636.*

3) *Tatsächlich wurde Jost am 1. Oktober 1410 als König gewählt, starb aber schon am 18. Januar 1411.*

4) *Görlitz.*

5) *Johann von Görlitz wurde 26 Jahre alt.*

6) *Elisabeth.*

7) *Sigismund zog die Neumark, Wenzel die Niederlausitz ein.*

et li donnait la duchie de Lucembourg[1]) en mariaige a rachet d'une somme d'argent :|: de IIII^{xx} mille. :|:[2]) Lequeil Anthonne moruit sens hoirs[3]) de son corps et moruit a la bataille que fuit faite[a])[4])... quant le roy Hanrey d'Jngleterre desconfist les Fransois l'an mil IIII^c et xv.

LVI.

Puis olt la dite damme Ysabel, duchesse de Lucembourg, a maris Jehan duc de Bawiere[5]) c'on disoit Jehan le dyauble, lequeil moruit sens hoirs de son corps per empoisennement.[6]) Et quant il fuit empoisonez il vint ung maistre que dist qui le garriroit et li doublait le copt, et puis s'en allait fuiant. De quoy il en y ot II dez prins qu'estient sez feaublez qu'en estoient consentant. Et quant il sot qu'ilz fuissent prins, il priait a sa femme qu'elle ne lez faisist point morir, car il leur pardonnait, puisqu'il plaisoit a Dieu qu'il fuist ainsy. Et la damme li respondist qu'elle en feroit bien et qu'il pansast a Dieu et qu'il laisast a pencer a si faitez chosez. Et quant il fuit mors, la damme fist penre lez II et en fist faire justice publiquement et lez fist morir de tres crueuse et honteuse mort. Et lequeil duc douwait tres bien la dite damme. Et quant le duc de Bourgoigne[7]) vit que la dite damme avoit si gros dowaire,[8]) lequeil li debvoit

---

a) *Lücke im Text.*

1) *Wenzel gab die Elisabeth dem Anton von Brabant zur Frau und stellte am 27. April 1409 einen Ehekontrakt auf. Bibl. nat. Ms. franç. 22487 f. 19—21. Die Heirat fand am 16. Juli 1409 statt.*

2) *Vielmehr 120 000 Gulden. S. den Heiratskontrakt und die Modifikation desselben vom August 1411. Bibl. nat. ib. fol. 22—23.*

3) *Anton hatte einen Sohn Wilhelm, der aber sehr bald starb.*

4) *Bei Azincourt.*

5) *Sigismund schloß mit Johann, Pfalzgraf bei Rhein, Herzog von Baiern und Grafen von Holland, am 16. September 1417 den Heiratskontrakt für seine Nichte Elisabeth ab. Publ. Lux. XXV 222. Die Hochzeit fand im Mai 1419 statt. ib. 232.*

6) *1425 Januar 5. Nach dem Gerücht war es Chevalier Jean de Vliet, der ihm das Gift gab. S. die Zusammenstellung der Nachrichten über seinen Tod Publ. Lux. XXVI 25.*

7) *Herzog Philipp von Burgund (1419—1467).*

8) *Ihr Wittumsgut, wie es von Anton 1409 Nov. 30. verbrieft war, Publ. Lux. XXV 145. Das Wittumsgut, das Johann von Bayern konzediert hatte, ist in einer Urkunde vom 9. Februar 1418 verzeichnet. Es ist der Genuß des Einkommens aus allen Mobilien und Immobilien, die Johann in Baiern, Hennegau, Holland und Seeland besitzt; Publ. Lux. XXV 226. Am 14. und 24. März einigen sich Philipp von Burgund und Elisabeth über das der letzteren zustehende Wittum. Publ. Lux. XXVI 37.*

escheoir aprez le decept de la damme, il n'atendist mie tant que elle
moruit; maix li ostait environ vi ou vii ans aprez la mort de son
maris.[1])

Et le pourquoy c'on clamoit le dit Jehan de Bawiere Jehan le
dyauble;[2]) c'estoit quant il estoit channone de Liege,[3]) et pour le
temp y avoit le sgr. Perwel ung fil, chanonne de Liege. Si avint que
l'evesque que pour le tempz estoit moruit; et aprez sa mort fuit
eslieut le dit Jehan de Baviere et le fil le sgr. de Perwel. Et de
laqueille election guerre s'en esmeut et pourtant que lez Liegois amient
muez le sgr. de Perwel a evesque que le dit Jehan de Baviere, la
cite de Liege et la plux grant partie du payx aidont l'evesque de
Perwel per | telt maniere qu'ilz avient presque deschassiez le dit Jehan
de Baviere, se ce ne fuist esteit per l'ayde du duc de Bourgoigne qui
le vint conforteit et le confortait par telt maniere, lui et cez autrez
amis, et tant que les parties orent besoingne arrangiee et se combatont
par telt maniere que lez Liegois furent tuis desconfis. Et quant la
desconfiture fuit faite, le dit Jehan de Baviere fist tantost cerchier lez
prisoniers et lez mors pour congnoistre lez noiblez. Et la li fuit
amenez le dit sire de Perwel prisonnier; et tantost qu'il le vit, il li
fist trenchier la teste[4]) lui et plusieurs autrez et fist penre la teste
dudit sire de Perwel et la fist mettre au chief d'une lance et pourter
iii jours devant lui pour faire le remenant du pueple de Liege plux
embahis et tirait tantost devant Liege et gaingnait Liege a force
d'airme et le payx. Et en mist tant a mort qu'il demeurait evesque
et sgr. du payx tout paisiblement, tant comme il fuit evesque.

Et le pourquoy qu'il ne fuist plux evesque et qu'il y renonsait
a l'evescie et qu'il se mariait et prinst la dite damme a femme. Ce

p. 256.

---

[1]) *S. die Denkschrift der Elisabeth gegen Philipp von Burgund, in der es gleichfalls heißt, daß Elisabeth sieben Jahre und mehr im Genuß ihres Wittumsgutes gewesen ist. Ohne Datum. Publ. Lux. XXVII 5. Desgl. die Verhandlungen zwischen den Vertretern der Elisabeth und Philipps über Regelung dieser streitigen Angelegenheiten vom 15. Juni 1438, ib. 8.*

[2]) *Sonst auch* Jehan sans pitié.

[3]) *Johann war im Jahre 1390 Bischof von Lüttich geworden. 1406 wurde gegen ihn, nachdem er von den Bürgern vertrieben war, der Archidiakon Dietrich von Horn, Herr von Perwez (Perwel) gewählt. Der Bruder Johanns, Wilhelm Graf von Hennegau, und sein Schwager Herzog Johann von Burgund kommen zu Hilfe und die Lütticher werden 1408 bei Othée geschlagen. Pirenne-Arnheim, Geschichte Belgiens II 321 ff.*

[4]) *Nach Pirenne fand man den Dietrich von Perwez und seinen Vater tot auf dem Schlachtfelde.*

fuit pourtant que quant les Fransois furent desconfis par les Ynglois en l'an ᴍ ɪɪɪɪᶜ et xv, il li escheut grosse terre par les seigneurs qui y morront et fuit hoir dudit duc Anthone de Braibain son devantrien, de son frere et de plusieurs autrez qui y moront, de quoy la duchie de Braibain l'en escheut, la conteit de Hennal[1]), Frise et Ylande[2]) et plusieurs autrez payx. Et pourtant qu'il n'avoit frere ne suer et qu'il li avoit enscheut si grosse chose, il laissait la dite eveschie et se[a]) mariait et puis moruit comme dessus sens hoirs de son corpz. S'en fuit le duc de Bourgoigne que pour le temp estoit hoir.

Le pourquoy c'on clamoit le dit Jehan de Baviere Jehan le dyable, c'estoit pourtant que quant il faisoit guerre aus Liegois pour lez menus biens qu'il leur faisoit, les dis Liegois le missent a nom Jehan le diauble et ne le clamont autrement tant qu'il lez ot desconfis. Et quant il olt conquestez le payx et qu'il en fuit sgr. paisiblement, ilz ne li osont plux huchier.

p. 257. La dite damme Ysabel duchesse de Lucembourg moruit sens hoir de son corpz et fuit si bien de ciaulx de Metz qu'elle y achitait une maxon et la meublait et si venoit tres souvent embatre :|: et demorey ɪɪ on ɪɪɪ moix[3]) pourtant qu'elle dansoit tres volantier.[4]) :|:

:|: Item[b]) le vᵉ jour de iung per ᴍ ᴄᴄᴄᴄ et xxxvɪɪ se parton de Messe lez anbaixaidour de maidite dame de Balbierre, c'est ai savoir le Rouwecreve et sgr. Jehan Paxpert, Papexgaute et atre et s'an allon ver l'anperrour ay Aigre[5]) pour sairtan debat que pandoit entre maidite dame d'une part et Jehan sire de Rodemaque et sial de Lusanbourche qui aistoie desobaixan a maidite dame d'autre part.

Et sanblament y anvoion le dit de Rodemaque et sial de laidite Lusanbour per dever le dis enperour lor anbaixaidour pour faire lor excusasion et s'an revinxe les pertiee environ le vɪɪɪᵉ jor d'avost anxuan per desay san y avoir aisey poque besoingnier.

Item on temp pandan que lez anbaixaidour dez pertiee aistien per dever le dis enperour que guerre s'aymeut entre lez pertiee.

Et defiait por et on [nom] de maidite dame le conte de Veirne-

---

a) *Vorl. rep. se.* b) Item — maix il ne poieie *auf eingeklebtem Blatte.*

1) *Hennegau.*
2) *Holland.*
3) *In Metz urkundlich nachweisbar am 5. Oktober 1430, desgl. am 24. Oktober 1430. Publ. Lux. XXVI 59, 60.*
4) *Daß sie gern tanzte, wird auch anderweit erwähnt, so in den Rechnungen der Stadt Luxemburg zum 1. und 15. Mai 1418. Publ. Lux. XXV 228.*
5) *Eger. Sigismund hielt während des Monats Juli im Jahre 1437 hier Hof.*

bour, governour de maidite dame, ledis Jehan de Rodemaque; lequel conte tenoit say vernexon pour maidite dame a leus de Caitenemme.¹)

Et Jehan de Belrain un sien caipitenne que tenoit vairnexon pour maidite dame a Yvoixe contre le dis *sgr.* de Rodemaque.

Item le mairdis a soir xxvIIII jor de juellet gaingnon lez dis de Rodemaque sur maidite dame Aiternaque²), une tres bone ville et tres bien vermee, et y antron per ung ruy que cort permey laidite ville per mal verdey.

Item le secon jor de septembre enxuan s'aipoixon lez pertiee per le moien de lor salleries et de lor botellier. Et aipres ceu qui s'orent tres bien buerley et damaigier et de la de lor fuirent chergier yal IIII sur xII m. florin que n'etan . . . . les raipol des IIII don droit que li IIII an raiporteroie per droy.

Item ay lay Sainte Croix en seppetembre enxuan fut l'erxevaique de Trueve a dis leus de Lusanbour por veoir, s'il poroit troveir acun aipointement antre maidite dame et lez dis de Lusanbour.

Sy aistoit pour maidite dame le conte de Veirnebourch et lay plus gran pertiee de lay chevalleriee et des bone ville don dis paixe.

Et aiveuc sial de Lusanbour aistoie Aivray de lay Mairche³) et ledis Jehann de Rodemaque et pluxour atre don paix.

Et y fit on aisey poque et se desperton san rien faire.

Item on moix de may per xxxvIII vinxe a dis leus de Lusanbour sairtain anbaixaidour de part le nobel roy dez Romain duc d'Oteriche et firent per belle parrolle que lez dis de Lusanbourch lez minxe on chaitel; et quant il y fuirent, il n'en voxe poin ruxir et dixoie que le dis roy volloit raichetey ledis paixe et . . . . ᵃ) sial de Lusanbour volantier repantis ᵇ) de ceu qu'il avoie fait s'il poieuxe; maix il ne poieie. :|:

:|: Item on moix de seppetembre per xxxvIII aichetay maidite dame une maxon *a* Trueve⁴) et y alloit demorey pour lay petite obaixanse

---

a) *Ein Wort unleserlich.* b) *Lesart unsicher.*

1) *Cattenomme = Kattenhofen.*
2) *Echternach.*
3) *Eberhard de la Mark.*
4) *Schon 1427 hatte Elisabeth ein Haus in Trier «zu dem Arensten» in der Brodgasse besessen, das sie am 26. Dezember d. Js. dem Abte Mathias von St. Maximin für die Zeit ihres Lebens und ihrer Herrschaft in Luxemburg zedierte. Publ. Lux. XXVI 42. In einer Urkunde von 1439 März 2. (Publ. Lux. XXVII 19) ist gleichfalls von einem Hause der Elisabeth in der Nähe des Klosters St. Mathias die Rede.*

qu'elle avoit de sial de Lusanbour¹) et de pluxour atre don dis paixe. Et laixait le governement dou dis paixe an lay main de l'aivaique de Liege, menastratour de l'aixevaichief ᵃ) de Trueve,²) et don conte de Vernebour³) permey vɪ m. florin qu'il an dovoie chescun an paier a maidite dame sertenne aynaie an lor fortune et peris permey la dite revenuee et mueevalluee don dis paixe qu'il an dovoie resevoir. :|:ᵇ)

Et en l'an mil ɪɪɪᶜ et xxxɪɪɪ damme Bonne, fille du duc Roubert de Bair que fuit seconde femme de sgr. Wallerant conte de Liney en Berrois et conte de St. Poul en Piquardie, laqueille n'avoit nulz enffens, et fist semblablement qu'elle olt une maxon en Metz et l'ameublait et se si venoit embaitre quant boin li sembloit.

LVII.

Ci apres parlerons du roy Symon de Hunguerie que fuit empereour, ainsney fil de l'empereour Charle de sa darienne femme,⁴) et de ces advantures qui li avissent devant ce qu'il fuit empereour. Et aprez parleronz de son election et coment qu'il fuit empereour.

Premier le dit Symont, second fil de l'empereour Charle, fuit premier marquis de Brandebourg et li donnait l'empereour Charle son peire, quant il l'ot achitee.⁵) A laqueille merquiseteit appartiennent ausi tant de bonnez villez et de chastel comme il y ait de jour en l'an. Et cui qui est merquis de Brandebourg, est et doit estre ung des septz esliseurs du Saint Empire. Et la donnait le dit Symon au jonne bourgraive de Noiremberg, quant il assemblait le Saint Consille

---

a) *In der Vorlage* lay xevaichief. b) *Hiernach 12 Zeilen frei.*

1) *Dauernd ist sie in Trier erst nachweisbar, nachdem sie Luxemburg an Burgund abgetreten hat.*

2) *Bischof Johann von Lüttich war 1438 April 15—1439 März 28 Koadjutor des Trierer Erzbischofs. Dieser muß also gemeint sein. Es ist sonst nicht bekannt, daß Johann die Verwaltung von Luxemburg geführt hat. Man möchte eher an Erzbischof Jakob von Trier denken, der als Koadjutor Nachfolger Johanns war. Bei ihm war die Herzogin schwer verschuldet, so daß sie ihm 1440 sogar das ganze Herzogtum Luxemburg verkaufte. Sie erhielt eine Lebensrente von 4000 fl. Der Erzbischof mußte außerdem dem Grafen Virneburg 12000 fl., die Elisabeth dem letzteren schuldete, zahlen; Publ. Lux. XXVIII 6. S. auch die Urkunde vom 26. Dezember 1440, ib. 32. Der Verkauf scheint aber nicht zur Ausführung gekommen zu sein.*

3) *Graf Ruprecht von Virneburg.*

4) *Elisabeth von Pommern.*

5) *Im Jahre 1373.*

a Constance per ᴍ ɪɪɪɪᶜ et xx . . .,ᵃ)¹) aprez ce qu'il fuit esleut pour roy dez Romains et devant ce et ainsois qu'il fuit empereour.ᵇ)

Memoire que on veult dire que il y ot ung roy de Hunguerie²) *p. 259.* qui olt ɪɪ filles dont l'une fuit mariee en Turquie³) et l'autre fuit femme de Symon marquis de Brandebourg,⁴) second⁵) fil de l'empereour Charle et roy de Boheme. Et le pourquoy que le dit roy fist les ɪɪ mariaiges par telt maniere, ce fuit pourtant qu'il tenoit terre et ɪɪ pays, aussi bien en Sarazinen come en Crestianteit et que ces ɪɪ pays mairchoient ensemblez; et se pansait que se ces ɪɪ filles estoient mariees toutes ɪɪ en Crestienteit, que sa terre paienne seroit destruicte, et s'elles l'estoient en terre non Crestienne, que sa terre de Crestienteit seroit perdue et destruicte. Et pourtant lez mariait il l'une de sa, l'autre de la, adfin que sa terre ne fuist mie destruite aprez sa mort et qu'elle demeureit em paix. Car par les mariaiges qu'il fist, la fille qui fuit mariee par de la, empourtait la terre de par de la, et celle qui fuit mariee per de sa, empourtait la terre de par de sa, c'est assavoir la terre et le reaume de Hunguerie.

Et ainsi fuit le dit Symon, marquis de Brandebourg, roy de Hunguerie, ad cause qu'il ot a femme la fille que fuit mariee par desa, qui ot le dit reaume de Hunguerie⁶) en sa part contre sa suer qui fuit mariee par de la vers Turquie, qui ot ansi sa part par de la en la terre ver Turquie. Et par ceste maniere fuit le dit Symon, marquis de Brandebourg, roy de Hunguerie, ad cause de sa premiere femme per ᴍ ɪɪɪᶜ ɪɪɪɪˣˣ et vɪɪ.⁷)

Item il avint que la royne de Hunguerie⁸) et le dit Symon son genre n'avoient mie tres boin accort ensemblez pour cause dudit pays, qu'il n'en faisoit mie bien a sa vollenteit, maix usoit par le consoil du payx, dont sa seure s'en tenoit pour tres mal comptant, si comme il apparuit depuis.

---

a) *Lücke im Text.* b) ¹/₂ *S. frei.*

1) *1411 Juli 8 wird Friedrich Verweser der Mark; 1415 April 30 Übertragung der Kurwürde; 1417 April 18 feierliche Belehnung zu Konstanz.*

2) *Ludwig I. 1342—1382.*

3) *Hedwig, seit 18. Februar 1386 verheiratet mit Jagellow von Litthauen, der am 4. März desselben Jahres zum König von Polen gekrönt worden war.*

4) *Maria, seit 1374 mit Sigismund verlobt.*

5) *Sigismund war der dritte Sohn, doch war der älteste, Wenzel (von Anna von der Pfalz), schon im zweiten Lebensjahr gestorben.*

6) *Maria war am 17. September 1382 zum «König» gekrönt worden.*

7) *Sigismund wurde am 31. März 1387 in Stuhlweißenburg gekrönt.*

8) *Elisabeth, Witwe Ludwigs I.*

Sy avint que on tempz pendant la royne de Hunguerie,[1]) seure audit Symon, ouyt parler de Chairle de la Paix[2]) qui estoit ɪ tres noble chevalier et grant capitaine de guerre et fier orguilleus et conquerrant, elle se pensait que s'eust estez muez sa besoigne d'avoir ung telt genre que dudit marqui Symon pour deffendre son reaume et pour conquerre. Car la malleyvaillance qu'elle avoit contre le dit Symon son genre c'estoit pourtant qu'il ne faisoit rienz que par le consoil de son payx de Hunguerie. Et la dite royne, sa seure, s'en tenoit pour tres mal comptant enver le dit Symon, si comme vous ourez.

p. 260. Or ne sa per queil moiein que ung traittier se mist sur et fuit apointiet entre la dite royne et le dit Charle de la Paix, coment que le dit Charle debvoit avoir et averoit a femme la fille la dite royne qui estoit femme dudit marquis Symon et debvoit on tuer le dit marquis Symon. Et quant la chose fuit apointiee et ordonnee et que le dit Charle aprochait le payx et c'ons apparilloit de faire la dite nopce, le dit marquis Symon ne s'en gardoit point ne n'en savoit riens.

Si avint que la dite royne le dist a sa fille et li dist le pourquoy qu'elle le faisoit; la queille chose seroit tres loingue a escripre. De quoy la josne damme li respondit, que ja Dieu ne plaisist qu'elle s'acourdast a telt chose. Et incontinant le signifiait a son marit et que pour Dieu s'en allast fuiant, ou il estoit mors. Et incontinant s'en allait le dit marquis fuiant si soudainnement,[3]) comme il pot fuer du pays et s'en allait fuiant de lez le merquis Yoste de Merrauble son coisin germain ou son oncle[4]); lequeil le resuit tres honnoraublement, si come vous oures ci apres.

Et incontinant que le dit merquis Symon en fuit allez fuiant fuer de son pays que bien fist et on sentit le dit Charle venant, le dit

---

1) *Elisabeth, die Witwe Ludwigs und Mutter der Königin Maria.*

2) *Karl von Durazzo, König von Neapel, genannt della Pace. Die Erhebung Karls zum Könige von Ungarn ging aber nach der bisherigen Kenntnis nicht von Elisabeth aus, sondern von der den Königinnen feindlichen Familie Horwáthi. Übrigens war Karl bereits verheiratet, konnte also wohl kaum von Elisabeth als Schwiegersohn in Aussicht genommen werden. S. Aschbach, Geschichte Kaiser Sigmunds I, p. 17 ff. Vielmehr beabsichtigte Elisabeth, die Maria dem Ludwig von Orleans, Bruder des Königs Karl von Frankreich, zu verheiraten; 1385 hatte die Verlobung stattgefunden.*

3) *Sigmund hatte Ungarn nach der Landung Karls von Neapel wieder verlassen. Maria hatte gegen Karl bei ihm Hilfe gesucht und sich ihm formell verheiratet.*

4) *Jost war Sigismunds Vetter.*

marquis Symon fuit querris pour lui a detrousser, maix on ne le pot trouver. Et quant on ne le pot trouver, le pays tournait tantost et s'acourdont a la vielle damme.

Sy avint que quant la josne damme sot que le dit Charle approichait, elle appellait environ VIII que chevaliers qu'escuiers, qui estient dez plux feauble de sa court et leur prist a raconter la chose en disant qu'il falloit qu'ilz tuaissent le dit Chairle et leur ordonnait par queil maniere, si comme vous ourez. Que quant le dit Charle vanroit et ilz sairoient a la tauble, que ilz venissent devant la tauble legierement armes au plux secreitement qu'ilz pouroient, et quant ilz venroient devant la tauble qu'ilz ne fayssent chiere de faire nulles honnours queilxcunques, et qu'elle savoit bien que le dit Charle qui estoit fier et orguillous ne se pouroit tenir d'iaulx dire desplaisir, pourtant qu'ilz ne li faisient nullez honnour. Et quant il leur diroit desplaisir | qu'ilz le tuaissent tout a la tauble, et qu'elle leur ordenneroit bien chevalx et relaissez par telt maniere qu'ilz s'en iroient bien sains et saulz sens avoir mal ne villonie et sens perde.

Et ainsi se fist il. Car quant le dit Charle fuit venus et qu'ilz seoient a tauble d'onnour et seoit le dit Charle a la tauble d'onnour entre la meire et la fille, les dis chevaliers et escuiers, qui y estoient ordonnez de venir, y vinxent, si comme ilz estoient ordonnez. Et quant le dit Charle les vist venir sans honnour faire, il leur dist desplaisir, et incontinant ilz le tuont a la tauble. Et quant le copt fuit fait, la josne damme la merquise, fille la royne, ruait la tauble par terre et prist le frains aus dens et fist voie a ciaulx qui avoient fait le fait, ensi comme elle leur avoit ordonnez et s'en allont sens perdres jour et nuit a chevalx et relaix, tant qu'ilz vinssent on payx de Merrauble delez leur seigneurs le merquis de Brandebourg, et li racontont l'avanture et coment qu'ilz l'avoient fait par le consoil de leur josne damme[1]); et s'ilz en furent remercier, on ne doit point penser du contraire. Ci aprez ourez ce qu'il en avint.

Item il avint puis les chosez faites et advenues comme dessus que le marquis Yoste de Merrauble qui estoit oncle ou coisin germain au roy Symon de Hunguerie, lequeil marquis avoit grant tresor, dist a son coisin germain le marquis Symon de Brandebourg et roy, qu'il estoit tempz de lui a aidier et qu'il y voulloit mettre le tout pour le tout, en lui aidant a vangier tout ce que on li avoit meffait, car on

---

[1]) *Der Mord war nicht durch Maria, sondern durch ihre Mutter Elisabeth veranlaßt worden.*

ne debvoit mie avoir finance ne tresor, que pour aidier ses amis en lieu et en temps.¹)

Sy avint que lesdis ii marquis firent leur mandemens si enfourcieement comme ilz pourent et entront on payx de Hunguerie. Et en entrant qu'ilz firent on dit payx, lez ungs obeyoient et les autrez, non, dont la plus grant partie vint a obeyssance. Et ciaulx qui avoient escris consentant de la mauvistiez devant dite et ciaulx qui ne voulloient obeyr, il les assigait et conquestait et deschassait. Et vinrent devant une tres fort place ou sa seure et sa femme estoient et l'assegait et gaingnait a force de cieige et nel vot onque penre a mercy, pourtant que lez ii dames y estoient.

Et quant il olt gaingnie la dite place, il fist enmeurier sa dite seure la vielle royne en une fourteresse et n'en partit tant comme elle vesquit.²) Et rot sa femme par bonne amour, tant comme elle visquit comme devant, et li fist le reaume obeissance et le tinssent tout en paix la vie de la damme.

Et douqueil huttin y ot ɪ conte deschat dudit reaume que tenoit bien ɪɪɪɪˣˣ et x milles florins de terre chasc'ant. Lequeil ne pout avoir sa paix et se gouvernoit fuer dudit pays a la court du roy Wainceslas de Boeme, ainsnes frere dudit roy Symon de Hunguerie non germains, pour veoir s'il li provoit pourchassier sa paix. Lequeil tenoit encor bien xᵐ florins de terre fuer de la subjection du dit roy de Hunguerie.

Puis avint que pour la grosse justice que ledit roy fist aprez ce qu'il ot conquesteit le dit pays des nobles du pays, fuit le dit roy prins par les enffens d'un des nobles du pays adcui il avoit fait tranchier la teste auvec plusieurs autres.³) Lesqueilx enffens le voulloient faire morir de telt mort, comme il avoit fait morir leur peire, c'est assavoir de trenchier la teste. Maix la meire desdis enffens se ruoit en

---

1) *Sigismund hatte bei Jost von Mähren ein Darlehen von 50 000 Schock Groschen aufgenommen. Schon beim ersten Zuge nach Ungarn im August 1385 begleiteten ihn Jost und Procop. Auch jetzt im April 1386 waren Jost und Procop, ebenso Wenzel mit ihm.*

2) *Die beiden Königinnen waren am 25. Juli 1386 in die Gefangenschaft der Familie Horwáthi geraten und Elisabeth war in der Festung Novigrad Januar 1387 erdrosselt worden. Maria wurde am 4. Juni 1387 freigelassen. Sigismund war mittlerweile am 31. März 1387 zum König gekrönt worden.*

3) *Am 28. April 1401 wurde der König in Ofen gefangen genommen und nach dem Schlosse Vissegrad gebracht. Die Erbitterung gegen ihn war groß, weil er gegen die neapolitanische Partei im Jahre 1397 sehr streng vorgegangen war und den Führer derselben Stephan Laczfi hatte hinrichten lassen. Huber, Gesch. Österreichs II 358.*

genoilz devant yaulx en priant pour Dieu, que ne volcissent point ouvrer par chaulour ne par soudainnete et qu'ilz ne le feissent point morir, combien qu'il heust fait morir leur peire. Car s'ilz le faisoient morir ja, pour ce ne raveroient ilz leur peire; car le dit roy estoit de si grant sens et si puissament emparantez, que s'ilz le faisient morir, ilz en pouroient encor estre mors et destruis et tout leur lignaige et pays. Et par les doulces et admiaublez parolles que la meire fist aus dis enffens, ne moruit point le dit roy et li porchassait sa delivrance, tant qu'il fuit quitte.

Puis tout ce dessus dis fait et advenus et que le dit roy tenoit *p. 263.* son reaume tout em paix, il s'embatit une foix a Vienne en Ousteriche qu'est la principal ville d'Ousteriche per dela pour une journee qui estoit ordennee a tenir de plusieurs seigneurs.[1]) Et avint ad celle journee aprez ung souppey que on encomenssont a juer aus delz et tant que le dit roy gaingnait tout l'argent que ung bourgoy de la dite Vienne avoit sur le jus. Et quant le dit bourjoy ot perdus son argent, il s'en allait querrir de l'autre. Et quant le dit roy qui avoit gaingnie la plux grant partie de son argent l'en vit aller, il pensoit que le dit bourgoix eust tout perdus, dont il estoit bien joieux, pourtant que le dit bourgoy avoit fait si gros jus contre lui, et pensoit qu'il n'eust plux riens et qu'il en seroit deschas.

Or s'en revint le dit bourgoy au jus bien remontez et attendit tant que le roy tint le delz. Et quant le dit roy tint lez delz, le dit bourgoy avanssait une bairatte plainne d'or et la couchait au roy. Et le roy li demandait, se c'estoit a certe qu'il la couchoit. Et le dit bourgoy dist que oy. Adont li dist et demandait le dit roy: «Se je l'avoie gaingniee que feroie tu»? Et il respondit qu'il lairoit ja le boivre. Adont dist le roy: «Tu es plux herdis que moy, car en boinne foid je ne l'ouse tenir; car se je la perdoie, je ne la sauroie de quoy paier», et se despartit dou jeus et s'en allait tout couroucier par despit.

Puis avint au londemain que les seigneurs estoient ensemblez et la se prinst le dit roy a complaindre au duc d'Ousteriche d'un sien bourgoy de la dite Vienne, que li avoit faite si grant honte et villonnie comme de couchier a ung roy si grant finance qu'il ne l'ousoit tenir et li contait la chouse tout au long.

De quoy le dit duc en ot despit et li sembloit que le dit roy n'avoit mie grant tort et que son bourgoy li avoit fait ung grant

---

[1]) *Im August 1402 war Sigismund in Wien, um Wenzel dorthin zu bringen, und schloß am 16. d. M. mit den Herzögen Wilhelm, Albrecht und Ernst ein Bündnis.*

orgueil et respondist au roy, qu'il l'en chastieroit si bien qu'il en ouroit nouvelle.

Puis mandait le dit duc le dit bourgoy per devant son consoil et li remonstrait moult durement l'orgueil et le despit qu'il avoit fait au dit roy et la complainte que le dit roy l'en avoit fait, en disant qu'ilz l'amanderoit si grandement que lez autrez y pein|roient esxemple pour une autre foix. De quoy le dit bourgeoy respondit : « Monseigneur, je ne vous cuide avoir fait nulle honte ne desplaisir, maix pance que quant vous seres bien advisez et bien enfourmez, que je vous ai fait grant honnour et vous doie et cuide avoir fait grant plaisir et que se sur ce vous me faisiez aucuns griefz, vous donries petis esxemples a toute vostre bourgerie de vous faire autrez foix on tempz a advenir telt plaisir, comme je vous ay fait ». Et se despertit de son seigneur et du conseil et s'en allait enchief lui.

Or fait le dit duc demande a son conseil qu'il en ferait. S'en dit l'un bien, l'autre mal, et en y ait de ciaulx qui prennent fort la chose pesant et lez autrez assez ligiere. Or en y ait ung viez anciens chevalier qui n'amoit mie le jous de delz et prinst a dire : « Je ne suix mie jueux de delz, maix il me semble tout le contraire de vostre oppinion tuit ensemblez.

Premierement il me semble et ensuit bien vostre voie que c'est mal fait de ce qu'il ait jueir aus delz et en especial de ce qu'il ait juer au roy. Et il s'en peust bien passer et il n'appartenoit mie a lui de juer a roy, se ce n'eust estez a la requeste du dit roy. Maix je dit que le bourgoix ait fait grant honnour a monsgr. le duc et tres grant proult, pourtant que le dit roy est ung tres grant et puissant seigneur et est tres prochienz voisin de nostre payx. Et avient souvent que debas avient entres les II payx par entreffaites qui pueent advenir, dont grant mal et guerre s'en pueent ensuir. Or debvez pencer que teillez entreffaites pueent advenir entre lez II seigneurs et lez II payx, que quant le roy pencerait a la bairatte de finance que nostre bourgois li ait couchier et qu'il n'ait ouser tenir, pencerait il que le dit bourgoy soit par lui niant, maix pencerait qu'il en y ait encor des autrez? Et pencerait que s'il prent guerre a vous que per les financez et puissances de vos bourgois que vous n'aiez plus grant puissance de vous a deffendre et faire guerre contre lui qu'il n'eust fait, se ceste jeus ne fuist advenus. Et pourtant il me semble que l'en feroit desplaisir, ce seroit malz et petis esxemplez c'on monstroit aus autrez bourgois et qu'ilz n'ouseroient plux de si en avant faire chose que fuit a l'onnour de monseigneur et que s'on lez menoit en nulz lieus

embatre, qu'il sembleroit que ce ne fuist mie pour bien et c'on lez
menaist autrait pour yaulx | mettre a amande». Et quant il ot tout dit, *p. 265.*
tuis li autrez revocont et ensuont son oppinion.

Et per ainsi demeurait le dit bourgoy em paix sens amande a
paier ne a riens demander. Puis avint tout ce devant dit fait et ad-
venus que la dite royne moruit[1]) sens laissier hoirs de son corps et
pourtant qu'elle moruit sens hoirs de son corps, le dit reaume debvoit
enscheoir a la suer de la royne ou a ces enffens.[2]) Or s'avisait le
dit pays de Hunguerie qu'ilz estoient fort long de Turquie pour avoir
secour d'iaulx s'ilz obeioient a eulx et que s'ilz y obeoient que les
Cristiens les destruroient. Et le roy aussi qui ne se voulloit mie
desister des places ne du pays en disant qu'il l'avoit conquestei a
force d'airme, au temp de la royne sa femme. Si avisont que le dit
roy estoit puissant d'amis et bien batillerat, et comment il avoit ja
conquesteit une foix le dit payx a force d'airme et l'avoit bien main-
tenus depuis et bien deffendus enver tous, ilz s'acourdont au dit roy
et le dit roy a eaulx, en telt maniere que le dit payx l'aleurent pour
roy. Et il lez resuit bien amoreusement et les reprinst a hommez et
lez ait adez bien deffandus tant comme il visquit. Et quant le dit
roy ot l'obeyxance dou payx, il s'avisait que tout ausi legierement
comme le dit pays li avoit fait obeyxance, que tout ausi legierement
povoient ilz faire du contraire. Il y avoit ung conte de Hunguerie
que s'appelloit le grant conte de Hunguerie, :|: conte de Chille, :|: qui avoit
grant puissance, lequeil le payx avoit en tres grant graice. Et enten-
doit bien que s'ilz s'eust voullus traire avant pour estre roy qu'ilz
l'eussent voullentier heu prins a roy, et ne tenoit qu'a lui de l'entre-
prenre. Car s'il l'eust heu entrepris, il heust heu partie don pays de
son obeisance. Et pour celle doubte le dit roy s'avisait que le dit
conte avoit une fille qu'il la penroit a femme pour estre fuier de celle
doubte. Et ainsi se fist il, et la prinst a femme,[3]) adfin que le dit
conte n'entrepreinst riens contre lui et qu'il li aidet a tenir le pays
en obeysance. De laqueille damme le dit roy ot une fille[4]) que fuit
femme au duc d'Ousteriche,[5]) sgr. de Vienne.

Et lequeil roy n'ot plux d'enffens for que celle duchesse d'Ous-
teriche. Et pour celle cause veult on dire que guerre s'en esmeut

---

[1]) *1395 Mai 17.*
[2]) *Hedwig von Polen erhob sofort Anspruch auf die Thronfolge.*
[3]) *Barbara Gräfin von Cilly, die er 1408 heiratet.*
[4]) *Elisabeth geboren 1409.*
[5]) *Albrecht V.*

p. 266. des Turquez | d'une part et dudit roy et pays d'autre part. Laqueille guerre durait tant comme le dit roy visquit. Et y ot en celle guerre plusieurs besoingnez perdues et gaingniez que d'une part que d'autre. Entre lesqueillez il en y ot une grosse bataille que se fist en la Vallaquie on moix d'octobre per м mᶜ ɪɪɪxx et xv¹) que le dit roy fist mandement par toute Crestiante pour aller sur lesdis Turques. De quoy il en y ot partie de la flour de toutes les mairches de Crestiente perdue. Car quant ilz vinssent outre la Donnowe et ilz vinssent en la Vallaquie devant Nychopolin, ung tres grant prince de Turquie que s'appelloit le Bauseque²) a grant puissance leur vint en l'encontre pour combatre. De quoy le dit roy ne les volt mie combaitre pour la grant force qu'ilz avoient et se prinst a retourner lui et son payx a tres grant perdre. De quoy il en y ot des noiez sens nombre en retournant et en passant la Donnowe qu'ilz faisoient pour la chase qui les suioit. Maix les Fransois par leur orgueil ne volxent croire parsonne du payx ne le roy, et volxent avoir la premiere bataille.³) Et se combatont si vaillamment qu'ilz furent tuis mors et prins. Maix ainsois qu'ilz fuissent desconfis, ilz fuissent bien achites; car ce fuit merveille des mors qu'ilz tuont en yaulx deffendant ainsois c'on le peust desconfire. De quoy je vous en nomeray partie des mors et des prins de nos marches. C'est assavoir des mors l'ameraul de la mer, le connestauble de France, sgr. Jehan de Vienne, sgr. Hanrey⁴) et sgr. Phelipe de Bair, lez ɪɪ anney fil du duc Roubert de Bair, et pluseurs du duchie de Bair et de Lorrainne, et du duchie de Lucembourg, et de toute l'Empeire, et d'Ingleterre, et la flour de Bourgoigne: le sgr. de Monbeliart, prince d'Aurange et autrez. Et de Metz: sgr. Nicolle de Heus, sgr. Lorrant Le Gronnaix, sgr. Jehan Braide, tuis ɪɪɪ chivaliers, et Jehan Piet Deschault, fil de Albertin Piet Deschal. Et des revenus de Metz: sgr. Jehan Corbe chevalier que geist en la grant esglise de Strabourg que fuit mors en revenant, et Jehan Renguillon fil sgr. Piere

---

¹) *1396 September 28. Schlacht bei Nicopolis. S. über das Datum Aschbach, Geschichte Kaiser Sigmunds I 108 n. 62.*

²) *Bajazeth.*

³) *Sigismund hatte den Ungarn und Walachen, die mit der türkischen Kampfweise am vertrautesten waren, die Ehre des Vorstreits lassen wollen, aber die Franzosen hatten darauf bestanden, im ersten Treffen zu stehen.*

⁴) *Nach Froissart starb Henry de Bar erst auf der Rückkehr aus der Gefangenschaft in Venedig. Chron. liv. IV, chap. LIX. Philipp von Bar fällt auch nach Froissarts Bericht, liv. IV, chap. LII, in der Schlacht (mort sur la place). Vgl. weiter unten S. 357.*

Renguillon qui en revint, que fuit puis maistre eschaving de Metz.¹)

Si fuit prins Jehan conte de Nyvel²), fil du duc Phelipe de Bourgoigne et que puis fuit duc de Bourgoigne aprez la mort de duc Phelipe son peire. Lequeil n'y moruit point; dont moult de mal en vinssent en France. Car il tuait le duc Loys d'Orliens :|: per m cccc et vii :|: et lui meysme en fuit mors et tuez :|: per m cccc et xviii :|: per les amis dudit duc d'Orliens,³) dont mains grans malz s'en sunt ensuis et advenus on reaumme de France; et valcist muez qu'il n'eust onque estez nes que lez malz qui en sont estez advenus.

Et poves bien savoir que tels seigneurs et princez comme il y ot que de mors que de prins, que ce ne fuit mie sens noble compaignie de chevaliers et d'escuiers qui estoient auvec yaulx et estre debvoient. De quoy il n'en revint onque homme que ce ne fuit par tres grant advanture, for que le dit conte de Nyvel qui fuit reansonnez et lez ii enffens de Bair que furent ransonnez.⁴) Maix ilz moront on dit payx en revenant c'on lez ramenoit par desa. Et pourtant ne fuit mie paiez leur ranson qu'ilz y moront. Et le pourquoy que les iii dessus dis ne mouront point en la bataille ne par la justice, ce fuit pourtant qu'il fuit ordonneit que on gardeit ciaulx qui avoient flour dalix⁵) en leur airmez, pourtant que les Turques les tenoient pour roy de France qu'ilz tiennent le grant roy des Crestiens. Et par leur cottes d'airmez furent ils savez en la dite besoingne et bien quachiez tant que la chalour fuit passee.

Si avint que environ ii ou iii jours apres la dite desconfiture faite et advenue, il fuit adnuncier au dit signeur Bausaique la grosse perde qu'il avoit de ces nobles, au desconfirent les dis Fransois.

Et quant le dit Bauseque ouyt dire celle perde qu'il avoit fait, nonobstant qu'il heust guaingnie la bataille, il fuit si enraigie qu'il montait sur i chaffault et fist amener tuis les prisoniers devant lui,⁶) et quant il lez vit tuis devant lui, for que ciaulx qui estient quaichiez et desrobes au plux secretement c'ons avoit peu, il appellait ces mistrez et fist devestir tuis lez prisonniers tous nuis devant lui. Et

---

¹) *Pierre Renguillon war Schöffenmeister im Jahre 1437.*
²) *Nevers.*
³) *Johann wurde am 10. September 1419 bei einer Zusammenkunft mit dem Dauphin durch Tanneguy Duchâtel und die Diener des Prinzen ermordet.*
⁴) *Vgl. oben S. 356.*
⁵) *Fleur de lys.*
⁶) *S. darüber den ausführlichen Bericht bei Froissart liv. IV, chap. LII.*

quant ilz estoient devestis tous nuis, il lez faisoit detranchier tout vifs devant lui on piesse. Et par ceste maniere en fist mettre a mort des l'eure de tierce jusquez nuit. Et se le jour heust plux dureit, plux en heust il fait morir. Maix quant il fuit tout nuit, il laissait coy per deffault de tempz, combien qu'il en y ot pluxours mis a mort a torche a l'encomencement de la nuit; et tout ce que ne fut mie mort, fuit par deffaullt de jour. Et veult on dire qu'il estoit yvre, quant il faisoit faire celle justice et murtre. Et le lundemain, quant il ot fait et il fuit enformez de ce qu'il avoit fait, il s'en eust voullentier repentir, s'il peust, maix ce fuit trop tairt. Car s'il lez heust heu laissiez en vie, il en heust heu merveille de ranson que n'eust mie estez a nombrer, tant de noble prisonnier y avoit il.

p. 268.   Or avint que en faisant la dite justice et murtre qu'il faisoit faire devant lui, li fuit amenez le dit Jehan conte de Nyver, fil du duc Phelipe de Bourgoigne. Et la y avoit ung estronomien que dit audit Bauseque: «Tu ne sceis que tus fait. Se tu fait morir ceste homme, il est de grant sang, et est des flours dalix et des grans rois des Crestiens. Et auvec tout ce je trueve par les plainnettes et par ses fisonomiques et par ces constollacions que s'il demeure en vie, il ferait encor tant de meschief en Crestianteit et especialement on reaume de France que toute Crestiante en serait emboulee et en auront a faire et a soffrir. Et par ces tribulations que li sont destineez, qu'il porait encor faire, pourez demeurer empaix des Crestiens. Et se tu le fait morir, trestout serait mors et n'avenront mie les malz en France qui doient advenir par lui; s'en pourais encor avoir plux grant guerre que tu n'aies par les Cristiens.» Et par cela veult on dire qu'il eschapait de mort dont ce fuit duel et dapmaige qu'il ne fuit mors si come il s'appert. Et quant il fuit ransonnez et lez seigneurs de Rodes l'orent raplesgiez, il leur tint mal convent et lez laissait demeurer en la plus grant partie de sa reanson, dont ilz en soffrirent tres gros dampmaiges.

Ci aprez sus la IIIIe fuelle[1]) ensuant trouverez la fin dudit Bauseque et coment il moruit.[a])

Item le dit Jehan conte de Nyver puis qu'il fuit reanssonney et qu'il revint de prison de Turquie, il fuit duc de Bourgoigne aprez la mort du duc Phelipe son peire, qui moruit en may per M IIII^c et IIII,[b])[2])

---

a) Ci — moruit *nachträglich von A zugeschrieben. Am Rande ein B. S. p. 275.* b) qui — IIII *übergeschrieben von A.*

1) *p. 275, S. 362.*
2) *Nach Grote Stammtafeln am 27. April 1404.*

dont mains malz en vinssent a son tempz et depuis. Car par envie il fist tuer Lowil duc d'Orliens son cousin germain, lequeil duc d'Orliens estoit fil du roy Charles de France V^e et frere du roy Charle VIe. Lequeil roy$^{a)}$ n'estoit mie bien scientre, et pourtant que le dit roy estoit fol, estoit l'envie du gouvernement dudit reame entre yaulx II, l'un contre l'autre. Car il sembloit audit duc Jehan de Bourgoigne qui debvoit avoir le gouvernement du reaume aprez la mort du duc Phelipe son peire qui avoit heu le gouvernement tout son visquant pourtant qu'il estoit onqcle dudit roy Charle VIe qui estoit fol et dudit duc d'Orliens. Et aussi pourtant que le dit roy et le dit duc d'Orliens avoient estez jones et desoubz eaige. Et quant le dit duc d'Orliens vint en aige, il ne volt plux estre en gouvernement dudit duc Phelippe de Bourgoigne, maix volt estre en son gouvernement et se mist bien des noblez et puis volt avoir le gouvernement du roy son frere et du reaume pour le plux prome. Et quant le dit duc Phelipe vit que le duc s'avansoit et que les nobles | le suoient, il se prouveut du peuple et fist mettre toute gabelle jus^1) pour avoir le pueple par dever lui, et le duc d'Orliens lez maintenoit pour paier les noblez et durait celle noise et debat tant comme le dit duc Phelippe vesquit qui avoit le pueple de sa partie. Et le dit duc d'Orleains avoit la plux grant partie des nobles par dever lui. Et$^{b)}$ le premier mandement que lez II seigneurs dessus dit firent l'un contre l'autre, fuit par M III^c III^{xx} et XVIIII.

Et quant le dit duc Phelipe fuit mors, le dit Jehan son fil volt entrer aprez la mort dudit Phelipe son peire on gouvernement$^{c)}$ du roy Charle qui estoit fol et du reaume en l'encontre du dit duc d'Orliens qui estoit frere dudit roy. Et pour le dit duc a entrer on gouvernement et pour atraire le pueple par dever lui, il fist oster toute gabaille et mettre jus comme dessus et estoit la cause pourquoy il avoit le pueple par dever lui Et le duc d'Orliens les maintenoit^2) pour paier les gaiges et homaiges des noblez. Et pour tant avoit il la plux grant partie des noblez par dever lui, de quoy mains malz et meschiefz en vinxent et s'ensuirent de tres loing tempz, si comme

---

a) roy *übergeschrieben von A.* b) Et — et XVIIII *von A später hinzugeschrieben.* c) on — gouvernement *übergeschrieben von A.*

1) *Der Herzog von Orleans hatte sich 1402 zum Souverain gouverneur des aides vom Könige ernennen lassen und als solcher hohe Steuern ausgeschrieben. Dagegen protestierte Philipp von Burgund und erklärte, 100 000 Taler, die man ihm für seine Zustimmung angeboten hatte, zurückgewiesen zu haben. Lavisse, Hist. de France IV, I p. 325.*

2) *S. darüber Lavisse l. c. 329—330.*

vous en pourez ouyr parler ci-aprez en briefz et en coroniques de France.

1407 Nov. 22. Si avint que la vigille St. Clement en novembre per м ınıº et vıı neutemment aprez souppey que le dit duc d'Orliens revenoit a cheval de veoir la royne que gisoit d'enffens, sa serorge, femme dudit roy Charle VI, fuit tues et murdris par aucuns des servans dudit duc Jehan de Bourgoigne qui estoit son coisin germain et ne sot on cui que ce avoit fait. Et le lundemain au pourter en terre, le duc de Bourgoigne le conduisoit et faisoit le duel en disant qu'il n'en savoit riens. Et incontinant le pueple encomenseit a murmullier que ce avoit fait le dit duc de Bourgoigne; lesqueilx en orent grant joie pour les gabelles, maix ilz ne l'osient demonstrer.

Et le londemain que le dit duc d'Orleains fuit mors, le consoil du roy fuit ensemble, for que le dit duc de Bourgoigne que n'y fuit point et conclurent d'enquerrir du fait, et que se on en pooit venir a cognissance c'on en feroit tel justice comme au cas appartenroit. Et quant le consoil fuit despartis, le duc de Bourbon, oncle dudit duc de Bourgoingne, encontrait le dit duc de Bourgoigne et li dist: «Biaul coisin, on vous mestroit de ceste murtre qui ait esteit fait.» De quoy le dit duc de Bourgoingne que se sentoit ung pou en la graice du pueple li dist qu'il avowoit le fait et qu'il l'avoit fait faire et qu'il diroit bien le pourquoy, quant tempz et lieu seroit. Adont li dist le duc de Barris (!): «Pour Dieu, allez vous en, il vault muez qu'il en y ait ung des mors que ıı, ou autrement vous estez mors, car il est conclus par les noblez.» Et incontinent s'en allait le dit duc de Bourgoigne fuer du payx pour la doubte de son corps tant que la chaleur fuit passee. Lequeil a) se partit le sabmedy de Parix aprez la mort *p. 270.* du duc d'Orliens et s'en allait en Flandre. | Et revint a Parix on moix de jung¹) ensuant per м ınıº et vııı.

Et quant on vint a cognisance que le dit duc de Bourgoigne avowoit le fait, et qu'il l'avoit fait faire, les noblez donnont le gouvernement du reaume a Bernart, conte d'Armenaque,²) pourtant que l'anney fil dudit duc d'Orleains avoit sa fille a femme. Lequeil estoit ung tres noble capitaine, homme d'airme et d'onnour et connistauble de France. Et quant le dit Bernart ot le gouvernement du reaume, il fuit tres bien advisei qu'il fuit sur sa garde de tenir le pueple de

---

a) Lequeil — Flandre *nachträglich von A zugeschrieben.*

1) *Er kam bereits am 28. Februar 1408 nach Paris zurück. Lavisse l. c. 334.*

2) *Armagnac. Am 30. Dezember 1415 wurde er zum Connetable ernannt und führte die Regierung.*

Parix en subjection, pourtant qu'ilz pendoient fort du conscel de Bourgoigne pour les gabellez a mettre jus, et que s'il ne s'en donnait en garde, ilz le baretrient. Lequeil conte avoit si grant compassion d'iaulx et si grant feance en eulx qu'il ne leur povoit faire ne souffrir a faire mal ne villonnie et leur pardonnoit tout adez, quant ilz le mesdonnoient en aucune maniere; de quoy il en fuit forment baretez et deceupz.

Item en l'an mil iii^c et xvii le xxix^e jour de may rebellont la comune de Parix et laissont les gens du duc de Bourgoigne neutemment deden Parix. Et le xii^e jour de jung ensuant fuit le grant murtre et la grant tuerie des noblez. Et aussi le xvi^e jour de jung que le pueple de Parix murtront et missent a mort, piteusement et honteusement, le dit conte d'Armenaque et tuis les noblez, dammez bourgoisez et autrez qu'ilz pensoient estre de la banne d'Orleains, laqueille chose seroit tres longe piteuse et deshonnorauble a relauter, dont mains malz s'en ensuirent depuis.

Item en l'an mil iiii^c et xv le jour de feste St. Crespin xxiii^e jour d'octobre¹) furent les Fransois desconfis par le roy Hanrey d'Ingleterre on payx de Piquardie. Si fuit mors le duc Endouart de Bair, Jehan de Bair son frere, Roubert de Bair, fil de leur freire c'on disoit Roubert sens terre, pourtant que son grant peire le duc Roubert de Bair li avoit osteit la baronnie et seigneurie et donney audit Endouart son fil. De laqueille besoingue le dit reaume de France en fuit perduis et destruit.

Item en l'an mil iii^c et xviii estient les Ynglois devant Rowain²) en Normandie a siege, et parmey ce que le dit duc de Bourgoigne ot convent et promis qu'il lieveroit le ciege, il ot paix et acort audit roy, maix il n'en fist mie bien son debvoir et la laissant gaingnier; car le dit duc s'avoit aliies | aus Ynglois en l'an xiiii^c et xvii.³) Lesqueilx conquestoient la duchie de Normandie et le dit duc tenoit le siege devant Parix.⁴)

Item pourtant que le dit duc ne fist mie son debvoir,⁵) les parties

---

¹) *Der Crispinstag ist am 25. Oktober. An diesem Tage war die Schlacht.*

²) *Rouen. Seit 29. Juli 1418 lagen die Engländer vor der Stadt, die am 2. Januar 1419 kapitulierte.*

³) *Ein Bündnis mit den Engländern hatte Johann schon im Oktober 1416 abgeschlossen. Larisse l. c. 373.*

⁴) *Seit September 1417. Am 29. Mai 1418 wurde Paris genommen.*

⁵) *Der Chronist läßt hiervor aus, daß Johann von Burgund und der Dauphin im Juli 1419 ein Bündnis geschlossen hatten, das der König am 19. Juli ratifizierte. Trotzdem nahm Johann die Verhandlungen mit den Engländern wieder auf. Lavisse l. c. 384.*

missent un journee sus que le roy et le duc de Bourgoigne debvoient parler ensemble a Monstreu⁴) sus la riviere on font d'Jorne²) le xe jour de septembre per ᴍ ɪɪɪɪ^c et xɪx. Et la fuit tuez et descouppez le dit duc Jehan de Bourgoingue piteusement et honteusement par lez amis dudit duc d'Orleains, et ainsi fuit il paiez de ces gaigez, car il l'avoit bien deservis, pourtant qu'il avait mis les Ynglois dedens Parix, de la mort du duc d'Orliens, du conte d'Armenaque et de sa chevalerie et de plusieurs autrez chosez qu'il avoit fait contre le reaume de France que seroient tres longez a escriprez.ᵃ)

Aprez la mort du duc Johan de Bourgoigne dessus dis que fuit tues, encommensait a rengner son fil Phelipe par la graice de Dieu duc de Bourgoigne, de Lother*aigne*, de Braibant et de Lembourg, conte de Flandre, d'Artois, de Bourgoigne pallatin et de Namurs, marquis du Saint Empeire, seigneur de Salin et de Malines. Lequeil duc Phelipe s'esliait aus Ynglois³) pour vangier la mort son peire et fist guerre au reaume de France et moult de malz jusquez . . .ᵇ)

p. 272. Cil que donnait au dit duc d'Orleain le coupt de la mort, ce fuit pour tant que le dit duc veoit voullentier sa feme. Et le pourquoy qu'il fuit tost plorez de plusieurs, ce fuit pour son pechie de luxure dont il faisoit biaulcopt de chosez qui estoient desplaisant a moult de gent.

Et le tenoit on encor pour soupet (!) de la royne, et lez mescreoit on moult fort la royne et lui.ᶜ)

Yci apres ne vous parlerons plux du fait des guerrez de France, pourtant qu'ellez seroient tropt longez a escripre et ausi pourtant qu'ellez ne se despendent mie des coroniques de l'Empire, maix qui en veult trouver le fin, se quierse autre part en coroniquez de France.ᵈ)

p. 275. Yci apres vous parlerons encor de ce qui avint au dit Bauseque puis qu'il ot desconfis lez Hungrez per ᴍ ɪɪɪ^c ɪɪɪɪ^{xx} et xv et coment qu'il moruit pour tant qu'il ne povoit chavoir ci devant sus la ɪɪɪɪ^e fuelle sus une teille enseigne,ᵉ) et du fait dudit roy de Hunguerie.

Item le pourquoy que le dit roy Symont s'appelloit roy Dalmacie et de Croalcie, s'estoit pour les conquestez qu'il avoit fait par dela la Donnowe ver la Valaquie pour cause de la guerre qui se despendoit dudit Bauseque et des adversairez du reaumme de Hunguerie.

---

a) *10 Z. frei.* b) *8 Z. frei.* c) *½ S. frei.* d) *10 Z. + 2 S. frei.* e) *Am Rande ein B. Vergl. oben p. 268, S. 358.*

1) *Montereau.*
2) *Yonne.*
3) *Am 18. Oktober vereinigte sich die burgundische Partei in Arras und beschloß, zunächst sich mit den Engländern zu verbünden. Lavisse 386.*

Yci vous parlerons de la fin dudit Bauseque que desconfist lez Hungrez. Lequeil estoit si puissant qu'il ne doubtoit nelui et avint qu'il gaingnait pues une besoingne contre ung grant seigneur Sarasin. De quoy il en prist plusieurs et leur fist couper les ıı mains et puis guairir. Et quant leur touveteis (!) leur furent guairis et il avoit des estraingiers, il lez faisoit venir devant la tauble pour estat et leur gittoit a terre devant la tauble ce qu'il voulloit qu'ilz maingassent et convenoit que lesdis maingaissent si comme chiens et autrez bestes a terre et n'estoient autrement gouvernez que par la maniere dessus dite. Et lequeil Bausaique avoit et menoit des chiens sens nombre auvec lui ades en sa compaignie qui estoient fais pour batillier et pour devourer gens d'airmez et autrez. Puis avint que ung tres grant sgr. Sarasin qui s'appelloit le Tamberlain,[a])[1]) lequeil estoit ung grant conquester et menoit des gens auvec lui sens nombrez. Et avoit une coustume, que quant il venoit devant une place, fuit bonne ville ou fourterasse, il leur faisoit livrer[b]) si fort assault qu'il lez gaingnoit par force d'asault. Et la maniere coment c'estoit que quant il voulloit faire ung asaul, il y envoioit tant de pueple en fousseys qu'ilz se noioient et que les foussez en estoient emplis et que lez vifz montoient et passoient par sus les mors, tant qu'ilz venoient hault sur lez murs et les gaingnoit par telt maniere. Et ne se faindoit point son pueple de morir, maix ilz y prenoit grant vainne gloire de morir, pour tant qu'ilz disoient que leur sgr. avoit pardon et absollucion de poine et de coppe de leur souverains lez prestrez de part Mahomet, que tuis cilz que moroient en conquestant on service dudit Tamberlain[c]) estoient salvez; et pour tant se mettoient ilz si legierement en avanture de morir pour le grant merite qu'ilz en attendoient a avoir. Or avint que le dit Balsaque qui estoit si orguillous qu'il cuidoit que nus ne le puist nuire et ledit Tamberlain[d]) se volxent veoir une foix et tant qu'ilz vinssent l'un devant l'autre, puissance contre puissance, de quoy le dit Balsaque fuit desconfis et prins par le dit Tamberlain.[2])

Maix quant fist le dit Tamberlain, il li fist faire une jaiole de fer c'on menoit sur ı cher et le dit Balsaque deden ung couler de fer on col, et toutes foix que le dit Tamberlain chevalchoit, il le faisoit charrier en sa jaiole de fer auvec lui, et toute foix que le dit Tamberlain montoit et descendoit d'a cheval, il faisoit amener le dit Bal-

---

a) *M* camberlain. b) *Übergeschr. für* guaignier. c) *Vorl.* camberlain. d) *Wie* c.
1) *Timur Lenk = Tamerlan.*
2) *In der Schlacht bei Angora 1402.*

saique pres de son cheval et mettre a mi a terre, et puis montoit le dit Tamberlain sur le dit Balsaque en maniere d'un siege pour penre avantaige de monter sur son cheval et le faisoit adez au monter et au dessandre pour faire le dit Basaque plux grant duel et pour monstrer la servitute ou il estoit et pour veoir que c'estoit de fortune. Si avint que le dit Tamberlain fist livrer ung assaul devant une bonne ville par la maniere que devant est dite en la presance dudit Balsaque. Et quant elle fuit prinse, le dit Tambarlain li dist: «Que t'en semble, quant tu estoie en ta majestey, quant place conquestois tu, tu ne faisoie que destruire payx sans gaingnier place ne bonne ville. Tu ne faisoie mie tellez conquestez, comenz je fas selong la grant renommee que tu avoie». De quoy la responce dudit Balsaque fuit teille qu'il dit audit Tamberlain: «Je ne prise riens ton fait, car tu es ung mauvais hom de faire perdre et morir ton pueple de voullenteit par telt maniere. Ce n'est mie ne bien ne honnour, car se j'eusse voulus faire ainsi, je husse bien fait plux de conquestez que je n'ay fait, car j'amaisse muez a morir que mettre mon pueple a telt advanture ne faire ainsi morir de voullenteit comme tu fait, et pourtant je ne prise rien ton fait qu'il n'est ne bel, ne honorauble». De quoy le dit Tamberlain fuit si couronciez des parollez que le dit Balsaque li ot dites, qu'il le fist estrangle par une towelle c'on dit une xouweure; et li fist mettre et turdre on col et bien hachier et tirer par II ribalz, tant qu'il fuit estranglei; et ainsi moruit et prinst fin le dit Balsaque.ᵃ⁾

LVIII.

p. 279. Ci apres rencomancerons a parler, coment le dit Symont roy :|: de Hongueriee :|: fuit eslieut pour roy dez Romains et coment qu'il fuit puis empereour. :|: Et comme qui rengnoit jusques a sai fin; le quel morut on desembre per M IIII^c et XXXVII an paixe de lay mairque de Merrable[1]) per de lay Boeme an allan an Hongueriee. :|:

Item en l'an M III^c et X on moix [de septembre ᵇ⁾] fuit le dit Symon roy de Hunguerie second fil de l'emperour Charle eslieut pour roy des Romains par la vollenteit et consentement du roy Waincelat de Boheme son ansney frere non germain, fil de l'empereour Charle. Lequeil avoit estez plux de XXX ans roy des Romains, maix pourtant qu'il n'en faisoit rienz du Saint Empeire et per le deffault de ce qu'il

---

a) 3 Z. + 2 S. frei. b) Lücke im Manuskript.
1) In Znaim.

ne se traioit mie avant de lui faire avoir le deadelme, fuit eslieut le merquis Yoste de Merrauble leur coisin germain ou leur oncle.[1]) Lequeil ne volt point la dite election recepvoir et la renfusait[2]) et par son consentement fuit le dit roy Symont eslieut pour roy des Romains[3]) que la reseut par le consentement et consceil de pappe Jehan que fuit puis despousez a ung Saint Consceil que se tint a Constance, si comme vous en ourez parler ci apres. Et lequeil roy Symont fuit pues coronnei pour empereour :|: a Rome[a]) :|: en l'an M IIIᶜ et XXXIII le jour de la Pantecoste, si comme vous en ourez parler ci apres, :|: et moruit en decembre per M IIIᶜ et XXXVII. :|:

:|:[b]) Le dis roy Simon quant il fut ellut por enperour, il ne tin pon son siege roial devan Franquefor, sy com ung novel roy dez Romain doit faire. Car quant ung roy dez Romain est novellement ellut por roy dez Romain, il doit soire et tenir son siege devan Franquefor sur le Moiene ai forse d'airme, non miee contre lay ville maix contre qui que le voroit raisistey ne dire contre luy.

Maix lez elleixour l'an firent lai graisce qui ne tin miez son dis siege, sy c'on faire se devoit, pourtan que nul ne le contredixoit.[4])

Maix il se fit coroney a Aise a lay Chapelle luy et sai femme le . . . . ; [c])[5]) ay monoit tousjour sai femme aveuc luy dez qui fut ellut, for qu'an Franse et an Yngleterre, quant il y fut por traitier lay paix de guerre qui se faixoie et n'y fit rien et laixait sa femme a Sain Consille de Costanse.

Et quant il s'an ralloit en Honguerie per M CCCCXXII onque pues ne lay ramonait aveuc luy per desay, quant il y revint per M CCCC et XXX a Noireber(?) :|:

Item quant le dit roy Symont fuit esleut pour roy des Romains, il fuit bien III ans pour la guerre qu'il avoit en son payx, que il ne

---

a) Rome von *B* übergeschrieben. b) Der hier folgende von *B* geschriebene Passus steht auf einem nachträglich hinzugefügten Zettel. c) Lücke im Manuskript.

1) *Die Wahl war zwiespältig: am 20. September war Sigismund vom Erzbischof von Trier, dem Pfalzgrafen und dem Burggrafen Friedrich als Vertreter Sigismunds, am 1. Oktober Jost von den übrigen gewählt worden.*

2) *Jost hat sich um die Kurstimmen beworben. Reichstagsakten VII 61 ff. Er war nach der Wahl allerdings in Mähren geblieben, hat aber einige Urkunden als römischer König ausgestellt. Beide verhandelten über einen Ausgleich. Lindner 278. Zurückgewiesen hat er die Wahl nicht.*

3) *Eine zweite Wahl Sigismunds fand statt, nachdem Jost am 18. Januar 1411 gestorben war, am 21. Juli 1411. Er erhielt die Stimmen von allen Kurfürsten außer von Trier und Pfalz.*

4) *S. oben 1 und 3.*

5) *Am 8. November 1414.*

se tiroit point avant ne ne faisoit riens du Saint Empeire,[1] lez seigneurs, princez et esliseurs du Saint Empeire s'en tinxent pour mal comptant et li mandont que s'il ne se tiroit avant, qu'ilz feroient nouvelle election d'un autre.

Et en l'an mil III^c et XIIII s'encomenssait le dit roy a mettre sus par le consceil dudit pappe Jehan et se tirait a Constance. Et la assemblait ung Saint Consille de toutes nacions et de toutes mairchez et pays pour trouver voie que union se puist mettre en l'esglise; laqueille estoit pour le tempz assez eslairgie et en petite obeisance lez ungs contre les autrez, dont c'estoit grant pitie, duel et dampmaige.

Et aussi pour apaisier lez seigneurs, princez et citez du Saint Empire et du reaume de France, lesqueilx estoient en grossez guerrez et tribulacions | et principalment le reaume de France qui se conquestoit et perdoit par lez Ynglois qui le conquestoient et mettoient a destruction.

Item quant le dit roy se tirait avant par M III^c et XIIII, la premiere chose qu'il entreprist ce fuit de mettre union en l'esglise pour tant qu'il y avoit II pappes l'un a Romme, l'autre en Avignon.[2] Laqueille devision encomensait aprez la mort du pappe Urbain qui estoit evesque de St. Nicolay du Baile,[3] lequeil fuit sacrez a Romme le jour de Paisque l'an M III^c LXXVII.[4] Laqueille devision durait jusquez a ung Saint Consille que se tint a Pise l'an M III^c et IX. Si avoit pour le tempz d'adont le pappe de Romme l'obeyxance d'Allemaigne, d'Ytalie et d'Jngleterre, et le pappe d'Avignon avoit l'obeyxance du reaume de France, d'Espagne et d'Aragon, de Bourgoigne, de Bair, de Lorainne et de Romant pays. De laqueille devision des pappez je m'en passe yci a parler pour tant que vous en trouverez ci aprez partie sus la . . .a) fuelle ensuant sus une teille enseigne: P.[5]

Item en l'an III^c et XIIII s'encomansait a mettre sus et venir et assembler ung Saint Consille au lieu de Constance pour mettre union en l'eglise et on bras seculers et y vinssent de toutes les mairchez

---

a) *Lücke im Manuskript.*

[1] *Erst im Juli 1414 kam er nach Deutschland.*

[2] *Seit dem Konzil von Pisa waren es drei Päpste, Johann XXII, Benedikt XIII (Avignon) und Gregor XII.*

[3] *Urban war vor seiner Wahl Erzbischof von Bari.*

[4] *1378 am 18. April (Ostern).*

[5] *Das Zeichen P findet sich in der Handschrift nicht wieder; aber vielleicht ist es nur vergessen und der Verfasser denkt an die Wiederaufnahme des Themas auf den folgenden Blättern.*

de Crestianteit. Lequeil Consceil durait jusquez en l'an mil IIII^c et xxII que le dit Consceil se despartit.¹) :|: Et an seluy an fut abaitus le Salsil²) par lay foxe de sial de Mes *pour* tan q*ue* Hanris de lai Tour avoit ruey juf lez anbaixaidour doudis aiperrour et anprixoney on dis Salsil, si com vous le troverey si aipres sus une ensigne: S .;. ³) :|:

Auqueil Saint Conseil pappe Jehan de Romme y vint audit lieu de Constance en novembre⁴) par M IIII^c et XIIII. De quoy il fist que fol pourtant qu'il y fuit desposei, si comme vous orez ci aprez.

Maix le pappe :|: Benoit :|: d'Avignon n'y vint point, maix s'en allait en ung tres fort chastel en :|: Cateloingne⁵) :|: et ne se volt onque desister de sa pappez et moruit pappe du payx :|: de Cateloingne, jusques l'an M CCCC et xxv qui morut. :|:⁶)

Et le dit roy vint audit lieu de Constance audit Saint Consille, la premiere foix qu'il y vint a Noiel par M IIII^c et XIIII. *p. 281.*

Et quant le roy vint au lieu de Constance et il trouvait que les IIII nacions et les autrez seigneurs de Crestianteit n'estoient mie encor venus,⁷) il se pensait que entrant que lez seigneurs venroient, il s'en iroit veoir s'il povoit mettre paix entre les Fransois et Ynglois. Lesqueilx Ynglois auvec leur roy Hanrey d'Yngleterre avoient gaingnie une tres grosse bataille contre les Fransois et conquestoient la Normandie en l'an de IIII^c et xv :|: lay vegille mechief. :|: Et ausi fuit il en Arragon pour veoir s'il poroit convertir pappe Benoy; maix il n'en pot riens faire et n'y vint point ne ny volt envoier et fuit par M IIII^c et xvi; maix se tint en Catheloingne tant comme il vesquit ades en son errour.

---

a) *Übergeschr. für* Arragon *(A).*
1) *Die letzte Konzilssitzung war am 22. April 1418.*
2) *S. unten Kap. LXIX.*
3) *p. 401.*
4) *Am 28. Oktober 1414.*
5) *Nach Penniscola an der Küste von Aragon, jedoch unmittelbar an der Grenze von Katalonien.*
6) *Er war am 26. Juli 1417 abgesetzt, entsagte aber nicht und starb 1424, September.*
7) *Die Nationen waren versammelt. Sigmund trat die Reise an, um Benedikt zur Abdankung zu bringen und deshalb Verhandlungen mit Ferdinand von Aragon zu führen. Unterwegs wurde er dann nach der Schlacht bei Azincourt von Frankreich eingeladen, um zwischen Frankreich und England zu vermitteln. Sigmund gab dieser Anregung um so lieber nach, als er schon in Konstanz sich mit dem Gedanken der Aussöhnung zwischen Frankreich und England getragen hatte.*

En laqueille besoingne dessus dite fuit mors le duc Anthonne de Braibant, le duc Enduart de Bair, Jehan son frere et Robert sens terre, qui estoit fil de sgr. Hanris, anney fil du duc Robert de Bair et plusieurs autrez grans seigneurs, dont je me passe pour cause de briefteit.

Et en ladite besoingne fuit pris le duc d'Orliens,[1]) ausney fil du duc Loys d'Orleains, que le duc Jehan de Bourgoigne fist tuer, dont il en moruit ausi. Et y fuit pris le conte[a]) d'Agolainne,[2]) frere dudit duc d'Orleains. Lequeil duc d'Orleains estoit genre le conte Bernart d'Armenaque, connistauble de France, que le dit duc Jehan de Bourgoigne fist aussi tuer auvec plusieurs autrez chevaliers a Parix, quant lez IIII capitainnez entront dedens Parix et qu'ilz la gaingnont par M IIII^c et XVIII on moix de jung.

Et en l'an M IIII^c et XVI que le dit roy des Romains s'en allait en France pour veoir, s'il povoit apaisier lez II roy de France et d'Ingleterre, on li fist grant honnour et proffit et li donnont on tres gros dons lui et sa chevalrie, et fuit defraiez par le roy de France, tant comme il fuit on reaume de France pour traitier la paix. Et de France s'en rallait en Yngleterre. Et quant le dit roy d'Ingleterre sout, coment c'on avoit gouvernez en France le dit roy de Hunguerie, il li doublait le copt en toutez manierez si gracieusement que le roy de Hunguerie pourtait et prist l'orde du roy d'Ingleterre.[3]) Et se veult on dire que le dit roy de Hunguerie ne fist mie tres leaulment son debvoir d'iaux a apaixier et que s'il heust voullus bien faire son debvoir, il lez heust bien apaisier. Et lez laissait en telt estat. Et des onques puis ne firent lesdis Ynglois que conquester on reaume de France et conquestont toute la Normandie jusques a Parix et la cite de Parix aussi et Rains et Troie et Chaullon et toute la Champaigne et durait celle guerre jusquez . . .[4])

En l'an mil IIII^c et XVII[5]) revint le dit Symon roy des Romains et de Hunguerie, de France, d'Arragon, d'Avignon et d'Ingleterre sens rienz faire. Lequeil revint per Waistefalgue et par Allemaigne au

---

a) *Übergeschr. von A für* duc.

1) *Charles d'Orléans.*

2) *Jean d'Angoulême.*

3) *Sigismund erhielt den Hosenbandorden.*

4) *Der Krieg zwischen England und Frankreich war noch nicht beendet, als der Verfasser schrieb; infolge dessen wird man annehmen müssen, daß der Autor an den Abschluß einer einzelnen Kriegsphase denkt; am ersten könnte als solche der Vertrag von Troyes im Jahre 1420 Mai 20/21 gelten.*

5) *Ende Januar 1417.*

contremont du Rin¹) jusques en son chastel de Lucembourg²) pour apaisier les guerres qui estoient par l'Allemaigne et par les payx³) et diauble soit la guerre qu'il apaisait. Et ot entencion de venir a Metz; maix pour la somme de II^m et v^c florins que ciaulx de Metz enhannont a son conseil,⁴) il ne vint point en Metz.⁵) Car s'il y fuit estez venus, la ville en eust souffris tres gros despens, frais et missions et heust bien peu faire tel chose que la ville n'y heust heu ne prout ne honnour. Car on dist qu'il ne fait mie bon veoir la fumiere de son seigneur que s'en puet garder, et pour plusieurs causes. Et s'en rallait le dit roy a Constance et la trovait il le pappe Jehan de Romme au dit lieu de Constance⁶) et plusieurs autrez grans seigneurz et n'y vint point le pappe d'Avignon comme devant est dit. Et quant on sot qu'il n'y venroit point, le pappe Jehann ot doubte c'on ne le desposast. Il se desrobait⁷) neutemment et l'enmenait le duc Ferris d'Ousteriche en une tres fort place a v luez de Constance que s'appelle Xaffouse⁸) et de la l'enmenait a Brisach⁹) une tres fort place en Aussair¹⁰) que geist sur le Rin et fuit en Quaresme l'an M IIII^c et XVII.

1417
Febr. 28.

Et pour celle cause fist faire l'empereour audit duc Ferris d'Ousteriche tres grosse guerre, tant par les Schuitzhere¹¹) comme autrez sgrs. que li gaingnont et abatont plusieurs places¹²) et tant qu'il le convint

p. 283.

---

1) *Sigismund landete in Calais und ging über Dortrecht, Nimwegen, Aachen, Köln, Lüttich nach Luxemburg.*

2) *In Luxemburg vom 6.—21. Januar.*

3) *So sucht er die Streitigkeiten zwischen Erzbischof Dietrich von Köln und Herzog Adolf von Berg beizulegen (Altmann reg. nr. 1997d und 2003), desgleichen stiftet er Frieden in den luxemburgischen Wirren (Altmann reg. nr. 2030; Publ. Lux. XXV 219).*

4) *Herzog Ludwig von Brieg.*

5) *Johannes de Monsterolio meint wohl denselben Vorgang, wenn er an König Karl VI. von Frankreich schreibt:* Simile propemodum in urbe Metensi sua familia conata est operari quae hospitibus non contentis intempestive cum sarcinulis recedebat: ad quod civitatensium quisque prout tangebat non tepide fit obviam: et equis frenis apprehensis cuique ad suum vultum illud iustitiae eulogium iniecit: Amice, solve quod debes. *Martène, Ampl. coll. II 1447.*

6) *Johann war bereits am 29. Mai 1415 abgesetzt worden.*

7) *Die Flucht Johannes XXII. war schon am 20. März 1415.*

8) *Schaffhausen.*

9) *Breisach.*

10) *Elsaß.*

11) *Schweizer.*

12) *Vgl. Hefele, Konziliengeschichte VII 107.*

venir a obeissance¹) et ramener le dit pappe Jehan salve sa vie en une fourteresse a une leue prez de Constance qui s'appellet ...²)

Lequeil pappe fuit mis en la garde du duc Loys de Baviere et l'enmenait a Heidelberg³) pour lui bien garder jusquez l'an xiiiᶜ et xxi⁴) qu'il fuit delivre par son boin sens. De la maniere coment il fuit delivrez on s'en passe de le dire; car vous en ourez parler ci aprez sur les coroniques des pappes puis l'an mil iiiᶜ lxxvii.

Puis volt l'empereour faire election d'un pappe par lez iiii nacions. Maix les Ynglois ne s'i volrent mie accourder et volrent faire une nacion par eulx et convint qu'ilz en joyssent par maistrie. Ainsi y ot il v nacions en lieu de iiii. Et par les v nacions fuit eslieu pappe
1417 Martins par iiiiᶜ et xvii la vigille de la St. Martin.
Nov. 10.

Et quant l'election fuit faite et que le dit pappe Martin ot l'obeisance for que de Catheloigne, ou le pappe Benoit d'Avignon s'en estoit alleit fuiant en une tres forte place et maintint sa pappe jusquez la mort; lequeil moruit par m iiiiᶜ et xxv⁵) et li donnoit on bien c ans d'eaige⁶) et avoit estez tres saige homme et tres grant tresorier et pour tant estoit il soustenus.

Et puis fuit ordonneit que le pappe Jehan debvoit estre cardinalt;⁷) maix on veult dire que par la grant finance et tresor qu'il avoit, qu'il eschapait des mains du duc Loys de Baviere; car il estoit tempz qu'il s'aidast de son tresor. Et ne sot on coment for que comme dessus, et moruit environ an et demy aprez.⁸) Et se tirait a Florance, ou partie de son tresor geisoit. Car s'il heust encor visquit par son sens et par son tresor, il heust heu encor fait dez trebulacions et heust encor trouvey que l'eust reconforteit parmey le sien.

LVIIII.

p. 284. Item on tempz pendant que le dit roy estoit au dit St. Consille au

---

¹) *Am 5. Mai kehrte Friedrich nach Konstanz zurück und bat den Kaiser um Verzeihung. Hefele l. c. 120.*

²) *In Radolfzell.*

³) *Johann wurde zuerst nach Gottlieben, dann nach Heidelberg und später nach Mannheim geführt.*

⁴) *Er stirbt schon 1419.*

⁵) *1424 September oder November.*

⁶) *Als sein Geburtsjahr wird 1334 angenommen. Hauck, Realencyklopädie II²* p. 571, *sagt:* ‹Er starb, ein beinahe neunzigjähriger Greis, im November 1424.›

⁷) *1419 Juni 23 wurde er zum Bischof von Tusculum ernannt.*

⁸) *1419 Nov. 22.*

dit lieu de Constance par mᶜ et xx¹) moruit le roy Waincelas de Bahaigne, roy dez Romains desposez, son anney frere non germain, fil de l'empereour Charle. Car en l'annee devant par ᴍ ᴍᴵᴵᴵᶜ et xɪx avoient encomancier les Bahignons a entrer en leur errour contre la foid et rebelle contre les nobles, de quoy le dit roy en fuit mors de paour, pourtant qu'ilz mettoient tout a mort les noblez et autrez qui ne voulloient estre de leur obeisance.²) Et veult on dire que la royne sa femme, fille d'un duc Estenne de Baviere, estoit de leur bande,³) et veult on dire que le dit pueple de Praugue en Bahaigne ot entencion de traire le dit roy fuer de terre et de faire bien estraingement du corps de lui, pour tant qu'il ne s'avoit mie voullus consentir a leur arrour,⁴) conbien que pou a pou ilz avoient ja encomensiez leur errour et oppinion dez l'an ᴍ ᴍᴵᴵᴵᶜ et xv par les predicacions et errour que aucuns de l'universite de Praugue avoient preschie et preschoient on tempz pendant et principalment par ɪɪ notaubles clercs qui s'appelloient House et Gerome que par leur predicacions firent eslever le pueple contre lez noblez et contre l'esglise et oster le leur et butiner et deschassier tuis ceulx qui ne voulloient estre de leur obeisance. Et firent abaitre toutes les eglises et vendre et buttiner leur cences et rentez et revenuez et destruire et debrisier les ymaiges. Et pour lez requestez et pourseutes que le dit roy Symont et le Saint Consille leur faisoient pour leur errour, le dit House et Gerosme en vinssent audit lieu de Constance pour maintenir leur errour, et la maintinssent contre le Saint Consille jusques la mort et en furent airs l'un aprez l'autre au dit lieu de Constance par le Saint Consille, c'est assavoir le dit Housz fuit airs en may par ᴍ ᴍᴵᴵᴵᶜ et xvɪ.⁵) Et le dit Gerosme qui estoit ung de ces diciplez, quant il sot que le dit House fuit airt, il s'en vint audit lieu de Constance par ᴍ ᴍᴵᴵᴵᶜ et xvɪɪɪ et maintint l'oppinion dudit Housz et disoit c'on li avoit fait tort, et moruit en celle errour et en fuit airs :|: per :|: le dit Ste.(!) Consille.⁶) Et aprez la mort dudit Housz et dudit Gerosme, ciaulx de Praugue en Bahaigne et le payx encomens-

---

¹) *1419 August 16, das Konzil hatte bereits am 22. April 1418 seine letzte Sitzung gehalten, Sigismund war beim Tode Wenzels in Ofen.*

²) *Ende Juli hatte sich die hussitische Bewegung zum ersten Male in offenem Volksaufstande geäußert und Wenzel war durch die Aufregung über diese Vorgänge einem Schlaganfall unterlegen.*

³) *Wenzels Gemahlin, Sophie von Baiern, war offen für Hus eingetreten.*

⁴) *Wenzels Begräbnisfeier konnte nicht offen in Prag stattfinden, sondern sein Leichnam mußte heimlich nach dem Kloster Königssaal gebracht werden.*

⁵) *Am 6. Juli 1415.*

⁶) *Am 30. Mai 1416.*

sont a aorer une oie et mettre sur l'alter pour tant qu'ilz tenoient le dit Housz qui avoit estez airt pour sain. Car le nom dudit Housz s'appelle une oie en nostre langue et pour lui honnorer, honnoroient ilz une oie. Et depuis la mort dez II dessus dis encomancerent ciaulx de Praugue et du payx a | estre si enraigiez qu'ilz mettoient tout a mort, noble et non noible, prestez et clercz, femmez et enffens qui ne voulloient croire en la nouvelle loy qu'ilz avoient fait et firent des prestez a leur guise. Et durait celle erreur jusques . . . ª¹)

:|: Item icy apres suis lay . . .ᵇ) fuelle enxuan suis une telle ensingne: B H²) suis LXV porey troveir pertiee de lay conclusion et aiquel sil que lez dis Boeme dis Baihingnon vinxe de lor errour et de lay desobaixanse, qu'i faixoie a dis enperrour qui aistoit et dovoit estre lor droicturres sgr. ay lay calse don roy Vainchelat de Baiheingue son freire qui aistoit mor san hoir de son cor.ᶜ) :|:

LX.

Item en l'an M IIIIᶜ et XXI³) le roy Symont entreprist de conquester le reaume de Bahaigne et fuit a v luez prez de Praugue a force d'airmme a tres noble compangnie de prince et d'autrez seigneurs, pourtant que le dit payx estoit entrez en erreur contre la foid et pour les offencez qu'ilz avoient fait d'abatre lez eglisez, de deschassier les nobles, de penre et buttiner leur biens et aussi pourtant que le dit payx de Bahaigne li estoit desobeyssant que li estoit escheu de part le roy Wainchelat son frere. Car le dit roy Wainchelat n'avoit laissiez plux prome que dudit roy Symont de Hunguerie et roy des Romains, nonobstant qu'ilz ne fuissent mie freres germains, s'estoient ilz enffant de l'empereour Charle de part cui le reaume de Bahaigne leur estoit venus :|: et :|: escheus. Et laquelle armee et chevalchiee se pourtait assez petitement, car ilz en revinxent sen riens conquester et s'encomensait a faire la guerre plux dure que devant. Et au despartir de la dite armee le dit roy s'en rallait en son reaume de Hunguerie⁴) et laissait Crestianteit plux emboulee que devant, for que de l'obeisance de l'esglise et

---

a) 9 Z. frei. b) Lücke im Manuskript. c) ½ S. frei.

1) Der Verfasser denkt wohl an den Abschluß der kriegerischen und konfessionellen Wirren durch die Prager Kompaktaten vom 30. Nov. 1433.

2) Kap. LXV p. 357.

3) Im Jahre 1420 rückt Sigismund gegen Prag, liegt eine Zeitlang «im Felde bei Prag» (hierauf beziehen sich wohl die «V luez») und auf dem Hradschin und läßt am 14. Juli gegen die Stadt stürmen, ohne sie nehmen zu können.

4) Im März 1421 zunächst nach Mähren, dann nach Ungarn.

du nouvel pappe qui avoit esteit fait pappe audit lieu de Constance;
et cuidoit on bien que quant il revenroit en son payx qu'il deust tres
bien faire son debvoir de destruire et conquester les falz Bougrez,¹)
mescreans Bahignons, maix il le prinst tres legierement et ne volt
mie souffrir que son genre le principal duc d'Ousteriche et de Vienne,
leur faisist guerre, si comme il avoit encomencier et le fist cesser. Et
des que le dit roy pertit de son payx de Hunguerie pour venir par
desa au Saint Consille de Constance, il amenait auvec lui la plux grant
partie des noblez evesques et contez les plux puissans et les tenoit
tousjours auvec lui en sa compaignie et jusquez a tant qu'il s'en
ralloit en son reaume de Hunguerie. Et le pourquoy qu'il les menoit
auvec lui, c'estoit pour la doubte de perde son payx. Car il pensoit
que s'il fuist venus par desa et laissiez les grans seigneurs du payx
on dit payx, ilz heussent bien peu entreprenre d'avoir le seigneuraige
du reaume de Hunguerie et de lui abouter hors du payx, et que quant
il heist heu voullus retourner en son payx, qu'ilz ne li heussent mie
laissie entrer. Et c'estoit la cause et la doubte, pourquoy il lez manoit
tousjours auvec lui.ᵃ)

Item en l'an ᴍ ɪɪɪᶜ et xxvɪɪ²) entreprissent les sgrs. de par *p. 287.*
desa lez boix de Bahaigne et de tout au loing du Rin une armee et
une grosse chevalchiee sur lesdis Housez pour conquester le dit reaume
de Bahaigne et furent jusquez outre les boix de Bahaigne. Et quant
ilz vinxent outre lez boix de Bahaigne et qu'ilz dehussent avoir pour-
veus lez bonnez villez du payx qui estoient demeurez en l'obeisance
et en la foid Crestienne et que se deffendient tousjours contre les
mescreans Bahaignons, ilz visquont de leur proveance. Et quant ilz
les orent emmaingiez, ilz n'orent point descordt de traire avant on
payx plux avant, pourtant que les signeurs de par desa voulloient
avoir a eulx, tout ce qu'ilz conquesterient on dit payx. Maix lez
seigneurs voisin ne s'i volxent point accourder, se donc n'estoit que on
cas c'on gaingneroit nulle des places qu'ilz avoient perdus qu'ilz les
rehussent.³) Car il leur sembloit que c'estoit raison pourtant qu'ilz

---

ᵃ) *6 Z. frei.*

1) *Bougre = Boulgre = Bulgare. Man nennt so nicht nur das Volk der Bulgaren, sondern auch die Irrgläubigen, z. B. die Albigenser.*

2) *Am 27. April und 4. Mai 1427 Ausschreiben der Kurfürsten zum Zuge gegen Böhmen. Deutsche Reichstagsakten IX 32 und 41.*

3) *So berichtet der Nürnberger Hans Rosenplüt, der Sturm auf das belagerte Mies sei hinausgeschoben worden, weil jeder die Stadt für sich beansprucht habe, bevor man sie genommen hatte. Vgl. v. Bezold, König Sigismund und die Reichskriege gegen die Hussiten III 114.*

lez avient perdus en menant la guerre et en deffendant la foid Crestienne. Lesquelx ne s'i volxent point consentir. Et par celle division n'orent les dis sgrs. point d'accort de traire on payx plux avant, maix retournont les dis sgrs. et vinxent a ung point du jour a ung affroit que ce fist en ung de leur logier et en vinxent sens arrois, sens attendre l'un l'autre, et quant povoit venir il en venoit, et en revinxent a grans perdez. De quoy lez marquis de Misse y perdont tres grossement, pourtant qu'ilz estoient prochienz dudit pays et qu'ilz menoient la guerre pour la foid Crestienne contre lesdis Bahignons et maintinxent la guerre lesdis marquis jusquez environ l'an mil III^c et xxix qu'ilz vyrent qu'ilz ne povoient avoir nus secour de la crestianteit et qu'ilz virent que lez dis Bahignons venoient conquestant jusques par desa les boix de Bahaigne. Il prinst ung seur estat et une loinge treve pourtant c'on le laissoit tout par lui sens avoir confort de nelui.[1]) Dont vous en trouverez les ordonnancez qui en furent faite pour la dite chevalchiee sus la .... fuelle ensuant sus une teille enseigne: ..[a]) LXII.[2])

Item puis la dite chevalchiee faite, la dite guerre fuit si chaude et si mervilleuse que dez que l'une des parties ou l'autre gaingnoient aucune place l'un sur l'autre, ilz mettoient tout a mort par feu et ardoient femmez et enffenz et bonnez villes et par le deffault des seigneurs que visquont dez proveancez des bonnez villez que maintenoient la foid Crestienne et que lez laissont desprouvente au retourner dudit payx. Il en y ot partie des perduez et destruitez par deffault de

p. 288. ....[b]) de quoy ce fuit pitiet | pour la dure mort de quoy il lez faisoient morir. Car quant ilz gaingnient aucune place ou aucune bonne villez ou fourteressez, ilz boutoient le feu deden et ardoient les ditez villez et fourteressez, les prestez, hommez, femmes et enffens deden, sens avoir nulle pitie queilxcunquez et en vinxent conquerrant et destruire jusquez aus boix de Bahaigne.[c])

Item quant le dit roy Symont pertit de Constance en faisant la dite armee sur lez Housez et qu'il vint en son reame de Hunguerie, il demeurait on dit reaume plux de VII ans,[3]) sens revenir par desa tant par malladie comme par guerre comme de plusieurs autrez neccessitez et desobeysancez c'on li faisoit. Esqueillez guerre il fist

---

a) *Quadrat mit zwei sich in der Mitte schneidenden Senkrechten und Schleifen an den vier Ecken; über der Oberkante ein Dreieck mit Schleife an der Spitze.* b) *Ein Wort unleserlich:* fanitue? c) *c. 14 Z. frei.*

1) *Damit ist wohl der Beheimsteiner Vertrag gemeint.*

2) *Da das Kapitel angegeben ist, kann nur das ähnliche Zeichen p. 310 gemeint sein (die beiden Senkrechten fehlen hier),*

3) *Erst 1430 kam Sigismund wieder in das Reich.*

certainez conquestez sur ces mauvaillans. De quoy il s'appelloit roy
Dalmacie et de Croacie[1]) auvec ces autrez titrez qu'il avoit. Et pour
la longue demeuree qu'il faisoit en son reaume de Hunguerie sen lui
revenir par desa, lez seigneurs, princes, bonnez villez et autrez
seigneurs de par desa se tenoient pour tres malz comptans de sa
demeuree et qu'il ne revenoit par desa pour mettre remeide on fait
de l'Empeire qui se gaitoit et alloit a perdiction et principalment du
reaume de Bahaigne qui se maintenoit et tenoit en teille errour, comme
chascun veoit; de quoy mains malz s'en poroient ensuir. Et li fuit
mandez par plusieurs foix[2]) que se volcist traire par desa pour lez
causez dessus ditez. Et dairainnement li fuit mandez, quant on vit
qu'il ne mettoit force de venir par desa que s'il ne venoit par desa,
on feroit election d'un autre roy des Romains pour estre empereour
par son deffault.[3]) Adont quant il vit qu'il le convenoit venir par
desa ainsi neccessairement, il mandait querrir lez noblez de son
payx et leur remonstrait les mandemans que les seigneurs de par
desa li faisoient et la necessite qui estoit de lui a venir par desa
pour cause du Saint Empeire et leur dit en demonstrant: «Biaus
seigneurs, vous savez assez que j'ay bien maintenus mon reame, le
payx et vous en bon estat et bien deffendus contre tuis nos malz
vaillans et par la proesse de my suis je estez eslieu pour roy dez
Romans pour venir au St. Empeire et vous veez lez mandemens c'on
me font chascun jour et povez assez savoir, se je ne me tiroie avant
par dever les esliseurs du Saint Empeire et de aidier a remedier en
la foid Crestienne aprez d'aller a Romme pour recepvoir le deadelme
du Saint Empeire, il sembleroit que je fuisse de cuer faillis en mez
viez jours. Des que j'ai tant fait que je m'ay consentis et receupt la
dite election, vous veez bien que je suix viez et qu'il m'en fault aller
par dever eulx. Je vous prie qu'il vous place a moy promettre et
jeurer, pourtant que je n'ay nus hoirs maisles for c'une fille, que se
je muer per de la en faisant mon dit voyaige, que vous veulliez obeyr

---

[1]) *Sigismund war bereits durch seine Krönung zum ungarischen König am
31. März 1387 König von Dalmatien und Kroatien geworden. Vgl. Aschbach I
S. 46, A. 38 und IV 467 f.*

[2]) *So wird der König von den im Juli 1424 zu Mainz versammelten Kurfürsten
gebeten, zu einem Tage nach Regensburg zu kommen (der König hatte die Kurfürsten nach Wien geladen). DRTA, VIII 303.*

[3]) *Am 30. Dezember erklären Kurmainz und Kurbrandenburg, es sei erlogen, was man den Kurfürsten nachsage, daß sie einen Thronwechsel beschlossen
hätten für den Fall, daß Sigismund nicht kräftig gegen die Ketzer vorgehe. DRTA
IX 355. Man ersieht daraus, daß das Gerücht verbreitet war.*

a ma fille et au duc :|: Abel :|:ᵃ) ¹) d'Ousteriche, seigneur de Vienne mon genre.» Lesquelz n'en volxent rienz faire, maix li dirent bien, fuit a sa mort, fuit a sa vie, qu'ilz se garderoient bien de faire chose qu'ilz ne debverient faire, et qu'ilz feroient adez tout ce que bonnez gens debveroient faire. Et ces crans querroit le dit roy a faire pour la doubte qu'il avoit du reaume de Hunguerie a perdre s'il venoit par desa. Car il savoit bien que lez Ousterichois et les Hungrez ne s'amient point, maix se haient de mortelt hayne par envie qu'ilz avient l'un contre l'autre. Et toutesfoix s'en vint le dit roy par desa et laissait sa femme on dit pays pour maintenir le reaume en obeysance. Car on veult dire que l'empereour ne doit point aller en ung lieu ou que ce soit sens la compaignie de sa femme, pourtant que on veult dire que c'est si noble chose d'un empereour qu'il n'y ait nulz parellez de lui et de sa femme et qu'il ne doit touchier a aultre qu'a ley; et pour tant ne doit il estre sens sa compagnie; et pour tant qu'il n'avoit mie sa femme auvec lui, belzcopt de gens s'en tenoient pour mal comptans et li fuit remonstrez, quant il vint en Lombardie pour aller a Romme. Et veult on dire, pour tant que la damme n'estoit mie de si grant sang comme le dit roy, il s'en passoit bien de la mener auvec lui et aussi pour tant qu'il se pensoit que se elle estoit en sa compaignie qu'il falroit que lez dammez et duchessez dez par desa l'acompaignaissent et en acompaignant qu'ellez feroient la dite royne, il y pouroit avoir ung pou d'envie et de hoigne | entre ellez, et que lez duchessez que serient de plus grant sang que la royne ne li pourtaissent mie grant honnour a la longe et que la royne penroit en desplaisance de la petite honnour c'on li pouroit faire. Et aussi le dit roy doubtoit lez frais et missions, pour tant qu'il estoit mal planterout et qu'il n'avoit mie bien de quoy. Neantmoins le dit roy la mandait; maix la royne li remandait qu'elle ne venroit point et que se le dit roy estoit bien aise qu'il s'i tenist et aussi elle se tenroit en son dit payx bien a aise et ou elle estoit bien honoree. Maix des qu'il fuit eslieut pour empereour, il menait adez sa femme auvec lui jusques a son despartement qu'il se despartit de Constance et qu'il s'en rallait en Hunguerie, et fuit coronnee auvec lui a Aise a la Chapelle. Mais elle ne fuit point auvec lui en France en Avignon ne en Yngleterre, quant le dit roy y allait pour veoir, s'il povoit apaiser les sgrs. desdis payx. Et des qu'il revint en Hunguerie par ᴍ ɪɪɪɪᶜ et xxɪɪ, il

---

a) *Von B in freigelassener Lücke eingetragen.*
1) *Albrecht.*

ne menait plux de la en avant sa femme auvec lui et la laissait des onques puis en son reaume de Hunguerie et quant il en revint par desa au lieu de Noiremberg per ɪɪɪᶜ et xxx, comme dessus est dit. En laqueille Noiremberg tous les reliques de Karlestein, ou la chappelle du roy de Bahaigne estoit. Et encor ce que on pot racoure de reliquez et de juelz d'esglise furent apourtez a refugez a la dite Noiremberg, quant ceaulx de Praugue et du payx de Bahaigne rebellont et entront en leur arrour encontre l'esglise et encontre leur dit roy.ᵃ) ¹)

Item en l'an ᴍ ɪɪɪᶜ et xxx on moix de septemberˢ) a Noirem- berg ver la Franque vint le dit roy Symont; car s'il n'y fuit estez venus, il heust perdus son obeysance de l'Empeire. Et la vinxent plusieurs princes, seigneurs, barons, bourgoix des citez et des bonnez villes de l'empeire pour proveoir que aucun remede se metteit en l'encontre des falz mescreans Bahignons, et aussi pour aucun remeide et apointement que se puist trouver des guerrez et discencions qui estoient pour le dit jour per la Crestiante, maix il en fist assez pou.

:|: Cest erticle est fait on quel de Renay Vousse.ᵇ) :|:

LXI.

Ci apres sont plusieurs nouvelles que maistre Jaique de Varenne le courdelier mandait au sgr. Jaique Daix chevalier pour le tempz que le dit maistre Jaique fut a Noirembergᵃ) par dever l'empereour pour ciaulx de Metz par ᴍ ɪɪɪɪᶜ et xxxɪ ans.⁴)

:|: Sez xɪɪ article sy apres enxuant sont escript an ung atre quel parlan don fay de Renay Vousse suis une R ⁵) :|:

---

a) *14 Z. frei.* b) *Am Rande ein R, das sich als Randzeichen bei Kapitel LXIIII wiederfindet. Danach ³/₄ S. frei.*

1) *König Sigismund hatte die Reichsinsignien 1415 wieder auf den Karlstein bringen lassen, nachdem er sich in Aachen damit hatte krönen lassen. 1423 führte er sie wegen der Hussitengefahr heimlich weg nach Blindenburg bei Ofen. 1424 kamen sie auf sein Geheiß nach Nürnberg. Der König wollte sie hier, wie er es in einem Schreiben an den Papst vom 9. Juni 1424 bezeugt, vor den Hussiten in Sicherheit bringen und zugleich die Nürnberger für ihre Dienste belohnen. Dort wurden sie in der Spitalkirche in einem Schrein, der im Chor an Ketten herniederhing, aufbewahrt.*

2) *Am 13. September kam S. in Nürnberg an.*

3) *Aus den Präsenzlisten läßt sich feststellen, daß zu Nürnberg als Vertreter von Metz waren: zwei Doctoren und ein thumherr von Metz. DRTA IX 608.*

4) *Die Ladung zum Reichstage war schon auf 25. November 1430 ergangen; DRTA IV 482. Aber erst am 9. Februar 1431 wurde der Reichstag eröffnet.*

5) *Vgl. unten Kapitel LXIIII.*

Quant aus nouvelles de per desa il est vray que tous les princez et cites avoient conclus, puis estre environ xii jours, de avoir et mettre sur une grande armee deden le jour de la Panthecouste prochier[1]) venant sur les Hussez et savoit on bien, combien de gens d'airmes que chascuns prince et cite debvoient envoier et signier du tout point.[2]) Et dist on que les princes auroient bien x^m chevaliers et escuiers et les cites bien iii^{xx} milles armez.[3]) Et la chose ainsi conclute le cardinault de St. Angle[4]) vint de Rome a Noiremberg et apourtait bulez et autrez ordonnencez de nostre Saint Peire et teillement qu'il failloit tout rompre la dite ordonnence.[5]) Et on temps precedent sont venus certainnez nouvellez au roy et cardinault que nostre Saint Peire est trespassez;[6]) et pour ces causez ne sont encor point conclutez les ditez ordonnencez, maix on dit pour vrais qu'ilz auront conclus finaublement de ceste armee dedens iii jours et debvoient estre le roy meysme et tous les princes en leur propprez parsonez en ceste armee.[7])

Il est vrais que je sa secreitement et veritaublement que le roy veult estre en la duchie de Lucembourg deden la Panthecouste pour

---

1) *Nach dem Königl. Ausschreiben sollten die Truppen auf 30. Juni vor dem Böhmer Walde sein. DRTA IX 545.*

Die Stadt Metz hatte eine Einladung Sigismunds vom 22. September 1430 erhalten, ihre Vertreter zum Reichstage nach Nürnberg auf S. Katharinentag zu senden, gleichzeitig aber ihre berittene Mannschaft zu sammeln, um diese sofort gegen die Ketzer absenden zu können; M. St. A. Nr. 5, gleichzeitige französische Übersetzung. Altmann reg. Sigm. Nr .7790.

2) *S. d. Anschlag. DRTA IX 524 ff.*

3) *Nach dem Anschlag vom 1. März 1431 sollten die Herren 8417 Gleven (die Gleve etwa 4 Pferde) stellen. DRTA IX 524. Die Städte sollten zu 1000 Gleven und je dem 50. Mann veranlaßt werden. Sigismund schlug dann am 11. März die Aufstellung von 10 000 Pferden «für den täglichen Krieg» vor und zwar sollten je 200 Mann ohne Unterschied des Standes einen Reisigen ausrüsten. Die Fürsten nahmen diesen Vorschlag nicht an und hielten am Zuge fest. Die Städte gaben keine bestimmte Antwort. Im Ausschreiben vom 18. März bestimmt dann der König für die Stellung des Fußvolkes, daß die Nächstgesessenen den 25., die entfernteren den 50. Mann stellen sollten. Bezold III 105 ff. und das königliche Ausschreiben in DRTA IX 545.*

4) *Kardinal Julianus Cäsarini von S. Angelo.*

5) *Der König war dem Hussitenzuge abgeneigt und wollte zunächst das Konzil zusammenrufen. Er drang in den Kardinal, nach Basel zu gehen, dieser lehnte jedoch ab und wirkte für den Hussitenzug. Lindner 360 und Bezold III 102.*

6) *Am 18. März war die Nachricht vom Tode Martins und von der Wahl Eugens IV. eingetroffen.*

7) *Der König erklärte am 14. März, er wolle selbst mitziehen. Bezold III 106.*

ordonner ledit payx et non mie tant pour le dit payx, maix principalment pour faire la paix de France.[1]) Et de fait il ait envoiet enbasade l'evesque de Augesbourg dever le roy et le signeur de Hilestat[2]) dever monsigneur de Bourgoigne auvec ambourgoix qui ait estez par desa.[3]) Et dist on pour vrais que lez partiez s'en sont soubmis sur le roy des Romains et que on haiste ceste paix pour avoir les gens d'airmes et princez de France pour combatre les Hussz. Et dit on que monseigneur de Bourgoigne ait grant desir d'aler sur les Hussz, maix que la paix soit faite.[4])

Item on traite tous les jours entre le duc Loys de Baviere, frere de la royne de France et le duc Hanrey de Baviere pour leur debat de Constance, maix on n'en puet venir a fin ne a accort,[5]) parellement traite on entre monssgr. de Colloigne et monssgr. Des Mons, qui ont grant debas, maix on ne les ait encor peu accourder.[6]) Toutes voies le roy ne les veult nullement laissier pertir tant qu'ilz aient tuis accord.

Item[7]) on tempz pendant que le Saint Consille estoit a Constance par iiii^c et xvii, le duc Hanris de Baviere entreprist tout en hault et publiquement de tuer le duc Loys de Baviere, frere de la royne de France, en rencontrant qu'il le fist en une rue a Constance.[8]) Maix il fallit de le tuer et le blessait moult fort et s'en allait fuiant, quant il ot fait le col. De quoy il fist comme saige, quant il s'enfuit. Et pour celle cause fuit le dit duc Hanrey en l'indignacion de l'empereour jusquez en l'an mil iiii^c et xxx que le dit empereour revint a Noiremberg que le duc Loys de Baviere encomenssait a faire sa complainte

---

[1]) *Sigismund machte am 11. März die Mitteilung, er beabsichtige, « die Könige von England und Frankreich überein zu bringen und gen welschen Landen zu ziehen und die Lande in Frieden zu setzen. » Bezold l. c. 104.*

[2]) *Persönlichkeit nicht festzustellen.*

[3]) *Ein Abgesandter des Herzogs von Burgund war am 4. März in Sachen des Konzils zu Basel. Bezold l. c. 102. Es läßt sich annehmen, daß dieser sich auch nach Nürnberg zum Könige begeben hat. Jedenfalls sind nach der Präsenzliste in Nürnberg: die ret des herzogs von Burgonien. DRTA IX 603.*

[4]) *Der Abgesandte in Basel erklärt allerdings, daß eine gütliche Zurückführung der Hussiten zum rechten Glauben Gott wohlgefälliger sei als eine gewaltsame Unterwerfung. Bezold III 102.*

[5]) *S. unten.*

[6]) *Am 22. Februar behandelt der König den Streit zwischen dem Kölner und dem Herzog von Berg, die wegen Zollangelegenheiten in Zwiespalt sind. S. den Bericht der Straßburger Gesandten an ihre Stadt; DRTA IX 584.*

[7]) *Das Stück von* Item — s'en suit *ist offenbar vom Kompilator in den Bericht des Jaique de Varenne eingeschoben.*

[8]) *S. über diesen Frevel Riezler, Gesch. Baierns III 238.*

par devant l'empereour de l'injure et villonnie que le dit Hanrey lui avoit faite. De quoy les parties ouyes il fuit jugie et sentencie par l'empereour et par son hault consoil par la maniere que ci apres s'en suit.[1])

Item paix et accordt est fait entre le duc Hanrey de Baviere et le duc Loys, frere de la royne de France, sus le debat que le dit sgr. Hanris batit le dit Loys a Constance. Et est l'accord telt que le dit sgr. Hanrey doit fonder III chappellez, II on pays du duc Loys et l'autre a Constance et y doient estre fondeis III chappelains chascun de L florins.[2]) Et desditez chappellez serait patrons le dit sgr. Loys et ces hoirs. Item doit le dit sgr. Hanris faire faire III pellerinagez au Saint Sepulcre par ung noble a compaignie de II aultrez.[3]) Item encor III pellerinaigez semblamment a Romme. Item semblamment III a Nostre Dame dez Hermitez.[4]) Item semblamment au Saint Sang.[5]) Et finaublement doit a cez despenz envoier C lancez sur lez Hussz.[6]) Et par ainsy sont lesdis II seigneurs accourdes.

Mesire Hanrey Baiere[7]) est par desa. Je ne sa encor qu'il pourchasse, maix se je puis, je la sairai. Il m'ait bien veu, maix il n'ait fait semblant de parler a moy. Pour[8]) le temps le duc Charle de Lorrainne faisoit guerre a ciaulx de Metz.

Item l'evesque de Spire ait accordt a l'archevesque de Trieve dit de Manderscheit,[9]) par ainsi qu'il fault que l'archevesque de Trieve

---

1) *Das Urteil wurde am 22. März 1431 gesprochen.*

2) *Nicht drei Kapellen sollte er bauen, sondern drei Messen stiften. Riezler l. c. 297.*

3) *Ludwig sollte fünf Wallfahrten entweder persönlich ausführen oder durch einen Stellvertreter mit zwei Begleitern.*

4) *In Einsiedel.*

5) *Zum heiligen Blute in Wilsnak in der Mark. S. Eberhard Windecke Kap. 258, der Welzenau sagt, und Riezler l. c. Außerdem noch eine Wallfahrt nach Aachen.*

6) *Hundert Spieße auf drei Monate. Eberhard Windecke l. c.*

7) *Heinrich Baier v. Boppard wird auch in der Präsenzliste erwähnt; DRTA IX 608.*

8) *Die Stelle Pour-Metz fügt offenbar der Kompilator ein. Der eigentliche Krieg zwischen der Stadt und dem Herzog von Lothringen, der seit 1427 geführt wurde, war seit dem Friedensvertrage vom 1. Januar 1430 beendet, aber der Herzog hatte sich geweigert, die Metzer Gefangenen herauszugeben, und die Metzer hatten daraufhin auch die lothringischen Gefangenen zurückbehalten. Erst nach dem Tode des Herzogs wurden die beiderseitigen Gefangenen durch Friedensvertrag vom 19. März 1431 (den Jaique Dex mit vermittelt hatte) ausgeliefert.*

9) *In Trier war nach einer zwiespältigen Wahl (27. Februar 1430) zwischen Jakob von Sierck und Ulrich von Manderscheid Raban von Helmstädt, Bischof von*

donne chascun an a l'evesque de Spire sa vie durant III^m florins et xxIII^m florins comptant et xx^m florins que le roy emporte dudit archevesque. Le dit debat estoit pour l'arscheveschie de Trieve, maix le dit accort ne se tint mie.

Item les Housez sont plux fort de trop qu'il ne furent onque et ne leur enchault de roy ne de rock;[1]) et se sont darrien allez avec le roy de Poulainne[2]) et le nouvel duc Witholt[3]) qui est son nepveult et trop plux puissans que ne soit le roy.

Messire Hanrey Baiere ait fait citeir monsgr. le domissel de Sarwerden devant le roy et sa halte justice, comme j'ay entendus, maix puet tout estre que on vat bien pour II chosez au marchief.

Item le roy ne fuit passes VI ans en si bompoint de corpz, comme il est.

Memore que le XVII^c jour de moix d'apvril per M III^c et XXXI fuit sentencie par l'empereour Symon roy de Bahaigne une sentence d'un debat qui avoit durez plux de XX ans d'un appelley Renhart Vusz[4]) qui avoit fait citer ciaulx de Metz devant le dit empereour et avient estez ciaulx de Metz condempnez a la chancellerie du dit empereour. Et avient estez lesdis de Metz tres grant piece on ban[5]) et en la chasse et en l'indignacion dudit empereour; et fuit trouvez le jour dessus dit que la chancellerie du Saint Empeire avoit | partie conformacion legierement condempnee contre ciaulx de Metz, nonobstant c'on ne trouvoit mie qu'il y heust heu point de deffault en ciaulx de Metz. Et furent revocqueez les sentencez devant ditez et condempnez le dit Renhart Vusz et ciaulx de Metz absol et mis fuer du ban du St. Empeire.a)[6])

1431
April 17.

p. 295.

---

a) ³/₄ S. frei.
Speier, vom Papste ernannt worden. Jakob verzichtete, Ulrich aber suchte sich gegen Raban zu behaupten.

1) Turm im Schachspiel, Festung, feste Stadt.

2) Über die Verhandlungen der Hussiten mit dem König von Polen im Anfange des Jahres 1431 und den Tag von Krakau am 19. März s. Bezold III 120.

3) Damit dürfte Swidrigal von Litauen, der im Jahre 1430 Witold gefolgt war, gemeint sein.

4) Die ausführliche Darstellung dieser Angelegenheit s. weiter unten Kap. LXIV p. 352.

5) Achterklärung am 19. September 1418, Aberacht am 10. September 1422. Altmann reg. 3528 und 5197.

6) Urkunde im Metzer Stadtarchiv. S. auch Altmann reg. 8505 und 8506. Am 17. Juli 1431 fordert der König die Stadt auf, den Reinhart Fuchs in Besitz seiner Güter zu setzen. Er sendet den Edlen Johann von Ruldingen, damit dieser als sein Vertreter bei der Einsetzung gegenwärtig sei. Er gebietet der Stadt, dem Urteil nachzukommen, da sie sonst in große Strafe falle, wie er

LXII.

1431 April 1. *p. 296.* Coment^a) le dit Symon, roy de Hunguerie, environ la Paisque par IIII^c et XXXI assemblait ung St. Consille au lieu de Baisle pour reconformer l'Esglise et remeidier de plussieurs chosez qui estoient mal faitez en le spirituel et on temporel et principalement pour le reaume de Bahaigne qui estoit en heresie contre la foix et rebelle contre le dit roy. Lequeil en debvoit estre roy en heritaige et que li estoit escheu de part le roy Waincelas son frere qui estoit mors sens hoirs de son corps.

Et la debvoit on adviser par quel maniere c'on debvoit faire venir les dis Bahagnons a obeixance, pourtant c'on ne lez y povoit constraindre par force d'airme, pourtant que les princez de par desa n'estient mie d'acort de recister encontre yaulx.

Et par la devision des dis princes conquestoient les dis Bahignonz grans payx sur leur voisins et destruoient tout, tant en feu bouter comme en ardant hommez, femes et enffens, et conquestont per desa les boix de Bahaigne et y vinxent a force d'airme en l'an M III^c et XXX. De quoy les seigneurs, princes et autres bonevilles qui estoient delez le dit empereour au lieu de Noiremberg, en furent en grant doubte, et ranssonnont les dis Bahignons le payx et plusieurs bonnez villez par desa lez boix de Bahaignez en jusques a la dite Noiremberg,¹) et puis se retournont en leur payx²) et empourtont grant finance³) de reansons qu'ilz avoient fait on dit payx. Et pour celle cause donnait le dit roy lisance et franchise a ciaulx de Boemberg d'iaulx a fermer leur cite⁴) malgreif leur evesque qui estoit ville champeitre sens murs aussi grosse comme Metz, et ne leur volloit point soffrir leur dit evesque

---

a) M. add. per.

das dem Stadtschreiber Johann mündlich auseinandergesetzt habe; Metzer St. A. 2. Pergamentvidimus. Altmann, reg. 8715. Die Angelegenheit ist damit noch nicht erledigt gewesen, denn am 4. November 1436 teilt der Kaiser der Stadt mit, daß er zur endgültigen Erledigung der Angelegenheit die Äbte von S. Marie zu Luxemburg und S. Maximin in Trier zu Schiedsrichtern ernannt habe. M. St. A. Nr. 166; Or. mb. c. sig. impr. Altmann, reg. 11508.

¹) Die Hussiten kamen 1430 bis in das Nürnberger Gebiet, der Reichstag trat erst 1431 zusammen.

²) Durch den Beheimsteiner Vertrag vom 11. Februar 1430.

³) Die Nürnberger bezahlten 12000 fl., der Markgraf 9000 fl., der Pfalzgraf Johann 8000 fl. Bezold III 44 f.

⁴) Am 16. Juli 1431 teilt Sigismund den Angehörigen des Gebietes von Bamberg mit, daß er der Stadt erlaubt habe, sich mit Mauern zu befestigen. Altmann, reg. 8708.

d'iaulx a fermer pour la doubte qu'il avoit qu'ilz ne se rebellaissent en l'encontre de lui, se leur cite estoit fermee. Maix le dit roy leur donnait lisence d'iaulx a fermer contre la vollente de leur dit evesque pour la doubte des dis Bahignonz mescreans, ad cui ilz s'avoient ja resonnes[1]) pour la doubte de perde leur cite, si comme ilz avoient fait plusieurs autrez bonnez villez et citez que leur avoient donnez argent pour estre en seurete d'iaulx ung terme de tempz.[2]) Et on tempz pendant ilz s'encomensont si fort a fermer, qu'ilz lez doubtont assez pou.

Et[a]) quant le dit roy et les esliseurs du dit St. Empeire et les autres princes, seigneurs, citez et bonevilles virent, coment les dis faulz bougres[3]) Bahignons desobeysans de la foid s'avansoient si fort qu'ilz encomensoient a conquester par desa les boix de Bahaigne et encommansont a avoir doubte de perdre plux qu'ilz n'avoient fait de devant, s'avisont de faire une armee sus yaulx par la maniere que ci apres s'ensuit. Sy aprez sont plusieurs ordonnencez faites per l'empereour Symon, roy de Hunguerie, et par les princes et autres seigneurs, faites et ordonneez a Noiremberg per M IIII^c et XXXI ver la St. Jehan pour aller on[b]) Bahaigne pour le conquester, pourtant qu'ilz estoient en erreur de plusieurs articles contre la foid; lesqueillez ne se tinxent point, pourtant que le dit roy laissait coy ou plux fort et entreprist ung pou aprez son voyaige pour aller a Rome pour lui faire coronner. Lesqueillez ordonnences furent fatez et prinsez sur une autre ordonnencez que les seigneurs esleiseurs et autrez princes, seigneurs, citez et bonevillez avoient faite devise et ordonne par M IIII^c et XXVII pour une chevalchiee qu'ilz firent on dit payx de Bohemes. De laqueille ilz en revinssent sens arrois par la petite ordonnance et accordt qu'il orent ensemblez. Laqueille vous trouverez escripte aprez ceste ordonnence dessus dite sus la . . .[c]) fuelle ensuant sus une teille ensaigne.[d])[4])

p. 297.

1431 Juni 24.

Nous Sigmund[5]) par la graice de Dieu etc. Cognoissons etc. que nous avons bien considere que les descors, guerrez et inmitie que sont

p. 298.

---

a) *Die obere halbe Seite hiervor frei.* b) *Hinter* on *gestrichen* reauy *(Verf. wollte wohl* reaume *schreiben). Dann aus Versehen stehen geblieben* de. c) *Lücke im Text.* d) *Quadrat mit Schleifen an den vier Ecken, überhüht von einem Dreieck mit Schleife an der oberen Ecke.*

1) *Über das Schicksal der Stadt Bamberg und des Bamberger Gebietes s. Bezold III 40.*

2) *Die Hussiten versprachen den am Beheimsteiner Vertrag beteiligten Herrschaften, deren Gebiet bis 25. Juli 1430 nicht zu beschädigen; Bezold III 45.*

3) *Die Erklärung s. oben S. 373.*

4) *Kap. LXII p. 310, S. 395, d. i. von hier an das 6. Blatt.*

5) *Die deutsche Ausfertigung gedr. DRTA IX 540; s. dort die übrigen Drucke.*

este et sont encor entre lez princez, contes, noblez seigneurs, chivaliers, escuiers, citez et bonnevillez on payx d'Allemaigne, ont pourtez grans empeschemenz a la destruction des mauvais Hussz et heretiquez de Boheme et que parmey ce les dis Houssz et heretiques ont heus grans confors du payx d'Allemaingne, de plusieurs biens que on leur ait monnez, en quoy ilz avoient grans deffaulz et ce se fait encor de jours en jours. Et avons maintenent entreprins par le conseil de nos princes esliseurs et autrez princes, contez, seigneurs, bonne villez et amis, qui a present sont estey en bonne et notauble entencion deley nous au lieu de Noiremberg de faire a cestuit prochain estey une puissant reise et ensemblee contre les dessus dis Hussz et heretiques et a l'ayde de Dieu de lez tellement destruire, que ilz polront sentir et et appercepvoir que a tort frivollement et de voullente ilz soy sont opposey et opposent contre Ste. Esglise par despitement de la Crestienneteit et en blasfemacion de nostre sgr. Jesus Crist.

[1.] Et affin que la dite reise et ensemblee se peulle tant plux notaublement et plus forment faire et ordonner et aussi que tous et ung chascung de nous et du St. Empeire esliseurs, contez, princez, seigneurs, chivalliers et escuiers, citez et bonnevilles et tous autrez boins Cristiens y peullent tant plux voullentier et muex aidier et servir, avons nous par le conseil de dessus dis nos esliseurs, princez, contez, nobles, bonnevillez et amis par bonne deliberacion et de certenne science fais, ordonnes, faisons et ordonnons de l'auctoriteit reigal Romainne les articles, ordonnancez et comandemens ci apres escripts, et comandons en vertus de ces presentes que tous et ung chescun subgez et appertenans a nous et au Sainct Empeire, soient ecclesiastiques ou seculeirs, de queilcunque dignitey, estas et condition ilz soient, sens nulz excepter, qui ont guerrez et inimitiet ensemblez l'un contre l'autre, que maintenent dez la date de ces presentes enco-

Nov. 11. mansant jusques au jour de la St. Martin en yver prochain venant et en oultre jusques a ung an apres ensuant, nulz queilz qu'ilz soient ne preignent ne meffacent sur l'autre ne sur lez siens ne leur doient faire dampmaige en maniere queilcunque que ce soit. Et aussi que, le temp pendant, nulz ne doit ne ne puet en maniere que ce soit encomencier ne faire nulles guerres novelles, soit pou soit trop pour queilcunque chose que ce soit. Et se chose estoit que la dite reise ou ensemblee par avanture se prolongest plux avant que jusques au jour de la St. Martin qui or vient en I an, quicunque seroit as champz et en la reise dessus dite ou qui y averoient gens pour eulx ou qui y feroient

p. 299. et ordonneroient nottoire aide | selond ce que il leur seroit ymposey sens mal enging, soient esliseurs, princes ecclesiastiquez ou seculers, contez, seigneurs, chevaliers, escuiers, citez, bonnevillez ou qui qu'ilz soient, a yceulx et a leur gens doient les ditez treugez estre tenuez et observeez tout le dit tempz durant et en jusques atant que celuy ou cilz soient retournez a leur maisons et encor quaitres sepmainez apres tout par la maniere dessus dite.

[1ᵃ.] Et se il y avoit aulcuns compaignons d'airmez seulx qui heussent leur proprez chevalx et hernoix et qui n'auroient point de maistre luwes[1]) ou seigneur respondant pour eulx qui heussent puissance de les tenir a droit ou en cuy despens y fuissent ay ceulx pendant le temps des ditez treugez, ne doit on donner ne tenir nulz esxeurement,[2]) salfconduis des dits ou treuges en nulles bonnevilles, chastiaulx, mairches, villez, ne en aultrez lieux queilxcunques de l'Empeire en maniere que ce soit ne par quelcunque personne que se soit.

[1ᵇ.] Et se chose estoit que aucun qui que ce fuist de queilcunque estat, condicion ou dignitey qu'il soit, y mesfasist ou mespreinst les dites treugez pendans et qui enfraindist nos ditez treugez, il seroit tenus et reputez de nous et d'ung chescun pour mesfaitour et desobeyssant; et a ycelui ou a yceulx ne puellent les dis asseuremens, salfscondus, treugez ou graices queilcunquez aidier ne deffendre qu'ilz puissent jamaix revenir a leur premier estat ne estre remis em paix, se yceluy ou yceulx desobeyssans et mesfaiteurs ne fuissent doncques par avant admiaublement accoordez et satisfaitz a celuy ou a ceulx ad qui le dampmaige ou le desplaisir seroit este fait ou a leurs hoirs ou successeurs et par leur bonne voullente. Et auvec ce quicunque sousteinroit ne habergeroit yceulx que ainsy auroient enfrains et rompus les ditez treuges, il seroit tenus en ycelle meysme poine et en la maniere dessus dite.

[2.] Nous ordonnons aussy, voullons et commandons a tous et a ung chascun princes ecclesiastiquez et seculers, contes, nobles, seigneurs, chivaliers et escuiers, citez, bonnevillez, communaltey, bourgoix et aultrez gens de queilxcunquez estas, condicion ou ordrez qu'ilz soient, fermement et acerte que ilz ne aucuns d'eulx ne monnoisse ne portoisse point aus dessus dis heretiques ne a leur adherens, vivrez, maingaillez, marchandisez ne autres chosez necessaires queilxcunques, ou queilx qu'ilz soient en maniere que ce soit, ne qu'ilz leur faicent adhesions queilcunquez, ne qu'ilz aient avecquez eulx conversacions ou comunicacion queilcunque en maniere que ce soit.

---

[1]) *DRTA* und keyne gichtige herren oder junckherren haben.
[2]) *DRTA* trostunge.

[2ª.] Et quicunque feroit le contraire, soit ung ou plusieurs de quelcunque condicion ou estat il ou ilz soient, et qu'ilz en fuissent | notoirement convencus ou veritaublement trouvez au fait, ilz seroient tenus par nous et par chescun comme pour estre bannis de la foid Cristienne et comme adherens des dis heretiquez et fauteurs de heresie et averoient perdus corpz et avoirs teillement que on debveroit et poroit pour ce penre leur corps, leur avoirs et biens et les en blasmer et faire comme il y appartient. Et ne lez poiroient aussy nulz saifcondus, treugez des dits graices ne franchisez, queillez qu'ellez soient ne par cui qu'ellez fuissent donnees, aidier ne deffendre en maniere que ce soit.

[3.] Et se chose estoit que aucuns pou ou plusieurs qui qu'ilz fussent que seroient en ycelle reise et ensemblee ou qui y envoieroient ou qui feroient selong ce que on leur averoit ordonnez, sens mal enging fuissent encheus et condempnes en nos et du Saint Empeire banissemens ou on raforcement des dis banissemens ou en aucuns banissement et raforcement de queilcunquez nos esliseurs, princes, contez, noblez, seigneurs, chevaliers et escuiers ou de citez, de justice de pays, de justice de bonnevillez ou d'aultre justice ou sentencez ou jugemens rendus et proferes contre yceulx ung ou plusieurs en generalz ou en especialz en queilcunque cause et en l'instance de cui que ce soit, nous avons enver celuy ou yceulx renunciez a nos et du Saint Empeire banissemens et raforcemenz des dis et a toutez nos lettrez et a toutes lez lettrez de nostre souveraine justice que sur ce sont estez donnees. Et avons aussi lez banissemenz et raforcemenz, jugemens et sentencez, que en la maniere dessus dite heussent estez donnez, du tout suspendus et lez suspendons de Maieste regal Romainne par la vertu de cez presentez tout le dit tempt durant jusquez a tempz que ceulx qui seront ou averont leur gens sur les champs en la dite reise ou qui notoirement y averoient fait en la maniere dessus dite retourneront a leur hostel et quaitrez sepmainez aprez ce sens mal enging, sens preiudice toutevoie de nous et du Saint Empeire et aussi d'ung chascun a son droit aprez le dit terme passez et aprez ce que le despaitrement se ferait.

[3ª.] Et aussy tout ceulx qui en leur proprez parsonnez seront en la dite reise et ensemblee et aussi lez princez, contez, seigneurs et chevaliers qui pour cause de malladieux, empeschemenz de leur corpz n'y pouront venir en leur proprez parsonnez maix y envoieront ou font selong ce que on leur ait ordonnez sens mal enging, et avecque ce lez citez, bonnevilles et comunaltes qui y envoient leur gens ou font selong ce que on leur ait ordonnez sens mal engin doient avoir ceste

especial franchise et graice que | nous leur donnons presentement par vertus de ces presentes de l'auctorite regal Romainne teillement que yceulx, tant comme ilz seront fuer aus champs ou en la dite reise ou qui y ont leur gens et feront selond que il leur est ordonnez en la maniere dessus dite jusquez a tant qu'ilz et leur gens retourneront au pays en leur hostelz et maisons, et quaitres sepmainez aprez, nommeement cilz qui y seront en leur propres parsonnez de princes, contes, chevalliers et escuiers qui n'y puellent venir pour cause de malladie, maix ilz y envoient leur gens et en la maniere dessus dites ᵃ) pour le commun fait de leur villez ne doient estre covenus, appellez, greves ne proturbez par nostre ne du Saint Empeire justice ne de queilcunquez justicez de nos esleiseurs, princez, contes, seigneurs ou de citez, de justice de pays ou d'aultre justice en l'Empeire queillez qu'ellez soient ou coment qu'elles soient appellees de parsone queilcunque ne pour chosez queilcunquez en nulles manierez que ce soit.

[3ᵇ.] Toutes voies quicunque seroit tenus a l'autre ne obligies par lettrez ou autrement notoirement, il le doit paier et contempter et s'il ne le faisoit, le dit crediteur puet demander au debteur sa debte par droit ou selond le contenus de ses lettrez sens mal engin. En tesmoignage de ces presentes lettrez, donnees le marquerdi aprez le jour de la Sainct Gregoire le pape l'an etc. xxxi.ᵇ)

1431 März 14.

Ci apres s'ensuient et est comprins, coment que on se doit maintenir en la route et ensemblee et aussi du pueple et de la reise et combien que ung chascun aiderait a la dite reise.¹)

[1.] Assavoir est premierement que tous ceulx qui venront a la dite reise et ensemblee doient estre devant toutez chosez confessez et eulx mettre en devocion et recepvoir le corpz Nostre Seigneur et eulx maintenir devotement etc.

[2.] Item li evesques de Meance, de Colongne, de Trieve et le conte palantin deley le Rin doient avoir une route et ung chastiaul sur char²) et ordonnez leur bataille, etc.

---

a) *Hier fehlt:* und auch die stete die die iren dahin senden und dortzu in vorgerurter maszen tun (umb yrer stad gemeyn sachen *etc.*). *DRTA.*
b) *DRTA add.* Ad mandatum domini regis Caspar Sligk.
¹) *Die Heeresordnung ist vom 9./10. März 1431; DRTA IX 536. Hier auch der Text in deutscher Sprache und die Angabe der übrigen Drucke.*
²) *DRTA* Ein wagenburg.

*[4.]*ª) Item le marquis de Brandebourg, l'evesque de Wirtzbourg, l'evesque de Bamberg, les contez et chevalliers dez pays de Francken et de Swabe doient tous ensembles avoir une rotte et leur chastel charral et ordonner leur bataille, etc.

p. 302.   *[5.]* Item li evesque de Meidebourg, li evesque de Hildeszheim, li evesque de Hawerstat,¹) les ducs de Brunszwich ᵇ) et le josne marquis de Brandebourg pour et on nom de la Mairck doient avoir une route et ung chastel charral et ordonner leur bataille, etc.

[6.] Item les bonnevilles de l'Empeire doient avoir une routte et ung chastel charraul et ordonner leur bataille et se doient avec leur gens boutter et acompaingnier avec ung prince, lequeil qu'ilz ameront muex, etc.

[7.] Item les princes et seigneurs de la Slese,²) le payx de Lausitz et les septz ᶜ) citez et le maistre de Prusse doient avoir une routte et ung chastel cherraul et ordonner leur bataille, etc.

[8.] Item tous seigneurs de Oisterriche doient avoir une routte et ung chastel cherraul et ordonner leur bataille, etc.

[9.] Item quant les princes, seigneurs, cites et bonnevilles venront ensemblez a tous leur routtes on pays de Boheme, ilz doient ordonner leur batailles et chasteaulx cherralx et faire tout le mieux qu'ilz pouront adviser et accourder, etc.

[10.] Item tous les gens a piedz armes que ung chescun seigneur, prince, cite ou bonnevillez ameront, doient tous avoir mortiez cannons, mortiez abolestres et tout ce qu'il y appartient poure et trait,³) etc.

[11.] Item on doit avoir ades sus x hommes a pieds une capitainne, sus cent ung et sus mil ung et estre obeyssant a celuy, etc.

[12.] Item se aucuns y fuissent que volcissent faire si mal de fuir fuer de la bataille ou d'aller et issir fuer du payx de Boheme sens le congier et sceu de leur capitainnez, ᵈ) leur femmez et enffens seroient perpetuellement deschassiez et averoient perdus tous leur avoirs et leur biens.

---

a) *Es fehlt 3:* Item der herzoge von Sassen, der landgrave von Düringen und der lantgraff von Hessen söllent auch ein here und ein wagenburg haben und iren strit bestellen. b) *DRTA add.* die fürsten an der see als Stetin etc. c) *DRTA* die 6 stett. d) *DRTA add.* der oder die (ir wiber *etc.*).

1) *Halberstadt.*
2) *Schlesien.*
3) *DRTA* Söllent glich halb bussen und halb armbrust haben mit pfilen bli pulver und waz dazu gehöret.

[14.] a) Aussi doient les princes et seigneurs, etc. ordonner ung franck marchiet en leur rotte et leur ost, comme il est acoustumez; et quicunque y mesferoit, il averoit perdus son corpz.

[15.] Item ung chascun cher que on menrait en la routte et en l'ost, doit estre fort et boin et doit avoir une chaume de fer ¹) du long de xv pieds; et ung chascun charton et varlet du cher doit avoir ung fleiel,²) etc.

[16.] Item aussi nulz princes, seigneurs, cites ou bonne villes ne doient aller ne mettre siege devant bonnevillez ou forteresses pour les presser ou assaillir plux longuement que une nuit, se ce n'est doncque par la vollente et conseil de tous les princes, etc.

[17.] Aussi doit on ordonner, quant les rottes venront ensembles, que l'une des routtez tiroisse et envoisse ung jour devant l'autre et l'autre aprez, si comme on l'ordonnerait, etc.

[18.] Aussi doit une chascune routte ordonner sa baniere estandue; et quicunque chevalcheroit ou passeroit devant sa dite baniere sens le congier du capitainne, on li ousteroit sez chevalz et chers et les buttyneroit ³) on; et n'en doit parsonne parler encontre, adfin que on soit tant plux obeissant de demeurer desobz la baniere, etc.

[19.] Parsonne ne doit aussi juer en la dite reise et ensemblee; et quicunque y mespranroit, on li coupperoit la main jus, etc.

[20.] Parsonne n'y doit avoir aussi ne menner femmes comunes; et quicunque y mesprenroit, on l'arderoit.

[21.] Item quicunque tireroit ung coutel sur l'autre, on li copperoit jus la main; et se c'estoit une plaie tuorme,⁴) on jugeroit sur lui seloing droit.

[22.] On ne doit aussi point sonner les trompettes en l'ost, for que quant on sonnerait les trompettes, ung chascun doit estre apparillie et venir au lieu, ou il est ordonney et envoie.

[23.] Item quicunque y embleroit ou penroit a aultrui la sienne chose, soit en l'ost ou defuer ou que ce soit, soit harnoix ou chevalx ou quelcunque chose que ce soit, il seroit pendus sens graice queilcunques.

[24.] Aussi doit ung chascun des dis princes, seigneurs, cites et bonne villes especialment en leur routtez, dispouser teillement tenir et,

---

a) *Es fehlt 13:* Ouch sol ein ieglicher, der in die here füret spise, trang, kaufmanschaft welicherlei daz ist, zu und ab von den heren sicher und felig sin vor allermenglich, nieman uszgenommen one geverde. Und wer dawider tete und die beraubete oder verhünderte, der oder die söllent iren lib verloren haben und sol kein gnad helfen.

¹) *DRTA* Ein isin ketten.
²) *DRTA* Soll einen pflegel haben, grabschufel und sollich notdurft.
³) *DRTA* und sol die büten (biuten = *als Beute austeilen*).
⁴) *DRTA* Ist es auch ein verch-wunde (verch = *Leib und Leben*).

ordonner, que se aucunes complaintes venissent par devant eulx sur quoy on debveroit jugier selond droit et avoir delez eulx leur correcteur[1]) se besoing estoit qu'il en faillit jugier.

[25.] Et se chose estoit qu'il y eust aucun en l'ost qui heust debas contre aultre par queilcunque maniere que ce fuist, il ne doit en riens grever ne dapmagier l'autre ne lui volloir mal queilcunque en maniere que ce soit, maix se doit admiaublement depourter et laissier la chose au mieux jusques au retour au pays, etc.

[26.] On doit aussi ordonner, se rumours queilcunques ou dissencions avenoient en l'ost que nulz ne s'en doit armer[a]) ne personne n'y doit courrir for que cilz qui sont ou seront ordonnes, teillement que ung chascun prince et seigneur y doit envoier deulx pour faire sur ce, selond que on serait d'accord et pour apaisier ycelles rumours et dissencions, etc.

[27.] Item une chescune routte doit ammoner avecque elle III ou cincq prestres boins clercz[2]) pour preschier au pueple et ensengnier, coment que on se doit avoir et combatre au mieux que on pourait pour la sainte foid catholique, etc.

[28.] Item que nulz seigneur qui qu'il soit ne se doit entreprenre de ordonner de recepvoir ne de faire chose queilcunque que ce soit sens le sceu et la voullanteit du souverains capitainne etc.[b])

Les utailles et artilleries
que on doit avoir.[3])

Item[c]) le duc Lowy conte pallatin deley le Rin[d]) doit avoir III bombardez a chambre et vi^m virtons.

---

a) *Vorl.* amer. *DRTA* wapen. b) *Der deutsche Text fügt noch hinzu:*
[29.] Auch sol ein ieglicher dem houptman gehorsam sin. Und ob sollich gehorsam von ieman, wer der wer gebrochen wurde, den oder die sol der houptman stroffen noch dem und der pruch des gehorsams geschehen wer. Und des sol sich nieman annemen in kein wise.

c) *Schou der Beginn mit* Item *zeigt, dass der Anfang fehlt. Der deutsche Text führt noch auf:*
Zum ersten der herzog von Sachsen sal haben 14 steinbuchsen zum strit und eine grosze buchsen und darzu 12 000 phile.

Item der lantgrave von Doringen zum strit 8 buchsen und 10 000 phil.

Item der marggrave von Brandenburg sieben buchsen zum strit und eine grosze buchsen und 6000 phil.

Item herzog Albrecht und herzog Ernsts kinde von Oisterrich sollen haben so viel buchsen klein und grosz, als sie der bedorfen und gehaben mogen und darzu uber ir schutzen 12 000 phil.

Item der bischof von Saltzpurg sechs buchsen, der iglicho schiesze als grosz als ein heubt und 6000 phil.

Item der bischof von Passauw und die stat zu Passauw 4 buchsen, die schieszen als grosz als ein heubt und 6000 phil.

d) *DRTA* Item herzog Ludewig grave zu Mortaign.

1) *DRTA* iren stroffer.
2) *DRTA* wolgelert.
3) *Der Anschlag ist zwischen 19. Februar und 13./14. März 1431 in Nürnberg aufgestellt. In deutscher Sprache gedruckt DRTA IX 519 ff.*

Item le duc Ernst et le duc Wilhamme de Baviere III^a) bombardes a chambre pour traire, etc.

Item le duc Hanrey de Baviere une grosse bombarde, VI bombardez a chambre et III pour traire le groz d'une teste,^b) etc.

Item le duc Hans II bombardez a chambre, une grosse bombarde, IIII^m viretons.

Item le duc Otte avec le pays du conte pallatin^c) II bombardes traians le groz d'une teste et III^m viretons.

Item l'evesque de Wirtzburg III bombardes traians le grosz d'une teste, VI bombardes a chambre et VI^m viretons.

Item l'evesque de Bamberg II bombardes traians le groz d'une teste, IIII bombardes a chambre et IIII^m viretons.

Item l'evesque de Auszburg VI^m viretons.

Item l'evesque de Eistet une bombarde traiant le gros d'une teste, III bombardez de chambre et VI^m viretons.

Item le payx de Lausitz, VI bonnevilles, tous les princes de la Slese doient amonner tant de trait d'artilleries et de bombardes et ung chastel cherral, comme il serait besoing en leur partie et canton, etc.^d)

Somme XXXIIII^m viretons.^e)¹)

Les bonnevilles et cites de l'Empeire.

Item ceulx de Noiremberg doient avoir une grosse bombarde, IIII bombardes a piere, IIII bombardez a chambre et VI^m viretons.

Item ceulx de Regenspurg II bombardes comme teste, IIII bombarde a chambre, VI^m viretons.

Item ceulx de Rotembourg II bombardes traians le gros d'une teste, IIII bombardes a chambre, IIII^m viretons.^f)

Item ceulx de Dinckelspugel une bombarde a piere, II bombardes a chambre, mil et V^c viretons.

Item^g) ceulx de Nordeling II bombardes a chambre, II bombardes a pierre, IIII^m viretons.^h)

---

a) *D R T A* 8 kammerbuchsen, der iede schiesze als grosz als ein boszkugel und 6000 phil.
b) *D R T A* add. und 6000 phil.
c) *D R T A* add. zu Beyern.
d) *D R T A* add. und sollen sich darin selber anslahen und beladen nach redelicheit, wann wir irs vermogens hie nicht wissen.
e) *D R T A lassen hier und weiter unten die Addition aus.*
f) *D R T A nennen Rotenburg nach Dinkelsbühl* «Item die von Rotemburg 2 steinbuchsen, 2 kammerbuchsen und 4000 phil.
g) *D R T A nennen zuvor noch:* Item Weyszenburg ein steinbuchsen, 2 kamerbuchsen, 1500 phil. Item Wyndesheim ein steinbuchsen, 2 kamerbuchsen, 1500 phil.
h) *D R T A* 4000 phil.

1) **Die Summe stimmt nicht.** *Es sind 35 000 viretons.*

Item ceulx de Eiger une grosse bombarde, vi bombardes de chambre, vi^m viretons.

Item ceulx de Elnpogen ii bombardez a piere traians le groz d'une teste, iii^m viretons.

Item ceulx de Auszpurg vii bombardez a piere comme gourelz,^a) vi^m viretons.

Item ceulx de Ulm vi bombardez a piere comme gourelz, vi^m viretons.

Item ceulx de Guiming^b) ii bombardez parallez^c) et m viretons.

Item Erffurt une grosse bombarde, vii^d) bombardez a piere traians le groz de teste et x^m viretons.

Item Sweinffurt une bombarde a piere, mil et v^c viretons.

Somme liii^m viretons.¹)

Item Franckffurt	vi^m
Item Meance	iii^m
Wurmaisz	iii^m
Spire	iii^m
Hall	iiii^m
Eslingen	iiii^m
Hailbrun	iii^m
Wimphen	ii^m
Constans	vi^m
Ravensberg	iiii^m
Bibrach	iii^m
Memmigen	iii^m
Gingingen^e)	ii^m
Uverlingen^2)	iiii^m
Landawe^f)^3)	iii^m_f
Schaffhussen	iiii^m
Basel	vi^m
Hagnow	iiii^m g)
Strasbourg	vi^m
Colmar	iii^m
Sletstat	iii^m h)

viretons.
Somme iiii^xx millez.

---

a) *DRTA*. als grosz als ein hoszkugel. b) *DRTA* die von Gemund. c) *DRTA* in derselben masze, *also für* pareilles. d) *DRTA* 8 steinbuchsen. e) *DRTA* Gyngen. f) *DRTA* Lindaw. g) *DRTA* 3000 phil. h) *Der Text der DRTA fügt noch hinzu:* Item der bischof von Meydeburg 4 steinbuchsen, 4000 phil. Item der bischof von Nuwenburg 2 steinbuchsen, 3000 phil. Item der bischof von Merszburg 2 steinbuchsen, 3000 phil. *Es folgen sodann noch einige allgemeine Bestimmungen.*

1) *Die Addition ergibt 54 000 viretons.*
2) *Überlingen.*
3) *Lindau.*

Somme ^a) que tout le trait de viretons montent environ viii^{xx} et vii^m viretons.

Si doit avoir v grosses bombardes, l et une bombardez a chambre et xlvii bombardes la piere dou groz d'une teste par nombre.

Somme c et iii bombardez c'une qu'autre, sens ce que lez autrez pueent faire.

Ce sont les princes que furent dairains a Noiremberg l'an xiv^c et xxxi.

Premierement ung cardinal appeley Juliain cardinal de St Angel.

Les evesques:
    Meance,¹)
    Couloigne,²)
    Meidebourg,³)
    Agram, chancelier de l'empereour,⁴)
    Wirtzpurg,⁵)
    Bamberg,⁶)
    Preslau,⁷)
    Estet,⁸)
    Auspurg,⁹)
    Regunspurg,¹⁰)
    Spire,¹¹)
    L'abbey de Fuld,¹²)
    Le roy des Romains,
    Le duc de Hollant,¹³)
    Le duc Loys conte pallatin delez le Rin,
    Le duc Hans conte pallatin son fils,
    Le duc Steffe conte pallatin,

---

a) *D R T A om.* Somme — pucent faire.

[1]) *Konrad III, Rheingraf.*
[2]) *Dietrich II, Graf von Mörs.*
[3]) *Günther II von Schwarzburg.*
[4]) *Johannes von Agram.*
[5]) *Johann II. von Brunn.*
[6]) *Friedrich III von Aufseß.*
[7]) *Konrad, Herzog von Schlesien-Öls.*
[8]) *Albrecht II von Nürnberg.*
[9]) *Peter von Schaumburg.*
[10]) *Konrad VII.*
[11]) *Raban von Helmstadt.*
[12]) *Johannes I. von Merlau.*
[13]) *Hier ist wohl der Herzog von Burgund als Graf von Holland gemeint; allerdings war auch dieser nicht persönlich zugegen, sondern durch seine Räte vertreten.*

Le duc Otte,¹)
Le marquis de Brandebourg,²)
Le marquis de Bauden,³)
Le duc Loys de Ingelstat [et] son fil,
Le duc Hanrey de Baviere,
Le duc Wilhamme de Munchen,
Le duc de Briche de Slesze,⁴)
Le duc des Monts et son fil,⁵)
Ung duc de la Stijr.⁶)

 Lesqueilles ordonnancez dessus ditez maistre Jaique de Varine, le courdelier, rappourtait de Noiremberg, quant il y fuit envoie per ciaulx de Metz dever le dit empereour.

 La dite chevalchiee ne se fist point et se contremandait de lie meysme. Et on tempz pendant que celle chevalchiee se mettoit sus, y vint le cardinal de St. Angel, qui estoit princier de Metz,⁷) en legalcion de part le pappe Martin que s'en vint au loing du Rin en donnant absolucion de poinne et de colpe et indulgence de pardons a tuis ciaulx que voulloient aller en la dite armee, et demandait aus seigneurs et bonnevillez finance pour lui a aller sur lesdis Hussz; car il donnoit a entendre qu'il y voulloit aller pour vivre et morir pour la foid, et en mise fuer et donney a entendre qu'il faisoit de enmenner routte on dit pays. Il levait bien xxxᵐ florins de donnes que seigneurs et bonnevilles li donnont ou loing du Rin par la haulte et baix Allemaingne. Et quant il ot celle finance cullie et qu'il olt passey la haulte Allemaingne, il s'en allait a tout sa finance et a tous ces gens d'airmez en Yngleterre en l'ayde du roy d'Ingleterre en l'encontre du roy de France, et la amploiait il son argent et sez gens d'airmes.ᵃ)

 Et depuis revint le dit cardenalt au lieu de Baisle en Ausair,⁸) ou le dit empereour avoit assemblez ung Saint Consille, et y vint des premiers et complaisoit au dit Saint Consille de tout ce qu'il povoit en esperance d'estre pappe et y demeurait jusquez a la fin du dit Conseille.

---

a) *16 Z. frei.*
1) *Herzog von Baiern.*
2) *Kurfürst Friedrich I.*
3) *Markgraf Bernhard von Baden.*
4) *Herzog Ludwig von Brieg.*
5) *Herzog Adolf von Berg und sein Sohn Ruprecht.*
6) *Das könnte nur Friedrich von Östreich sein, dessen Hofmeister und Räte in den Präsenzlisten erscheinen; er selbst wird aber nicht genannt.*
7) *War bisher als Primicerius noch nicht bekannt.*
8) *Elsasz.*

Et en janvier per IIII^c et XXXIII y ot aucune gent que voxent aquarreller le dit cardinaul pour le cas dessus dit et l'en murmuroit on grant reproche tout secreitement.^{a)} *1434 Januar.*

Ci^{b)} apres est une ordonnance faite par les seigneurs esliseurs du Saint Empeire que fuit faite et ordonnee en avost per M IIII^c et XXVII. Lesqueilx en escripvont a ciaulx de Metz qu'ilz y volcissent envoier. Lesqueilx s'en excusont pour les grosses guerres qu'ilz avoient contre Charle duc de Lorrainne. Laqueille armee se fist et entront on payx de Bahaigne et passont asses pou oultre les boix. Lesquelx seigneurs y fissent assez pou et en revinxent par devision et se despartont neutemment sens arrois. De quoy lez marquis de Misse y firent grossez perde et fuit la devision teille que quant lez seigneurs de per desa entront on dit payx, ilz vouloient que tout quant qu'ilz conquestroient fuist a yaulx pour faire leur voullente. Et lez marquis de Misse et les aultres seigneurs voisins du dit payx de Bahaigne se y acourdont assez, for que se on conquestoit villez ne fourteressez ne autrez chosez qu'ilz heussent perdus, qu'ilz les reussent, et d'autrez conquestez qui se povoient conquester, fuissent estez a ciaulx que les pouroient conquester; de quoy ilz n'en porent avoir accort. Et pour celle cause se despartont ilz assez honteusement sens arrois. *p. 310. 1427 August.*

[1.] Premierement¹⁾ que nos seigneurs les esleiseurs, tous princes, contes, chevaliers, escuiers, citains et tous autres que pour l'amour et louange de Dieu et pour reconforter la loy katholique et pour maintenir Sainte Esglise et Crestianteit, volront aller et traire sur et en l'encontre des herites en Bahaigne et a l'encontre de leur consors pour recister a l'encontre d'eulx debvront estre et venir a Egher²⁾ ou en la contree la environ le diemenge aprez la Saint Piere et St. Paul per M IIII^c et XXVII. *1427 Juli 6.*

*[3.]*³⁾ Item des princes dont on est d'accordt que debvront estre capitainnes, debveront ou pourront penre et esleire auvec eulx VI ou VIII parsonez estans ad ce propicez s'il leur semblet estre de neccessitez pour eulx aidier et yceulx esleire entre princez, seigneurs qui venront la. Lesquelx ordonneront la maniere et coment on trairont

---

a) *10 Z. + 1 S. frei.* b) *Am Rande das Zeichen wie p. 297, S. 383, Kap. LXII, s. auch p. 287, S. 374, Kap. LX.*

1) *Die Heeresordnung ist nach Weizsäcker, Forschungen zur deutschen Gesch. XV, schon 1427 kurz vor 4. Mai in Frankfurt beratschlagt worden; in deutscher Sprache gedruckt DRTA IX 35 ff. S. dort auch die übrigen Drucke.*

2) *In einigen Ausschreiben Nürnberg.*

3) *In dem hier fehlenden Absatz 2 finden sich Bestimmungen über den Hauptmann, falls die Erzbischöfe von Mainz, Köln, Trier entweder alle oder der eine oder andere von ihnen selbst teilnehmen.*

avant et feront toutes ordonnances qui seront de neccessite. Et tous les princes et aultrez qui ainsi venront la pour aller avant, sens en excepter a) nulz queilcunques, debvront estre obeissans aus dis princez eslieus ou a celui haiant leur puissance sens aucun contredit.

[4.] Item chascun trairait et venrait a la dite armee ad ces proprez frais et missions sens dapmaigier aultrui, se non que on ne peust logier en bonnevillez et qu'il convenist logier aus champz; adont puet on bien penre pour sa neccessite raisonnauble, fuist foin, estrain, avoinne ou autrez vivres queilcunques sens mal enging, ou que on lez pouront trouver et yceulx graciensement paier, se vous trouvez ad quy au regart des capitainnez ou leur commis.

[5.] Item ung chascun prince et seigneurs debvront ordonner en leur payx et place vendaigez de tous vivrez pour les dessus dis, en especial les seigneurs marchisans au payx de Bahaigne, adfin que on puist avoir vivre de toutes pars; et yceulx qui amainront ou vendront yceulx vivre, seront bien seurs de ung chascung, sens estre aucunement dapmaigies.

[6.] Item qui que pranroit on roberoit sur ce a l'autre aucune chose en l'encontre sa vollente, on li debvroit couper sa teste sens faire graice queilcunque; et qui ambleroit aucune chose, on li feroit ausi son droit sens se que parsone l'en doie deffendre ne recister en l'encontre en maniere que soit.

[7.] Item il ne doit aller au dit lieu nullez femmes ne jueurs de deis ne nullez ribaudaillez¹) ne faire chosez dissolues.

[8.] Item ung chascun se doit du moinx la sepmaine confesser une foix, et ung chascun prince ou seigneur doit remonstrer lez siens de le faire et de ouyr messe a tel jour qu'ilz pouront bonnement, adfin que par eulx Dieu nostre Seigneur puist dilligemment estre priez honnorez et louey devotement.

[9.] Item ausi que jeureroit par haitie²) ou de fait advisei mal gracieusement, ou que l'un a l'autre se chousissent derigleement, on le doit encloire et fermer en general en ung couller de fer³) jusquas a la graice des capitainnez et aprez on lez doit chassier fuer et baitre tous nuis de verges et de courgiees.

[10.] Item s'il avoit aucun qui s'avancist de traire l'espee, coutelz ou autrez deffancez en maniere de rigour deffier, on li debvroit coupper

---

a) *Vorl.* accepter.

1) *DRTA* puberei.

²) *DRTA* der frevelich mit ufsacze swûre oder bôse swûre tett gein andern menschen oder schûldt.

³) *DRTA* pranger.

sa teste^a), et s'il estoit ainsi qu'il en heust blecie aucun, on li doit couper la teste.

[11.] Item s'il avenoit que heust debat ou discencion entre les princes, seigneurs, cites ou autrez, les ditez capitainnez pueent penre auvec eulx dez autres princez, seigneurs et autrez qui boin leur samblerait, adqui celui fait ne toucherait point, ou commettre aucuns autrez en leur noms de apaisier et de regler le dit debat. Et tout par la maniere que yceulx le feroient ou apaiseroient par queilcunque maniere que ce fuist, on le doit tenir sens contredict.

[12.] Item nulz ne doit alleir on payx de Bahaigne a tout gens ou pueple, soit a piedz ou a chevalx, pour querrir fourage, se dont n'estoit que la baniere qui est ad ce commise n'y estoit present ou que ce fuist per l'ordonnence des capitainnes. Et nulz ne doient ardoir ne bouter lez feus on dit payx, se la dite baniere n'y est ou que les dis capitainnez le facent faire.

[13.] Item nul ne doit murdrir ne tuer ne faire nulz griefz desplaisirs a autres queilcunques, se non au droit mauvaix heritez, et ceulx qui tiennent leur partiez; et est ainsi ordonnez sus poine de couper la teste.

[14.] Item a quiconquez les ditez capitainnez donneront asseurement ou safconduit, on leur doit fermement tenir sur la poine dessus dite.

[15.] Item tous ceulx ad qui les capitainnez ordonneront ou feront ordonner par leur commis de veillier, waitier, chevalchier, il y doit obeyr sens aucuns contredit.

[16.] Et aussi personne ne se doit avancier de partir ne d'aler devant ne daier,¹) se non de coste de baniere ad ce commise. Et ceulx qui lez capitainnez ordonneront de chevalchier devant ou daier ou d'aller a l'assaul aus bataillez ou escramuches, ilz y doient obeyr sens contre dit.

[17.] Item chascun esleiseur, prince, seigneur, cite doient ordonner de amener auvec eulx massons, charpantiers, arboullestriers, bombardez, poure de bombardez, pierez, tairgez, espanalx²) et autres deffencez neccessairez.

[18.] Item chascun esliseur doit envoier a piet ou sus chers II^c arboullestriez de leur bonnevillez et payx, excepte lez II archevesquez de Trieve et de Couloigne; ilz ne doient envoier chascun que c arboulestriers.

---

a) *DRTA* ein hant.
1) *DRTA* vor oder nach ziehen.
2) *DRTA* leitern.

[19.] Item a ung jour les esliseurs d'un coste, le duc de Sausonne[1]) d'autre couste et les princes de la Sleisen[2]) a la tierce partie et a la quarte partie le duc d'Oisterriche entreront a IIII corneez on payx de Bahaigne.

[20.] Item les seigneurs de Bahaigne et autrez qui sont encor soins,[3]) on les manderont querrir pour desentir et aidier concluire et eulx renfourcier de faire ausi une bataille.

[21.] Item tous autrez seigneurs doient estre prestz de obeir que, se les capitainnes sur ce comis les mandoient querrir, de venir dever eulx sens contresdit; et s'il avenoit que les segneurs fuissent en aucune contree encloz, qu'ilz n'y puissent venir ou qu'ilz heussent besoing d'avoir ayde ou recoux, lez capitainnez leur doient tantost venir a recoux.

[22.] Item aussi que chascun seigneur ordonne que entre toutes ces gens, il n'ait homme qui ait plux d'un paige for que gens de deffances exceptez les princes et contes.

[23.] Item il est de neccessite que cestuit apointement et ordonnence soit generalment signifiee, publiee et manifeste a tous, deux, troix ou quaitres foix, adfin que chascun soit advisez de tenir l'ordonnence dessus dite sens faire au contraire.

[24.] Item ung chascun seigneur prometterait et ferait promettre ses gens que ung chascun d'eulx prometterait et jurerait de mains et de bouche ausditez capitainnez de tenir l'ordonnence ci dessus devisee sur la poinne que dit est.

[25.] Item tous les pays, cites, bonnevilles, villes, condus, haulchamins en especial qui sont apartemens a ceulx qui venront et seront en ceste chevalchiee, soient princes, contes, seigneurs, chevaliers, escuiers, cites, bonnevilles eulx estans hors, doient demeurer en paix sens estre dampmaigies de nulz queilxcunques telx ne queilx, qu'ilz poroient estre. Et se aucun ou aucuns estoient, qui sur ce faisoient aucuns dampmaigez aus dessus dis, nos austrez esliseurs, princes, contes, seigneurs, chevaliers, escuiers et citez leur debvons aidier, conforter et consillier, que celui qui serait dampmaigie soit restitue de sa perdre, et encor tenir et reputer yceulx preineurs pour malz faiteurs et bannis de toutes graices et condus, maix debvons mettre la | main a leur corps et biens, comme a genz difammez et deshonnores.

[26.] Item tous seigneurs et bonnevillez doient presentement

---

1) *Sachsen*.
2) *Schlesien*.
3) *DRTA* die noch frumme sein.

avoir paix ou abstinance de treves, et ordonner que ceulx que ne venront meysme point en ceste chevalchiee, qu'ilz aient paix jusques a leur retour sens dampmaigier l'un l'autre.

[26.] Item nulz princes ne seigneurs ne cites ne se doient point excuser les ungs pour lez autrez de non venir a ceste chevalchiee, pour ce que les aucuns pouroient estre deffaillans, maix doient, sens en ce prendre nulz escheus, venir et aller avant.

[27.] Item les seigneurs a l'ayde des citez ordonneront que les plux prochains bonne villes et fourteressez de Bahaigne en tirant avant on payx qu'ilz feront qu'ilz mettront leans gens d'airmez pour la guerre cottidianne, adfinque nullez aydez ne confors de vivres ne de gens ne puissent venir aus mauvais herites.

[28.] Item ung chascun archevesque et evesque ordonnerait et comanderait a tous Cristiens, et spirituelz et seculeirs de servir Dieu sur certain jour en la sepmainne, et qui ne le feroit ainsi, qu'il en seroit griefment pugnis.

[29.] Item nulz princes ne seigneurs queilcunques ne debvront deffendre, assevir ne reansonner nullez places, villaigez ne manoirs on pays de Bahaigne appartenant aus herites, ne ne le doit point souffrir de faire par sez gens pour aucune voulue ne aussi avoir l'un plux d'avantaige que l'autre, en prenant en yceulx villaigez fouraigez ou vivrez ou autrez choses. Et lequeil qui premier y trouveroit aucun vivre, il en doit penre sa neccessite pour celle foid sens mettre deffance que lez autrez n'y prengnent aussi tantost leur necessite.

[30.] Item parsonne queilcunque ne se doit avancier de aller ne chevalchier en fouraige ne aus vivrez for que par l'ordonnance dez capitainnez, maix en ordonneront de aller querrir lez vivrez par maniere, par certainne [de]spartite de gens et yceulx vivrez, on lez despartiront a ung chascun par ordennance.

[31.] Item se on prenoit bonnevilles ou fourteressez ou qu'ilz rendissent, on en doit faire selond l'ordonnence des dites capitaines et de ceulx qui auvec eulx sont comis, a la voix du plux d'eulx.

[32.] Item tous ceulx qui sont aus frais, perilz et gaigez de leur seigneurs, tous les prisonniers qu'ilz prenront, ilz lez doient delivrer a leur sgrs. sens contredict; mais tous chevaliers, escuiers et autrez queilxcunques, qui seroient venus en ceste chevalchiee a leur proprez frais, perilz et coustangez, ilz doient avoir franchement leur prisonniers et en faire leur vollente.

[33.] Item qui voldroit despartir des dis seigneurs et de ceste compaingnie, il ne doit avoir salfzcondus ne asseuremenz queilxcunques

qui soient de vallour, se non qu'il ait lettrez desdites capitainnez ou certainnez enseignes.

[34.] Item se aucun alloit a l'encontre de ceste ordonnance et qu'il s'enfuiroit, sur ce il ne doit avoir franchisez queilxcunques soubz seigneur ne cite queilcunque; maix on debvroit remeidier sur lui selong le contenus de la dite poinne.

[35.] Item les II seigneurs de Trieve et de Colloigne chascun amainrait IIII bombardes a chambre, IIII bombardes moiennes a pieres,[1]) xx canons a la main et x^m de trait et II^c fusees pour traire du feu,[2]) pierez de bombardes, poudre et III maistrez de bombarde et ce qui appartient ad celle besoingne.

[36.] Item l'archevesque de Meance IIII bombardes de chambre, XXXII[a]) bombardes a la main, IIII bombardes de tarras,[3]) x^m de trait et II^c de viretons, appellez fusees, pour traire le feu, poudre et pieres de bombardes et artillerie ad ce neccessairez et III maistrez bombardez.

[37.] Item le pallatin du Rin doit envoier tout autretant et en telt maniere comme fait l'archevesque de Meance et doit envoier encor d'abondant une grosse bombarde qui gette une piere de C et L livrez pesant et III maistres de bombardes.

[38.] Item le marquis de Brandebourg une grosse bombarde, IIII bombardez en chambre,[b]) xx bombardez a la main et x^m de trait, II^c de fuseez et poudre et pierez ad l'avenant et autre artillerie et son maistre de bombarde.

[39.] Item les seigneurs de Baviere on baix pays envoieront une bombarde que geite une piere de II^c livrez pesant, IIII aultrez bombardes moiennez, XXII[c]) bombardez a la main, x^m de trait, II^c fusees, piere et poudre de bombardes et autrez artilleries ad ce appartenant et leur maistrez de bombarde.

[40.][d]) Item le duc Hanns de Baviere envoierait une grosse bombarde, III bombardes moiennes, xx bombardes a la main, x^m de trait, II^c fusees, pieres et poudre de bombardes et autrez artilleries ad ce appartenant et son maistre de bombardez.

[41.] Item la ville de Noiremberg envoierait une grosse bombarde que gette une piere de II^c pesant, VI petites bombardez, XII aultrez bombardez moiennez, LX bombardez a la main, xx^m de

---

a) *DRTA:* 22. b) *DRTA* tarraszbuchszen. c) *DRTA:* 12. d) *Als § 40 steht in DRTA 41a, während 40 fehlt.*

1) *DRTA* vier tarraszpüchszen.
2) *DRTA* fewerpfeile.
3) *DRTA* tarraszbuchszen.

trait, vi^c fusees et des artilleries largement a l'avenant et iii maistrez de bombardez.

[41ᵃ.] Item l'evesque de Bainbourg, l'evesque de Witzbourg admenront plusieurs bombardes grossez et menues, du trait, pierez, poudre et autrez artilleries a leur povoir et chascun d'eulx iii maistrez de bombardez.

*[42.]*ᵃ⁾ Item ceulx de Egher une grande bombarde et dez autrez bombardez, piere, poudre de bombarde et ausi artillerie selond leur povoir et ung maistre de bombarde.ᵇ⁾

[43.] Item ceulx de Reghensbourch une grosse bombarde, des petites bombardez, pieres et poudre et autrez artilleries qu'ilz poront bonnement etᶜ⁾ leur maistrez de bombardes.

[44.] Item ceulx de Elenbogen, le chastelain¹) et la ville, venront a tout leur puissance et amainront une grosse bombarde et autrez bombardez grosses et moiennes, pierez, poudre et autrez artilleries ad ce neccessairez et leur maistrez de bombardez.

[45.] Item ceulx de Passowe une grosse bombarde et grant foison d'autre bombarde, pierez, poudre et artilleriez a l'avenant etᵈ⁾ leur maistrez de bombardes.

[46.] Item aus plux toutez autres citez, chescune selong son povoir, doit avoir bombarde trait, pierez, poudre de bombardez et autres artilleries ad ce neccessairez.ᵉ⁾ *p. 317.*

[47.] Et s'il estoit de neccessite d'avoir plux artillement ou autrez chosez ad ce neccessaires, lez capitainnes sur ce commis le doient amander et faire avoir.

:|: Laquelle chevalchiee se fit aisey legierement et s'an revinxe san airroy. :|:ᶠ⁾

LXIII.

:|: Comme le dis roy s'an vait *a* Rome. :|: *p. 318.*

Item a la St. Remey par m iiiᶜ et xxxi²) se partit le dit empe- *1431*
reour du Saint Consille de Baisle pour en aller a Romme pour lui *October 1.*
faire coronner et pour ramener le Saint Peire de Romme auvec lui
s'il povoit, pourtant qu'il ne voulloit point venir par desa les mons,
maix disoit que s'on voulloit mettre le Saint Consille par dela les mons,

---

a) *Die Reihenfolge in den D R T A ist: 41 Nürnberg, 42 Regensburg, 43 Passau, 44 Eger, 45 Ellenbogen.* b) *D R T A om. et ung maistre de bombarde.* c) *wie b.* d) *wie b zu 42.* e) *D R T A add. und darzu puchsenmeistere.* f) ³/₄ *S. frei.*

1) *Der Burggraf.*

2) *Sigismund war schon seit 20. Sept. in Feldkirch und brach von hier aus am 28. Okt. auf; DRTA X p. 141.*

qu'il y seroit voullentier;[1]) et veult on dire qu'il ne faisoit celle responce pour autre chose que pour faire despartir le Saint Consille; car il se pensoit que, se le Saint Consille se povoit despartir, c'on ne le metteroit en grant piece ensemble :|: et que per ansy ne seroit il miee desposeit, sy se poit ensy desperty. :|:

Et le pourquoy que on veult dire que le dit pappe Eugenne ne voulloit mie venir au lieu de Baisle, c'estoit pourtant qu'il avoit doubte c'on ne le desposest et c'on ne feist ung autre pappe, si comme on fist quant le Saint Consille fuit a Constance, que tantost que pappe Jehan y vint, il fuit despouseit et y fist on ung autre pappe, si comme devant est dit, et que vous avez ouys ou c'on parolle que le Saint Consille et l'empereour furent a Constance comme devant est dit aprez une telle enseigne[a]) sus la . . . . ,[b])[2]) fuelle ci devant escripte.

Et ci aprez trouverez par queil maniere que le dit empereour entreprist son voiaige a Romme. Premier li fuit donnei a entendre qu'il ne passeroit point a force d'arme, et que s'il en alloit gracieusement acompaingnet, que le pappe le recepveroit tres benignement et qu'il li venroit a l'encontre a force d'airmes vi ou vii journeez par desa Romme.[3]) Et quant il li auroit donnei le deademe, il en revenroit auvec lui au Saint Consille pour bien de paix.

Item semblamment fuit donnei a entendre audit empereour par les ambasiateurs du sgr. de Miellant que, se le dit empereour voulloit passer a force d'arme, qu'il non laisseroit point passer; maix se le dit empereour venoit en son payx gracieusement acompaigniet, tantost qu'il venroit en son payx de Lombardie, il le moinroit a force d'arme a Romme et qu'il estoit assez puissant de le faire.[4])

Item sur ces parolles s'en allait le dit empereour assez petitement acompaigniet on dit payx de Lombardie jusques a Plaisance[5]) et n'avoit mie auvec lui ne en sa compaignie plux de v^c chevalx et estoit petitement acompaignie de princes ne de grans sgrs. sur l'esperance c'on li avoit donney a entendre.

---

a) *Auf den leeren Zwischenräumen findet sich wiederholt ein kleines* p. b) *Lücke im Manuskript.*

1) *Eugen hob durch Schreiben vom 12. November 1431 noch vor der ersten Sitzung das Konzil von Basel auf und berief es auf 18 Monate später nach Bologna; Aschbach IV 28.*

2) *Kap. LVIII p. 280, S. 366.*

3) *Aus den Vermittelungsvorschlägen Papst Eugens; vgl. Aschbach IV 70.*

4) *Vertrag Sigismunds mit Philipp Maria Visconti vom 2. Juli und 1. August 1431; Aschbach IV 44.*

5) *Piacenza.*

Item pour le tempz que le dit empereour entreprist son voiaige, *p. 319.* le duc de Miellant faisoit guerre aus Venisiens, et pour la doubte de celle guerre ne voulloit il mie laissier entrer le dit empereour a force d'airme en son pays, pourtant qu'il doubtait que les Venisiens et les Florrantins et le dit empereour ne s'acourdaissent ensembles encontre le dit sgr. de Miellant. Et doubtoit encor le dit sgr. de Miellant que, s'il eust laissier venir le dit empereour a force d'airmes en son payx, que le pueple d'Ytalie et de Lombardie auvec le confort des Venisiens et des Florantins n'eussent crier «vivre a l'aigle de l'empereour» et estez rebellez en l'encontre dudit duc de Miellant, pourtant que le dit duc de Mielant n'est et ne doit estre que ung visquaire et lieutenant dudit empereour.[1]) Et maintenant le tient pour son propre heritaige tant per conquestez comme par grossez et mervilleusez gabellez qu'ilz lievent tous les jours sur les bonne villes et pays.

Item quant le dit pappe sot que le dit empereour avoit entrepris d'aller a Romme et qu'il s'avoit accourdeit au sgr. de Mielant, le dit Saint Peire s'acourdoit aus Venisiens et aus Florantins qui estient ainemis audit seigneur de Miellant.[2]) Et celle esliance fist il pourtant que le sgr. de Mielant avoit entrepris de mener le dit empereour a Romme, et pour la doubte que le dit Saint Peire avoit du pupple de Romme. Car se le dit empereour fuist venus a force d'airme au lieu de Romme, le dit pappe avoit poour que le pueple de Romme n'eust crier «vivre a l'aigle l'empereour»[3]), pourtant que la nature des Romains se donnet, qu'ilz amerient muez a estre a ung empereour qu'a ung pappe, pourtant que de l'ancien testalment et du nouvel ont adez estez les empereours seigneur de Romme jusquez a tant que l'empereour Costantin les donnait a St. Silvestre et a l'Esglise pourtant que le dit Saint Silvestre le garit de malladie muzellerie et le fist Crestien; et puis s'en allait le dit Costantin edifier et faire une ville si belle et

---

[1]) *So auch Eberhard Windeck, Kap. 182:* Er zog one hulffe und rat der fursten und state, alles auf gunst und zusagunge des hern von Mailon, der nach seiner art genug tet ... dem grauset gar sere vor dem Könige und allen seinen reten, wenn der herre von Mailant dem konig gar vil verschriben und zu den heiligen gesworn. Er enthilte im nye keins kein weile und fant alle funde, wie er in von Meylant precht gein Pesenz, wenn er hette sorge, das die stat Meylon sich an den konig sluge.

[2]) *S. Aschbach IV 56. Diesen Verdacht spricht auch Sigismund, resp. seine an den Papst geschickte Gesandtschaft aus ib. 62.* Offen verband sich Eugen mit den Florentinern im Juli 1432; *ib. 79, Anm. 33.*

[3]) *Vgl. hierzu DRTA X 296.*

si noble comme il pot faire et la mist a nom et fist appeller noble sur toutes aultres. Et pourtant que le dit Costantin fist faire celle ville et nomer noble, on l'appelle encor aujourd'hui Constantinoble et y ait ung empereour qui s'appellet l'empereour de Constantinoble. Et [est] pour celle cause que ung empereour portet l'aigle a II testes, pour avoir seigneurie desa meir et dela. Et maintenant quant ung empereour entreprent son voiaige de Romme et il vient sur les mons de Lombardie, il desploiet sa baniere a tout l'aigle a II testez, en signifiant que tout ce qu'est desa la meire, est et doit estre de son obeysance.

1432 Oktober. *p. 320.* Item en octembre per M IIII° et XXXII escripvait le duc Willamme de Baviere et le marquis de Brandebourg,[1]) qui estient lieutenant de l'empereour au Saint Consille de Baisle, et envoiont copiez des lettrez que le dit empereour leur avoit escript, tant a toutes manierez de seigneurs comme aus bonnevillez du Saint Empeire; lesqueilx escripvont et envoiont a ciaulx de Metz et autre pars, que se volcissent traire audit lieu de Baisle pour avoir consoil de secourre l'empereour qui estoit en Lombardie qui ne povoit avant ni arrier, pourtant que le duc de Mielant l'avoit embrideit[2]) et aussi pourtant que le Saint Consille de Baisle ne se despartist point. Car le dit duc de Baviere et le dit marquis de Brandebourg avient doubte que le Saint Consille ne se despartit sens riens faire, pourtant que le dit empereour estoit ainsi arresteit par le dit sgr. de Mielant en Lombardie qu'il ne povoit avant ny arrier et que le dit Saint Peire non voulloit point resoire.

De quoy ciaulx de Metz s'en excusont d'y envoier pour les grossez guerres qu'ilz avoient encontre leur sgrs. voisins, et n'y envoiont point; et fuit I bel niant.

1433 Januar. Item on moix de janvier ensuant furent plusieurs seigneurs tant des esleiseurs comme d'autrez au lieu de Francquefort pour adviser tant au fait de l'empereour comme au Saint Consille de Baisle; lesquelx se despertont c'on ne sot coment; et fuit I bel niant.[a])

p. 321. Item quant le dit empereour vint on payx de Lombardie et en

---

a) *Vorl.* et aus u. b. n. *Danach 14 Z. frei.*

1) *Nur Wilhelm von Baiern war zum Königlichen Statthalter beim Konzil ernannt worden. 1432 Juli 23 wurden von Lucca aus der Markgraf Wilhelm von Hochberg und Friedrich, der zweite Sohn des Kurfürsten von Brandenburg, zu Unterprotektoren des Königs ernannt; Aschbach IV 81.*

2) *Sigismund war vom Juli 1432 bis Mai 1433 in Siena und konnte die Stadt seiner Gegner wegen nicht verlassen. Er selbst schob die Schuld daran der Treulosigkeit des Herzogs von Mailand zu; Aschbach IV 89.*

la puissance du dit sgr. de Mielant, le dit sgr. de Mielant li donnoit chascun moy III^m ducas pour lui a despendre en lui honnorant, et li fist faire tres bonne chiere de venue. Maix le dit empereour ne pot onque tant faire que le dit sgr. de Miellant le volcist veoir ne parler a lui,[1]) pour la doubte de son pueple que ne tournist, maix se tenoit tousjours en sez fors places; tant comme il tint le dit empereour en son payx, tant que finance li faillit. Et quant finance li faillit et qu'il estoit si comme Dieu sceit, et adont fuit trouveit traittiet que le dit empereour donnait au dit seigneur de Mielant si lairgement de cire[2]) en reconformant quant que le dit sgr. de Miellant li quarut qu'il fuit delivre. Et ot sa delivrance de partir du dit payx pour en aller a Rome.

Et ce fait, quant le pape sot que le dit empereour s'avoit ainsi accourdez au dit sgr. de Miellant et fait ce qu'il volloit, il fist dongier de le recepvoir. Car il estoit tempz pour tant que quant le dit sgr. de Miellant ot ce qu'il querroit dudit empereour, il ne li volt plux rien donner et li fist remonter ses vivrez, adfin qu'il s'en alleit plux tost. Car quant le dit sgr. de Miellant ot ce qu'il querroit, il n'estoit plux tant de donner.

Et quant le dit empereour se vit en telt estat, il fist querrir traictiet par dever le pappe.

Et envoiait le dit pappe ses embaseateurs par dever le dit empereour, c'est assavoir maistre Jaique de Cirque,[3]) chanonne de la Grande Esglise de Metz, fil de seigneur Arnoult de Circke chevalier, auvec plusieurs autrez. Lequel sgr. Jaique estoit ung tres jonne homme et en la graice dudit St. Peire; et par celle ambasarde vint le dit sgr. Jaique en si grant graice du dit empereour que ce fuit merveille, et en revint par desa auvec lui, quant il s'en revint au dit Saint Conseille au lieu de Baisle. Et lesqueilx ambaseateurs auvec le dit sgr. Jaique vinxent par dever le dit empereour; et fuit trouveit telt apointement entre les parties, que le dit empereour s'en allait a Romme assez petitement acompaignie selond son estat. Et quant il vint a Romme, le pappe le resuit tres honnoraublement, ce qu'il povoit bien faire, pour tant qu'il ne li falloit mie avoir doubte du dit empereour, lequeil n'estoit mie venus a si grant puissance qu'il le convenist avoir doubte de lui.

:|: Lequel sgr. Jaique de Sierque doieut (?) estre erxevaique Trueve

---

[1]) *S. Aschbach IV 55 und DRTA X p. 287 f.*

[2]) *Hier wohl in der Bedeutung «Urkunde» (Wachssiegel).*

[3]) *Über die Vermittelung des Metzer Domherrn Jacob von Sierck s. Aschbach, IV, 103. Jacob kam im Auftrage des Papstes zuerst Mitte August 1432; DRTA X 311.*

que ly aieut (?) fait droy, sy con vous en orey pairleit si aipres suis lay..... a) fuelle exuan suis une telle ensigne: T. :|: ¹)

p. 322.   :|: Coment le dis roy fut coroney por enperrour ay Rome. :|:

1433 Mai 31.   Item le dit empereour Symon fuit coronnei a Romme per pappe Eugenne a grant solempniteit le jour de la Panthecouste par mil iiii^c et xxxiii :|: et y fit on le dis jour pluxour chevaliers.²) Et s'an pertis en tres gran dongier et en gran povretey. :|:

August 31.   Et le xiii^e jour d'aoust ensuant se partit le dit empereour de Romme pour venir au Saint Consille de Baisle. Et au despartir que le dit empereour fist de Romme, il avoit si pou de finance qu'il ne povoit finer de iii^c ducas. Car quant il fuit fuer de Romme a son despartement, il olt i sien chevalier que fuit arrestey par son hoste pour la somme de iii^c ducas et li vint dire. Et quant le dit empereour se vit en tel dongier, il envoiait prier au dit pappe, que le volcist aidier a delivrer. Lequeil li fist respondre qu'il n'avoit de quoy, et li faillit. De quoy le dit empereour se tint pour tres mal comptant et prinst certainne place en plains champz asses pres de Romme en disant qu'il ne pertiroit de la, et despenderoit ses prouveances et ce qu'il avoit de bien, tant que Dieu l'aideroit; et que c'estoit grant pitiet que les ii principalz chiefz des Crestiens estient en tel vitey qu'ilz ne povoient finer de iii^c ducas, et dont qu'il convenoit que l'un dez ii fuit arrestey et demourer en telt honte et povreteit on payx de l'autre.

:|: Et dixoit on per lay Lonberdiee et ay Rome que le dis enperrour aistoit venut camandan et qui n'aistoit c'un calman, portan qui n'aistoit miee venus a forxe d'airme, et que s'il y fut aistey venus, il aieuxe fait lay volte et l'aieuxe prin a sgr. :|:

Et incontinant vinssent les ambaseateurs de Venise par dever le dit empereour parmey certain traitiet que povoit estre apointiet entre le dit empereour et les dis Venisiens, lesquelx savoient bien qu'il failloit le dit empereour. Et li presentont et donnont xxx^m ducas³) on nom de leur cite en yaulx recommandant en sa graice et en son amour.

---

a) *Lücke.*

1) *p. 365; hier ist die mit T gekennzeichnete Stelle wiederum durchgestrichen. — Jacob von Sierck war nach dem Tode des Erzbischofs Otto von einem Teile des Kapitels gegen Ulrich von Manderscheid am 27. Febr. 1430 gewählt worden. Der Papst hatte aber beide verworfen und dem Bischof Raban v. Speyer das Bistum übertragen; vgl. Sauerland im Korrespondenzblatt der Westd. Zeitschr. XVI 198.*

2) *Aschbach IV 118.*

3) *Aschbach IV 129 gibt 10 000 Dukaten an, Praillon sagt* trois mille ducats; *Huguenin 183.*

De quoy le dit empereour les en remerciait grandement en disant que
Venise le recognisoit assez gracieusement et qu'il pairoit bien | qu'elle *p. 323.*
estoit vraie fille de l'Empeire et qu'il faisoit boin avoir si faite fille,
qui allegoient et mettoient leur empereour fuer de dongier; et s'il leur
presentait son seel, ce ne fuit une mervelle. Et aussi furent ilz bien
conformes de quant que boin leur sembloit. Et par ceste maniere se
despartit le dit empereour de Romme et s'en revint par desa.

Et le xi^e jour d'octembre par m iiii^c et xxxiii vint le dit empe- *1433*
reour a val le Rin en revenant de Romme, qu'il faisoit si soudainne- *October 11*
ment et a pou de gens, et a moin de xl parsones auvec lui, au lieu
de Baisle, que le Saint Consille ne les sgrs. ne souverains que la
estoient asembles n'en sorent riens, tant qu'il fuit en la grande
esglise.¹) Et le pourquoy qu'il y vint ainsi soudainement et secreite-
ment, ce fuit pour la demeuree que le dit empereour et le pappe
faisoient de venir audit lieu de Baisle. Et pour la demeuree qu'ilz
faisoient, le dit St. Consille voulloit faire ung aultre pappe. Car s'ilz
heussent encor demeurez iiii jours, ilz heussent fait ung aultre pappe.
Et li empetrait le dit empereour a sa venue a moult grant priere et
dongier i moix d'espaice. Et aprez le dit moix, l'en rempetrait encor
iii moix d'espaice,²) tant per doute, comme par amour et furent en-
voies certains ambaseateurs a Romme pour savoir l'oppinion finauble
du dit pappe.

Item a la meite de janvier par m iiii^c et xxxiii vinssent cer- *1434*
tainnes nouvellez de part nostre Saint Peire le pappe au lieu de Baisle, *Januar.*
coment qu'il s'aerdoit au Saint Consceille et qu'il s'acourdoit a quant
qu'ilz volroient faire, dont on en fuit bien joyeulx.³)

Pues volt partir le dit pappe de Romme auvec sa court pour
venir par desa, maix les Romains ne l'ont pas soffrir.

Item on moix de may par iiii^c et xxxiii olt grant devision au *1434*
Saint Consille de Baisle entre les ambasiatours du duc de Bourgoigne *Mai.*
et lez ambasiateurs de Bretaigne pour avoir sieige pour savoir les-
queilz que debvoient seoir desour ou desoubz.⁴)

---

¹) *Man hatte seine Ankunft zwar nur kurze Zeit vorher erfahren, war ihm aber doch noch entgegen gezogen; Aschbach IV 131.*

²) *Am 7. Nov. wurde im Konzil beschlossen, dem Papste eine Formel zur Anerkennung des Konzils vorzuschreiben, und es wurde ihm eine Frist von 90 Tagen gesetzt; Aschbach IV 133.*

³) *Die Anerkennungsbulle in der geforderten Form war am 15. Dez. erlassen; l. c. 134.*

⁴) *Über diesen Rangstreit s. Aschbach IV 180: Die burgundischen Gesandten waren von ihrem Herzoge angewiesen, sich unmittelbar an die königlichen Gesandten*

1434 Mai. — p. 324.

:|: Et on dis moix de may fuit envoieit le querdenal de Chipre de part le dis Sain Consille et de part le dis enperrour por enbaixaidour de part yal por vaioir, sy poit troveir lay l'aicor et faire lai paix d'antre le roy de Franse *a* d'un part *et* le roy d'Ingleterre *et* le duc Felippe de Borgoingne d'attre part.[1]) Lezquel se faixoie si gran guerre l'un contre l'atre que toute Crestientey an valloit depit et en esstoit troblaiee. Maix il n'an fit rien for que leveir gran fenanse et pues s'an allait an Yngleterre en confortan lez dis Anglay de tous son povoire. :|:[a])

LXIIII.[b])

p. 327.

Ci apres sont et doient estre les souvenances et articles que ciaulx de Metz ont enchargiez a leur amsbaseatours pour aller a Baile au mandement de l'empereour Symon, roy de Hunguerie et de Bahaigne fil de l'empereour Charle, roy de Boeme et de Poulainne. Lesquelx partont de Metz le venredy

1433. Nov. 20.

xvɪɪɪᵉ jour du moix de novembre par ᴍ ɪɪɪɪᶜ et xxxɪɪɪ,[2]) c'est assavoir maistre Dominique de Noweroy, doien de Verdun et chanone de Mets,[3]) sgr. Jaique Daix chevalier, sgr. Nicolle Louve chevalier, sgr. Nicolle de Raigecourt dit Xappey, tuis ɪɪɪ citains de Metz, et Jehan de Lucembourg l'un des ɪɪ secretairez des Septz de la guerre en la cite de Mets.

Nov. 22. Lesqueilz s'en allont gesir a Nancey et de Nancey partont le diemenche au matin, et s'en allont par St. Nicollay[4]) per devant Lyneiville,[5]) par le ban St. Clement,[6]) par Aiseraulle,[7]) par devant Donnuewre[8]) et Bacarat et vinxent gesir a Rawon:[9]) vɪɪɪ lues.

Nov. 23. Item de Rawon partont le lundi, se passont par devant St. Diey[10])

---

a) ¾ + 2 S. frei. b) *Am Rande ein Quadrat mit Schleifen an den Ecken und zwei sich kreuzenden Senkrechten in der Mitte. Das entsprechende Zeichen kehrt in der Handschrift nicht wieder. anzuschließen. Die Forderungen der Burgunder und die Antwort des Kurfürsten bei Martène ampl. coll. VIII 212 und 610.*

1) *Die Gesandtschaft an den König von England ging im Juli 1434 ab. Aschbach IV 183.*

2) *Freitag war der 20. Nov.*

3) *Dominique de Noweroy, genannt bei der Untersuchung gegen frère Guillaume 1432. Huguenin, p. 180.*

4) *St. Nicolas-du-Port a. d. Meurthe.*

5) *Lunéville.*

6) *St. Clément a. d. Meurthe.*

7) *Azerailles a. d. Meurthe.*

8) *Deneuvre bei Baccarat, beide a. d. Meurthe.*

9) *Raon-l'Étape a. d. Meurthe.*

10) *St. Dié a. d. Meurthe.*

et entront en montaignes de Volges, et passont par devant le Bon Homme¹) et vinxent a Keiserberch²) au chief des montaignes que tient a l'empereour: vııı luez. Item le mardy partont de Keiserberch et vinxent gesir a Coulembey,³): ıı luez, qu'est une des bonnez villez d'Assair⁴) et lour firent ciaulx de la ville present. Item le marquedi passont par devant Ste. Croix⁵) et vinxent a une ville champetre que s'appelle Otmersem,⁶) ou il y ait une abbaye de damme: v lues; laquelle est une grosse ville champeitre merchande que debvroit tenir aus dites dammes, maix le duc d'Ousteriche leur ait tout oustez le seigneuraige for que lez deismes, desqueilx ellez ne joient mye encor bien; et ne resoit on mis enffens lean, s'ellez ne sont gentilz de ıııı coustelz. Et tantoste que li muert une damme, le premier gentilhomme que demande la prevande pour une de ces fillez, on ne li puet renfuser, et fault qu'il l'ait dez que il i vient le premier. Et y ait ung saint que s'appelle . . . . ᵃ), lequeil warit dez gens que sont en harsierez, et fault que ceulx qu'il guarit li doingnent le pesant de bleif qu'ilz poisent.

1433
Nov. 24.

Nov. 25.

Item de la dite Otmersen jusquez a Baisle ait ııı lues. Sy vinsmez le juedit au vesprez.

Nov. 26.

Item quant nous vinsmez a Baisle, nous presentemez nos lettrez de comission ad ciaulx ad cui ellez appartenoient, c'est assavoir a sgr. Jaique de Cirk, lequeil avoit grant cognissance audit empereour.⁷) Lequeil nous respondit tres amoreusement et dit qu'il nous feroit parler a l'empereour, toutes foix que nous volriens. Et incontinent presentemes nos autrez lettrez de comission a Jehan de Ralville escuier, dit de Bannestorf, :|: ay maistre Jaique de Vairine cordellies de Mes :|: ᵇ) ⁸) a maistre Guillamme | Huyn d'Estain, ung nottauble doctour en lois et chevalier,ᶜ) a maistre Piere Poingnetier, exarschediacre de Marsal, chanonne de Metz et a maistre Jaique d'Ottigney doctour et chevalier

p. 328.

---

a) *Lücke im Text.* b) *Übergeschrieben.* c) *Vorl.* et chevalier *übergeschr. vor* en lois.

1) *Col du Bonhomme zwischen Schnierlach und Fraize.*
2) *Kaisersberg O.-E.*
3) *Colmar.*
4) *Elsasz.*
5) *Heiligkreuz, südl. Colmar.*
6) *Ottmarsheim.*
7) *S. oben S. 405 und 406 Anm. Jacob von Sierck war durch die Verhandlungen, welche er zwischen Papst und König in Italien geführt hatte, bei Sigismund zu hohem Ansehen gekommen.*
8) *Dieser war schon in Basel, um die Anklage gegen den Observanten Guillaume Jossaume, wegen der in Metz begangener Ketzerei zu begründen. Huguenin 180ᵇ.*

en lois,¹) lequeil avoit esteit officiaul de l'evesque de Metz plusieurs annees. Et quant nous osmez presenteez nos ditez lettrez de comission, nous conclumes tuis par escordt que le dit sgr. Jaique de Circk nous mainroit le lundemain parler au dit empereour; et nous levamez a l'aube du jour et en allames par delez le dit sgr. Jaique, auvec nous tuis ceaulx ad cui nous aviens apourtez lettrez. Lequeil sgr. Jaique nous emmenait tout droit delez le dit empereour. Lequeil empereour trouvamez qu'il estoit ja en l'esglise pour ouyr messe. Et quant nous vinsmez en la dite esglise, le dit sgr. Jaique nous presentait au dit empereour; lequeil nous enclinait assez amoreusement et nous fist attendre jusquez aprez la messe. Et laqueille messe faisoit il tres bon ouys, car c'estoit une mervilleuse melodie de l'ouyr. Quant la messe fuit ditte, il nous fist huchier en son paule, ou il avoit coustume d'ouyr ces plaintes et de sentencier sez jugemenz. Et quant il fuit assis en son siege imperial, le dit sgr. Jaique de Cirk nous huchait et nous presentait au dit empereour. Et quant nous vinsmez devant le dit empereur, nous nous ruysmez en genoilz par m foix devant lui. Lequeil empereur ne volt point parler a nous en genoilx for que tous droit. Adont nous huchait le dit sgr. Jaique de Circk et nous dist: «Traiez vous pres de l'empereur, puis qu'il li plait et li baisiez la main, car sa coustume est qu'il ne souffre point que on parlez a lui en genoilx.» Adont nous tiramez prez de l'empereour. Lequel nous prinst chascun par la main, et en prenant par la main nous li baisiens la main. Et ce fait, le dit sire Jaique de Cirk prinst a dire: «Mon tres redoubte signeur, monsgr. l'empereour, advisez la noble ambaseadrie que lez seigneur de la cite de Metz ont envoiez per dever vostre graice a vostre mandement, lesqueilx vous ont envoiez de leur chivallerie et doctour et escuier des plux noblez et souffisans de vostre cite de Metz; et l'ont fait de tres boin cuer pour vous a huchier bien veignant, et ont grant joie de ce que vous aves resut vostre deyaldesme ymperial; et s'il vous plait d'yaulx rienz dire ne ordonner, ilz sont cy pour ouyr vostre graice.» Lequeil empereour dit et respondit: «Je ne sa s'ilz m'entendront en tiesse, ou se je parlerai latin.» Et le dit sire Jaique li respondit: «Parlez lequeil que vous voullez; car ce sont gens qu'entendent de plusieurs languez, car ilz leur est de neccessiteit selong lez hustins qu'ilz ont». Adont le dit empereour | dit qu'il le diroit en latin et en tiesse pour muez entendre, et qu'il nous

---

¹) *Jaique d'Ottigny war wohl gleichfalls in der Angelegenheit der Observanten zu Basel. Vgl. Huguenin 156.*

veoit trez voullentier, et que son peire avoit estez tres grant ami de ciaulx de Metz et qu'il lez avoit fort amez, et ausi le voulloit il faire et estre. Et que son peire avoit tenus son siege imperial en Metz, et pourtant nous voulloit il avoir pour recomandeiz et que pour lors estoit occupeit. Et le pourquoy qu'il nous avoit mandez, il ne le nous povoit mie bien desclairier pour le present, et qu'il nous relaisseroit, assavoir par sgr. Jaique de Circk, quant il volroit parler a nous; et avoit la lairme a l'eul. Et sgr. Jaique de Circk et plusieurs des autrez seigneurs de son conseil li prinxent a dire: «Ha, monsigneur, se Dieu plait, vous li tenrez encor et la et autre part, vous ne vous debvez point esmaier de viellesse ne de malladie que vous aiez.» De quoy nous de Metz respondimez que quant il li plairoit de tenir son siege imperial en Metz, que on le vairoit tres vollentier, et que on li feroit tres bonne chiere, conbien quoy amoit muelz sa demoree. Et incontinant primes congies de lui et s'en allamez en nos hostelz et autre part a nos affairez.

Le londemain ensuant nous mandait querrir le dit emperour par le dit sgr. Jaique de Circk; lequeil nous resuit tres benignement et nous dit quomme devant et en oultre le pourquoy qu'il nous avoit mandez, nous et lez autrez seigneurs et bonnez villez de l'Empere, pour III cas: dont le premier estoit pour conforter et aidier a mettre union et obeissance en l'esglise par le Saint Conseille qui estoit assemblez au dit lieu de Baisle, pour tant que les gens d'esglise s'estoient trop eslargiez et assez en petite obeisance lez ungz contre les autrez; et pour querrir consoil et confort et remede contre lez mauvais faulz bourgrez Bahignonz, qui estient rebellez et desobeissans contre la foid; et le tier article pour adviser d'apaisier lez grossez guerrez qui estient entre lez princez et bonnez villez de Crestianteit, lez ungs contre lez aultrez, adfin que bone paix et union puist estre par la Crestianteit; et que se nous aviens puissance de conclure et estre d'accort auvec lez autrez sgrs., princez et bonnez villez de ce qu'ilz en ordonnerient, que nous le deissiens; et se nous n'avienz puissance, que nous renvoiessiens aucun de nous a Metz pour avoir puissance, afin que nous puissiens conduire auvec li autrez; et le nous dit en tiesse et en latin.

1433 Nov. 28.

Et quant le dit empereur ot dit tout son boin plaisir, le dit sgr. Jaique de Circk li dit, que nous averiens voullentier audiance. Li queil empereour s'i consentait tres amoreusement, et adont feismez nous proposer per maistre Guillamme Huyn, ung tres excellent doctour et chevalier en loys, les griefz versacion, neccessitez et guerez que

p. 330.

la ville avoit souffrit on tempz passez et souffroit de jour en jour, et coment que la ville estoit chambre du Saint Empeire et esculz du Saint Empeire contre la reaulme de France et la Bourgoigne, sens avoir mis confort ne ayde du Saint Empeire ne de cez membrez, maix lez aidient et avoient aidiez du tempz passez plusieurs dez membrez de l'Empeire a oppresser. De quoy vous en trouverez lez articles ci aprez escripz.

Et puis dit encor le dit maistre Guillamme audit empereour, a la conclusion, la grant joie que ciaulx de Metz avoient de ce que le dit empereur avoit ressut son deauldelme a Romme du Saint Empeire et le blasenait tres bien. A la conclusion li suppliait que nous volcist avoir en sa sainte graice. Li queil nous respondit tres benignement, que se nous aviens heu a souffrir du tempz passez, qu'il li desplaisoit, et qu'il y volroit aidier a remedier on tempz advenir, et que se nous nous voullienz plaindre de parsonne, qu'il nous seigneroit justice et raison; et nous prioit que se parsonne se plaindoit de nous, que nous voucissienz respondre gracieusement; et il ne souffroit point que nous fuissiens en riens foullez en sa court et qu'il avoit entencion de nous a aproichier bien brief et de remeidier en oprecion c'on nous faisoit. Et nous fist demeurer la tant qu'il olt rendus une sentence tres belle, laqueille fut tres belle a ouyr. Et quant la dite sentence fuit determinee, nous primez nostre depart et en allamez digner.

Laqueille sentence vous en trouverez la conclusion sus . . .^a) fuelle ensuant sur une teille enseigne.^b) ^1).

Item le diemange lundemain au matin estiens allez en la grant esglise de Baisle pour ouyr les messes et pour veoir les sirmonies des cardinalz et evesques qui estient la assamblez pour le Saint Consille. Les queilx y ouyoient chacun diemenge i nottauble seremont en latin et ung nottauble servise qui s'appelloit le servise des cardinalz. Et on moitant de la messe fuismes mandes par le dit empereour; et en allant que nous faissiens, quant nous vinsmes devant la chancellerie,^T sgr. Jaique de Circk nous rencontrait et nous dist, que nous aviens trop demeurer, que l'empereur alloit digner et que nous reparleriens bien une autre foix a lui. Et ne posimes (!) savoir le pourquoy que il nous mandoit pour l'oure. Maix puis nous fuit dit secreitement

---

a) *Ausradiert XII.* b) *Doppelstern und Quadrat mit Schleifen an den Ecken.*
1) *Das Doppelzeichen findet sich nicht genau so in der Handschrift wieder. Man wird aber annehmen dürfen, daß das Zeichen p. 352 Kap. LXIIII entsprechen soll. Wenigstens wird die kaiserl. Sentenz ihrem Inhalte nach dort mitgeteilt.*

que les ambaseateurs d'aucune bonne ville avoient presenteit au dit empereour une couppe d'or que povoit valloir iiii ou v^m florins, et pour celle cause nous avoit mandez le dit empereour pour veoir faire le dit present, adfin que nous y prinssienz esxemple. Car on se donnoit grant merveille que nous ne faisiens aucun presant au dit empereour, et coment que nous estiens venus par dever lui a veude mains et que nous dehussiens avoir xainquer et despartir par le consoil du dit empereour ung milliers de florins en coursiers et en autrez manieres.

De quoy nous feismez nos excusacions au plux gracieusement que nous posmez(!) et assentimes, et feismes querrir de reconformer noz franchises; et la volriens nous voullentier emploier i coursier ou ii. Et adont furent reverchies noz lettrez en la chancellerie. De quoi le chancellier dit qu'il n'entendroit jamaix a rienz de lettrez de noz franchisez ne de chose que nous touchast, s'averait m florins devant toutez chosez. De quoy nous respondimes que c'estoit hautement demandez; car l'empereour pouroit bien hault demander, quant son chancellier demandoit une telle somme, et que se la chose ne se povoit faire, qu'il faulroit laissier lez chosez ou que Charlemenne lez laissit, et que se nous avienz souffrir on tempz passez, encor nous faulroit il estre reconforter on tempz a advenir de souffrir au muex que nous pourienz. Et dela en avant ne nous fist on plux si bonne chiere comme de devant.

Item le merquedy ensuant fusmes mandez par le dit empereur, et quant nous vinsmez devant lui, il nous dist que nous ne li aviens faite nulle responce des iii cas qu'il nous avoit exposez, et les nous relautait ung pou courouseusement et nous dist, que se nous avienz puissance, que nous li deissiens, et se nous n'en avienz point, que nous l'envoiesiens querrir. De quoy sgr. Jaique de Circk li respondit: «Mon tres redoubte sgr., s'il plait a vostre graice, ilz averont ung pou de consil.» De quoy l'empereour dit: «Et ilz se consillese, s'ilz veullent consillier, si se consilloient brief.» Et la primez nous nostre depart et en vismez digner auvec Jehan de Bannestorff que nous acompaignoit auvec nous, et nous consillamez que nous avienz a faire.

Item quant nous veismes que on ne nous faisoit plux bonne chiere et c'on nous encomensont a querrereller du fait de Renart Vusz: Du quel Renart Vusz vous en trouverez ci aprez que c'est sus la :|: xi^e :|: fuelle ensuant sus une telle ensigne.^a) ^1)

---

^a) *Stern und Kreis.*
^1) *Kap. LXIV p. 852.*

Et quant nous nous sentismez ainsi reverchiez, nous osmez conseil per les saigez de nostre conseil que nous avienz a faire; et trouvamez consoil que ce que nous estiens venus la a si grant estat, car nous avienz bien xxxIII chevalx auvec nous, que c'estoit grandement l'arrieraige de la ville et que le grans estat que nous teniens, nous faisoit faire haulte demande, et que se le dit empereur nous faisoit arester, nous seriens a tres grans despens. Car se la ville n'eust mais que heu escripz a ung de ces boins amis au dit lieu de Baisle, ilz heust heu muez ploitier au prouffyt de la ville, que nous ne fismez tuis ensemblez. Et conclusmez que se nous faisiens bien, nous nous desparteriens, :|: et fut lay despertiee telle qui fut concluta) :|: — que nous prieriens Jehan de Ralville dit de Bannestorff escuier, qui estoit au dit leu de Baisle, que se volcist detrier de III ou de IIII jours de partir du dit lieu de Baisle, adfin que nous pouissiens venir ensemblez pour venir plux seurement et qu'il nous aidast a conduire. Lequeil nous respondist tres amoreusement qu'il le feroit voullentier et cecy et autrez chosez qu'il pouroit faire pour l'amour de la ville et de nous, adcui il volroit complaire en tout ce qu'il pouroit, feroit il voullentier; et ainsi se fist il.

Or conclumez que le dit :|: maistre Domenique :|:b), sgr. Jaique Daix et le dit sgr. Nicole de Raigecort dit Xappey se partiroient, au plux secretement qu'ilz pouroient auvec le dit Jehann de Bannestorf du dit lieu de Baisle, ung jour si matin comme on pouroit issir foers des portes; et que quant ilz volroient monter a chevalx, que sgr. Nicolle Louve et Jehan de Lucembourg fuissent a la messe de l'empereour qui avoit coustume d'ouyr tous les jours messe au point du jour, adfin que, s'on disoit que ciaulx de Metz en fuissent allez, c'on puist dire qu'il ne n'estoit riens, si comme il s'apparoit par le dit sgr. Nicolle Louve et le dit Jehan de Lucembourg qui estoient la en la presence du dit empereour. Et ainsi avint il, que quant le dit sgr. Jaique fuit partis auvec sa compaignie, il fuit tantost nuncie a la court de l'empereour que ciaulx de Metz en estoient allez. De quoy il fuit respondus piet sceant qu'il si apparoit mal et qu'il estient a la court de l'empereour, si comme il s'apparoit par le dit sgr. Nicolle Louve et par le dit Jehan de Lucembourg qui estoient la. Et quant le dit empereour fuit enformez, coment que ciaulx de Metz estoient despartis, il s'en tint pour tres mal comptant. Maix quant lesdis de Metz orent escort de ciaulx a despartir, le dit sgr. Nicolle Louve et le dit Jehan

---

a) *Hiernach ⅓ S. frei.* b) *Übergeschrieben.*

de Lucembourg dirent audit sgr. Jaique Daix et audit sgr. Nicolle Xappey: «Nous avons accort que vous vous en allez a Metz et voullez que nous demeuronz par desa. Il vous puet meschoir au chamin et ausi fait il nous icy. Nous ne demeurons point icy, se vous ne nous promettez que on cas que l'empereour nous feroit arrester, ne qu'il nous feroit nus autrez griefz, que vous en serez telz comme nous, on cas que la ville n'en volrait faire son debvoir, et semblamment ferienz nous de vous.» Et ainsi le se promissent ilz l'ungs l'autrez et orent escort de leur despartie. Car ilz n'en heussent heu ouser venir tuis ensemblez pour la doubte que l'empereur heust fait chaissier aprez eulx ou arrester, en disant qu'ilz avoient mesprises d'en aller sens congier, et s'on li heust demandez congiez, il n'en heust point donnez. Quant la despartie fuit faite et le dit empereour fuit indignez de leur despartie, le dit sgr. Nicolle et le dit Jehan de Lucembourg s'excusoient | en disant que leur despartie n'estoit mais que pour avoir consceil *p. 334.* de leur seigneurs de Metz sur lez III articles que le dit empereour leur avoit mis devant.ª)

Item le dit sgr. Jaique Daix, maistreᵇ) Dominique de Noweroy, doien de Verdun et chanonne de Metz, et le dit sgr. Nicolle de Raigecourt acompagniez du dit Jehan de Ralville dit de Bannestorff escuier, partont du dit Baisle le sabmedy devant la Nostre Damme en septembre¹) et vinxent gesir a Brisach sur le Rin que tient au duc Ferryᶜ) d'Ousteriche et est une tres fort place et est la place ou le dit duc amenait pappe Jehan quant'il le desrobait au Saint Consille :|: de Costance :|:ᵈ) neutemment malgreif :|: l'anperrour :|:.ᵉ) *1433 Dez. 5.*

Item le diemenge au matin partismes du dit Brisach et passamez le Rin et passamez par devant Nouwembourch que tient au dit duc d'Ousteriche, a III luez de Brisach, et vinsmez gesir a une tres bonne ville qui s'appelle Schleistat,²) une des bonnes villez de l'empire, — si ait II luez. *Dec. 6.*

Item de la dite Schleitstat VIII luez jusquez Saverne que tient a l'evesque de Strabourg une bonne ville a l'entree dez costez d'Aussair. Se nous fist le dist avesque present de :|: aweine :|:ᶠ) et de vin et nous bailloit conduit.

---

a) 5 Z. frei. b) maistre—Metz übergeschrieben von A. c) Ferry übergeschrieben von A. d) Übergeschrieben. e) Übergeschrieben für pappe. f) Übergeschrieben von B für bleif (A).

1) *Hier liegt ein Irrtum des Schreibers vor; es kann nur der 5. Dezember gemeint sein. Unter Notre Dame kann nur Conceptio Mariae am 8. Dezember verstanden sein; wahrscheinlich war aber Notre Dame en septembre (Nativ. Mariae) dem Schreiber geläufiger.*

2) *Schlettstadt.*

Item de la dite Saverne entrames en costez d'Aussair et passamez per devant Sallebourg[1]) que tient a chappitre de Metz et vinsmes gesir a Bannestorff,[2]) — si ait vııı grosses lues; et la pensait tres bien de nous le dit Jehan de Bannestorff a sez frais et ne nous volt riens laissier paier, pourtant que nous estiez enchief lui.

1433
Dec. 9.

Item le merquedy ensuant vinsmes de Bannestorff gisir a Raville[3]) — si ait ııı livez — et la pansait tres bien le dit Jehan de Ralvile de nous, lui et George son frere, et ne nous volxent riens laissier paier, pourtant que nous estiens enchiefz eulx, et fuissent encor bien courouciez de ce que nous donnamez a boivre aus maisnieez de leant.

Dec. 10.

Item le lundemain partimez de Raville, s'en vinsmez a Metz; si ait ııı luez.

Item environ v sepmaines aprez lour revenue le dit Jehan de Ralville, dit de Bannestorff, vint en Metz, et diauble fuit qu'il y heust homme que le volcist onque remercier du plaisir qu'il avoit fait aus ambaseateurs de Metz comme dessus. Et semblamment avint il a Jehan Riche de Blanche Esglise,[4]) que nous trouvamez a Saverne, le queil en vint auvec nous pour nous aidier a condure jusquez Ralville que

p. 335.

nous li baillamez | congies. Et li queil fist tres bien son debvoir de nous guider et de nous wardier tout ainsi comme il fuit esteit l'un de nos servans. Et environ xv jours aprez il vint a Metz pour ung sien homme que Perrin Renguillon, citain de Metz :|: ly :|: avoit prins en wageant sus monsigneur l'evesque de Mets. Lequeil Jehan Rische eust vollantier rehus, maix il ne pout estre ouys ni escoultez devant justice ni autre part. Ce fuit le garandon du service qu'il avoit fait en conduisant ciaulx de Metz. Car il avient souvent que quant aucun fourain fait service ou plaisir a la ville ou a aucun, qu'ilz en sont coustumeement mal guarendonnez per une mescheant envie c'on ont en Metz lez ungs contre lez autrez.

Item quant le dit sire Jaique Daix et ces consors furent revenus du dit Baisle a Metz, ilz firent leur relacion la ou il appartenoit et appourtont le get des lettrez qu'ilz avoient querris au lieu de Baisle par le consoil des saiges. Lesqueillez ne plaisont mie bien, maix en fist on getter des autrez et lez envoiont on au dit lieu de Baisle delez le dit sgr. Nicolle Louve, touchant les conformacions des franchisez de Metz pour veoir se ellez ne povoient passer.

---

1) *Saarburg.*
2) *Bensdorf.*
3) *Rollingen Ka. Pange.*
4) *Weiszkirchen Ka. Dieuze.*

Item puis que le dit sgr. Jaique Daix, maistre Dominique de Noweroy, doien de Verdun et chanonne de Metz, sgr. Nicolle de Raigecourt dit Xappey pertont du dit lieu de Baisle, le dit sgr. Nicolle Louve et le dit Jehan de Lucembourg furent par plusieurs foix devant le dit empereour. Et une foix entre lez autrez qu'il avint qu'ilz estoient devant le dit empereour aprez digney, si comme ilz escripvont a Metz le xv^e jour de janvier par iiii^c et xxxiii pour estre ouys on fait dudit Renart Vusz,¹) comme promis leur avoit, et pour lui ramentevoir sa graice dez franchisez et privilaiges [que] lez emperours avoient heu coustume dez donner a ciaulx de Metz et aussi pour avoir leur depart de lui pour revenir par desa. Maix le dit empereur ne lez volt ouyr a droit pour le dit jour et remist la cause du dit Renart au duc Willamme de Bawiere qui estoit son lieutenant et que pendoit du tout a la partie du dit Renart, si comme il apparuit et lez chousait tres bien le dit empereour publiquement present son consile, muez furnis qu'ilz ne l'avoient encor veus, disant que on fait de nos dis privilaiges ilz voullient dexurper lez drois de l'Empeire, et qu'ilz estient ceulx qui lez debvoient gardez, et que determineement il ne leur donroit rienz de nouvel; et en oultre qu'ilz avient renvoiez leur genz au lieu de Metz sen lui faire aucune responce | on fait des iii articles dont il lez avoit mandeis; et leur dis de fait qu'ilz ne partixent mie jusques a tant qu'ilz en heussent fait responce. Maix ilz ne savoient s'il estoit courouciez d'autre chose. Maix bien savoient qu'il se demonstroit pour lors pour tres mal comptant enver eulx, maix ja pour ce ne laissont ilz a labourer au muez qu'ilz poirent en jusquez a leur revenue, si comme il s'appert par lez lettrez de nos franchisez et du fait de Renart Vusz qu'ilz rappourtont.

1434
Jan. 15.

p. 336.

Item quant le dit sgr. Nicolle Louve et le dit Jehan se sentont ainsi promonnez tant par le dit empereour comme par le dit duc Willamme pour le fait du dit Renart, ilz se tiront en la chancellerie et vinxent par dever le dit chancellier en disant: «Monseigneur, nous avons mestier de vostre conseil et vous prions qu'il vous plase a nous aidier a consillier de trouver aucune ixue en nostre fait; et se Dieu plait, nous le vous deservirons vollentier.»

Adont leur respondit le dit chancellier: «Vous estez sauvaigez gens, vous voullez tuis vos voisins sormonter et ne puet nus avoir raison de vous. Ce n'est mie de merveille, se vous aves a souffrir et ne vous debves point complaindre de guerre c'on vous face, pour-

---

¹) *Ausführlich handelt die Chronik darüber p. 353, S. 435 ff.*

tant que on ne puet avoir raison de vous par la grant puissance que vous avez. Car se vous y fraies, ce n'est mie de merveille, et aussi il s'i appert per cest poure homme Renart Vusz, que ne pot onque avoir raison de vous pour sentence ne pour mandement que l'empereour en ait fait. Et encor voullez avoir et querrez a avoir lettrez de franchisez contre le dit empereour ausi bien comme contre autre, ce que ne se puet ne ne doit faire. Pances vous que nous ne sachienz bien queil franchise que vous avez? Car je sa bien que vostre ville est chambre et escul de l'Empeire contre les marches du reaume de France. Et pourtant que les empereours vous sont loing et qu'ilz ne vous pueent mie adez aidier et secour en voz neccessitez, il fuit apointiet que vous ne donriez droiturez ne revenuez pour an a nulz empereours, et parmey ce que vous debvez deffendre l'Empeire et vous meysmez a vos frais, missions, perdez et coustangez, sens ce que les dis empereours soient de riens tenus de vous a aidier s'il ne leur plait. Car toutez autrez bonnez villez du Saint Empeire for que vous li doient chascun an droiturez et revenuez ou certains service. Et vecy la cause en partie pour quoy vos ditez franchisez vous furent donneez, et pourtant vous vous plaindez sens cause des griefz que vous ditez a avoir

p. 337. souffris, sens avoir confort ne ayde du dit | empereour ne de ces devantriens, et encor que pix est, vous estez venus veoir l'empereour a main veude, ce que toute maniere de seigneurs et autrez bonez villez n'ont mie fait, qu'ilz n'aient donnez et fait au dit empereour et a sa chancellerie aucun present, et pourtant vous ne faitez rienz a mains veudez. » Et incontinent le dit sgr. Nicolle li prinst a dire : « Vous n'avez plux que faire que on vous annuiese de dire noz complaintez et necessitez ; car vous lez avez ja assez ouys ramantevoir ; et pourtant nous vous prion pour l'amour de Dieu qu'il vous plase a nous aidier a consillier, per queil maniere nous pouriens avoir issue en nostre fait, adfin que nous ne demuresiens mie en l'indignacion de l'emperour, et nous nous y volrienz employer en ce que nous pouriens bonnement de faire aucun present au dit empereour en la chancellerie et a vous meysme ; car nous veons bien que nus ne nous puet si bien aidier comme vous. » Adont leur respondit le dit chancellier : « Je vous ay bien ouys, se vous me voules promettre que vous n'oblierez point la personne de my et que vous ferez par mon conseil, je vous conseillerai tres bien. » Et le dit sire Nicolle Louve li dist que ouys. Et incontinant le dit chancelier s'en allait par dever l'empereour et assignait houre au dit sgr. Nicolle de revenir. Et tantost le dit sgr. Nicolle s'en allait achater demy dousenne de bellez taisses d'argent que povoient valloir environ

L livrez et s'en revint audit chancelier a l'eure que li estoit ordonnee. Et quant il vint delez le dit chancelier, il li dist: « Monseigneur, adfin que vous ne cuidiez mie que nous veullienz mettre vostre parsonne en oubly, vecy que nous vous xaincons et vous prions que vous le preniez eingreif et que vous aies diligence de nostre fait. » Lequeil present le dit chancelier prinst tres grandement aigreif et leur dist qu'ilz vairoient bien, s'il le deservoit bien ou non, et lez emmenait tantost dever l'empereour; et pairlont ensemble secreitement, et fist tant qu'ilz se despertont per boin greif. Se fuit l'appointement tel que l'empereour auroit ᴍ florins pour sa personne et le chancelier pour sa chancelerie ᴠɪᶜ florins, et le dit empereour conformeroit noz franchisez desoubz son seel d'or et desoubz son grant seel pendant, adfin que se il nous abesoingnoit en aucun tempt d'en nous a aidier qu'il ne nous convenist mie pourter le principal seel d'or aval lez champz, maix le retanrienz per dever nous et y pourterienz celle a tout son grant seel pendant, et qu'il feroit expedier le dit sgr. Nicolle par le duc Willamme de Bawiere du fait du dit Renart Vusz. Et ainsi se fist il, car il fist sentencier par le duc Willamme que le dit Renart Vusz venist en Metz jusquez a la Paisque ensuant pour faire ce que ciaulx de Metz li debvoient faire, selong le contenus de la sentence qui en avoit esteit dite au lieu de Noiremberg :|: per ᴍ cccc et xxxɪ :|:,ᵃ) se dont n'estoit ja esteit fait par ciaulx de Metz.

1434 März 28.

Et leur fuit donnez par le dit empereour et par le dit duc Willamme comissaire et juge sgr. Jehan de Parsberg, ung des chevaliers de l'ostel madame Ysabel de Gorliche, duchesse de Lucembourg et de Bauwiere, pour venir au lieu de Metz pour veoir et savoir, si ciaulx de Metz avoient fait ce que faire debvoient au dit Renart. Lequeil sgr. Jehan y vint en la grant sepmainne ensuant, et s'enformait de la verite; et firent ciaux de Metz leur monstrance en sa main par la maniere qu'il appartenoit. Lequeil Renart ne vint point; maix aprez ce que ciaulx de Metz orent fait leur debvoir vint une lettre de part lui au dit sgr. Jehan et a la ville a la priere de l'empereour qu'ilz volcissent raloinginer le terme jusques a la Pantecouste ensuant, pourtant que le dit Renart avoit soinie d'une jambe qu'il avoit brisie :|: et ansy se fit il. :|:

Mai 16.

:|: Laidite dame Ysaibel, dame de Lusanbour duchesse en Balbierre, aistoit fille dou *dit* Jehan de Gorliche en Baiheingne freire germain dou dit enperrour. Layquelle fut femme de Antone duc de

---

a) *Übergeschrieben.*

Braiban et de Jehan duc de Balbierre que fut avaique de Liegues, lequel morut *per* anpoixenem*ent*. :|:ᵃ)

Item environ III jours apres ce que le dit sgr. Nicolle Louve et le dit Jehan de Lucembourg furent despartis du dit empereour et du dit chancellier, se firent remener par le dit chancellier dever le dit empereour pour faire leur debvoir. Et de si loing con l'empereour lez vit, il lez menait en une chambre secreite et leur fist tres bonne chiere; et en desraignant qu'ilz se faixient, le dit sgr. Nicolle tirait fuer de sa mainche une auguiere d'argent qu'il avoit achiteit que valloit bien XL florins pour faire le present plux honorauble; et estoient lez X florins que l'empereour debvoit avoir deden la dite auguiere, et li dit le dit sgr. Nicolle: « Mon tres redoubte seigneur, vous n'estez mie ung seigneur, ad cui on doit faire present de toile, il n'eust mie bien heuᶜ) que nous vous heussienz fait nostre present en un sachet de toile et ausi monnoie vat et vient et n'aie mie coustumme de demeurer trop en ung lieu; pourtant nous vous presentons une auguiere d'argent pour laver vos mains le matin, quant vous vous descoucherez, adfin quant vous la vairez, qu'il plase a vostre graice d'avoir la ville en souvenance et pour recomandee. » Lequeil empereour ressut le dit present tres liement et fuit tres joieus de la dite auguiere, et leur fist tres bonne chiere, et les respondit très admiaublement tant du fait du dit Renart Vusz comme d'autrez chosez, et leur dist qu'il avoit entencion en brief tempt d'estre nostre voisin, et que dez complaintes c'on li avoit faites il y aideroit a remedier tant pour le tempz passez comme pour le tempz a advenir; et que ce qu'il estoit devenus empereour, ce n'estoit mie pour vainne gloire ne par muez vallue, et que quant il y entrait, qu'il avoit assez et grandement en son reaume de Hunguerie sens le fait de l'Empeire, et qu'il avoit encor bien devant lez oeulz que le roy Ropert de Bawiere son devantrien y avoit despendus le sien et n'en avoit peu venir a conclusion, et que semblamment despendoit il le siens de son propre patrimone et qu'il avoit sez groz ostaigez et vaixelle en waige au lieu de Constance et de Noiremberg pour le fait du dit Empeire, et qu'il y despendoit tout son patrimone, et que c'estoit bien raison que lez seigneurs, princes, bonnez villez et autrez l'aidassent d'aucune chose chascuns en droit yaulx, car il ne povoit mie tout faire du sien propre; et qu'il avoit fais groz et griefz despenz on voiaige de Romme, en querrant le dealdeme, et faisoit encor de jour en jour pour le bien de Crestianteit et pour apaisier, si comme il s'apparoit per le Saint Con-

---

a) *Eine halbe Seite frei.* c) *Vorl.* seu.

seille qu'il avoit asemblez au dit lieu de Baisle pour renfoirmer l'esglise que c'estoit asses eslairgie et asses desobeyssant lez ungs contre les autrez, et ausi d'apaixier lez reaulmez et payz de Crestianteit qui estoient en grant guerre et en grant destruction, et que telz apaisement ne se povoient mie faire sens grans coustangez. | Et c'on ne debvoit mie estre embahys de lui a faire aucune graice en lui recognissant, car ce qu'il avoit entreprins du fait de l'Empeire, par le conseil et priere de pappe Jehan Martin :|: qui fut de bon pape :|: et autre prince de l'Empeire qu'ilz l'en avoient priez moult fort ainsois qu'il le volcist entreprenre. Et quant il olt tout ce dit, les dis de Metz se despartont du dit empereour par tres grant amour.ᵃ⁾ *p. 340.*

Item le gray diemange, vɪɪᵉ jour de febvrier, revinxent de Baisle le dit sgr. Nicolle Louve et le dit Jehan de Lucembourg; lesqueilx rapourtont lez conformacions et seel d'or pendant, que le dit empereour fist a cealx de Metz. Se montent les frais et lez despens que ciaulx de Metz fissent tuis ensemblez, des le xvɪɪɪɪᵉ jour de novembre qu'ilz pertont pour en aller a Baisle jusquez au jour dessus dit que le dit sgr. Nicolle Louve en revint, a la somme, c'est assavoir: *1434 Febr. 7.*

Au dit empereour x florins, de xɪɪɪ s. piece et ʟx florins, de xɪɪɪ s. piece pour l'auguiere.

Au chancelier pour la chancelerie vɪᶜ florins, de xɪɪɪ s. piece.

Pour le seel d'or xʟ florins, de xɪɪɪ s. piece.

Pour plusieurs lettrez et escripturez pour la despendence xxx florins, de xɪɪɪ s. piece.

ɪɪᶜ florins, xɪɪɪ s. piece, pour donner et despartir en plusieurs lieus, c'est assavoir aus herralz, trompettez et mennestrez, messaigiers, chambrelains, uxiers et sergens du dit empereur et d'autrez seigneurz. Et pour tous lez despens que ciaulx de Metz fissent allant au dit lieu de Baisle, sejournant et retournant, lesqueilz avoient xxxɪɪ chevalx en leur compaignie, se monte la somme de leur dis frais a vɪɪɪɪᶜ et xxxv florins, de xɪɪɪ s. piece.

Item pour lez vɪ taissez c'on donnont au sgr. Jehan de Parsberch ʟx florins, de xɪɪɪ s. piece. Lequeil sgr. Jehan estoit bien acoint du dit empereour et dez seigneurs princez de la court du dit empereour, et nous conduisait en jusquez au dit lieu de Baisle a la priere de ma damme de Lucemborg¹) et estoit plusieurs foix nostre embaseatours par dever le dit empereour et avocat pour nous contre tous autrez. :|: Et lequel *p. 341.*

---

a) *10 Z. frei.*
¹) *Elisabeth v. Görlitz.*

chevalier sy portait lettre a dis enperrour de part maidite dame en prian que voxit avoir lay ville et lor enbaixaidour por recomandeit. :|:

Somme que pour tous leur despenz pueent monter :|: qu'an une mayniere con en atre, puee monteit anviron II mille vIIIIᶜ et xxv florin de Rin, de xIII s. piesse, que puee valloir environ xvIIIIᶜ livres et xxv s. Et lez vI taixe d'ergan que le chansellierre ot an prix de L livres. :|: ᵃ)

:|: Lez fray et lez despon de lay cour de l'emperrour se pranne en lay chanselleriee; portan n'y ait il que faire d'aivoir ung debonaire chansellierrie; et portan ne doit on miee estre mervillous, s'il demande hal, car il ly falt moul, car de halte demande vient on bien an baixe. :|: ᵇ)

p. 342. Ci apres sont et doient estre les enseignemens des souvenences et articles que ciaulx de Metz enchargont a leur ambaseateurs qu'ilz envoiont a Baisle au mandement de l'empereour Symont, *1433* roy de Hunguerie, que partont le venredy xvIIIIᵉ jour de novembre *Nov. 20.* par M. IIIᶜ et xxxIII, c'est assavoir sgr. Jaique Daix, sgr. Nicolle Louve, ambedeux chevaliers,ᶜ) maistre Dominique de Noweroy, doien de Verdun et chanonne de Metz, sgr. Nicolle de Raigecourt dit Xappey, Jehan de Lucembourg, l'un des II secretairez des septz de la guerre de Metz. Lesqueilx s'en allont acompaigniez de sgr. Jehan de Parsberch chevalier, qui estoit de l'ostel ma damme Ysabel de Gorliche, damme de Lucembourg, duchesse en Bauwiere, a la priere de ma dite damme. Lequeil leur fist toute la bonne compaignie et plaisir qu'il pout. Et le pourquoy qu'ilz s'en allont ensemble, ce fuit pour aller plux seurement ciaulx de Metz en la compaignie du dit chevalier, pourtant qu'il y voulloit aller on nom de ma dite damme.

Item se le dit empereour tendoit ne requerroit d'avoir service des genz d'armez ne argent de ciaulx de Metz, on se puet excuser per la maniere que ci aprez s'en suit, en lui remonstrant les grossez versacions que ciaulx de Metz ont heus et receus per le petit confort qu'ilz ont heu des empereourz. Premiere, il avint pour cause de la devision *1384* qui estoit en l'esglise dez II pappes que, environ l'an mil IIIᶜ IIIᶜxx et IIII, ung appellez sgr. Thielemant Vusz de Batemberg,[1]) qui estoit chanonne de Metz, volt estre evesque de part le pappe de Rome et nous en fist grosse guerre, lui et plusieurs autres du duchie de Lucembourg, pourtant que nous obeiens a l'evesque qui estoit pour et on nom du *1398* pappe d'Avignon. Si avint que en l'an mil IIIᶜ IIIᶜxx et xvIII que le roy

---

a) c. 11 Z. frei. b) 9 Z. frei. c) Hiernach seigneur gestrichen.

1) S. oben Kap. XLVIII, S. 324 ff.

Wainceslau de Bahaigne, seigneur de Lucembourg, roy des Romains son frere, vint on duchie de Lucembourg et nous volt faire guerre et nous fist grossez demandez pour lez dapmaigez que nous aviens fais sur nos annemis on duchie de Lucembourg, aidans du dit sgr. Thielement Vusz, et nous en convint uxir a groz dampmaigez. Car le dit Wainceslau nous dehust | aidier et il nous fuit contraire. De quoy vostre graice puet assez savoir que ce ne fuit mie sens frais et grosses missions que la ville en souffrist. *p. 343.*

Item puis mist le dit roy Vainceslau ciaulx de Metz en bans, pour ung appellez Freiche de Noiremberg,[1]) assez legierement :|: don quel bau il lor costait qu'an perde c'an despan plus de x^m florins :|: et les y tint tant que le duc Ropert de Bawiere fuit eslieut pour roy des Romains. Lequeil en aquerrellait tantost la ville et enpourtait de la ville pour celle cause et pour autrez et pour reconformer nos franchisez et pour le confort qu'il nous debvoit faire xiii^m florins, de quoy il n'en vint mie grant bien.[2])

Puis avint que sgr. Phelipe conte de Nausowe[3]) et de Sarbruche, sgr. Jehan conte de Saulme, sgr. Gueirard sgr. de Boulay, Jehan Daulter sire d'Aispremont firent guerre a ciaulx de Metz et leur guaingnont et abatont Wormerange,[4]) les Estans,[5]) Burlixe[6]) et Painge[7]) et plusieurs autrez lieus, et firent gros et griefz dampmaiges en feus boutez en pluxours autrez lieus autour de Metz, et empourtont xiii^m florins de ciaulx de Metz pour la reanson de leur pays, :|: portan :|:[a]) que lez grainges estient plainnez a la Ste. Croix en septembre sens nous a avoir *Sept. 14.* confort ne ayde dudit roy Ropert; de quoy il n'en avint mie grant bien.

Item puis la paix faite de la dite gueire, il convint faire une taille en Metz pour avoir argent pour lez $xiii^{m\,8})$ dessus dis a paier et pour les frais et despenz c'ons avait fait tant en soldoieurs comme en autre maniere. De quoi grant devision en avint en Metz les ungs contre lez autrez.[9]) Et avint par celle devision le jour de la St. Eloy,[10]) *1405 Juni 25.*

---

a) *Übergeschrieben für ausgestrichenes* et quant qu'ilz orent *(A).*
1) *Fritz Hofmann von Nürnberg. S. oben Kap. XLVIII, S. 324.*
2) *S. oben S. 341.*
3) *S. oben Anm. zu S. 331.*
4) *Wolmeringen Ka. Bolchen.*
5) *Tennschen Ka. Vigy.*
6) *Berlize bei Bazoncourt Ka. Pange.*
7) *Pange, Landkr. Metz.*
8) *S. oben S. 330 Anm. 6.*
9) *S. oben Kap. LIIII, S. 342.*
10) *Translatio S. Eligii.*

landemain de la St. Jehan Baptiste par mil IIII^c et v que la comune s'eslevait contre la bourgerie, et leur ostait le gouvernement. Et environ
Sept. 3. la Nostre Dame en septembre ensuiant se reesmeut guerre de sgr. Phelipe, conte de Nausowe et de Sarrebruche, de sgr. Ferry anney fil de Moirs conte de Sarwerden, de sgr. Jehan conte de Saulme, de sgr. Gueirart sgr. de Boullay. Lesqueilx nous firent guerre plux de III ans et demy acompaigniez de Loys duc d'Orliens, que le duc de Bour-
1407 goigne tuait le jour de feste St. Clement en novembre par mil IIII^c
Nov. 23. et VII.[1]) Lesqueil gaingnont et abatont Viley,[2]) Sorbey,[3]) Grifmont,[4])
p. 344. Tallange[5]) et firent encor plusieurs autrez | gros et griefs dampmaiges. De laqueille guerre Enduart, merquis du Pont, que puis fuit duc de Bair aprez la mort du duc Roubert son peire, estoit aidant du dit duc d'Orliens, et seigneur Roubert de Commercy.ª) Et du tempz de la dite guerre tenoit le dit duc d'Orlien la duchie de Lucembourg en gaige. De quoy il nous faisoit guerre issant et rentrant du dit payx et tendoit a venir au seigneuraige de la dite cite: qui estoit on grant prejudice du dit Saint Empeire, s'ilz heussent peu jouyr de leur entencion. De quoy la ville en souffrit plux de III^c millez frans que de frais que de dampmaiges sens avoir ayde ne confort du dit roy Ropert ne du Saint Empeire, mais nous faisient guerre lez sgr. et baron du Saint Empeire en aidant le dit duc d'Orliens contre nous: ce qu'estoit on grant prejudice de l'Empeire. Et de laqueille devision que pour le
1406 tempz avint en Metz le jour de l'Ascencion par M IIII^c et VI[6]) rostont
Mai 20. lez noblez bourgois per leur subtivite et puissance le gouvernement de la comune et lez remissent en obeissance come ilz estient au pardevant.

:|: De layquelle guerre fut aidan a sial de Mes sgr. Raul de Cossy, aivaique de Mes, permey v^c fran qu'il emportay chesc'an en toute say viee et tan com il seroit aivaique et non pluix.[7])

Et Chaille duc de Lorrengne[8]) asy permey M fran qu'il enportay

---

a) et — Commercy *übergeschr. von A.*

1) *Oben S. 332 ist angegeben Nov. 22.*
2) *Villers l'Orme (?), Ka. Metz.*
3) *Sorbey, Ka. Pange.*
4) *Grimont bei S. Julien (Metz).*
5) *Talingen b. Hagendingen.*
6) *Oben S. 343 ist angegeben « la vigille de l'Ascension », also Mai 19.*
7) *Die Stadt hatte den Bischof für 10 000 fl. als Verbündeten gegen die vier Herren gewonnen; H. d. M. IV 563 n. Eine Quittung über seine Jahrespension von 300 liv. H. d. M. IV 666.*
8) *Auch dem Herzog hatte die Stadt 10 000 fl. für seine Hilfe gegen die vier Herren zugesichert; H. d. M. IV 563 n. Über eine Jahrespension von 500 liv. quittiert Karl am 28. Dec. 1408; H. d. M. IV 641.*

chesc'an toute sai viee que lay comune lor donait que por le temp qu'il ayvoie le governement :|:.

Pues avint en l'an mil IIII^c et :|: xvII :|: ^a) que le dit roy Symont de Hungerie vint on duchie de Lucembourg¹) en revenant qu'il faisoit de France et d'Jngletere pour en aller au Saint Consille a Constance, que ^b) la estoit assemblez, envoiait le duc de Brille²) en Hunguerie en Metz et le recomandait a la ville, auqueil la ville xainquait et fist present au dit duc de Brille pour l'amour du dit roy II^m florins et pour lui a honnorer et complaire au dit empereour.³) — 1417

Item avint que en l'an mil IIII^c et xvIIII que le duc Charle de Lorraine s'en allait en Prusse⁴) voulloit faire guerre a ciaulx de Metz de vollanteit; et pour eschevir la dite guerre et pour estre en sa graice la ville li baillait III^m florins; maix se la ville heust heu aucun confort du dit Saint Empeire, elle n'en heust rien fait et li heust moult envif donner.

Item puis avint (mil IIII^c et xv) ^c) que Carlat de Dulliet,⁵) marischault de Lorrainne acompaigniez de plusieurs autrez fist grosse guere plux de II ans a ceaulx de Metz tant en feu bouttez comme en autre maniere; et abatit le gibet de Mets, et geut le dit Carlat bien — 1415   p. 345.

---

a) *Lücke durch B ausgefüllt.*   b) *que—assemblez übergeschrieben von A.*   c) *Weder von A noch von B, sondern von einer späteren Hand.*

1) *Sigismund ist im Januar 1417 in Luxemburg.*

2) *Herzog Ludwig v. Brieg in Schlesien, der Sigismund auf dem Zuge nach Frankreich und England begleitet.*

3) *S. oben S. 369. Dort ist die Rede von 2500 fl.*

4) *Hier liegt ein Irrtum vor. Herzog Karl war 1399 in Preußen. Im Jahre 1419 ist nichts von einer derartigen Fahrt bekannt und sie ist auch unwahrscheinlich, weil Karl damals mit dem Heiratsprojekt seiner Tochter Isabella mit René beschäftigt war. Es ist unklar, was hier eigentlich gemeint ist. Fehde zwischen dem Herzog und der Stadt scheint 1419 bestanden zu haben; denn 1418 April 14 schließt der Herzog einen Waffenstillstand auf ein Jahr, der also 1419 abgelaufen war; H. d. M. IV 748.*

5) *Charlot (Charles) de Deuilly hatte Simonin Chevalat, der im Jahre 1404 auf 20 Jahre aus Metz verbannt war (s. d. Urteil bei Huguenin p. 130), schon im Jahre 1409 gegen die Stadt unterstützt; s. d. Urk. v. 1. März 1409 H. d. M. V 643 und v. 18. Juni 1409 ib. 656. Hier auch Anm. a die zahlreichen Absagen der Parteigänger des Charles de D. Im Jahre 1415 ist Charles de D. als Verbündeter des Henry de la Tour von neuem in Fehde mit Metz; s. die Ursachen H. d. M. IV 717. Die der Stadt übersandten Fehdebriefe vom Aug. 1415 ib. p. 717 Anm. Er hat für sich zahlreiche Burgunder angeworben; Urk. v. 8. Sept. 1415 H. d. M. IV 736. Vgl. auch den Brief der Stadt an den Herzog v. Burgund vom 8. Sept. 1415. Die Stadt beklagt sich über den Angriff zahlreicher Burgunder zugunsten des Charles de Deuilly, H. d. M. IV 737, desgl. die Behandlung der Angelegenheit beim Konstanzer Konzil ib. 737.*

IIII jours a force d'arme a Moullin, et guaingnait la fort maxon de sgr. Poince Groignat et l'abatit; et durait la dite guerre tant comme il visquit. Et lequeil Carlat estoit bousson du duc Charle de Lorraine et n'avoit autre puissance for que ce que le dit duc de Loheraine li faisoit avoir. De quoy la ville y souffrit gros et griefz dampmaigez sens avoir confort du dit Saint Empeire. :|: Layquelle guerre s'aycomansay
1415 per M IIII et xv. :|:

Item puis la mort du dit Carlat avint que sgr. Ferrey de Chambley[1]) chevalier assez a legiere cause, comme bousson du dit duc de Lorraine, lequeil n'avoit nulle puissance fors que ce que le dit duc l'enballoit (!), nous fist guerre plux de II ans et guaingnait Annerey[2]) per trayson et la mist en la main du dit duc jusquez ad fin de guerre, et geut a force d'arme III jours on pays de Metz per la force et puissance du dit duc qui cloioit l'eul. De quoy la ville en souffrist gros et griefz dampmaigez. De laqueille guerre a apaisier le dit duc empourtait xvI^m florins, et rendist a ceaulx de Metz la fourteresse d'Ennerey, et quittait une pension qu'il avoit chescun an en Metz de M frans et lez arrieraigez que montoient bien a v^m, et encor autrez chosez. De quoy on ne doit faire nulle mention devant le dit empereour for que de nostre complainte sens avoir confort ne ayde du dit Saint Empeire, :|: con bien que laidite paix fut honorable por sial de Mes que fut faite per M cccc et xxIII :|:.[a])

Item on doit faire excusacion des grossez mortallitez et pestilences qui ont estez per plusieurs foix advenuez en la cite de Metz, dont la dite cite et le paix en sont fort aflebis, descheus et en grant pourete venus.[3])

Item on se doit encor excuser . . . . [b])

1428 Item puis avint an l'an mil IIII^c et :|: xxvIII :|: que Didier de Chaufour et Ferry de Leudre comme boussons du dit duc de Loheraine nous firent guerre de voullenteit. De laqueille guerre nous souframez mains groz et griefz dampmaigez, et pourtant que nous ne poviens plux souffrir que le dit duc nous fasit (!) ainsi a chescune foix guerroier, par desoubz le chapel per sez hommes et soubgiez, bonnez villez et fourteressez, constrainte nous esmeut semblamment de mettre des boussons a Louveney[4]) et a Verey[5]) pour laissier dampmagier on dit

---

a) *Vorlage* MCCC et XXIII, *vielleicht auch* MCCC et XXIIII. b) *Lücke u. weiter 5 Z. frei*
1) *S. Huguenin zu 1418 u. 1420 p. 143 u. p. 144.*
2) *Ennery auf dem r. Moselufer nördl. Metz.*
3) *So im Jahre 1400, 1418, 1423, 1426. S. Huguenin zu diesen Jahren.*
4) *Loutigny, Ka. Verny.*
5) *Vry, Ka. Vigy.*

duchie de Lorrainne. De quoy plaine guere s'en esmeut entre le dit
duc et la ville. De laqueille guerre :|: y :|: prinst sa colleur pour ung
debat qui estoit entre ung abbey¹) de St. :|: Mertin devan Mes :|:ᵃ)
et ces moienz pourtant que le dit abbey avoit enyoiet une cherree de
pomme en sa maxon a Metz, dont les moinnes s'en allont plaindre
au dit duc.²) Et a la requeste dez moinnez le dit duc en requist et en
voulloit estre resaixis. De quoy la ville respondoit qu'elle ne n'avoit
nulle resaixine a faire, pourtant que nus de leur menans ne lez
avoient prins; maix s'il li plaisoit d'envoier les dis moienz a Metz par
devant leur justice et ilz se volcissent en riens plaindre de leur abbey
ne d'autre menant de Metz que leur heust heu riens pris ne amenez
a Metz, on leur en feroit faire raison et bon acomplicement de justice.
Laqueille responce le dit duc ne prist mie a grei, maix en fist waigier
et rewaigier par III foix, sens recreance. De quoy il covint que la
ville en contrewaigiet et pour la contrewagiere que la ville en fist,
le dit duc encomenssait a mettre ces bousons, lesquelx prennoient jour
pour jour lez biens de la ville sens recreance par la puissance du dit
duc. :|: De coie :|: ciaulx de Metz furent constrains de mettre des
boussons par leur fourteressez pour dampmaigier le dit duc; et tant que
pour lez dites wagierz et contrewagierez, boussons et contreboussons,
que le dit duc et la ville se fissent, l'un contre l'autre, guerre s'en
esmeut entre lez parties en telt maniere que le dit duc deffiait ciaulx
de Metz pour cause desditez pommez le XXVIIIᵉ jour du moix de may *1429*
par M IIIIᶜ et XXIX,³) et entrait on payx de Mets le XIᵉ jour de jullet *Mai 28.*
ensuant, uxantᵇ) et rentrant de Nomeney, et se vint logier desoure Arcan-
cey⁴) sus la riviere, et demeurait l'espaice de XIII jours on pays de
Metz, et fist drecier II bombardez sus le hault des vignes de Nowillons,⁵)
et fist traire XXXI pierez en Metz. De quoy, la merci Dieu, ellez ne

---

a) *Übergeschrieben für* Arnoult *(A).* b) *Vorl.* ixant.

1) *Nicolas Chaillot, der im Oktober 1426 Abt geworden war.*

2) *S. darüber Fridrici, Une guerre au XV siècle. Lothr. Jahrb. I p. 215 ff.
Huguenin p. 151. Chron. du doyen de S. Thiéb. bei Calmet II pr. CXCVI. Die
Abtei war lothringisch und der Herzog beanspruchte von Metz, wo der Abt ein Haus
besaß, einen Ausfuhrzoll aus seinem Gebiet.*

3) *Die Fehdeankündigung des Herzogs und vieler hundert Lehnsleute und
Söldner am 30. Mai* (lesqueilles furent apportées le xxx jour de mai), *2., 4., 5., 7.,
10., 13., 16. etc. Iuni bis 15. Juli s. H. d. M. V 119 ff. Im ganzen erhält Metz
6059 Absagen.*

4) *Argancy a. d. Mosel unterhalb Metz. Ausführlicher über diesen Zug des
Herzogs Huguenin zum Jahre 1429.*

5) *Muß in der Nähe des heutigen S. Julien gesucht werden.*

blassont onque creauture for que ung chasson qu'ellez tuont. Et quant ciaulx de Metz se vixent ainsi hurtez, ilz menont II bombardes desoubz lez armez de la Cornue Geline¹) et fixent par telt maniere traire leur bombairdes, qu'ilz deschassont et desrompont lez bombardez du dit duc; et n'y ot onque Lorrain qu'aprochast Metz de plux prez que don trait d'une bombarde.

p. 347. Mais couppont et foultront les bleifz et scrappont lez vignez, et bouttont feus et guaingnont Viley a Laquennexey²) et la maxon de Perte,³) Grymont⁴) et Wapey⁵) et la forte ᵃ) maxon de Goin⁶) et le moustier Sxilley.⁷) Si estoit en la compaignie du dit duc le duc Estenne de Bawiere son serorge,⁸) le duc de Bair⁹) et le marquis de Baude,¹⁰) sez II genrez, Jehan sire de Rodemach et plusieurs autres. Si povoient avoir en leur compagnie VIIIᵐ chevalx et XVᵐ pietons. Et de laqueille guerre l'archeveque de Couloingne,¹¹) le duc des Mons¹²) et son fil¹³) deffiont ciaulx de Metz, maix ilz ne furent point devant Metz fors que leur gens; et quant le dit duc fuit retrait en son pays, y mist guarnisons par ces places contre ceiaulx de Metz.

Et pour celle guerre s'esliont ciaulx de Metz a leur evesque Coinrard Baier de Bopert, et li baillont XVᵐ florins et bleifz et vin pour pourveoir ces placez par telt qu'il debvoit aidier ciaulx de Metz encontre le dit duc. Et quant il dehust deffier le dit duc et faire guerre, il n'en volt rienz faire,¹⁴) maix s'en allait a Romme de celui argent sens faire ayde ne confort de ciaulx de Metz de ces placez ne de son payx. Et le pourquoy qu'ilz en allait a Romme, il pensoit

---

a) forte–Sxilley *übergeschrieben (A)*.

1) *Auf der Chambièreinsel unterhalb Metz.*
2) *Villers-Laquenexy bei Pange.*
3) *Peltre bei Metz.*
4) *Grimont bei Metz (S. Julien).*
5) *Woippy bei Metz.*
6) *Coin-les-Cuvry oder Coin-sur-Seille?*
7) *Wohl Silly-en-Saulnois, Ka. Verny.*
8) *Er war verheiratet mit Margaretha, der Tochter Ruprechts v. d. Pfalz; ihr Bruder Stephan war der dritte Sohn Ruprechts.*
9) *René I.*
10) *Markgraf Jacob I.*
11) *Dietrich, Graf v. Mörs.*
12) *Herzog Adolf v. Berg, der die Jolantha v. Bar zur Frau hatte.*
13) *Ruprecht, der 1433 starb.*
14) *Der Bischof kam am 18. Juli und in der Woche nach S. Martin nach Metz, um den Frieden zu vermitteln. Huguenin 166 ff. S. folgende Seite Anm. 2.*

estre archevesque de Trieve,¹) pourtant qu'elle vaugoit; maix il ne
fist noure, et y faillit ausi bien comme il nous avoit faillit.

    Et de laqueille guerre sgr. Jehan conte de Salmme²) fuit chargiez,
et en fist son rapport le jour du nouvel an par mil iiii^c et xxix et en
fist son rapport par telt maniere que tous prisonniers d'une part et
d'autrez debvoient estre quitez, et qu'avoit perdus, feust perdus, et que
ciaulx de Metz donroient au dit duc vi^m florins.³) Lequeil rapport le
dit duc ne volt point tenir ne quitter ces prisonniers,⁴) et durait encor
la dite guerre jusquez au xxiiii^e jour de janvier vigille de la Conversion
St. Pol per m iiii^c et xxx, que le dit duc moruit en grant misere. Et
aprez la mort du dit duc le dit conte de Saulme se tirait par dever le dit
evesque, et remissent lez traittiers sus entre le duc de Bair qui estoit genre
du dit duc de Lorrainne d'une part, et ciaulx de Metz d'autre part.⁵)

    Laqueille guerre ilz apaisont, dont lez lettrez en furent faites
l'an mil iiii^c et xxx le xx^e jour du moix de mairs parmey lez vi^m
florins paiant au dit duc comme dessus. Et en laqueille guerre les dis
de Metz y pourent souffrir pour plux de cc^m frans de dampmaigez
sens lez perdrez de chevalx et lez gaigez dez soldoiers et autres
despens fais, que pourent monter a plux de lx^m frans. De quoy le sgr.
de Chastelvillain en olt iii millez pour ung servise qu'il nous debvoit
faire, maix il nous faillit au besoing. Et dez groz frais et missions
qu'il convint soffrir a la ville, elle en est forment endebtee, et ne
s'en pouroit encor aquiter de ci a xx ans; car il lez covint grosse-
ment fraier, pourtant que le dit duc tendoit a la seigneurie de Metz
:|: qu'aistoit on gran prejustise don Sain Enpire :|:.

1430
Jan. 1.

1431
Jan. 24.

1431
März 20.

---

¹) *Nach andern Nachrichten begleitete er den in Trier gewählten Jacob von
Sierck, seinen Neffen, nach Rom, um dessen Bestätigung durchsetzen zu helfen.
Huguenin 168. In Trier war nach dem Tode des Erzbischofs Otto am 13. Febr.
1430 eine zwiespältige Wahl gewesen.*

²) *Die erste Vermittelung hatte am 4. Juni 1429 der Kardinal von Bar an-
geboten. S. seinen Brief an Jean de Vy in Hist. d. M. V 89, 90, 93. Den Ver-
mittelungsversuch des Bischofs Conrad vom 18. Juli lehnen die Metzer ab; Huguenin
166. Im November verbündet er sich mit den Metzern. Am 7. Dez. vermittelt er
gemeinschaftlich mit dem Grafen v. Salm einen Waffenstillstand bis Weihnachten;
Huguenin 168. Am 1. Jan. kommt der Friede zustande. S. den Wortlaut inse-
riert in dem Friedensvertrag des Herzogs René; H. d. M. V 224.*

³) *Davon steht nichts im Friedensvertrag. Daß aber die Stadt sich zu dieser
Zahlung verpflichtet hatte, ergibt sich aus einem Briefe des Bischofs an die Sept
de la Guerre vom 2. Febr. 1430; H. d. M. V 220.*

⁴) *Das bestätigt auch der Bericht bei Huguenin 168, 169 und der Friedens-
vertrag vom 12. März 1431.*

⁵) *Der Friedensvertrag ist vom 12. März 1431; H. d. M. V 223.*

p. 348. Item on se doit encor excuser que pour les grossez guerrez et genz d'armes que sont au reaulme de France, de Champaigne et de Bourgoigne, pour la guerre que le roy d'Engleterre et le duc de Bourgoigne font en conquerrant le reaume de France, et pour lez grossez warnisons que lez partiez ont les ungs contre les autrez es marchez asses prez du payx de Metz; de quoy les dis de Mets en sont grossement dampmaigiez, il leur convient tenir gens d'airmez a groz frais et a grosses missions pour contrester contre les ditez warnisons, de quoy ilz en souffrent chascun jour groz et griefz dampmaigez. Et pour celle cause ne pouroient ciaulx de Metz seignier gens d'armez au dit empereour,[1]) pourtant qu'ilz en ont mestier pour garder leur villez et payx.

Item encor une autre excusacion de quoy on se puet excuser de genz d'airmez, pourtant que plusieurs des soubgiez du Saint Empeire ont fait du tempz passez et font encor tous les jours plusieurs diverces guerrez de vollente a ciaulx de Metz. Les dis de Metz ne pueent estre sens avoir genz d'airmez a leur gaigez[2]) pour yaulx a deffendre, de quoy ilz leur enconvient au chescun jour pourter et souffrir groz et griefz dapmaiges, sens avoir confort ne ayde du dit St. Empeire. Et pourtant puet le dit empereour bien avoir et tenir la ville pour excusee de plusieurs servisez et aydez, dont il se volroit aidier et requerrir a ciaulx de Metz.[a])

p. 349. Ci apres sont et doient estre lez lettrez que ciaulx de Metz chargont a leur ambaseateurs, quant ilz lez envoiont au dit lieu de Baisle au mandemant de l'empereour eaulx a aidier que leur estoient neccessairez.

1431 Premiere la dairaine sentence que fuit rendue a Noiremberg en l'encontre de Renart Vusz :|: par m cccc et xxxi. :|:[3])

Item lez lettrez des mandement du dit empereour de l'executoire de la dite sentence, adfin que la sentence fuit assevie et enterrinee.

Item lez lettrez de comission donnee par le dit roy, ainsoy qu'il fuit empereour, a Jehan de Ralville dit de Bannestorff, adressans a la

---

a) *Fast ½ S. frei.*

1) *Sigismund hatte von Metz gegen die Angreifer des luxemburgischen Landes Hilfe erbeten; Hist. d. M. V 231.*

2) *S. die Söldnerlisten v. Jahre 1424 H. d. M. V 20, v. Jahre 1428 ib. 78, 174 Anm. a, v. Jahre 1429 ib. 191 Anm. Dazu zahlreiche Quittungen von Söldnern u. Pensionären in den Anmerkungen des 4. Bandes der Hist. d. M.*

3) *Sigismund hebt auf Appellation der Stadt Metz die über dieselbe auf Klage des Reinhard Fuchs und seiner Frau Hudiat ausgesprochene Acht auf. 1431 April 17. Vidimus im M. St. A. Altmann reg. nr. 8505.*

cite de Metz pour mettre le dit Renart en la pocession selong le contenus de la premiere sentence.¹)

Item ung vidimus de la presentacion que la ville fist au dit Renart au lieu de Metz en la presence du dit Jehan de Ralville dit de Banestorff, coment on li voulloit faire seloing la tenour de la dite sentence.

Item les III lettrez ou instrumens des sentencez renduez par la ville sur le fait des demandez que le dit Renart avoit fait par devant la Justice de Metz et plusieurs des particulers de la dite cite.

Item une lettre en parchamin seellee du dit Jehan de Ralville dit de Bannestorff, par lesquieillez le dit Jehan de Bannestorf signefie au roy le debvoir que la ville ait fait en l'encontre du dit Renart de lui a faire, ce que on li debvoit faire par raison, dont le dit Renart en fuit renfusant.

Item les lettrez de Franquefort et de Emgelvake²) et de plusieurs *p. 350.* autrez bonnez villes, que nous ont seignefiez, coment le dit Renart racommence per lez bonnez villez et payx de l'Empeire, a penre et a rester sus ciaulx de Metz, si comme il s'appert pour le fait d'un bourgoy de Metz appellei Jehan de Spinal, qui ait dairiennement estez prins et menez prisonnier a Griffesteyn³) en revenant de Strabourg, per Jehan de Enne⁴) qui l'ait prins on nom de Renart Vusz depues la dairaine sentence rendue par l'empereour; et geisoit encor en prison, quant ciaulx de Metz vinxent au dit lieu de Baisle.

Item le vidimus des privilaigez que les empereours ont donnez a la ville de Mets.

Item plusieurs geitz de lettrez de previllegez et de confirmacions, c'on volroit avoir du dit empereour a l'avantaige de la ville, se avoir lez povoit on, et c'on y puist amander a l'avantaige de la ville.

Item la lettrez des amans conformee :|: per Felippe roy dez Romain ᵃ) :|: que conforme que lez escripz d'airche soient de crance et de valour, pourtant que le dit Renart n'y veult adjoster nulle foid :|: que fut donaie a Vormaixe⁵) per M C III^{xx} et XVIII an, on premier an

---

a) *Für gestrichenes per l'empereour (A).*

¹) *Wohl die Aufforderung an Metz vom 17. Juli 1431, den Reinhard F. in Besitz seiner Güter zu setzen, widrigenfalls sie, wie er das dem Stadtschreiber Johann mündlich auseinandergesetzt habe, in große Strafe verfalle. Vid. v. 1431 Sept. 12 im M. St. A. Altmann reg. nr. 8715.*

²) *Der Name kann Emgelvake, Eingelcake, Emgelwike oder E...bake gelesen werden. Ohne Zweifel ist der Name einer Stadt nach dem Gehör wiedergegeben.*

³) *Greifenstein, Kr. Zabern.*

⁴) *Darüber ist sonst nichts bekannt.*

⁵) *Worms.*

de son rengne,¹) et fut don temp de l'aivaique Bertran, aivaique de Mes. :|:

p. 351. Item les coppiez des escripz d'airche, coment le dit Renart et sa femme avoient ja vendus leur heritaiges a Collignon de Valliere citain de Metz, devant ce qu'ilz en entrassent on procet contre la ville, lesquelx furent monstrez et produis on procet des dis de Metz; et non obstant ce fuit jugiez au contraire. Par lesqueillez ordonnencez et confirmacions dez amans et par les dis escripz d'archez, dont il est estez jugiez au contraire, on pouroit penre colleur de quereir plux avant ens dis previlaigez.

Ci apres sont les lettrez que lez embaseatours de ciaulx de Metz empourtont a Baisle pour yaulx aidier et avoir consoil pour respondre aus demandez que le dit empereour leur pouroit faire.

Primo ɯ lettrez de procuracion seelleez du seel de la ville.

Item une lettre missiblez de ma damme Ysabel de Gorliche, damme de Lucembourg et duchesse de Bawierez, que recomande la ville a l'empereour.

Item une lettre de priere a Jehan de Raville dit de Bannestorff, que veulle croire ce que lez pourteurs de cestez lettrez li diront.

Item ɯɯ lettrez de la ville adressans a messire Jaique de Circk,²) maistre Jaique d'Attigney, maistre Guillame Huyn et maistre Pierre Poignetier, que veullent avoir la ville pour recomandee, de ce que lez pourteurs de ces lettrez le diront; et ainsi le firent ilz et n'ot point de deffault en yaulx de le faire au muez qu'ilz porent. :|: Et une lettre a maistre Jaique de Vairenne³) cordelier don covan de Mes, sanblan a l'atre de prieure. :|:

Item les lettrez dairainement envoiees par l'empereour, per lesqueillez il mande a la ville que veullet envoier ver lui sez ambaseateurs au dit lieu de Baisle.

p. 352. Ci apres trouverez la querelle et demande que le dit Renart Vusz avoit et faisoit a ciaulx de Metz.ᵃ)

1405
Juni 25.
Premier il avint que le jour de la St. Eloy lundemain de la St. Jehan Baptiste par ᴍ ɯɯɯᶜ et v, que la comune de Metz ostait le gouvernement aus anciens bourgoix et gouverneurs de Metz et le

---

a) *Hiernach Doppelstern und Kreis wie oben p. 352 Kap. LXIIII.*
1) *Vom 27. Juni gedr. Hist. d. M. III pr. 166.*
2) *Über ihn s. oben S. 405 und 409.*
3) *S. über ihn oben S. 409. Er war in Basel, um Anklage gegen Bruder Guillaume zu erheben.*

tinxent bien xi moix. Entre lesqueilx il y avoit ung linier assez prez de l'ostel sgr. Nicolle Groignat :|: chevalier :|: a Portemuselle, qui s'appelloit Francequin, lequeil estoit ung des plux mallaisiers de la comune et fuit ung de ceulx qui aideit a procurer et a mettre a mort le dit sgr. Nicolle Groignat, chevalier, son voisin. Si avint que on tempz pendant guerre c'esmeut de sgr. Phelipe conte de Sarbruche et de Nausowe, de sgr. Ferry annei fil de Mors conte de Sarwerden, de sgr. Jehan conte de Salme et de sgr. Gueirart, sgr. de Boulay d'une part, et de ciaulx de Metz d'autre part; lesqueilx faisoient gueire en la plux grant partie aus dis de Metz pour l'amour du dit sgr. Nicolle; et estoit leur couleur qu'ilz y prenoient, forque :|: que :|: le dit conte de Saulme, lequel ciaulx de Metz avoient deffiez et grossement dampmaigiez pour certaine cause qu'ilz avoient a lui. De^a) laqueile guerre le duc Loys d'Orleains, que fuit tuez par le duc Jehan duc de Borgoigne, que tenoit por le temps la duchie de Lucemborg en waige, s'acompaignait aus dis III sgrs. Alemens, et Andouart de Bair merquis du Pont fil du duc Robert de Bair auvec luy; lesquelx faisoient guerre tuis ensembles a ciaulx de Mets pour le temps. :|: Layquelle guerre duroit III an que costait moult *a* sial de Mes; et ay lay fin sial de Mes an uxont *a* lor honour. :|: Si avint que la vilgile Ste. Katherine ensuant que ciaulx de Metz allont a force d'arme airde et desiruire la terre autour de Boullay, et ardont la ville de Comme¹) une lue de la Boulay par telt maniere que le feu prinst on moustier, et fuit ars par meschiez par feu voullaige. Et en celle chevalchiee se voulloit demonstrer le dit Francequin ung des plux avant. De quoy il despleut a belcopt de bonne gent que disient que c'estoit tres mal fait d'arde ne bouter feu par tel journee comme per la vigille de Ste. Katherine, qui estoit une virge tres vertueuse en airme, et qu'il en pouroit bien mescheoir a ciaulx de Metz. De quoy il avint que, tantost le lundemain de la dite Ste. Katherine ensuiant, lez IIII seigneurs dessus dis orent grant mandement ensemble, et missent ung groz wair sur lez halz boix de Coin,²) et firent venir ardre par leur courours la grainge Braidy,³) la grainge de Fristorf,⁴) la grainge et le waingnaige de St. Laidre.⁵) Duqueil

1405 Nov. 24.

---

a) De—honour *auf eingeklebtem Blatte hinzugeschrieben; von* laiquelle *an sind es deutlich die Züge der Hand B, doch findet ein ganz unmerklicher Übergang statt. Die beiden Hände sind sich sehr ähnlich.*

1) *Kühmen bei Bolchen.*
2) *Coin-les-Curry oder Coin-sur-Seille.*
3) *Bradin, Hof zur Gemeinde Moulins gehörig, auf dem rechten Moselufer bei Metz.*
4) *Sonst Fristot, Hof bei Metz, zum Schloß Frescaty gehörig.*
5) *Hof zu S. Privat-Montigny gehörig.*

mandement les dis de Metz estient bien warnis et advisez par sgr. Raul de Couscy leur evesque, et principalment qu'ilz se gardaissent bien de chassier; car s'ilz chassoient, ilz se trouveroient pour barretez. Neantmoin il convint par le hus brais et constrainte que la comune faisoit que on chassast, et chassont ciaulx de Metz jusquez au wey le Houtton.[1]

p. 353. Et quant ilz vinxent au dit wey c'on dit | le wey le Houton, les dis Allemenz firent saillir leur wais et rechassont ceulx de Metz, et assez prez de Haulterive[2] furent desconfis ciaulx de Metz et de tres grosse perde. Et durait celle chasse jusquez a St. Symphorien, a St. Clement et a St. Arnoult. De quoy ciaulx de Metz furent fort embahis. Et au londemain de la dite desconfiture ung appelley Jacomin de Courcelle, qui estoit au gaige a Metz, rencontrait devant la grant esglise le dit Francequin et chousait tres fort a lui en disant: « Mauvais warnement, tu ez aidiez a avoir ceste buffe que nous osmez hiere par ton bray auvec lez autres. Tu huchois et braiois « hahais », pour quoy c'on ne chassoit, et criois « aus traytrez » aprez lez compaignonz d'airmez, pourtant c'on ne chassoit mie a ton apeitis, aprez s'en est venus fuiant. De quoy te meslois tu de genz d'airmez? Il vauleist muez que tu t'eusse mellez de ta laine, agarde le bien que nous est advenus, de ce que tu nous fis :|: ay:|:vanthiere ainsi airdre. On disoit bien que ce n'estoit mie bien fait, et que il nous en meschairoit; or agarde le bien que nous en est venus. » Et le dit Francequin li dist, qu'il se mentoit, qu'il ne n'estoit point venus fuiant, maix lui meysme, qu'estoit gent d'arme, en estoit venus fuiant. Et orent tant d'estraingez parollez ensemblez, que lez eslieus que pour le tempz gouvernoient pour le comun, prinssent le dit Fransequin et le volxent noier; et le bannont :|: et forgegon[a] :|: tout soudainement. Et en allant qu'il faisoit pour demeurer a Coloigne, il fuit prins per le conte de Moirs et ransonnez et teillement detenus en prison qu'il ne vesquit guairez. Et quant il fuit mors, le dit Renart Vusz prist et espousait sa femme.

1406 [Sy avint le jour de l'Ascencion par M III^c et VI que lez anciens
Mai 20. bourgoix et gouverneurs roxent leur gouvernement et remissent la comune en leur obeyxance, si comme elle avoit esteit d'ancienneleit et estre debvoit. Et quant la femme du dit Renart qui avoit estez femme du dit Francequin sot la chose, elle s'en vint en Metz pour querrir de ces biens qu'elle y avoit encor en guarde tout secreitement;

---

a) *Übergeschrieben.*

1) *Huguenin add.:* près de Louveney *(Louvigny, Ka. Verny).*

2) *Zwischen Cuvry und Marly.*

et enmenant qu'elle lez en faisoit aval l'awe elle fuit racusee. De quoy Jehan de Jamaix, qui estoit varlet sgr. Jehan Dieuami, acompaigniez de plusieurs autrez, courront aprez jusquez Allexey¹) et li prinssent tout sez biens et les butinont. De quoy le dit Renart en fist plusieurs requestez, desqueillez requestez il n'en ot onque responcez de la ville que li fuissent aggreaublez.

Et vecy la cause pourquoy le dit Renart fist citer la ville devant l'empereour. Si avint que pour le tempz que le dit empereour olt assemblez ung Saint Consille a Constance, que le dit empereour s'en allait en France, en Arragon, en Yngleterre, pour veoir s'il povoit apaisier lez II papes qui estoient pour le tempz et le roy de France et d'Yngleterre qui se fai|soie gueirre l'un l'autre. Lequeil si en revint *p. 354.* per Wastefalcque ²) jusques a Colloigne. Et quant il vint a Coloigne, le dit Renairt trouvait cognissance a ung notaire de la court du dit empereour, ad cui il donnait son droit a moitié, par telt que le dit notaire le debvoit chassiez. Et au despartir de Couloigne le dit roy s'en revint a Lucembourg, et de Lucembourg s'en rallait au dit lieu de Constance. Et s'en allait le dit Renairt aprez lui jusques au dit lieu de Constance, et la empetrait le dit Renart une citacion sus ciaulx de Metz. Laqueille coustait moult a deffendre la ville contre le dit Renairt, car elle en fuit mise on ban du roy. De quoy il en covint envoier ciaulx de Metz aprez le dit roy en Hunguerie. Et ne volt onque le dit roy ouyr procureurs ne excusacions que la ville envoiet par dever *1431* eulx jusques a l'an M IIII^c et :|: XXXI :|: que le dit empereour revint au lieu de Noiremberg pour rasembler ung Saint Consille et pour resister contre lez Bahignons qu'estient pour le temp en grant arrour. Et a la dite Noiremberg envoiont ciaulx de Metz plaindre du dit roy, coment qu'il estient versez per le dit Renairt on nom dudit roy. ³) Et tant que les parties fuissent ouyes et covint que le dit roy en sentencet et condempnait le dit Renairt et le fist mettre en prison, pourtant qu'il ne povoit restituer lez dampmaigez de ciaulx de Metz, et le volt delivrer aus ambasiateurs de ciaulx de Metz pour faire leur vollente. Lesqueilx n'en volrent point, mais leur suffisoit bien de ce qu'ilz avoient sentence pour eulx. Et geut le dit Renart en prison plux de demey an, tant que par priere il fuit mis fuer par telt qu'il ne debvoit jamais aller en l'encontre de la dite sentence.

Et en l'an mil IIII^c et XXXIII rencomensait le dit Renairt a penre *1433*

---

¹) *Olgy unterhalb Metz a. d. Mosel.*
²) *Westfalen.*
³) *S. oben p. 294, S. 381.*

sus ciaulx de Metz, par ce qu'il donnoit a entendre que ciaulx de Metz ne li avoient mie bien fait selong le contenus de la sentence rendue par le dit roy, si comme il s'apparut per ung marchant de Metz qui s'appelloit Jehan de Spinal, que fuit prins en son nom en revenant de Strasbourg et mennez a Griffestein.[1]) Et quant lez ambasiateurs de ciaulx de Metz vinxent a Baisle au mandement du dit empereour, le dit Renart y estoit, et ne s'ousoit mie bien monstrer, pour la complainte qu'il savoit que ciaulx de Metz voulloient faire au dit roy, et noiait la chose et n'avowait mie le fait du prisonnier, et pourchessait tant qu'il fuit fuer et fist entendant que ce n'avoit il mie fait. Et vint nouvelle a ciaulx de Metz, coment qu'il estoit delivre. Si avint que

p. 355. pourtant | que ciaulx de Metz ne voulloient mie bien faire au dit lieu de Baisle ce que le dit empereour leur querroit, on fist remettre avant le fait de Renairt Vusz en lui complaindant de ciaulx de Metz, que ne li avoient mie fait selong le contenus de la sentence qui avoit estez dite par le dit empereour. Et ciaulx de Metz disoient qu'ilz en avoient encor plux fait. De quoy la cause en fuit commise au duc Willamme de Bavieres pour lui enformer des parties[2]) :|: lequeil portoy le dis Renay tan com il povoit. :|:ᵃ) Et ung pouc aprez, les dis de Metz orent escort au dit empereour. Et tantost le dit empereour commist seigneur Jehan de Parsberch,[3]) chevalier de l'ostel madamme de Lucembourg qui estoit tres grant ami de la ville, de citer lez parties a venir en

1434 Metz jusques a la Paisque ensuant et de lui enformer de la cause.
März 28. Et lui enformez de la cause, il debvoit relaissier a savoir au dit empereour la verite du dit fait et coment il en alloit. Et ainsi se fist il. Et y vint le dit seigneur Jehan et n'ot point de deffault en la ville de faire ce qu'elle debvoit. Maix le dit Renairt n'y vint point, maix vint une lettre de priere de part l'empereour c'on volxit ralon-

1434 guier la chose jusquez a la Pantecoste, pourtant que le dit Renart
Mai 16. avoit une jambe route, si comme la lettre de priere disoit.

März 28. :|: Item en feste de lay dite Paique vint une lettre de part sil qui avoit aieut prin le dis Jehan de Spinal, et requairoit que le dis Jehan rantray en prixon ou il ly anvoieit mᵐxx florin pour sai perti a leus de Sarverne por say ranson, ensy con promi l'avoit; et per ceu s'aipert il bien mal que le dis Renay l'ay eut fait quiteir, sy con il fut mostrey a dis seigneur Jehan de Parsberch chevalier :|:.

ᵃ) *Übergeschrieben.*
[1]) *S. oben p. 350, S. 431.*
[2]) *S. oben p. 335, S. 417.*
[3]) *S. oben p. 338, S. 419.*

Item le venredi xxii^e jour de may revint le dit Reynhart Vusz *Mai 22.*
en Mets pour monstrer par devant le dit messire Jehan de Parsberch,
chevalier, commissaire du dit empereour, coment que ciaulx de Metz
lui deffailloient de raison. Et ciaulx de Metz monstront du contraire.
Et fuit le procet des parties clous et seelez par le dit sgr. Jehan,
renvoiez au dit empereour par ung des servans le dit sgr. Jehan et
par Jehan de Luccembourg, secretaire des Sepz de la guerre, lesqueilx
se partirent de Metz le lundi xiii^e jour de descembre, jour de feste *1434*
Ste. Lucie, et s'en allont en Hunguerie, ver le dit roy et emperour. Et *Dez. 13.*
la presentont ilz le porsset clous et seellez de part le dit sgr. Jehan.
Et le pourquoy que le dit sgr. Jehan et ciaulx de Metz atendont tant
d'envoier par dever le dit emperrour, ce fuit pourtant que le duc de
Bair | et de Lorraine, Conrard Baiere evesque de Metz, damme Isabel *p. 356.*
duchesse de Lucembourch, et ciaulx de Metz tinxent ciege vi sepmainez
devant Commarcey sus seigneur Robert de Commarcey¹) que prenoit
sur tout le monde, et ne la porent gaingnier lesdis aliiez, maix se
despertont par certain appointement, accord et traictie, lesqueilx se
tinxent tres mal de part le conscel dudit Robert de Commarcey.

Item le sabmedi xix^e jour de mais par m iiii^c et xxxiiii²) revint *1435*
le dit Jehan d'Esch dit de Lucembourg de dever le dit emperrour, *Mai 19.*
luy et le varlet du dit messire Jehan; lesquelx avoient demeurez environ
iii moix en faisant leur ambaseatrie, et disoient qu'il avoit fait tres
mervilleuse froidure le temps pendant qu'ilz avoient estez par de la.

:|: Cy apres enxuan suis lay . . . .^a) fuelle enxuan sus une telle
ensingne^b) porey trovey lez depandanse q*ue* s'an despande portan qu'elle
ne pooie chavoir ysy aipres. :|:

LXV.

Item environ le nouvel an per m iiii^c et xxxii³) vinxent les *1433* *p. 357.*
ambasiatours du reaume de Bahaigne au dit lieu de Baisle pour respondre *Januar 4.*

---

a) *Lücke im Manuskript.* b) *Viereck mit Schleifen an den Ecken und zwei gebogenen Strichen im Innern. Das Zeichen findet sich nicht mehr im Manuskript.*

1) *Am 8. Sept. 1434 schickten die Metzer ihre Belagerungstruppen gegen Commercy; Mitte October wurde die Belagerung durch französische Vermittelung, nachdem sich Robert de C. unterworfen hatte, aufgehoben; H. d. M. II 633. Urkunden hierzu ib. V 305 ff.*

2) *Es ist zu lesen 1435; denn die Belagerung v. Commercy war 1434 Sept.- Okt. In den Monaten Januar—März war Sigismund in Preßburg—Wien—Preßburg. Ein Sonnabend fällt allerdings weder 1434 noch 1435 auf den 19. Mai.*

3) *Am 4. Jan. 1433 hielt die große böhmische Gesandtschaft unter Procop I in Basel ihren Einzug; Aschbach, Gesch. Kaiser Sigismunds IV 150.*

contre le Saint Consille de leur errour qu'ilz maintenoient. Lesqueilx orent plusieurs arguemens contre le Saint Consille.

:|: Suis LVIIII si devan trowerey lay comansement de sez erticle suis une telle ensigne: B H. :|:¹)

1433 April. Item en apvril par м III^c et xxxIII²) partont les ambasiateurs de Bahaigne de Baisle et s'en rallont a Praugue, et ammenont II evesquez³) du Saint Consille auvec yaulx pour concluire de ce qu'ilz avoient fait au dit lieu de Baisle, et au despartir que les dis Bahignons firent du dit St. Consille de Baisle, ilz preschont tres terriblement contre l'esglise, contre les princes et legierement contre le pueple. Et quant ilz revinssent en leur payx de Bahaigne, ilz firent grant honnour aus ambasiateurs du dit Saint Consille et furent resus tres honoraublement au lieu de Praugue en Bahaigne.

1434 Januar. Item en janvier par м III^c et xxxIII revinssent partie des ambasiateurs⁴) que le Saint Consille de Baisle avoit envoiet a Praugue en Bahaigne auvec lez ambasiateurs de Bahaigne qui avoient estez a Baisle, lesquelx ont rappourteit que les Hussz, c'est assavoir tous les meilleurs et puissans des nobles et de la comunalteit retournent en nostre loy⁵) et sont desirans que l'empereour vaillet penre la pocession de son reaume de Bahaigne. Maix il dist qu'il n'y irait point et qu'il y envoierait aucun pour lui.

Et on moix de febvrier ensuant revint nouvelle au dit lieu de Baisle que les dis Bahignons volloient demeurer en leur erreur, et qu'ilz alloient au contraire de ce qu'ilz avoient donnei a entendre aus ambassiateurs du dit Saint Consille.⁶)

---

¹) *Das Zeichen B H auf p. 285, S. 372.*

²) *Die Böhmen reisten am 14. April ab. Hefele, Konziliengeschichte, VII 524.*

³) *An die Spitze der Konzilsgesandtschaft war Bischof Philibert von Coutances gestellt worden. Außerdem war in der Gesandtschaft eine größere Zahl von Prälaten; unter ihnen Peter, Bischof von Augsburg; Hefele ib. 525.*

⁴) *Der Verlauf ist nicht ganz richtig dargestellt. Die Gesandtschaft des Konzils war schon am 11. Juli 1433 in Begleitung dreier böhmischer Deputierter zurückgegangen und Anfang August in Basel eingetroffen. Darauf war eine neue Gesandtschaft von Basel am 17. Sept. nach Prag gegangen und von diesen Deputierten war am 4. Jan. 1434 ein Teil wieder in Basel eingetroffen; Hefele l. c. 576. Die übrigen kamen mit den böhmischen Vertretern erst am 15. Febr. an; ib.*

⁵) *Meinhard von Neuhaus war mit der Mehrzahl der böhmischen Landherrn für die Union gewonnen; Aschbach l. c. 159; Hefele l. c. 576.*

⁶) *Das ist die Nachricht, die die zweite Abteilung der Gesandten zurückbrachte, resp. die Ansicht, die der Böhme Martin Lupas dem Konzil vortrug. Er erklärte, daß die Prager Kompaktaten vom 30. Nov. nicht zur endlichen Schlußfassung gebracht seien und darum auch nicht zum endgiltigen Frieden führen könnten. Hefele ib.*

Le diemenge devant l'Ascencion, dairien jour d'apvril par mil *p. 358.* 1434
iiii^c et xxxiiii, combatont les boins et les nobles de l'ancienne cite de *April 30.*
Praugue en Bahaigne,¹) lesqueilx se tenoient en leur cuer de nostre
creance au plux secreitement qu'ilz povoient pour la doubte de ciaulx
qu'ilz avoient de la nuefve ville des bourchs de la dite Praugue, que
maintenoient et soustenoient plusieurs mauvaises errours contre la foid
Crestienne avieuc ciaulx du payx de Bahaigne, lesquelx avoient descha-
ciez les nobles et abatus les esglises. Et pour celle errour ciaulx de
l'ancienne cite de Praugue fuissent advises que ciaulx des bourchs de
la dite Praugue leur avoient entencion de faire aucun desplaisir pour
la doubte qu'ilz avoient que ciaulx de l'ancienne ville n'obeissent a
l'empereour et au dit Sainct Conseille que pour le tempz estoient assem-
bles a Baisle. Ciaulx de l'ancienne cite se renfoursont au plux secreite-
ment qu'ilz porent, et allont courre sur ciaulx de la dite nuefve ville
et bourch de Praugue et lez desconfisont, et en y ot bien vi^m des
mors de ciaulx qui estoient rebellez²). Car ilz tuont tout for que les
femmes et les enffens desoubz xv ans. Si avint que ciaulx qui tenoient
le ciege devant Pisma³) despartont du dit cieige pour venir adier
cilz de leur famille q'estoient ainsi desconfis, maix ilz y vinssent trop
tairt et a leur grosses perdres. Car quant ciaulx de l'ancienne cite en
furent advises, ilz leur allont en l'encontre et en desconfisont bien iiii^m,
pourtant qu'ilz venoient sans esrois.⁴) Laqueille ville de Pisma s'avoit
tousjours tenus de nostre crance, et pourtant qu'elle ne voulloit mie
estre en l'errour des aultres du payx, les mauvaix faulz Bourgrez les
avoient assigies et lez avoient bien tenus assigiez an et demy, seus
ce qu'ilz les heussent peu dapmaigier; par ceste maniere se despertit
le dit siege de devant la dite Pisma.

Et le merquedis des iiii tempz en feste de Panthecouste ensuant *Mai 19.*
en vinssent les nouvelles au Saint Consille de Baisle que pour le
temp la estoit assemblez. Lesquelx en orent moult grant joie et en
firent faire procession general, en^a) lowant Dieu le venredi en-

---

a) en—Dieu *übergeschrieben (A).*

1) Die Bewohner der Altstadt hatten sich dem Adel unter Meinhard von Neu-
haus angeschlossen und waren mit diesem utraquistisch gesinnt; gegen sie stand die
Neustadt unter Procop dem Kleinen.

2) Man bemächtigte sich der Neustadt Prag am 9. Mai 1434 (Hefele l. c. 577
sagt am 6. Mai). Der Nachricht von dem großen Blutbad schließt sich Aschbach auf
Grund des Berichtes der böhmischen Chronisten nicht an; p. 243 n. 7.

3) Pilsen, das katholisch geblieben war und von Procop d. Großen belagert
wurde.

4) Schlacht bei Böhmisch-Brod am 30. Mai 1434.

Mai 21. suant pour la bonne adventure que leur estoit advenue pour la foid Crestienne.

Et pourtant que les dis boins Bahugnons avient mandes les ditez nouvelles au Saint Consille de Baisle hastivement en yaulx suppliant, tant a l'empereour comme au dit Saint Consille, que leur volcissent envoier aucun confort et ayde pour la doubte du pays que ne leur courrut sur, le dit Sainct Consille leur envoiait vıɪɪᵐ florins¹) pour yaulx a refrechier, aquerrir confort tant de gens d'airmes comme en aultre maniere. Que le dit empereour en fist, je ne say.

1434 *p. 359.* :|: Item *a* lay St. Martin per ᴍ cccc et xxxɪɪɪ revinxe novelle
v. 11. don dis Sain Consille de laidite Baille que sial de Prague en Baiheingue raicomansoie lor errour et qu'i maintenoie cecor(!) ɪɪɪ tres mervillous erticle et tres gros contre lay foy. :|:ᵃ)²)

LXVI.

1434 *p. 360.* On moix de jung et de jullet par ᴍ ɪɪɪᶜ et xxxɪɪɪɪ et depuis
ni-Juli. vinxent plusieurs mervilleuses novelles de Romme en disant que Romme etoit prinse et gaingniee par ɪɪɪ capitaines, c'est assavoir ɪɪ au sgr. de Miellant³) et d'un aultre qui s'appelloit Forte Brasse,⁴) qui faisoit guerre a pappe Eugenne et prinxent le cardenal de Venise son coisin,⁵) et li demandoient grant finence, pourtant qu'il estoit gouverneur du dit pappe et que le pappe s'en estoit fouys en habit de xunulez (?)⁶) a Florence.⁷)

---

a) *Der Rest der Seite frei.*

1) *Aschbach l. c. 244 bestätigt das nach den böhmischen Chronisten.*

2) *Es ist nicht klar, was der Schreiber B mit seinem Einschiebsel meint: Die Zeitbestimmung bezieht sich offenbar darauf, daß am S Martinstage diese Nachrichten vom Konzil nach Metz gelangten. Der Inhalt bezieht sich wohl auf die gescheiterten Verhandlungen von Regensburg, die sich um die vier den Prager Kompaktaten zugrunde liegenden Artikel drehten.*

3) *Unter den zwei Kapitänen des Herzogs von Mailand ist wohl Sforza, der allerdings dann in päpstliche Dienste trat, und Niccolo Piccinino, den Visconti abgeschickt hatte, zu verstehen; Gregorovius, Gesch. d. Stadt Rom VII 39 ff.*

4) *Fortebraccio; ib.*

5) *Der Kardinal Condolmieri, der als Geisel von den Aufständischen eingesperrt worden war.*

6) *Das Wort ist unverständlich. Nach Gregorovius p. 44 floh er in Benediktinerkutte.*

7) *In Rom war am 29. Mai 1434 auf Betreiben der Fortebraccio u. Piccinino ein Aufstand ausgebrochen und man hatte den Papst zum Verzicht auf die Regierung gezwungen. Am 4. Mai entfloh er und kam am 23. d. M. nach Florenz; Gregorovius l. c. 46.*

Et puis vinxent nouvelles, comment une partie de Romme estoit rebellee les ungs contre les aultrez, et s'avoient tires l'un l'aultre et chassiez les gens d'airmes fuer et fait gros murtre l'ung l'aultre.¹)

Et encor plusieurs aultrez bonnes villes on dit pays que s'avoient rebelles et fait merveilles que ne sont mie belle a resconter.²)

Et tint le dit pappe Eugenne son siege a Florence.

Item a la St. Martin per ᴍ ɪɪɪɪᶜ et xxxɪɪɪɪ vinxent nouvelles dou Sainct Consille de Baisle coment le dit pappe reavoit l'obeissance de Romme³) et du pays, par le moien de ɪɪ cardenaulz⁴) que le Sainct Concile y avoit envoiez pour traittier,⁵) et que paix et accord estoit entre le pappe et ses malz veillans.

1434 Nov. 11.

Et se laissont les dis Romains traittier pour la doubte qu'ilz avoient que le dit pappe ne s'en alleit demeurer en Avignon, et la de y tenir sa court. Car se les Romains perdoient le pappe et la court, ilz perdroient tout et seroient pourez et chaitifz, pourtant qu'ilz ne guaingneroient riens aus estraingiers que viennent tousjours a cour de Romme quant le pappe se y tient.ᵃ)

Item le mairdi xᵉ jour de may⁶) par ɪɪɪɪᶜ et xxxɪɪɪɪ se partit le dit empereour du dit Sainct Concile de Baisle et s'en allait en Hunguerie en son reamme; et quant il y vint, il fist trancher la teste a ung chevalier pour l'amour ou en despit de sa femme, et ung aultre chevallier deschaissait que s'appelloit sgr. Hannetz de Walerothe en la Francke. Lequel s'en allait fuiant delez le roy de Poullenne, et trouvait que sa femme avoit sasis ᴠɪ fourteressez des meillers du realme de Hunguerie et ne volloit point obeyr au dit roy et empereour son marit, jusques a tant que certain traictier et accord en furent fais :|: d'ial ɪɪ. :|:

p. 362.
1434 Mai 10.

---

a) 5 Z. + 1 S. frei.

1) In der Engelsburg behauptete sich der päpstliche Burgrogt Baldassar von Offida, in der Stadt herrschten die Aufständischen; Gregorovius l. c. 47.

2) Es ist nicht ganz klar, ob mit dieser Notiz auf die kriegerische Tätigkeit des päpstlichen Feldherrn Vitelleschi hingedeutet wird; Gregorovius 49 ff.

3) Rom war am 26. Okt. 1434 zurückerobert worden.

4) Die Basler hatten eine Gesandtschaft nach Rom geschickt, um die Stadt zum Gehorsam gegen den Papst zurückzuführen; Hefele VII 585. Mit den Kardinälen sind aber wohl Nicolaus Albergati und Cervantes ad vincula S. Petri gemeint, die zum Papst nach Florenz gingen, um den Papst über die Beschlüsse des Konzils in andern Angelegenheiten zu informieren; Hefele 590.

5) Rom war durch Vitelleschi zurückerobert worden; Gregorovius VII 49.

6) Sigismund urkundet noch am 13. Mai in Basel; Altmann reg. 10 434. Auch die Tagesbezeichnung paßt nicht; denn der 10. Mai ist ein Montag. Der Kaiser scheint am 13 aufgebrochen zu sein. Nach Eberhard v. Windeck ist er am Mittwoch dem 12. aufgebrochen.

:': Pues s'an revin le dis enperrour en Baiheingue¹) et y ot l'obaixanse aisey legiere, et morut en desembre per xiiii^c et xxxvii. Et avoit laixiet le dis Consille en tel aistey; car dez [ui revin de Rome, il ne volt dez onque pues soffrir que le dis Con ille desposait le dis pape, lezquel ne tandoie a atre chose que de faire ung atre pape per tel qu'i se governeit a lor guixe et selon ceu qui ly or deverien. Et fit le dis enperrour panre sai femme²) per le duc Aber d'Olteriche son ganre, ansoy qu'i moruit, et lay fit detenir an prixon. :|:ᵃ)³)

LXVII.

1434 Juli. p. 365. Item^b) on moix de jullet par m iiii^c et xxxiiii escripvait le dit empereour et le Sainct Concile, que pour le temps estoit assembles au lieu de Baisle, a ciaulx de Metz⁴) que volcissent estre aidans a Rubain evesque de Spiere que debvoit estre archevesque de Trieve par la sentence du pappe, de l'empereour et du Sainct Concile en l'encontre de Manderscheit, lequel Manderscheit se tenoit par force archevesque de Trieve et tenoit les bonnevilez et fourteresses, et ne tenoit compe de nulx excomuniemens ne de estre on ban du dit empereour.⁵) :|: Maix il covint al dairien que le dis Rubaine demorey erxevaique de Trueve et durait lor debat jusques ver lay Noiel per mcccc et xxxvii qui s'aipaixon ansanble per le moien de lor amin san pape ne san^c) anperrour. :|:

1434 August. Item au meid august⁶) ensuiant escripvait le dit empereour a ciaulx de Metz que par desobeissance et rebellion que le duc Phelippe

---

a) ¹/₂ + 2 S. frei. b) Item—anperrour *durchstrichen von B*; *am Rande das Zeichen T. auf welches p. 321 hingewiesen war.* c) *Vorlage* ne san anper per anperrour. Erriere au son.... *(durchstrichenes unleserliches Wort).* + Il f. atre .... part, pourtant est il ycy roiey.

1) *Im Mai 1436; am 23. August hielt der Kaiser seinen Einzug in Prag.*
2) *Sigismund fürchtete die Ränke der Barbara u. ließ sie gefangen nehmen; Aschbach IV 395.*
3) *Sie wurde als Gefangene nach Ungarn geführt; ib. 398.*
4) *Der Brief nicht bekannt. Schon im Juni 1434 waren auch Köln und der Kurfürst v. d. Pfalz vom Kaiser aufgefordert worden, Raban Beistand zu leisten. Das Konzil erkannte aber erst 1435 Raban an, wird also kaum vorher an Metz in diesem Sinne geschrieben haben; Hefele 531.*
5) *S. oben S. 406 Anm. 1 und die eingehendere Darstellung dieser Vorgänge bei Leonardy, Geschichte des Trierischen Landes u. Volkes p. 559.*
6) *Vgl. Altmann reg. 10747 zum 13. Aug. Ich nehme an, daß mit der Zeitangabe das Datum des Empfangs des Briefes gemeint ist, ebenso wie im folgenden Absatz der Februar genannt wird, der darauffolgende Brief aber das Datum Dez. 10 trägt. Der erste Brief wäre danach zu dem an Straßburg gerichteten wohl gleichlautenden Schreiben vom 22. Juni (Altmann reg. 10532) zu stellen.*

de Bourgoigne luy avoit fait et faisoit tousjours contre luy, que il s'avoit aliez au roy de France,¹) et le signefiait par toute son Empeire pour avoir sur ce leur advis et pour avoir de leur confort et leur aydes, quant il les requerroit de leur aydes, qu'ilz fuissent tous prestz de luy ad venir en ayde.

Item rescripvait le dit empereour a ciaulx de Metz en febvrier par ᴍ ɪɪɪɪᶜ et xxxɪɪɪɪ²) que volcissent deffier le dit duc de Bourgoigne et lui faire guerre on nom du dit empereour, si comme vous en trouverez la coppie desditez lettrez et des deffiencez ci aprez escriptes; maix ja pour ce n'en firent ciaulx de Metz riens et ruont les lettrez sur une sainee auvec dez aultrez. *1435 Februar.*

Sigismund par la grace de Dieu empereour des Romains, tousjours en acroissant et de Hungarie et de Bohemme etc. roy.³)

Honnoraubles, feaubles, amez. Nous recourdons que ja par avant avons a vos fidelites clerement desclaries par noz lettrez, le desbat esmeud entre nostre majestey et le duc de Bourgoigne, nostre et du Sainct Impere vassal et subget, pour occasion des terrez et seigneuries appartenenz par droit a nous et au Sainct Empere, qu'il ait violemment prins et aujourdhui detient occupes contre nous et l'Empere, en nostre et du Sainct Impere contemps et despit, et nommoinx outrez noz offertes de justice, par lesqueles nous luy avons offert de trouver justice avec luy sur noz desbas, et aussy oultre la voie de graice, de quoy estiens contemps de verser aussy de toute doulceour avec le dit duc sur toutes choses, si comme nous descouvrismes telles condicions a ses oratours que furent adoncques avec nous au lieu de Baden; lesqueles toutes voiez ne furent mie acceptees. Et aincy summes constraint d'entrer en promessez et federacions avec tres serain roy de France pour la recuperacion des drois de l'Impere, si comme par noz lettrez poviez clerement concepvoir. Et recourdons que nous vous requerismes que quant nous vous requerreriens, en oultre que vous fuissiez adoncque apparrilliez aus services de l'Impere etc., si certifions a voz ditez fidelites que nous avons ja deffiez le dit duc selond la costume de l'Empere Romain, en luy envoiant sur ce noz lettrez et intendaint a la recuperacion des drois de l'Empere que voullons poursuyre de toute puissance. Et pour ycelles choses hortons

---

¹) *Bündnis v. 17. Juni 1434; Altmann reg. 10512.*
²) *Vgl. S. 442 Anm. 6.*
³) *Der deutsche Wortlaut mit einigen Abänderungen in dem Schreiben an Frankfurt vom 8. Dez. 1434 bei Janssen, Frankfurts Reichskorrespondenz I 404.*

vos fidelitez, ycelles requerranz et amonetans tres acerte, que sans dillacions vuelliez par voz lettrez deffier le dit duc et les siens, en procedent a leurs dampmaiges et offences, et en eulx pourtans et faisans empeschement de toute puissence, et mendans estre fais par les vostrez, si comme en tenour pareil avons envoiez noz lettrez aus aultrez princes nobleset communaltes du Sainct Impere, confiant plennement en vous que par ce vous averez cure de sattisfaire a vostre debvoir et de extendre voz forces comme feaubles a la recuperacion des drois de l'Empere, pour laquelle chose vous impen|derons et serons gracieusement de liberal courraige favour imperial a vostre utilite et prouffit. En oultre ja par avant avons heus lettrez du dit duc de Bourgoignes, ensqueiles il diffundet et publiet honteusement a nous et du Sainct Impere subgetz et nous encoulpe, coment nous avons promis confederacions et alliences avec le dit roy pour le prix d'aucune somme d'argent, en subjungent que par ce avons deroguez a la alience que avons heu par avant et avons avec la mauson d'Engleterre, adjottans aussy autres enormmes, que a la vollunte de Dieu nullement sont veritaubles, ainsois ycelles voz fidelites, que le dit duc nous encoulpe, par tel ses escrips, moinx justement ne appartient point a luy par telle legierete de mettre la bouche on ciel contre son seigneur sans fundement. Car Dieu le sceit, non a l'occasion de l'argent maix tant seulement pour le dehu de nostre office, par lequel nous debvons restaurer et recouvrer les drois de l'Empere, ycelle aliance ait este faite. Et ce se puet sans double quelcunque veritablement desdure, maix de part l'alience que avonz avec la mauson d'Engleterre, vuelliez savoir que ce que noz inscripcions contiennent avons tousjourz jusques a present tenus et observez a l'ungle et tousjours tenrons sans contredit queilxcunque. Car la nostre avec le roy Charle ne contient aultrez chosez for que a recuperacion des drois de l'Empere, pourtant que nous n'entendons point de nous empeschier du demoine de France on prejudice de quelcunque, si comme aussi le dit roy est tenus de faire en fais de l'Empere luy nullement empeschant des drois d'yceluy. Et si comme de celle chose avons fait assez enformes nostre tres chier frere, le roy de France et d'Ingleterre, par noz oratours et ambassiateurs et les siens proppres, confians en voz fidelites que a telles dilacions iniques et mauvaises ne croirez point, maix a la coustume des feaubles subgetz excuseres nostre innoscence selond vostre prudence. Donnee a Posove[1]) on diocese de Strigonne le xe jour du moix de

---

[1]) *Im deutschen Text: Preßburg.*

descembre, de noz reammez l'an de Hungarie etc. xlviii^e, du Romain xxv^e, de Boeme xv^e et de l'Emper on second.

Lettres de deffience de l'empereour contre le duc de Bourgoigne.[1]

Nous Sigismund etc. A toy Philippe duc de Bourgoigne, signifions par la tenour de ces presentez que combien ta temeritey, rebellion et desobeyssance appert a tous evidemment, moynant laquele, par aucuns cours d'anneez la reverence [de la] souverainete despitie[2] tu aix, contempnes et mesprisiez en moultz de manierez la haultour du Romain Impere, ad cuy tu es subget et vassall, en deshonorant nostre majesley et le dit Empere, et non moinx s'apperrent les injures et contemps par lesqueiles tu n'aix volus encor jusques maintenent recognoistre de nous et du Sainct Impere les choses que ton pere trespassez ait dehuement recognuit; vray est[3] aussi que tu aix sans ordre de droit, sarripes(!) et trait a toy notaubles seigneuries, duchies et dominacions en baisses payx d'Almaigne devoluscez justement et legitimement au Sainct Impere, et aussi aucunes appartenences [que] avons de drois heritaubles, et les usurpe pour toy et aujourd'huy detiens temere[re]ment occupez nous contredisans. Et ja soit ce que pour l'action de ta dite rebellion et ton orgueilleux et moult[a] honteux delictz appartenist a nous de longtemps de y mettre remede, et de refrener rigoreusement par vertus du Sainct Impere teles insolences et forfais selond les desmerites: toutesvoiez nous, selond coustume de Romain prince, summez tousjours prest a pitie que avons le giron patent et ouvert, desiderans diligemment toy recepvoir obeyssant et retournant, attendens ja par moult d'espace de temps ton dehus, ne sentons du tout rien de ta recognissance, maix plux tost refutes et reboutez du tout noz justes offertes, non moinx de graice que de justice comme il puet estre chose nottoirez a tes oratours, acroissant de jour en jour ta desobeyssance, tu detiens les terrez de l'Empere indehuement occupes. Toutes lesqueiles choses d'offices de la haultour de nostre majeste, a cui appartient augmenter l'Empere et deffendre ses drois, ne povons plux souffrir, entendons et voullons a l'ayde de Dieu, et moynant l'ayde et subside de nous et du Saint Empere esliseurs et autrez princes, nobles et comunaltez et

---

a) *Vorl.* non.

[1] *Von Altmann reg. 10986 zum Jahre 1434 Dez. 8 gestellt. In lateinischer Sprache (gleichfalls ohne Datum) gedruckt bei Wencker, appar. et instr. archivi 333. Der Fehdebrief dürfte dem vorausgehenden Schreiben beigelegen haben.*

[2] *Wencker l. c.* superioritatis reverentia aspernata.

[3] *Wencker* verum etiam.

autrez noz amis et biens vuellens tendre en effet de tous nos forces et puissences a la recuperacion des terrez et drois du Sainct Impere et a ton dampmage molestacion et offence, des terres subgetez a toy et de tous tes adheranz, signifiant notoirement a toy toutes ces choses pour dehus advisement par lesqueiles toy et les tiens selond la costume de l'Empere solempnelement deffions et voullons estre deffies par ces presentez noz lettres, en gardant en ce reelement noz honnours et dignitez desoubz l'appencion de notre seel imperial ad ces presentes.

:|: Et plus n'an fit le dis enperrour for que de menesse et morut le dis emperrour en desambre per ᴍ cccc et xxxvɪɪ. :|: ᵃ)

1437 Dezember.

LXVIII.

p. 381.

Ci apres doit estre par queille maniere que on coronne l'emperreour, quant il vient a Romme pour ressoivre le deadelmme et les cyrmonies, le maintient et les orisons moult devotes qui se y dient.¹)

Quant le roy qui ait este esleut emperreour vient a Romme pour illeuc recepvoir la corronne, tantost qu'il descent du Montjoie²) et vient a . . . . ,ᵇ) c'est de coustume que on luy presente le livre des sainctes ewangiles, sur lesqueilles il juret aus Romains le serment qui s'en suyt:

«Je tel roy, futur emperreour, jure de garder aus Romains leurs bonnes costumes; aincy me veullet Dieu aidier et ses sainctes presentes ewangilles.»

Et quant on le doit corronner et il vient a la Porte Colline qui est empres le chastel de Sainct Aingle,³) la est il tres honnoraublement receu de tout le clergie de Romme qui est illec assemblei a croix et a enssanciez, et la se mettent en porcession ordonnee et le conduisent a, jusques aus degres de la crotte Sainct Pierre, et en le conduissant chantent tout ensembles une antephone que est teille:

«Ecce ego mitto angelum meum ante faciem meam, qui preparabit viam

---

a) *Hiernach ⁸/₁ + 15 unbeschriebene Seiten.* b) *Lücke in der Hs. Im latein. Text: ad Ponticellum.*

¹) *Über den Ordo Romanus d. h. das Zeremoniale der Kaiserkrönung s. G. Waitz, Die Formeln der deutschen Königs- und der römischen Kaiserkrönung; desgl. Schwarzer, Die Ordines der Kaiserkrönung in Forschungen zur deutschen Geschichte XXII 159 ff. — Abdruck des Ordo, jedoch mit Auslassung der Gebete bei Petrus de Andlo, De imperio Romano, ed. Freher, Argentorati 1612 p. 93 ff. Die hier abgedruckte Formel bezieht sich auf die Krönung Friedrichs III., ist aber mit der unsrigen fast identisch.*

²) *Mons Gaudii.*

³) *Porta Collina, quae est iuxta castellum Crescentii sive S. Euangeli.*

tuam ante te.»¹) C'est a dire: «Vecy mon angle que je envoie devant ta fasce pour apparellier ma voie devant toy.»

Et en chantant ceste enthep*hone*, le chambrelain et les despenciers du roy prengnent argent en leurs bourcez, et en precedant le roy assez loing par sus le pueple qui est la assemblei gettent a poigniez le dit argent. Et aprez tantost vat le prefect de Romme, pourtant en sa main une espee. Et en faisant ceste procession, quant le roy vient en une place appellee Corinne,²) qui est devant et assez prez de la crotte Sainct Piere, adont viennent les senateurs de Romme et li font compaignie en le suiant a sa dextre jusques aus dis degrez. Lors descendt il de son cheval, et a yceulx le donnet liberalment, le delaisse et le deslivre.

En oultres ces choses aincy faites, le roy la se tient et atant, et en atendant le Sainct Pere avec toutez ses ordes en son sacretaire s'appareillet comme il volcist dire messe.³) Et aincy revestus et acompaigniez s'en vat en la place qui est pres au plux haul degrez et la se siet en attendant. Et sus le dit premier degret a sa dextre partie se sient les evesques et les prestres, et sur celuy meisme degrei a la senestre partie se sieent les cardinalz diaicrez. On second degrez se sieent les subdiaicres et acolittres, le princier, les chantrez et autrez officiers et ministres de l'ostel papal avec ses nobles et ses plus grans. Lors le roy montant yceulx degres moult reveremment, vient jusquez au Saint Pere, et en soy mettant a genois, baiset humblement sez piedz en ouffrant or fin a sa vollunte. Et cecy fait, tantost moult benignement le pappe le saluet, l'embrasset et li donnet le baisier de paix.

Ces choses aincy faites, le Saint Pere se lievet, prent le roy a sa dextre et le prieur des subdiaicres a sa senextre, et aincy le mainnet en l'esglise Saincte Marie en Tours,⁴) en laqueille esglise ung diaicre tient le livre des sainctes ewangilez devant l'alter, et la corporellement le roy les touchet et en les touchant fait ung tel serement:

«Je tel roy des Romains, par le gre Nostre Seigneur empereour futur, promet, jure et certifie devant Dieu et le beneoit Sainct Pierre, de cy en avant moy rendre protecteur et deffenceur de la Saincte Esglise Appostolique Romaine et a toy tel d'icelle Esglise Saincte souverain evesque, et aussi a telz successeurs, en toutez voz neccessitez et utilitez

---
a) *Vort.* conduirent.
¹) Math. XI 10; Marc. I 2.
²) Cortina.
³) praeparatus in secreta tanquam missam celebraturus.
⁴) S. Mariae in Turribus.

en gardant et conservant voz honneurs et pocessions et voz drois tant que faire le pourai, avec l'ayde de Dieu selond mon povoir et mon savoir, en pure et vraie foy; aincy me veullet Dieu aidier et les sainctes ewangiles presentes.»

Or avient que aprez toutes ces chosez aincy faites, le Sainct Pere acompaignie de toutes ses ordres en formme de procession, s'en va jusques a l'alter Sainct Piere, devant lequel il fait son orison. Et son orison faite, s'en vat monter en son siege; et en ce faisant, le roy avec sa compaignie en l'esglise devant dite de Saincte Marie demeure, et luy laisset le pappe avec luy III evesques, c'est assavoir l'evesque d'Ostiense, l'evesque de Portuense et l'evesque d'Albanne; et la receu comme frere des channonez de Sainct Piere, on luy ostet sa robe et la donnet on au chambrellain du pappe, et le vestet on des vestemenz imperialz, et li donnet on les signes appartenans. Et quant il est aincy vestus et aornez, lesdis chanonnez de Sainct Piere en le precedant, chantent une antephone: «Petre amas me?»[1]) C'est a dire: «Piere m'aimme tu?»; «Sire, tu sceis que te aimme». Et en chantant le conduient jusques a l'ux de la croistre des Apostres que est appellee la Porte Argentine. Et en ceste espace le mainnent cy et la le conte du palas de Lutran et le princier de juges Romains, et adont l'evesque d'Albanne en l'entree d'icelle porte sus le roy dit ceste orison:

«Dieu en cui mains sont les cuers des rois, plase toy de encliner a noz humbles prieres les piteuses aurelles de ta misericorde et ad nostre empereour ton servant, plase toy a donner regime par ta sapience tellement que aprez ce qu'il arait en la fontaine de tes consceilz puisse, il te plaicet et soit excellant sur tous reaummez. Par nostre Seigneur Jesus Crist, qui avec toy vit et rengnet par tous les siecles de tous les siecles.» Et lors chascun respondt: «Amen».

En oultre quant l'empereour vient en meid lieu de l'esglise, l'evesque de Portuense sur luy dist ceste orison:

«Dieu qui es inenarrable actour du monde, creatour d'umain lignaige et des reammez conservateur, qui de la ligne de ton feauble amy nostre bon patriarche Abraham au proffit du monde volz preesleire ung roy, par l'intercession de tous les beneois Sains, yceluy enrichis de ta benediction, on siege real vuelles | estaublir et confermer.ª) Et par intervencion de tous les Sains vuelle le visiter, aincy comme tu visitais Moyse on boisson, Josue es chastealz, Gedeon en

---

ᵘ⁾ Vorl. conformer.

1) Ev. Joh. XXI 17: Simon Johannis, amas me?

batailles et Samuel on temple, et iceluy ta promission avec; et par ycelle benediction de la rousee de ta sapience, que du ciel David en son spaltier moienant ta graice apperceut en son fil Salomon, le vuelles tresperssier. Sois li contre ses ennemis habergans (!), contre ses adversaires heaummez, en prosperite sois li sapience, et en protection sois li boucley parpetuel. Et en oultre te plase et vuelles ottroier que toutes gens le vuellent cremir, que ses haulz hommes et nobles aient paix, amoissent charite, soient abstinent de covoitise, dient tousjours justicez en gardant verite, adfin que le pueple puist vivre en benediction eternelle, aides liez et joieulx de cuer, et moienant paix victorieux, par nostre Seigneur Jesu Crist qui vit et rengnet par tous les siecles des siecles.» Et tuis ceulx estant la respondent: «Amen».

Aprez cecy s'en vont au lieu de la confession Saint Pierre. Et tantost que l'empereour vient la, il s'encline et se gettet sur la terre, et lors sur luy le prieur des soubdiaicre dit la letanie. (Requier la on subordenaire des soubdiaicres cy aprez a une telle ensigne ∗).[a]) Et quant ceste letanie est finee, l'evesque d'Ostiense dit: «Pater noster»; et a la fin dist: «Et ne nos inducas in temptacionem». Et on respont: «Sed libera nos a malo». Apres il dit: «Sire, vuelle saluer ton servant»; et on respont: «Mon Dieu, car il est esperant en toy». Aprez il dit: «Sire Dieu, soye ly tour de force»; responce: «Contre la fasce de l'ennemy». Apres il priet et dit: «Ja l'ennemis n'ait force en ly, et le fil d'iniquite ne le puisset nuire». Aprez dit: Domine, exaudi orationem meam». «Sire vuelles ouyr nostre orison»; et on respont: «Et ma clamour veignet jusques a toy». Aprez dit: «Dominus vobiscum», «Nostre Seigneur soit avec vous», et on respont: «Ainssy soit il avec ton esprit». Oremus: | «Sire Dieu, nous te prions que a ton servant vuelle avancier la destre de ton ayde celestienne, adfin que de tout son cuer te puist parquerir, et ad ce que il demendet dignement il puist advenir. Par Nostre Seigneur Jesu Christ qui vit et rengnet on ciecle des siecles. Amen».

Apres ceste orison se en dist une autre. (Requier la en la benediction des abbez et on subordinaire des subdiaicrez.) Et quant ceste orison est dite, li empereur s'en vat devant l'aulter Saint Morise, devant lequel li evesque d'Ostiense par maniere de croix l'oint entre les espaules et son bras dextre de l'oile benoite exorzisee, en disant ceste orison:

«Nostre Sire Dieu tres puissant, ad cuy est toute puissance et dignite, par tres humblez prieres et suppliant devocion nous te prions

---

a) *Vgl. p. 389, S. 153.*

que a cestuit ton servant (nomez le) vuelles ottroier les fais prosperaubles de dignite imperiale, adfin que, luy mis desobz ta disposicion en gouvernant ta Saincte Esglise, chose presente ne luy puist nuire, chose advenir ne li puisset contre estre ne resister; maix inspirant le dont du Sainct Esperit, puist le pueple que luy est commis en la balence de justice gouverner en toutes ses oeuvres, il te vuellet doubter et tout ades messet son entente a toy complaire. Par Nostre Seigneur Jesu Crist, qui vit et rengnet in secula seculorum. Amen».

Respondt on l'autre orison:

«Dieu, fil de Dieu, Nostre Seigneur Jesu Crist, qui devant tous autres fuis de Dieu le pere oing de l'oile de exultacion et de joie, par l'infusion de ce present saint oingnement, le Sainct Paraclit Esperit sur toy infunde sa beneisson, et tellement la facet entrer jusquez on font de ton cuer, que, par ce dont qui est visible et manable, tu puissez parvenir aus biens invisibles et eternellement rengner avec celuy qui a) sans pechies vit roy des rois on ciecle des siecles avec Dieu le Pere en l'unite du Sainct Esperit. Amen.»

Aprez ce que toutes ces choses sont faites, le roy montet a l'alter Sainct Piere, auqueil le pappe doulcement le recoipt, en luy donnant je baisier de paix comme il suelt faire a ses subdiaicres. | Et tantost aprez il s'en vat en ung eschaffault, fait de boix et bien pares de paisles et d'autrez aornemenz, et la avec ses archevesques, ses princez et ses noubles, tant que le lieu en puet substenir, il se ciet. Et les chantres on cuer et devant l'alter chantent l'Introyte. Et quant le Gloria in excelsis est dit, le Sainct Pere dit premierement l'orison appartenant au jour, et puis aprez il en dit une aultre pour l'empereur qui est telle:

«Dieu qui es de tous reammes protecteur, especialment des Cretiens et de l'Empire, donne a ton servant nostre empereour estre victorieux par ta vertus, adfin que luy qui est par ton ordonnence prince, soit moienant ton don puissant, par Nostre Seigneur Jesu Crist qui vit,» etc.

Aprez ces chosez aincy faites on chantet le gre et alleluya. Et puis aprez l'empereour s'en vat en forme de procession avec les siens jusques a l'alter. Et le Sainct Pere li donnet l'espee traite¹) qu'il ait prins sur l'alter. Et en luy baillant, il luy entent donner la cure de tout le monde. Et en luy donnant, il luy dit: «Pren l'espee qu'est par

---

a) *Vorl. add.* ceulx.
¹) evaginatum.

nos mains prinse sur le corps du beneoit sainct Pierre; et combien que noz mains soient indignes, toutesfoix de l'auctorite des beneois Apostres sont consacree, par lesquellez et de nostre office t'est concedee nostre benediction, et en la deffence de la Sainte Esglise de Dieu divinement ordonnee et en la vengence des mauvaix et en la louenge des bons. Soies donc memoratif du dit de David le psalmiste, disant: «Sind toy de l'espee tres puissamment[1]) ad celle fin que en ycelle tu puisse d'equite la force excercer, destruire puissamment les iniquitez, deffendre Saincte Esglise et tous ses feaubles, les faulx Cristiens comme les ennemis du nom de Dieu puisse bruler et diviser, aide les vesves femmes et orphenis benignement, les chozez dissolees relieve les, et les choses restaureez reserve lez, venge les injustes causes, confermme les biens disposees, adfin que en ce faisant comme glorieus tryumphans, en vertus et vaillant ami de justice, avec le Salveur du monde de cui tu portes la signe sans fin tu puisse rengner, lequel avec Dieu le Pere vit et rengnet. Amen.»

Apres ces parrolles dites, et la espee remise en la guayne ou on fourel d'icelle, le pappe le sindet en disant:

«Exie, cind autour de tes rains tres puissamment de ceste glaive, et advise que la sind nom pais par glaive maix par foy ont vaincus les reammez.»[a])

Apres ce qu'il ait sind l'espee, tantost il la trait dehors et la branlet, et quant il l'ait branlei et par desoubz sa mainche remisset[b]) en foulrel, le Sainct Pere li met sur son chief une mittre pontifical, et sur l'aulter prent ung deadelmme et le met sur celle mittre en disant:

«Pren le signe de gloire, le diademme real et la coronne imperiale on nom du Pere †, du Fil † et du Sainct Esperit † Amen. Adfin que, vancu l'encien ennemy, et despiteez toutes ordurez de pechies, yci (!) aimme justice, misericorde et jugement, et ainssy justement et misericordieusement puisse vyvre que de yceluy Monseigneur Jesu Crist, en la compaignie des Sains et on realmme eternel, puisse la coronne avoir. qui avec Dieu le Pere vit et rengnet in secula seculorum. Amen.»

Aprez cecy li pappe li donnet et mendet,[2]) le cedre,[3]) et la pomme d'or, et adont se met a genois l'empereour et sur luy le pappe dit ceste orison:

---

a) *Lat. Text om. diese drei Zeilen die nicht klar sind.* b) *Vorl.* renuisset.
1) *Psalm XLIV, 4:* Accingere gladio tuo super femur tuum, potentissime.
2) mantum.
3) sceptrum.

«Dieu omnipotens, nous te prions par le merite des beneois Sains, que tu vuelles regarder ton glorieus present servant. N.; et ainsy comme tu beneis Abraham, Isaac et Jacob, ainssy li vuelles donner la beneisson de ta graice espirituelle; le vuelles aussi de la plenitude de ta puissance arouser et trespasser; donne li de la roussee du ciel et de la craisse de la terre habundance; donne li de froment, de vin, d'oille lairgement. Et par la grant lairgesse de tes dons donne li lairgement vivre, adfin qu'en son rengne en toutez terrez soit santes de corps, paix entiere, soit en son rengne glorieuse dignete reale. Et en son pallais souverainement en la presence de tous s'apparoicet clerement sa reale puissance, et soit lumineuse comme clarte resplendisant. O tres doulz Dieu, donne li graice et force de estre protecteur des pays, consolateur de l'Esglise en deschassant | toutes tenebres moienant ta pitie; donne li qu'il soit sur tous rois tres fort, victorieux de tous ennemis pour subpetiter toutes rebellions et nacions payennes, soit aussi a sez ennemis assez terrible par sa grant force reale, et a tous ses nobles princes et barons large, et en donnant liberal, piteux et admiauble, tellement que de tous soit amei et doubtei; et aprez les temps glorieux de ceste presente vie puist deservir de parvenir en la beatitude eternelle moienant Nostre Seigneur Jesu Crist. Amen.»

Ci aprez s'en suyt une aultre orison qui est benediction:

«Sire Dieu, nous te prions que ce present nostre prince tu veulles benir †, lequel nous creons estre donnei et envoie de part toy, pour le salut du pueple. Donne li longues annees, force et santei de corps, parvenir a anciennete louauble et au dairien a la fin pardurauble. Que il obtiennet grace pour le pueple ce nous soit fiance, laquelle graice Aaron on temple, Ezechias en son leit et Zacharias empetraient(!) on temple. Soit en luy vertu et auctorite de regenter telle comme Josuel la receupt es chasteaulz, Gedeon en batailles, Saint Pierre en la tradicion des clefz, et Saint Poul en ses enseignemenz, adfin que en faissant office puissent ses barbix proffiter, aincy comme Isaac proffitait en ses fructz, et Jacob en trouppelz de ses bestes, laquelle chose li ottroiet celuy qui est beneis, in secula seculorum. Amen».

S'ensuit l'autre orison:

«Dieu le Pere en eternelle gloire soit ton aidant et ton protecteur, et le Tout Puissant te vuellet beneire en toutes chosez, vuellet ouyr tes prieres, facet longue ta vie par multitude de jour, le tronne de ton rengnet rendet fermme a tousjours, tes gens et ton pueple vuellet conserver, tes ennemis mettet a confusion, et sur toi florisset de Jesu Crist la sanctificacion, adfin que luy qui en terre t'ait donnei l'Empeire, yceluy on ciel te vuellet donner luwier, qui vit et rengnet in secula seculorum. Amen».

Ces orisons devant dites ainci faites et acomplites, l'empereur se met a genoilz et humblement baiset les piedz apostoliques. Laquelle chose faite, li pappe s'en retournet en son tronne, et l'empereour | a sa dextre desoubz laquelle est ung degre plux bax en montant. Et aprez ce ainssy coronnei comme dit est, en la dextre main tenant la pomme et en la senestre pourtant le cedre, s'en vat en son tronne. Et illec estant avec ses prelas et princes, le prieur des sobdiaicres avec les soubdiaicres de l'esglise de Romme et les chappellains de la saule papale a) a la dextre partie devant ung crucefit d'argent chantant les louengez de l'empereour en disant: «Criste, exaudi nos, Jesu Christ, esculter nous». Et les secretains tresouriers de Romme vestus de chappes de soie retournent on cuer et puis dist on en prient:

«A nostre seigneur tres fort et victorieux, N. empereour des Romains tousjours acroissant, soit salut et victoire.» Laqueille louenge reliquee[1]) III foix, le priour des sobdiacres chantet III foix: «Salveur du monde». Et les presens respondent a chescune foix dez III: «Vuelles le aidier.» Puis aprez le prieur des sobdiaicrez dit b) «Saincte Marie»; et ilz respondent a chescune priere: «Vuelle le aidier».

Et ainsy consequemment a toute la letanie des Sains appellez et qui s'ensuyent en chantant: «Saint Michiel, vuelles le aidier, Saint Raphael vuelles le aidier, St. Gabriel vuelle le aidier, St. Jehan Baptiste vuelle le aidier, St. Pierre vuelle le aidier, St. Poul vuelle le aidier, St. Andreu vuelle le aidier, St. Estenne vuelle le aidier, St. Lourant vuelle le aidier, St. Vincent vuelle le aidier, St. Silvestre vuelle le aidier, St. Lyon vuelle le aidier, St. Grigoire vuelle le aidier, St. Beneoit vuelle le aidier, St. Basile vuelle le aidier, Ste. Isabel vuelle le aidier, Ste. Agnesse vuelle le aidier, Ste. Cesille vuelle le aidier, Ste. Lucie, vuelle le aidier.» Aprez cecy le prieur des soubdiacrez dit: «Kyrieleison», et puis tous ensembles respondent: «Cristeleyson, Kirieleyson.» Et finees les ditez louenges on leit l'ewangile; et l'ewangile dite, l'empereour ostet sa coronne et s'en vat au pappe et a sez piedz luy offret de l'or tant comme il luy plait. Adont descendt le pappe et s'en vat a l'alter pour acomplir lame sse solempnelle, en laquelle comme font les soubdiacres, ainssy l'empereour administret au pappe le calisce et la chenette;[2]) et la se tient en son

---

a) *Vorl.* imperiale. *Lat. Text:* cum capellanis aulae papalis. b) *Hier derselbe Stern wie S. 449.*
[1]) repetitur ter.
[2]) ampullam.

siege tant que le pappe le vient communier. Et quant le pappe li vuelt donner le corps Nostre Seigneur, il se despoillet de tous les aornemenz imperialz, et la de la main du pappe il ressoit le sainct communion avec le baisier | de paix. Et aprez cecy il reprent la pomme, le cedre et la coronne, et revient en son siege; et puis le pappe dit les orisons qui s'ensuyent :

« Nostre Sire Dieu, l'ostie et les prieres de ton Esglise reçoy le pour le salut de ton servant. N. nostre emperreur qui te suppliet, et aussi pour la protection du pueple Cristien, pour lequel ton bras ait fait anciens miracles, adfin qu'il te puist servir paisiblement et en seurete Crestienne demeurer liberalment par Nostre Seigneur Jesu Crist qui vit et renguet. Amen. »

Aprez s'en suyt li postcommunion :

« Dieu qui preparais l'Empeire des Romains pour preschier l'ewangile du realmme eternel, envoie a ton servant N. nostre empereour les armez celestiennes, adfin que la paix de l'Esglise de nulle tempeste de bataille ne puist estre tempestee, ne troublee, per Dominum Nostrum » etc.; et on respondt: « Amen ».

Ainssy finee la messe, l'emperreour prent la benediction pappalle en grant reverence. Et puis tantost s'en vat au lieu ou le pappe doit monter a cheval. Et quant le pappe ait montei, il met la main a la selle, et en prenant le frain a sa dextre, il le suit ung pou. Et puis tantost montet sur son cheval et a la senestre partie s'en vat chevalchant jusques a l'esglise de Saincte Marie.

Et sa se entrebaissent l'un l'autre et se despartent non pas de cuer, maix de corps tant seulement. Et adont est de coustume que a toutes ordres, aus prestres, aus diacres, aus soubdiacres, aus cardinalx, a tous prelas, au princier, aus chantres, aus regionairez, a toute l'universite de la clergie Romainne, aus chappellains, a tous officiers il fait dons grans et lairges, en monstrant sa grande lairgesse et liberalite.

Cy fenist la beneisson et le corronnement de l'emperreour.

Et apres s'ensuyt la beneisson de l'emperreresse, se elle est au lieu de Romme.

Se la reyne que doit estre empereresse benite et coronnee est a Romme, elle apres l'entree du roy menee par ii cardinalx entre en l'esglise, et illuec l'evesque d'Ostiense on meid lieu de l'esglise sur elle dit ceste orison :

« Dieu omnipotent et sempiternel fontainne et commencement de toutez bontes, qui ne desprise point la fragilite femminine, ainssoy en l'esprouvant la voulus esleire, et qui en confundant la force mundaine aus esleus la feblesse qui aussi la victoire virtuelle de ta gloire en la main de Judith donnas pour preserver le pueple de Judee de leur cruelz ennemis, plase toy de regarder a nos prieres humbles. Et sus ceste ta servante N., que par devocion avons esleute royne ou empereresse, vuelles multiplier les dons de ta benediction; et aussi pour la dextre de ta puissance tousjours et par tout la vuelles environner adfin que, mise desoubz ta protection, l'iniquite des ennemis visibles et invisibles elle puist impugner et triumpher avec Sara, Rebeca et Rachel, les sainctez et dignes femme; du fruct et de pourteure de son ventre puist estre resjoie, au plaisir et a la biaulte de tout le Reamme et Empire et pour l'estat et du gouvernement de la Sainte Esglise de Dieu, moienant Nostre Seigneur qui du ventre virginal de l'entree (!) virge Marie volt naistre pour le monde visiter et renoveller, liquel avec toy vit et rengnet en unite du Sainct Esperit an syecle des siecles. Amen.»

«Dieu qui ays seulement inmortalite et lumiere inaccessible, duquel la providence en sa disposicion ne fault point; qui as fait les chosez advenir, et appelle le schoses que point ne sont comme celles qui sont; que par equite les orguilleus as gittez hors de leurs seigneuries, et les humbles as assaussiez et esbeneis: nous supplions a ton inenarauble misericorde, que ainssy comme pour le salut du pueple de Israhel volz Hester deslivrer de prison et joindre et mettre en la compaignie du roy Assuere et de son reamme, aincy ceste presente servante N., pour le salut du pueple Cristien, a la haulte compaignie et dignite de nostre roy, par ta misericorde fais la prevenir (!). Et affin que on loien de mariaige real et imperial puist tousjours desmeurer nette et acquerrir la prochienne palmme a virginite a toy nostre Dieu vif et vrais, toujours puist elle plaire, et par ton | inspiracion tout ce que te vient a plaisir elle le puisset faire par Nostre Seigneur Jesu Crist qui vit et rengnet. Amen.»

Aprez s'en suit l'orison c'on dit en l'onction de la saincte oille que ce fait com en l'emperreur. Orison:

«Par le merite de nostre humilite descendet sur toy la graice plantiveuse du Sainct Esperit, affin que, aincy comme de noz mains combien que indignes, de l'oile materielle tu es ointe au par dehors, aussy au par deden de l'oille invisible et divine tu puisses desservir a estre ointe, tellement que toutes chosez illicitez tu puisse rebouter, toutes chosez utiles puisse aquerrir, et trouver moienant Nostre Seigneur Jesu Crist qui avec le Pere et le Sainct Esperit vit et regnet. Amen.»

Apres cecy on luy met sur son chief la mittre pontifical par telle maniere que l'une des cornes de la mittre vient a la dextre et l'aultre a la senestre, et sus la mittre on li met la coronne en disant ceste orison:

«Par l'office de nostre dignite, toy qui es benoite royne et emperreresse, pren la coronne imperiale et l'excellence d'icelle; et combien que de noz indignes mains elle soit mise sur ton chief, tout ainssy come au par dehors tu appers aornee d'or et de pieres precieusez, aincy au par deden de l'or de sapience virtuelle que tu desir a avoir, tu sois paree, adfin que aprez le trespassement de ceste ciecle avec les saiges virges a l'espous pardurauble Nostre Seigneur Jesu Crist dignement et lealment tu puisse advenir, et comme reyne tu puisse entrer en la porte de paradis avec yceluy Nostre Seigneur Jesu Crist qui avec Dieu le Pere vit et renguet en unite du Sainct Esperit. Amen.»

Aprez ce que l'empereresse est ainssy coronnee on la remainne en son lieu; et quant l'ewangile est dite, et que l'empereour ait este a l'offrande, on la mainne a ouffrir au Saint Pere. Et aprez elle se tient es degres ver la partie de l'alter St. Lyon, jusques a tant que le Pere Saint de sa main aprez l'emperreour auraii receu le sainct communion; et adont elle s'en retournet en son lieu jusquez a tant que la messe est finee. a)

[LXVIIII.]

p. 401.
1415

:|: Cy b) aipres troverey comme le Salsil 1) fuit aibaitus per le duc de Bair et per sial de Mes per cccc et xv, portan c'on y avoit meyst en prinxon sertain enbaixaidour don roy de Franse que revenien don Sain Consille de Constanse que s'i avoit aisanbley per m cccc et xiiii. 2)

Et doveroit estre cest airticle et prosay si devan entre l'an m cccc et xiiii et m cccc et xv que lez Fransoy furent desconfit en Normandiee per le roy Hanris d'Ingleterre.

Et asy doveroit il estre encor si devan en sovenanse dez erticle que lez enbaixaidour de sial de Mes enporton ai Baille en novembre per m cccc et xxxiii per dever le dis enperrour en l'erticle de lay

---

a) *Hiernach 8 S. frei.* b) *Am Rande dasselbe Zeichen wie oben Kap. LVIII, p. 280, S. 367.*
1) *Salsil = Saulcy, Schloß in der Gemeinde Tronville, arrond. de Briey, cant. de Chambley, departem. de Meurthe et Moselle.*
2) *Vergl. Jarry, Un Enlèvement d'Ambassadeurs au XV siècle, Revue d'Hist. diplom. 1892 p. 173.*

guerre que Cairlat de Dulley nous en fit guerre per ᴍ ᴄᴄᴄᴄ et xv si-
pevan sus ʟxɪɪɪɪ.

Maix portan qu'i n'y aient poieut chavoir et qu'il y aistoit oblieit
de le mettre, lez ait il covenut mettre ysy aiprez enxuan; torne
d'atre.c) :|:

Item en l'an ᴍ ɪɪɪɪc et xv on moy d'aoust¹) avint que plusieurs *p. 402.*   *1415 August.*
patriarches et evesques²) qui estient ambasiateurs du roy de France
et de l'universite de Parix, en revenant de Costance de dever l'em-
perour Symond roy de Hunguerie et par dever le Saint Consille qui
estoit au lieu de Constance assembles pour mettre union en l'esglise
et en Crestiante pour remeidier contre les Housses et remedier que
dez ɪɪ pappez qui estient pour le temps, l'un a Romme, l'aultre en
Avignon, desquelx ɪɪ pappez qu'il n'en y heust c'ung.

Lesqueilx ambasiateurs avient remonstrei et relautei au dit empe-
rour et au dit Saint Consille les griefz et vollentez qui estient faites au
roy Fransoy tant par les Ynglois comme par le duc de Bourgoingne.
De quoy le dit duc de Bourgoingne en fuit advises; et quant il en fuit
advises, il ordounnait que, en retournant que les dis ambasiateurs ferient
que ou sus queil chamin qu'ilz tenrient [ilz fussent prins et rues jus];ᵃ)
et ainsi fuit il fait. De quoy, en retournant que les dits ambasiateurs
faisient, pour aller en France en passant parmey la duchie de Bair³)
ilz furent rencontres par Hanrey de la Tour, fil d'un batair d'un
sgr. de la Tour, que lez prinst et emprisonnait et les enmenait en
prison fermme en sa fourteresse du Salcif; et y gaingnait mervelle
de juelz et de finance. Laqueille fourteresse du Salcif tenoit au dit
Hanrey de la Tour pour le tempz pour le dowaire de sa femme,
fille sgr. Callart de Lenoncourt que devant avoit este femme Jehan
Mairley sgr. du Salcif; et leant estient emprisonnez les dits amba-
siateurs.

Item quant le duc Eduward de Bair sot la chose, il fist tantost *p. 403.*
son mandement et mandait ciaulx de Metz.⁴) Et incontinant tirait
devant la Salcif. Maix ciaulx de leant ne li volssent mie randre la

---

    a) *Das Zeichen wie Anm. S. 456 ist wiederholt.* b) *Ergänzt nach Huguenin p. 140b.*

    1) *Die Gefangennahme fand am 8. Juni statt.*

    2) *Giraud du Puy, Bischof von Carcassonne, Guillaume de Cautier, Bischof von Evreux, Guillaume de Marle, Doyen von Senlis, Benoit Gentien, Mönch von St. Denis und Jacques d'Espars, Magister medicinae.*

    3) *In der Nähe von Pagny-sur-Meuse.*

    4) *S. d. Brief des Herzogs von Bar vom 10. Juni 1415. H. d. M. IV 718.*

place, tant qu'ilz virent le panon de Metz et les bombardes venir.¹) Adont se rendont ilz au dit duc Eduard salve leur vie, ainsois que ciaulx de Metz y vinrent a temps pour la doubte du gibet que s'ilz heussent cheus en la main de ciaulx de Metz, ilz lez heussent fait morir pour complaire a l'empereour.

Item tantost que la dite place du Salcif fuit rendue, fuit ordonnei par le dit conte Eduard et par ciaulx de Mets de l'abaitre, et fuit tout arasei par les gens du dit duc Eduart et par ciaulx de Metz jusques au fondement.

Item quant le duc Charle de Lorrainne sot la chose, il mandait au duc de Bair et a ciaulx de Metz²) on nom du roy que volcissent traire dever le dit Saulcif pour le delis c'on y avoit fait, et donnait a entendre que nulz ne savoit la grosse perdre de chevalx que ses gens avient fait en chassant aprez les malzfaiteurs. Maix Dieu seit, coment que le dit duc de Lorraine si pourtait, pourtant qu'il estoit Bourguignon parfait. Car quant les malfaicteurs fuient d'un coustel qui estient Lorrains, les aultrez Lorrains chassient d'un aultre part. Car ainsoy leur faisoient ilz voie que emcombrie.

Item quant le dit Saulcif fuit gaingnie et abatu, on laissait aller les dis ambasiateurz du dit roy, et leur baillait on conduit. De quoy le roy de France en remerciait ciaulx de Metz grandement, c'est assavoir de ceaulx qui fuirent trouver leant. Maix quant le dit Hanrey de la Tour, qui estoit perfaict Lorrain pour le temps et ung des drois meignas dou dit Chairle duc de Lorraine, sot pour vray que le ciege venoit devant le dit Saulcif, il enmenait les meilleurs prisonniers et la plux grant partie neutemment en voie; maix il convint que le dit duc de Lorraine les faisist revenir.

Aussi quant le dit empereour sot la dite prinse, il mandait Bair et Lorraine et ciaulx de Metz, qu'i volcissent prouveoir de remeide; maix c'estoit ja fait, et en furent remercies par le dit empereour.

Item il avint que en l'an XIII^c et XXIII³) encommensait le dit Hanris de la Tour, que pour le temps estoit grant baillis de Vitry⁴) de

---

¹) Schon am 12. Juni hatte sich Saulcy ergeben, bevor die Metzer zur Stelle waren. Der Herzog von Bar hatte ihnen deshalb abgeschrieben, die Metzer hatten aber ihren Marsch fortgesetzt; H. d. M. IV 723.

²) Schreiben vom 10. Juni 1415; H. d. M. IV 719.

³) Schon 1423 Okt. 27 hatte Henry de la Tour um Besprechung der unerledigten Streitpunkte gebeten; H. d. M. V 8. 1424 März 27 stellte er den in dieser Sache zu einem Tage nach Pont-à-Mousson gehenden Metzer Vertretern einen Geleitsbrief aus. ib. 16.

⁴) Vitry in der Champagne?

la bande de Bourgoingne contre le roy Fransoy, a requerrir contre
ciaulx de Metz pour le fait de sa dite mauson dou Salcif abatue; et
en orent sgr. Jacque Daix chevalier et lui grosses parrolles en-
sembles a une journee au Pont, et cuidait trouver ciaulx de Metz
pour embahir, pour tant qu'ilz n'estoient mie bien du duc Chairle de
Loheraine, et aussi pour tant que le duc Eduard estoit mort qui dehust
avoir conforteis ciaulx de Mets. Maix quant il les vit bien reconfortes,
il se mist en cherge de sa querrelle encontre ciaulx de Mets, de quoy
rapport en fuit fait par la maniere que ci apres s'ensuit.[1])

Item la vigille St. Michiel par mil IIII^c et xv[2]) fuit mort le dit
duc Eduard, quant les Fransois furent desconfis en Normandie par le
roy Hanrey d'Ingleterre a)   *1415 Okt. 5.*

Nous Jehan Dieuami, Jehan Drowin chevalier, Jehan de Vy,
Collignon de Heu, Poincignon Baudoche et Collin Paillat, arbitre pris
et eslieus par noble homme Hanrey de la Tour escuier, seigneur de
Pierefort et baillif de Viltrix, demandeur d'une part, et le maistre
eschevin et toute la comunalte de la cite de Metz, deffendeur d'autre
part. Deisur la cause controversie et debas meus ou esperes a
movoir entre les parties dessus ditez et leur circunstancez et despen-
dances, duqueil debas et controversie les devant dites parties en
avoient par avant chargies Wainchelin de la Tour et feu Baudowin
Faulquenel et monsgr. l'evesque de Metz, comme par dessus, les-
queilx n'en firent aucun rapport; et pour ceste cause les dites parties
tendant a venir a boin escordt et union, nous ont esleus nous VI
arbitres dessus nommes, et nous ont mis en nos mains leur escriptures
et tout ce que par les dites parties avoit estez mis es mains des dis
premiers arbitres, pour par nous jugier en nos bonnes foids et pour
determiner leur debas et descordz qui s'ensuie, partie presente et
absente, dedens la quinsenne de feste St. Martin d'iver dairainement
passee: c'est assavoir sur ce que le dit demandeur disoit et maintenoit
que les dessus dis deffendours a force de gens d'airmes estoient venus
au siege devant la fourteresse du Saulcif, en laquelle estoit son prin-
cipal domicille et sa femme. Et teillement procederent, que par crainte
et paour d'eulx, la dite fourteresse fuit rendue, et par violence entre-

---

a) *Hiernach ¹/₂ S. frei, ein folgendes Blatt ist, wie es scheint, ausgerissen.*

[1]) *Zunächst waren Wainchellin de la Tour, Baudowin Fauquenel und der Bischof von Metz auf dem Tage von Pont-à-Mousson als Schiedsrichter ernannt worden, hatten aber keinen Spruch gefällt. Fauquenel starb. Es wurden deshalb sechs andere ernannt.*

[2]) *Die Schlacht bei Azincourt, in der der Herzog von Bar fiel, war am 25. Okt.*

rent deden, prinrent et empourterent tous les biens, sens ce que le dit demandeur fuit de guerre au dit deffendeur. Et depuis que le siege fuit du tout retrait, les dis deffendeurs sens compaingnie d'aultruis seigneurs vinrent devant le dit Saulcif et arraserent et desmolirent du tout la dite mauson dou Salcif. En quoy et pour quoy le dit demandeur s'en disoit estre dampmagie de trente milles esculz d'or ou plux. Desqueilx dampmaiges le dit demandeur disoit que lui et ses gens qui savoient l'estat de son hostel et de ses biens debvoient estre creus par serement. Et disoit encor le dit demandeur que les dis deffendeurs lui debvoient amander honoraublement ou profitaublement, ce que on sens compte et sens causez rasonnaubles les dis deffendours avoient fait morir et exeicuter honteusement au gibet ung sien homme de corps, appelles le mareschault de Tronville.[1]) Et pour lez choses dessus dites requerroit le dit demendour que les dis deffendeurs fuissent condempnes et constrains a lui rendre et restituer tous ses dis dampmages | et interestz. Et avec ce requerroit que les dis deffendeurs en tant qu'il touchet la mort le dit mareschault de Tronville fuissent condempnez a lui amender honnoraublement ou proffitaublement selond la discrecion des juges, avec condempnacion des despens fait ou fait faire et aultres dampmaiges et interestz en ceste matiere.

Et pour l'occasion d'icelle et au contraire les dis deffendeurs disoient qu'ilz n'estoient en rienz tenus aus dit demendeur pour les causes qui s'ensuient, disant qu'il estoit vrais que, environ la saint Jehan Baptiste en l'an mil iiii^c et xv, reverend peire en Dieu l'evesque de Carcassonne et d'Evreux, le doiein de Sanlis et plusieurs aultres notaubles ambasiateurs, pour le grant bien et utilite evident de St. Esglise et du Saint general Consille qui pour lors se tenoit au lieu de Constance, estoient envoies, comis et desputez de part le dit Sainct Consille au roy de France et aus seigneurs de son sang. Lesquelx, en retournant du dit Saint Consille environ Pargney sus Mueze, furent prins et rues jus par le dit demandeur et ses complices, et menes prisonniers eulx, leur biens, chevalx et hernoix en la dite mauson du Saulcif. Et ces choses venues a la cognissance de tres hault et puissant prince feu monsgr. le duc Eduard de Bair, fist son armee et vint au siege devant la dite mauson du Salcif. Lequeil et monsgr. le duc de Lorraine mandient chascun d'eulx par leur lettres au dis deffendeurs et sur la feaulte qu'ilz avoient au Saint Empeire que, le plus haistivement et enfourseement qu'ilz pouroient, se trayssent devant la dite

---

1) *S. darüber H. d. M. IV* 725.

mauson du Salcif pour la delivrance des dis ambasiateurs; et non
obstant les dis mandemenz et avant ce que les dis deffendeurs y venissent, la dite mauson du Salcif, les dis ambasiateurs qui illuec estoient
detenus prisonniers, et tous les biens qui estoient deden la dite maxon
du Saulcif furent et estoient ja rendus reellement et de fait au dit
feu monsgr. de Bair et a son certain comandement, devant ce et
ainsoy que les dis deffendeurs ne aulcun d'eulx venissent devant la
dite mauson du Salcif. Et se par advanture aucuns des dis deffendeurs
avoient estez depuez la dite prinse a la demolicion de la dite mauxon
du Saulcif, comme dit et maintient le dit demendeur, ce n'auroit point
[esteit] par la dite ordonnence ou comandement des dis deffendeurs, par
maniere de comunalte ou de justice ne d'aultre que puist obligier la
dite cite de Mets; maix est comune renommee et vrai que ce fuit par
l'ordennence et com|mandement de mon dit sgr de Bair, a son
adveus et par ses gens et non pais par les dis deffendeurs. Et par
ce disoient et dissent les dis deffendeurz, que veus les causes dessus
dites et meysmement qu'ilz ne prinrent onque la dite mauson du
Saulcif ne ne furent a la prenre, ne aussi ilz ne prinrent onque les
biens de leant ne aucun d'eulx, et que la dite mauson du Saulcif ne
fuit onque abatue ne desmoulue par l'ordennence, comandement, auctorite et adveus de la dite cite de Metz, maix per l'ordennence, commandement, gent et adveus de mon dit sgr. de Bair. Il appert
cleirement et nottoirement, que les dis deffendeurs ne sont en riens
tenus au dit demendour. Et disoient oultre les dis deffendeurs que
posey sens riens conffesser que les dis deffendeurs heussent fait tout
ce que le dit demandeur dit qu'ilz ont fait, ce que nont. Disent
encor les dis deffendeurs, que pour les causes et raisons que ci apres
sont escriptes, ne sont ne ne seroient aucunement tenus pour les
choses dessus dites au dit demendour, et principalment par ce que dit
est. Car le dit demandeur et ses complices, en prenant per oeuvre
de fait les dis ambasiateurs et on tres grant prejudice de Ste. Esglise
et du dit Sainct Consille et de tous Crestiens, se constituet ennemi de
Dieu de Saincte Esglise, du dit Saint Consille et de tous Cristiens. Et
teillement que Saincte Esglise et tous les drois divins, les sains canons
et les lois tres sainctes civiles, et les drois de nature condempnent
et ont condempnei le dit demandeur et ses complices des lors et
incontinant qu'ilz heurent prins les dis ambasiateurs, et donne haubundamment (!) et auctorite de les prenre et pugnir et corrigier avec tous
ses biens, servans et aidans, sens auctorite de prince ou d'autre
seigneur et sens defiance de Cristiens vivans, selond ce que cleirement

et evidemment est dit et desclairie ens escriptures de responce des dis deffendeurs que sont incerreez et mises en procetz de ceste cause. Et pour ce dissent les dis deffendeurs que poser sens confesser que ilz heussent fait tout ce que dessus est dit, ce que non. Toustesvoies n'en seroient ilz en riens tenus au dit demendeur ni a aultrez ad cause de lui: car tout ce qu'ilz averoient fait en ceste partie, ilz l'averoient peu faire en terme de bonne justice et de toute equite et sens reprehencion et par l'auctorite dez drois dessus dis. Et quant au dit mareschault de Tronville duqueil est parlei ci devant, disoient les dis deffendeurs que le dit mareschault fuit condempnei et execute pour sez diversites. Et si ne faisoit par | le dit demandeur a recepvoir de faire demande pour la mort du dit mareschault, car des jugemenz qui se font en la dite cite de Metz en telt cas on n'en avoit pas a rendre compe au dit demandour ne a aultre. Et se le povoient les dis deffendours corrigier et punnir selond sez desmerites, sens ce que de raison ne par le costume du pays, ilz en fuissent tenus de responde a personne queilcunque. Et par ce concluoient les dis deffendeurs que dez choses dessus dites et chescune d'icelle le dit demandour n'eust cause ne occasion a l'encontre des dis deffendeurs; et se cause et occasion y avoit, les dis deffendeurs par nostre sentence arbitraires en[a]) fuissent quittes, delivres et absolz. Et demandoient les dis deffendeurs, que le dit demandeur fuist condempnes en leur frais, dompmaiges, despens et interestz fait et a faire en ceste presente cause, et pour l'occasion d'icelle coment toutes ces choses et aultres sont plux plainnement contenues on dit procet.

Sur quoy les ditez parties pour le bien de paix et ... et ... [b]) entrez ycelle, nous arbitrez dessus dis ont chargiefz dou descord et debas dessus dit et de leur circunstances et despendencez comme il puet plux plainnement apparroir par les lettrez du compromis sur ce faites. Et nous ont les dites parties baillies et delivres et mis en nos mains leur demandes et deffances et tout ce dont ilz se voulloient aidier l'un contre l'aultre en ceste presente debat et descord, pour jugier et rapourter en noz bonnes foix, parties prinses en absance comme dit est. Et pourtant veu diligemment entendu et examinei tout le droit des parties et tout le dit procet et tout ce que en ceste matiere nous povoit et debvoit mouvoir, heu sur ce boin conscel et grant deliberacion de plusieurs saiges, tant gens d'esglises, juristes, nobles, bairons, chevaliers, escuiers, coustume et aultre de

---

a) *Vorl.* et. b) Zwei Worte unleserlich, etwa norler und mar.

plusieurs mairches et payx, et considerei tout ce que en ceste partie faisoit a considerer:

Nous arbitres dessus nommes d'un comung escord disons et rappourtons que, veu les causes et raisons dessus dites et meysmement considerei que le dit demandeur ne prueve nulz de sez fais ne son entencion, et que les deffendeurs ne li ont riens confessez maix li ont nies tous ses fais; et au contraire les dis deffendeurs ont bien *p. 409.* preuves leur fais et entencion: nous rapourtons, disons et arbitrons, en noz bonnes foidz et par nostre accord conjunctement ensembles et par nostre sentence arbitraire, que le dit demendeur n'ait cause, auccion ou poursuite | pour les chosez dessus dites contre les dis deffendeurs ne aucun d'eulx. Et d'icelle cause, accion et poursuite purement et plainement les absollons, et imposons par nostre dite sentence et rapport perpetuelle silence au dit demandeur; et le condempnons en tous les despens, dampmaigez et interestz fais par les dis deffendeurs en ceste presente cause et pour l'occasion d'icelle. En tesmoingnaige de verite des choses devant dites, nous les arbitrez devant dis avons mis nos seelz en ceste present rapport ou sentence arbitraire. Que fuit donne per nous conjunctement le vanredy xxiii^e *1425* jour du moix de novembre l'an de Nostre Signeur m iiii^c et xxv. *Nov. 23.*

Ci apres sont les responces que la ville et ciaulx qui firent le rapport font a Henrey de la Tour sur les requestes qu'il leur fait pour le rapport devant dit.

Nous le Maistre Eschevin et les Treses jures de Metz a Hanrey de la Tour. Nous avons vehus tez lettres que rescriptes nous aix, contenant que de certainne poursuite que vous nous faisies touchant le fait du Salcif et le marischault de Tronville, dont tu nous dis aultre foix avoir escript, tu avoies chargiez enthierement feu mes*ire* Jehan Drowin, mes*ire* Jehan Dieuami chevalier, Jehan de Vy, Collignon de Heu, Poincignon Baudoiche et Collin Paillat,[1]) nos concitoyen, cuidant qu'ilz fuissent preudommez et leaulx; et neantmoin yceulx comme tu l'escript par faveur desordonnee, sens conseil d'autre que de tes ennemis, contre honnour et par mal engin, falcement et desleaulment ont rappourtez ce que boin leur ait semblés, duqueil rapport ne cude estre aucunement tenus, comme ce et aultrez choses tes dites lettrez contiennent. Sur lesqueillez te respondons ci apres. Et premierement quant ad ce que tu tenoiez les dessus dis pour | preudons et leaulx, *p. 410* en ce n'ais tu pais este deceupt, car telz les tenons nous, et pour

---

[1]) S. oben p. 405, S. 459.

telz sont ils tenus et raputes par tous ceulx qui les cognoissent; et ne sont mie en renommeez qu'ilz aient ou volcissent autrement faire que par honnour. Si aix grant tort de blasmer ne de dire au contraire du dit raport, considerei lez compromis sur ce par toy fais et seelles que touchent et regardent grandement a ton honneur. Et quand ad ce que tu dis que tu en escript a noz dis concitoyens vivans, nous tenons que ilz t'en respondront souffisamment et a honnour. Et quant ad ce que tu dis que, on cas que yceulx nos concitoyens seroient renfusans d'en penre journee avec ty, ilz loiront de porsuire et requerrir tout droit comme par avant le dit rapport; et diroies qu'il seroit estez fait faulcement et mauvaisement, nous t'y respondons que nous tenons le dit rapport estre fait justement, leaulment et sens falveur, maintenrons et soubstenrons la dite sentence comme bonne et leaul et bien donnee. Et a toy ne chiet pas a le debaitre, se tu doubtoies honte et amaisse honnour considerei tes promesses et seellees. Et ne te faut mie pancer que, par tes haultes et orguilleuses parrolles, tu puisse defaire le dit rapport; maix te fuist muelx sceant de toy en taire que de le publier, considere le quaz tel et queil qu'il fuist. Et par ce que tu escripz que tu volroies avoir deschargie de ton honnour etc., la descharge seroit asses petite, considere ce que dit est, et au fort se debas volloiez penre a nous de vollente, nous en seriens assez reconfortes. Donnee soubz le seel secrei de nostre cite, placquei en margez de ces presentes le xxiiiᵉ jour de mairs l'an mil iiiᶜ et xxvii.

1428 März 24.

Nous, Jehan Dieuami chevalier, Jehan de Vy, Collignon de Heu, Poincignon Baudoiche et Collin Paillat a Hanrey de la Tour. Nous avons veu tes orguilleuses lettrez que envoiees nous aix, contenant plusieurs poins contenus on procellez. Sur lesquelles te responderons par ordre ci apres. Et premierement ad ce que tu nous escripz du debat et querrelle que tu pretendoies avoir a la cite de Metz pour le fait du | Salcif et de la mort du marischault de Tronville, dont aultre foix dites avoir fait demande a la cite, toy, cuidens feu nostre seigneur Jehan Drowin et nous estre preudommes et leaulx, nous avoie chargies entierement du dit debat, et que par faveur desordonnee et sens conseil d'autrui, sen non de ceulx de la dite cite et de tes anemis et sens donner le vrais cas a entendre, par mal enging contre justice et raison, faulcement et mauvaisement aviens rapourtes ce que boin nous ait sembles. Ad ce te respondons que, ad ce que tu nous resputoies a leaulz preudons, tu n'avoies pas tort, car telz summes nous et comme preudommes et leaulx gens, leaulement, justement et sainctement, par mehure deliberacion, par boin consceil et sens falveur, le consceil pris a plusieurs saiges et plusieurs marches et payx tant des seigneurz nobles, clercz, lais et costumer, la chose bien advisee, les procetz sur ce fais veus, et tout ce que en ce cas appartenoit a veoir d'un consceil et d'aultre, avons dit et rappourte nostre rapport soubz nos seelz, selond ce qu'il est contenus en ycelui, auqueil nous rappourtons. Et par ce puet apparoir que, en disant que nous avons nostre dit rapport fait faulcement, mauvaisement et par faveur, tu aix faillis et ne dit mie voir. Et quant ad ce que tu dis que, pour nous apparoir que tu volroiez tenir ton seel comme ung gentil homme doit faire, tu nous ouffre plusieurs hostelz de seigneurs etc., ty respondons qu'il s'appert mal que tu veulle tenir ton dit seel comme ung homme de bien doit faire, per ce que tu nous rescript et ne nous est point de neccessite de prenre journee en l'encontre de ty car a ty n'avons nous aucune chose a faire ne ne volriens. Et se a faire y aviens, nous ouserienz bien aller a court de seigneur et aultre part, comme preudommez et leaulz et plux honoraublement que tu ne feroies. Et toutes les foix que tu diroies ou volroies dire que nous serions faulx juges, comme tu l'escript, tu auroiez mentis et mentiroies maulvaisement et faulcement. Et quant avons encombaitre, comme tes dites lettrez le contiennent, il n'est ja de neccessite, car ton seelley, ta petite renommee et tes oeuvres appairans te ont ja tout combatu, et si n'ez pas celui qui nous en deust ainsi avoir escript. Et quant ad ce que tu dis, que tu t'en complaindroie, on sceit bien qui tu y es et qui nous summes, et les oeuvres de l'un et de l'autre; et pour ce summes asses reconfortes de veoir ce que tu en volres faire. Car plux en parleres, plux y averez de honte et nous d'onnour. Et nous attendonz, | au plaisir de Dieu, tu nous feres encor de tez oultraigeuses *p. 412.* orguilleuses parolles et escriptures tel amandaisse et satifaction, comme le cas le desiret. Donnee soubz nos seelz placquei en marges de ces *1428* presentes le xxiiii^e jour du moix de mairs, l'an xiiii^c et vingt sept.$^{a)}$ *März 24.*

 Ci apres trouveres par queil maniere que le dit Hanrey de la Tour s'acourdait a ciaulx de Metz, pourtant qu'il *p. 413.* n'estoit mie en la graice dou dit Charle duc de Loherainne.

 Item il avint que en l'an mil iiii^c et xxviii, le dit Hanrey de la *1428.* Tour n'estoit mie en la graice du dux de Lorrainne,[1]) et entendit que le dit duc de Lorrainne et ciaulx de Metz se volloient faire guerre l'un

---

a) ³/₄ S. frei.

1) *Über die Gründe der Verfeindung mit dem Herzog s. unten p. 415, S. 467.*

contre l'autre. Le dit Hanrey se fist asseurrer de venir a Metz par aucun de ses biens vaillans, et parlait aus comissaires de la ville de son fait de la poursuite qu'il faisoit a la ville. Et aussi presentait son servise encontre le duc de Lorrainne. De quoy il li fuit respondu que la ville ne saveroit entendre d'avoir nulz escordz a lui, se dont l'injure et villonnie et les orguilleuses lettrez qu'il avoit escript a ciaulx qui avoient fait le rapport dessus dit ne leur estoient amandees devant toutes choses.

De quoy il fuit apointie que devant toutes choses le dit Hanrey de la Tour demandait perdon a ciaulx qui avoient fait le dit rapport des injures et villonnies qu'il leur avoit dit et escript.

Et fuit encor apointie que le dit Hanrey debvoit estre aidant et servant de ciaulx de Metz encontre le duc de Lorrainne, et qu'il debvoit servir ciaulx de Metz iii ans a tous xxx lances, a ses frais, fortunez et perilz, encontre tous et enver tous, for que encontre le roy de France de cui il estoit officier. Et fuit encor apointiet que ciaulx de Metz debvoient avoir a iii ans la moitiet de sa fourteresse de Pierefort[1]) en la main, pour avoir ciaulx de Metz receps leans, et pour eaulx a adier lesdis iii ans encontre tous et enver tous. Et ainsi se fist il parmey la somme de ii^m frans que ciaulx de Metz li donnont; et n'ot point de deffault on dit Hanrey qu'il ne faisist bien le servise qu'il debvoit faire a ciaulx de Metz, tant du corps de lui comme de sa fourteresse de Pierefort toute la guerre durant que ciaulx de Metz orent au duc de Lorrainne et au duc de Bair son genre, et lesdis iii ans, si comme il fuit pourparles et ordonnes :|: for que d'une chose. :|:

p. 414.   Ci apres oures partie au[a]) brief des escriptures que le dit duc de Lorrainne et Hanrey de la Tour se faisient l'un contre l'atre.

Charle duc de Loirainne et marchis. Hanrey de la Tour, nous te laissons(!) savoir que, comme nouvelles nous soient venues depuis et piesa et de plusieurs jours viennent de jour en jour, que tu porchasse et quier par toutes voies malz et dompmaiges en l'encontre de nous, de nostre payx et de nos subgetz, laqueille chose puet cleirement apparoir par le recept, confort et fauvorisement que tu fait a ceulx de Metz au lieu de Pierreffort et ailleur, sur ce que tu sceis en quel estat que les dis de Metz sont enver nous et nous enver eulx : et pour ce te signiffions par ces presentes que aultretant puis tu attendre de nous

---

a) *Vorl.* aus.

1) *Zur Gemeinde Martincourt ca. Domměvre, dép. de Meurthe, gehörig.*

en toutes les manierez que pourons et saurons. Donnei a Nancey soubz nostre seel placquei le xxıııᵉ jour du moix de novembre l'an xııııᶜ et xxvııı.ᵃ)

1428 Nov. 23.

Puis la deffiance dessus dite faite, le dit Hanrey de la Tour deffiait le duc de Lorrainne pour et on nom de ciaulx de Metz, et en fist bien son debvoir toute la guerre durant, tant de lui comme de sa fourteresse de Pierefort.ᵇ)

p. 415.

A vous monseigneur de Loirrainne et marchis. Je Hanris de la Tour, signeur de Pierreffort, baillis de Viltrix, ais receues voz lettrez donneez en date le xvııᵉ jour de jung dairien passes, par lesquelles m'escripves que vous estez mervilleu de ce que je cuide bien avoir salver mon honnour d'estre aidant et confortant a messgrs. de Metz en l'encontre de vous. Entendu les promesses et le seclle que vous dites avoir de moy, lesqueillez je dehusse bien avoir advisez avant mes deffiances, et aves entencion de faire ycelles publiers et de dire et faire de moy comme d'ung homme qui ne tient ne seclle ne promesses comme vos ditez lettrez le contiennent, desqueilles au fort nulz ne se doit esmervillier: car vous aves bien acostumei d'user de tel laugaige contre moy et aultres gentilz hommes, quant vous ne poves acomplir vos vollentez et entencion. Maix se vous consideries les grans tors et dompmaigez que m'aves fais et pourtez puis mes ditez promesses, s'aucune en aves de moy, sens cause, sens moy somer ne requerrir souffisamment, du moins qui soit venus en ma cognissance, vous ni aultrez ne vous debvries esmervillier. Car vous saves assez, se cognoistre le voulles, que puis le tempz dessus dit, par plux de vı ou de vıı foix, m'aves sens cause pris le miens, sens moy somer comme dit est; et s'aucunement m'aves sommey ne requis, je n'aix estez ne ne fuis onque renfusant de prendre droit en vostre hostel, se faire le m'eussiez voullus. Et niant moinx, pour requeste, sommacion ou escripture que je vous aie fait, ne m'aves voullus recroire, restituer ne cesser a prenre le mien, que m'ait esteit bien dur et comme choses intholleraubles a pourter pauciemment. Car vous saves asses chose que j'eusse promesses a vous, raisonnaublement je ne povoie avoir promessez de mon consceil que pareillement elles ne fussent du vostre; et que se de vostre consceil les enfraingnies, que licitement et par honnour je n'estoie tenus de les tenir: et niant moins de mon conscel n'i ait heu point d'offracion. Ja soit ce que depuis meysme que m'aves asseures de vostre bouche a la mienne, a la ville de Nancey, et promis

---

a) *9 Z. frei.* b) *5 Z. frei.*

de non prenre ou faire prenre le mien, ne pourter dampmaigez sens moy somer ou requerrir souffisamment : vous inhumainnement contre honnour et gentillesse et toute seigneurie, sens cause et sens raisons, aves pris ma femme et mes enffens et yceulx emprisonnes, comme ung chescun sceit. De laquelle prise et emprisonnement je ne veul faire aucun fait per maniere de guerre ne aultrement, pour cause des promesses qu'aves de moy touchant ceste matiere. Et ne le dit se non pour monstrer vos fais et manierez qu'aves tenuez a mon regard.

p. 416. Desqueilles choses | n'aves pas estei content ; ainsois aves, apres la prinse de ma dite femme, avant que je me soie demonstre ne pourtez aidant ne servant de mes dis seigneurs de Metz par parollez ne aultrement, ne vous pourter dampmages en quelcunque maniere que ce soit, vous en usant de vostre vollente avez mis et boutez hors mes gens de ma mauson de Frouart, disant que je y voulloie mettre et boutter les dis de Metz, laqueille par vostre seu et consentement estoit en la main de Didier de Chaulfourt, vostre servant et aidant en l'encontre des dis de Metz, si comme l'escripvez et fist savoir de part vous le grant Jehan vostre serviteur au dit Didier de Chaulfour. Et aves prins ou fait prenre tous mes biens meubles de dedens, et aves detenus et detenes encor sens cause et par force et contre mon greif ma dite mauson. En laqueille prinse et aultrez dompmaigez precedens que vous m'aves fais, vous m'aves fais et pourtez dampmaiges de plux de x milles esculz. Et apres toutes ces chosez et que m'aves prin le mien, vous m'aves defiez demy an ou devant que je vous aie rescript ne fait savoir, que je volcisse estre adant et servant contre vous a mesdis sgrs. de Metz. Laqueille chose ne m'estoit ja de neccessite de faire savoir, entendus les tortz que m'avez fais, et par especialx vos deffiances, par lesqueilles sens cause et sens raison me raputez vostre ennemi. Si ne vous debves pas esmervillier de ce que je vous aix escript que j'aideroie et conforteroie mes dits signeurs de Metz en l'encontre de vous. Car licitement et par honnour en mon chief je vous pouroie et puis faire et pourter guerre, entendus voz ditez deffiances et les dampmaigez que sens cause et sens raison m'aves fais et pourtes : niant moin, pour ce que c'est une guerre particuleire et pour aultruis, je, pour muez garder mon honnour et adfin que n'i puissienz morde, le vous aix fait dehuement savoir. Si me semble que vous n'aves cause de rien publier a l'encontre de mon honneur. Car pour cognostre la verite du boin droit, le tort de l'un ou de l'autre et les fais de vous et de moy, je vous ouffre l'ostel de queilque grant seigneur ou prince que vous volries eslire, porveu qu'il soit convenauble, pour l'une partie et pour l'aultre et que je y puisse aller et mener messgrs. parrans et amis seurement, et que dehuement le me faites savoir. Et se sur ces ouffres vous vous plaindisiez de moy ou faites publier de moy aucune chose contre mon honneur, sachiez que pareillement je le ferai de vous en toutes cours de seigneurs ou je pourai avoir recept. | Et quant a vos menasses vous poves bien savoir que j'en aix estez et suix encor asses reconfortes, car j'aix bien acostumei d'estre de vous mennassie sens cause. Donnei desoubz mon seel le vi^e jour de jullet l'an mil iiii^c et xxviii. ^{a}) *p. 417.*

1429 Juli 6.

Le dit Charle duc de Loirainne moruit le xxiiii jour de janvier, vigille de la Convercion St Poul, par mil iiii^c et xxx, de quoy il fist tres terrible tempz iii jours devant sa mort, le jour de sa mort et iii jours apres. ^{b}) *1431 Jan. 24.*

Item l'an mil iiii^c et xxx le xii^e jour du moix de mars fuit faite paix et escord de Reugne,[1] duc de Bair, que presentoit le dit Charle duc de Loherainne, et de ciaulx de Metz.[2] De laqueille guerre le dit Hanrey de La Tour avoit estei aidant a ciaulx de Metz. *1431 März 12.*

Item puis la dite paix faite dou dit duc de Bair et de Lorraine d'une part et de ciaulx de Metz d'autre part, environ l'an xxxi rencomenssait le dit Hanrey de La Tour a poursuire ciaulx de Metz[3] et leur faisoit grant demande, en disant que ciaulx de Metz lui avoient fait gros et griefz dampmaiges on recept qu'ilz avoient heu en sa fourteresse de Pierefort parmey la guerre de Lorrainne, tant en biens meubles come en vivres, et y avoit de trez honteuses demandez et faisoit de mervilleusez demandez et menasses. Et quant ciaulx de Metz virent qu'il ne se voulloit mie deporter, il ne les trouvait mie pour embahis, maix li encommenssont a faire de mervilleusez demandes, en disant qu'ilz li avoient wardez sa plaice par mey la dite guerre a leur frais, ce qu'ilz ne debvoient mie faire, et qu'il ne les avoit mie servir selond ce qu'il debvoit faire. Car on plux fort de la dite guerre, il s'en allait en Champaingne et leur faillit au besoing, dont ilz en demandoient gros et griefz dapmaiges et l'en presentoient^a) le droit. Maix le dit Hanris le ranfusoit ades. S'en fuit chargie Jehan de Ralville, dit de Bannestorff, et en firent ciaulx de Metz leur monstrance en sa main. Et quant le dit Jehan vit les bonnez monstrance de ciaulx *p. 418.*

---

^{a}) *12 Z. frei.* ^{b}) *9 Z. frei.* ^{a}) *Vorl. presentient.*
[1] *René.*
[2] *H. d. M. V 223.*
[3] *Die Verstimmung beginnt schon, wie es scheint, 1431 Januar 18; H. d. M. V 238. S. auch d. Schreiben vom 14. Febr. ib. 223, vom 17. Febr. ib. 243.*

de Metz et leur boin droit, il y heust vollentier trouvei aucun escordz
par mey ung coursier ou ır, maix ciaulx de Metz n'en volrent rien
faire. Et quant le dit Jehan vit qu'il n'y povoit trouver point d'escord,
il mist jus la charge et n'en volt mie dire; et quant le dit Hanrey vit
que le dit Jehan n'en volloit mie dire et qu'il avoit mis jus la charge,
il rancommansait a faire ses poursuites comme par avant avait fait.
Et ciaulx de Metz le respondoient adez plux freschement. Et quant le
dit Hanreis vit que ciaulx de Metz tenoient assez pou de ses grosses

1433. parolles et menasses, sa femme vint en Metz par mil ııır^c et xxxııı,
et mandait querrir sgr. Jaique Daix chevalier et sgr. Nicolle Roucel,
et leur remonstrait au plux courtoisement qu'elle pot la dite entreff-
faite, maix elle ne faillit mie a responce. Et quant elle vit qu'elle
n'enpourteroit aultre chose, elle dit qu'elle lez enchargeroit; et en
furent chargiez par les parties, et en firent leur rapport par le greif
des parties. Et rappourtont que de ııı^m frans, que le dit Hanrey de-
mandoit, ilz firent paix et escord de tout le temp passez parmey c florins
que la dite damme empourtait, parmey bonnez lettrez d'aquitance qu'il

p. 419. donnait de tout le tempz passes. | Et quant au servise qu'elle presen-
toit, il li fuit responduit, que le dit Hanrey les avoit si bien servis
du tempz passez, que pour le present ilz se passoient bien de son
servise et d'autrez; maix s'ilz avoient on tempz a advenir mestier de
service ne de gens, ilz poroient bien mander par dever yaulx plux
fiaublement que dever nulz autres. Car la dite dame heust vollentier
pourchasier, s'elle heust peu, que le dit Hanry heust estei homme ou
pancenaire de la ville, maix elle ne faisoit neure, car on s'en passoit
bien pour la bonne leaulte et pour les boins service qu'il avoit fait
a ciaulx de Metz; car avoit heu ııı^m florins de la ville pour le recept
de Pierefort et pour le service qu'il leur debvoit faire de xxx hommes
d'airmez a sez frais, fortunes et perilz, en la guerre devant dite contre
le dit duc de Lorraine, maix on plux fort il laissoit tout coy, et s'en
allait en Champaigne en la guerre de France qui y estoit pour le
temps.^{a})

1434 Item on moix de may par mil ııır^c et xxxıııı revint sgr. Callay
Mai. du Salsif, chevalier, herretier dou dit Salcif, fillaistre dou dit Hanris
de La Tour, et fil de Jehan de Mairley sgr. dou Salcif; et de-
p. 420. mandoit ses dampmaiges de la dite mauson dou Salcif abatue et d'autre,
pourtant qu'il en estoit droit hoir ad cause de son peire et que quant
elle fuit abatue qu'il estoit josne et desoubz aige. Maix la ville ne

---

a) ¹/₂ S. frei.

l'en volt rien donner, car le pourquoy seroit trop longe a escripre, car vous en poures trouver partie en procet de ci devant. Et quant il vit qu'il n'en povoit aultre chose faire, il dist qu'il en chargeroit sgr. Jaique Daix chevalier et sgr. Nicolle Roucel. Et quant ilz orent la charge par lez ıı parties, sgr. Nicolle Louve chevalier se boutait entre ıı et traitont que pour c florins de grance c'on li donroit, pourtant qu'il poursuoit son fait ainsi amereusement; et empourtait c florins par paix faisant, et donnait quittence de toutes choses et demandes qu'il povoit jamaix faire de tout le tempz passes a ciaulx de Metz, de queil chose que ce fuist ne puist estre de tout le tempz passes jusques audit jour.[a])

---

[a]) *Hiernach noch 10 freie Seiten.*

GLOSSAIRE

par François Bonnardot.

Par sa date et plus encore par son style, si profondément empreint d'un individualisme poussé jusqu'à la licence, le texte de notre manuscrit ne se prête pas à une étude grammaticale ni syntactique, surtout en ce qui concerne la morphologie où la règle serait noyée sous la masse des exceptions quasi tératologiques. D'ailleurs, ce travail a été fait pour toute la partie poétique du recueil. Il suffira de renvoyer le lecteur diligent, pour les chapitres XX—XXXII (ci-dessus p. 84—293), aux explications données à la suite de notre édition de „La Guerre des Quatre Rois contre Metz en 1324", publiée en 1875; et pour le chapitre IX (ci-dessus p. 18—59) à la publication de ce poème, parue ici-même (Jahrbuch, 1894, p. 194 et suiv.).

Le signe † indique les mots qui figurent dans le Dictionnaire de Fréd. Godefroy, **uniquement** *d'après le texte de la „Guerre de Metz"; ce sont donc autant d'ἅπαξ εἰρημένων, intéressants à signaler.*

Le signe * indique les mots ou acceptions de sens qui ne figurent pas au même Dictionnaire.

A.

a, suivi d'une consonne, notation dialectale; voir les mêmes mots sous ai-, es-, suivi d'une consonne.

* abater[e], suj. de «abatteur»; — a. de gibat, qui jette le gibet à bas.

abesoigner, v. neut., avoir besoin; — v. unipers., convenir.

abouter, mettre ou conduire aux abouts, aux limites; — a. qqun hors du payx, le chasser, l'exiler.

acarlette, écarlate, étoffe rouge.

achiter, «acheter», compenser. — Ainsois qu'ilz fuissent desconfis, ilz fuissent bien achités, ils firent payer cher leur déconfiture.

* achuir, dial. de achevir, venir à chef de, exécuter.

acoint, «acointe», ami, familier, bien venu en cour.

acrue, subst. partic. de acroire (p. 264, v. 5) — * emprunt.

acusont (s'), s'excusèrent.

adans, «aidants», défenseurs, partisans. — Nous adans avec notre aide.

ademetre (s'), se démettre de, résigner sa fonction.

adire, corr. a dire.

adjournant (ad l'), loc. adv., au point du jour.

adjuel-le, aïeul-e.

† aduelet, «avelet», dim. formal de «adjuel» petit-fils.

affroit, affroy, «effroi», bruit, alarme; surprise par l'ennemi.

ai, ay, 1. «a», préposition. — 2. «et», conjonction.

-ai, -ay-, notation dialectale pour le fr. a-, é-, es-. — Se réduit souvent en a-; ainsi: esglise, aiglise, aglise; sa, «sai, sais» de savoir, etc.

aicroxait, «accrut», 3e p. s. pf. de accroître.

aie pour «a» de «avoir».

aieut, «eu», part. p. de «avoir». — Dans

31

le passage suivant : « Jaique de Sierque doient estre erxevaique Trueve que ly aieut fait droy » (p. 405—6), *doient* et *aieut* ont la valeur du conditionnel passé : « aurait dû, aurait eu. »

aieuxe, pour « eussent », du v. avoir.

aige, eaige, « âge » ; pris absolument, âge de la majorité. — Loc. : *jones et desoubz eaige*, mineurs.

aigreif, corr. *ai greif*, à [bon] gré ; — et voir eingreif.

ailaiquesion, élection.

ain, subst. « an », année. — Et de même en finale *Braibain* « Brabant », *Orleains*, *Orliein* « Orléans ».

aipaixon (s'), s'apaisèrent, se réconcilièrent.

aiperrour, empereur.

air, part. ps. de airde, « ardre » ; — brulé-s, incendié-s.

airainement, action d'adresser la parole, conversation.

airde, -dre, airdoir, arde-, « ardre », brûler, incendier.

airrour-e « erreur » ; *ai. contre la foy*, hérésie.

aistoie, aistien, « étaient » — *aistoit*, « était », 3ᵉ ps. pl. et sg. de l'impf. de « être ».

aisey, adv., assez.

aistey, état.

-ait, -eit sg., -eirent, erent pl., désin. de la 3ᵉ ps. sg. et pl. du pf. ind. des verbes de la 1ʳᵉ conjug., étendue à nombre de verbes des autres conjug. : *aicroxait* (de accroître), *ardait*, *conduisait*, *escripvait, fereit* (de férir), *obaiait* (d'obéir), *rafranchait*, *requerrait*, *rescripcait*, *respondait*, *souffrait* (et *soufframez* 1ʳᵉ ps. pl.), *trahait* (trahir), *traiait* (traire), etc. — Plur. *arderent* (au regard de *ardirent, ardont*), *attenderent, ceinderent, desparterent, esterent (irrent erent), offrerent, parterent, prenerent (prinrent), recullierent*, etc.

aivaique, avaique, évêque.

aivinxe, airinxon, 3ᵉ p. pl. pf. de « avenir ».

aixevaichief, ersxevechief, archevêché.

aleurent, élirent.

alie (de l'), fruit de l'alisier ; — correction probable de *de la lie* (p. 240, v. 18). — Voir pestaul.

aliemenz, engagements, accords.

alleit, allât, subj. impf. sg. 3 de « aller ».

alter, autel.

amandaisse *et satisfaction* « amandise », réparation, excuse.

ambaseadrie, -trie, ambassade, délégation.

ambaseateurs-tours, ambasiateurs-tours, amsbaseatours, anb..., embaseatours, enbaixaidour — ambassadeur-s, délégué-s.

*ambourgoix, compagnie de bourgeois.

amoreusement, adv., avec des sentiments d'amitié, de bienveillance.

* ame, var. *esme*, « estime », appréciation, calcul.

-ames, désin. de la 1ʳᵉ ps. pl. pf. ind. de la 1ʳᵉ conjug., — appliquée par extension aux autres conjug., *soufframez.* — Voir -ait.

amoieneir, offrir sa médiation.

*amuevre, « émouvoir », susciter.

anbasade, enb.- ; *il ait envoiet enbasade l'evesque . . . et le seigneur . . .*, pour « en ambassade » ou « comme ambassadeur ».

angrangne, dial. ; voir engreigne.

anhan, enhan, souffrance, effort pénible.

ansoy, adv., avant, auparavant.

antephone, entephone, forme latinisée de « antienne ».

anxuan, en..., adv., ensuivant, venant après.

apartemens, corr. *apartenens*, « appartenant ».

apingole, forme dial. de espingole, espignolle, arme de jet en forme de fusil.

Apostole, Appostole, -toile (l'), le Pape.

apprinsee, « appréhendée », prise de maladie.

— 475 —

†aquarreller, aquerrelleir, chercher querelle.

aquerrir, provoquer.

* arbansier (s'), v., paraît avoir le sens de « sortir de, se mettre en route, faire une expédition »; — peut-être dérivé de *arban* « arriereban » ?? — Voici le texte: *Pues s'en ralloit le dis roy an son roiame de Boeme san luy de plus a arbansier jusques en l'an M CCC IIIIxx et VIII, qui revin on duschief de Lusanbourch* (p. 324).

arbois, herbois, champ d'herbe, gazon.

arrement, « errement », moyen de procédure, procès.

* arrieraige, au sens de « arroi », train, équipage.

arrois (tenir en), en ordre de bataille.

arrour, « erreur », en matière de religion, schisme, hérésie.

*arsiere, harsierez, propr., «brûlure, incendie»; — spécial. (p. 409), maladie qui brûle et ronge les chairs. — Patois: *arseur*.

* artois, « orteils »; par ext., les pieds. — Patois bourg. *artos, ertos*.

asauce, essaulce, exaulce, « exalte » et non « exauce ».

* aschaloignez, assalaignes, échalottes; — resté plus près de l'étymologie *ascalonia*, maintenu au verdunois *acalougne*.

Assair, Aussair, Auxay, Alsace; — formé sur un type neutre *Alsatium*.

asquermissours, *esquermisours, escarmoucheurs, quermissours*, — qui sont en escarmouche, éclaireurs.

* assenir, lotir, pourvoir.

assevir, achever, exécuter.

atrapeir, voir estrapeir.

* aube, arbres.

auccion, « action » en justice, poursuite judiciaire.

* auguière, aiguière, vase à laver les mains.

august, le mois de « août ».

ausney, corr. *ansney*, « ainsné », aîné.

Aussair, voir Assair.

* autrait, dans la loc. *mener autrait* (p. 355); corr. *au trait (?)*, mener comme bêtes de trait, cf. p. 132 str. 116: *les neis ne vont mie à trait*. — Toutefois le sens s'accommoderait mieux d'une équivalence de *autrait* avec *autresi, autretant*, tout ainsi, tout pareillement. — Voici le texte: *S'on les menoit en nulz lieus embatre, il sembleroit que ce ne fuist mie pour bien et c'on lez menaist* autrait *pour yaulz mettre a amande*.

autremement (p. 339, l. 34), corr. *autrement*.

autrey, corr. antrey (entrer) dans la phrase: *aycomanson lez Boeme et autrey en lor airrourre contre nostre foy* (p. 317).

Ave, lat. anagramme de Eva; sur quoi, cf. p. 189, n. 1. — Ce terme *Ave* personnifie ici la Vierge Marie; — est écrit avec *l* adventice A v e l Marial (p. 3).

ay..., voir ai...

aybasse, abbesse.

aycomansement (l'), et non *lay c.* (p. 438 l. 3), « encommencement », commencement.

aymeut (s'), émut.

aynaie, anaie, année.

ays, es, 2e ps. sg. ind. pr. de « estre ».

B.

Bahagne, -haigne, -heigne, Baihaingne, -hengne, *c'on dist le roiaume de Boeme*, Bohême.

Bahaignons, -hignons, Bahugnons, Baiheingnon, -hignnon, -huignon, habitants du royaume de *Baiheingne*, Bohême; — spéc., hérétiques hussites.

bahorder. * behoider (le), action de jouer, s'ébattre, particulièrement en conversation enjouée et badine.

baiems, bayens (pois), crevés à l'eau chaude.

* bairatte, sébille, écuelle; — *b. pleine*

31*

d'or. — Godefroy ne connait que le dér. *baratere,* « pot de terre ».

Bairroy, Berroy, 1. le Barrois, comté; 2. les Barrois ou Barrisiens, habitants du comté; partisans, soldats du comte de Bar.

baitellier, batailler, mener la guerre.

baizes, corr. baires, barres.

Balbierre, Bauwiere, Bawiere, Bavière.

†bancent, pour *bausent (banni signum),* cloche du beffroi communal, — par ext., milice convoquée au son de cette cloche.

bancloche, cloche du beffroy, cloche municipale; à Metz était dite « la Meute ».

banne, bannière, parti militaire.

* banquet, petit banc, banquette.

barais, baras, tromperie, feinte.

bareter, tromper, décevoir, frustrer.

bargier « berger »; — au fig.: pasteur, *le bargier Bauduyns,* Baudouin de Luxembourg, archevêque de Trèves.

barretours, bartous, « barettiers », trompeurs; — forme un jeu de mots avec *Barrois: Pour ce* Barrois barretours *nomme* (p. 244, str. 9).

* batillerat, muni d'artillerie.

baucon, « bacon », viande de porc salé, plus spéc. lard, jambon; — *joutte au baucon,* choux au jambon, l'un des mets offerts par le Roi de France à l'Empereur (p. 313).

behoider, voir bahorder.

belz copt, biaulz copt, forme diéresée de « beaucoup » adv.

bergerie, « action digne d'un berger », sottise; — méprise, faute. — Ex. unique chez Godefroy, sous la notation *begerie.*

besoingne,* au sens spécialisé de « bataille »; *b. de Cresit,* bataille de Crécy.

bial, beau. —*Biaulz copt,* beaucoup, adv.

biensvaillans, « bienveillants », amis, partisans.

biere, civière à porter les blessés, les morts. — Par métaphore: † pertes, défaite: *... avoir pensoient mainte biere.*

blaseneir, « blasonner », louer, vanter.

boieul, « boyau », * tiroir, layette d'archives.

blaisons, blasons. * cartels d'invitation à une joute, un tournoi.

boirs pour « bois ».

boisson, * buisson (ardent de Moyse).

boivre *(donner a),* donner la bonne main, le pourboire; *laissier le b.,* abandonner la partie.

† boler, remuer en fouillant.

bombarde, machine à lancer de grosses pierres, mortier à bombes. Ex.: *b. a chambre; b. pour traire, traians, le groz d'une teste; grosse b. comme teste; b. a pierre* (p. 390 et suiv.).

borgerie, bourgerie, *bourgeoisie, corps des bourgeois d'une ville.

borqueraive, Burggraf, bourgrave.

botellier *et salleries,* bouteillers et celleriers.

bougerie, « bougrerie »; propr.: vice contre nature, dont les hérétiques bulgares (voy. le suivant) étaient particulièrement accusés; — par extension: hérésie (albigeoise).

Bougres *(les falz),* bourgres, notation populaire de « Bulgares » tenus pour hérétiques. — Par extension, ce terme a été appliqué à diverses sectes hérétiques, notamment aux Albigeois, aux Hussites: *b. Bahaignons.*

* bourson, buisson, — *boursons ne hayes.*

* bouson, bousson. Ce mot parait signifier « partisan », volontaire, qui guerroie pour son propre compte. Voici les ex.: *Carlat de Dulliet .... estoit* bousson *du duc Charles de Loheraine et n'avoit autre puissance for que ce que le dit duc de Loheraine li faisoit avoir. — Avint que sgr. Ferry de Chambley ... comme* bousson *du dit duc de Lorraine, lequeil n'avoit nulle puissance fors que ce que le dit duc l'emballoit* (sic, corr.: embattoit), *nous fist guerre. — Item puis avint que Didier de Chafour et Ferry de Leudre* *comme* boussons *dudit duc de Loheraine nous firent guerre de voullenteit.... Et pour tant que nous ne pociens plux souffrir que le dit duc nous fasit ainsi a chescune foix guerroier par desoubz le chapel par sez hommes et soubgiez, bonnez villez et fourteressez, constrainte nous esmeut semblament de mettre des* boussons *... pour laissier dampmagier on dit duchie de Lorrainne. De quoy plaine guerre s'en esmeut entre le dit duc et la ville... Le dit duc encommensait a mettre ces* bousons*, lesquelx prennoient jour pour jour lez biens de la ville sans recreance par la puissance du dit duc. De coie ciaulx de Metz furent constrains de mettre des* boussons *par leur fourteressez pour dampmaigier le dit duc; et tant que pour les ditz ...* boussons *et contre*boussons *que le dit duc et la ville se fissent l'un contre l'autre, guerre s'en esmeut entre les parties* (pp. 426—429).

bousons, «boujons», gros traits d'arbalète, matras.

boutez (p. 328 l. 20), corr. *feuz boutez*, comme ibid. dernière ligne.

braire, crier, se plaindre hautement.

*brais, bray, subst. verbal de «braire»; — cri (de guerre).

*braixais, braxais, dérivé de *braire* ci-dessus; «braillards», mutins.

bruir, brûler, être mis à feu.

bueffat, buffat, buffet, armoire pour vaisselle.

buerleir *et dammagier* (p. 347). — *Buerleir* est-il une métathèse de «brûler», incendier? — ou est-ce le même que *burler*, cité par Godefroy dans un sens unique, au sens douteux de «accourir avec bruit». — Le sens «brûler» paraît préférable.

*burler, marquer de la *burlette*, sceller un acte.

burlette, «bullette», sceau; droit de sceau.

buttyner, prendre comme butin.

C.

caiman, calman; ca-, cai-, calmandan, «quémandant», quémandeur, mendiant.

* calse, cause.

capitaine (une), au genre féminin; forme rare, dont God. cite deux exemples.

† caritaul, qui est à la charité d'autrui, mendiant.

cecor (p. 440, l. 12), corr. *encor* «encore».

* cedre, sceptre.

cens pour *saint;* — *cens Mamyns*, l'église saint Maximin ou Mamin, à Metz.

cerf-z, cerfve *(gens)* pour «serf»; — *cerfz au diauble*, serviteurs du diable, esclaves du démon.

c'este, dans le membre de phrase; *pour sur ce peurs avis que* c'este *de fin de guerre*(p. 294, l. 3), qu'il faut sans doute corriger: ... *que* [fut] ceste *fin de guerre.*

chaffault, échafaud, estrade.

*chainve, chanvre.

Chaille, Challez, Charles n. pr. — cf. *pailleron*, «parlerons».

chaivoir, chavoir, «cheoir», tomber; — * par extension, être couché, compris dans un chapitre précédent.

chalour, chaulour, «chaleur»; au fig., «ardeur, véhémence, colère, inimitié.»

chalt (de) en chaul, dans le feu de la colère; — voir chalour.

chambre de justice, siège et juridiction; — *je sa bien que vostre ville* [Metz] *est chambre et escul de l'Empeire contre les marches du Reaume de France* (p. 418).

champeigne, champagne, pièce d'armoiries qui occupe au bas de l'écu deux parties des huit de sa hauteur; — figure au blason de la seigneurie de Wirtemberg (p. 15).

* chanter *du datum*, et absol.; être daté, marqué d'une date. — *En furent faites lettrez que chantent de l'an mil III*^{c} *IIII*^{xx} *et XIX.* — *Lettrez que chantoient du datum du tempz que ....*

Cette expression tire son origine de la formule fréquente de datation par une fête religieuse: *Datum die qua cantatur* telle hymne ou séquence de l'office du jour. — Par ext., *chanter* se dit de l'objet ou de la somme dont il est question dans l'acte: *chanter de bleifz* (p. 335, 336). Ce dernier sens est consigné chez God.

chapel, chapeau. — * Au fig., couvert, prétexte; *per desoubz le chapel*, en arrière, d'une façon détournée; — voir sous bousson.

* chapitre, prison capitulaire, pour les chanoines.

chapteis, cheptes, cheptels, chetels; — contrats de fermage d'une métairie; produits d'un métayage.

charral, voir chastel.

* charton, charretier, conducteur de char.

chasce, 3ᵉ ps. sg. subj. de «cheoir»; — voir chavoir.

chase, «chasse», poursuite, déroute.

chassier, pourchasser, poursuivre.

† chasson. — Ce mot semble devoir être identifié à *chesson*, dont G. cite un ex. unique d'après un document messin, avec le sens de «veau châtré, jeune bœuf». — Voici le passage de notre texte: «Ellez (les bombardes) ne blassont onque creauture for que ung *chasson* qu'elles tuont» (p. 428).

* chassoz, sachos, chabot, sorte de poisson à grosse tête.

chastel, -teaux, -tiau, *sur char*, *charral, -raul, cherraul, -ralx*, machine de guerre montée sur un char. — Cf. God. s. v. *chat chastel*.

chaudis, chaud, brûlant.

chaulour, voir chalour.

chaume *de fer*, corr. *chainne*, «chaîne».

chave-vi-tain, -taine, «capitaine», chef.

chavoir, voy. chaivoir.

* chenette, «canette», sorte de vase; spéc., ampoule.

chier, «cher»; loc. *faire chier*, tenir grand compte, faire payer bon prix.

chiere, visage, physionomie: — *faire chiere de*..., faire mine de..., agir de telle façon que...

* chousir, autre forme de «choser»; — *se ch. deregleement*, se comporter, agir contre la règle.

cind, cinderent, sind, sindet, formes de l'impér. et de l'indic. de «ceindre».

* cire, au sens métaphorique de «sceau de cire», puis «acte diplomatique muni de ce sceau».

*clamir, réclamer.

*clairie, «éclairé», illuminé, — égayé de vin.

clanche *(main)*, main gauche.

clerssons, «clergeons», jeunes clercs.

† clincleselle *(en)*, à bas de la selle.

* cochelle, † creelle, * crehelle, prune.

coie, pron. quoi.

coy, dans la loc. *laissier coy*, abandonner, renoncer à.

col, colp, copt, coup; — loc. adv., *belz copt*, beaucoup.

cole, bile.

come (p. 54 n. *a*), corr. *com*.

comptant, contemps, content, satisfait.

concelle, -sceil, -seil, -seille, -sille, notation commune aux deux mots: «conseil» et «concile».

condut, route, chemin; — saufconduit, sauvegarde: *graices et condus*.

conformalsion, «conformation» pour «confirmation»; — et de même conformer, confirmer.

* conquester [e], forme suj. de *conquesteur*, conquérant.

considerenz, dans la locution: *nous, sur ce considereez de voir et considerenz* (sous-entendu «les choses»), est un latinisme, gérondif passif, qui francise servilement la formule *consideratis considerandis*.

consillier *(se)*, tenir conseil ensemble, conférer les uns avec les autres.

consors, partisans, compagnons.
contasse, comtesse.
1. contemps, adj., content, satisfait.
2. contemps, subst., contention, débat, litige.
*contreboussons, voir boussons.
contrester, résister, s'opposer à.
*coppe, «coulpe», punition, pénitence : *poinne et coppe.*
copt, voir col.
corneez, pointe, coin; — *entrer a IIII c.*, par quatre côtés différents.
*coronique, chronique.
*coronneis, abs., faucons couronnés, portant une huppe en forme de couronne. — Voir p. 217 n. 1.
*correcteur, prévôt d'armée juge; allem. stroffer.
cosmaige *real* (p. 328, 4e ligne du bas), mot obscur; — doit sans doute être corrigé en *domaige reel*, de fait, apert.
*cotte *de quoy on font les vertoulz de terre... De la cotte et montaigne de Wirtemberg ons en font des vertoulz de quenoilles* (p. 15.).
*costumer (p. 445) «coutumier» juriste expert en droit de coutume; — voir p. 462, ligne dernière.
couchant et levant *(hommes)*, gens de main morte, mainmortables.
couchier, au sens de "présenter, tendre quelque chose : *le dit bourgoy avanssait une bairatte plainne d'or et la couchait au roy*, en renversa le contenu pour son enjeu; *couchier si grant finance*, avancer une si forte mise au jeu.
*couler, collier.
*courrir, absol., courir sus, assaillir.
*coursier, chevaux de prix? offerts en présent. — Peut-être simplement ce mot a-t-il ici le sens de «redevance gracieuse, don gratuit». — Le chancelier de l'Empereur ayant remontré aux «ambaseateurs» de Metz qu'ils n'auraient pas dû se présenter «les mainz veudez», mais avec un don de «ung milliers de florins en coursiers et en autres manieres», les délégués messins se décident à employer volontiers «I coursier ou II». A quoi le chancelier répondit qu'il n'entendrait à rien, avant d'avoir «M florins devant toutez chozes» (p. 413). — Après mûres réflexions et long délai, les délégués se résolurent à acheter pour le chancelier «une demy dousenne de bellez taisses d'argent que povoient valloir envirou L livres»; en outre, l'Empereur aûra «pour sa personne M florins», et le Chancelier «pour sa chancelerie VIc florins». Au moyen de quoi l'Empereur confirma les franchises de la cité de Metz (p. 418, 419). — Le total de la «despendence de ciaulx de Metz» est évalué à la somme de environ 2925 florins du Rhin pour les présents, et 725 florins pour les frais de voyage, le tout équivalant à 1900 livres et 25 sous (p. 421, 422). Et à la p. 470 : Jean de Raville «heust vollentier trouvé aucun escordz avec ciaulx de Metz parmey ung *coursier* ou II, mais ciaulx de Metz n'en volrent rien faire.»
*coustangeable, qui occasionne de grands coûts, de fortes dépenses; — *plux c.*, plus cher.
coustelz, «côtés», branches de la lignée, de la descendance.
couver, v. n., être à l'état d'incubation, durer, se prolonger.
*craille, *craoille, †croaille, fourchette.
*crallicrez *et maivesierez*, terrain tourbeux, marécageux. — Doit être distingué de *creiere* (God.) carrière de craie.
*crance, croyance; — par extension, *estre en la c. du pappe d'Avignon*, lui être fidèle, reconnaître son autorité.
crans, garanties, assurances.
creelle, crehelle, voir cochelle.
cremir, craindre.
Cresit *(besoingne de)*, la bataille de Crécy.
†croaille, voir craille.

— 480 —

* croisier, abs. «croiser», courir sur (comme en croisade), pourchasser.
* croistre, crotte, «grotte», crypte d'église.
cude, «cuides», de «cuider», penser, estimer que.
cuein, cuien, quien, forme du suj. de «comte».
* cuers d'aingles, (les neuf) chœurs des anges.
cuien, forme du suj. de «comte».
culiere, sangle au derrière d'un animal de trait.
cultel, couteau; — patois: *coutei, coutê*.
cum pour *con com* «comme».
cumis «cumin» sorte d'épice. — Jeu de mots pour *comuns*, amené par le voisinage de *poicre* pour «povre». Il faut rétablir «pauvre» et «commun» p. 228 str. 6
cure, * gouvernement, administration.
cyrmonies, sirmonie, cérémonie, solennité.

D

da, répond à «des» art. plur. dans *flours dalix* (v. c. m.).
dairains, derrains, derniers.
dalix *(sic)*, corr. *da* (= des) *lix;* fleurs de lys, l'écusson royal de France; — *il est des flours dalix*, du sang royal. — Godefroy graphie à tort d'*allix*, d'après un ex. unique d'un texte messin. — Il est intéressant de noter que la prononciation populaire *dali* pour «des lys», s'est maintenue au nom de l'une des branches de la famille de Jeanne d'Arc, anoblie sous le titre de «Du Lys», devenue populairement *Dalis* et *Dailly*, d'*Ailly*.
datum, dans l'expression *chanter du datum;* voir chanter. — God. consigne *daton, datum* avec le sens de «action de donner, octroi».
* deadelme, -mme, deauldelme, deyaldesme, diadème.
decepus, au regard de *deceü*, «déçus», part. ps. de «décevoir».

dechay, «déchu»; part. ps. de *dechaïr*, le même que «décheoir».
defol, défaut, manque.
delz, dés à jouer.
* demaldire, «maudire», excommunier: *et pour tant le* demaldit *ledit pappe, et li fist et donnait teille maldisons, qui fuit mangiez de vermine et en moruit* (p. 308).
† demissour, *demis four*. — Ce mot que God. cite d'après l'exemple unique de notre glossaire de «la Guerre des IIII Rois contre Metz», est-il une altération violente du terme désuet *missoudor missoldor* qui s'appliquait à un coursier de prix? Le sens serait donc: qui a une grande valeur, *chescun vault bien ung demissour*. — Les variantes *demis fours, ung home seur*, sans utilité, démontrent combien le vocable d'origine n'était déjà plus compris. — Mais plus simplement, je tendrais à voir dans *demissour* (r exigé par la rime) une var. de *domexour*, «damoiseau», jeune seigneur, et par ext., hardi, vaillant; — voir plus bas domissel, qui convient de tout point pour le sens: *N'ait si herdis jusqu'a Pavie, Chescun vault bien II domexours* (p. 168 str. 202).
* dependanse, despendance, -dence, dépenses, frais.
deperdre, causer une perte, un dommage à, faire tort à.
deputaire, depuitaire, opposé à *debonnaire*, de mauvaise race, mauvais, pervers.
dequis, corr. *depuis*.
desamour, manque d'amour, refroidissement dans l'affection.
deschat, «déchassé», chassé, banni.
* descendancez, suites, conséquences.
descendue, descendance, postérité. lignage.
desconfirent *(au) les dis Fransois*, notation altérée de *au desconfire, a la desconfiture* des Francs, des Chrétiens. Il s'agit de la bataille de Nicopolis.

descouchier (se), sortir de sa couche, se lever.

* desemer, répandre la semence, semer.

desentir, pressentir; — *d. et aidier concluire*, pressentir pour (*et* = ai, à) la conclusion d'un traité d'alliance.

deserte, subst.-partic. de «deservir»; mérite bon ou mauvais. *Cil qui ait dampmaige par sa deserte*, qui encourt dommage par sa faute.

* deslower, être mécontent, se plaindre, regretter.

desmoulue, part. p. fém. de «desmoudre»; — réduite en poussière.

despars, «départ», répartition, compte.

* despartite, partie, troupe, bande; — *certainne d. de genz*, iront quérir les vivres.

* despartiteurs *(de gens)*, volontaires, compagnie isolée, bande à part.

despenciers, «dispensateurs», * aumoniers.

* despendence, dépense.

despendre *ses prouveances*, «dépenser» ses provisions de bouche, consommer les victuailles.

despon, pour «despans», dépens, frais.

desprouvente, pour «desprovendées», dépouillées de leur provende, affamées.

desraignant, part. pr. de «deraisnier», exposer ses raisons, s'entretenir, converser.

determineement, définitivement, pour le tout.

detrier, retarder, différer.

devant dans la loc. *quant, Dieu devant, il sera coronnei pour emperour* (p. 324, l. 1), corr. *aidant*. (?)

devoluscez (p. 445, l. 16), corr. *devolueez* ou *devolvez*, échues par droit de dévolution.

dexurper, «usurper», — *d. lez droit de l'empeire*, y contrevenir, passer outre. — God. donne un ex. unique de *desurper*.

* dissolees, répond à lat. *dissolutas: les choses d. relieve les* (p. 451).

diversités, * variations, intrigues politiques.

doieut, forme explicite de *dû*, part. ps. de «devoir». Dans le passage suiv.: «Jaique de Sierk doieut estre erxevaique Trueve que ly aieut fait droy» (p. 405-6), *doieut* et *aieut* sont en valeur du conditionnel passé: «...aurait du être archevêque de Treves si on lui eût fait droit.»

doies (et mieux *doie*), représente le lat. *digita*, plur.-neut. traité comme fém. — les doigts, l'ensemble de la main et non le simple «doigt» (God.). — A *doie* répond ital. *dittà*.

† dole, dolle, cage. — Sur l'étymologie de ce mot voir le Glossaire de la *Guerre de Metz*. — Patois actuel: *doulle, doule*.

dolz, dors, dos-z, «dos».

* domissel, «damoiseau», jeune seigneur non encore reçu chevalier. — Voir ci-dessus *demissour*.

dongier, «danger»; — loc.: *sans d.*, sans difficulté, sans retard; — *faire d. de...*, faire difficulté, refuser; — *a moult grant priere et d.*, * instance, supplication; — être ou se mettre *on d.* de quelqu'un, sous sa dépendance.

donnes, pl. n. fém; lat. *dona*, «dons», donation.

Donnowe (la), fém.; le Danube (all. Donau).

dor (p. 16, l. 14), corr. *d'or*.

1. dos, voir dolz.
2. dos pour *dois*, «da's», siège élevé.

dors, voir dolz.

doul (p. 335, l. 4), corr. *d'oul* «d'ou».

doweir, gratifier, récompenser.

draps, vêtements (de drap); — par ext. métaphorique: *le dras du Grant Mostier*, la litre funéraire.

droicturres *seigneur* «droiturier», naturel, légitime.

† duchaulz, soldats, partisans du duc (de Lorraine).

† duche, allemand, «deutsch». Voir tiesse.

E.

eaige, voir aige.

*eilles, ailes.

ein, pour «en»; dans la loc. *eingreif* (p. 419, l. 5), qui a pour équivalents: *aigreif (ai greif), par boin greif*, prendre en bon gré.

eissir, uxir, «issir», sortir de.

ellexour, alias *esliseurs*, électeurs.

em-, voir am-.

embahis, le même que *esbahis, ebaï*, émerveillés; — troublés, déconfits.

* embatemens, le même que *esbatemens*, divertissements, fêtes.

* embatens, vif, ardent; léger, joyeux.

embatre, le même que *esbatre*, divertir, festoyer; — *s'embatre, -baitre*, se divertir, prendre ses ébats. — *Embatre la chevalerie* par fêtes, joutes et tournois.

emboulée, sans doute le même que *embouli*, cité par God. au sens de «embrasé»; et par extension: «réduit en mauvais état, mis à mal»

embrideir. * retenir, arrêter (comme par la bride).

empererise, emperreresse, impératrice.

empoisonnement, poison.

en-, voir an-.

enairbey, enerbei, formes var. de enherbez, part. p. de «enherber», empoisonner (par des herbes vénéneuses).

enballoit (l'), mot douteux; corr. *enballoit*, impf. de «embatre», mais peut-être vaudrait-il mieux lire *l'en balloit* de «baillier, baillir,» donner, fournir — *il n'avoit nulle puissance fors que ce que le dit duc l'en balloit*. — Pour plus de détail, voir sous bousson.

enbaunoier (s'), se divertir, s'égayer.

encepvelez, -velis, enseveli, -s.

enchief *lui*, enchiefz -chiesz *eulx* (en chez), chez lui, chez eux, dans son logis, dans son pays, dans leur seigneurie.

encliner, neut. et réfléchi, saluer.

encombaitre, * combattre, réfuter.

encombrie[r], obstacle, opposition.

* enfamer, affamer.

* enfourseement, adv., à toute force.

engelez, gelés.

† *engreigne, angrangne*, 3e p. sg. ind. pr. de *engreignier*, devenir plus fâcheux, plus pénible; s'aggraver.

engremys, engreny, irrités, courrucés.

enhaussier *(enhausse,* var. *enbasse)* ; — au fig. tenir à haut prix, faire difficulté de.

enhaner, enhanneir, enhapner, ahenner, labourer; — par ext., tra-, vailler à grande peine; — spéc., *enhanneir* une somme d'argent à qqun., *donner de force, de mauvais gré. — L'empereur ot entencion de venir a Metz ; maix pour la somme de II*m *et V*c *florins que ciaulx de Metz enhannont a son conseil, il ne vint point en Metz. Car s'il y fuit estez venus, la ville en eust souffris tres gros despens, frais et missions* (p. 369).

enleire, alias *elleire, ellire*, élire, choisir.

*emmaingier *sa proveance*, en-; manger complètement ses provisions de bouche, consommer toutes ses victuailles. — Réfléchi: *s'enmainjier*, être à bout de vivres: *Nous les cudons deschacier et enfamer, et nous nous destruons et enmainjons de nous meymes et faillons a vivre*.

*enmenant que, loc. adverbiale, pendant que, tandis que.

*enmeurier, «emmurer», renfermer en prison.

enprunter a qlqfois le sens de «prêter», faire obtenir (des sauf-conduits) (p. 65, l. 26).

ensigne «enseigne», cri de ralliement.

enssanciez, encensoir.

* ensuitez et *despendancez*, suites, conséquences.

* entrais, extraits, issus.

† entrant -trent, adv., pendant ce temps, en attendant.

— 483 —

entree, corr. *entiere*, «intègre» en chasteté, vierge, — *le ventre virginal de* l'entree *virge Marie* (p. 455, l. 13).

* *enreirei* (je m'), je m'en irai; — formé sur le thème de l'indic. *rai*.

entre pourter, corr. *entrepourter;* — *on s'en puet bien e. de en rien ne parleir,* s'abstenir.

envif, envis, de mauvais gré, malgré soi.

envoir, corr. * ennoïr pour *ennoyer* «ennuyer», au sens réfléchi : ressentir de l'ennui, prendre en mauvais gré.

* *enroisse*, subj. 3 de *enaller*. — Voir ci-dessus *enveirai*.

enxuan-t, enxuwant, exuan, part. prés. de «ensuivre», — pris adverbialement: en suivant, ci après.

ergan, «argent»; — abs, * somme empruntée, dette.

ermaie, armées.

erxevaichief, archevêché.

erxevaique, archevêque.

esbeneis, réjouis, amusés.

escheus, escheute, empêchement, excuse; — le même sens que *essaine*, ci-dessous.

eschair, qui est d'une économie excessive, chiche, avare.

escoilles «écoles»; * enseignements, instructions.

escordre, corr. *estordre* (p. 192, str. 261; et p. 244, str. 4).

* escramuche, escarmouche.

* espanalx, échelles.

esperes *(debas meus ou — a movoir)*, probablement, prochainement.

espignolle, espingolle, voir apingolle.

espresseir, presser, serrer.

esrois, «arroi», bon ordre; — *sans esrois*, en désordre, en mauvaise tactique.

essaine, forme variée de *essoine*, excuse juridique, empêchement.

essaulse, exaulse, asauce, «exauce», de exaucer une demande, une requête.

-*esse, aisse* (fr. *asse*), désinence de l'impf. du subjonctif, s'applique au présent du même mode, les deux temps se confondant en un seul comme dans le patois actuel: *annuiesse, envoiesse, demeuresiens, pourtaisse*....

estal-z, estaulz, pieu, poteau; — voir mairche.

estandairt, enceinte retranchée, point de mire.

estans, pour *atains*, «atteint», blessé.

esteit «estes», 2ᵉ ps. pl. ind. pr. de «estre», accentué sur la finale, — maintenu au patois *ateus*.

* estolle, poteau; — à corr. peut-être en *estulle;* voir estal. — God. connait *estaure*, «pal, palis».

estouffés, «étoffés», garnis de leurs armes, parés à combattre.

estourait, pour *estourerait;* voir esture.

estrapoir, atrapeir «extirper», arracher.

estronomien, «astronome», astrologue.

† esture, en rime, pour *estore*, 3ᵉ p. sg. subj. pr. de *estorer*, «restaurer», remettre dans le premier état; — le même que *estourer*, munir, fournir, servir son seigneur.

esvalis, forme adaptée, pour la rime, de *esveillés*, «éveillé».

esxeurement, esxurement, var. de *asseuremens*, assurance, certitude; caution.

et, «à», préposition. — Voir a i.

eul, œul, œil, yeux. — Au fig.: le duc (de Lorraine), *cloioit l'eul*, fermait les yeux, restait indifférent ou neutre.

* euves (lat. *equas*), juments.

Eva, lat., Ève. — Voir Ave.

excusasion, excuse, justification.

exuan, voir enxuan.

ez, «as» du v. avoir.

F.

-f, adventice dans la syllabe -*chié*, -*gié* en finale: *chargief, cheralchief, duchief, enchergief, erxevaichief, huchief, merchief, Richiefmont, trabuchief*, etc.; par analogie avec *chief* (lat. *caput*). — Une extension abusive a introduit *f* final dans quelques autres mots: *en-chief* (chez), *encif, greif (maugreif oulz malgré eux), nif* (nid.)...

faillir, abs. manquer de, être au dépourvu, spéc. d'argent.

fait *(si)*, corr. et voir sifait.

* faitier, faire fête, festoyer.

faixes (= faisez), 2e p. pl. ind. pr. de «faire», faites; — maintenu au patois bourguignon: *fyés*.

faixoie, «faisaient», 3e ps. pl. impf. ind. de «faire».

fal, «faux», adj.; — au moral: *les falz Bougres*, hérétiques.

fasit, «fît», 3e ps. sing. imparf. subj. de «faire».

fanitue ou *faintue* (p. 374*b*), mot dépourvu de sens sous cette forme. Peut-on le rapprocher de «faim, famine»? le voisinage de *desprouvente* (v. c. m.) tendrait à le faire admettre.

fautre *(lance sus)*, crochet servant à fixer le bois de la lance pour la charge à cheval.

fayolle, pour jayolle (v. c. m.).

* feier (se), fier (se).

* feir, fouyr, autres not. de fuir (v. c. m.).

femiere, femiers, fumierez, fumées d'incendie.

* femir, fumer, brûler par incendie; — var. *bruir* (v. c. m.).

fermer, affermir, rendre ferme, fixer; *guerre fermée*, déclarée.

* ferriers, «fourriers», fourrageurs.

fiedvei, fievey, «fieffé», qui tient un fief de son seigneur, feudataire.

1. *fierce*, 3e ps. sg. subj. de «ferir», frapper.

2. fierce, la reine au jeu des échecs. *Fierce* est proprement l'arabe *wezir;* sur quoi cf. le Glossaire de la *Guerre des Quatre Rois contre Metz*.

* fisonomiques, calculs astrologiques appliqués à une personne. *Et auvec tout ce je trueve par les plainnettes et par ses — et par ces constollacions que....* (p. 358).

flabes, «fables», discours, légers, paroles en l'air; — maintenu au patois *fiauves*.

† fleschier, commettre une faute.

1. fol, adj., fou.

2. fol, subst., soufflet.

font, dans le nom de lieu: *a Monstreu sus la riviere ou font d'Jorne* (p. 362, l. 2), corr. *faut;* c'est *Montereau-faut-Yonne*, au confluent de l'Yonne et de la Seine.

forgegon, pour *forjugeont*, «forjugèrent», mirent hors du ban, bannirent.

fort *(au)*, loc. adv., à toute force, après tout, en fin de compte.

fortune, au sens de «sort, hasard»; loc. *au lor fortune et peris*, à leur risque et péril.

* foultreir *et couppeir les bleifz*, au sens spécialisé de «arracher, jeter a bas», dér. de «battre, frapper», donné par God. sous *fautrer*.

foural, mesure contenant le sixième du bichet en Lorraine.

* fouyr, voir fuir.

foxe, force, troupe en armes.

fraier, faire des frais, dépenser.

* franchie, subst. verbal de «franchir», franchise; état de l'homme libre par opposition a «servage». — *Leur homes ne sont mie cerfz gens, ains sont gens de franchie* (p. 72).

* frawer, briser, rompre (une lance).

fuïr, feïr, fouyr, v. act. et neut. mettre en fuite; — s'enfuir.

G.

-g, en valeur de -*j* devant -*a, o: le duc Lowil d'Angois, d'Angol* (Anjou); *assigait, changont, chargait-gont, ergan* (argent), *ganre* (gendre).

-g, en valeur de *gu* (all. *w*) devant *e:* les *Gelfes, Gelfis* (Weiblingen), Guelfes.

gainchis en rime pour *gainchist*, 3e ps. sg. pf. de «gainchir, guenchir», obliquer, se détourner.

gaingnepain, sorte d'épée propre aux tournois.
garandon, guerredon, récompense, loyer, prix d'un service rendu.
gaudisseurs, voir waudexours.
gentilz, abs., noble, de noble lignée; *gentilz de IIII coustelz*, qui a quatre quartiers de noblesse.
1. get, giet (pl. *ges*), lien, attache.
2. get, geitz *de lettres*, premier projet, minute d'un écrit. — C'est le subst. verbal du suivant.
getter *des lettres*, écrire; — le fr. moderne dit dans le même sens « coucher par écrit ».
geussent, geut, 3ᵉ ps. pl. et sg. du pf. de « gesir », demeurer.
gibat, gibet; — voir abater.
giberie, le même que « gaberie », plaisanterie, moquerie.
* giete (de), subst. verbal de « geter », jeter; — loc. adv., de coup à coup, successivement, à tour de rôle.
gitait, 3ᵉ ps. sg. pf. de « jeter », abs. * mettre à bas, spécialement « détrôner ».
glouse, « glose »; — au fig. * récompense (par ironie).
* gourelz, boulets; — représente sans doute l'all. *Kugel.* — God. sous *goherel* ne connaît que le sens de « licol, joug ».
grance, pour *crance*, « créance », caution, garantie.
Grande Esglize, Grant Mostier *de Mes,* la cathédrale de Metz.
* gravisce, var. de *escrevisce,* « écrevice ».
1. * gré (lat. *gradus*), graduel, prière liturgique.
2. gré et plus souvent greif (lat. *gratum),* gré. plaisir; — *a gré,* à souhait. — Voir eingreif.
greigne, grigne, mécontentement, mauvaise humeur.
guarendonner, récompenser. — Voir garandon.
guechats, guichets de porte.
guies (p. 186, str. 247), adv., mot altéré sans doute pour *giens,* terme désuet remplacé par *riens* dans une variante au texte. — *giens* (lat. *genus*) s'emploie pour renforcer la négation.

H.

* habair, dégât, ravage. Cf. hoboier.
habergous (p. 449, l. 4), corr. habergons, « haubergeon », petit haubert sans manches.
* hachier, le même que *haschier* inconnu à God. qui ne donne que le subst. participial *haschiée,* « peine, tourment, supplice ». — Dans notre texte, *hachier* a le sens de « serrer, comprimer en tournant » jusqu'à étrangler le supplicié (p. 364).
haidier, voy. hardier.
haitie, bien portant.
hal, haut; *demander hal,* beaucoup; *de halte demande vient on bien anbaixe,* diminuer, rabaisser sa première demande.
halmaistre *(halt, hault) de Prusse,* grand-maître de l'ordre teutonique.
hardier, haidier, bergers, pâtres. — Maintenu au patois: *hedi.*
* harsierez, voir arsieres.
hatiet « hastier », grande broche à rôtir.
haubondanment, en abondance.
haulchamins, « hauts chemins ». — Le « Haut chemin », une des subdivisions du Pays Messin. — * *Condus et haulchamins,* sauf-conduits, droit de passage.
hautesse, * orgueil, superbe.
herites, hérétiques.
herralz, huralz, hérauts d'armes.
† hoberz, hobez, faucons hobereaux.
* hobier, hoboier, v. neut., se réjouir, se divertir. — *La duchesse avec IIII*ˣˣ *dammes pareies et bien IIII*ˣˣ *chevaliers que escuiers . . . vinxent* (au tournoi) *. . . pour dancier, pour josster et pour hoboier. — Et danssont et hobiont ensemble* (p. 65, 66). — God. donne

— 486 —

seulement *hober, hobier*, au sens physique de « secouer ».
hoigne *(envie et)*, * jalousie, dépit.
hoir, pour *oïr*, « ouïr », entendre.
* horter, exhorter (latinisme); *hortons* (p. 443).
hostalz, notation individuelle pour *estaulx*.
hostelt, hôtel; par ext., gens de l'hôtel, domesticité, partisans; — *nulz de vostre hostelt*, de votre compagnie.
* hostigiez, mis à rançon. — Voir ratagies, rotigiez.
houppelande, robe de chambre à corsage fermé et collet montant, serré à la taille par une ceinture; elle flottait et balayait la terre de ses manches trainantes et de toute l'ampleur de la jupe. — Ne se dit plus auj. que du long manteau des prêtres, des bergers.
House, Houssz, au sing. Jean Huss.
Housez, Housse *Baiheingnon*, Houssz, Hussez, Hussz, au pl., partisans de Jean Huss, hussites. — Voir oie.
huge, huche, coffre.
huist heu pour « eust eu » du v. avoir.
huix, huis, porte; — *mettre h. contre fenestre*, fermer les ouvertures de sa maison, se barricader.
huralz, le même que herralz.
hus, cri, bruit, querelle.
Husse-z, voir Housez.
hustins, tapage, querelle, combat.

I.

-*ié, ie*, dipht., se réduit en *i*: le duc de *Julit*, Juliers; *espargnirent, irrent, chevalchirent, lassirent, rengirent;* — et dans les part. pas. fém. *chevalchie*, etc.
incerreez, insérées.
invicider (p. 329, l. 19), forme altérée, — a le sens de « troubler dans la possession d'un bien, molester ». — Y a-t-il quelque rapport entre ce mot et celui de « viseter » ? (v. c. m.).
-*irent*, voir -*it*.

irrent, 3e ps. pl. impf. ind. de « être », pour *ierent, erent;* — cf. -*ie*.
-*ismes, -ysmes*, désin. de la 1re ps. pl. pf. des verbes en -*ir*, appliquée à la 1re conjug. au lieu de -*asmes: nous nous ruysmes en gennilz*.
-*iss*, dans les verbes en -*ir* à désinence inchoative *(fin-iss-ais)*, manque dans les formes telles que *joient*, jouissent; *obeiens, obaiont*, obéissions, obéissaient. — Par contre: *vestissoit* au lieu de « vestoit, vêtait ».
-*it*, désin. de la 3e ps. sg. pf. ind. au lieu de -*ait, -ét* dans les verbes de la 1re conj. dont le thème est terminé par une gutturale ou sifflante: *dancit, laissit;* — est d'un usage plus général au pluriel -*irent: ressamblirent, acordirent, espargnirent, demandirent, emportirent.* — Cf. -*ie*.

J.

jangloy, caquet, bavardage; jargon.
jaolle, jayolle, geôle de prison.
jattation, * jactance.
jay, geai.
jhusarme, *guisarme*, arme d'hast, bâton à long fer recourbé et long fût.
1. jotte, joste, joute, tournoi.
2. jotte, voir joutte.
journée, jour assigné pour une réunion, — * rencontre, bataille.
journier, *mettre ou tenir* journée, tenir conférence, conduire une négociation. — * *J. contre qqun*, aller à sa rencontre pour le combat.
jous, jus, jeu.
joutte, jotte *au baucon*, légumes, principalement choux (lorrain: *jote*) accommodés au lard, au jambon; — l'un des mets du repas offert par le Roi de France à l'Empereur (p. 313).
* joysant « jouissant », gracieux, agréable, *l'esteit joysant*, la belle saison d'été.
* jueux, joueur.
juf, corr. *jus*, « à bas ».
jusquas, corr. *jusqu'as*, jusque aux (palissades).

L.

-*l*, adventice dans le corps ou à la fin des mots; ex. très-nombreux : *Lowil, Balvierre, cril, expolvision, conformalsion, profelsie, navel, Credol, Avel, Salsil, delz, dolz* (et *dorz*) au regard de *doz, doul* corr. *d'où* etc. etc. — *rol* «vœu» et «voue». C'est un des traits les plus caractéristiques du dialecte.

-*l*, métathèse de *r*: *Abel, Abert* (Albert), *Nyvel Nyver* (Nevers), *Noiranbel-berg* (Nuremberg), *pol* (port) et autres.

la, «les», art. pl.; — cf. da.

lachefrite, «léchefrite», que les dictionnaires définissent: ustensile de cuisine servant à recevoir le jus et la graisse de la viande que l'on fait rôtir à la broche. — Mais du contexte de notre ex. (p. 313) il appert que *lachefrite* est un entremets servi «au tiers met», au troisième service, avant les fruits (poires et noix). Il désigne une pâte cuite dans la friture, telle que des beignets. — On m'assure qu'en Champagne, *lachefrite* se dit de la pâte plus ordinairement dénommée «pet de nonne».

1. lai-y, adv., là.
2. lai-y, lei-y, art., la, les.

laissier, abs. ne pas se soucier de.

l'ait, dans l'expression *qu'il ni l'ait riens*, corr. *qu'il n'i lait* (laisse) *riens* (p. 108, str. 56).

† laitrice, ordure, immondice.

laituaire, électuaire: — maintenu dans le patois, au sens de «confitures».

lamme, «lame» au sens de pierre tombale, tombeau; — au moral: † épreuve, mortification.

l'anfit (p. 6, l. 14 de la note), corr. *l'an fit*, lui en fit.

lardel, «lardon»; — au fig.: † coup d'épée, blessure.

latin, voir martin.

(latinismes.) — Voici une liste de mots d'origine savante et purement scripturaire, qui se rencontrent principalement dans les textes d'ordre diplomatique ou liturgique: *alter* (autel), *an en-tephone* (antienne), *aurelles* (oreilles), *angle* (ange), *considerandz* (à la voix passive), *desiderans, dextra, diffundet, hortons, impenderons, intendaint* (tendant à), *impugner, inciciter* (?), roi très serain, le Sainct Impere, *servant* (serviteur), *en subjungent, singuliers (à tous [et] singuliers ceulx qui verront; — de tous et singuliers dampmaiges*, lat.: *omnibus et singulis*) etc...; *confundant* dans le passage suivant: Dieu... qui en *confundant* la force mundaine aus esleus la feblesse qui aussi la victoire virtuelle de ta gloire en la main de Judith donnas... (p. 454), qui paraît être altéré ou incomplet.

laves, dans l'expression: *au laves (laver) ces doiez*, en lavant sa main.

lay monne, mot incompréhensible, par altération de.... — Voir p. 321 n. 1.

legitivez, corr. *legitimez*.

1. lei-y, art., la.
2. lei-y, lie, pron., elle.

levant et couchant (hommes), gens de main morte, mainmortables.

ley, lie, lyc, pron. 3e pers. fém. régime, «elle», — correspond au masc. «lui»; — s'est maintenu dans les patois.

liart, couleur mélangée de blanc et de gris.

1. lie *(la)*, pour *alie l'* (v. c. m.). — Voir pestaul.
2. lie, voir ley.

* liegalz, légats du Pape.

lieu, dans la loc. *quant il fuit lieu avant*, corr. *bien avant* (p. 314, l. 23).

* lieus, voir lus.

lige, redevance dûe pour une terre possédée sous la charge d'hommage lige.

linier, fabricant ou marchand de toile de lin.

lis, pour *li*, «lui», p. 52, v. 505, en rime.

* lisance, lisence, «li͡nce», permission, congé.

liuier, corr. *luiier* et voir luwier.

livrée, action de livrer, * reddition, capitulation.

liwez, luez, lieues.

loing (ou), au long de; ou loing du Rin, en suivant le cours du Rhin.

loiront, 3e p. pl. fut. de «loisir», avoir le droit, la licence ou permission de faire...

lours, corr. loups, «loups».

lues, lus, lieus, sorte de brochet.

* luwes, dans l'expression *maistres luwes*, commentée par *seigneur respondant*, reconnus, avoués; en all. *gichtige Herren* (p. 385 et note 1).

luwier, et les var. la-, lewier, luiier, «loyer», salaire, récompense. — *Que bien sert loin lawier en atant* (p. 15).

lye, pron., elle.

M.

* magrin, main grain, opposé à *acorce* (écorce), p. 216 str. 62, semble signifier «le dedans, l'intérieur»; — prendre *le main grin et puis l'acorce*, le dedans et le dehors, le contenu et le contenant, c'est-à-dire tout.

maille, tache; — par extension: * étoffe tachetée.

mainnoit, 3e ps. sg. impf. de «manoir»; demeurait.

maint *armée (a)*, à main armée, de vive force.

mairches *et estaulz*, «marche» et «marque»; limite, frontière. — Cf. notre édition de *La Guerre de Metz* en 1325, s. v. estaul, et ci-dessous Metz, — et cf. p. 81.

mairque, marque, le même que la précédent, au sens de marche, seigneurie d'un marchis ou marquis, marquisat.

maisniez, l'ensemble des gens de maison, la domesticité.

malladieux, maladif.

mallois, malois, maudit.

* malz vaillans, mauvaillans, «malveillants», au sens généralisé de «ennemis, adversaires».

manable, durable.

mannaige, menaige, mesnage, constructions, bâtiments en général.

marchault, maréchal, dignité militaire; — cf. p. 337 et n. 6.

* marchion, marquis.

marchir, confiner, être limitrophe des *marches* d'un pays; — *marchisans au payx de Bahaigne*.

marquisetei, marquisat.

martin, matin, en var. à *latin*, dans la loc. *chanter d'autre l.* ou *m.* (p. 220, v. 135), chanter sur un autre air, changer de ton, rabattre son caquet.

martire, ravage.

mauxon, maxon, maison, «maison», logis, demeure.

Mechief, Michel (l'archange), dont la fête tombe le 29 septembre; — *lay vegille Mechief*, 28 septembre, est donnée à tort comme date de la bataille d'Azincourt, au lieu du 25 octobre (p. 367 et cf. note 7).

mehans, pour *mehaing, meshain*, a le même sens que *anhan*, effort pénible, souffrance.

* meignas, pour *mesnial*, qui fait partie de la *maisnie* (v. c. m.), familier.

* menastratour, administrateur.

* mendet, donné en traduction du lat. *mantum* (p. 451, n. 2), «pallium, poêle», doit sans doute être corrigé en *mentet*, *mantel*, «manteau».

menesse, menace.

menez (p. 327 et n. 4), corr. *meuez*.

* mengalle, pour *mainjaille*, provisions de bouches vivres.

menuise, menuse, menu poisson, fretin.

merquisiteit, marquisat.

merveilleux, émerveillés, étonnés.

Metz (la ville) *est chambre et escul de l'Empeire contre les marches du reaume de France* (p. 418); — *est estalz du Sainct Empire contre la reaulme de France et la Bourgoigne*.

Meute, muete, mute, subst. partic. de «mouvoir», dénomination de la cloche du beffroi communal au Grand Moutier de Metz. — Voir Bancent.

mire, 3ᵉ p. sg. subj. de *merir*, récompenser.

1. mis, pour *mies, mie;* précédé de «ne», adv. de négation, s'est conservé dans le lorrain *me, m';* est employé fréquemment dans la locution *neume, name, nom'?* = ne est-ce mie? n'est-ce pas?

2. *mis* (p. 299, l. 11), corr. *nus*, nuls.

mise, dans la locution *en* mise fuer *et donney a entendre*, * proposition, projet d'entente, négociation.

missiblez (lettre), lettres missives.

missions, dépenses, frais.

mistrez, bourreaux.

mitte, espèce d'étoffe.

moiees, moiel *de paixel*, certaine quantité d'échalas (paisseaux), mis en tas; — var. *brassée* (p. 192, n. *k*).

moiens, en parlant des personnes, médiateurs, arbitres; — tenanciers.

moienz, faute pour *moinnes-z*, «moines», (p. 427, deux fois).

* moinant, moyennant, par le moyen de.

† moiterier, métayer.

monne *(lay)*, voir lay monne.

monsceaux (p. 167, str. 198), corr. «monceaux».

† montigneus ou moutigneux, espèce de petit poisson; peut-être moutelle.

Mortaign, voir à palantin.

morticz, dans le terme m. *cannons, m. abolestres*, au regard de l'all. *halb bussen und halb armbrust* (p. 388 et n. 3), doit être corrigé en *moitiez*, «moitié», autant de canons que d'arbalètes.

murmullier, murmurer tout bas

Mute, voir Meute.

muzellerie, «mésellerie», ladrerie, lèpre.

N.

naige, navigation, voyage par eau.

nate, adv. de négation, non.; corr. *naje*, rien.

* neggier, «nager», naviguer; — *en neggant qu'il faisoit au loing du Rin.*

neure, noure, * refus. — God. consigne *nieure* au sens de «débris, immondices».

neuxes, nois.

nez, adv., si ce n'est, excepté, à part.

nois, pour *noif*, neige.

* nommoinx, néantmoins.

nonne, «none», l'une des sept heures canoniales, trois heures après midi (voir p. 114, str. 71).

norrois, du nord, norwégien. La rime exclut les var. *norrieis, norris.*

noure, voir neure.

ny, action de nier, dénégation; — *mettre en ny*, nier.

O.

obaiait, obéit; *obeiens*, obéissions; *obeiont*, obéissaient. — Du verbe «obéir» conjugué sans la particule inchoative. — Voir sous *-iss.*

obaixance, et mieux obaïxance avec *i* trema, obéissance; *petite o.* obéissance non assurée, douteuse.

* occuson, voir oicquison.

offertes, subst. particip. de «offrir», * offres.

* offracion, «effraction»; au moral, mauvais vouloir.

-oice, -oisse (nt), désin. du subj. prés., représente l'inchoatif lat. *-esc-*. Les ex. sont nombreux: *amoissent*, de aimer; *apparoice*, de *apperre*; *envoisse*, de envoyer; *enroise, voisent*, de en aller, aller; *monnoisse, mouvoisse, portoisse, tiroisse, usoicent*, etc. — Sur la fortune de cette désinence, devenue commune aux deux temps du subj., voir *Guerre de Metz, Grammaire*, pp. 453—454; et cf. ci-dessus *-aisse, -esse.*

oie devrait être corrigé en *oue*, afin de mieux se prêter au jeu de mots de ce passage de la p. 372. *Aprez la mort dudit Housz* (Jean Huß), *ciaulx de*

Praugue en Bahaigne et le payx encommenssont a aorer une oie *et mettre sur l'alter pour tant qu'ilz tenoient le dit Housz qui avoit estez airt pour sain. Car le nom dudit Housz s'appelle une* oie (c.-à-d. oue) *en nostre langue et pour lui honorer, honnoroient ilz une* oie.

† oicquison, * occuson et dans la même ligne occasion, cause, prétexte; action judiciaire.

-oint, pour -oient, désin. 3e ps. pl. impf.; *faisoint, feroint.*

olifant, « éléphant », ivoire; par ext. cor d'ivoire. — L'étymologie ne permet pas de faire dériver *olifant* de lat. *auriflamma* et de l'identifier avec *oriflamne* (p. 277, n. 2).

1. on, adv. et conj., où, ou.

2. on, ons, pron. collectif gouverne fréquemment le pluriel : *on avisont, on baillont, on donnont, on envoiont, li chargont on, on ont fait ensi com on ont fait anciennement, ont font, on pourront, on trairont, on avoient fait morir et executer,* etc.

onffer pour « enffer », enfer.

-ont (et moins bien -on), désin. de la 3e ps. pl. de l'ind. par assimilation à la 1re *(-ons)*, avec cette particularité que, formée du présent, elle comporte le sens du prétérit. — De la 1re conjug. où cette forme est tellement fréquente *(anroiont, baillont, donont . . . voucont* etc. etc.) qu'elle peut être considérée comme normale dans notre dialecte, -ont s'est introduit par analogie dans les autres conjug.: *combatont, despertont, destruiont, disont, escrivont, ensuont, faillont, faisont, issont, moront, ouyont, partont, perdont, plaisont, pouvont, respondont, santont, uxont, visquont* (vécurent) etc. etc. — Pareillement dans les verbes dits à terminaison forte, laquelle néanmoins ne laisse pas de se maintenir au regard de -ont: *abatont* et *abatirent, aivinxont* et *aivinxe[nt]* (advinrent), *faisont* et *fixent* (firent), *issont* et *issirent, partont* et *partirent, tinxent* et *tenont* (tinrent), etc. etc. — Pour plus de détails, voir au chapitre de la Grammaire dans notre édition de la *Guerre de Metz en 1324*, pp. 355 et ss. — Voir ci-dessous -x, -xent.

or, p. 28, v. 149, corr. *ov*, *ou*, « avec ».

* ordes, « ordres », dignités ecclésiastiques; — est du genre fém.

orendroit, maintenant, présentement; désormais.

orient, « auraient », 3e ps. pl. condit. pr. de « avoir » ou mieux de « ouir ».

osimes (corr. *oismes*), *osmes*, « eûmes », 1re ps. pl. pf. de « avoir ».

ostil; voir utailles.

ou en ourer (p. 80, l. 17); voir le suiv.

ourer, corr. peut-être *ovrer*, « ouvrer », travailler, agir. — Mais ce passage de la p. 80 parait être altéré ou incomplet.

* ouyr, oyt, adv., oui.

oxent, alias *orent*, 3e ps. pl. pf. de « avoir ».

P.

* paillaige, mot inconnu aux Lexiques; — sorte de viande ou gibier (pelage?) rôti (p. 313, l. 9).

pailleron, « parlerons ». — Cf. Chaille, « Charles ».

paipegay, papegault, paiquegay (faute), « papegay », ancien nom du « perroquet ». — Nom de personnes: *Paxpert, Papexgaute.*

pairge, faute pour « page ».

pairoit, 3e ps. sg. impf. de « paroir », paraître.

paisle, paule, poêle, tenture.

1. paixe, paix.

2. païxe, payxe, pays.

Paixes, la fête de Pâques.

palantin, pallantin, pallatin, *le comté du Rin, deley le Rin*, le Palatinat; — *le duc Lowy conte p.*, au texte allemand: *Herzog Ludewig, grave zu Mortaign.*

* pallinaige, pèlerinage.

pancenaire, pensionnaire, qui reçoit une pension.

panir, pannir, prélever une amende, procéder à une saisie.

* pappe-z, fém., papauté, dignité papale.

* parallez, peralles, pareilles.

parcelz, faute pour *paisselz*, et voir paxelx.

† parcurer, donner tous ses soins à.

parjus, adj., parjure.

parrés, parés, garnis.

pasme en rime pour « pesme », très mauvais.

Patenostre, au sens propre de l'Oraison dominicale, le *Pater Noster*.

paule, poêle, tenture.

paullaix, palais.

1. pawillon, parw, « pavillon », tente.
2. *pawillon, papillon.

pawoncel, « paonneau ». diminutif hypocoristique de « paon ».

paxelz, paisselx « paisseaux », échalas.
— maintenu au patois bourg, *paichâs*;

pellorin, pilori.

pendre *de*, dépendre de, incliner vers, au fig.

perde, perdre, verbe. — * Inf.-subst. *perdre, -s, -z, perdres (et dampmages), perdrez, la perdre*, var. *perde, perte*, « perte-s ».

perdiquesion pour « perdition ».

pererils, faute pour « périls ».

* permulger, « promulguer », — *permulgé*, proclamé empereur.

† perne, dans la loc. *soit, pis soit perne*, altéré de *pesme* pour rimer avec *Lucerne*.

† pestaul (p. 240, str. 26), mot incompréhensible ; — classé sous pestel (pilon, massue), d'après l'unique citation de notre texte, par God. qui n'en détermine pas le sens. — Voir alie.

peulle, -nt, 3ᵉ ps. sg. et pl. de *poloir*, attesté par le patois *pleur*, « pouvoir ».

* picquais, « picarts », piquiers, soldats armés d'une pique.

piece *de maibre* (p. 214, v. 2), corr. *piere de m.*, perron en marbre.

* piet sceant (p. 414), loc. adv. ; il faut sans doute corr. *piet estant*, sur le champ, immédiatement.

pille, pillage.

pitiet, « pitié », — * chose, spectacle lamentable ; *pour eschuir la pitiet*, afin d'éviter un spectacle pitoyable, tel qu'une bataille.

places, corr. *plates*, et voir sous ce mot.

plaindisiez, plaignissiez, 2ᵉ ps. pl. subj. impf. de « plaindre ».

plaisir, v. act. faire plaisir à, satisfaire ; — pf. 3ᵉ ps. pl. *plaisont*.

plantenout, corr. planterout, « plantureux », abondant ; — *mal pl.*, dépourvu d'argent : *il* (l'Empereur) *estoit mal planterout et n'avoit mie bien de quoy*.

plantiveus-e, abondant, copieux ; — dér. du même thème lat. *plenum* que le précédent.

plates, plautes, plaques de fer pour armure.

* ploitier, exploiter, travailler, gagner.

plesgerie, gage, caution.

poieie, poieuxe, pouvaient, pussent, 3ᵉ ps. pl. impf. indic. et subj. de *pooir*, « pouvoir ». — Cf. *peullent*.

poieres, poires.

poieut, « pu », part. ps. de « pouvoir ».

poivre et cumis, jeu de mot pour *poivre* et *comun* (p. 228, str. 6). — Voir cumis.

pol, port.

1. pon pour *point*, partic. de négation.
2. pon pour « pont ».

poon, var. *paon, pouon*, « pion », au jeu des échecs.

* poque, adv., peu.

porcelaine, pourpier ; — donné en var. à *aschaloignez assalaignes* (v. c. m.).

* porsset, métath. de procet, procès.

* porte en mauxon, pillards, voleurs ; *et si ot partie des braxais que furent puis appellez des porte en mauxon, pour tant qu'ilz avoient aidies et coure et fouragiez les maxons de cialz qui estoient defour et deschat* (p. 294) ; *p. en ma-*, maison (pp. 296, 297).

32*

— 492 —

posimes (corr. *poismes*), *posmes*, «pumes», 1re ps. pl. du parf. de «pouvoir».

postis *(et portes)*, poternes.

pot a *l'ausmonne*, récipient où l'on jetait les reliefs de la table pour en faire aumône aux pauvres. — Voir raluoit.

†pourtacey, fiole à vinaigre *(porta acetum*, composé verbal avec l'impératif), condiment. — Ce mot, que God. cite d'après notre texte uniquement, était déjà désuet, les autres mss. donnant des var. non utiles: *pont aircey*, *poutarcey* (p. 182. n. *e;* et rectifier la traduction).

pourtant, loc. adv., corr. *pour tant (sic semper)*.

pourteure *et fruit de ventre*, grossesse.

*pourtis, pallissades; voir postis.

pourvoir, mettre en bon état; — *p. son payx*, *l'honorer, l'exalter.

poussant, poxant, -ent. formes var. de puissant, puissant-s.

powesley, poestei *(gens de)*, vilains, roturiers, par opposition aux chevaliers.

*poxence, poussance, var. de puissance. force armée: *puissance contre puissance;* — abs. pouvoir diplomatique, autorisation de traiter; — débat en justice, contestation litigieuse.

poxent, -ant, voir poussant.

prejuctice, pour «préjudice».

*prevande, «provende», prébende ecclésiastique.

prevenir (p. 455, l. 25), corr. *parvenir*.

*priage et proaige, prouage, provaige, -waige, profit, avantage, bénéfice.

pries (a), corr. *piés* (a), a pied.

prinxon, forme dial. de *prison*, «prison». et «prisonnier».

prixin (p. 4, l. 6), pour *prixon*, «prison», captivité.

proaige, prouage, -aige, prowaige, voir priage.

*procellez, procès, débat litigieux. — Cf. porsset.

procession, * par ironie: incursion en armes.

proicheur, abs., de l'ordre des frères pêcheurs, dominicain.

prome, proche parent.

promettre, dans la loc. *sens rien p.*, sans s'engager à rien, sans formalité.

* promonner, donner une semonce à qqun., maltraiter.

prosay pour «posé»? — *et doceroit estre cest airticle et* prosay *si devan*.

proturbez *(grevés ne)*, troublés dans leur jouissance.

prouviancez, proveances, provisions de bouche, victuailles.

pro-, prouveoir, parcourir des yeux, examiner; préparer, se mettre en mesure.

provez (p. 28, v. 143), corr. *povez*, *pouvez*.

puissance, voir poxence.

*pulz, poux.

Q.

qouy (p. 14, l. 12), corr. quoy.

quairemme entrez *(la)*, l'entrée du carême, le mercredi des Cendres. — Moins fréquent que la forme avec le part. prés. *caresmentrant, carmantran*.

quarut, 3e ps. sg. pf. de «quarre, querre». — Voir quereir.

*quaz, cas, occasion, affaire.

*quel, cahier; — par ext. article, chapitre d'un volume. *C'est erticle est fait on quel de Renay Vousse...., escript au ung atre quel parlan don fay de Renay Vousse* (p. 377).

*querdenel, cardinal.

*quereir, quérir, chercher, examiner. — Cf. *quarut*.

querris, part. p. de «quérir»; — cherché. — V. le précédent.

quomme, adv., comme, comment.

1. quoy, adj., «coi».

2. quoy, pron.-subst., dans la loc. *avoir de quoi*, avoir de l'aisance, posséder les ressources en argent nécessaires; *monstrer de quoy*, administrer la preuve.

R.

racoure. «rescourre», reprendre, rentrer en possession de.

†rafilee, remise à droit fil, en bon état.

*raforcement. «renforcement»; aggravation de peine.

rafranchait, 3e p. s. pf. (formé par analogie avec la 1re conjug.) de * «rafranchir», remettre en franchise, acquitter les dettes.

*rains, reins, rames.

raipol, rapports.

raloingnier, corr. raloingnier, «rallonger», prolonger, ajourner, différer.

*raluer, dial. pour «relever», emporter les reliefs de la table. — Et quant on desservoit, on raluoit tout..... Et tout quant que on ostoit desor tauble..., on n'en raluoit riens, mais tout gittez on pot a l'ausmonne et tout donnei pour Dieu (p. 313). — Peut-on penser à ralouer, remettre en place?

*rapaigniée, au sens de «rassemblée» sous un chef.

rase, reise et ensemblee, rese, expédition militaire, incursion sur territoire ennemi.

*raseir, faire incursion, envahir.

rasoinauble, raisonnable.

rasoter, pour «rassoter», déraisonner, radoter.

*ratagies, voir rotigiez.

ravoir, reavoir, avoir à nouveau, reprendre, reconquérir. — Diverses formes temporelles à relever: reavoit, 3e ps. sg. impf.; rot, roxent, 3e ps. sg. et pl. parf.; rehussent, 3e ps. pl. subj. impf.; rehus, part. ps.

*real, «royal» ou «réel». — Le passage n'est pas clair: «Vanceslaus..., roy des Romains...., sur ce considereez de voir et considerenz, ... nostre cosmaige real quittons et par la tenour de cez presentez liberons pour nous et nos hoirs la cite [de Metz] ... desdites injures, homecides feu boutez ....» (p. 328). — Voir cosmaige.

reaulx, «royaux», *partisans du roi.

receps (confort et favorisement), abri, lieu de sûreté.

receptauble, terme de droit féodal, qui doit donner abri.

recive, corr. *recine, collation. — Subst. verbal de «reciner», faire collation après le diner, souper: La premiere nuit c'on dancit, la duchesse d'Ousteriche priait toutes les dammes de Bahaigne a la recine, et apres le despartement des dances elles y vinxent. Et apres la recine faite ... (p. 65). — Ce mot s'est maintenu au patois recene, ressanne, recinaie.

reconqueisteir, reconquérir.

recreance, provision judiciaire, restitution.

recroire, donner satisfaction, remettre par provision; — venir à merci, s'avancer vaincu.

refrechier, «rafraîchir»; — au moral, réparer, restaurer.

refreschement, «rafraîchissement»; *par extension, chose agréable, utile: réconfort.

regehir, avouer, confesser.

*regionairez, qualification d'une dignité ecclésiastique; sans doute: évêques régionnaires, sans siège fixé.

reigal, regal, «royal».

1. reins, le même que rains.

2. reins, part. ps. de reimbre, «rédimer», racheter, spéc. en payant rançon.

reise, voir rase.

*relaissez, relais (de poste aux chevaux).

*relanter, relauter, formes var. de relater, rapporter, consigner par écrit.

reliquee (p. 453, l. 17), corr. repliquee, répétée.

remonter, pousser l'enchère, enchérir; — *par ext. refuser, supprimer: Il ne li volt plus rien donner et li fist remonter ses vivres, adfin qu'il s'en alleit plus tost (p. 405, l. 15).

rendauble, terme de droit féodal, qui doit être remis au seigneur.

renderies, rendries et plesgeries, cautions et garanties.
renfoirmer, réformer.
rennomez, p. 252, str. 29; la fin de ce vers et le vers suivant paraissent altérés, et doivent être remplacés par le texte donné aux variantes, lequel figure en la traduction.
renteroit, pour «rentreroit», du v. «rentrer».
reprenre, «reprendre»; *absolument, r. de quelqu'un, se reconnaître pour son vassal, lui devoir foi et hommage, ensi comme ung vassault doit faire encontre son signeur (p. 66).
requerrait, 3e ps. sg. de «requerre», requérir, demander. — Formé par analogie sur le pf. de la 1re conjug. — Voir -ait.
requiennon (p. 5, l. 5 du bas), graphie défectueuse pour regainguont (p. 343, l. 3), 3e ps. pl. pf. de «regagner». — Voir -ont.
*rescribision pour «rescription», réplique par écrit.
resoire, recevoir; — maintenu au patois actuel: r'cieur.
respondre, répliquer; *par extension: exercer des représailles.
revel, voir ruel.
reverchier, examiner, enquérir; — Lettres reverchies, vérifiées. — * Par extension : suspecter qqun., lui battre froid, le tenir à l'écart: Quant nous veismes que on ne nous faisoit plux bonne chiere et c'on nous encommensont a quereller . . ., et quant nous nous sentismes ainsi reverchiez (p. 414, l. 1).
reveriens, dans la loc. nous s'en reveriens auvec lui, pour revenriens, 1re ps. pl. condit. de «revenir», plutôt que de de «raller» construit sur le thème «-va».
revocont, 3e ps. pl. pf. de «revoquier», * changer d'avis pour opiner dans le même sens que le précédent orateur. — Voir -ont.
*rewaigier, voir waigier.

rewart, rouwart, «regard»; attention, considération, respect.
ribaudaillez, actions de «ribaud», débauche, paillardise.
robe de livrée, au sens figuré et moral de «frais, dépens, gages»; — estre aux robes de qqun., à ses coûts: donner robes, prendre à gages; rendre robe, dénoncer le vasselage, le service.
robour, voleur, détrousseur de grand chemin.
roc, rock, rot, nom ancien de la «tour» au jeu des échecs, maintenu dans le v. «roquer». — Il ne leur en chaut de roy ni de rock (jeu de mots), ils n'ont cure ni du roi ni de la tour ou forteresse, c.-à-d. de rien.
roitel, dimin. de «roi», par ironie; commenté par «petit oisillon», nfr. roitelet. — Roitel s'est maintenu comme nom propre.
1. rot, voir ravoir.
2. rot, voir rock.
*rotigiez, ratagies, part. ps. de «rostegier», rançonner.
rotte, voir route 1.
1. route, rotte, troupe armée; route et ensemblee et reise; gens de r., compagnie d'hommes d'armes.
2. route «rompue», part. ps. fém. de «rompre».
rouwart, -wairt, voir rewart.
roxent, cf. ravoir.
* ruel, forme contractée de revel, rébellion, révolte; violence.
ruenoit, pour ruinoit de «ruiner».
ruwe, forme dial. de «rue».
ruxir, forme dial. de «reissir», sortir.
ruysmes (nous nous en genoilz), 1re ps. pl. pf. de «ruer (se)», tomber à genoux. — Voir -ismes.

S.

sa, sais, 1re ps. sg. ind. pr. de «savoir».
* sachoibre, sécheresse.
sachos, voir chassoz.
* sacretaire, sacristie.

— 495 —

sai-y, sei-y, pron., sa, ses.
sainée? — *Ciaulx de Metz ruont les lettres* (de l'Empereur) *sur une s. auvec dez aultrez* (p. 443, l. 11).
sairai, saurai, 1re ps. sg. fut. de «savoir».
Sairaisin, payen en général, non chrétien.
sairait, not. dial. pour «sera», 3e ps. sg. fut. de «estre».
sairtan, -tain, fém. *sertenne*, adj., certain-e.
sal, saul, sauf (cf. *hal*, haut). — *Sal conduit*, sauf-conduit.
sallar, salaire.
saller, celer, cacher.
salleries, cellerier
*salter, sauter; — employé concurremment avec *saillir*: *te tu ne veux* salter *aval... Ne tient qu'a ty de* saillir *aval* (p. 295, l. 27).
Sanis *(mont de)*, le mont Cenis.
sanz, saint. — Voir cen.
Sarazinem, -nen, pays des Sarrazins (Turcs) opposé à *crestianteit*. — Sens général: pays, payen (la Lithuanie, *Laituee en S.*).
*sarkeul, cercueil.
sarriper, mot douteux: *Tu* (duc de Bourgogne) *aix sans ordre de droit* sarripes *et trait a toy notaubles seigneuries.... en baisses payx d'Allmaigne* (p. 445, l. 14). — A corr. probablement en *strappeir* (v. c. m.).
surez, sauvés, saufs.
*sceant, part. pr. de seoir (v. c. m.). — Dans la loc. *(de quoy il fuit respondus) piet* sceant (p. 414, l. 6 du bas), immédiatement aussitôt, *sceant* doit sans doute être corr. en *estant*. — Voir piet.
sceu-s, seurent, diverses formes de seoir (v. c. m.).
*scientre, de bon sens (opposé à *fol*). — *Lequel roy (Charles VI) n'estoit mie bien* scientre, *et pour tant que ledit roy estoit folz* (p. 359, l. 4).
scire, cire (v. c. m.).
scrappont (p. 428, l. 7), corr. *strappont*, et voir strappeir.

seance, pour «science».
seble, «sable», zibeline; en terme de blason, couleur noire.
scheus (var. *sceu*), «su», part. ps. de savoir.
sei-y, pron., voir sai.
sei, adv. si; voir sifait.
seignier, signier, «assigner», procurer, fournir.
semblant, ressemblant, semblable.
semence (p. 252, str. 29), leçon erronée; voir rennomez.
semonte «semonce», assignation.
semplux, adv. de temps, sans plus.
seoir, 1. s'asseoir. — Noté induement par *sc*, au part. ps.: *se ciaulz de Metz heussent prins leur despens dudit duc, ilz n'eussent mis* sceus *a la taulble d'honnour, car il n'y siet nulz for que ciaulz que sont a leur despens. Et pour tant ... seurent ilz a la dite taulble d'onnour aucec le dit duc* (p. 338, l. 17); et au part. pr., voir sceant. — 2. être séant, convenable; — part. ps. *sceu* (p. 65, l. 13).
serain *(très) roy de France*, sérénissime.
sermoie, corr. *s'ermoie* = «s'armaient»: *En layquelle guerre y avoit bien VIIIIc prixonnier que* sermoie *que d'une part que d'autre san sial de powesley don je n'an say le nombre* (p. 332, l. 11), par où l'on voit que *sermoie* (= armés) désigne les chevaliers par opposition aux gens de pote. Cette correction est mise hors de doute par la confrontation avec le passage suivant: *Y avoit bien IXc prisonniers... que chavalchoient* armez *sen les gens de poestez* (p. 334, l. 1).
seroient, pour «sauraient», 3e ps. pl. cond. de «savoir».
serorge, belle-sœur, femme du frère.
seure, belle-mère.
sial, -x, -z, siaulx, ciaulz, ceux.
sifait (et non *si fait*, p. 335, 340), pareil, semblable.
*signe, singne, prononc. réduite de *soingne*, crase de *signogne*, synongne,

«cigogne». — Voir le Glossaire de la *Guerre de Metz*, s. v. *Signogne*.

*sirmonies, «cérémonie», solemnité.

*soins, mot obscur, qui paraît signifier « excusés, non répondants, absents », — dér. de *sone essoine*, «excuse juridique»? — *Les seigneurs de Bahaigne et les autres qui sont encor soins, on les manderont querrir* (p. 398, l. 5).

soire pour «seoir»; *s. et tenir son siege.*

sometz (p. 252, str. 29); mot sûrement altéré pour la rime; — rattaché, faute de mieux, au v. «sommer», résumer, raconter.

*sommondre, pour *somondre, semondre*, inviter. — Part. ps. *sommonut-s*. — Pf. 3ᵉ ps. sg. *sommenut*.

*sorsceance, visite, entrevue.

souffrage, action de faire souffrir.

soufframes, 1ʳᵉ ps. pl. pf. de «souffrir», traité à la 1ʳᵉ conjug.

souhaidier, subst. «souhait». — Corr. en ce sens la traduction (p. 249, str. 15), qui s'applique à une mauvaise division de *souhaidier* en *son haidier*; le sens est: Il lui suffit, il n'a besoin que de le souhaiter (pour obtenir ce qu'il demande).

*soupet, mot douteux; paraît avoir le sens de «galant, amant». — *Cil que donnait au dit duc d'Orleain le coupt de la mort, ce fuit pour tant que le dit duc veoit voullentier sa feme.... Et le (duc) tenoit on encor pour soupet de la royne* (p. 362, l. 21). — Rapprocher le terme d'argot «coupeau»?

strapper, indiqué comme correction probable de *sarriper* (v. c. m.), est la not. dial. de *estraper, estreper, atraper*, «extirper», arracher. — *Ilz ont les vignes atrapez* (var. estrepees, p. 192, str. 261). *Et les vignes pourquoi estrapent?* (p. 266, str. 7). *Ils couppont et foultront les bleifz et strapont les vignes* (p. 428, l. 7).

*subordenaire *des soubdiaicres*, terme de liturgie, livre rituel à l'usage des sous-diacres. — La forme simple «ordinaire» s'emploie pour formulaire de prières: *l'Ordinaire de la Messe*.

substenir, «soutenir», *contenir.

*subtivité, habileté.

*surquise, subst.-part. de «surquerre», — demande exorbitante.

T.

tante, «tente», *au sens spécialisé de «lit».

*tapin, tapis.

targer *(se)*, var. *garder*, se couvrir d'une «targe», d'un bouclier; — au fig. se couvrir, se garder.

tarras *(IIII bombardes de —)*, bombardes à lancer des pierres; all. *tarraszpüchszen* (p. 400, n. 1). — *tarrasbüchse*, canon mobile sur affût, à deux roues, et surmonté d'un manteau en bois qui protégeait les servants (Hardy de Périny: *Origines de la tactique française*, t. II, p. 10).

tartaire, *tartelle*, étoffe de soie fabriquée en Asie-Mineure que l'on appelait alors «Tartarie».

tempester, détruire, renverser.

*tel-s, ties, tis et toict, «toit».

†terteller, claqueter du bec, en parlant des oiseaux; — mot formé par onomatopée.

teste, dans la loc. *bombardez a piere traians le grcs d'une t.*, répond à l'all. *haupitz (heubt*, p. 390, n. c*)*, «obus».

ties, voir tel.

*tiesse, forme francisée de «deutsch», (langue) allemande; — maintenu dans le patois *tiche, duche*, et dérivé *tiois*.

tis, voir tel.

*toile, dans l'expression *present de t.*, de peu de valeur. — C'est peut-être une autre nottion de *towelle* (v. c. m.).

torcion, «extorsions», vexations.

Tortuel *(saint)*, vocable plaisamment forgé sur *tarte, tourte*; — cf. p. 167, n. 1.

tous (p. 377, l. 4), corr. *sont*.

*touveteis, mot douteux; paraît signi-

— 497 —

fier «blessures, plaies». — *Le Bauseque... leur fist couper les II mains et puis guairir. Et quant leur* touveteis *leur furent guairis* (p. 363, l. 5). — Y a-t-il quelque rapport entre *touveteis* et *tuorme?* (v. c. m.).

towelle, *c'on dit xouweure*, «touaille», serviette.

trahait (p. 54, v. 510 en rime), 3ᵉ ps. sg. pf. ind. de «trahir», conjug. à la 1ʳᵉ conj. — Voir *-ait*.

trait, dans la loc. *mener au trait* (p. 355, l. 2), «à force, de mauvais gré». — Voir autrait.

traitis, pour *traitié*, «traité», p. 54, v. 496 en rime.

traps, p. 28, v. 153, corr. «draps», habits, vêtements.

treffont, fonds qui est sous le sol; bien-fonds.

trehus, forme diérésée de *treu* (cf. *sehus, sceu*), «tribut», taxe féodale.

*trengler, «étrangler»; au fig. accabler, opprimer. — Maintenu au patois *tranlié*.

*treugez, trêve.

triaicle, animal fabuleux, qui passait pour fournir l'un des éléments de la «thériaque».

*tuorme, mot douteux; — *plaie t.* (p. 389, cf. n. 4), mortelle? — Version all. *ein verch-wunde*.

*turdre, tordre.

U.

*utailles *et artilleries*, ostil, «ustensiles», matériel ou apparaux d'artillerie.

*utille, train de culture.

ux, «hins», porte.

uxier, «huissier», garde de la porte.

uxir, «issir», sortir, se retirer de, provenir de, au propre et au figuré. — Part. ps. employé substantivement, «issue, descendance», *lequel moruit san uxit*, sans laisser d'enfants.

V.

*vaez, subst. partic. de *raer, veer*, défendre interdire; * par ext. maudire.

vaioir, «veoir», voir.

vaillans *(biens)*, «bienveillant», au sens extensif de «amis, partisans».

vailles, corr. * *vaillee*. — *Mais l'espee brixait, c'est a terre* vaillee (p. 48, v. 427 en rime); — part. ps. de «aller», formé sur le thème *va*-.

vaille-t, «aille», 3ᵉ p. s. subj. de «aller», formé d'après l'ind. *va*-.

vair, de couleur bigarrée; — par extension, brillant, riche; *pennes vairez*, fourrures brillantes.

vair-, vernexon, «garnison»; — serait mieux noté par *W*.

vaitu, vatu (var. *batu*), vertu, efficace de miracle.

vanter, produire du vent, ventiler.

vasselage, vaucelaige, vaillance, acte de bravoure.

vaucens, mauvaise lecture de bancent.

†vaucons, voir wacons.

vaudiseurs, -dissours, voir waudexours.

*vauguier, impf. *vaugoit*; v. n. vaquer être vacant. — Voir waugant.

veignant *(huchier bien)*, donner le salut de bien-venue.

1. *velin, subst., venin.

2. *velin, adj., «de veau». — Couleur *rouge velin*, fauve, couleur de la robe d'un veau.

verdey, garder; — *per mal verdey*, par défaut de garde, de surveillance. — Ce mot est plus souvent et mieux écrit par *W* initial.

*vereu, verrou.

vermée (p. 347, l. 7), faute pour «fermée»; ou mieux corr. *vernie*, «garnie», fortifiée. — Voir wernexon.

vernexon, voir vairnexon.

veront, 3ᵉ ps. pl. fut. de «aller», conjugué sur le thème *va*- et de même, au conditionnel 1ʳᵉ ps. pl. *reveriens*. — Patois: *rrá...*, j'irai.

verser, absolument, au sens du lat. *versari*, traiter, agir.

* vertoulz *de terre, de quenoilles*. — Ce mot est-il apparenté à *vertel-le, verterelle, vertoillon*, au sens de « anneau de fuseau, de verrou, gond, loquet de porte » ? Tel parait bien être le sens de *vertoulz de quenoilles*; mais quid de *vertoulz de terre?* Voici les textes : *Wirtemberg est une cotte de quoy on font les* vertoulz de terre.... *Ilz se doient appeller sgrs. de la montaigne, de quoy on font les* vertoulz, *pour tant que de la cotte et montaigne de Wirtemberg ons en font des* vertoulz de quenoilles, *et lez portent les merciers vendre a val les champs* (p. 15, l. 2 et l. 22).

verxe, subst., vers (latin).

* vexin, vixin, volxin, voisins.

vigneurs, -ours, vignerons, ouvriers qui travaillent aux vignes.

vin (*drapt*, p. 14, l. 15), corr. « fin » (drap).

visquaire, vicaire.

visquant, part. pr. de « vivre »; — *a son viscant*, durant sa vie; — formé par analogie du pf. *vesquit, visquit, viscont;* — impf. *visquoit;* — part. ps. *visquit*, « vécu »; — fut. *visquerait* etc.

vitey, « vileté », situation précaire (en matière de finances).

* vixin, le même que vexin.

1. * vol-z, voul-z, « vœu », forme du sing. refaite d'après le pl. *vouz, voulz, volz.*

2. *vol, voul-z*, « voue », 1ʳᵉ p. sg. ind. présent de « vouer ».

volte *(faire la)*, * tourner bride : au fig. changer de partie.

* volxin, voir vexin.

volxit, voulût, 3ᵉ ps. sg. subj. impf. de vouloir.

voulait (p. 14, l. 23), corr. « vouloit » ou « voulcist », de « vouloir ».

voulé, volé.

* voulie, mot obscur; *j'en lairai a faire belcopt de voulie* (p. 335, l. 7), doit sans doute être corrigé en * *voulue : ne ne le doit point faire pour aucune voulue* (p. 339, l. 20); — subst. partic. de « vouloir », volonté, motif.

voullaige, « volage »; — *feu v.*, éruption au visage.

voul-z, voir volz 1 et 2.

vowerie, dér. de *vower*, « vouer », exprimer un vœu; — action de vouer, *droit de v.*, ce qu'on doit vouer.

vuellens *(biens)*, bienveillants.

W.

† wacons et moins bien vaucons, gravois, décombres. — Cf. le Glossaire de la *Guerre de Metz.*

wadessours, voir waudexours.

* wageant, waugant, « vacant », dispersé, éparpillé; — voir vauguier.

waigier, prendre gage, lever amende, faire saisie; — *rewaigier*, même sens avec l'idée de retour, de représailles.

* waiholz, mot douteux. — *Se il se pooit faire . . ., je rairoie collantier que nous puissions avoir les dairiens* waiholz . . ., *adfin que nous aiens l'ounour el la dairienne chevalchiee. — S'accordont lesdis IIII seigneurs . . . a ciaulz de Metz . . .; et olrent lesdis de Metz ansi les dairiens* waiholz, *et firent lour dairienne chevalchiee tout a lour guise et a lour vollantey* (p. 75, l. 16 et ss.; p. 78, l. 4); avoir le dernier mot, porter les derniers coups. — Peut-on rapporter *waiholz* au thème de *waige*, « gage », enjeu ?

wais, aussi gait, « guet », guetteur, sentinelle.

* wair; — *ilz missent ung gros* wair *sur lez halz boix de Coin, et firent venir ardre par leur courours la Grainge Braidy* (p. 433, l. 3 du bas), — semble signifier : troupe d'hommes armés, embuscade ? — Peut-on rattacher *wair* au thème de *wair -nexon?*

* watrot, wauterot, altéré en *waucerey*, « gauterot », nom du « geai » en quelques provinces.

† waudexours, waudisours, wauldisours, var. *gaudisseurs*, éclaireurs, escarmoucheurs.
* waudier, wider, aussi veudier, vider, évacuer.
* waugant, voir wageant.
* wey, gué.
willhot, mari trompé par sa femme.
willairt, veillards.
wirte, trad. en «tiesse» du fr. «osteliers et taverniers», auberge. — Appliqué par jeu d'Étymologie populaire au nom de *Wirtemberg* (p. 15).
wiwre, vipère; maintenu au patois *wouivre, gouivre*.

X.

* xainqueir, offrir en présent: *Nous vous xaincons et vous prions que vous le preniez ein greif. Lequeil present le dit chancelier prinst tres grandement ai greif* (p. 419, l. 4). — *La ville* (de Metz) *xainquait et fist present au dit duc* (p. 425, l. 7).
* xal, xaul, mot inconnu; voir le texte p. 314, l. 12 et ss.
* xourellier, épier, guetter.
xouweure *(une towelle c'on dit —)*, touaille, linge, — se rapporte au verbe *xuer, chouer*, «essuyer».
* xunulez, forme altérée de «chaloune»?, chanoine.

Y.

yal, yaulx, ials, iaulz, eux, pron.
yci, adv. pour *issi*, ainsi.
ydes, idoles.
yer, serai, 1re ps. sg. fut. de «estre».
Yngloy, Anglais.

Orts- und Personenregister.

Bemerkung: Die Buchstaben C und K, V und W, X und Y sind zusammengezogen.

Die deutschen Könige und Kaiser, die Könige von Frankreich und England finden sich unter den Regentennamen, z. B. Karl IV, verzeichnet; sonst sind die Fürsten ihren angestammten Ländern eingeordnet. Die Päpste sind unter Rom und Avignon eingetragen.

A.

Aachen, Stadt [Aise, Aise (Ais) a la chappelle, einigemale auch Airs] 1, 5, 12, 20, 38, 58, 61—63, 302, 309, 312, 341, 365, 369, 376, 377.
Abe, s. Saaralben.
Acey [Assey], Milon d' 122.
Agram, Bischof Johannes, Kanzler 1431. 393.
Agolainne s. Angoulême.
Aigre s. Eger.
Aiguillon [Aguillon], dep. Lot-et-Garonne 301.
Ainhaule s. Anhalt.
Airey s. Arry.
Airleblan s. Arles.
Airs s. Ars.
Aise, Aise a la chappelle s. Aachen.
Aiseraulles s. Azerailles.
Aispremont s. Apremont.
Aiternaque s. Echternach.
Aivray s. Mark, Eberhard de la.
Aix s. Esch.
Albanne s. Albani.
Albani [Albanne], Bischof v. 448.
Albergati, Nicolaus, Kardinal 1434, 441.
Albesdorf [Allebestorf] in Lothringen, Kreis Château-Salins, 319—321.
Alençon [Allanson], Graf von 1396. 300, 301.
Allemannien [Allemaigne] = Schwaben 18, 20, 368.
Allexey s. Olgy.
Allexis s. Olgy.
Amance [Aumence]. Kant. Nancy-Ost 172.

Amblecolz, Jean, Amant von Metz 1398. 334.
Ambleis s. Beaumont.
Amiens 301.
Ancel, Jean 1324. 140.
Ancey, s. Ancy.
Ancy [Ancey] bei Ars a. d. Mosel, Lothringen, Landkreis Metz 180, 194.
Angleterre s. England.
Angois, Angol s. Anjou.
Angora (Schlacht daselbst 1402) 363.
Angoulême [Agolainne], Jean d', Bruder des Herzogs von Orléans 1415. 368.
Anhalt [Ainhaule], Albert, Fürst v., 1356. 306.
Anjou [Angol, Angois], Graf Ludwig von A., Bruder des Grafen Johann v. Poitiers 1356. 4, 63, 302, 306, 312, 314.
Annerey s. Ennery.
Antons s. Atton.
Anoy s. Aulnois.
Apremont [Aispremont], Gobert v., Schwiegersohn des Grafen Theobald v. Bar 1324. 156, 185.
   Heinrich v., Bischof v. Verdun (1310 —1349) 192, 196.
   Jehan d'Autel, seigneur v., 1404, 1410. 331, 342, 423.
Aragonien [Aragon, Arragon] 366, 435.
Arbois in der Grafschaft Burgund 230.
Arcancey, Arcancis s. Argancy.
Ardennen, als Landschaft 182.
Argancy [Arcancy, Arcancis], Landkreis Metz, an der Mosel 112, 427.
Arles [Airleblan], Königreich 314.
Arlons (Erlon) 10.

Armagnac [Armenaque], Bernart, Graf v., 1407. 360—362, 368.
Arras in Frankreich 362.
Arry [Airey] im Landkreis Metz 130.
Ars [Airs] an der Mosel, Landkreis Metz 88, 170, 172, 192, 194, 258.
Artois 362.
Asselin s. Esselin.
Assey s. Acey.
Asti in Italien 21.
Attigney, maître Jacque d' 1431. 432.
Atton [Antons], in der Nähe von Pont-à-Mousson, Frankreich 152.
Aufsess, Friedrich III., Bischof v. Bamberg 1431. 388, 391, 393.
Augsburg [Augesburg, Auszburg], Stadt 392.
    Peter v. Schaumburg, Bischof v., 1424—1469. 379, 391, 393, 438.
Aulnois [Anoy], bei Delme in Lothringen, Landkreis Metz 82.
Aumence s. Amance.
Aurange, Fürst v., 356.
Aussair s. Elsaß.
Auxerre [Aussoire], Graf v. 1346. 300, 301.
Autel [Elter], Jehan d', Seigneur v. Apremont s. dieses.
Auxay s. Elsaß.
Avignon 4, 7, 308, 313, 319, 325—327, 365. 369, 370, 376, 422, 441. 457.
    Päpste: Benedikt XII. 1334—1342.62.
    Benedikt XIII. 1394—1417. 366, 367, 370.
    Clemens VII. 1378—1394. 326.
Avoncourt Gillet d' 1324. 122.
Azerailles (Aiseraulle) a. d. Meurthe in Frankreich, dép. Meurthe-et-Moselle 408.
Azincourt, Schlacht bei, 1415. 344, 367, 459.

B.

Babenberg (Bavenberg) 60.
Baccarat (Bacarat) in Frankreich, dép. Meurthe-et-Moselle 408.
Baden, Stadt 443.

Baden [Bauden], Markgraf Bernhard v. B.-B. 1431. 394.
    Markgraf Jakob I. v. B. 1429. 428.
Baesweiler, Schlacht bei, 1371 Aug. 22, 308.
Bahaigne, Baihaigne s. Böhmen.
Bajazeth s. Türkei, Sultan Bajazeth.
Baier von Boppard [Baiere v. Boperte].
    Conrad, Vater des Bischofs Conrad v. Metz 1384, 1400. 318—322, 326, 333, 339.
    Conrad, Bischof v. Metz 1429, 1434. 428, 429, 437, 459.
    Dietrich, Bischof v. Metz, Onkel der beiden Brüder Conrad u. Heinrich. † 1384. 5, 319, 325, 326.
    Heinrich, Bruder des ersten Conrad, verheiratet mit Margarete v. Meysemburg 1384, 1431. 318—322, 380, 381.
Baille s. Basel.
Bair s. Bar.
Baitemberg s. Bettenburg.
Balbierre, madame de s. Görlitz Elisabeth v.
Balbierre, Balvierre s. Bayern.
Balderange, Jehan de, 1398. 330.
Bamberg [Boemberg], Stadt 382, 383, 401.
    Bischof Friedrich III. v. Aufsess 1431. 388, 391, 393.
Bannestorff, Jehan de s. Rollingen, Johann v.
Banz, Heinrich II. v. B., Bischof v. Lebus, 1354—1362. 305.
Bar [Bair, Berroy], Grafschaft u. Herzogtum 1, 2, 3, 5, 10, 22, 67. 100, 134, 196, 248, 252, 254, 330, 356, 366, 457.
    Bone von, Gräfin v. St. Paul 6.
    Eduard I. (Endowart), Graf v. B., Markgraf v. Pont-à-Mousson 1302—1337. 2, 5, 68—73, 74, 76—78, 81, 84, 100, 110, 114, 120, 138, 152, 154, 168, 170, 180, 184, 188, 192, 194, 208, 209, 217, 226, 230, 236, 240, 242, 248, 258, 260, 274, 299.
    Eduard, Herzog von B. 1411—1415,

Sohn des Herzogs Robert, Markgraf von Pont-à-Mousson 332, 333, 361. 368, 424, 433, 456—461.
Heinrich III., Graf v. B. 1296—1302. 253.
Heinrich IV, Graf v. B. 1337—1344. 66.
Heinrich, Graf v. B., Sohn des Herzogs Robert 1352—1411, † 1396. 356, 368.
Hugo III., Graf v. B., Bischof v. Verdun, 1356. 305.
Johann, Graf v. B.. Sohn des Herzogs Robert 1352—1411, † 1415. 361, 368.
Jolanthe, Gemahlin Graf Heinrichs IV. 66, 428.
Ludwig, Herzog 1415—1430. 466.
Marie, Gemahlin des Grafen Robert, Tochter König Johanns II. v. Frankreich 303.
Peter, Graf v. B., Herr von Pierrefort, dritter Sohn des Grafen Theobald, Onkel des Grafen Eduard I. 1325. 198, 205, 299.
Philipp, Graf v. B., Sohn des Herzogs Robert 1352—1411, † 1396. 356.
Reinald, Graf v. B., Bischof v. Metz 1302—1316. 10, 18, 20, 111, 246.
Renatus I., Herzog v. B., auch von Anjou 1430—1480. 428, 429, 437, 469.
Robert, Graf v. B. 1352, Herzog 1355—1411. 5, 302, 303, 305, 332 —334, 343, 356, 360, 361, 368, 424, 433.
Robert sans terre, Graf v. B., Sohn des Grafen Heinrich † 1396, † 1415. 361, 368.
Theobald, Graf v. B., Schwiegervater des Gobert d'Apremont 1324. 156.
Theobald, Graf v. B., Bischof von Lüttich 1303—1312. 22, 26—32, 36, 38, 39, 44, 47, 50.
Johann de Fonte, chevalier de Bar 1313. 38, 40, 52.

Bari, Papst Urban als früherer Erzbischof v. B. 1378. 366.
Barrique s. Türkei..
Basel [Baile, Baisle] 8, 378, 379, 382, 392, 394, 401, 402, 404—409, 411—415, 417, 421, 422, 430—432, 436—442, 456.
Baude, Bauden s. Baden.
Baudoche [Baudoiche], Arnoult seigneur, Metzer Bürger 1407. 333.
   Poincignon, Metzer Bürger 1415. 459, 463, 464.
Bausaique [auch Bauseque, Balsaque, Basaique] s. Türkei, Sultan Bajazeth.
Bavenborgen s. Babenberg.
Bayern [Balbierre, Balvierre, Barvierre], Herzöge im allgemeinen 1427. 46, 142, 340, 400.
   Ernst, Herzog von B.-München 1397 —1438. 391.
   Heinrich II., Herzog v. Niederbayern 1310—1339, Schwiegersohn des Königs Johann v. Böhmen 60.
   Heinrich IV. der Reiche, Herzog v. B.-Landshut 1393—1450, 379, 380, 391, 394.
   Johann, Herzog von B.-Straubing genannt der Teufel, Bischof von Lüttich 1389—1417, Regent zu Straubing 1399, in Holland 1417 —1425; seine Gemahlin 1417: Elisabeth v. Görlitz, Erbin von Luxemburg, † 1425. 318, 344—346, 348, 420.
   Johanna, Herzogin v. B.-Straubing, Schwester des Johann, erste Gemahlin des Königs Wenzel v. Böhmen, † 1386. 317.
   Ludwig IV., Herzog v. Bayern 1294 —1347. s. Ludwig der Baier, deutscher König.
   Ludwig V. der Ältere, des vorigen Sohn, Markgraf von Brandenburg 1324—1351, Herzog v. B. 1347— 1361. 63, 302.
   Ludwig VI. der Jüngere, der Römer, v. Brandenburg 1351—1365. 305.
   Ludwig VII., der Bärtige, Herzog

v. B.-Ingolstadt 1413—1443. 344, 370. 379, 380, 394.

Margarethe, Herzogin v. B., Gemahlin Heinrichs II. 60.

Maria, Herzogin v. B., erste Gemahlin Ludwigs II. des Strengen 1253—1294, Tochter des Herzogs Heinrich v. Brabant 61.

Mathilde, Herzogin v. B., dritte Gemahlin desselben, Tochter Rudolfs v. Habsburg 61.

Sophie, Herzogin v. B., Tochter des Herzogs Johann II. v. B.-München 1375—1397, Gemahlin des Königs Wenzel v. Böhmen 317, 371.

Wilhelm III., Herzog v. B.-München 1397—1435. 391, 394, 404, 417, 419, 436.

Beaucaire [Berkaire] Hugues Adhémar, seigneur de la Garde, Seneschall v. B. 1356. 306.

Beaumont, Amblard Noir de, Verwalter d. bischöfl. Territoriums v. Metz 1324. 158.

Belbouchiez, Stevenin, Metzer Bürger 1356. 311.

Beheimstein, Burg in Oberfranken 374, 382, 383.

Belrain, Jehan de, 1437. 347.

Bensdorf [Bannestorff] in Lothringen, Kreis Château-Salins 416.

Berg, Herzog Adolf 1408—1437, Gemahl der Jolantha v. Bar 369, 379, 394, 428.

Herzog Ruprecht sein Sohn, † 1433. 394, 428.

Berkaire s. Beaucaire.

Berlize [Burlixe] bei Bazoncourt, Landkreis Metz in Lothringen 423.

Bernardino aus Montepulciano, Mönch im Kloster Buonconvento 1313. 54, 55.

Berroy s. Bar.

Bertram, Bischof v. Metz 1180—1211. 72, 432.

Bertringen [Bretange] a. d. Mosel, bei Metzerwiese in Lothringen, Kreis Diedenhofen O., 206.

Bethlehem 268.

Bettenburg [Baitemberg] im Großherzogtum Luxemburg 327.

Bettemburg, Thileman Vusz v., Sohn des Ritters gleichen Namens, Propstes von Diedenhofen, Kandidat Wenzels für den Metzer Bischofssitz 1384. 324—328, 422, 423, 430.

Biberach (Bibrach) in Württemberg 392.

Biche s. Bitsch.

Bidaux, römisches Geschlecht 46.

Bierpe oder Bierp s. Ivoy.

Bitsch [Biche] in Lothringen, Kreis Saargemünd Eberhard II. Graf v., † 1333. 117, 222.

Hermann, [Graf, † 1422]. 338.

Simon III., Graf, Bruder des Eberhard, † 1334. 117, 222.

Simon IV., Wecker Graf v., fälschlich als Sohn des Wecker bezeichnet, † 1402. 319.

Blamont [Blaumon], Marguerite v., Gemahlin Johanns v. Salm, Erbin. von Püttlingen, 1384. 320.

Olris Herr v., 1400. 338.

Blanche Eglise s. Weiszkirchen.

Blankenheim, Friedrich Graf v., Bischof von Straßburg, 1375—1393. 320.

Gerard v., 1388. 327.

Blebveville s. Blettingen.

Blénod [Blenou] b. Toul 230.

Blettingen [Blebveville] an der Mosel, Kreis Diedenhofen O. 11.

Blindenburg b. Ofen 377.

Blois, Graf v., entweder Ludwig I. oder II., 1346; vgl. Bretagne u. Chatillon. 300, 301.

Boemberg s. Bamberg.

Böhmen [Boeme, Boheme, Bahaigne]. Königreich. 1, 8, 13, 20, 58, 64—67, 77, 110, 116, 168, 178, 186, 204, 230, 318, 321, 364, 372—374, 381—383, 388, 395—399, 437—439, 442.

Bewohner [Bahignons] s. Hussiten.

Anna, zweite Gemahlin Karls IV., Tochter des Pfalzgrafen Rudolf 318.

Anna, dritte Gemahlin Karls IV.,

Tochter Herzog Heinrichs von Schweidnitz-Jauer 316, 317.

Anna, Herzogin v. B., Tochter König Johanns, Gemahlin Ottos, Herzogs von Österreich 1319—1338. 60, 65, 66.

Barbara, Gemahlin Sigismunds 1408, geb. Gräfin von Cilly 355, 442.

Beatrix, Königin v. B., Gemahlin König Johanns, Tochter des Herzogs Ludwigs I. von Bourbon, † 1383. 60.

Elisabeth v. Böhmen, Gemahlin König Johanns. 13, 20.

Elisabeth, Gemahlin Karls IV., geb. Herzogin von Pommern-Stettin 63, 308. 348.

Elisabeth, Tochter König Sigismunds und der Barbara von Cilly, geb. 1409. 355.

Johann, König v. B., 1310—1346, Titularkönig von Polen, Herzog von Luxemburg. 1—3, 8. 12, 13, 60—73, 76, 78, 81, 84, 100, 102—110. 114, 118. 120, 124. 128, 136, 140, 150, 166. 178, 188, 208, 209, 211, 217. 226, 230, 236, 242, 258, 259, 239, 300, 301, 304.

Johanna, erste Gemahlin König Wenzels. Tochter des Herzogs Albrecht von Bayern-Straubing 309. 317.

Jutta, Herzogin v. B., Tochter König Johanns, Gemahlin des Königs Johann II. von Frankreich, früheren Herzogs der Normandie. † 1349. 64, 300.

Karl IV., König 1346—1378 s. Karl IV., deutscher König und Kaiser.

Karl, Sohn der Elisabeth v. Pommern 317.

Margarethe, Herzogin, Tochter König Johanns, Gemahlin Heinrichs II. von Niederbayern-Landshut, † 1339. 60.

Margarethe, Herzogin, Tochter Karls IV. und seiner Gemahlin Elisabeth von Pommern, Gemahlin Johanns III., Burggrafen von Nürnberg 317.

Margarethe, erste Gemahlin Karls IV., geb. Prinzessin von Valois 318.

Ottokar II., König 13.

Rudolf, König 13.

Sigismund, König, 1419—1437, s. Sigismund, deutscher König und Kaiser.

Sophie, König Wenzels zweite Gemahlin, Tochter des Herzogs Johann II. von Bayern-München 317, 371.

Wenzel, König, 1378—1419 s. Wenzel, deutscher König.

Böhmisch-Brod, Schlacht bei, 1434 Mai 30, 439.

Boilawe, Jaicomin, Metzer Bürger und Aman, wohnhaft vor St. Maximin 1325. 220, 221, 294.

Bolchen [Boulay], Stadt in Lothringen, Kreis Bolchen, 321, 330, 433.
    Gerhard [Gueirart], Herr v. B. 1384—1405. Schwiegersohn des Peter v. Cronenberg 321, 322, 327, 330, 331, 342, 423, 424, 433.

Bologna 402.

Bonn [Bunne] 63, 302.

Boppard v., s. Baier von Boppard.

Boquevant s. Buonconvento.

Borgoigne s. Burgund.

Bossange, Collin de, Metzer Bürger 1345. 310.

Boucquin, Ferriat, Metzer Bürger 1356. 307.

Bougrez, Boulgre s. Bulgare.

Boulay s. Bolchen.

Boulay, Guerciriat, Metzer Bürger und Ritter 1399. 336.

Bourbon, Herzogtum 360.
    Prinzessin Beatrix, Gemahlin König Johanns von Böhmen 60.

Brabant [Brabain], Herzogtum 303.
    Anton, Herzog 1405—1415, Gemahl der Johanna von Luxemburg und St. Pol, dann der Elisabeth von

Görlitz, 318, 343, 344, 346, 367, 368, 420.
Johanna, Herzogin von 1355—1404, Gemahlin des Herzogs Wenzel von Luxemburg, Bruder Karls IV. 64, 303.
Margarethe, Herzogin v. Br., Gemahlin König Heinrichs VII. 11, 16, 44, 62.
Marie, Tochter des Herzogs Heinrich II. (V), Gemahlin Ludwigs II. des Strengen von Bayern 61.
Regnier, nicht nachzuweisen 1311. 24.
Wilhelm, Sohn des Anton, 344.
Bradin [Braidy], Hof, zur Gemeinde Moulins gehörig, auf dem rechten Moselufer bei Metz, Landkreis Metz, 433.
Braide, Jehan, seigneur und Ritter, Metzer Bürger 1396. 356.
Braidy, s. Bradin.
Brandenburg [Brandebourg] Mark 302. 316, 375.
    Friedrich I., Kurfürst, Burggraf von Nürnberg, Graf von Hohenzollern 1415—1440. 348, 388, 390. 394, 400, 404.
    Ludwig der Ältere von Bayern, Markgraf 1324—1351. 65.
    Ludwig der Römer von Bayern, Markgraf und Kurfürst 1351—65. 305.
Braunschweig [Brunszwich]. Herzog von, 1431. 388.
Breisach [Brisach] a. Rhein 369, 415.
Brescia [Bresse, Briccia] 15, 24, 30, 32, 36, 40, 42, 44, 45.
Breslau, Bischof Konrad, Herzog von Schlesien-Öls 1417—1447. 393.
Bresse s. Brescia.
Bretagne [Bretaigne] 407.
    Charles de Chatillon, dit de Blois duc de Br. 1356. 306.
Bretange s. Bertringen.
Briccia s. Brescia.
Brieg s. Schlesien Herzoge.
Briey in Frankreich. dép. Meurthe-et-Moselle, 134, 182, 184.

Brille en Hungueriee s. Brieg.
Brisach s. Breisach.
Brisaich s. Brussiati.
Brussiati [Brisaich], Theobald v. 1311. 16, 32, 42.
Brüssel [Bruxelle]. 316.
Brube, Thal des (?), 314.
Brügge [Bruge]. 253. 339.
Brunn, Johann II. v., Bischof von Würzburg 1431. 393.
Brunszwich s. Braunschweig.
Bulgare [Bougrez], Irrgläubige 2, 373. 383.
Bunne s. Bonn.
Buonconvento [Boquevant], Kloster bei Florenz 16, 53, 54, 56.
    Mönch Bernardino aus Montepulciano, daselbst 54, 55.
Burgund [Borgoigne], Herzogtum 20, 356, 366, 412, 430.
    Johann der Unerschrockene, Herzog 1404—1419. 6, 9, 345. 359—362, 368, 424, 433, 457.
    Philipp der Gute, Herzog 1419—1467. 344, 357—359, 362, 379, 408, 442. 443, 445.
    Rudolf II [Raoul], König 911—937. 60.
Burlixe s. Berlize.
Burxelle s. Brüssel.
Butrinto, Nicolaus v. 1311. 29.

C. K.

Kaisersberg [Keiserberch] i. Ober-Elsaß, Kreis Rappoltsweiler, 409.
Caitenemme s. Kattenhofen.
Calais 369.
Caldee, wahrscheinlich das Land Kaltiniany an der Okmiana, einem Nebenflusse der Jura in Ostpreußen, 337.
Cambrai 63.
Carcassonne, Bischof Giraud du Puy 1415. 457, 460.
Kardinäle s. Rom.
Karinthen s. Kärnthen.
Karl IV. [Chailie], deutscher König und Kaiser aus dem Hause Luxemburg, geb. 1316, König von Böhmen 1346,

Kaiser 1347, regiert die Mark Brandenburg 1373—1378. 3, 4, 6, 62, 63, 301—305, 307, 308, 310—312, 315, 317, 318, 323, 348, 364, 371, 372, 408.
Karl IV., König von Frankreich 1322 bis 1328. 64, 236, 246, 359, 360.
Karl V., König von Frankreich 1364 bis 1380. 313, 314, 359.
Karl VI., König von Frankreich 1380 bis 1422. 359, 369, 456, 457—459.
Karl VII., König von Frankreich 1422 bis 1461. 408, 443, 444, 466.
Karl III., v. Durazzo, König von Neapel, genannt della Pace, Gegenkönig von Ungarn 1385. 350.
Karlstein, Festung 377.
Kärnthen [Karinthen], Herzogtum 13, 62, 63, 302.
Carsenabowe s. Katzenelnbogen.
Cäsarini, Kardinal Julianus C. von St. Angelo 1431. 378.
Kastell bei Mettlach, Reg.-Bez. Trier, 81, 300.
Katalonien [Cateloigne]. 50, 367, 370.
Kattenhofen [Caitenemme, Cattenomme], Kreis Diedenhofen O., 347.
Cattenomme s. Kattenhofen.
Katzenellenbogen [Carsenabowe], Johann v., 1356, 306.
Cautier, Guillaume de, Bischof von Evreux 1415. 457, 460.
Cerieres s. Serrières.
Cervantes ad vincula S. Petri, Kardinal 1434. 441.
Cervigney s. Servigny.
Chaille s. Karl.
Cesile s. Sizilien.
Chaillot, Nicolas, Abt von der Abtei St. Martin bei Metz 1426. 427.
Chairley s. Charly.
Châlons-s.-Marne [Chaullon] 368.
Chalsey s. Courcelles-Chaussy.
Chambley [Chambleis] in Frankreich, dép. Meurthe-et-Moselle, 154, 239.
    Ferry, Herr v., Ritter 1415. 426.
Chamenat s. Cheminot.
Chameure, Poince, Metzer Schöffe und Seigneur 1327. 298.

Champagne [Champaigne] 230, 368, 430, 469, 470.
Champel, Jehan de, Metzer Bürger und Seigneur 1356. 307.
Champigneulles, Schlacht bei C. 1407. 332.
Chastelvillain, Herr v., 1431. 429.
Charly [Chairley, Charley], rechts der Mosel im Bezirk Haute chemin, Landkreis Metz, 112, 128.
Chastel-Brehains } s. Dürrkastel.
Château-Bréhain }
Chatillon, Karl v., genannt von Blois, Herzog von der Bretagne 1356. 306.
Chauderons s. Friaville.
Chaufour [Chaulfourt], Didier de 1428. 426, 468.
Chaullon s. Châlons.
Cheminot [Chamenat], alter Besitz der Abtei St. Arnulf, Landkreis Metz 82.
Chevalat, Simonin, Metzer Bürger 1404. 425.
Chieri in Italien 21.
Chieulles [Xeulles], im Moseltal bei Metz 112.
Chille s. Cilly.
Chiny, Grafschaft, 21.
    Arnolf, Graf, 1302, 21.
Chipre s. Cypern.
Clyney s. Cluny.
Cilly [Chille] s. Böhmen, Barbara und Elisabeth.
Circk, Cirque s. Sierck.
Clairvaux [Clairevaulz], Abtei, dép. Jura, 114.
Cluny [Clyney], Abt Androin 1356. 305.
Knieprode, Winrich v., Hochmeister des deutschen Ordens in Preußen 4, 315.
Coblenz [Covelance] 11.
Coin [Goin]-sur-Seille oder -les-Cuvry, Schloß, Landkreis Metz, 428, 433.
Col du Bonhomme i. d. Vogesen 409.
Colmar [Coulembey] i. Elsaß 392, 409.
Köln [Couloigne], Stadt 39, 341, 369, 395, 397, 400, 434, 435.
    Dietrich, Graf v. Mörs, Erzbischof 1413—1463. 369, 379, 387, 393, 397, 428.

33*

Wilhelm v. Gennep, Erzbischof 1349, —1362. 305.
Commarcey s. Commercy.
Comme s. Kuhmen.
Commercy [Commarcey] in Frankreich, dép. Meuse, 437.
: Robert, Herr v. C. 1407, 1434. 424, 437.
Königsberg [Cunischberg] in Preußen 337, 338.
Königssaal, Kloster in Böhmen 371.
Konrad IV., deutscher König, Sohn Friedrichs II., 1250—1254. 60, 61.
Constantinopel [Constantinoble] 89, 336, 403, 404.
Constanz [Constance, Constanse, Costance] 6, 7, 349, 365—367, 369, 371—373, 374, 376, 379, 380, 392, 402, 415, 420, 425, 435, 456, 457, 460.
Corbe [Courbel], Geoffroy, Metzer Bürger 1324. 164, 211.
: Jehan, Metzer Bürger und Ritter 1396. 356.
Corinne s. Cortina.
Cornwallis [Cornuelle], Lambelain v. 3, 226.
Cornue Geline, auf der Chambière-insel bei Metz 428.
Corny [Croune] a. d. Mosel, Landkreis Metz, 88.
Cortina [Corinne], Platz in Rom 447.
Kortryk in Belgien 27.
Cossy s. Coucy.
Coucy [Cossy], Raoul de, Bischof von Metz 1387—1415. 319, 320, 326, 330, 332, 338, 424, 434.
Couloigne s. Köln.
Cour, Jehan de la, Metzer Schöffen-meister 1324. 2, 74, 75, 101, 269.
: Jehan de la C. d'Owe, maître, 60.
: Nicolaus de la, Witwe des, Metzer Bürger 1315. 101.
Courcelles-Chaussy [Chalsey] b. Metz, Landkreis Metz, 81.
: Jacomin de C., 1405 im Solde von Metz, 434.
Courbel s. Corbe.
Coutances, Bischof Philibert von 1434. 438.

Crécy [Cresit, Cressis], Schlacht bei 1346. 3, 300.
Crehanges s. Kriechingen.
Cremona [Cremone] 15, 40. 45.
Crescentii, castellane Cr. sive Evangelii bei Rom 446.
Cresit, Cressis s. Crécy.
Kriechingen [Créhanges] bei Falkenberg, Herrschaft in Lothringen, Kreis Bolchen, 190.
Croatien [Croacie, Croalcie] 362, 374, 375.
Cronenberg, Peter von C. zu der Nuwenburg, Ritter 1398. 325, 327.
Croune s. Corny.
Kuhmen [Comme], in Lothringen, Kreis Bolchen, 433.
Cunischberg en Prusse s. Königsberg.
Cypern [Chipre] 248, 252, 260. 408.

D.

Daix s. Esch.
Daix, Dex, vgl. auch Esch; Metzer Patrizierfamilie.
: Jacomin, Sohn des Philippe 1299, 11.
: Jaique, Ritter 1399, 1400, 1431. 1433. 336, 339, 377, 408, 414—417, 422, 459, 470, 471.
: Philippe, 1299, 1, 11.
Dalberg, Johann Kemmerer von, 1401. 341.
Dalmatien [Dalmacie] 362, 374, 375.
Dauphin [Delphinus], Heinrich I., Bischof von Metz 1316—1424. 202, 204, 213, 242, 276, 288.
: Karl, Herzog der Normandie 1356. 304, 305.
Deuilly [Dulliet] Karl [Charlot] v., 1415. 425, 426, 457.
Deutsche Kaiser s. die Einzelnamen :
: Karl IV. 1346—1378.
: Konrad IV. 1250—1254.
: Friedrich II. 1215—1250.
: Friedrich der Schöne 1314—1330.
: Heinrich I. 912—936.
: Heinrich II 1002—1024.
: Heinrich III. 1039—1056.

Heinrich IV. 1056—1106.
Heinrich V. 1106—1125.
Heinrich VI. 1190-1197.
Heinrich VII. 1308—1313.
Ludwig der Baier 1314—1347.
Philipp von Schwaben 1198—1208.
Ruprecht von der Pfalz 1400—1410.
Sigmund 1410-1437.
Wenzel 1378—1400.
Deutsche Reichskanzler.
  Bischof Johann v. Leitomischl 1356. 305.
  Schlick, Kaspar, Graf von Bassano 1434. 417-420.
Deutscher Orden in Preußen 1431. 388.
  Conrad v. Jungingen, Hochmeister 315.
  Winrich v. Knieprode, Hochmeister 4, 315.
  Marquard v. Sulzbach, Komthur v. Ragnit 1399. 337.
  Werner v. Tettingen, Ordensmarschall 1399. 337.
Deutschland 18, 48, 196, 230, 254, 366, 369, 383, 384, 394, 444.
Devant les Ponts vor Metz, Landkreis Metz, 134, 138.
Dex s. Esch und Daix.
Diedenhofen, Stadt [Thionville] in Lothringen 102, 112, 174, 324, 328.
Diedenhofen, Propst Thileman Vusz von Bettemburg, Ritter, der ältere 1384. 325, 408.
Dieuami, Jehan, Bürger von Metz und Ritter 1405, 1415. 435, 459, 463, 464.
Dieulouard [Dulowart] bei Pont-à-Mousson an der Mosel, dép. Meurthe-et-Moselle 110, 168, 248.
Dinckelsbühl [Dinckelspuge] in Bayern 391.
Donnuewre s. Deneuvre.
Donau [Donnowe] 356, 362.
Dortrecht in Holland 369.
Doringen s. Thüringen.
Drowin, Collignon, Bürger von Metz 1356. 307.
  Jehan der Ältere, Bürger von Metz 1346. 300.
  Jehan der Jüngere, Bürger von Metz 1415, Ritter. 459, 463, 464.
Duchâtel, Tanneguy 1419. 357.
Dulley, Cairlat [Karl] von. 1415. 457.
Dulliet s. Deuilly.
Dulowart s. Dieulouard.
Deu Pont s. Zweibrücken.
Durazzo, Karl III. v. D., genannt Charles de la Paix, König von Neapel, Gegenkönig von Ungarn 1385. 350.
Dürrkastel [Chastel-Brehains, Château-Brehain] in Lothringen, Kreis Château-Salins 204.

E.

Echternach [Alternaque], in Luxemburg 347.
Eduard III., König von England 1327 bis 1377. 300, 301.
Eger [Egher, Eiger], in Böhmen 346, 392, 395, 401.
Eichstädt [Eistet, Estet], Bischof Albrecht II. von Nürnberg 1431. 391, 393.
Eiger s. Eger.
Einsiedel i. d. Schweiz 380.
Ellbogen [Elnpogen] a. d. Eger in Böhmen, 392, 401.
Elnpogen s. Ellbogen.
Elsaß [Assair, Ausair, Aussair, l'Auxay] 96, 230, 369, 394, 409, 415, 416.
Emgelvake ? 431.
England [Engleterre, les Ynglois] 3, 6, 7, 224, 300, 304, 309, 356, 361, 362, 365, 366, 368, 376, 394, 425, 435, 444.
  Geai [Jai] d'Angleterre 224.
  Könige s. die Einzelnamen.
    Eduard III. 1327—1377.
    Heinrich IV. 1399—1413.
    Heinrich V. 1413—1422.
    Heinrich VI. 1422—1472.
Enne, Jehan de 1431. 431.
Ennery [Annerey, Ennerey], auf dem rechten Moselufer, nördlich von Metz, Landkreis Metz 426.
Eply [Espley] in Frankreich, dép. Meurthe-et-Moselle 82.

— 510 —

Epingen [Espanges], Gemeinde Charleville, Kanton Vigy, Landkreis Metz 206.
Erelingen s. Esslingen.
Erfurt [Erffurt] 392.
Erlon s. Arlons.
Esch, vgl. auch Daix, Dex.
   Jehan d'Esch, dit de Luxembourg, Metzer Bürger und secrétaire des sept de la guerre 1433. 8, 408, 414, 415, 417, 420—422, 437, 459.
Espaigne, Espagne s. Spanien.
Espanges s. Epingen.
Esply s. Eply.
Esslingen [Erelingen] in Württemberg, 62, 392.
Espars, Jacques d'E., Magistre medicinal 1415. 457.
Esselin, le maître et clerc de Pont-à-Mousson 1325. 3, 230, 232, 242, 244, 246.
Estain, Huyn d'E., Guillamme, Dr. maître en droit, Ritter 1431, 1433. 409, 411, 412, 432.
Estampes s. Etampes.
Estans s. Tennschen.
Estet s. Eichstädt.
Etampes [Estampes], Ludwig II., Graf von 1356. 307.
Evreux, Bischof Guillaume de Cautier 1415. 457, 460.

F.

Falkenberg [Faulquemont] in Lothringen, Stadt im Kreis Bolchen 330. Herrschaft 322.
   Heinrich v., auch Herr v. Finstingen [s. dieses] 1324. 130, 156, 221, 223.
Falkenberg [Fauconnom, Faulquemont], an der Maas.
   Wilhelm, Herzog v. Jülich, Herr zu F. 1356. 305.
Failly [Failley], Kanton Vigy, Landkreis Metz, 186.
Fauconnom, Faulquemont s. Falkenberg.
Faulquenelz, Metzer Geschlecht 1324. 297.

Jehan dit Crowelel, Metzer Bürger 1399. 336.
   Baudowin [nicht als Metzer Bürger genannt] 1415. 459.
Feldkirch in Vorarlberg 401.
Ferry, maître 1324, 234.
Finstingen [Fenestranges], Herrschaft in Lothringen, Kreis Saarburg 190, 322.
   Heinrich von, Herr zu Falkenberg 1324. 130, 132, 156, 221, 223.
Flairquair s. Flasgarten.
Flandern 360, 362.
   Guido, Graf, Sohn des Grafen Guido v. Dampierre (1279—1305) und der Isabella v. Lützelburg 1311. 22, 29.
   Heinrich, Graf, Bruder des Guido 1311. 22, 30.
   Ludwig I. von Cricy (1322—1346) oder Ludwig II. von Malen 1346—1384, 1346. 300, 301.
   Margarethe, Gemahlin des Grafen Guido, Tochter des Herzogs Theobald II. v. Lothringen 28.
Flasgarten [Flairquair] in Lothringen, Kreis Bolchen 81.
Fleury [Florey] südlich von Metz, Landkreis Metz 122, 124.
Florance, Florence s. Florenz.
Flörchingen [Florehangez, Floranges] bei Diedenhofen, Kreis Diedenhofen West 174, 176.
Florenz [Florance, Florence] 9, 16, 52, 370, 403, 440, 441.
Florey s. Fleury.
Fonte, Jehan de, genannt chevalier de Bar 1313. 38, 40, 52.
Forêt, Pierre de la, Erzbischof von Rouen 1356. 307.
Fortebraccio [Forte Brasse] 1434, 440.
France [Franse] s. Frankreich.
Francequin, Mallaisier de Metz 1405. 433, 434.
Francquefort sur le Menne, Franquefor s. Frankfurt a. M.
Franken [la Francke] 377, 388, 441.
Frankfurt a. M. [Francquefort, Franquefor] 1, 5, 12, 62, 302, 341, 365, 392, 404, 431.

Frankreich [France, Franse] 6, 7, 28, 196, 230, 304, 305, 356—358, 362, 365, 366, 368, 378, 394, 408, 412, 418, 425, 430, 435, 470.
    Könige s. die Einzelnamen.
    Johann II. 1356—1364.
    Karl IV. 1322—1328.
    Karl V. 1364—1380.
    Karl VI. 1380—1422.
    Karl VII. 1422—1461.
    Philipp IV. d. Schöne 1285—1314.
    Philipp VI. 1328—1350.
    Gutta, Tochter König Johanns v. Böhmen, Gemahlin König Johanns 1332. 64, 300.
    Marie, Tochter König Johanns II., Gemahlin des Grafen Robert v. Bar 303.
    Jean II., vicomte de Melun, comte Tancarville, grand chambellan de France, chambellan de Normandie 1356. 307.
Friaville, Chauderons. Herr von, 1324. 172.
Friedrich II., deutscher König und Kaiser 1215—1250. 61.
Friedrich III. der Schöne (v. Österreich), deutscher König 1314—1330. 62.
Friesland [Frise], Grafschaft 346.
Fristot [Fristorf], Hof bei Metz, zum Schloß Frescaty gehörig, Landkreis Metz 433.
Froidmont, etwas nördlich von Pont-à-Mousson, dép. Meurthe-et-Moselle 75.
Frouard, Hans des Hanry de La Tour daselbst in Frankreich, dép. Meurthe-et-Moselle 468.
Fuchs, Reinhard [Vousse, Vusz] 1431. 8, 377, 381, 413, 417—420, 430—432, 434—437.
    Seine Frau Hudiat 430.
Fulda [Volle], Heinrich, Abt 1356. 306.
    Johannes I. von Merlau, Abt 1431. 393.

G.

Gallilaea [Galilée] 200.
Garde, Hugues Adhémar, seigneur de la G., seneschal de Beaucaire 1356. 306.
Gassion, Hof bei Diedenhofen, Kreis Diedenhofen Ost, früher Neuerburg 327.
Gelphes s. Welfen.
Gemel, Jehan, Metzer Bürger 1356. 307.
Gemünd [Gemünd] in Württemberg 392.
Genestroit [Genestroy], Standort des Galgens von Metz in der Gemarkung Montigny-Sablon, Landkreis Metz 5, 130, 210, 330, 425.
Genne s. Genua.
Gennep, Wilhelm v. G., Erzbischof von Köln 1349—1362. 305.
Gentien, Benoit, Mönch von St. Denis 1415. 457.
Genua [Genne] 16, 24, 44, 45.
Gingingen [Guiming] ? 392.
Going s. Coin.
Görlitz [Gorliche].
    Elisabeth v. G. [Ysabel], Tochter Johanns von Görlitz, Enkelin Karls IV., Gemahlin Antons v. Brabant und dann Johanns von Bayern, als solche dame de Bavière [Balbierre] genannt, Herzogin v. Luxemburg 316, 317, 343, 344, 346—348, 419, 421, 422, 432, 436, 437.
    Johann v. G., Sohn Karls IV. und seiner vierten Gemahlin Elisabeth v. Pommern-Stettin, † 1396. 4, 6, 317, 343, 419.
    Margarethe, Gemahlin Johanns v. Görlitz, geb. Herzogin v. Österreich 1372. 317.
Gorze in Lothringen, Landkreis Metz, 154, 172, 238.
Gosangez s. Wadgassen.
Gottlieben in Thurgau 370.
Gournay [Grounaix, Gronnay], Metzer Patriziergeschlecht:
    Lorrant le Gr., seigneur u. Ritter, Metzer Bürger 1396, 356.
    Parrin le Gr., Metzer Bürger 1399. 336.
    Philippe le, Metzer Bürger 1310. 20, 21.

Grancey [Granscey], Eudes de Gr., zweiter Gemahl der Beatrice v. Bourbon, Witwe König Johanns v. Böhmen 1356. 307.
Grandpré [Grandprey], Jean de, 1365. 306.
Greiffenstein [Griffestein], Kreis Zabern 431, 436.
Griffonal, Metzer Bürger 1315. 101.
Grimont [Grifmont], oberhalb des heutigen St. Julien bei Metz, Landkreis Metz 116, 118, 424, 428.
Grognat, Metzer Patrizierfamilie:
  Jacques Gr., Metzer Bürger 1324. 114, 200, 202, 295.
  Nicolle Gr., Metzer Bürger 1356. 312.
  Nicolle Gr., Metzer Bürger, wohnte Portemuselle 1405. 433.
  Poince Gr., Metzer Bürger 1415, hatte ein festes Haus in Moulins 426.
Grona, Pfalz, in Hannover 60.
Grotte St. Pierre in Rom 447.
Gronnaix oder Grounay s. Gournay.
Grymont s. Grimont.
Guelfez s. Welfen.
Guigneval, unerklärbar 228.
Guimard, unbekannte Persönlichkeit 268.
Guiming s. Gingingen.
Guy de lairge Cuire s. Torre.

H.

Halberstadt [Hawerstat], Johann v. Hoym, Bischof v. H. 1431. 388.
Hagenau [Hagnow], i. Elsaß 392.
Hayingen [Haianges], in Lothringen, Kreis Diedenhofen West 176.
Hailbrun s. Heilbronn.
Haitangez s. Hettingen.
Hall in Württemberg 392.
Hamecourt s. Homécourt.
Hammerstein, Burggraf Friedrich v. H. 1311. 48, 49.
Hanau [Hannowe], Ulrich IV., Graf v. H. 1356. 306.
Hanrias, Metzer Kapitän 1325. 132, 174.

Harraucourt, Gueirart, Herr v., 1400. 339.
Hauconcourt [Haukoncourt] a. d. Mosel, Landkreis Metz 112.
Hauterive zwischen Cuvry und Marly, Landkreis Metz 434.
Haut Chemin: die alte, auf der Höhe entlang laufende Straße von Metz nach Busendorf 297.
Haukoncourt s. Hauconcourt.
Hawerstat s. Halberstadt.
Heidelberg 370.
Heilbronn [Hailbrunn] in Württemberg 392.
Heiligkreuz, südlich von Colmar i. Elsaß [Ste. Croix] 409.
Heinrich I., deutscher König 912—936. 60.
  » II., deutscher König und Kaiser 1002—1024. 60.
  » III., deutscher König und Kaiser 1039—1056. 60.
  » IV., deutscher König und Kaiser 1056—1106. 61.
  » V., deutscher König und Kaiser 1106—1125. 61.
  » VI., deutscher König und Kaiser 1190—1197. 61.
  » VII., deutscher König und Kaiser, Graf v. Luxemburg 1308—1313. 1, 2, 10—12, 14, 16—18, 22, 24, 26, 28, 32, 34, 36, 38, 40, 42. 44, 46, 50, 52, 54, 56, 58, 61, 63, 81, 212. 254, 268, 301, 302, 304.
Heinrich IV., König v. England 1399—1413. 361, 362, 367.
  » V., König v. England 1413—1422. 456, 459.
  » VI, König v. England 1422—1472. 408, 430.
Heinsberg, Johann VIII., Bischof von Lüttich, 1419—1455, 348.
Heis [Heix, Hey, Heiz]:
  Jehan v., Metzer Bürger 1324. 154.
  Henry v., 1324. 3, 213, 264.

Helmstadt, Raban v., Bischof v. Speier, dann Erzbischof v. Trier 1396—1439. 380, 393, 442.
Hennegau [Hennal], Grafschaft 346.
　Wilhelm, Graf v. H., 1408, 345.
Henry [auch Kapitän Hanrias genannt], Metzer Söldnerführer 1324—1325. 132, 174.
Hercourt, Graf v. H. 1346. 300, 301.
Hessen 340.
Hettingen [Haitangez] bei Diedenhofen, Kreis Diedenhofen Ost 176, 327.
Heu [Heus], Metzer Patrizierfamilie:
　Collignon de H., Metzer Bürger 1327, Sohn des Thiebault 298.
　Collignon de H., Metzer Bürger 1415. 459, 463, 464.
　Nicolle de H., Seigneur und Ritter, Metzer Bürger 1396. 356.
　Thiebault de H., Metzer Bürger, Seigneur 1327. 298.
　Willame [Willemin] de H., Metzer Bürger 1327, 1356, Sohn des Thiebault 298, 307.
Hildesheim [Hildeszheim]. Bischof Magnus, Herzog von Sachsen-Lauenburg 1431. 388.
Hilestat, Herr v., 1431, nicht festzustellen 379.
Hochberg, Markgraf Wilhelm 1432, 404.
Hofmann, Fritz, Bürger zu Nürnberg 1384, 1433. 324, 342, 423.
Hohenzollern, Burggraf Friedrich VI. v. Nürnberg 1397—1440. 316, 342, 348.
Holland, Grafschaft 346.
　Graf v. H., wohl als Herzog v. Burgund 1431. 393.
Homburg [Honbour] bei St. Avold 4, 318, 319, 321.
Homécourt [Hamecourt], Kant. Briey, dép. Meurthe-et-Moselle 134.
Hongueriee s. Ungarn.
Horazdiowitz, Burg in Böhmen, 13.
Horn, Dietrich v. H., Herr von Perwez, Bischof v. Lüttich 1406—1408. 345.
Horwathi, ungarische Familie 350.
Housses s. Hussiten.

Houtton près de Louveney b. Louvigny, Kanton Verny, Landkreis Metz 434.
Hoym, Johann v. H., Bischof v. Halberstadt 1431. 388.
Huguignon le bouchier, Metzer Bürger 1347. 310, 312.
Hunguerie, Hungrez s. Ungarn.
Huss [House, Housz], Kleriker in Prag 1420. 371, 372.
Hussiten [les Housses, Houssz, Bahignons, Bahignons] 8, 371, 373, 374, 377—384, 411, 435, 438, 440, 457.
Huyn d'Estain, Guillaume, Dr., maitre en droit, Ritter 1431, 1433. 409, 411, 412, 432.

I. J.

Jacopins-Dominikaner, 50.
Jay s. Johann u. Böhmen, Johann.
Jamaix, Jehan de 1406. 435.
Jehan, Metzer Bürger 1405. 311.
Jenne s. Genua.
Jerome, Kleriker in Prag 1420. 371.
Jerusalem, Stadt 238.
　Patriarchat 26.
Indien, König Porus 26.
Ingleterre, Inglais s. England.
Johann II., König von Frankreich, Sohn Philipps VI. und Vater Ludwigs v. Bourbon 1350—1364. 3, 64, 67, 300, 303, 304, 313, 314.
Johann, de Fonte, chevalier de Bar 1313. 38, 40, 52.
Joiey s. Jouy-aux-Arches.
Joinville, Ancel, Herr v., 1302, 21.
　Heinrich von, Graf v. Vaudémont († 1374) 1356. 306.
Jorne s. Yonne.
Jossaume, Guillaume, Observant in Metz 1433. 409.
Jouy-aux-Arches [Joiey], oberhalb von Metz an der Mosel, Landkreis Metz 178, 180, 200, 202.
Italien 2, 60, 366, 403.
Jülich [Juleis, Jullit], Herzogtum 308, 327.
　Wilhelm, Graf, Markgraf, schließlich Herzog v. J., Herr von Falkenberg

a. d. Maas 1329—1361. 305, 308, 309.
Jungingen, Conrad von J., Hochmeister des deutschen Ordens in Preußen 315.
Justemont [Reichersberg], Kloster im Kreis Diedenhofen Ost, 81, 108, 174, 176.
Ivoy [Bierp, Bieupe, Yvoixe] i. Luxemburg, 347.
  Herr v. J. 1324. 164.

L.

Laczsi, Stephan, ungarischer Edelmann, hingerichtet 1397, 352.
Laiming, Leonhard v., Bischof v. Passau 1423—1451. 319.
Laituee s. Litthauen.
Lambellin, recteur de Paris et d'Orléans 1324. 3, 242, 244.
Landawe s. Lindau.
Langres, Bischof Ludwig v. Poitiers, später von Metz 1325—1327. 288.
La Tour, Bertram de, Bischof von Toul 1353—1361. 305.
  Hanry de, Ritter; seigneur de Pierrefort et baillif de Viltrix 1415. 1422. 367, 425, 457—459, 463—467, 469. 470; seine Frau, die Tochter des Collart de Lenoncourt 470.
  Morixat de, Metzer Bürger 1398. 336, Wenzel [Wainchelin] 1415. 459.
Lausitz 388, 391.
Lebus [Lubise], Heinrich II. v. Banz, Bischof 1354—1362. 305.
Leiningen [Linenge], Graf Friedrich VII. † 1398. 306.
  Graf Friedrich VIII. † 1437. 306, 341.
Leitomischl [Murtelusse], Bischof Johann v. L., Reichskanzler 1356. 305.
Lenk, Timur s. Tamerlan.
Lenoncourt, Collart de, Ritter 1415. 457, 470.
Leudre, Friedrich [Ferry] v. L. 1428. 426.
Lichtenberg, Johann II. v. L., Bischof v. Straßburg 1353—1365. 305.
Liege, Liegoy s. Lüttich.
Ligny, dép. de la Meuse 181.

Ligny-en-Barrois [Liney], Herr daselbst: Waleran v. Luxemburg 1356. 307, 319.
Limburg [Lembourg], Herzogtum 362.
Linenge s. Leiningen.
Liney s. Ligny-en-Barrois.
Lindau [Landawe] 392.
Litthauen [Laituee]. Königreich 4, 337, 349.
  Swidrigal Boleslaw, Großfürst v. L. 1430. 315, 381.
  Witold, Verwalter v. L. 1398. 387, 381.
  Wladislaus II., Jagello, Großfürst v. L., s. Polen.
Livland 337, 339.
Lodi, in Italien, 28, 40.
Lohier, Aubertin, Metzer Schöffe 1327. 298.
Lombardei [Lombardie, Lonberdiee] 1. 15, 20, 32, 36, 341, 376, 402—404, 406.
Lombarden [Lombars] 34.
London [Londre] 224.
Longeville devant Bair, dép. de la Meuse 333.
Longeville bei Metz, Landkreis Metz 140.
Longuyon, Jacques de 27.
Looz, Grafschaft 21.
Lorrenge s. Lothringen.
Lothringen [Lorrenge], Herzogtum 2, 77, 81, 100, 190—208, 284, 288, 356, 366, 427, 428.
  Friedrich III., Herzog 1251—1303. 20.
  Friedrich IV. [Ferry], Herzog 1312—1328. 68—73, 78, 81, 84, 100, 120, 136, 172, 192, 194, 208, 209, 210, 217, 226, 230, 232, 236, 242, 258, 274.
  Karl II. [Chaille], Herzog 1390—1431. 320, 326, 330, 332—338, 380, 395, 424, 425, 426, 429, 458—460, 465—467, 469, 470.
  Isabella, Tochter Karls II., 425.
  Margarethe, Tochter Herzog Theobalds II. 1303—1312, Gemahlin des Grafen Guido v. Flandern 28.
  Margarethe, Gemahlin Karls II., Tochter des Königs Ruprecht 1400. 341.

Renatus I., Herzog 1434. 425, 437.
Rudolf, fällt 1346 bei Crécy, 301.
Louve [Lowe], Metzer Patrizierfamilie.
    Collignon, Metzer Bürger 1408. 333.
    Nicolle, Ritter und Metzer Bürger 1433. 408, 414—422, 471.
    Thiebault, Metzer Bürger 1408. 334.
    Thiebault, Abt von St. Clemens bei Metz 5.
Louvigny [Louveney], Kanton Verny, Landkreis Metz 426.
    Louyat de L. 1325. 206.
Lovil s. Ludwig.
Lubise s. Lebus.
Lucca [Luc] 16, 404.
Lucerne s. Luzern.
Lucistain [Lützelstein?], Graf v. L. 1356. 307.
Ludwig der Baier, deutscher König und Kaiser 1314—1347. 2, 61—63, 302.
Luetange s. Lüttingen.
Lunéville [Lyneiville] 408.
Lupas, Martin 1434. 438.
Luppy [Lupey], Kanton Pange in Lothringen, Landkreis Metz 172.
Lusanbour, auch Lusanbourch s. Luxemburg.
Lustange s. Lüttingen.
Lüttich [Liège, Liegoy], Stadt 110, 332, 345, 369.
    Bistum 22, 344, 346, 348.
    Dietrich v. Horn, Herr v. Perwez, Bischof 1406—1408. 345, 369.
    Engelbert, Graf von der Mark, Bischof 1345—1364. 305.
    Johann VI., Herzog v. Bayern, Bischof 1389—1417. 318, 344—346, 420.
    Johann VIII., v. Heinsberg 1419—1455. 348.
    Theobald, Graf von Bar, Bischof 1303—1312. 22, 26—32, 36, 38, 39, 44, 47, 50.
Lüttingen [Luetange, Lustange] bei Metzerwiese, Kreis Diedenhofen Ost 81, 152, 206.
Lützelstein, Andreas von L., in Metzer Diensten 1324 s. Pierre 156, 172, 219, 223, 307.
Luxemburg [Lusanbour, Lusanbourch, Luxembourg]
    Schloß: 18, 34, 58. 321, 369.
    Stadt: 4, 20, 81, 176, 300, 301, 435, 436.
    Abtei St. Marie daselbst: 382.
    Abtei Münster daselbst: 301.
    Abtei Neumünster daselbst: 81.
    Grafschaft, seit 1354 Herzogtum: 1, 34, 66, 67, 72, 77, 81, 303, 318, 322, 324, 328, 331, 344, 346—348, 356, 378, 422—425, 433.
    Balduin [Baudowin], Bruder Heinrichs III., Erzbischof v. Trier 1307—1354. 9, 11, 12, 15, 22, 24, 26, 31, 34, 36, 42, 46, 48, 61, 62, 68—73, 76, 78, 81, 84. 100, 116, 120, 204, 208, 209, 217, 226, 230, 236, 242, 258.
    Beatrix s. Margaretha.
    Elisabeth, Herzogin 1415—1418, 1425—1451 s. Görlitz.
    Heinrich I., Graf 1226—1281, 23.
    Heinrich II., Graf 1281—1288. 10, 110.
    Heinrich III., Graf 1288—1313 s. Heinrich VII., deutscher König und Kaiser.
    Johann, Herzog 1300—1346 s. Böhmen.
    Johanna, Gemahlin Wenzels, des Bruders Karls IV., geb. Prinzessin v. Brabant 64.
    Isabella, Schwester Graf Heinrichs II., 23.
    Karl, Graf 1346—1353 s. Karl IV. deutscher König und Kaiser.
    Margaretha, Gemahlin Graf Heinrichs I., 23.
    Margaretha, Gemahlin Graf Heinrichs II, heißt Beatrix, fälschlich M. genannt 10, richtig 57.
    Margaretha, Gemahlin Graf Heinrichs III., Tochter des Herzogs von Brabant 11, 16. 44.
    Sigismund s. Sigismund, deutscher König und Kaiser.

Walram [Wallerant], Bruder Heinrichs III. und Balduins, 1311—1313. 12, 15, 18, 22, 24, 26, 31, 34, 36, 42—45, 61, 110.
Wenzel I. [Wainchelat], Graf 1353, Herzog 1354—1383, Herzog von Brabant 1355—1383. 302, 303, 305, 308, 309, 316.
Wenzel II., Herzog 1383—1388 s. Wenzel deutscher König.
Luxemburg, Peter v. Graf v. Ligny, Bischof v. Metz 1384—1387, 319, 325, 326.
Walram [Walerant] v. L., Herr von Ligny-en-Barrois, Graf von St. Paul 1356, 1384. 307, 319, 348, seine Gemahlin Bona von Bar 1426. 6, 348.
Jehan d'Esch, dit de L., Metzer Bürger und secrétaire des Sept de la guerre 1433. 8, 408, 414, 415, 417, 420—422, 437, 459.
Luzern [Lucerne] 238.
Lyneiville s. Lunéville.
Lyon, Guillaume de; wahrscheinlich gleich Guido de Lyon (Guis de Vienne) 1313. 50, 51.

M.

Maas [Meuse, Muese], Fluß 304.
Maclenbourg s. Mecklenburg.
Magdeburg [Medeburg, Meideburg]: Burchard, Burggraf v. M. 1356. 305. Günther II. v. Schwarzburg, Erzbischof 1403—1445. 388, 393.
Magny [Mengney] a. d. Seille bei Metz, Landkreis Metz 82, 124, 330.
Mähren [Mairable, Merrable, Merrauble]: Markgrafschaft 5, 6, 302, 351, 364, 372.
Jobst, Markgraf 1375—1411. 5, 64, 332, 340, 343, 350—352, 365.
Procop, Markgraf 1375—1405. 352.
Maiance s. Mainz.
Mailand [Melinot, Miellant]: Stadt 15, 20—22, 24, 28, 29, 32, 33, 40, 341.
Philipp Maria Visconti, Herzog 1412 —1447. 402—405, 440.
Kapitäne: Niccolo Piccinino 1434. 440.
Sforza 1434. 440.
Guido de la Torre Lombarde 1311. 32.
Main [Menne, Moine, le], Fluß 365.
Mainz [Maiance, Meance]: Stadt 375, 392.
Gerlach v. Nassau, Erzbischof 1346 —1371. 305.
Konrad III., Rheingraf, Erzbischof 1419—1434. 387, 393, 400.
Maingues s. Mengen.
Mairable s. Mähren.
Mairley s. Marly.
Malines s. Mecheln.
Malroy [Maleroy] a. d. Mosel, Landkreis Metz 112.
Mancourt bei Ennery zwischen Metz und Diedenhofen a. d. Mosel, Landkreis Metz 110, 112, 228.
Manderscheid, Graf Ulrich v. M., Erzbischof von Trier 1418—1430, 380, 406, 442.
Manis s. Mesnils.
Mannheim 370.
Mark, Graf Engelbert v. d. M., Bischof v. Lüttich 1345—1364. 305.
Eberhard de la, 1437. 347.
Marle, Guillaume v. 1415. 457.
Marly [Mairley]: Dorf a. d. Seille, Landkreis Metz 82, 128, 178.
Jehan de M. 1324. 128, 178.
Jehan de M., Herr v. Saulcy, Vater des Callay de S. 1415. 1434. 457, 470.
Marsal, Kreis Château-Salins 321.
Pierre Poingnetier, Archidiakonus v. M., Kanoniker von Metz 1433. 409.
Martincourt, dép. de Meurthe 366.
Maupertuis, 300, 305.
Mays s. Méy.
Meance s. Mainz.
Mecheln [Malines] in Belgien 362.

Mecklenburg [Maclenbourg]:
  Johann I., Herzog v. M.-Stargard 1352—1392. 306.
Medebourg, Meideburg s. Magdeburg.
Meisemburg [Meysemburg], zwischen Mersch und Fels in Luxemburg 321. Herrschaft 307.
  Margarethe v. M., Gemahlin des Heinrich Baier v. Boppard 1377. 321.
  Jutta v. M., 230.
Meissen [Misse]:
  Friedrich I. mit der gebissenen Wange, Markgraf 1291—1324. 17.
  Friedrich I., der streitbare, Markgraf 1381—1428, Kurfürst von Sachsen 374, 395.
Melinot s. Mailand.
Meltrix, Thiebalt, Herr von, Metzer Bürger 1356. 307.
Melun [Moullin], Adam v.. Sohn des Grafen Tancarville † 1352. 307.
  Jean II., vicomte de M., comte de Tancarville, grand chambellan de France, chambellan de Normandie 1356. 307.
Memleben in Thüringen 60.
Memmingen 392.
Mengen [Maingues], Herrschaft an der Blies, Kreis Bolchen 190.
Mengney s. Magny.
Menne s. Main.
Mergueritte dou Pont Remont 3.
Merlan, Johannes I. v. M., Abt von Fulda 1431. 393.
Merrable, Merrauble s. Mähren.
Merseburg [Merszburg]. Provinz Sachsen 392.
Mes s. Metz.
Mesnils [Manis], Kanton Pont-à-Mousson in Frankreich 152.
Mettlach a. d. Saar 81.
Metz [Mes]:

I. Das kirchliche Metz.
  Bistum und Bischöfe.
  Bistum allgemein 70, 81, 82, 416.
  Baier v. Boppard, Conrad II. v., Bischof 1416—1459. 428, 437, 459.
  Baier v. Boppard, Dietrich V., Bischof 1365—1384. 5, 319, 325, 326.
  Bar, Reinald v., Bischof 1302—1316. 20, 111, 246.
  Beaumont, Amblard Noir de, Verwalter des weltlichen Territoriums 1324, 158.
  Bertram, Bischof 1180—1211. 72, 432.
  Bettemburg, Thileman Vusz v., Kandidat König Wenzels für den Bischofssitz 1384. 324—328, 422, 423.
  Coucy, Rudolf v., Bischof 1387—1415. 319, 320, 326, 330, 332, 334, 424, 434.
  Luxemburg-Ligny, Peter v., Bischof 1384—1387. 319, 325, 326.
  Monthil, Ademar von, Bischof 1327—1361. 305.
  Poitiers, Ludwig v. [Lovil de Pitier] Bischof 1325—1327. 3, 68, 246, 248, 250, 252, 254, 272, 288, 290.
  Vienne, Heinrich, Dauphin v., Bischof 1316—1324. 111, 202, 204, 213, 242, 276, 288.

Kapitel, Domherrn. Kanoniker:
  Domkapitel 326.
  Kapitel St. Salvator 299.
  Kapitel St. Theobald 299.
  Primicerius des Domkapitels, Kardinal von St. Angelo 1431. 394.
  v. Sierck, Jakob, Domherr 1432. 405, 409.
  Norroy, Dominique de, Kanonikus, Dekan von Verdun 1438. 408, 415, 417, 422.
  Poingnetier, Pierre, Kanoniker, Archidiakonus v. Marsal 1433. 409.

Abteien, Klöster und ihre Insassen:
  St. Arnulf, Abtei 82, 126, 434.
  St. Clemens, Abtei 82, 126, 298, 334, 434.
     Abt: Louve, Thiebal 5, 334.
  Cordelliers, couvent des: Vairine, Jaique de, 1431—1433. 377, 409, 432.
  St. Croix, Abtei [St. Eloy] 138, 140, 311.
  St. Marie, Abtei 82.
  St. Martin, Abtei; Abt.: Chaillot, Nicolaus 1426. 427.
  Observanten: Jossaume, Guillaume 1433. 409, 432.
  Repenties, les, Kloster 3.
  St. Symphorian, Abtei 434.
  St. Vincenz, Abtei 160.

Kirchen:
  St. Auctor 136, 137.
  St. Ferroy 295.
  St. Gorgon 90, 91.
  St. Hilarius 147.
  Kathedrale [la grande esglise] 90, 295, 299, 304, 330, 405.
     Glocke la Mutte 96, 136, 174.
  St. Livier 90, 134.
  St. Maximin 294.
  St. Segolena 295.

II. Das bürgerliche Metz:
  Stadt im allgemeinen: 2—5, 7—10, 12, 15, 18, 20, 68—70, 78, 86, 88, 94, 100, 102, 104—106, 108, 110, 116, 124, 130, 136, 142, 144, 146, 148, 150, 154, 156, 170, 172, 174, 178, 180, 182, 184, 186, 188, 194, 198, 204, 208, 209, 212, 224, 226, 228, 230, 232, 238, 240, 242, 244, 246, 248, 250, 252. 254, 258, 260, 262, 264, 266, 268. 270, 272, 274, 276, 278, 282, 290, 292, 294, 295, 297, 299, 302—305, 307, 310, 311, 314, 318, 321—325, 327—334, 338, 340, 341, 346, 348, 356, 367, 369, 377, 378, 380, 381, 394, 395, 404, 408, 409, 412, 416, 417, 419, 421, 422, 424, 425, 427—431, 433, 434, 436, 437, 442, 443, 456, 458, 459, 461, 464—469, 471.

Stadtteile, Stadtplätze und Straßen, Tore, Brücken und Häuser:
  Anglemur 184.
  Barbarator 117.
  Bourg-St. Nicolas 226.
  Chambière 88, 160.
  Chambre [Kammerplatz] 90.
  Champ-à-Seille 304.
  Chappé, place Ch. 240.
  Cornue Geline auf der Chambièreinsel 428.
  Fourneirue 88.
  Mazelle 122.
  Mollin-le-Duc [?] 138.
  Outre-Seille 164, 226, 227.
  Pont Remont [Ramont] 3.
  Porsaillis 88.
  Porte Patard 138.
  Porte Serpenoise 126.
  St. Julien, Vorstadt 116, 117, 209.
  St. Ladre, auf dem Banne des heutigen Montigny 130, 433.
  St. Martin 88.
  Stoixey [Stoxey] 160.
  Symphorienwiese [Wassuelz J.] 333.
  Taisonrue 184, 226.
  Totenbrücke 158, 198, 311.
  Villa ad Basilicas 126.
  Vesigneuf 88.
  Wadrineauwehr 134.
  Wechslerhäuser 92.

Paraigen:
  Li commun 98, 222, 228, 296, 299, 343.
  Jeurue 299.
  Oultre-Seille 299.
  Porsaillis 299.
  Porte-Muselle 299, 433.
  St. Martin 298, 299.

Beamte der Stadt:
  Amblecolz, Jean Aman 1398. 334.
  Boilawe, Jacomin Aman 1327. 220, 221, 294.
  Chameure, Poince Schöffe 1327. 298.
  Cour, Jehan de la, Schöffenmeister 1324. 2, 60, 74.
  Lohier, Auburtin, Schöffe 1327. 298.
  Luxemburg, Jehan de, secrétaire des sept de la guerre 1433. 8, 408, 414, 415, 417, 420—422, 437, 459.
  Paillat, Lowy, Schöffe 1399. 336.
  Renguillon, Pierre, Schöffenmeister 1437. 357.
  St. Julien, Hannes de, Aman 1398. 5. 334, 336.
  Vy, Poince de, Schöffenmeister 1342. 315.

Bürger der Stadt:
  Amblecolz, Jean, Aman 1398. 334.
  Baudoche [Baudoiche], Arnoult, seigneur 1407. 333.
    » Poincignon 1415. 459, 463, 464.
  Belbouchiez, Stevenin 1356. 311.
  Boilawe, Jacomin, Aman 1327, wohnhaft vor St. Maximin 220, 221, 294.
  Bossange, Collin de 1348. 310.
  Boucquin, Ferriat 1356. 307.
  Boulay, Guerciriart, Ritter 1399. 336.
  Braide, Jehan, seigneur und Ritter 1396. 356.
  Chameure, Poince seigneur, Schöffe 1327. 298.
  Champel, Jehan de, seigneur 1356. 307.
  Chevalat, Simonin 1404. 425.
  Corbe [Courbel], Geoffroy 1324. 164, 211.
    » Jehan, Ritter 1396. 356.

Cour, Jehan de la, Metzer Schöffenmeister 1324. 2, 74, 75, 101, 269.
  » Jehan de la C. d'Owe, maitre 60.
  » Nicolaus de la, Witwe des N., 1315, 101.
Daix, Dex:
  Jacomin, Sohn des Philippe 1299. 11.
  Jaique, Ritter 1399, 1400, 1431, 1433. 336, 389, 377, 408, 414—417, 422, 459, 470, 471.
  Philippe 1299. 1, 11.
Dieuami, Jehan, Ritter 1405, 1415. 435, 459, 463, 464.
Drowin, Collignon 1356. 307.
  » Jehan der Ältere, Ritter 1346. 300.
  » Jehan der Jüngere, Ritter 1415. 459, 463, 464.
Esch:
  Jehan, dit de Luxembourg, secrétaire des sept de la guerre 1433. 8, 408, 414, 415, 417, 420—422, 437, 409.
Faulquenelz, Geschlecht der F. 1324. 297.
  » Baudowin 1415, 459.
  » Jehan, dit Crowelet 1399. 336.
Francequin 1405. 433, 434.
Gemel, Jehan 1356. 307.
Gournaix [Grounaix, Grounay]:
  Lorrant le Gr., seigneur und Ritter 1396. 356.
  Parrin le Gr. 1399. 336.
  Philippe le Gr. 1310. 20, 21.
Griffonel, Metzer Bürger 1315. 101.
Grognat:
  Jacques 1324. 114, 200, 202, 295.
  Nicolle 1356. 312.
  Nicolle, wohnte Porte-Muselle 1405. 433.

Poince, besaß festes Haus in Moulins 1415. 426.
Heis [Heix, Heyz, Heiz]:
Jehan de 1324. 3, 154.
Heu [Heus]:
Collignon, Sohn des Thiébault 1327. 298.
Collignon 1415. 459, 463, 464.
Nicolle, seigneur und Ritter 1396. 356.
Thiebault, seigneur 1327. 298.
Willame [Willemin], Sohn des Thiebault 1327. 1356. 298, 307.
Huguignon le bouchier 1347 (†). 310, 312.
Jehan 1405. 311.
La Tour:
Henry [vgl. La Tour].
Morixat de, 1398. 336.
Lohier, Auburtin, Schöffe 1327. 298.
Louve [Lowe]:
Collignon 1408. 333.
Nicolle, Ritter 1433. 408, 414—422, 471.
Luxemburg, Jehan d'Esch dit de L., secrétaire des Sept de la guerre 1433. 8, 408, 414, 415, 417, 420—422, 437, 459.
Meltrix, Thiebalt de, seigneur 1356. 307.
Metz, Jehan de 1324. 146, 156.
Noirel, Piere, seigneur 1356. 307.
Noiron, Jehan, Ritter 1399. 333, 336.
» Namnerey, Ritter dit Guenange 1398, 1399. 335, 336.
Ottigney, Jaique d', Dr. iur. und Ritter 1433. 409.
Paillat, Collin 1415. 459, 463, 464.
» Lowy, Schöffen 1399. 336.
Pietdeschault [Pietdeschal]:
Albertin 1396. 356.
Jehan 1396. 356.

Raigecourt, Nicolle de R., dit Xappey 1433. 408, 414, 415, 417, 422.
Thiebalt, dit Xappey, le bon Thiebalt 1323. 240.
Renguillon, Jehan, Sohn des Pierre 1396, 356.
Pierre, Schöffenmeister, seigneur 1437. 357.
Perrin 1433. 416.
Roucel, Nicolle, seigneur 1433. 470, 471.
St. Julien, Hannes de, Aman 1398. 5, 334, 336.
St. Polcourt, Waltrix de 1356, 307.
Spinal, Jehan de 1431. 431.
Waldrewange, Jehan de, Ritter 1399. 336.
Vallière, Collignon de 1431. 432.
Werrixe, Joffrois de, seigneur 1407. 333.
Vy, Jehan de, Sohn des Ritters Jehan de 1399. 336.
Jehan de, der Jüngere 1399, 1407, 1415. 333, 336, 429, 459, 463. 464.
Poince, Schöffenmeister 1342. 315.
Söldnerführer:
Courcelle, Jacomin do, 1405, 434.
Henry, auch Kapitän Henrias genannt 1324. 1325. 132, 174.
Ponjoise, Richart, Kapitän 1325. 174.
Vergey [Vergier], Jehan de, Vater von Guillaume und Jaicot 1384. 327.
Guillaume und Jaicot 1384. 327.
Metz, Jehan de, Metzer Bürger 1324. 146, 156.
Metzer Land [pays messin] 128.
Bezirke in demselben:
Haut-chemin (rechts der Mosel) 128.
Saulnois [Sannois] zwischen Seille und Nied 120, 204, 280.
Val de Metz (links der Mosel) 128, 134, 192.

Méy [Mays], Landkreis Metz 116.
Meyzenburg s. Meisenburg.
Mielant s. Mailand.
Mies in Böhmen 373.
Misse s. Meissen.
Moiene s. Main.
Mombeliart s. Mömpelgard.
Mömpelgard, Graf Heinrich 1331—1366. 306, 356.
Mon imperial s. Poggibonzi.
Moncheux [Monjeu] bei Delme in Lothringen, Landkreis Metz 228.
Moncleire, Montcleir s. Montclair.
Monferrat s. Montferrat.
Monjeu, vielleicht Moncheu b. Delme.
Mons s. Mont.
Mons Gaudii [Montjoie] b. Rom 446.
Monsterolio Johannes de 1447. 369.
Monstreu s. Montereau.
Mont [Mons], abgegangener Ort bei Chieulles, Kreis Metz 112, 166.
Mont Cénis [Sanis] 20.
Montaubant, Henry, genannt Henry Dauphin, Bischof von Metz 1316—1324. 202, 204, 213, 242, 276, 288.
Montclair [Moncleire, Montcleir], Herrschaft, Reg.-Bez. Trier 266.
Montereau [Monstreu] an der Yonne 362.
Montferrat [Monferrat, Montferrane] Gaulthier de, 1311; nicht nachzuweisen 24.
Montigny, Landkreis Metz [Genestroy], Standort des Metzer Galgens 4, 130, 210, 330, 425.
St. Ladre 130.
Montjoie s. Mons Gaudii.
Monthil, Ademar v., Bischof v. Metz 1327—1361. 305.
Mörchingen [Morehange], Kreis Forbach 342.
Morequin s. Groignas.
Mörs, Dietrich II., Erzbischof von Köln 1413—1463. 369, 387, 393, 428.
Friedrich III. 1372—1417, Graf von Saarwerden [vgl. dieses] und seine Gemahlin Walburga v. Saarwerden 306, 331, 342, 381, 424 433, 434.

Mortaigne, Ludwig Graf v., 1431, 390.
Morville an der Seille, Kreis Château-Salins 82.
Mosel [Muselle] 77, 122, 126, 160, 172, 228, 230.
Moselbrücke bei Moulins 126, 330.
Moulins [Moullin], Landkreis Metz 126, 134, 330, 426.
Festes Haus des Poince Groignat daselbst 1415. 426.
Moselbrücke daselbst 126, 330.
Moulins-le-duc, unbekannt 138.
Moullin s. Melun.
Muese s. Maas.
Murtelusse, s. Leitomischl.
Muselle, la, s. Mosel, auch Metz, Stadtteil Porte-Muselle.

N.

Naiple s. Neapel.
Naiveron s. Norroy-le-sec.
Naix [Nercey], Dorf am Ornain, dép. de la Meuse 180.
Aubert v. N. 1324. 180, 182.
Namur, Graf Guido [Guion], Sohn des Grafen Guido v. Flandern, der 1263 Namur kauft, und der Isabella v. Luxemburg 1311—1313. 22, 26—28, 30, 31, 36, 40, 42, 44, 50.
Graf Heinrich, Bruder des Guido. 30, 36, 48, 50, 54, 56, 58.
Nancey s. Nancy.
Nancy [Nancey] 194, 336, 408, 467.
Joffroy de N., seigneur, 1407. 333.
Napple s. Neapel.
Nassau [Nausowe]:
Adolf, Graf v. N., Herr von Idstein und Wiesbaden 1361—1370. 306.
Gerlach, Graf v. N., Bruder von Adolf, Erzbischof von Mainz 1346—1371. 305.
Johann, Graf v. N.-Weilburg, Bruder der vorigen 1361—1371. 306.
Philipp I., Graf v. N.-Weilburg, Herr von Saarbrücken 1371—1429. 330, 331, 332, 342, 423, 424, 433.
Naumburg [Nuwenburg], Bistum 392.
Navarra [Navaire] 230.

34

Karl I. der Böse, König v. N., 1349—1387. 305.
Philipp v., sein Bruder 305.
Neapel [Naiple, Napple], Königreich 4, 314.
Karl, entweder der Sohn König Roberts, Herzog von Calabrien † 1328 oder der Sohn Johanns, Herzog v. Durazzo 52.
Karl III. [Charles de la Paix], Herzog v. Durazzo, König v. N. 1381—1386; Gegenkönig v. Ungarn 1385. 350, 351.
Johann, Herzog von Durazzo, Bruder König Roberts 46, 52.
Robert, König v. N., 1309—1343. 16, 38, 46, 52, 54.
Nercey s. Naix.
Neuburg [Nouvembourch] bei Breisach 415.
Neuerburg [Nuwenburg, Nuefchastel], ehemalige Benennung des Hofes Gassion bei Diedenhofen, Kreis Diedenhofen Ost 327.
Peter v. Cronenburg zu der Neuerburg 1384. 325, 327.
Neuhaus, Meinhard v. 1434. 438, 439.
Neumark 342.
Neumünster, Abtei in Luxemburg 81.
Nevers [Nyvel, Nyver], Johann, Graf v. N., Sohn des Herzogs Philipp v. Burgund † 1491. 6, 357, 358.
Nicopolis [Nychopolin] 336, 356.
Niederlausitz 343.
Noion s. Noyon.
Noirauber, Noiraubel s. Nürnberg.
Noirel, Pierre, seigneur, Metzer Bürger 1356. 307.
Noirroy s. Norroy.
Noiron, Jehan, Metzer Bürger und Ritter 1399. 333, 336.
Nammerey, Metzer Bürger und Ritter, genannt Guenange 1398, 1399. 335, 336.
Nomeny in Frankreich, dép. Meurthe-et-Moselle 427.
Nördlingen [Nordeling] 391.
Noremberg s. Nürnberg.

Normandie 361, 367, 368, 456, 459.
Karl, Herzog der N., ältester Sohn des Königs Johann II., später Karl V. v. Frankreich [s. diese] 1356. 304, 305, 307.
Jean II., chambellan de N., grand chambellan de France, vicomte de Melun, comte de Tancarville 1356. 307.
Norroy-le-sec [Naiveron, Noveroy] in Frankreich, dép. Meurthe-et-Moselle 82.
Dominique v. N., Kanoniker zu Metz, Dekan v. Verdun 1438. 408, 414, 415, 417, 422.
Philipp von N., seigneur 1325. 13, 82.
Norroy-sous-Froidmont a. d. Mosel, in Frankreich, dép. Meurthe-et-Moselle 148, 184.
Nouvembourch s. Neuburg, Neuerburg.
Novara in Italien 21.
Noveroy s. Norroy.
Novigrad, ungarische Festung 352.
Nowillons, muß in der Nähe des heutigen St. Julien gesucht werden, Landkreis Metz 427.
Noyon [Noion], Raoul v. Coucy, früher Bischof v. Metz, seit 1415 v. Noyon s. Metz.
Nuefchastel s. Neuerburg.
Nürnberg [Noiraubel, Noirauber, Noiremberg]:
  Stadt: 6, 7, 302, 365, 377—379, 382, 383, 384, 390, 391, 393—395, 400, 419, 420, 430, 435.
  Bürger: Hofmann, Fritz 1384, 1433. 324, 342, 423.
  Rosenplüt, Hans 1427. 373.
  Burggrafen: Albert 1332—1361. 306.
  Albrecht II., Bischof v. Eichstadt 1431. 391, 393.
  Friedrich VI. 1397—1440. 316, 342, 348, 349.
  Johann III. 1397—1420. 317, 318; seine Gemahlin Margarethe, Tochter Kaiser Karls IV. 317, 318; seine Tochter Elisabeth, Gemahlin Eberhards v. Würtemberg 307.

Nuwenburg s. Naumburg.
Nychopolin s. Nicopolis.
Nymwegen in Holland 369.
Nyvel, Nyver s. Nevers.

O.

Ofen in Ungarn 352, 377.
Offida, Baldassar v., päpstlicher Burgvogt 1434. 441.
Oirne s. Orne.
Olgy [Aillexis, Allexey] a. d. Mosel unterhalb Metz, Landkreis Metz 112, 435.
Olteriche s. Österreich.
Orléans [Orliein, Orliens] 3, 5. 6.
  Herzog Karl 1415. † 1465. 302, 368.
  Herzog Ludwig, Sohn König Karls V. des Weisen von Frankreich 1356. 1405, † 1407. 305, 331—333, 357—359, 360, 362, 368, 424, 433.
  Lambellin, recteur de Paris et d'Orléans 1324. 242, 244.
Orne [Oirne]. Nebenfluß der Mosel 81, 182, 183.
Orsini [Orsiens], römisches Geschlecht 46, 48.
Österreich [Oisterriche, Olteriche, Osteriche, Oteriche, Ousteriche], Herzogtum 2, 6, 7, 46, 64, 65, 66, 409.
  Herzöge von Österreich insgesamt 1431. 388.
  Albrecht IV. v. Niederösterreich 1395—1404. 353.
  Albrecht V. [Aber] 1404—1439. 302, 353, 355, 373, 376, 390, 442.
  Albrecht VI. der Verschwender. v. Elsaß 1424—1463. 390.
  Anna, Gemahlin Herzogs Otto v. Österreich, Tochter des Königs Johann v. Böhmen 60, 65, 66.
  Ernst der Eiserne v. Steiermark, Bruder Wilhelms des Ehrgeizigen 1406—1424. 353, 390.
  Friedrich I. der Schöne s. Friedrich III., deutscher Kaiser.
  Friedrich IV. mit der leeren Tasche v. Tyrol 1406—1439. 369, 415.
  Friedrich V. v. Steiermark, später

Kaiser Friedrich IV. 1423—1493. 390, 394, 398, 415.
Leopold I., genannt Blume der Ritterschaft, Sohn König Albrechts 1308—1326. 22, 38, 47.
Margarethe, Herzogin v. Österreich, Gemahlin Johanns v. Görlitz 1372. 317.
Otto, Herzog 1319—1338, Gemahl der Anna 1329—1339. 60, 64, 66.
Wilhelm der Ehrgeizige v. Kärnthen und Tyrol, Bruder Ernst's des Eisernen 1386—1406. 353.
Ostia [Ostiense], Bischof allgemein. 448, 449, 454.
Othée in Belgien, Schlacht 1408, 345.
Otmersem s. Ottmarsheim.
Ottigny. Jaique d'O., Dr. iur. und Ritter, Metz 1453. 409, 410.
Ottmarsheim [Otmersem] im Ober-Elsaß, Kreis Mülhausen 409.
Ousteriche s. Österreich.
Outresaille s. Metz, Stadtteile: Outreseille.
Owe, d'Owe s. Cour.

P.

Pagny a. d. Maas [Pargney-sur-Mueze, Peniers], dép. de la Meuse 457, 460.
Pagny a. d. Mosel [Pairgney, Peniers], dép. Meurthe-et-Moselle 86, 101, 148.
Paillat, Collin, Metzer Bürger 1415. 459, 463, 464.
» Lowy, Schöffe und Metzer Bürger 1399. 336.
Pange [Painge], Landkreis Metz 423.
Papexgaute, Gesandter der Elisabeth von Görlitz 1437. 346.
Pairixe s. Paris.
Passau [Passowe] 401.
  Leonhard v. Laiming, Bischof 1423—1451. 390.
Paris [Pairixe, Parixe, Parrixe] 3, 5, 6, 63, 67, 238, 301, 302, 313, 315, 332, 333, 360—362, 368.
  Universität daselbst 457.
  Kirche St. Jacob 54.

Lambellin, recteur de Paris et d'Orléans 1325. 3, 242, 244.
Parois [Parroie], Herrschaft in der Grafschaft Bar 266.
Parsberg, Jehan de, Hofmeister der Elisabeth von Görlitz 1431, 1434. 419, 421, 422, 436, 437.
Pavia in Italien 28, 42, 45, 68.
Paxpert, Jehan, Seigneur, Gesandter der Elisabeth von Görlitz 1437. 346.
Pays Messin s. Metzer Land.
Peltre [Perte], Landkreis Metz 428.
Penniscola an der Küste von Aragon 367.
Périgord [Pieregot], Graf Roger Bernhard 1336—1369. 307.
   Talleyrand de P., Kardinal, Beichtvater Karls IV. 1356. 304, 307, 310.
Peniers s. Pagny.
Perte s. Peltre.
Perwez s. Horn.
Perrix, Bürger von Toul 1399. 334.
Petitpain [Petispay] Michelet de, 1324. 3, 278.
Pfalzgrafschaft bei Rhein 365, 387, 400.
   Hans, wohl Pfalzgraf Johann zu Neumarkt, Bruder Ludwigs III., des Bärtigen, †1443. 391, 393, 400.
   Ludwig III, der Bärtige, Pfalzgraf 1410—1436. 390, 393.
   Margarethe, Tochter des Königs Ruprecht, Gemahlin des Herzogs Karl II. von Lothringen 1400. 341, 428.
   Otto I., Pfalzgraf zu Mosbach 1410 bis 1461. 391, 394.
   Rudolf I., der Stammler, Pfalzgraf 1294—1317. 24, 38, 47.
   Rudolf II., der Blinde, Pfalzgraf 1327—1353; seine Tochter Anna, zweite Gemahlin Karls IV. 318.
   Ruprecht I., der Rote, Pfalzgraf 1353—1390. 305.
   Ruprecht III., Pfalzgraf 1398—1410 s. Ruprecht, deutscher König.
   Stephan, Pfalzgraf von Simmern 1410—1453. 371, 393, 428.

Philipp von Schwaben, deutscher Kaiser 1198—1208. 61. 72, 431.
Philipp IV., der Schöne, König von Frankreich 1285—1314. 3, 253.
Philipp VI., König von Frankreich 1328—1350. 300, 301, 302.
Piacenza [Plaisance] 45, 402, 403.
Picardie [Piquardie], Landschaft 361.
Piccinino, Nicolo, Kapitän von Mailand 1434. 440.
Piere, la s. Lützelstein.
Pieregot s. Périgord.
Pierre, André de la, in Metzer Diensten s. Lützelstein.
Pierrefort, zur Gemeinde Martincourt, dép. de Meurthe, gehörig, Festung 466, 467, 469, 490.
Pierrefort, Herr v., s. Bar, Peter.
   Henry de la Tour, Herr v. P. und baillif von Viltrix 1415. 459.
Pietdeschault [Pietdeschal]:
   Albertin, Metzer Bürger 1396. 356.
   Jehan, Metzer Bürger 1396. 356.
Pilsen [Pisma] 439.
Piquardie s. Picardie.
Pisa [Pise] 16, 45, 58, 90, 164, 313, 325, 366.
Pisma s. Pilsen.
Pitier s. Poitiers.
Plaisance s. Piacenza.
Poggibonzi, an stelle des Salten Mont impérial bei Florenz 16.
Poingnetier, Pierre, Kanoniker zu Metz, Archidiakon von Marsal 1431, 1433. 409, 432.
Poitiers [Pitier], Grafschaft 290.
   Ludwig v. P. [Lovil de Pitier], Metzer Bischof 1325—1327. 3, 68, 246, 248, 250, 252, 254,. 272. 288. 290.
   Johann, Graf v. P. 1356. 306.
Pol-sui-Saille s. Pont-sur-Seille.
Polcourt, Waltrin de St. P., Metzer Bürger 1356. 307.
Polen [Pollaine, Poulainne] 64. 317.
   Karl, s. König Karl IV., deutscher König und Kaiser.
   Konrad, Herzog 1346—1347, nicht zu bestimmen 305.

Hedwig von Anjou, Königin 15./X. 1385 bis 14./II. 1386, † 1399, Gemahlin Wladislaus II. 355.
Johann, König s. Böhmen, König Johann.
Wladislaus II., König von Polen 1386 —1434, Großfürst von Litthauen 337, 349, 381, 441.
Pommern-Stettin, Elisabeth v. P.-St., Gemahlin König Karls IV. 63, 317, 318, 348.
Pon, s. Meister Esselin s. Pont-à-Mousson.
Poncel, nicht bekannt 166.
Pont-à-Mousson, dép. Meurthe-et-Moselle. Stadt (Pont) 74—76, 148, 152, 168, 170, 206, 210, 242, 270, 334, 458, 459.
   Antonistenniederlassung daselbst 170.
   Esselin, le maître et cler 1325. 3, 230, 232, 242, 244, 246.
   Eduard, Markgraf v. P. s. Eduard, Herzog von Bar 1411—1415.
Pontoy, im Kanton Pange, Landkreis Metz 172.
Pont-Rengmont, Marguerite du 1325 282.
Port-sur-Seille [Pol-sui-Saille], dép. Meurthe-et-Moselle 82.
Porta Collina [Porte Colline] bei Rom 446.
Portua [Portuense], Bischof daselbst allgemein 448.
Porus, König von Indien 26.
Posove s. Preßburg.
Poujoise, Richairt, Metzer Kapitän 1325. 174.
Prag [Praugue en Bahaigne]. 7. 13, 371, 372, 377, 438, 439.
   Kleriker Huß und Jerome daselbst 1420. 371, 372.
Prény [Preney] Schloß, dép. Meurthe-et-Moselle 101, 146, 148, 170.
Preslau s. Breslau.
Preßburg [Posove] 438, 444.
Preußen [Pruse, Prusse] 4, 5, 336, 337, 425.
   Deutscher Orden, daselbt 1431. 388.

Heiliger Wald 337
Conrad v. Jungingen, Hochmeister 315.
Winrich v. Knieprode, Hochmeister 4, 315.
Marquard v. Sulzbach, Komthur v. Ragnit 1399. 337.
Werner v. Tettingen, Ordensmarschall 1399. 337.
Procop, der Kleine, Hussitenführer 1434. 439.
Prüm [Prume], Abt Theoderich 1356. 306.
Prusse, Pruse s. Preußen.
Püttlingen [Putlenge, Puthelenge] i. Lothringen, Kreis Forbach 320, 342.
Puy, Giraud du, Bischof von Carcassonne 1415. 457.

R.

Radolfzell i. Baden 370.
Ragnit, Komthur daselbst Marquard v. Sulzbach 1399. 337.
Raides s. Retz.
Raigecourt, dit Xappey, Metzer Patriziergeschlecht.
   Nicolle de, Metzer Bürger 1433. 408, 414, 415, 417, 422.
   Thiebalt, dit le bon Thiebalt Xappey, Metzer Bürger 1323. 240.
Rains s. Rheims.
Rainse sur le Rin s. Rhense a. Rhein.
Ralville s. Rollingen.
Rangevaux s. Ronceval.
Raon l'Etape [Rawon] a. d. Meurthe 408.
Raugraf [Rougraive], Conrad V. 1324. 122, 148, 204.
Ravensberg 392.
Rechiefmon s. Reichersberg.
Regensburg [Regenspurg, Reghensbourch] 391, 392, 401.
   Konrad VII, Bischof 1428—1437. 393.
Reichensperg, Johann II., Bischof von Salzburg 1431. 390.
Reichersberg [Rechiefmon, Richiefmon] Kreis Diedenhofen West 81, 108, 174, 176.

Remich [Remus] a. d. Mosel in Luxemburg. 102, 103.
Renguillon, Metzer Patriziergeschlecht.
　Jehan, Sohn des Pierre, Metzer Bürger 1396. 356.
　Pierre, Schöffenmeister zu Metz, Seigneur 1437. 357.
　Perrin, Metzer Bürger 1433. 416.
Remus s. Remich.
Retz [Raides], Grafen Burkhard und Johann 1356. 306.
Rheims [Rains] 86, 325, 368.
Rhein [Rhin, Rin] 77, 230, 309, 315, 369, 373, 394, 406.
Rheingraf, Konrad III., Erzbischof von Mainz 1419—1434. 387, 393, 400.
Rhense [Rainse] a. Rhein 11, 302, 325, 341.
Rhin, le, s. Rhein.
Rhodos (Rodes) Insel 358.
Rhone [Rosne] 230.
Richiefmon s. Reichersberg.
Risch [Riche, Rixe]:
　Coneman R. von Weiszkirchen 1398. 330.
　Jehan, Bruder des Coneman 1433. 330, 416.
Robin de la Valée 1324. 254.
Rochelle, la, in Poitoiou 230.
Rodemachern [Rodemach, Rodemaque] Herrschaft in Lothringen, Kreis Diedenhofen Ost.
　Johan v. R. 1429. 346, 347, 428.
Rodes s. Rhodes.
Rollingen [Ralville, Raville] im Kanton Pange i. Lothringen 416.
　Georg v. R. 1433. 416.
　Jehan v. R. Ritter, dit de Bannesdorf, Bruder des Georg 1431. 1433. 409, 413—416, 430—432, 469, 470.
Rom [Rome, Romme] Stadt: 1, 2, 4, 5, 8, 9, 10, 12, 16, 18, 20, 34, 38, 44, 50, 60, 61, 198, 238, 308, 313, 325, 326, 341, 365, 366, 376, 378, 380, 383, 401—407, 412, 420, 428, 440—442, 446—454, 457.

Paläste, Kirchen, Plätze, Grotten, Tore:

Apostelkloster 448.
Campo de Fiori 46, 48, 50.
Kapitol 16.
Castellum Crescentii sive sancti Evangelii 446.
Champe de Flour, Wiese, wo einst das Theater des Pompeius stand 46, 47.
Cortina, Platz 447.
Engelsburg 46, 50, 441, 446.
Lateran 448.
Mons Gaudii [Montjoie] bei Rom 446.
Porta Argentina 448.
Porta Collina [Porte Colline] 446.
Maria in Turribus, Kirche. 447, 448, 450, 456.
　Altar St. Lyon 456.
　Altar St. Moritz 449.
　Altar St. Peter 448, 450.
St. Peter, Grotte 447.
St. Peter, Kirche 46.
Trastevere 46.

Geschlechter:

Bidaux 46, 48.
Orsini 46, 48.

Päpste:

Alexander V. 1409—1410. 325.
Benedikt VIII. 1012—1024. 60.
Bonifacius VIII. 1294—1303. 29.
Bonifacius IX. 1389—1404. 336.
Clemens III. 1187—1191. 61.
Clemens V. 1305—1314. 62.
Coelestin III. 1191—1198. 61.
Eugen IV. 1431—1447. 9, 377, 402, 406, 440, 441.
Gregor VII. 1073 - 1085. 61.
Gregor XII. 1506—1409. 366.
Innocenz III. 1198—1216. 61.
Johann XXIII. 1410—1415. 6, 7, 365—367, 369, 370.
Martin V. 1415—1431. 6, 7, 370, 377, 421.
Urban VI, 1378—1389. 308, 326, 366.

Kardinäle:
Nicolaus Albergati 1434. 441.
Cervantes, ad vincula S. Petri 1434. 441.
Périgord, Talleyrand de, Beichtvater Karls IV. 1356. 304, 307, 310.
Sabina, Arnold v. 1313. 46.
St. Angelo, Kardinal v., Primicerius des Metzer Domkapitels 1431. 394.
St. Angelo, Kardinal Julianus Caesarini 1431. 378.

Päpstliche Beamte:
Baldassar von Offida, Burgvogt 1434. 441.
Vitelleschi, Feldherr 1434. 441.
Präfekt der Stadt 447.

Römer, s. Brandenburg, Ludwig der Römer.
Roncevaul, unbestimmt = Rangevaux, so identificiert von Bouteiller. ctn. Briey 86.
Rosenpliet, Hans, Nürnberger Bürger 1427. 373.
Rosne s. Rhone.
Rotenburg [Rotembourg] a. d. Tauber 391.
Roucel, Nicolle, Metzer Bürger und seigneur 1433. 470, 471.
Roucine [Roucy] s. Rüttgen.
Rouen [Rouwain] 361.
Erzbischof Pierre de la Forêt 1356. 307.
Rougraive s. Raugraf.
Roupedange s. Ruplingen.
Roupeyney s. Rupigny.
Rouwain s. Rouen.
Rouwecreve, Gesandter der Elisabeth v. Görlitz 1437. 346.
Rubain s. Trier, Raban.
Ruldingen, Johann v., Gesandter Sigismunds nach Metz 1431. 381.
Rupigny [Rupeyney] im Moseltal, Landkreis Metz 112.
Ruplingen [Roupedange] Kreis Bolchen in Lothringen 190.
Ruprecht von der Pfalz, deutscher König 1400—1410. 5, 6, 305, 341, 342, 420, 423, 424.

Rüttgen [Roucy] Kreis Diedenhofen West, Herrschaft 306.

S.

Saaralben i. Lothringen, Kreis Forbach 319.
Saarbrücken [Salebruche, Sallebruche], Herrschaft 190.
Bohemund II. v. S., Erzbischof v. Trier 1354—1362. 305.
Johann I. v. S. aus dem Hause Montfaucon † 1342. 115.
Johann II v. S. aus dem Hause Montfaucon † 1381. 306.
Philipp v. S. s. Nassau, Philipp I.
Saarburg [Sallebourg] i. Lothringen, Kreis Saarburg 416.
Saarwerden [Salwern], Herrschaft im Unter-Elsaß, Kreis Zabern.
Graf Friedrich III. v. Mörs 1372—1417;
seine Gemahlin Walburga v. S., sein Sohn Friedrich IV. 1417—1448. 306, 330—332, 342, 381, 424, 433, 434.
Graf Simon 1384, vielleicht Simon IV. von Bitsch † 1402. 319.
Sabina, Kardinal Arnold v. 1313. 46.
Sachsen [Sansoigne, Saussonne] 340:
Friedrich I., der streitbare Kurfürst v. Sachsen, Markgraf v. Meissen 1381—1428. 374, 395, 398.
Friedrich II. der Sanftmütige Kurfürst 1428—1464. 390.
Magnus, Herzog von Sachsen-Lauenburg, Bischof von Hildesheim 1424—1452. 388.
Rudolf II., Herzog v. Sachsen-Wittenberg, aus dem Hause Anhalt 1356—1370. 305.
Saille s. Seille.
Sainne, Seine s. Siena oder Seine.
Salcif s. Saulcy.
Sallebruche s. Saarbrücken.
Sallebourg s. Saarburg.
Salm [Salmme, Saulme]:
Graf Heinrich III. v. S.-Blankenberg 1346. 1356. 300, 301, 307.

Graf Johann V. der Jüngere, von Obersalm (Vogesen) † 1431. 306, 319, 320, 330—332, 342, 423, 424, 429, 433.
Gräfin Margarete, geborene von Blamont, Johanns Gemahlin 320.
Salsil s. Saulcy.
Salwern s. Saarwerden.
Salzburg [Saltzburg], Johann II. von Reichensperg, Bischof 1431. 390.
Sameth, das Land der Samaiten 337.
St. Angelo, Kardinal v. St. A., primicerius des Domkapitels zu Metz 1431. 393, 394.
    Julianus Caesarini, Kardinal 1431. 378.
St. Benoit-en-Woevre, Abtei in der Nähe von Commercy, Grafschaft Bar 204.
St. Clément a. d. Meurthe 408.
Ste. Croix s. Heiligkreuz.
St. Denis, Mönch Benoit Gentin 1415. 457.
St. Eloi s. Metz, St. Eloi.
St. Evangelii, castellum St. Ev. sive Crescentii bei Rom 446.
St. Julien, Vorstadt von Metz, s. dieses. Hannes de St. J., Metzer Aman 1398. 5, 334.
    Hanry de, Vater des Hannes 1398. 335.
St. Laidre s. Metz, St. Ladre.
St. Mariae in Turribus, s. Rom, Kirchen.
St. Maure-des-Fossés [St. Mor de Foussés] bei Paris 4, 63, 302, 312, 313.
St. Nicolas-du-Pont [St. Nicollay] a. d. Meurthe, dép. Meurthe-et-Moselle 408.
St. Pol, Graf Walram v., s. Luxemburg, Walram.
St. Polcourt, Waltrin de, Metzer Bürger 1356. 307.
St. Privat-la-Montagne [St. Provey] i. Lothringen, Landkreis Metz 81.
Sanis s. Mont Cénis.
Sannoy s. Saulnois.
Sansoigne s. Sachsen.
Sarazenen [auch für heidnisches Land gebraucht] 6, 26, 188, 196, 315, 337, 349, 363.
Saulcy Salcif, Salvil, Saulcif], Schloß in der Gemeinde Tronville b. Briey. dép. Meurthe-et-Moselle 336, 456—461, 463, 464, 470.
    Collay du, seigneur, Schwiegersohn des Henry de La Tour, Sohn des Jehan 1434. 470.
    Jehan, seigneur, de S., und de Marly 1415, 1434. 457, 470.
Saulme s. Salm.
Saulnois [Sannois] s. Metzer Land, Saulnois.
Saverne s. Zabern.
Savoyen [Savoie] 20, 90.
    Amadeus V., Graf v. S., Fürst und Reichsvikar 1259—1323. 22—24, 30.
    Ludwig II. [fälschlich Peter], Graf v. S. 1302—1350. 16, 31.
    Maria, Gemahlin ¡des Amadeus, Schwester der deutschen Königin Margarethe, ihre Söhne Eduard und Aymo 23.
Schaffhausen [Schaffhussen, Xaffouse] 369, 392.
Schaumburg, Peter v., Bischof v. Augsburg 1424—1469. 379, 391, 393, 438.
Schlesien [Sleisen, Slese] 388, 391.
    Herzöge und Fürsten v. Schl. insgesamt 1427. 398.
    Anna, Tochter des Herzogs Heinrich II. von Schweidnitz-Jauer 1326—1346, dritte Gemahlin Karls IV. 316, 317.
    Boleslav (Bolko), Herzog v. Falkenberg [Vauquenbair] † 1365. 305.
    Konrad, Herzog v. Öls, Bischof v. Breslau 1417—1447. 393.
    Ludwig II., Herzog v. Brieg 1399—1436. 369, 394, 425.
    Prschemislav [Prschemysl], Herzog von Teschen [Tassien] 1358—1410. 305.
Schlettstadt [Sletstat, Schleistat] 392, 415.

Schwaben [Swabe] 332, 382, 388.
    Philipp v. Schw. s. Philipp v. Schw.,
    deutscher König.
Schwarzburg [Sewarsebourg]:
    Günther II., Graf v. Sch., Bischof
    v. Magdeburg 1403—1445. 393.
    Günther XXV., Graf v. Sch., † 1368.
    306.
    Heinrich IX., Graf v. Schw., † 1361.
    306.
    Heinrich XII., Graf v. Schw., † 1373.
    306.
Schweidnitz s. Schlesien.
Schweinfurt a. Main [Sweinffurt] 392.
Schweiz [les Schuitzhere] 369.
Seille [Saille] Nebenfluß der Mosel.
    Mündung bei Metz 82. 124, 228, 230.
Seine 245. s. auch Siena.
Seius, römischer Name 213.
Sellengney s. Sillegney.
Senlis. Dekan v. S. 1415. 457, 460.
Serières [Cerieres], Heinrich v., genannt
    de Renegat 1324. 122, 281.
Servigny [Cervigney], Gérardin de. 1324.
    206.
Sewarsebourg s. Schwarzburg.
Sforza, Kapitän von Mailand 1434. 440.
Siena [Sainne, Seine] 53, 244, 404.
Sierk [Circk, Cirque] i. Lothringen, Kreis
    Diedenhofen Ost 29:
    Arnold v. S. 1432. 405.
    Jacob v. S., Domherr von Metz,
    Erzbischof v. Trier 1439—1456.
    380, 405, 406, 409, 410, 411, 413,
    429, 432.
Sigmund [Simon, Symon, Sigismund],
    deutscher König und Kaiser 1410 bis
    1437, König von Ungarn seit 1387,
    von Böhmen seit 1419, Markgraf v.
    Brandenburg 1. 4. 6—10, 13, 302, 316,
    317, 343, 348—353, 362, 364, 365, 368,
    370, 372, 374, 377, 378, 382, 383, 393,
    403, 406, 408, 417, 419—422, 425,
    430—432, 435, 437, 440—444, 457, 458.
Sillegny [Sellengney] in Lothringen,
    Landkreis Metz 82.
Silly-en-Saulnois [Sxilley] b. Verny
    Landkreis Metz 428.

Sizilien [Cesile] 16.
    Constanze v. S., Tochter des Königs
    Roger I., Gemahlin Kaiser Hein-
    richs VI. 46, 61.
Sleissen, Slese s. Schlesien.
Sletstat s. Schlettstadt.
Solgne [Soingne], Landkreis Metz 81.
Sorbey, Kanton Pange i. Lothringen 424.
Spanheim [Spanehain]:
    Johann III., Graf v. Sp.-Starkenburg
    † 1399. 306.
    Walerant-Walram, Graf v. Sp.-Kreuz-
    nach † 1386. 306.
Spanien [Epaigne], Königreich 230, 366.
Speier [Spire] 14. 380, 381. 392.
    Hoflager daselbst 1309. 14.
    Raban v. Helmstädt, Bischof v. Sp.
    und Erzbischof v. Trier 1396—1438
    s. Trier.
Spinal, Jehan de, Metzer Bürger und
    Kaufmann 1431. 431, 436.
Sponheim. Graf Simon v., 1311. 24.
Steier s. Österreich, Friedr. V. v. Styr.
Stetingue s. Stettin.
Stettin [Stetingue] 63 s. auch Pommern.
Straßburg [Strasbourg] 356. 392, 415,
    431, 436. 442.
    Münster daselbst 356.
    Friedrich, Graf v. Blankenheim,
    Bischof v. Str. 1375—1393. 320.
    Johann II. v. Lichtenberg, Bischof
    v. Str. 1353—1365. 305.
Sulzbach, Marquard v., Komthur von
    Ragnit 1399. 337.
Susa in Italien. 21.
Sweinffurt s. Schweinfurt.
Sxilley s. Silly.

T.

Talingen [Tallange] bei Hagendingen
    in Lothringen, Landkreis Metz 424.
Tamberlain-Tamerlan-Timurlenk
    363, 364.
Tancarville [Tanquerville], Jean II.,
    comte de T., vicomte de Melun, grand
    chambellan de France, chambellan de
    Normandie 1356. 307.
Tassien s. Teschen.

Tennschen [Les Estans], Kanton Vigy i. Lothringen, Landkreis Metz 423.
Teschen [Tassien] s. Schlesien.
Teste, Jean, Mönch 1324. 274.
Tettingen, Werner v., Ordensmarschall in Preußen 1399. 337.
Thehaucours s. Thicourt.
Theiris s. Thierry.
Thicourt [Thehaucours] b. Falkenberg i. Lothringen, Kreis Bolchen 204.
Thiedris s. Baier v. Boppard.
Thierry [Theiris], seigneur, Kapitän 1324. 164.
Thionville s. Diedenhofen.
Thüringen, Elisabeth die Heilige, Gemahlin Ludwigs IV., † 1231. 61.
  Heinrich Raspe, Landgraf 1242 bis 1247. 61.
  Ludwig II., Landgraf 1413—1458. 390.
Tiber [Timpre], Fluß 46.
Tivoli i. Italien 51.
Toledo [Toullatte] 250, 254.
Torre, Guido (Guy) de la T., Lombarde, Volkskapitän von Mailand 1311. 15, 24, 32, 33.
Tortona i. Italien 45.
Toul [Toult] Stadt 334.
  Perrix, Bürger 1399. 334.
  Bertram de la Tour, Bischof 1353 —1361. 305.
Toullatte s. Toledo.
Toult s. Toul.
Tour s. La Tour.
Trier [Trieve, Trueve] 60, 73, 100, 230, 348, 397, 400.
  Haus «zu dem Arenstein» in der Brodgasse 347.
  Erzbistum 2, 9, 81, 347, 381, 395.
  Erzbischöfe:
    Balduin 1307—1354 s. Luxemburg, Balduin.
    Bohemund II. von Saarbrücken 1354—1362. 305.
    Jakob I. von Sierck 1439—1456. 380, 406, 409—411, 413, 429, 432.
    Raban von Helmstädt 1430—1439. 380, 387, 393, 406, 442.
    Ulrich von Manderscheid 1418 bis 1430. 380, 406, 442.
  Johann VIII. v. Heinsberg, Bischof v. Lüttich, 1438—1439, Coadjutor d. Trierer Erzbischofs 348.
  Kloster St. Matthias 347.
  Abtei St. Maximin 382.
  Abt Matthias 1437. 347.
Troja [Troie] 184, 238, 252, 368.
Tronville i. Frankreich, dép. Meurthe-et-Moselle, maréchal daselbst 1415. 460, 462—464.
Troyes 368.
Trueve s. Trier.
Turin i. Italien 21.
Turque, Tuerque s. Türkei.
Tuskulum i. Italien 370.
Türkei 355, 358.
  Sultan Bajazeth I. 1389—1399 [Bausaique, Bauseque, Balsaque, Bassaique] 6, 7, 356—358, 362—364.

U.

Überlingen [Uverlingen] am Bodensee 392.
Uguignon le bouchier, Metzer Bürger 1347. 310, 312.
Ulm 392.
Ungarn [Hongueriee], Königreich 1, 6, 7, 8, 60, 302, 316, 349, 350, 355, 362 —368, 372—374, 376, 377, 420, 437, 441.
  Karl III. von Durazzo, König von Neapel, genannt della Pace, Gegenkönig von Ungarn 1385. 350, 351.
  Elisabeth, Königin von Ungarn, geb. Prinzessin von Polen, Witwe Ludwigs I. 1342—1382, Mutter der Königin Maria II. 349, 350, 352.
  Hedwig von Ungarn, Tochter König Ludwigs I., Gemahlin des Wladislaus Jagello von Polen 349, 355.
  Ludwig I., König v. U. 1342—1382. 349.
  Maria II., Königin 1382—1385, Gemahlin König Sigismunds 349, 351, 352.

Sigismund s. Sigismund, deutscher
  König und Kaiser.
Familie Horwathi 350, 352.
Uverlingen s. Überlingen.

V. W.

Vaceslaus, Wainchelat, Waincelat,
  Wancelas, Wainceslaus s. Wenzel.
Wadgassen [Gosangez], Reg.-Bez. Trier
  206.
Waidrinove s. Wadrincauwehr, Metz.
Wairant auch Warent s. Warantwald.
Vairine Jacque de, s. Varenne 409.
Wairnesperg s. Warsberg.
Vaisaige s. Voisage.
Val de Metz, Verwaltungsbezirk des
  Pays Messin, links der Mosel 128,
  134, 172, 192.
Val Ste. Marie, in der Nähe von
  Prény in Frankreich, dép. Meurthe-et-
  Moselle, nach der Prämonstratenser-
  abtei Ste. Marie-aux-Bois benannt
  150.
Valdezmons s. Vaudémont.
Waldrewange, Jehan de, Metzer Bürger
  und Ritter 1399. 336.
Valée, Robin de la 1324. 3, 254, 255.
Walerothe, Hannetz de 1434. 441.
Wallachei [Vallaquie] 356, 362.
Vallace s. Valée.
Vallaquie s. Wallachei.
Vallières [Valliere] vor Metz 116.
  Collignon de V., Metzer Bürger
  1431. 432.
Vallinprey bei St. Privat, Landkreis
  Metz, nicht mehr festzustellen 81.
Valois [Valloy] Grafschaft 3.
Valois, Margarethe v. V., erste Gemahlin
  Karls IV. 318.
Wandalen, deutscher Volksstamm 17, 86.
Vandières [Vandierey] a. d. Mosel bei
  Pagny in Frankreich, dép. Meurthe-et-
  Moselle 146.
Vantoux [Vantoult], Landkreis Metz 116.
Wapey s. Woippy.
Warantwald [Wairant, Warent] zwischen
  St. Avold und Saarlouis 206.

Varenne [Vairenne] Jacque de, le
  cordelier 1431. 1433. 377, 394, 409, 432.
Warrix, Varize s. Weibelskirchen.
Warsberg [Wairnesperg] i. Lothringen,
  Kreis Bolchen 190.
Wassuelz s. Metz, Symphorienwiese.
Wastefalique, Waistefalique s.
  Westfalen.
Vaudémont [Valdezmont] Graf Heinrich
  v. Joinville 1356, 306.
Vault s. Vaux.
Vauquenbair s. Falkenberg in Schlesien.
Vaux [Vault]. Landkreis Metz 196.
Weibelskirchen [Warrixe, Varixe],
  Kreis Bolchen 190.
Veirnebourgh s. Virneburg.
Weissenburg i. Bayern 391.
Weiszkirchen hinter Weissenburg.
Weiszkirchen [Wiszkirche, Blanche
  Eglise] im Kanton Dieuze:
  Jehan Riche [Risch] dit de W. 1433.
    330, 416.
  Coneman Riche, Bruder des Jehan
    1398. 330.
Veldenz [Veldencz], Heinrich III. † 1389,
  Graf v. V., aus dem Hause Hohen-
  geroldseck 1356. 306.
Welfen [Gelphes] 42.
Venedig [Venise, Venixe] 5, 16, 341,
  342, 356, 403, 406, 407.
  Kardinal Condolmieri von V. 1434.
    440.
Wenzel [Vaceslaus, Wainchelat, Wan-
  celas, Wainceslaus] deutscher König
  1376—1419, Herzog v. Luxemburg (II)
  1383—1388, König von Böhmen 1378
  —1419. 4, 6, 7, 63, 64, 302, 303, 312,
  313, 316, 318, 321—325, 328, 329, 340
  —344, 352, 353, 364, 371—373, 383, 428.
Vercelli i. Italien 21.
Verey s. Vry.
Verdun, Bistum 82.
  Heinrich v. Apremont, Bischof 1310
    bis 1349. 192, 196.
  Hugo III, Graf v. Bar, Bischof 1352
    bis 1361. 305.
  Dominique de Norroy, Dekan von V.,
    Kanoniker von Metz 1433. 408.

— 532 —

Vergey [Vergier], Jehan de, Metzer Söldner 1387. 327.
    Jaicot und Guillaume, Söhne des Jehan, Metzer Söldner 1387. 327.
Wermerangez s. Wollmeringen.
Wernbourg s. Virneburg.
Verny [Verney] im Landkreis Metz 81.
Verona [Veronne] 15.
Werrixe, Jeffroy de, Metzer Bürger und Seigneur 1407. 333.
Westfalen [Waistefalque, Wastefalcque] 368, 435.
Viainne, Graf von ? 1356. 306.
Vic [Vy] in Lothringen, Kreis Château-Salins 246, 266, 274, 279, 320.
Wien [Vienne en Oustriche] 6, 64, 302, 352, 353, 355, 373, 376.
Vienne, Guido und Hugo, die beiden Dauphins 1313. 24, 31, 51.
    Henry Dauphin, Bischof von Metz 1316—1324. 111. 202, 204, 213, 242, 276, 288.
    Jehan de. seigneur, l'ameraul de la mer, le connestauble de France † 1396. 356.
Vigy [Vigey] in Lothringen, Landkreis Metz 148.
Viley s. Villers l'Orme.
Viley a Laquennexey s. Villers-Laquenexey.
Viller l'abaye s. Villers-Bettnach.
Villers-Laquenexy [Viley a Laquennexey] bei Pange, Landkreis Metz 428.
Villers l'Orme [Viley], Landkreis Metz 424.
Villers-Bettnach[Viller l'abaye],Landkreis Metz 297.
Wilsnak i. d. Mark Brandenburg 380.
Viltrix, baillif de V., Henry de la Tour s. La Tour.
Wimphen 392.
Windeck, Eberhard v., 1431. 403.
Windheim i. Bayern, [Windesheim] 391.
Virneburg [Veirnebourgh, Wernbourg], Grafschaft 347.
    Gerhard, Graf v. V. 1356. 306.
    Ruprecht V., Graf v. V. 1402—1444. 348.

Wirtemberg s. Würtemberg.
Visconti, Philipp Maria, Herzog von Mailand 1431. 402—405.
Vissegrad, Schloß 352.
Wiszkirche s. Weisskirchen.
Vitelleschi, päpstlicher Feldherr 1434. 441.
Witold, Verwalter von Litthauen 1399. 337.
Vitry i. d. Champagne?, vgl. La Tour 458.
Witzburg s. Würzburg.
Vliet, Jean de, Ritter 1425. 344.
Vogesen [Volges] 409.
Woippy [Wapey], Landkreis Metz 140, 428.
Voisage [Vaisacqe], unterhalb Arry. Landkreis Metz 81.
Volle s. Fulda.
Wollmeringen, Kreis Bolchen [Wormerangez, Wermerangez] 126, 423.
    Jehan de, 1324. 174, 206.
    Robert de, 1324. 174, 176.
Voirtemberch s. Würtemberg.
Worms [Vormaixe, Warmeisz] 392, 431.
Vousse s. Fuchs.
Vry [Verey] im Landkreis Metz 134, 295, 426.
    Williame de, 1324. 134.
Wurmaisz s. Worms.
Würtemberg [Voirtemberch] 1, 340.
    Eberhard I. der Erlauchte 1279—1325. 13—15.
    Elisabeth, Gemahlin Eberhards des Wilden von Würtemberg 1392 bis 1417. 317.
Würzburg [Witzbourg], Bistum 401.
    Johann II. v. Brunn, Bischof 1411 bis 1440. 388, 391, 393.
Vy s. Vic.
Vy, Jehan de, Sohn des Ritters Jehan de Vy 1399. 336.
    Jehan de, der Jüngere 1399, 1407, 1415. 333, 336, 429, 459, 463, 464.
    Poince de, Schöffenmeister 1342. 315.
Wyndesheim s. Windheim.

X. Y.

Xaffouse s. Schaffhausen.
Xappeis, Xappey s. Raigecourt.
Xeules s. Chieulles.
Xovalboy s. Schwaben.
Yflandre s. Livland.
Ylande s. Holland.
Yngloi, Ynglois s. England.
Yonne [Jorne] 362.
Ypern [Ypre] i. Belgien 248.
Yvois s. Ivry.

Z.

Zabern [Saverne] 415, 416, 436.
Znaim 364.
Zweibrücken [Deu Pont].
   Simon, Graf von Zw., wohl Simon IV.,
     Wecker von Bitsch † 1402. 319.
   Walram, Graf von Zw., aus dem
     Hause der Grafen von Saarbrücken
     † 1366. 306.

Druckfehler und Berichtigungen.

S. 22, Anmerkung b. l. vos für vostre.
S. 30, Zeile 6 v. u. l. Amadeo für Ameo.
S. 52, Anmerkung 1 l. Cont für Cort.
S. 55, Anmerkung 6 l. vobis für nobis.
S. 67, Zeile 19 l. venist für veinst.
S. 138, St. 128 l. baires für baizes.
S. 146, St. 150 l. a pies für a pries.
S. 167, St. 198 l. monceaux für monseaux.
S. 194, St. 268 l. Endouart für Endovart.
S. 197, St. 272 l. Le Pape für L'apostole (de Pape).
S. 207, für Anmerkung 1, 2, 3 l. 6, 7, 8.
S. 289, St. 3 l. pairs für paires.
S. 299, Zeile 11 l. nus für mis.
S. 299, Zeile 20 l. Theobald für Theobold.
S. 302, Anmerkung 5 zu streichen Reg.
S. 305, Zeile 10 l. Sausoigne für Sansoigne.
S. 323, Zeile 27 l. rengnes für reugnes.
S. 328, Zeile 22 l. mouvesiens für monvesiens.
S. 332, Zeile 14 l. revenissent für reveinßent.
S. 333, Anmerkung 4 l. 4 statt 1.
S. 339, Zeile 6 v. u. l. reveinßies für reveinßies.
S. 365, Zeile 18 l. con für c'on.
S. 366, Anmerkung 2 l. Johann XXIII für Johann XXII.
S. 367, Zeile 5 v. u. l. Mechief für mechief.
S. 368, Zeile 5 l. ansney für ausney.
S. 369, Anmerkung 7 l. Johann XXIII für Johann XXII.
S. 389, Zeile 5 l. chainne für chaune.
S. 412, Zeile 10 l. poismes für posimes.
S. 416, Zeile 7 l. lieuz für livez.
S. 419, Zeile 6 v. u. l. raloignier für raloinginer.
S. 426, Zeile 10 l. embattoit für emballoit.
S. 434, Zeile 17 l. t'en est veneu fuiant für s'en est v. f.
S. 438, Zeile 3 l. l'aycomansement für lay comansement.
S. 449, Zeile 3 l. psaltier für spaltier.
S. 455, Zeile 18 l. les choses für le schoses.
S. 457, Zeile 2 l. si (ci) devant für sipevant.